郭贵春文集

·第四卷·

语言哲学研究

郭贵春　著

科学出版社

北　京

内 容 简 介

本书以20世纪哲学发展中的语言学转向、解释学转向、修辞学转向三次运动为背景，通过研究语言哲学和科学哲学中语境相关的问题，彰显语境在语言哲学、科学哲学问题阐释等方面的重要作用。

本书的内容主要包括对语义分析方法、语用分析方法发展历史和内在逻辑的梳理，以及从语义分析方法、修辞分析和隐喻分析方法的视角提炼并求解规则遵循等重要命题，以此在语境平台上统一语形、语义、语用分析，彰显语境分析方法的本质与特征。

本书可供科技哲学及相关专业的研究者、师生阅读，也可供自然科学理论工作者和哲学爱好者参考。

图书在版编目（CIP）数据

郭贵春文集. 第四卷，语言哲学研究 / 郭贵春著. —北京：科学出版社，2017.3

ISBN 978-7-03-052012-8

Ⅰ. ①郭… Ⅱ. ①郭… Ⅲ. ①郭贵春–文集②语言哲学–文集 Ⅳ. ①B-53②H0–53

中国版本图书馆 CIP 数据核字（2016）第044490号

责任编辑：邹 聪 乔艳茹 / 责任校对：刘亚琦 赵桂芬
责任印制：张 伟 / 封面设计：有道文化

科 学 出 版 社出版
北京东黄城根北街 16 号
邮政编码：100717
http://www.sciencep.com
北京厚诚则铭印刷科技有限公司 印刷
科学出版社发行 各地新华书店经销
*
2017 年 3月第 一 版 开本：720×1000 B5
2018 年 5月第二次印刷 印张：40
字数：558 000
定价：248.00 元
（如有印装质量问题，我社负责调换）

序言

1978年，当思想解放的春风伴随着中国改革开放的步伐吹遍神州大地之时，我作为“文化大革命”后的第一届硕士研究生，开始了自己且行且探索的学术生涯。

对我而言，走向科学哲学这一博大精深而又需具有广厚知识背景的领域，并不是最初预设的选择，而是一个从不自觉到自觉、从自然到必然的不断流淌的过程。我个人的学术价值取向、存在价值取向乃至生活价值取向，都是在这个过程中扭结在一起，并得到实现、完善和升华。我感恩上苍赋予我这一丰富而又充满意义的过程。

我是作为马克思主义哲学专业的研究生开始自己的学术研究的，当时，关于“实践是检验真理的唯一标准”的讨论及十一届三中全会精神的传播，涤荡着过去思想理论界所存在的各种教条和框框，也使我对马克思主义认识论的研究充满了激情与反思。一方面，由于在大学期间，经常去听物理系的课，同时深受恩格斯《反杜林论》中自然辩证法思想的深刻影响，我对当时自然辩证法研究领域的文献格外关注，许多前沿的、启迪人们思维走向世界的科学观念令我震撼不已；另一方面，由于我在上大学之前在电信学校读过载波通信专业，并且一直在电信部门工作，所以对信息、传输、结构、系统、功能、反馈、网络、测量、计算等一系列的结构系统概念有着自身内在的理解。这两方面自然的结合和统一，促使我试图用结构系统性的分析方法去解读和阐释人类的认识过程，以使马克思主义的认识论说明有更强烈的科学意义，而不仅仅是思辨的解释。于是，我将自己的毕业论文题目拟订为“试论人类认识的结构系统性”。带着这个想法，我特意拜访了当时著名的马克思主义认识论研究专家——中国社会科学院哲学研究所辩证唯物主义研究室副主任夏甄陶先生。夏先生对我的构想及论文题目予以充分的肯定，并鼓励我沿着这个方向做更多创新性的探索。对我而言，这无疑是巨大的激励。而后，我按照这个既定的题目，克服了许多意想不到的学术之外的困难，最终完成了这篇毕业论文。

毕业留校工作之后，我将毕业论文的核心内容凝缩成一篇题为“用系统原则研究人类认识结构的必要性”的文章，投送给了《山西大学学报》。没想到，评审专家给予了否定性的评价。但是，退稿通知竟激发了我强烈的自信，遂将其重新投送给了中国哲学界最权威的理论刊物《哲学研究》。同样令人意外的是，不到三个星期，时任《哲学研究》编辑部副主任的章士嵘先生亲笔写信给我，告知我的文章已被选用并将尽快发表，不要再投给其他刊物。在系办公室拆看这封信时，我激动不已，并将这一消息告知了在场的几位同事。更匪夷所思的是，当《山西大学学报》的那位评审专家获知这一消息后，马上通报给了《山西大学学报》的主编，并在不通知我的情况下，抢先发表了我的这篇文章。这个结果令我非常不快且又尴尬不已，立即写信给章士嵘先生禀告缘由并表示道歉。章先生不仅没有责怪我，还写信给我讲这种事情并不鲜见，同时鼓励我以后有文章继续给《哲学研究》投稿。令人欣慰的是，这篇文章很快就被《新华文摘》于 1983 年第 2 期转载了，从而扩大了它的影响力。这是我有生以来发表的第一篇学术研究的文章，标志着我从马克思主义认识论的研究走向自然辩证法研究。

自 1981 年之后，一直到 1986 年，我作为山西大学哲学系自然辩证法教研室的教师，每年为本科生讲授“自然辩证法”课程。在这期间，我在不同的刊物上发表了多篇文章和译文，特别是《哲学译丛》1983 年第 1 期发表的《精神分析哲学与科学哲学》，《哲学研究》1984 年第 1 期发表的《一个杰出的科学研究纲领——试论牛顿的科学方法结构》，《百科知识》1985 年第 5 期发表的《伊姆雷·拉卡托斯及其科学哲学》，以及《山西大学学报》1986 年第 4 期发表的《略论亚里士多德的物理学思想》等文章和译文，表明我已不自觉地在从广义的自然辩证法研究转向狭义的科学哲学研究。与此同时，我和张丽萍、唐云江共同翻译了赫伯特·巴特菲尔德的名著《近代科学的起源》，并请金吾伦先生统校，该书于 1988 年由华夏出版社出版。我还和两位同学翻译并由我统校了迈克尔·霍斯金的一本小册子《科学家的头脑》，该书于 1990 年也由华夏出版社出版。这一时期对大量外文文献的阅读与翻译，为我转向科学哲学的研究奠定了必要的理论基础和语言基础。

在这期间，有两项我亲身参加过的学术活动，对自己逐渐自觉地走向科学哲学的研究意义重大。其一是 1982 年 8 月 23 日至 9 月 7 日在北京体育学院外宾招待所举办的由美国学者主讲的科学哲学讲习班。这个讲习班专门请了美国明尼苏达大学的伊尔曼（J. Earman）教授和华莱士（N. Wallace）教授，来为中国学者系统介绍当代科学哲学及科学社会学的历史发展、研究现状、核心内容、突出问题、主要方法及可能发展的趋势等。这是中国改革开放之后，第一次举办这种类型的讲习班，因此它具有划时代的意义。参加这次讲习班的成员有 40 多人，其中有不少 1977 届的刚毕业的本科生和 1981 届的研究生，足见当时我国对青年学者培养的重视。在我不完全的记忆中，当时参加的学者有邱仁宗、范岱年、查汝强、罗慧生、金吾伦、章士嵘、董光璧、罗嘉昌、徐友渔、殷正坤、胡新和、倪梁康、张丽萍、唐云江，以及全程当翻译的王路等。这个讲习班是由中国社会科学院哲学研究所自然辩证法研究室主办的，要求各成员于 8 月 23 日报到。24 日，中国社会科学院副秘书长赵富山与哲学研究所所长邢贲思到会做了报告，并讲了具体安排。从 25 日正式开始的整个演讲中，特别是在伊尔曼教授介绍的当代科学哲学研究中，涉猎了大量有关科学哲学的背景知识和系统的形式化的逻辑演算。为了让绝大部分听众能够理解和跟得上伊尔曼教授的讲解，主办者特意在晚上安排了中国社会科学院哲学研究所的欧阳英同老师为大家辅导数理逻辑；请中国人民大学的黄天顺教授讲授数理逻辑与现代科学的关系，并对伊尔曼教授第三讲中的难点进行了详解；请中国社会科学哲学研究所的罗慧生先生介绍现代科学哲学的基本问题；还请中国社会科学院哲学研究所当时刚从美国回来的徐崇文先生介绍美国实用主义的本质意义；等等。这些活动都对讲习班的顺利进行发挥了重要作用。9月6日晚上，邱仁宗先生组织大家召开了一个关于科学哲学发展情况的讨论会。9月7日下午，在欢送华莱士教授的聚会结束之时，邱仁宗先生又代表主办方对讲习班的圆满成功做了总结性发言。对我而言，参加这次讲习班的最大收获在于，我第一次直接地感受到形式化的分析哲学研究方法在科学哲学研究中的重要作用，以及它在对科学理论的产生、发展及其演化的研究过程中深刻地揭示和升华科学理性的本质，将是科学哲学研究的真正主题。总之，这次讲习班的举办无论是对于我个人之后研究方向的选择，还是对于整个中国科学哲学研究的进一步发展，都具有里程碑的意义。

其二是1983年9月5日至9月9日在北京香山别墅召开的全国科学哲学研讨会，即香山会议。这次会议几乎集聚了当时国内所有科学哲学界的知名学者和精英，就我的印象讲，会议重点评介了库恩、拉卡托斯及费耶阿本德等科学哲学家的思想，着重讨论了科学发现的问题等，最后大会总结时还通过了一个会议纪要。这次会议，无论是全会还是小组分会，气氛都非常活跃，甚至在任何一个话题上都有着不同的意见和面对面的激烈争论。所有与会的成员，那种抛去羁绊后对学术思想自由的追求，急切渴望了解国际科学哲学研究现状和发展趋势的心情，尊重学术真理探索的状况，是那个时代的经典表现。这种表现一直到今天，我都没有再见过。应当说，这次会议为整个20世纪80年代中国科学哲学的繁荣和发展起到了巨大的推动作用。更为重要的是，它还为科学哲学将来成为一个建制性的学科奠定了基础。这是因为，此前，人们阅读外文文献时，都把scientific philosophy和philosophy of science翻译成“科学的哲学”，但实际上，前者表达的是对哲学的修辞，而后者表达的则是一个特定学科的专有名词。为了避免这种混淆，会议在邱仁宗、范岱年、舒炜光、陈昌曙等的倡导下一致约定，前者依旧翻译成“科学的哲学”，而后者去掉“的”字，翻译成“科学哲学”，以表明它是中国科学哲学学术共同体的专有名称。这一约定为1987年国务院学位委员会修改我国学科目录时将“自然辩证法”的称谓从哲学8个二级学科中去除，而代之以“科学技术哲学”，做出了杰出的贡献。这是中国科学哲学学术共同体的一个胜利，它使“科学哲学”由“自然辩证法”这个“大口袋”中的一个研究领域，最终走向了建制性的专有学科。这次会议使我对当时国内科学哲学发展的研究队伍、研究状况及其研究意义有了整体上的认知，同时，更强化了自己研究科学哲学的自觉性和自主性。

在这一段时期，我每年只有一个学期有课，且一周只有两节，时间充裕，因此我阅读了大量有关科学哲学史和自然科学史方面，特别是物理学史、数学史、生物学史和天体演化史等方面的书籍；较闲暇的时候，我就做数理逻辑的演算题，以增强对形式化分析的理解和把握。没想到的是，这些发自兴趣所做的功课，在我不久之后的海外留学生涯中发挥了基础性的作用。很难言喻的是，这一时期我个人的生活和对于科学哲学研究的追求是命运式地扭结在一起的，是完全不可分割的。为了自励，我曾把休谟的一段话抄写下来，压在了自己写字台的玻璃板底下。休谟是这样讲的：

> 完善的哲人能战胜命运……但我的心灵还需充分经过哲学的证实，才能抵抗命运的打击。灵魂的提高与伟大只能在学问和沉思中才能获得。

20世纪80年代初，在大学校园中，出国留学潮汹涌澎湃地冲刷着每一位学子的心灵，那种激奋与震撼是现在的青年人无法体验的。我当然也不能例外，而且在“文化大革命”前读中学的时候，出国留学就曾是我的梦想。当我迟钝地意识到梦想有可能变成现实的时候，我于1986年年初报名参加了由政府组织的“访问学者测试”（visiting scholar test，VST）。VST的满分是160分，分两层分数线。首先，84分为“培训线”，即达到84分者，可以到国家指定的外语学院培训半年，然后即可出国；其次，110分为“出国线”，即达到110分者，不必经过培训即可直接出国。没想到的是，我居然超常地考了113分，因此分数一公布便获得了联系出国留学的权利。我分别向美国和英国的各类大学投寄了10份留学申请并附上了所要求的各种个人背景材料，很快我便收到了牛津大学、剑桥大学、普林斯顿大学及华盛顿州立大学的正式邀请。在经过认真比较和思量之后，我最终选择了剑桥大学的科学史和科学哲学系。由此，我而后的命运便与剑桥、剑桥大学及科学史和科学哲学系具有了某种深邃而又魂牵梦绕的联系。

当我天天骑着自行车在具有800年历史的剑桥大学各个学院、系所、图书馆和博物馆之间穿行的时候；当我漫步在剑河畔，望着河中或是为了健身，或是为了来年在泰晤士河上与牛津大学进行划艇比赛而训练的健儿们的时候；当我坐在宽广的草坪上，一边读小说一边观看旁边围坐成一圈，每人一口笑饮同一瓶啤酒的男女大学生们的时候；当我参加一个又一个不同学生社团的各种活动的时候；当我在“三一学院”的正式晚宴上听院长用谁都听不懂的拉丁文祝词，并享受与来自不同学科学生们神聊的时候，在飘浮着些许白云的湛蓝天空下的这座古城，让我第一次明白了什么叫大学或大学的灵魂，也让我体验到了当年徐志摩在剑桥大学时说，在这里的学习生活“寂寞但不无聊”的境意。我最欣赏徐志摩的这一段话：剑桥是静寂的，静寂得有些寒意，但它永不会叫人无聊。静寂使人孤独，但孤独正可以使他与剑桥历史的巨灵对话。

同时，当我每每想到剑桥大学是与牛顿、培根、达尔文、拜伦、麦克斯韦、罗素、维特根斯坦这些人类文化和知识建构过程中的巨匠们联系在一起的时候，当我天天踏着当时就已有70多位诺贝尔奖获得者曾经或仍在天天踏着的校园的时候，当我参加某些热点研讨会由于人多缺少座位而看见诺贝尔奖获得者与普通学生一起席地而坐并进行学术争论的时候，当我看到研究生们端着咖啡和甜点去参加导师们的讲座的时候，当我聆听霍金教授坐在轮椅上发出微弱的声音而由他的助手重新讲解黑洞理论奥妙的时候，当我经常参加各国元首或政要们滔滔不绝的政治演讲的时候，我深深地体验到了什么叫神圣的学术殿堂，在这里，科学精神和人文精神的融合、科学理性与人文理性的交织构成了创造人类智慧的过程。

所有这些感受最终在我心中凝聚成一股新的探究科学哲学的冲动，

并且还要落实在一个具体的方向上，但这需要时间。迈克尔·霍斯金教授是当时科学史和科学哲学系的系主任，是接受我到剑桥大学留学的邀请函的签发人，也是我的导师。因此，他对我极其关心和照顾。他对我的第一个要求就是，在更好地融入剑桥大学的文化和提高英语语言能力之前，必须和英国学生住在一个公寓里，这使我获益匪浅。半年后，他笑着对我说，你现在可以和任何人住在一起了。我们一直保持着良好的关系，当我将他在 BBC 五次演讲集撰而成的小册子《科学家的头脑》在国内翻译出版的两年前，他就在丘吉尔学院他的办公室里为我写了中文版的序言。他写道："由于我的朋友——山西大学的郭贵春先生——的帮忙，这本书现在有机会呈现给世界上最广泛的读者——中华人民共和国的朋友们。或许，近几年来，在国际舞台上最令人快慰的发展是中国与西方国家之间的不断增长着的友谊和交流。我希望这本小册子能以它朴实的方式促进这种友谊，并使我们大家均受益于这种友谊。"不过，他对我最大的影响则是在我刚到剑桥大学不久，给我介绍剑桥大学的学术研究概况时，极其认真地告诉我这里的学者绝大多数是科学实在论者。这一点给我留下了强烈的印象，使我开始将自己的研究视角不自觉地对准了科学实在论。事实上，在我和霍斯金教授谈话不久，于 1986 年 12 月 28 日剑桥大学的中国留学生学会举办的迎新年聚会上，我碰到了同一个系的曹天予老师，和他聊天时也证实了霍斯金教授的看法是合理的。1987 年 1 月 12 日，我去约见了剑桥大学哲学系的巴特菲尔德博士，他是年轻但卓有成绩的物理哲学家。在和他的交谈中，他表达了自己鲜明的量子哲学的实在论立场。而后，我听了他大约一个学期的讲课，他的科学实在论的立场一以贯之。在这里，我还特别想提到的是，1987 年 2 月 3 日，在科学史和科学哲学系的麦斯威尔博物馆举行了纪念霍斯金教授卸任系主任暨祝贺迈克尔·莱德海德教授接任系主任的鸡尾酒会。在酒会上，所有的人除了静听霍斯金和莱德海德教授的致辞外，都站在大厅里端着鸡尾酒相互交谈。而我忽然发现，有一位头发斑白并戴着一副金丝眼镜、体型微胖的老者，靠着一个通往另一展厅的门柱，坐在椅子上。他是整个大厅里唯一坐着的人，除了偶尔个别人与他打招呼外，并无人与他说话。我觉得很奇怪，就问身边的英国同学这人是谁。当他们平静地告诉我这人是李约瑟研究所的李约瑟博士时，我浑身上下产生了一种震撼感，因为他在我心中始终是神圣殿堂上的一位尊者，于是我端着酒杯冲了过去，与他兴奋地交谈起来，一直到酒会结束。虽然李约瑟博士的语调很低，但吐字非常清晰，他对我能过去与他交谈也感到极为快慰。我们谈了很多相互感兴趣的话题，当知道我是山西人时，他告诉我他曾经去过太原，到过晋祠和汾酒厂，古老的汾酒酿造技术给他留下了极其深刻的印象。本来他想去五台山，但到了半路，由于下雨塌方道路被阻只得返回，因此感到非常遗憾。当听到我想将科学实在论问题作为自己的研究方向时，他谦虚地说他自己虽然不懂科学哲学，但实在论的问题却存在于任何学科之中。比如，他自己研究的中国科学技术史，就存在着科学技术史实的实在性、历史文献的实在性，以及二者之间关系的实在性等问题。他总结说，这是任何一门学科中永远存在的有趣且有意义的难题。与李约瑟博士的第一次见面，给我留下了终生难忘的镌刻般的记忆，而我在那样的情景下独自与他的交谈对他来说也一样印象深刻，这奠定了而后我可以经常到李约瑟研究所拜望他和鲁桂珍女士，并与他们建立了良好关系的基础。当然，这次谈话也强化了我研究科学实在论的信念，并启迪我在多年以后还写了一篇名为“科学史学的若干元理论问题”的文章。

在剑桥大学的留学生活是有序的和理性的，也是生动的和充满趣味的。科学史和科学哲学系几乎每周都有来自世界各地、英国各地、剑桥大学各个学科及本系学者们主讲和参与的不同层次的学术讲座；而且，我也精选其他学科，尤其是应用数学系、生物化学系及卡文迪什实验室举办的我所感兴趣的讲座去听。这些学术活动不仅拓展了自己的视野，同时也使我结识了许多能和自己谈得来的从世界各国到剑桥大学来进行学术休假的学者。比如，韩国著名的科学史和科学哲学家宋相庸先生，就与我相交甚笃。1988 年后他到德国去游学，以至后来回国任教，都一直与我保持联系。他还多次邀请我到韩国去，但由于各种原因都未成行。在这种环境里，那些在国内听起来遥不可及的世界级的学术大师们，在剑桥大学学者们的眼里却是再平常不过的了。比如，有一次下午茶时间，在我和系里一位研究科学史的教授很尊敬地谈到拉卡托斯的时候，他用英国式的幽默不屑地说："拉卡托斯？哈，我找他从来不预约。直接到他的宿舍，用拳头嘭嘭地敲他的门。"为了把握好自己对科学实在论研究的尺度，我从不同角度接触了他们，令我印象最深刻的有这么几次。1987年4月28日，原定卡尔·波普尔要到剑桥大学来做一场讲座，但由于他身体欠佳临时取消了。他要讲的题目是"Scientific Blunder"（科学的谬误），我们在系办公室也拿到了他的演讲提纲，他虽然没来，但大家对提纲所展示的内容却提出了各种各样的质疑和批评。玛丽·海西教授是著名的令人尊敬的科学哲学家，我在读她著作的同时，也常到她的办公室向她求教关于科学实在论的问题，她也从不拒绝。尤其是当我有一次向她问及科学实在论与隐喻之间的关系时，她突然眼睛愈发明亮，兴奋不已地反复讲起她的观点，并说这么一个重要的问题已经许久没有人向她发问了。过了没几天，我在系办公室我的信箱里，发现了一大摞海西教授送给我的她已经发表过的有关科学实在论的文章。在这些文章中，只要涉及隐喻问题的地方我都用铅笔做了标注。这些资料对我当时理解科学实在论有很大的帮助，且受益至今。在英国留学期间，最令我难忘的一次讲座是在伦敦大学学院的古斯塔夫塔克讲堂听托马斯·库恩的演讲。这是库恩到英国来做的三场系列讲座，第一讲的题目是"Regaining the Past"（重返过去），第二讲的题目是"Portraying the Past"（再现过去），第三讲的题目是"Embodying the Past"（体现过去）。我和同系的几位青年教师及研究生于1987年11月24日搭伴去伦敦听了他的第二讲。库恩身材高瘦，秃顶，戴着大眼镜，显得精力充沛、认真、严肃并且潇洒，在台上来回地走动，一副大哲学家的样子，但他在演讲的过程中，不停地用手整理他的领带。他讲得很有力，列举了大量例子，但基本上是从头到尾照着稿子念，只不过声音顿挫，很有节奏感。他讲的核心内容是科学的发展或科学理论的变化（包括科学语言的意义、结构及解释等的变化）与语言学及分析方法的变化是一致的。当别人提问时，特别是提到他前后著作中某些观点的变化时，他脑门上也微微地浸出了汗水，并不停地用手去摸他那光光的脑门。他有时也不能及时地回答被提的问题，于是语调就显得不那么流利了。在回剑桥大学的路上，当我们谈及库恩的演讲时，一位年轻教师轻轻地做了一个我永远也不会忘记的评价，他的话翻译成中文就没味了，原话是这么说的："Since 1962, his research is nothing"。还有一位研究生说他的演讲"不严肃"。系里一位很著名的教授听说我们去听了库恩的演讲，问我们道："你们不觉得浪费时间吗？"我当然理解他们为什么会有如此反应，但库恩在我心中一直是 20 世纪最杰出的科学哲学家之一。他的演讲给我留下了极为深刻的印象，而且他的某些观点一直到今天我仍然深信不疑。1988 年 5 月 21 日，曹天予老师即将离英赴美到波士顿大学去任教，于是他请我到三一学院只有研究员们才有权利享用的贵宾席去吃晚饭。席间，他感慨万分，交谈中还知道了我读硕士时的一位同班同学乃是他北京大学哲学系的同班同学。另外，他将一份他的博士论文的书稿交给了我，希望我能将它在国内翻译出版。同时，他交给了我一封转呈许良英先生的亲笔信，并说许先生会为该书的中译本寻找出版社，我不必为出版犯愁。对此，我欣然允诺。因为我们同在一个系，他博士论文的内容和价值我是清楚的，而且，我还从系主任莱德海德教授和剑桥大学哲学系的巴特菲尔德博士那里听到过对他的好评。但没想到的是，我回国后专程去拜望因翻译《爱因斯坦文集》而声名显赫的许良英先生转呈信件并商谈此事时，他表示暂时无法联系到出版社。不过，许先生和许夫人倒是非常热情地款待了我和我的妻子，而且与我交谈的兴致极高并坚持留我们在他们家里吃午饭——阳春面，到我们必须离开时仍然意犹未尽。这事我写信告诉了人在美国的曹天予老师，他之后回信给我说，既然出版有困难，就暂时作罢，可将书稿交给他妹妹。于是，我将书稿寄给了在清华大学的曹南燕老师。这本书虽然到 20 年后的 2008 年才得以在国内出版，但我却先睹为快，并从中获益良多。

当我的留学生活进入 1988 年之后，我感觉自己对科学实在论的问题有了较为系统的理解和把握。恩格斯讲过："历史从哪里开始，思想进程也应当从哪里开始。而思想进程的进一步发展不过是历史过程在抽象的、理论上前后一贯的形式上的反映；这种反映是经过修正的，然而是按照现实的历史过程本身的规律修正的，这时，每一个要素可以在它完全成熟而具有典范形式的发展点上加以考察。”恩格斯这一关于历史逻辑发展的思想，对于我考察科学实在论宏阔的历史演变过程具有具体的指导意义。我深切地感到，随着当代自然科学越来越远离经验的发展，科学理论的构造、解释和评价便在科学哲学研究中愈来愈具有突出的地位。科学实在论作为当代科学哲学发展中的一支极有前途的哲学运动，已经成为科学理性发展征途中自然而又必然地要加以面对的一种思潮。正是在这个意义上，客观地介绍当代科学实在论的历史和现状，系统地评述科学实在论在科学发展中的理性地位，具体地分析它与其他科学哲学流派之间的相互批评与相互借鉴的趋势，内在地揭示科学实在论作为一种方法论原则在科学研究中的意义，阐述它所具有的科学认识论的本质特征，深刻地指出传统科学实在论所存在的偏狭、缺陷和不足，便是我自己想努力去完成的工作。更为重要的在于，这也恰是当时国内科学哲学研究与国外科学哲学研究进行对接所必须填补的领域，对于推动国内科学哲学研究的进步有着重要的意义。因此，我便从1988年开始，陆续在《哲学研究》《自然辩证法研究》《自然辩证法通讯》等刊物上，发表了一系列关于数学实在论、物理实在论、测量实在论、经验实在论，以及知识实在论、理性实在论、批判实在论、语义实在论、自然主义实在论等与科学实在论相关的论文，并在1991年将这些论文集结成书，以“当代科学实在论”为著作名称在科学出版社出版。

在剑桥大学留学期间，我注意到徐志摩当年描写剑桥大学的诗篇是每一位中国留学生的必读之物。那轻灵飘逸的神韵，沁透着每一颗思念祖国和亲人的心田。1988年，我最终决定回国，在踏上驶往伦敦的火车缓缓开出剑桥之时，我双眼饱含着热泪，那时才真正体验到了徐志摩《再别康桥》那美丽的诗句背后所隐含着的震撼人心的力量。徐志摩在《再别康桥》的最后一节中写道：“悄悄的我走了，正如我悄悄的来；我挥一挥衣袖，不带走一片云彩。”我当时想：是啊，我带不走一片云彩；但是，我带走了科学理性的浸染和熏陶，我带走了对剑桥大学的无限眷恋和思念。我潜意识中有一种强烈的预感，那就是我一定还会回来的！

从 1989 年到 1992 年，我专心于读书、教书和写书。除了研究科学实在论之外，我也同时意识到，人类科学知识的发展是一个复杂的动力学过程。对这一过程所涉及的不同要素及其不同层次的研究，对于把握科学理性的进步是十分必要的。正是在这个意义上，我试图从科学知识发展所必然相关的因素结构、语言结构、理论结构、评价结构及方法论结构等诸方面，做一些具体的探索，旨在从整体上给出某些科学知识发展的动力学特征。因此，我写了一系列这方面的相关文章，并集结成《科学知识动力学》一书，于 1992 年在华中师范大学出版社出版。

在这期间，我还申请到了一项国家社会科学基金资助的研究课题，并于 1991 年被破格晋升为全校最年轻的教授，且将这个纪录保持了很长一段时间。不过，我渐渐地感觉到，国内科学哲学研究的整体状况在发生着悄然的变化。一方面，不少学者毅然离开了科学哲学这一过于理性的学科，奔向了他们各自喜爱的领域；另一方面，很多学者转向了与科学哲学相关的交叉学科或边缘学科。总之，20 世纪 80 年代，科学哲学研究的那种激情和热烈似乎在逐渐远去，而显得有些孤傲和冷清。但这是一个必然的过程，是科学哲学作为一门学科在走向成熟中不能不经历的浴火般的淬炼。对我个人而言，我不仅觉得在科学实在论的研究上需要寻找新的动力和视角，而且渴望呼吸新鲜的空气来排泄胸中的烦闷。于是，我又不断地记起徐志摩在《康桥再会吧》这首长诗中的最后一句："我今去了，记好明春新杨梅上市时节，盼望我含笑归来，再见吧，我爱的康桥。"当我无法再忍受对剑桥大学的思念时，我毅然向中英友好奖学金提出了自己的申请。中英友好奖学金的管理机构对我的背景情况很满意，但根据规则我必须到指定培训机构参加英语培训并通过雅思考试，我执行了该机构的要求。雅思考试满分为 9 分，我在 1992 年年初的考试中得了 7 分。但不知出于什么原因，那一年所有的参考者均在原始考分的基础上降低 0.5 分，于是我最终被公布的成绩是 6.5 分，但这仍然属于高分，我获得了在英国挑选任何学校的权利。最终，我获得了该奖学金的资助到剑桥大学学习和工作一年零一个月。同时，该奖学金的管理机构还根据规则，指定剑桥大学达尔文学院的院长劳埃德教授为我的导师。劳埃德教授是古典研究系研究古代科学技术史和古代科学哲学的著名学者，同时兼任李约瑟研究所董事会的成员，后来还被英国女王授予了爵士勋位。事实上，早在 1987 年我就认识了他和他的夫人。那时，他们夫妇受邀要到中国来进行学术访问，请我到他们家吃饭并询问一些中国的生活细节，以及需要做一些什么样的准备等。我当时为他们做了详细的介绍，直到他们觉得满意为止。所以，当再次在剑桥大学见到他时，我感觉很亲切；而他也对我没有太多的要求，因为他知道我的研究方向与他完全不同，未来我的研究工作主要还需在科学史和科学哲学系进行研究活动。尽管如此，我还是参加了几次他组织的学术讨论，并隔一段时间就去向他汇报一下我自己的研究进展，以便能听到他的建议。在我的记忆中，他与我最认真的一次交谈，就是当我用到了“solidarity”一词时，他严肃地告诉我任何时候都要慎用这个词。他虽然没有告诉我原因，但我认为可能是这个词易于被赋予某种意识形态的缘故。他要求我帮他做的唯一一件工作就是让我对某一英文版《墨经》中的一段有关光学知识的内容以及《吕氏春秋》中“本生”一节中他要研究用的内容对照原文进行重译，并为他详细讲解；结果，我确实发现了一些不确切的内容，并将其重译，当面为他做了反复的说明。他听了我的解释之后，高兴地对我说这正是他需要的东西。若干年后，当他偕夫人再次来北京时，我曾请他们夫妇到山西大学来访问，并在科学技术哲学研究中心做了精彩的学术报告。

在 1992 年最宜人的季节，我离别 4 年之后又回到了剑桥大学。当我第一天骑着自行车随意穿行在剑桥大学的各个部门办理入校手续的时候，我原先设想的重归带来的兴奋与激动荡然无存。觉得一切依旧是那么熟悉，那么自然，那么优雅；我心静如水，悠然自得。我一走进科学史和科学哲学系的大门，就碰到了曾经给予我很多指教的查丁教授和帕皮诺博士，他们轻轻地对我点点头，好像我从未离去过一样。在系图书馆办借阅手续时，那位资深的女管理员微笑着向我说，你还是用你原来的号码吧，这样好记。当我向系主任莱德海德教授报到时，谈到剑桥大学好像什么都没变，他说了一句极其平淡却又极富哲理的评语："Never change. It is Cambridge !"

当我一头扎进图书馆大量阅读并参加与自己研究有关的各个学科的学术讲座时，我渐渐意识到关于科学实在论研究的话语在发生着深刻的变化。这个时候，20 世纪哲学运动所经历的"语言学转向""解释学转向"及"修辞学转向"对科学实在论产生的影响，历史地交织在一起，潜在地构成了科学实在论当今走向的特定背景基础。当这一背景基础和实在论与反实在论争论的现实目的及要求叠加在一起时，便决定了可能走向的某些具体特征。比如：①语义分析方法的全面展开和系统运用；②通过自然主义的语义分析途径而走向现代物理主义；③确立实在论的经验建构论；④科学心理意向性的实在论重建；⑤传统科学主义的价值取向不断地"弱化"和"开放"；⑥科学认识论的社会化；等等。这些具体的特征表明，科学实在论和反实在论在研究方法论上的统一性，不断弱化了它们在本体论性上的传统对立，出现了二者之间相互渗透与融合的趋势。这意味着，伴随着逻辑经验主义"统治"的衰退而逐渐全面展开的科学实在论的"复兴时期"已历史地结束；一个将从结构、功能和意义上，对整个科学实在论的进步产生重大影响的"发展时期"，已经自然而又必然地开始了。这就是可称之为"后现代科学实在论"的发展时期。由此开始，在整个后现代科学哲学演变的背景下，我集中精力于后现代科学实在论的特征研究，发表了一系列论文，并于 1995 年集结成《后现代科学实在论》一书在知识出版社出版。

当我把研究的关注点放到后现代科学实在论的特征上时，就会不自觉地用"后现代性"的视角去审视和分析自己所面对的英国学术界和英国社会的现状。这其中有几件事让我记忆犹新。1992 年年底至 1993 年年初，莱德海德教授连续做了几场关于量子哲学的学术讲座，不仅听众云集，而且其中不少是物理学家和数学家。我注意到，虽然他一直秉持科学实在论的立场，但他对量子力学形式体系的语义分析方法却是中性的，潜在地蕴含了后现代性的方法论特征，予人以深刻的印象，受到了大多数人的好评。1992 年 10 月 29 日，科学史和科学哲学系请法国著名的社会哲学家布鲁诺·拉图尔来做了一场有趣的讲座，题目是“关于物质与死亡的问题”（A Question of Matter and Death）。他明知剑桥大学是科学主义的大本营，却在一开始就直言不讳地讲：“我要对这里的科学史和科学哲学家们进行直接的批评。”他从法国的人文理性和人本主义的交叉视角，评价了科学的地位和功用，贬低了科学主义的立场，带有强烈的后现代色彩。结果，必然地受到了在场的科学哲学家和科学史学家们嘲讽般的批评。但这件事情让我直观了欧洲大陆哲学与英美哲学之间鲜明的区别，即便是在同一的后现代立场上也有着本质特征的不同。1993 年 3 月 4 日，牛津大学的牛顿 – 史密斯教授应邀到剑桥大学科学史和科学哲学系做了一次演讲，题目是“科学、理性和判断”。他的演讲妙趣横生，有鲜明的后现代性特征，但有些观点讲得极不恰当。比如，用“鸡的性别”（chicken sexes）的辨别去作为科学理性判断的案例进行经验分析，结果遭到了剑桥大学哲学家们从科学、社会学及心理学等各方面的批评。演讲结束后，我和他进行了交流。他告诉我他 1988 年就去过武汉，并送给我一张他的名片，请我寄一份所有中国大学哲学系的名单给他；同时，他主动允诺要送给我一些他自认有价值的文稿，以便我能更好地研究他的思想。他自嘲地说，因为他今天在这里讲砸了。不过，这里的人如果到牛津大学去演讲，也会遇到同样的尴尬境况。之后，我们分别兑现了各自的承诺，我对他的思想也确实有了更真实的理解。1993 年 5 月 10 日，我偶发兴致参加了当时在剑桥大学圣·约翰学院做访问学者的韩国反对党领袖——金大中在圣·约翰学院做的有关政党问题的一个学术讲座。虽然我对他讲的内容并无兴趣，但他用后现代解构主义的分析方法去研究政党问题的视角却给我留下了深刻的记忆。我对于 20 世纪 80 年代在剑桥大学留学时李约瑟博士和鲁桂珍女士给予我的帮助是无法忘怀的，但不幸的是，在我离开剑桥大学的这几年中，1989 年两人续一生之恋最终成婚，不想鲁桂珍女士却在 1991 年离世，而李约瑟博士也因身体原因不再到研究所工作，而由何炳郁先生任李约瑟研究所所长。1992 年 10 月 9 日，我去拜望何炳郁先生，他和我谈了很多事，其中一件是他想建立一个“鲁桂珍基金会”，以资助中国学者到李约瑟研究所来做研究。但没想到鲁桂珍女士的遗产比他们原来想象的要少得多。在如何解决李约瑟研究所的资金短缺和将“中国科学技术史”丛书不断出版下去的问题上，他有很多设想并做出了巨大的努力，而对于英国社会的变化和如何看待科学史学研究，又有着明显的非传统的价值观念和价值取向。对于这一点，我当时非常地敏感，我觉得，这是历史赋予他的责任。我与何炳郁先生成了忘年交，1997 年我还曾邀请他访问了山西，并陪同他游览了著名的历史名胜——晋祠。

在剑桥大学，还有两件事情是从我记忆中抹不掉的。其一是 1993 年 3 月 22 日，当我到系里查看我的信箱时，碰到了也去取信件的玛丽·海西教授。当时她已退休数年，但还保持着与世界各地学者们的联系，所以每隔一段时间，她就会去查看一下她的信箱。可是当我向她热情地问候时，她却面露羞怯之态，轻轻地说了一声“你回来了？”像生怕见人似的，夹着她的东西赶快离开了。旁边的女秘书看到我有所不解便对我说：“You do not mind. She is a British lady!”几个月后，一个盛夏的傍晚，当我一个人在剑河边散步的时候，我又迎面碰到了在遛狗的海西教授。这一次，她面露笑容，让我陪着她边走边聊了一会儿。但是，当我又一次试图与她讨论科学哲学问题时，她说了一句“Philosophy of science has gone from my head”，便牵着她的狗匆匆离我而去。我望着她那瘦高而又衣衫简朴的背影，想到她也是 20 世纪科学哲学史上可以留下名字的人，一个一生为了学术研究而终生未婚的杰出女性，不胜唏嘘。事实上，在剑河边的长椅上，人们看到某位在特定研究领域影响过世界的著名学者，像普通的老人一样静静地坐在那里，这是一件极其自然的事情。其二是 1992 年 12 月 25 日，正好是圣诞节，国内派去的“中国艺术家慰问演出团”到剑桥大学为中国学生学者演出。其中，张也、蔡明、郭达等十几位表演者都是大家所熟知的表演艺术家。演出结束后，他们与所有的中国学生学者共进自助晚餐，并为每一位有要求的人签名，场面很热烈。但是我注意到，这些在台上极富激情的演员，在台下却完全是另外一个人：有的不善言辞、有的不喜多语，有的面露羞涩。回忆这场演出，最让我无语的是，其中一出小品表现的是一位出生在农村的中国青年带了一位外国的洋媳妇回家过年而产生的各种喜剧情节。但是，这个小品面对台下那些多年在英国留学和生活的中国学生学者来讲，不但没有一丝笑点，而且看得很别扭，完全没有达到创作的效果。当时，这件事情从生活中让我体验到，后现代性理论所强调的“情境”或“语境”的结构系统性是多么重要。

进入 1993 年之后，我萌生了在英国工作几年再回国的想法。正好有一个机会，我获得了利兹大学提供的一个为期两年的工作许可（work permit），这并不是一件容易的事情，因此，还令在剑桥大学的许多朋友们羡慕。但进入秋天后，由于多种因素，我还是选择了放弃这个机会，按照中英友好奖学金的约定，毅然踏上了回国的旅程。当火车缓缓地向前移动时，我望着车窗外远去的剑桥大学，又默念起了徐志摩《再别康桥》中的诗句。但这次我却没有了上次离别剑桥大学时的伤感，心静得如一泓秋水，凝视着碧蓝的天空中淡淡的白云，心中默默地说道：“再见吧，剑桥！我还会再来的！”回国后，学校就希望我立刻出任哲学系系主任，但我自认自己不适合做行政工作，便谢绝了。不过，转年到了 1994 年春天，出于对学校领导的尊重和感激，答应暂时做一段时间校长助理。但是，一旦走上了行政工作的岗位，便身不由己了。我于 1995 年年初出任副校长；1999 年年初出任校党委书记；2000 年又由校党委书记兼任校长；2003 年年初辞去校党委书记，以校长的职务一直工作到 2012 年满 60 周岁，方才辞去校长职务，按照山西省委的安排转任省人大代表的工作。在这 20 多年繁忙的行政工作过程中，我仍然始终不渝地进行着对科学哲学的研究。因为，这不仅仅是我个人的兴趣和爱好，也是一种历史的责任和担当。由于山西大学科学技术哲学学科整个团队的共同努力，1998 年该学科成了博士学位授权点；在而后的几年中，又陆续成了该学科的“国家重点学科”和“教育部人文社会科学重点研究基地”；最后，引领整个山西大学哲学学科成了哲学一级学科的博士学位授权单位。更有意义的是，于 2009 年我们将由中国自然辩证法研究会委托主办、山西大学实际承办的《科学技术与辩证法》杂志，更名为《科学技术哲学研究》，从而使其成为到目前为止国内唯一以规范的科学技术哲学学科建制名称命名的学术期刊。这个过程不仅反映了山西大学科学技术哲学学科的自身发展，而且从一个侧面折射了整个中国科学技术哲学学科的进步和不断成熟的过程。

当我倾心于后现代科学实在论的研究时，我不断地意识到，后现代科学实在论仅仅是整个科学哲学研究领域中的一个组成部分，二者之间具有密不可分的关联。那么，后现代科学哲学的整体状况又是如何呢？我开始考虑，后现代科学哲学是否具有现存性？科学哲学的后现代趋向存在哪些最基本的特征？科学哲学的这种后现代趋向的前景如何？尽管这些问题都是可争辩的，但只要我们将科学哲学的发展纳入整个 20 世纪人类文化进步的狂飙之中，就会发现在各种文化思潮的冲撞中科学哲学运动不可避免地带有后现代性，并且由于这种后现代性的渗入而凝现的后现代趋向特征，也深嵌着时代的烙印。同时，科学哲学也以它独特的运动性质展示出了哲学理性的意义，并探索着朝向 21 世纪的出路。总之，我们赋予科学哲学运动以后现代性发展的趋向，正是为了更准确地理解和把握它的历史地位、发展取向和本质，从而更精准地揭示后现代科学实在论研究的意义。于是，我便在这方面撰写了一系列的文章，并于 1998 年集结为《后现代科学哲学》一书在湖南教育出版社出版。

在而后的几年中，每年都有新的博士生和硕士生加入我指导的学生行列。在与他们的交流中，我更清晰地感到了科学实在论在科学哲学研究中的重要性。更重要的是，当我对当代科学实在论的发展趋向做进一步的深入研究时，发现 20 世纪 80 ～ 90 年代集中展现的 20 世纪哲学发展中的第三次转向——“修辞学转向”，酿就了科学哲学领域中的“科学修辞学转向”。这一转向的目的是要把科学修辞学作为一种确定的科学研究方法，充分地揭示科学论述的修辞学特征，从而在科学论述的境遇、选择、分析、操作、发明和演讲中，给出战略性的心理定向和更广阔的语言创造的可能空间。这一转向作为一种运动的兴起，促使科学实在论者们更进一步地去除存在于理性与非理性、语言的形式结构与意向结构、逻辑的证明力与论述的说服力、静态的规范标准与动态的交流评价之间的僵化界限，进一步消解单纯本体论立场的独断性，强调心理重建与语言重建的统一。这深刻地表明，科学实在论在已经相当进步的基础上，正不断充实和完善自己，特别是在研究的视域上，正在更自觉地由外在走向内在，由宏观走向微观，由狭隘走向广阔，显示了科学实在论自身所具有的创造性的生命力。更重要的是，它显示了科学实在论在反本质主义、基础主义和表征主义的基础上，进一步推动了英美哲学和欧洲大陆哲学、科学主义和人文主义相互渗透、相互融合的后现代科学哲学的发展趋势。这一点激发了我与有志于科学哲学研究事业的青年们，交流我自己对科学实在论及整个科学哲学后现代发展趋向的愿望。于是，我在自己过去研究的基础上编写了《科学实在论教程》一书，作为教育部“面向 21 世纪课程教材”的一种，于 2001 年在高等教育出版社出版。

1999 年暑假期间，我应美国丹佛大学哲学系主任赛博格教授的邀请，赴美国进行学术交流访问。当我向该系的学者们介绍我自己关于科学实在论问题的研究并与他们讨论时，我发现他们从反实在论的视角所提出的问题颇具挑战性，就像科罗拉多大峡谷一样给我留下了深刻的印象和宽阔的思考空间。2002 年暑假期间，我应李约瑟研究所所长古克礼教授的邀请，又一次回到剑桥大学。一方面，我代表山西大学科技哲学研究中心与该所签订了长期的交流合作协议，以使我的博士生们都有机会到剑桥大学去完成他们的博士论文；另一方面，又与剑桥大学科学史和科学哲学系的学者们进行学术交流，以了解他们的最新研究状况。令我难忘的是，在我邀请查丁教授共进午餐并讨论科学实在论研究的问题时，我发现他对科学实在论的合理性阐释有着一种与过去我对他的了解所不同的新概念。2004 年暑假期间，我应德国凯泽斯劳滕大学哲学系主任沃夫冈教授的邀请，赴德国进行学术交流访问。沃夫冈教授早年在海德堡大学学习理论物理，后来投到伽达默尔门下读哲学博士，是伽达默尔的忠实弟子。他几乎每个周末都开车带我去参观不同的地方，如马克思故居、海德堡大学等。只要在一起，我们都会情不自禁地讨论哲学问题，正是在这些不经意的言谈中，我深深地从感性上窥见了德国哲学或欧洲大陆哲学与英美哲学传统的区别，感受到了评价科学实在论与反实在论争论的另一种标准和话语系统。对此，我还专门写了一篇对沃夫冈教授的访谈——《欧洲大陆和英美哲学传统之间的区别、关联与融合》，发表在《哲学动态》2005 年第 1 期上。这些经历使我更清晰地意识到，进入 21 世纪以来，国内外科学哲学界在科学实在论的认识和观念上发生了很大的变化，特别是反实在论自 20 世纪 60 年代通过历史相对主义的途径而重新流行，并在 70 年代开始了“新实用主义的转向”之后，以强劲势头冲击着科学实在论的基本观念和思想，尤其是劳丹、范·弗拉森、法因等学者，以及社会建构论、解构论等对科学实在论提出了各种责难，最终以“实在论死了”为口号发起总攻。另外，科学实在论赖以辩护其基本立场和观念的理论基础（如“逼真论”和“操作论证”）也面临着各种困境，不再能够成为科学实在论存在的充分理由。在这种情况下，科学实在论是否走到了其理论的死胡同，有没有能力来面对这一切复杂的挑战？如果我们对科学实在论还抱有信念的话，如何来为它的存在进行新的辩护？事实上，科学实在论从未停止它前进的脚步。就当下来讲，科学哲学的各个领域，包括科学实在论，都在寻找一种跨学科的结合，这就在于：第一，各个学科的本体界限在有原则地放宽；第二，各个学科的认识论疆域在有限度地扩张；第三，各个学科的方法论形式在有效地相互渗透。同时，科学哲学研究的本体论性在从给定的学科性质中弱化，认识论性在从给定的学科性质中摆脱狭义的束缚，而方法论性则从给定的学科性质中解构出来。实际上，“语言学转向”的深层影响正在促使人们将语言学、解释学和修辞学的转向统一起来，将语形、语义及语用分析方法结合起来，推动着方法论的大融合与大渗透。而且，所有这些方法论的分析都在可推论、可构造、可分析的层面上摆脱了具体形态的束缚，从而使科学实在论研究的方法论更加普遍化了。也正是这种普遍化，才能使它们更有机地与具体的实践操作结合起来。毫不掩饰科学实在论面临的困境，积极寻求辩护科学实在论的新策略，这应当是大多数科学实在论者抱有的基本态度。所以，艾尔卡在 20 世纪末不无骄傲地大声呼吁“我声称实在论‘仍然活着并且活得很好’”，表达了科学实在论者们的基本立场。事实上，长期的论战已使科学实在论者们清醒地意识到，反科学实在论的论证已经越来越复杂，越来越精确，同时偏见也越来越少；而实在论自身的论证也越来越精致，越来越开放，同时也在不断地分化。只有走出形而上学的“贫困”，开拓方法论和认识论领域的新局面，科学实在论才能进步。概略地讲，科学实在论者们所使用的比较突出，并且也被反实在论者们所认同的方法主要有以下几种：①语境分析的方法；②修辞分析的方法；③隐喻分析的方法；④心理意向分析的方法；⑤复杂性分析的方法。这些方法的使用是统一的和一致的，它们共同构成了为当今科学实在论辩护的极其重要的方法论策略。就是在这样的认识基础上，我做了一系列的研究，并将其集撰为《科学实在论的方法论辩护》一书，于2004年在科学出版社出版。我对科学实在论坚持不懈的研究获得了国内同行的认可。《后现代科学哲学》一书于2003年获得了教育部第三届“中国高校人文社会科学研究优秀成果”二等奖；《科学实在论的方法论辩护》一书于2006年获得了教育部第四届“中国高校人文社会科学研究优秀成果”一等奖。这是中国人文社会科学研究成果的最高奖项。

正当我在科学哲学的研究中努力攀登之时，世纪之交的历史更替来临了。在经历了波澜壮阔的20世纪的发展之后，科学哲学将会以什么样的姿态掀开21世纪的崭新篇章呢？特别是在方法论的研究上，将会以什么样的突破来展示科学哲学研究最有前途的发展趋向呢？这是每一个科学哲学家自然而又必然要面对的难题，对我个人而言，也是自觉或不自觉地要思考的问题。1997年年初，教育部组织了一个中国大学校长访日考察团，我有幸成为团员之一。我们的行程完全由日本外务省中国课负责安排，并且接待标准较高。在日期间，我们与日本各界进行了几场座谈。在每次座谈中，我都参照中国悠久的历史文化和西方发达国家的经验，对日本社会的进步提出了建设性的意见，这给日方留下了较深的印象。在我们即将回国时，日本外务省的中国课课长代表日方到机场去为我们送行。到机场后，这位课长对我说，日本学术振兴会有专项的基金资助中国学者到日本来做学术交流和访问，你的背景情况完全符合他们的要求，如果你愿意来的话，他们一定会邀请你来的。一方面，我欣然接受并表示感谢；另一方面，也只不过觉得他是客气而已。没想到的是，我回国后不到半个月，就接到了日本学术振兴会寄来的邀请函，邀请我对日本进行正式学术交流访问，一切费用由该振兴会资助，时间长度由我自己选择，并安排与山西大学有交流合作关系的东京国际大学承担具体的接待事宜。由于5～6月到香港和台湾参加学术会议，所以我选择了在1997年当年暑假期间进行为期3周的访问计划并得到了对方的赞同。7月10日，当我踏上从北京飞往东京的飞机时，我开始思考科学哲学研究的方法论问题。在飞机上，我突然想起了1992年10月在剑桥大学时，曾经参加过一个叫"On Context Principle"的讲座，演讲者用语境的原则分析隐变量理论的合理性给我留下了深刻的印象。我突然产生了一种直觉，觉得我这次日本之行，研究的对象就应该是"语境"。在日本的三周时间里，除了和日本学者见面外，我把自己埋进了图书馆。当翻阅了相当多的资料后，我从科学实在论的视角感到了"语境"作为一种方法论的研究平台所具有的震撼力。尤其是语境所具有的本体论性和结构系统的整体性功能，避免了传统实在论在逻辑论证上的无限后退，使我萌发了对它研究的极大信心。于是，我用最后的几天时间，写了一篇《论语境》的文章，并立即从东京快递给了《哲学研究》编辑部；而《哲学研究》编辑部也出乎我意料地马上在1997年第4期上予以发表。这是国内科学哲学界第一篇专门研究语境的文章。值得我回忆的是，在日期间，庆应大学的迟田允茂教授及其夫人于7月18日在他家附近的麦当劳请我喝咖啡，并聊了一个半小时。他时年已80岁，曾留学牛津大学，做过奎因的学生，是日本全国哲学学会主席。他送了自己的五部著作给我，并在扉页上留字"郭贵春大兄惠存。——迟田允茂"，同时，我也回赠了自己的几本书。他们夫妻都非常热情，而且是我四次访问日本中见过的英文讲得最标准的学者。我第四次访问日本是在2008年暑假期间，应东京大学文学院长、哲学教授Ichinose Massaki的邀请，到东京大学做一场学术报告，题目是"当代科学哲学的现状及其发展趋势"。由于这个题目太大，我讲的核心内容其实是语境论的分析方法与当代科学哲学的进步。有意思的是，因为我不懂日语，只能用英文讲，便在如何理解"context"这个词上与日本学者在讨论时产生了分歧。后来，有一位日本教授请我将“context”一词的汉语译文写在黑板上；当我把“语境”一词写出来时，他们便完全理解了我的意思，进行了很好的交流，并认为收获良多，还拉我与他们共进晚餐。他们都是 AA 制，却不让我出钱，我的费用由他们分摊。这件事情让我感觉到，尽管日本学者也大多具有英美国家名牌大学的留学背景，但和中国学者交流时汉字却较之英语具有无以言喻的作用。

从 1997 年开始，一潜心进入语境的方法论研究，我就充满自信地认为这是科学哲学研究领域中最有前途的方向之一。因为，当我们面对 21 世纪，回眸 20 世纪科学哲学的历程时就会发现，在哲学运动的语言学转向、解释学转向及修辞学转向的过程中，科学哲学的进步有着两个极其鲜明的特征：其一，它所提出、求解和涉及的一系列理论难题，均在一定意义上与语境问题本质地相关，即试图从不同的语境视角去重构或重解这些难题；其二，通过“再语境化”的途径，以朝向后现代性发展的趋势，抛弃一切单纯形式的、经验的、范式的或框架的依托，而转向将所有科学之历史的、社会的、语言的和心理的层面统一到一个不可还原的、整体的语境基点上去。由这两个特征所形成的后现代科学哲学，已经不以人的意志为转移地跨入了 21 世纪哲学运动的大门。当然，我们必须注意到的是，科学哲学的这一趋向绝不是偶然的。它是哲学运动“三大转向”相互演化、更迭、渗透与综合的必然的逻辑结果。始终作为科学哲学运动之灵魂的科学批判精神，并没有将自己禁锢在狭隘的形式理性的教条之中，它在自身的运动中消解了把哲学研究仅仅引向经验基底上的句法层面，过分突出形式理性与科学主义的观念；弱化了将语言经验与解释经验、语言分析与解释实践相互融合的社会化的非理性主义的倾向；意识到了语言分析的本质在科学哲学广义自然化趋向中所具有的“战略研究”的地位、作用及其不足。正是在这个基础上，科学哲学的研究从“语用语境”的基点出发，修正“三大转向”所具有的缺陷，从而在语形、语义和语用的语境结合上去探究科学哲学未来发展的新趋向，就是自然而又必然的了。所以，把语境作为语形、语义和语用结合的基础，从语境的基底上去透视、扩张和建构整个科学哲学的大厦，是回答了以什么样的形式、什么样的方法及什么样的基点或核心去决定科学哲学未来走向的一个重大的理论问题。当然，这一回答与语境本身所具有的内在本质是分不开的。这就在于：①语境是一种具有本体论性的实在，构成了整个哲学理论分析十分“经济”的基础；②语境是在一切人类行为和思维活动中最具普遍性的存在，而且所有语境都是平等的；③语境作为科学哲学的研究基底具有方法论的横断性，同时在某种意义上它的超验性与它的横断性是一致的；④语境绝非一个单纯的、孤立的实体，而是一个具有复杂内在结构性的系统整体，它从时间和空间的统一性上整合了一切主体与对象、理论与经验、显在与潜在的要素。总之，语境通过其自身这种结构的系统规定性，展示了它一切历史的和具体的动态功能。当然，我也清晰地明白，语境绝不是万能的。语境论的研究仅仅是科学哲学迈向21世纪的趋向之一，但它已经并将以更崭新的姿态展示它迷人的光彩，则是我坚信不疑的。在这样的认识基础上，我做了一些相关的研究，并集结成《语境与后现代科学哲学的发展》一书，于2002年在科学出版社出版。从这一时期开始，“科学实在论”和“科学语境论”就成为我而后科学哲学研究的两个最基本，也是最重要的基点；而且正是这二者的有机统一和结合，自然而然地构成了我自己科学哲学研究的鲜明特征。2012年，北京师范大学出版社推出了一套“当代中国哲学家文库”，其中将我过去发表过的一些有代表性的文章，以“走向语境论的世界观：当代科学哲学研究范式的反思与重构”为书名结集出版，显示了学术界对我自己科学哲学研究特征的某种认同。

进入21世纪之后，无论是国际还是国内的学术界，都受到了一股强烈的文化主义浪潮的冲击。这种从文化的结构及其进步的层面和视角，去解析政治、经济、历史、社会、科学和技术等学科的发展，无疑具有其存在的合理性和必然性。这正像莱奥塔德说的那样，“文化是倾听被说出来的东西，文化是给那些没有发言权但在寻求它的人以发言权”。但是，将这种文化分析的方法渗透到任一具体的科学研究领域并将其扩大化，就易于消解具体科学研究自身的本质内核，进而使其内在的研究边缘化，进而产生“泛文化主义”的倾向。这种现象在科学哲学研究领域同样存在。事实上，文化和理性是统一的，但不是同一的；不能用文化的背景性和传统性去消解理性的内在性和本质性。同样，人文理性和科学理性也是统一的，但不是同一的；不能用人文理性的标准和价值取向去消解科学理性的标准和价值取向。而科学哲学研究的本质，恰恰正是坚守自身的科学理性的逻辑标准和科学理论的形式体系所给定的价值取向。否则，科学哲学作为一门学科赖以存在的基础就消失了。为此，我和山西大学科学哲学的整个团队申请了诸多国家级和省级的科学研究项目，发表了大量的专业论文，出版了一系列的著作，努力推动国内科学哲学研究的事业朝着合理的、符合其自身发展规律的方向进步。特别是我们主编的《走向 21 世纪的科学哲学》（山西科学技术出版社 2000 年出版）、《科学哲学的新进展》（科学出版社 2008 年出版）、《当代科学哲学问题研究》（科学出版社 2009 年出版）、《科学哲学的新趋势》（科学出版社 2010 年出版）等，体现了我们整个团队科学哲学研究的价值取向。更具代表性的是，我们成功地完成了教育部哲学社会科学研究重大课题攻关项目——“当代科学哲学的发展趋势”，并在 2009 年按照教育部的要求将研究成果以“当代科学哲学的发展趋势”为书名在经济科学出版社出版。该书获得了 2013 年第六届“教育部人文社会科学研究优秀成果”二等奖。

我之所以看重对当代科学哲学发展趋势的研究，是因为要揭示在世纪之交的历史环境中，当人们不断地反思 20 世纪科学哲学的历史进程时，一方面，人们重新剖析与解读过去的各种流派和观点，以适应现实的要求；另一方面，试图通过这种重新剖析与解读，找出今后科学哲学发展的新途径，尤其是科学哲学研究的方法论走向。有的科学哲学家在反思 20 世纪的逻辑哲学、数学哲学及科学哲学的发展，即“广义科学哲学”的发展中，认为存在着五个“首要难题”（leading problems）：第一，什么是逻辑的本质和逻辑真理的本质。第二，什么是数学的本质，即什么是数学命题的本质、数学猜想的本质和数学证明的本质。第三，什么是形式体系的本质，以及什么是形式体系与希尔伯特称之为“理解活动”（the activity of understanding）的东西之间的关系。第四，什么是语言的本质，即什么是意义、指称和真理的本质。第五，什么是理解的本质，即什么是感觉、心理状态及心理过程的本质。这五个“首要难题”概括了整个 20 世纪经典科学哲学探索所要求解的对象，以及 21 世纪自然要面对的难题，有着十分重要的意义。而且，从广义科学哲学的视角看，在 20 世纪的科学哲学发展中，逻辑哲学、数学哲学、语言哲学和科学哲学是统一在一起的。因此，逻辑的方法、数学的方法和语言学的方法，都是整个科学哲学研究方法中不可或缺的一部分，它们在求解科学哲学的难题中是一致的。这种统一和一致恰恰是科学理性的统一和一致。科学哲学家们在 20 世纪对这些难题的认识、理解和探索，是一个从自然到必然的过程；它们之间的相互融合与渗透是一个由不自觉到自觉的过程。而在 21 世纪，则是一个“自主”的过程，一个统一的动态发展过程。那么，在这个“自主”的过程中，科学哲学发展的真正主要目标是什么呢？其最大的“首要难题”又是什么呢？我自己研究的结论是：第一，重铸科学哲学发展的新的逻辑起点。这个起点应超越逻辑经验主义、历史主义、后历史主义的范式。可以肯定地说，一个没有明确逻辑起点的学科肯定是不完备的。第二，构建科学实在论与反实在论各个流派之间相互对话、交流、渗透与融合的新平台。在这个平台上，彼此之间可以和谐地相互交流与共同促进，从而使其成为科学哲学生长的舞台。第三，探索各种科学方法论相互借鉴、相互补充、相互交叉的新基础。在这个基础上，获得科学哲学方法论的有效统一，从而锻造出富有生命力的创新理论与发展方向。第四，坚持科学理性的本质，面对前所未有的消解科学理性的围剿，持续地弘扬科学理性的精神。这一点，应当是当代科学哲学发展的一个极其关键的因素。而且，只有在这个基础上，才能去谈科学理性与非理性的统一，去谈科学哲学与科学社会学、科学人类学、科学史学、科学认知学及科学文化哲学等流派或学科之间的关联。否则的话，一个被消解了科学理性的科学哲学，还有什么资格去谈论与其他流派或学科之间的关联呢？总之，这四个从宏观上提出的“首要难题”表明，当代科学哲学的发展的特征就在于：一方面，科学哲学研究的进步越来越多元化；另一方面，这些多元化的立场、观点和方法又在一个新的整体性的层面上展开。因此，多元化和整体性是当代科学哲学发展中一个问题的两个方面。它将在这两个方面的交错和叠加中寻找自己全新的出路。这就是当代科学哲学拥有强大生命力的根源。也正是在这个意义上，拥有20世纪不平凡发展的科学哲学事业，在21世纪走向语境论的研究趋向就是一种逻辑的必然，并且成为科学哲学研究领域最令人激奋的取向之一。

2006年暑假期间，我应澳大利亚悉尼科技大学的邀请赴澳进行学术交流访问，并顺访了悉尼大学、昆士兰大学、堪培拉大学和墨尔本大学。停经新加坡时，我还顺访了新加坡国立大学。2007年暑假期间，我应加拿大曼尼托巴大学的邀请赴加进行学术交流访问，并顺访了英属哥伦比亚大学、多伦多大学和渥太华大学。就科学哲学的研究而言，这些大学的研究风格均属英美流派，具有共同的价值取向和研究路径。由于工作的需要，从2001年到2011年这10年中，我随教育部的代表团或山西大学自己组团访问过俄罗斯、亚美尼亚、美国，以及东欧、西欧、北欧、非洲和南美洲等地区的许多国家，有些国家去了还不止一次。这些活动对于拓展我的国际视野，促进我自己的学术研究，以及增强行政管理的能力，都有着积极的作用。但令我最难忘的一件事是，在曼尼托巴大学我认识了该校财务处一位处长：她和她丈夫都是华人，她的家乡在中国台湾，她丈夫的家乡在新加坡，我们在一起都讲汉语，她尤其与我妻子谈得来，因此聚会多次。有一次，我和她讲全世界的大学校长都认为，办好一所大学最困难的事情就是争取最优秀的教师、最优秀的学生和最充足的办学经费时，她稍稍沉默了一下，然后认真地对我说，就表面上讲这是对的，但就西方发达国家来说，大学校长们最头疼的却不是这些工作，而是如何处理与工会的关系。就北美洲来讲，每个大学都有三个工会，即教授工会（委员会）、职工工会和劳工工会，每个工会都有自己的利益诉求，大学校长们必须面对每一个工会的诉求，而且要保持它们之间的平衡。这些关系如果处理不好，校长就有可能被要求辞职。因为归根到底，校长是被选举出来的。这使我对办大学有了一种新的认识。而后，我遇到过一些世界一流大学的校长们，每当我向他们提及这个问题时，他们大多避而不答。不过，我将这个问题变成中国的话语讲，那就是办好一所高水平的大学必须有良好的大学文化建设。另外，有一次我随中国大学校长赴美培训班到美国，参观了在硅谷的雅虎、思科等公司的总部，又在明尼苏达州参观了汤森路透集团的总部，而且每次都与各公司的高管进行深入的座谈。这使我从感性和理性的结合上产生了一个强烈的印象，那就是作为引领当代社会进步的信息技术，其发展的最重要的基础就是对语言的处理，而语形、语义和语用的分析方法，尤其是在特定语境下的语义分析方法，乃是整个语言处理系统的核心。这促使我对语义分析方法与当代科学哲学发展问题进行了新的思考和研究。

其实，回顾科学哲学的历史演变和发展过程，我们能够看到语义分析方法在其中所扮演的重要角色。语义分析的方法论的重要性，主要建立在这样几个方面的原因之上：①科学理论的公理化表征形式为现代语义逻辑分析提供了充分的舞台，对形式演算赋予了合适的语义结论，从而能够审视抽象的理论模型和理论框架。②理论模型的意向特性，要求在语境论这一整体平台上结合形式体系给出的内在特性，充分运用语义分析方法来揭示理论的建构、解释和说明过程，从而体现出理论的意义整体性。③在同一物理事实采用不同科学理论模型时，要在不同的指称框架下给出对理论实体的意义说明和对同一物理实体的揭示，也要采用语义分析方法。④给出对科学理论与实验之间的语义关联的合理解释，进而表现出理论模型的自洽性，这需要语义结构间的一致性关联，以及“语义上升”和“语义下降”之间的不断调整和变换。⑤对科学理论形成过程中从测量对象、测量仪器、经验现象到测量表征的整个结构系统进行物理对象指称和物理意义关联间的揭示，也要求采用语义分析方法。所有这些都要求有一种系统的、完整的语义分析方法，才能够将科学理论的形式化体系和其中科学家的心理意向同时揭示出来，进而对科学理论的意义进行充分的解释和说明。其中，同时需要形式化的规范语义分析和自然主义的语义分析。因此，我在研究中特别关注了这样几个方面：第一，语义分析的方法论意义；第二，语义分析的语境论基础；第三，语义分析的演化趋势及其语境意向；第四，语义分析方法在科学语境解释中的应用；第五，语境论的语义分析与科学家的方法论辩护。在这些认识的基础上，我将一系列的研究成果集结成《语义分析方法与当代科学哲学的发展》一书，于2014年在科学出版社出版，并试图在科学实在论与科学语境论相结合的基础上，将科学哲学的研究再向前推进一步。

在这些年对科学哲学的研究中，我也日益明晰地看到，随着语境观念在当代思维领域中的普遍渗透，语境论世界观逐渐显现在自然科学和社会科学各个学科的发展中。无论是以语境实在论为特征的本体论立场，以语境范式为核心的认识论路径，还是以语境分析为手段的方法论视角，语境所具有的元理论特征，使人们已经不能把语境论仅仅局限于“使科学哲学融合起来”。事实上，作为一种普遍的思维特征，它在世界观的意义上，已成为构造世界的新的“根隐喻”。这就在于：第一，语境本身具有根隐喻思维的特征。从词源上看，语境来自拉丁文动词“texere”，具有交织、关联和构成的意思。其内涵经历了从“词和语句的关联”到“确定文本意义的环境”的演变。特别是在马林诺夫斯基开创性的工作之后，语境观念从“言语语境”扩展到了“非言语语境”，包括“情景语境”“文化语境”和“社会语境”。自此，语境的观念就发生了根本性的变化，从“关于人们在语境中的所言、所做和所思”，转变为“以语境为框架，对这些所言、所做和所思进行解释”。这样一来，语境就跟语词和文本的意义所反映的外部世界的特征，从而也就跟世界的本质，尤其是知识和真理问题关联了起来。第二，语境的根隐喻地位是人类思维演进的必然结果。正如斯蒂芬·佩珀（Stephen Pepper）指出的，所有伟大的科学与哲学思想无不源于“形式论”“机械论”“机体论”和“语境论”这四大“根隐喻”，并在此基础上类推地构想和认识世界。形式论世界观的特征在于，通过命名或描述事件来阐明语词或句子跟事件之间的关系，所以，它揭示了语词世界和实在世界之间一一对应的映射关系，形成了符合实在论的真理观。机械论世界观强调了主观世界和客观世界的对立，不过它预设了世界的组织特性，认为世界的有序存在要先于事件和关系，可以为了秩序和力量重新安排实在；像形式论一样，它对实在的看法具有符合论的特征，是一种指称实在论的真理观。机体论则强调世界的整体特性，认为世界是一个变化的、进化的有机系统，因此，对世界会有各种正确的或错误的不同解读，即不同的表述方式。与语言意义相关的是不同表述之间的关系，而非世界中的实体。由此，它形成了融贯实在论的真理观。与上述三种构造和解释世界的根隐喻不同，语境论更注重动态活动中真实发生的事件和过程，即在特定时间框架中不断变化的历史事实，而且可变的事件本身赋有主体的目的和意图，主体参与到事件和语境的构造当中；同时，语境也反过来影响主体的行为，这是一种相互促动、关联的实在图景。语境论将实体、事件、现象等具有实在特性的存在视为是在相互关联中表述的，不同的语境会形成不同的本体论立场，从而语词及其所指的对象就会具有不同的意义。由此，语境具有的本体论性特质，使它成为判定意义的本质基元，具有更强的基础性、科学性和不可还原性。

可见，作为根隐喻的语境，可以成为人类概念系统中深层次的核心概念，对人类日常的思维方式和话语表达起到重要的作用。把它作为核心概念对其他概念进行比拟阐述，不仅是可以普遍接受的概念或模式，而且会使人们自觉或不自觉地按照这种概念或模式进行思维或行动。正是在这一意义上，将语境作为根隐喻构建为科学哲学理论未来发展的基点和生长点，成为一个颇具战略意义的选择。正是在如此认识的基础上，从这一个视角我做了一系列的研究，最终形成了《隐喻、修辞与科学解释》一书，并于2007年在科学出版社出版。可以这样讲，对这一主题的研究是对我个人整体科学哲学研究思想和内容的重要补充。特别需要指出的是，对于科学解释问题的研究，始终是科学哲学研究领域的核心内容。山西大学科学技术哲学研究中心，从它初建以来举办过很多大型或小型的各类国际国内的学术研讨会，但每次会议本质上都离不开对这一问题的研讨。尤其是2012年9月17～19日，我们在太原举办了题为“科学解释与科学方法论”的大型国际研讨会，来自亚洲、大洋洲、拉丁美洲、欧洲和北美洲的几十位专家参加了会议，研讨甚为深入，取得了良好的国际交流的效果。会后，我和美国佛罗里达大学的刘闯教授，共同编辑了这次会议的论文集 *Scientific Explanation and Methodology of*

Science，由新加坡的世界科技出版公司（World Scientific Publishing）于2014年出版，在国际学术界产生了较大的影响。

在从事科学哲学基础理论研究的同时，编写一些有意义的教材，也是必要的，有时甚至是必需的。教育部普通高等教育“十一五”国家级规划教材办公室组织全国有关单位编写“新世纪高等学校教材”，以我为首席专家的山西大学科学技术哲学团队应北京师范大学出版社之约，编写“哲学基础理论课系列教材”中的《科学技术哲学概论》。这部教材既要体现哲学性，又要能抓住科学技术发展的学理规范与学术基点；它既是一项学术性的探索活动，也要体现我们对科学技术哲学的本质理解，因此具有很强的挑战性。最终，不负众望，我们非常有特色地完成了这部教材的编写，并于2006年在北京师范大学出版社出版。2011年，教育部马克思主义理论研究和建设工程领导办公室点名要求以我为首席专家，由我自主在全国范围挑选课题组成员，编写“硕士研究生思想政治理论课教学大纲”中的《自然辩证法概论》。这是一项重要的政治任务，于是我邀请陈凡、吴彤、张明国、肖显静和殷杰等几位专家，一起参加了这一教学大纲的撰写和修改工作。该教学大纲顺利完成，并通过专家组审查，于2012年在高等教育出版社出版。同时，我们几人又再度精诚合作，接着编写了该教学大纲下发后的第一部《自然辩证法概论》教科书，于2013年年初在高等教育出版社出版。总之，这些工作对于推动我国研究生教育教学活动的进步具有十分重要的意义。

我从1993年年底开始指导硕士生，从1999年起开始指导博士生。我还曾被聘为中国社会科学院哲学研究所科学技术哲学研究室的兼职博士生导师，协助金吾伦老师指导过博士生，并做过该研究室博士生毕业论文答辩委员会的成员。我颇感欣慰的是，在我科学哲学研究的生涯中，有许多美好的时光是与我的学生们一起度过的。每当我看到他们在辛勤探究理论真知的过程中，时而激奋、时而彷徨，时而快乐、时而沮丧，时而轻松、时而紧张的时候，我深知这是渴求凤凰涅槃般过程中心理上的必然跌宕，只有这样他们才能走向成功，走向成熟，才能告别过去，走向未来。因此，每当我在他们论文的初稿上修正每一个标点，改写每一个语词，换过每一句表述，提出每一点意见时，都凝神贯注，觉得手中的笔重若千斤，并把自己科学理性的思维调度到最佳的状态。因为我知道，这既是作为一名教师的天职，也是作为一名长者的责任——我必须对得起他们的努力和汗水，对得起他们的理想和目标。特别是当他们的博士论文答辩获得通过后，流着激动的泪水表达对导师的谢意时，我的心便像激流中漂荡着的一叶轻舟，在波涛中翻滚着，眼眶中也会蒙上一层淡淡的薄雾，我心底感到无比的幸福。我的学生遍布全国各地，他们许多人都已成了学术界的佼佼者。尤其是殷杰的博士论文获得了全国"百篇优秀博士论文奖"，程瑞的博士论文获得了全国"百篇优秀博士论文提名奖"，这是足以令人骄傲的事情。许多学生由于机缘之故，虽未获得过这些奖项，但他们的论文水准也足以傲视群雄。我后期的许多研究成果都是和我的学生们在教学相长的过程中共同完成的；汗水凝结在一起，成果也自然融于一体。现在，每当深夜静谧的时候，我常常一个人坐在家里窗前的沙发上，望着外面闪烁的灯光和无尽的穹空，默想着我所指导过的每一位学生的成长、成就和成功，便会在心底欣慰地告诉自己——要为他们感到自豪！

自 1978 年以来，至今已 38 年。经过这漫长学术历程的跋涉，我迄今发表各类学术论文 270 多篇，出版专著和编著图书 29 部，译著 5 部，也可算是略有积累。2015 年仲夏，偶与殷杰教授谈天，他作为山西大学科学技术哲学研究中心主任及学科带头人，从学科建设的角度建议我整理出版一套个人的文集，以作为山西大学科学技术哲学学科发展的一个见证和部分研究成果的展示，也可以此激励后辈。同时，他慨然允诺由他来做具体的编撰工作，但需要由我亲自写一篇"序"，以为引子。经过慎重的思量，我觉得这个建议很有意义。首先，我个人的学术研究生涯正好与中国改革开放的过程历史地重叠在一起，正是改革开放的辉煌和它所创造的环境造就了我个人的研究事业；而我个人微末的学术研究成果也恰是改革开放洪流中一朵小小的浪花。这些成果编撰成集更能体现它的历史性、系统性和理论性，有利于读者阅读、研究和批判，更好地发现它的价值和揭示它的局限性。其次，这部文集从一个侧面，体现了山西大学科学技术哲学学科成长的历史，它凝练了整个团队团结与奋进、创新与成就的精神与气质，突显了它朝着具有中国特色、中国气派和中国风格的哲学社会科学研究事业而努力奋进的取向，表明了它是国内科学哲学研究领域中日益希望自己创造具有学派特征的一支不可忽视的研究力量。最后，这部文集也在一个点上折射了整个国内科学哲学研究领域过去几十年的历程，彰显了它从封闭走向开放、从国内走向世界、从译介走向批判、从吸收走向创新，从而逐渐建立自己独具特色的学科体系的内涵和本质。尽管这些努力目前仍然处于探索和初创的时期，但它所具有的理论价值、学术价值和取向价值，却已为整个科学哲学学科体系的建设绽放了朝霞般的光芒。我一直坚信，中国的科学哲学研究事业有着无比光明的前途和未来。

最后，我向所有阅读这部文集的读者和朋友送上耳熟能详的李白名句：

长风破浪会有时，
直挂云帆济沧海。

郭贵春

2016 年元月于太原

目录

论 语 境*

当我们面向21世纪的发展去回顾20世纪语言哲学、分析哲学和科学哲学的历程时就会看到，它们在21世纪哲学运动的语言学转向、解释学转向及修辞学转向的过程中，提出、解决和涉及的一系列理论难题，都在一定意义上与语境（context）问题本质地相关。因此，我们提出语境实在论的概念，试图从语形、语义与语用的统一上去阐释重构语境概念的必然性、语境的本体论性和语境的结构性，说明语境实在论的本质意义，并表明这将成为后现代实在论研究所面对的一个非常重要的趋向。

一、重构语境概念的必然性

20世纪的哲学发展历程是与语言学转向、解释学转向及修辞学转向这"三大转向"联结在一起的。语言学转向在现代逻辑方法的基础上侧

---

* 本文发表于《哲学研究》1997年第4期，作者郭贵春。

重了语形的逻辑性，并把形式句法的规范性同经验性联结起来，把哲学的研究引向了经验基底上的句法层面，从而强烈地突出了形式理性与科学主义的观念。解释学转向促进了语言理解与解释经验、语言分析与解释实践的相互渗透和融合，使得语言哲学与解释学的传统及各种解释学的发展联系了起来，表明了语言理解的意义正是存在于语言分析的整体性之中，而且在一定程度上推动了语言理解和语义分析的社会化倾向。修辞学转向使人们日益意识到了语言哲学的研究在本质上是一种"战略研究"，推进了对语境及其意义研究的广义的自然化，并从语用分析出发，试图修正语言学转向和解释学转向所具有的弱点，以及从语形、语义和语用的结合上去探索语言哲学发展的新趋势。

伴随着这"三大转向"，20 世纪的哲学运动显示了它的磅礴气势。由此也可以看出，从语言学转向、修辞学转向和解释学转向的本质的一致性上，从语形、语义和语用的结合上，去探讨面向 21 世纪的哲学研究，将是一个重要的发展趋势。但问题在于，以什么样的形式、什么样的方法、什么样的基底或核心去统一它们，去推进这一趋势呢？这正是我们要研究的问题。但有一点我们认为是明确的，那就是把语境作为语形、语义和语用结合的基础，从而在语境的基底上去透视、扩张和构建整个语言哲学的大厦，将是一个不容否认的趋向。这一趋向不仅是现实的，它同时具有历史的必然性。

首先，在语言哲学的研究中，句法问题的真正引出，是由于"几何公理是否必须作为表征命题被理解"①。彭加勒（Poincare）和希尔伯特比其他人更清晰地看到了这一点。而后，维特根斯坦的论域、卡尔纳普的句法、塞拉斯（W.Sellars）的范畴框架、库恩（T.Kuhn）的范式等，都是 20 世纪试图解决这一问题的不同层面或角度。在许多哲学家看来，只有通过语言才能认识一切，语言和意义是形而上学的真正核心。所以，句法问题的引出，是要寻找一种可操作的决定意义的规则。从这一点上讲，由传统对意义的模糊的抽象把握到对意义的这种规则性的探索，既

① Coffa J A. The Semantic Tradition From Kant to Carnap. Cambridge：Cambridge University Press，1991：138.

表明了句法的重要性，也显示了意义理论探索中的一个巨大进步。无论是希尔伯特的形式论、彭加勒的约定论，还是逻辑经验主义的实证论诉诸句法的理解，都是出于这一目的。

然而，需要注意的是，若从语义上来看待形式约定，在某种程度上约定性是必然性的对立面。因为在意义的范围中，从外部看来是约定的，从内部看来就是必然的。而且这种必然性是语义的必然性，句法是不能纯粹地离开语义而存在的。这就是在维特根斯坦看来，重建语义学的首要之事是正确回答“什么是命题”这一问题的根由。同时，更广阔地讲，分析哲学渗入科学哲学之中的缺陷之一，就在于对理论的动力学意义的求解局限于一阶逻辑和模型理论的句法分析之中。[①] 这就在本质上把意义约束于传统预设主义的模型结构，并使这种形式模型受到经验的直接检验，从而限制了语义的多层深入，排除了语境的具体整体性，抑制了语用的多变性和灵活性，而把语形或句法结构教条化了。更重要的是，由于这种框架的刚性和狭小，它无法容纳意义的整体性、具体性和多层次性，从而使得“意义”的意义成为不完备的。这就是在逻辑实证主义衰落之后，哲学家们要从语义的深入和意义的整体性扩张上去探索科学哲学发展的重要原因。

其次，传统认为语法规则决定了意义，但事实上，语法规则的本质是语义的，并且它们的关联融合在具体的语用之中。维特根斯坦曾经典型地论述过，哲学作为语法的看护者（custodian）能够把握世界的本质，但这不仅仅存在于语言的句子中，而且存在于这种语言的规则中，因而“语法是实体之镜”[②]。尽管如此，他仍然意识到，就像逻辑一样，句法先在于“how”，但不先在于“what”；句法并非完全任意的选择，它必须使我们能够表达事实的多样性，赋予我们像事实一样的自由程度。维特根斯坦实际上主张了两种意义观：①当语词被言说的时候，意义是现在的；②意义不是现在的，而是由符号的使用所界定的。前者是他的《逻辑哲学论》及其先前者们的看法；后者则是一种新的语义图景，被人们

① Sibeiius P. A major failure within modern analytic philosophy. Philosophy of Science，1993，(12)：558.

② Lee D. Wittgenstein’s Lectures in 1930-1932. Totowa：Rowman & Littlefield，1980：9.

称为“语义学中的哥白尼转向”。在这里，维特根斯坦从句法的改变（即意义的改变），而走向了由使用来决定意义，的确是在意义观上由抽象和先验走向了具体和后验，由强调语形而注重语用，是一个重要的进步。但从本质上讲，这两种主张均有其合理的方面，是维特根斯坦本人将其对立起来了，并导致了分析哲学的极端分化。他从一个极端走向另一个极端，否认句法先验性的特定合理性和句法规则对意义的某种可靠性也是不恰当的。因为句法的规则渗透着约定的相对合理性和语义次序的相对约定性。在这一点上，承认语法宽容性（grammar tolerance）的存在是必要的。

必须指出的是，在维特根斯坦的思想中，潜在地存在着一种“反意义的修辞学”（antimeaning rhetoric）倾向，这是值得被认真对待的。它预示了 20 世纪 90 年代初的“修辞学转向”，表明了语言哲学的研究由语义学的局限性走向修辞学，具有某种特定的必然性。因为无论是在语形上把意义仅仅与句法规则联系在一起，还是在语用上把意义仅仅与游戏规则联系在一起，都是非常狭隘的和片面的。所以，在 20 世纪 30 年代维特根斯坦就意识到，从某种程度上讲“意义的思想是绝对的”[①]。因此，他先把意义置于语义次序（semantic order）之中，然后再承认语法规则的中介作用，并认为语法规则映射了语义次序。这表明，尽管维特根斯坦当时已从语用的视角看到了有一种修辞学的倾向，但并未真正地跨出这一步，还只是停留在批判形式规则的绝对性上。因此，有人认为，维特根斯坦当时的态度对人们产生了“误导”。

最后，意义与语境是本质地联系在一起的，语境构成了语言哲学研究的基底。在总结 20 世纪前半叶语言哲学发展的历史经验的基础上，60 年代后期，达米特（M. Dummett）开始发表一系列著作将新的生命赋予了分析哲学的传统，特别是对弗雷格的研究注入了新的活力。在达米特之前，后期维特根斯坦的朋友都把弗雷格看作是对现代哲学“邪恶影响”的代表，认为他把过分尖锐和狭隘的逻辑思想带入了对广阔、不精确哲

① Lee D. Wittgenstein’s Lectures in 1930-1932. Totowa：Rowman & Littlefield，1980：253.

学难题的研究，从而混淆了很多问题。达米特颠倒了这一图景，他把弗雷格带入了对意义理论的更深洞察之中。这一矫枉的核心，是达米特对弗雷格整体论格言的重解，即“一个词只有在特定的句子语境中才有意义”[①]。换句话说，一个词为什么要与它的指称相关，它处于什么样的位置，这是要根据语境回答的，或者说是只有根据语境才能真正回答的。

在弗雷格看来，给定一个表征的意义（或指称）就是给出相关句子的真值条件。但最先表达这一论点的还不是在弗雷格和维特根斯坦的著作中，而是在卡尔纳普的重建中。卡尔纳普指出：“给定一个对象表征的意义，存在于这一对象符号所出现语句的真值标准之中。”[②]不难看出，从较狭义的视角看，将意义与语境联系起来的最早思想导源于弗雷格，首先清晰表达这一思想的是卡尔纳普，而唤起人们真正注意并系统阐释、产生深远影响的是达米特。但不能忽视的是，在弗雷格的思想中具有整体论的因素，隐含着以语境为基底的句法、语义和语用的朦胧的一致性。

总之，总结 20 世纪哲学运动中“三大转向”的历史经验，认真分析语言哲学发展的本质特征，从整体论出发，在句法、语义和语用的统一性上去重构语境概念的意义，将是当代哲学家们的一项十分重要的任务。

二、语境的本体论性

赖兴巴赫有一句名言：实体的存在是在相互关联中表达的。换句话说，这是从经验的层面上表明了理论实体的意义是在特定的语境中实现的。由此引出了一个非常重要的问题，即不同的本体论态度是与不同的语境观相关联的。人们在不同的语境中确立自身对象的本体论性，语境不同定义实体的意义就不同；反之，实体的意义不同，其本体论性就可能不同。语境在自然而又生动的人类语言活动中有着不可磨灭的本体论

---

① Coffa J A.The Semantic Tradition from Kant to Carnap. Cambridge：Cambridge University Press，1991：218.

② Coffa J A.The Semantic Tradition from Kant to Carnap. Cambridge：Cambridge University Press，1991：220.

性。把语境看作是一种实在，它的本体论性的特征如下。

1）把语境看作是一种具有本体论性的实在，是整个语言哲学分析的一个十分“经济”的基础。因此，可以把它看作是用“奥卡姆剃刀”削去一切不必要因素的最直接的阐释基底，而不需要在形式上再做抽象的语言哲学的本体论还原。因为“在语境中去看待语句而不是将它们仅仅作为真理的载体去看待它们的表达，这是一种方便……这种方便使得命题更具吸引力”①。这种方法论的“方便性”，避免了单纯真值考虑的狭隘性，而且这种方便性的本质在于本体论性的整体性，它从诸多的语境因素及其相互关联中去看待语句的意义；这不仅仅使意义更加丰富，而且使“意义大于指称”，而不是囿于把意义等同于真值的确定性。从整体论上讲，语境的本体论化是一种“退却”，但同时也是一种“进步”；它减少了“还原”，却扩展了“意域”。

2）从某种程度上讲，对语境的本体论化是一种关于意义的最强“约定”，它构成了判定意义的“最高法庭”。因为只有在这个“法庭”之内，一切语形、语义和语用的法则才是合理的、可生效的。在一个确定的语境内，人们可以通过特有的约定形式对可能的意义及其分布进行不同意向的说明和重构，甚或导致不同范式的论争。但是，语境的本体论性的本质却决定了不可能通过任何形态的约定，去生发或无中生有地构造意义。这就是说，语境的本体论性决定了它的约定性，它的约定性是以本体论性为前提的。语境的约定性只是展示了意义的各种可能的现实性，而不是它的本质的存在性。

由此也可以看出，语境的本体论化作为一种关于意义的“最高约定”，涉及了主体间的一致性评价问题。在此我们仅想强调的是，主体间的信仰的区别并不等同于特定语境下的意义的不同。信仰的问题是一个潜在的背景趋向问题，而意义的问题则是一个在特定语境下各要素之间的协调和一致性的问题。二者虽然是相关的，却有着本质的区别，不容混淆。在这里，我们既需要看到语境的本体论性的实在性与约定的相对

① Quine W V. From Stimulus to Science. Cambridge：Harvard University Press，1995：78.

性之间的统一，又要看到二者之间的矛盾，而正是这种矛盾推动了人类语言及语言哲学研究的进步与发展。

3）语境的本体论化就是它的实在性的具体化。首先，这种具体化是语境在时间和空间上的具体化，它保证了语词的意义由现象到本质、由一般到特殊的飞跃。在某种意义上像蒯因说的那样，保证了“由懒惰的名词到本质名词的飞跃”[①]。特别是当一个对象在从一种时空向另一种时空变换时，其指称和意义的同一性或非同一性，就是由语境的这种具体性给定的。其次，这种具体化要求获得时间、空间及在其间一切可观察和不可观察的系统集合，这一集合应包含对象的整个可测度的运动轨线、因果链条或合理的可预测性。当然，这一点可以是直接的或潜在的、显性的或隐性的，但绝不是不存在的。再次，这种具体化是要表明，任何一个有意义的语境都不是纯偶然的、绝对无序的，在它们的现象背后，隐含着不可缺少的规律性和必然性；或者反之，任一有意义的语境都不是纯必然的、绝对有序的，在它们的形式背后，也同样隐含着不可避免的偶然性和无序性。所以，语境是有序和无序、偶然和必然的统一。即便是在以形式体系表现的科学语境中，“任一语境所需要的定律也都不能唯一地决定那些抽象的实体”，决定它们的也必然是一个具体的系统集合。[②] 最后，这种具体化是要创造一种确定意义的环境，而这种环境必须能够突破逻辑本身的自限、形式表征的自限，甚或说人类理性的自限。因为人们不可能在形式上求得完备的表征，即意义永远不能在不完备的形式中得到充分的展现，所以意义必须也必然要超越形式，而求助于具体语境的系统性。而语境对于特定命题意义的规定性，只是在于它的内在的结构系统性。

4）语境本体论化的根本要义是要克服逻辑语形和逻辑语义分析的片面性，从而合理地处理“心理实在”的本质、特征及其地位问题。命题态度作为讲话者对其提出的命题所具有的心理状态，如信仰和意愿等，是心理表征的对象。从语境的本体论性上讲，这种对象性就是一种实在

① Quine W V. From Stimulus to Science. Cambridge：Harvard University Press，1995：27.

② Quine W V. From Stimulus to Science. Cambridge：Harvard University Press，1995：73.

性，即承认实在地存在着具有意向特性的心理状态，并且这种状态是在行为的产生中因果地蕴含着的。另外，这种实在的意向性同样具有语义的性质，即便是在表征科学定律的符号命题中也同样存在着意向特性；而且，那些在因果性上具有相同效应的心理状态，同时在语义上也是有价值的。从这一点上讲，“关于命题态度的实在论，其本身事实上就是关于表征状态的实在论”[①]。这样一来，就可将外在的指称关联与内在意向关联统一起来，扩张和深化实在论的因果指称论，展示实在论发展的一个有前途的趋向。

三、语境的结构性

据前所述，语境的问题本质上就是确定某种语言环境的意义问题。因此，给出意义就是确定环境，就是对语境结构的内在把握，因为意义就存在于语境的结构关联之中；对特定语境结构的理解，就是接受相关意义的可能性条件。在这里，对于特定语境来说，没有结构就没有意义，没有对结构的理解就没有对意义的可能接受。语境的实在性就体现在这种结构的现存性及其规定性之中，并通过这种结构的现实规定性展示它的一切历史的、具体的动态功能。这就是意义的整体规定性必须通过语境的结构性去体现，并且对以广义语境概念为核心的意义理论的探索，将成为未来语言哲学发展的一个重要方向的原因之一。

立足于不同哲学立场的人，对语境可以给出完全不同的说明。但从一般的意义上讲，有两个方面是人们所公认的：其一，语境是特定语词、话语或段落的上下文的形式关联；其二，语境是特定话语或文句的意义所映射的某种对象世界的特征。事实上，这两者是统一的，它们从内在和外在的结合上体现了语境的结构性及其对意义的规定性。从这个视角展开讲，语境的要素是丰富的和多样的，至少存在如下要素：①表达或接受话语或文句的主体对象；②话语或文句的句法形式；③话语或文

① Foder J A. A Theory of Content. Cambridge：The MIT Press，1990：32.

句的前后关联；④话语或文句所内含的指称或隐喻；⑤产生话语或文句的背景关联；⑥话语或文句的本质意义。根据这种分析，可将语境的结构（图 1）做如下表示：在这里，语境绝非一个单纯的、孤立的概念，而是一个具有复杂结构的整体系统范畴。另外，这种整体论的语境观又恰恰是立足于实在论的立场上，去消解传统认识论中将主体与客体、观察与陈述、事实与价值、精神与世界、内在与外在等进行机械二分法的方法论途径，它正是要从实在的语境结构的统一性上去解决认识的一致性难题。但对这一难题的求解，不可避免地涉及了以下两个问题。

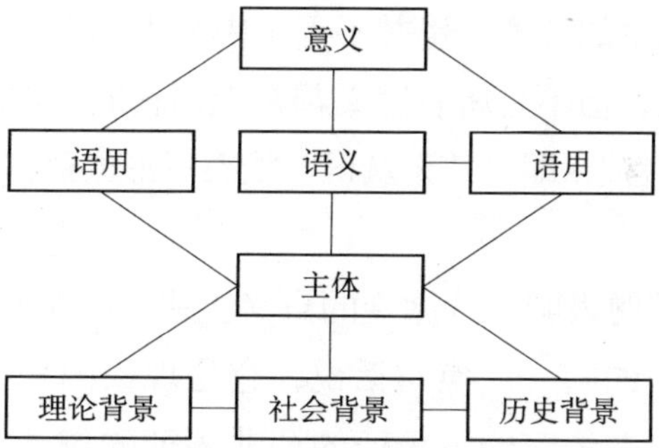

图 1　一般意义上语境的结构

第一，语义的构成性（compositional）问题。到目前为止，还没有一个完全令人满意的理论能够区分语言的和非语言的表征。不过，人们可以列出语言表征的几个关键特征：①语言与图画不同，它不具有与指称对象的象征类似；②语言具有独特的句法结构、复杂的语言要素或者是初始要素（如符号、词素等），或者是空间行列的时间序列；③语言要素不仅仅在语形上而且在语义上是联结在一起的，通过对初始要素在语形和语义上的结合可以构成新的内容；④但最重要的是，语言在语义上是具有构成性的，即复杂的语言要素的意义是语义上初始要素的意义及其组合的结果。[①] 无论如何，语义的构成性是表征语言能够系统化的最关键

① Kaye L J. The language of thought. Philosophy of Science，1995，(3)：3.

特征。尤其是命题在句形上表现出的时间和空间的序列性，或者在语用上所表现的意义的具体性，以及它们之间的关联，都必须通过语义的构成性来沟通，并使它们联结起来。

第二，心理操作的表征问题。主体在特定语境中的心理状态，是由已具有意向内容的表征形式和控制它们的各种操作方式所构成的。因此，心理操作包含着“操作语言”，并且“操作语言”是与心理“表征语言”内在地在心理结构上同一的。当然，这也不排除福德（J. Foder）指出的那种“无意识”（mentaless）状态下的操作。事实上，在语境中，所有非语言的表征（如想象）都要求通过与语言表征的结合去获得内容。语言和非语言的表征，仅仅是表征媒介的区别，而不是有无表征的区别。因此，形式上的分离，也并不等于内容上的无关。同样，想象可以取得无语言的意义，但不是所有意义都是无语言的。这就是说，人们必须注意“无语言的语言”，即在“无意识”状态下形象语言在语境中的地位、功能和意义。

以上两个问题表明，从微观的意义上讲，语境也具有很强的结构性，并且是多重本质的同一。换句话说，它是现象的和经验的、情感的和理性的、语言的和非语言的、表征的和非表征的统一。从这个层面看，语境的结构性（图2）也可做如下表示：所有这些结构要素都融为一体、不可分割，形成了不同语境的内在本质，而且更需注意的是，一切理论的、社会的、历史的宏观背景要素都必然地渗入到这个微观结构之中，并通过这一结构功能的不断扩张去推动语境的运动、变化和发展。

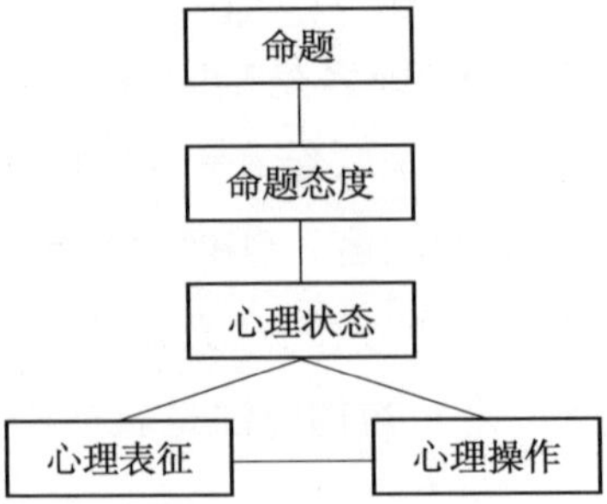

图2 微观意义上语境的结构

借用罗蒂（R. Rorty）的话来讲，语境的运动、变化和发展的过程，就是一种“再语境化”（recontextualization）的过程。从这个意义上讲，语境的结构就是特定语句态度的具体的、历史的和相对的系统关联结构。在这一结构的演进和变换过程中，新的语句态度不断地被容纳，旧的语句态度不断地被消解，从而造成了推动语境结构整体系统趋向变换的内在矛盾和张力。这些矛盾和张力，会在语境中不断地生成、消失、再生成、再消失……以此创造着语境的动态平衡。所以，语境是动态的，而不是静止的。而且，语境在深度和广度上的变化越是加大，新语境的意义就越深厚，它的丰富的多样性就越具有时代的特征。一个新语境可以是一个新的解释理论、一个新的比较模型、一个新的语词、一个新的目的集合、一部新专著，甚或一个新的谈话者……总之，“这种可能性是无限的”①。

应该说，在人类语词使用的整个框架内，或在人类认识的总体范围内，“所有的对象都是已经语境化了的对象”②。所以，在任一特定的语境中，对象是语境化了的对象，语境是对象化了的语境；对象不能超越语境，语境不能独立于对象，二者是一致的。因此，语境的相对独立性和独立于语境的东西，不应当像在传统哲学中那样造成人为的二元对立，而应当是统一的。在这里，“超语境”和“前语境”的东西不具有直接的认识论意义，任何东西都只有在“再语境化”的过程中融入新的语境之中，才具有生动的和现实的意义。从这个基点上讲，语境的本质就是一种“关系”。也就是说，在语境的意义上，任何东西都可解构为一种关系，并从这种关系去看待它的本质。然而，到底确定一种什么样的关系，则依赖于特定语境结构的系统目的性。因为关系的趋向性确定就是一种结构性的变换，而不是其他。同时，从这种关系的视角看，语境也是一个“结”，或者说是一个必需的联结点。一切人类认识的内在和外在的信息，都只有通过它才能够得以联结、交流和转换。

从本质上讲，“再语境化”也是一个“意义的创造性”的问题，它集

---

① Rorty R. Objectivity，Relativism and Truth.Cambridge：Cambridge University Press，1991：94.

② Rorty R. Objectivity，Relativism and Truth. Cambridge：Cambridge University Press，1991：97.

中地体现了人类思维和认识的发展程度和特征。这种创造性的表现形式是丰富多样的，我们在此只是指出：

1）语句理解是一种具体性的意义创造。从弗雷格到蒯因和戴维森（D.Davidson），所有整体论的“语境原则”（context principle）都表明，在特定语境中，理解一个句子就意味着理解一种语言，就表现出对特定语境结构的把握。这里体现了主体对于某种语境意义的具体的创造性。

2）术语优选（terminological preferences）是一种趋向性的意义创造。在特定语境下的“术语优选”，实质上就是意义的趋向性选择，因为它是一个如何最优地表达意义或集中体现意义的问题。比如，“命名”是术语优选的典型，而“命名恰恰预设了句子的语境”①。可以说，命名是以语境为背景和前提的，没有语境就没有命名；而没有命名就没有确定的语境对象，就没有特定意义的趋向性。另外，术语优选是与相关语句中词项的分布联系在一起的，而词项的分布限制恰是由语境特征所决定的，所以“语境特征被看作是对特定置换变化的确定”②。这说明了：①语境特征决定了词项的分布和选择，并导出了图 3 所示的关联结构；②句法的转换规则不能脱离语境特征和术语选择等孤立地存在，它只有通过术语选择而与意义的趋向性创造结合起来，才能发挥它具体的功能和意义。在这里，术语的选择性和意义的创造性是本质地同一的。

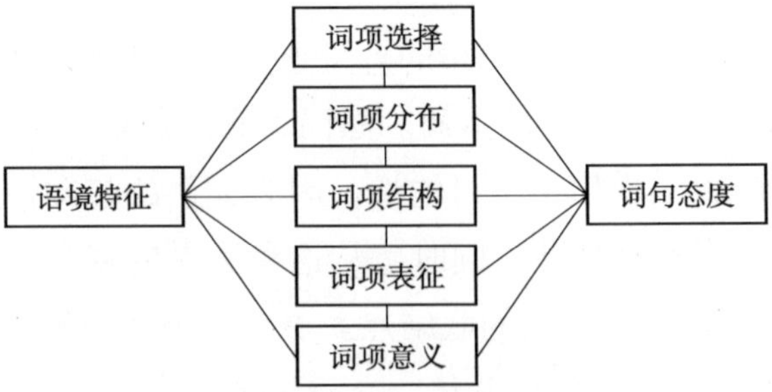

图 3　语境特征决定的词项关联结构

① Glock H-J. A Wittgenstein Dictionary. Oxford: Blackwell Publishing Ltd.，1996：89.

② Chomsky N. Aspects of the Theory of Syntax. Cambridge：The MIT press，1965：139.

3）语义批判是一种方法论性的意义创造。近代语义学首先诞生于把直觉从先验知识中批判性地排除出去的语义分析方法的确立，这也就是意义观产生的直接的方法论根由。所以，尽管在现代意义理论的发展中，语义批判的基点在不同流派的理论中不尽相同，但把语义批判放在语言各部分的语义本质上，渗入到对话语的形式、要素、结构和功能的再语境化的运动之中，却成了推动语境意义创造性地发展的方法论的内在要求。

四、结束语

无论如何，语境实在论的提出既是实在论自身建构的需要，又是实在论与反实在论论争的迫切要求，它不可避免地将成为实在论发展的一个极有前途的趋向。尽管语境实在论还需要不断地自我完善、充实和进步，但它作为一种方法论的原则体系则必将渗入到分析哲学、科学哲学、社会哲学甚至一切哲学的研究领域之中，以充分展开它的功能和意义。对于语言哲学来说，这一点已经成为自然而又必然的了。

语境分析的方法论意义*

随着物理测量的日益系统化和科学理论越来越远离经验的发展，作为理论解释的特定分析方法便在科学说明中具有了更加突出的地位。然而，问题在于以一个什么样的视角去进行分析才是更恰当的？究竟在一个什么样的基底上去进行分析才能将具有相互离散性的语形、语义和语用分析统一起来？到底以什么样的方式去分析才能看到不同层面的科学操作之间的一致性？在一个什么样的分析结构中才能更合理地理解科学运动和理论演变的历史进程？本文就是要试图表明，语境分析就是求解这些难题的一个可选择的视角、基底、方式和结构，从而证明语境分析所具有的重要的方法论意义。

---

* 本文发表于《山西大学学报》2000年第3期，作者郭贵春。

一、语境分析与研究方法

语境分析（contextual analysis）是语境论（contextualism）的最核心的研究方法。从康德开始，经由边沁、弗雷格、维特根斯坦到蒯因和戴维森，语境论越来越明晰地表明，任何一个语境要素的独立存在都是无意义的；任何要素都只有在与其他要素关联存在的具体的或历史的语境中，才是富有生命力的。所以，“一个命题只有在整个语言游戏的语境中才能成为一种运动”，从而“理解一个句子就意味着理解一种语言”。[①]这就是说，一方面，语境论为语境概念规定了它在复杂系统或复杂结构中的适当性；另一方面，它又确定了语境化的系统（contextualized system）是发生于整个历史的因果链条或事件关联之中的。在这里，语境论给出了语境分析得以进行的纵横交错的丰富视角与层面。

语境分析法的展开是非常具体的。第一，语境分析是语形、语义和语用分析的集合，它依赖这种综合的分析能力以给出特定的语言形式是如何、为什么，以及何时该语言形式被选择，从历史和现实、学派和风格、交流的内容和目的、对话的主体和客体等的统一性上说明这种形式选择的关联和意义。第二，通过对特定语形系统的确认，明确给定的语境难题，对假设的历史渊源、语义的演变、可参照的模板及可求解的逻辑步骤等进行分析，使语境分析能够有意义地阐释建立在洞察基础上的理论主张。第三，语境分析突出了确定表征形式体系的结构性，并使这种结构性超越了形式本身的静态约束，而显示了创造性研究方法的动态的启迪性，反过来，强化了创造性形式的有效性和合法性，使其能够成为可选择的模板。第四，语境分析能够阐明特定理论范式的特点及其与其他范式之间的区别和各种背景差异，使范式的阶段性与连续性、可析性与整体性、个体性与普遍性、解构性与重构性的意义在语境的基底上获得统一。第五，语境分析不是单纯地孤立存在着的，它与科学的修辞

① Glock H J. A Wittgenstein Dictionary. Oxford：Blackwell Publishers Ltd.，1996：89.

分析、科学的心理意向分析及科学的行为分析是统一的。所以，语境分析绝不是解构，而是对科学文本、科学测量、科学演讲及其他科学行为事件等的情景重构或“再语境化”。不言而喻，语境分析的概念是广博的、丰富的，它是对本文蕴含了语境、演讲事件，设立了语境、修辞形式，表征了语境、逻辑的内聚性和一致性，限制并反映了语境的整体化和一致化，从而确定了语境分析与各种具体的科学研究方法之间内在的关联和同一。

从物理学的研究来讲，任何一个理论模型或实验模型都给出了特定的“语境假设”（contextual assumption）。这种假设的条件、结构及其目标均是在现有背景框架下直觉地或逻辑地构造的。它既存在着强烈的理论背景，又蕴含着明确的心理意向。物理解释的语境化趋向，是伴随着20世纪语言学转向、解释学转向及修辞学转向的发展，人们从更系统的立场上反思语形、语义及语用分析方法的意义，在方法论上进一步将物理诠释的本体论性、整体性及心理意向性统一起来的必然要求。语言学转向是在逻辑的基底上向语形学或语形分析的转向，它强调了公理化形式体系的完备性及其与经验证实的相关性，因此，一个物理命题的真在于它的经验的可证实性。解释学转向是在科学共同体的基底上向语义学或语义分析的转向，它强调了科学概念和物理术语的约定性及其范式说明的可接受性，因而一个理论的合理性在于相关共同体对特定意义理解的一致性。修辞学转向是在科学实践的基底上向语用学或语用分析的转向，它强调了科学论述的劝导性、境遇性及发明性，由此，一个科学论述的有理由性在于它的实践重建的战略批判性和创造性。20世纪这三大转向所赋予人们的经验和教训，促使人们从语言学转向、解释学转向和修辞学转向的本质一致性上，从语形、语义和语用的结合上，去理解语境分析的必然性和自觉性。

从语境分析的视角来审视和评价科学理论，是与对科学研究方法的展开、运用和选择的语境性相一致的；反之，这也是科学研究方法具体语境化的自然趋向。由此出发，我们必须注意以下几个问题。

1）发现的语境（context of discovery）和确证的语境（context of

justification）是具有不同系统趋向性的语境。前者是非逻辑的和不可分析的，后者则是逻辑的和可分析的；但是，这两者并不具有绝对的界限，在确定的条件下，它们是可转换的、可相容的和统一的。一般地讲，典型的、探索性的实验语境或研究语境是初始条件的确立或理论框架的形成。这种语境的复杂性就在于，它的内在结构的关联及其时间序列的演进是无法按照完美的确定标准进行“检验”的，而只能求助于实验结果的有效性或理论分析的经验适当性。但是新现象的发现和新概念的发明是在一个完整的实验语境中生成的。只有在这种语境中，发现和发明才是统一的。例如，法拉第对于电磁现象的观察及对磁力线概念的发明就是如此。在这里，语境的概念将经验的发现和理性的发明、逻辑的背景和直觉的实现构成了一个统一的结构整体。不过，这种语境绝不可能是孤立的、瞬间的或一蹴而就的，必然是一种持续的“系列语境”发展的结果。所以，法拉第的发现和发明就可以说是在一种“持续广阔的探索性实验语境”中生成的。[①] 这就是说，任何科学研究的语境假设和方法论的确立都既不可能是纯经验相关的，也不可能是纯理性联系的，而是经验和理性在整个结构语境中的统一。

2）语境论是求解指称难题的主要途径。在科学理论的竞争中，理论术语具有“非齐性的指称潜势”（heterogeneous reference potential）。换句话说，当我们把对指称的因果描述确定在语境的依赖方式中时，所有同样类型的符号不需要具有同一的指称方式。比如，普利斯特里用“氧”来指称脱燃素空气时就是一个典型的例子，因为在其他语境中，他错误地描述了其他气体，而不能赋予正确的指称。倘若我们给出这样一个原则：一个在理论 T 中出现的术语 t 指称了实际对象 a，而 a 使 Tr（T，a）获得了最广义的解释。那么，Tr（T，x）通过 a 获得了最广义的解释，Tr（T_0，x）通过 b 获得了最广义的解释。在这里，T_0 是 T 的亚理论，那么很可能在 T_0 中出现的术语 t 的符号指称氧，而在整个理论 T 中，都不指称氧，因为 Tr（T，a）可能保持在所要求的界限内。[②] 这一分析表明

① van Fraassen B C. Feyerabend's refunction of classical empiricism. PSA，1996：72.

② Nirituto I. Reference invariance and truthlikeness. Philosophy of Science，1997，(4)：550.

了一个问题，只有将指称意义的不变性和可变性、指称方式的直接性和间接性、指称的齐性和非齐性的矛盾在语境的基底上统一起来说明，才能克服单一因果指称链条的断裂带来的问题。所以，因果指称论所存在的缺陷，可以通过指称的语境性予以弥补，并依赖语境性去避免指称的歧义而说明语境的敏感性。另外，从蒯因、库恩和费耶阿本德等的意义整体论来讲，理论术语的意义在于它处于“命题之网”中的位置，从而导致了意义的“不可比性”观念。但事实上，指称的不变性与意义的可变性是“可通约的”，而这种可通约性恰恰在于语境的可相关性。可以看出，语境论的优越性就在于，一方面它可以修正传统实在论的直指论所导致的僵化性，另一方面可以纠正由语义相对论所导致的绝对性，从而把因果指称论与意义整体论统一起来，消解对立，建立联系，使科学理论术语的指称难题获得一种语境论的统一解。

3）拟经验语境是拟经验方法得以实现所具有的特殊语境，拟经验方法的展开本质上就是一种特殊语境的形成或重构。不同语境的构成是以求解不同的难题、探索不同的方法为前提的。特殊的拟经验语境恰是语形与语用、理论与操作、演绎与归纳相融合的整合体，是经验与理性的过渡带。一般地讲，拟经验方法是“由上而下”与“由下而上”的研究方法，或者说是“语义上升”和“语义下降”的分析方法的结合。人们开始常常用精确的公式求解系统难题，然后用参量来取代整体所要求解的公式的特定部分。这些参量可由重正化（renamalization）或从其他理论信息中测定，或者直接从实验中获取。原则上讲，替代参量根据公式和基本常数是可演变的。但在实际上，根据公式的操作难度，它们是很难演变的。因为只有某些理论参数是现象地赋值的，这就使这种方法处于纯经验（或现象）和纯理论（或演算）解决难题的方法之间，这就决定了拟经验语境的特殊性。这种特殊性的本质就在于，正是在传统手段“失败”的地方，产生了在计算上和分析上都极具难度的方程式的解决方法。[①] 在拟经验语境中，人们直接关注了由数学到逻辑形式的转换，但

① Ramsey J L. The challenge of “semiempirical” methods. Philosophy of Science，1997，（4）：630.

更重要的是，无论逻辑焦点是语形的还是语义的，其关键均诉诸特定难题的可求解性，特别是在现实中的可求解性。总之，拟经验语境是一种实有启迪的语境，因为它既不是通过提供因果原因将事实注入方程，也不是仅仅将方程纳入事实，而是使事实与方程均适应于新的独立的探索模式。也就是说，在拟经验语境的基底上构造理论、模型、事实和资料之间拟经验的全新关联。在这里，真正实现了语境是方法的基底和展开，方法是语境的结构和关联，形成了有机统一。

二、语境分析与测量

一般地讲，测量是对测量对象、事件、过程或状态的数学陈述。所以，坎培尔将其称为“表征特性的数学陈述”。或者像斯蒂文斯讲的，“测量是根据特定规则对客体或事件进行数学描述”。而在卡尔纳普看来，这种“规则不是别的，就是告诉我们如何将特定的数字指派给特定的客体或过程”①。简言之，测量就是为测量对象、事件、过程或状态指派数字；而这种指派不是任意的，是在特定语境中的指派，即在特定测量语境中的形式语言的创造性运用。在这里，一个测量理论的对象无非是获得一个给定的经验结构并用抽象的形式化数字结构去表征它。而这一经验结构及其形式化数字结构之间的关联，就是测量语境中的结构关联。

可以说，就瞬间可重复的无干扰测量来说，它表明了这样几个意义：第一，值态（valuestate）是纯的；第二，值态与动力学状态是可能相关的；第三，在一个测量过程结束时，测量仪器的值态是可观察指示物的本征态；第四，这一限制与一个组合系统中各个部分的值态是相关的。这说明瞬间可重复的无干扰测量与特定测量语境的不变性是一致的；反之，一个测量状态的改变则是一个测量语境改变的基础。在这里，测量语境的结构要素是丰富的，对此可以简单图示如下（图 1）。

① Kybury H E，Jr. Quantities，magnitudes and numbers. Philosophy of Science，1997，(3)：377.

测量语境
- 可观察对象的本征态
- 测量仪器的值态
- 对值态的经验描述
- 对经验描述的理论诠释

图 1　测量语境的结构

不言而喻，这构成了一个完整的测量语境系统。而且，这内在地蕴含了很强的测量过程的本体论性及其实在的因果相关性，这也就是测量语境自身的本体论性及其因果相关性的基础。

对测量语境的分析与对数、量、物理量及形式化的表征系统的分析是不可分割的。所谓“数”，就像罗素（B. Russell）给出的那样，是一种纯抽象的逻辑的或集合论的实体，根据确定的目的性，用它来指称自然数、有理数、实数及矢量等。所谓“量”，是指从客体或事件的域到物理量的函数。测量函数的域将被看成是经验客体（对象）的集合。这就意味着，一个特定测量对象客体的确定量是对象集合中的一个数，它承载了某种标准量度的特定关系。所谓“物理量”，是给定对象或事件的量的函数值。它是由纯数字和单位赋予特征的，因此，反映了实数的结构；但同时，也可由一般的物理对象和事件来建构。可见，数、量、物理量均表明的是一种不同层面的特定的关系。这些不同层面的关系，也均是在具体的测量语境中统一的。只有在语境中赋予它所特定的物理意义，使这些关系具体化或可操作化，才能把潜在的关联在现实的测量操作中有意义地展示出来。

必须指出的是，物理量的结构是一个抽象的对象，它被假定表征了可观察量的存在方式，但并不意味着与实在世界的直接对应。而向度结构则是与某些实在一致的，特别是它的初始向度表征了理想的可观察关系，且这些关系独立于一个单位或特定量度的选择。任何可提升为量的一种关联（从客体或事件到物理量的函数），可决定一个向度，在经验和测量的基础上，我们可以把握某种向度（如速度）向其他相关向度的可还原性。同样，也有可能发现某些向度的结合是极重要的并可有用地表征可观察关系（如相对速度），但并未被看作是量的基础。在这一点上，尽管许多向度是“无经验意义”的，但是无经验意义不等于“无意义”。问题的重要性在于，在某种程度上物理意义是可分析的，并且通过分析是可理性地获得的。

另外，数量定律使量的关系获得了形式化。等式中的变量表达了这种定律包含了向度和测量单位的规范性；而根据这种规范性，数量向度的比率 X_i 可以被给定。换句话说，数量定律表达了物理量之间的一致性。不过，向度分析并不依赖于物理学等式的向度不变性，但这些等式表达了量或名数（denomince number）之间的关系，所以嵌入了必然的向度不变性。这个事实表明了向度分析所具有的有意义的结果。更重要的是，向度分析依赖于许多量的可还原性，表明了物理世界的统一性。在许多案例中，这种可还原性直接依赖于在经验和测量中所获得的定律和关联。正是在这个意义上，“经验的知识提供了向度分析结果的内容”[①]。同时，对定律的数字表征仅仅是定性关联的统一性的速记，或者说，等式仅仅是定性观察的速记概括。有人认为，物理定律是赋予观察对象以特征的量之间的函数关系；也有人认为，它可以作为名数的物理关系来理解；还有人认为，表达物理量值关系的等式有两种：一种确定了可导出的物理量，另一种表征了通过测量不得不建立的物理关系。无论这些不同的认识区别如何，有一点是非常明确的，即等式表征了可以赋予物理量值的量的关系，而不是纯数字的关联关系，因为只有前者才是真正有意义的。更重要的是，我们必须看到这种分析是一种测量语境的方法论分析。给出测量对象、确定测量值域、寻找物理量值、确定表征规则、给出表征所使用的名数等，均是一种相关的语境分析。同时，这些分析也都是在承认测量具有本体论性的前提基础上的分析。

---

① Kybury H E，Jr. Quantities，magnitudes and numbers. Philosophy of Science，1997，(3)：405.

三、语境分析与理论诠释

在对量子力学理论诠释的论争中，人们比较自觉地引入语境分析的方法，较集中地体现在贝尔定理所涉及的隐变量理论的语境特征中。因为贝尔定理表明了非局域性是隐变量理论的必要特征，隐变量理论产生了量子力学的统计特征。然而，随着这一论争的不断发展，人们逐渐意识到了三个非常重要的因素：第一，当从数学的和物理的证实方面来重新审视语境时，需要对语境论的意义进行新的认识；第二，似乎是物理直觉构成了语境论的某种基础；第三，能否认为个体测量结果的语境依赖性与测量结果的语境独立性是可比较的。[①] 这就在于，倘若语境论的基础是物理直觉，那么这种语境论的意义就必然求诸数学的和物理的事实证明；同时，也必然导出不同语境的可比较性问题。但有一点是明确的，即语境分析的方法在物理学理论的建构、诠释与评价中是毋庸置疑地存在着的，它表明了整个后现代科学哲学趋向在物理学中的潜在影响和渗透。

必须指出的是，首先，物理直觉包含着整体论的关联性，涉及了语境的整体性；而语境的整体性又隐含着物理直觉的一致性和统一性。事实上，这样认识语境性的问题，是给出了物理直觉和理论的整体性之间的一个转换条件，即语境构成了这种转换的桥梁或中介。这种说明正是试图求解物理直觉与理论的整体性之间关联的理论问题，因而具有重要的哲学意义。其次，从测量说明的意义上讲，一个理论的语境化就在于，一个可观察对象 A 的测量结果不仅仅依赖于系统的状态，而且依赖于一组被测量的、可比较的观察对象 A 的集合。戴维・玻姆（David Bohm）的量子力学因果解释就是这种语境化的样板之一。最后，从更具体的角度讲，语境分析的可能的数学特征涉及了由算符所生成的代数结构，因为这些算符表征了希尔伯特空间中亚系统的可观察对象。在这里，希尔

---

① Laudisa F. Contextualism and nonlogicality in the algebra of EPR observables. Philosophy of Science, 1997,（3）.

伯特空间与在“EPR-Bohm”相关实验中被考虑的合成系统（composite system）是相关的。换句话说，从一定意义上讲，希尔伯特空间的描述及其物理意义表现了语境论的数学特征，或者说是给出了这一语境论的数学说明。

由此可见，如果由算符所生成的代数结构是纯粹的数学特征，那么贝尔 1966 年的物理学论文就包含了一种非形式化的论证，即展现了构成初始贝尔语境论基础的物理直觉。根据这种直觉，语境论的条件可以被假定在个体测量结果的层面上，而语境独立性是在统计层面上被重建的，因为在这个层面上，关联函数被要求导出贝尔 1964 年的理论构造中的关联不等式。个体语境依赖性与统计语境独立性的可相容性，提供了一种可选择的论证以接纳这种有效性，即在一种一致的（语境的）隐变量理论中，统计函数构成原则（statistical functional composition principle）的有效性。[①] 由此也可以看出，所谓“语境化就是一致化”，只有在语境化或一致化的基础上才能合理地说明某些看似不相关的问题。当然，这里存在着一个语境的层面性问题，即不同层次的统一性问题。比如，希尔伯特空间的不同亚集构成了语境论数学特征的不同层面问题等。

必须看到，语境依赖性事实上意味着从一种表征方式到另一种表征方式的变化。比如，某一特定的测量 W_ϕ 可被看作是一个完备状态 $\langle S, \lambda\rangle$ 的数学表征，在这里，S 被认作给定的纯量子状态，λ 被假定表征了隐变量。因此，我们可以用 $[A_1]\langle S, \lambda\rangle$ 指示在完备状态 $\langle S, \lambda\rangle$ 下可观察对象 A_1 的确定值，因为状态 $\langle S, \lambda\rangle$ 是语境依赖的。同时，由于布尔代数 B 的结构获得测量 W_ϕ 的采用成为可能，W_ϕ 的引入相当于隐变量理论 T_{hv} 的形式化说明，对“S_1+S_2”来说，假设的完备状态的引入，被根据 B 的“无色散”（dispersion-free）概率测量所表征，而且在这一表征中，复合系统“S_1+S_2”的所有相关可观察对象都具有了确定的值。在一个隐变量理论 T_{hv} 的结构中，布尔代数结构以自然的方式出现，或者说由算符所生成的结构中出现，并且这些算符表征了完备系统“S_1+S_2”的可观察对象。

---

① Laudisa F. Contextualism and nonlogicality in the algebra of EPR observables. Philosophy of Science, 1997,（3）：480.

用贝尔的话讲，在一个语境理论中，一个可观察对象的测量结果不仅依赖于系统状态，而且依赖于由其进行测量的可比观察对象的集合。对给定 S_1 中的可观察对象 A_1 来说，集合 $\{\{A_1, A_2^{(1)}\}, \{A_1, A_2^{(2)}\}, \{A_1, A_2^{(3)}\}, \cdots\}$ 表征了在给定状态中，A_1 的可能测量的不同语境的集合 $\{C_1, C_2, C_3, \cdots\}$。让我们用 $[A_1]\langle S, \lambda, C_i\rangle$ 表示对语境 C_i 来说，在完备状态 $\langle S, \lambda\rangle$ 中可观察对象 A_1 的确定值。对"S_1+S_2"来说，当 $A_2^{(i)}$ 和 $A_2^{(j)}$ 是不可比时，根据理论 T_{hv}，并由于 $i \neq j$，$[A_1]\langle S, \lambda, C_i\rangle \neq [A_2]\langle S, \lambda, C_j\rangle$。在这个案例分析中，在 $\langle S, \lambda\rangle$ 中 A_1 的值与不同语境 C_i 和 C_j 并不匹配。根据更一般的数学术语，如果我们用 B 来表示布尔代数 $\{B^{(i)}\}i \in I$ 出现的家族，由集合 $\{\{\tilde{A}_1 \otimes \tilde{I}_2, \tilde{I}_1 \otimes \tilde{A}_2^{(i)}\}\}i \in I$ 中出现，根据上面描述的过程，那么由无色散概率测量 $\{W_\phi^i: B^{(i)}\alpha\{0, 1\}$ 所获得的值就不需要与整个 B^i 相匹配，这一特征表明了在这个框架中完备状态的语境依赖性。正是把以上这样一种语境分析方法运用于对隐变量理论的诠释中，才获得了一种特殊的、有意义的分析途径。也正是在这个意义上，F. 兰迪萨得出结论说，构建一个"S_1+S_2"的隐变量理论 T_{hv}，并不受到非语境隐变量理论 n_0-g_0 定理的影响。因为在一个给定状态下，系统可确定对象的确定值的指派，由概率测量 W_ϕ 表征，转化为语境化的了。特别是贝尔 1964 年的定理的前提转化为与 Gleason 定理一致，即与量子力学的一般公理一致了。

总之，这种测量语境的理论诠释不仅具有强烈的方法论性，而且具有鲜明的本体论性。所以，M. 莱特海德将这种语境论的观念称为"本体论的语境论"（ontological contextualism）。而且，"在某种意义上，与最高（maximal）算符一致的可观察对象是本体论地先验于那些非最高算符的，但它们是一致的。了解每一与其一致的自我关联的（self-adjoint）算符，对于无疑惑地确定一个非最高观察对象是不充分的：我们也必须要知道，对每一最高观察对象来说，它的值是相关的"①。在这里，测量语境论的方法论性及其本体论性是内在同一的。

① Redhead M. Incompleteness，Nonlocality and Realism. Oxford：Glarandon Press，1987：135.

四、结束语

语境分析方法在物理学中的实质就在于，主要揭示：①相关性，即不同观察对象测量的相关性；②整体性，即系统状态与不同测量对象的集合的整体性；③一致性，即布尔代数与希尔伯特空间诠释的一致性；④统一性，即数学方法与物理学方法的统一性；⑤同一性，即测量的本体论性与分析的方法论性的同一性。更具体地讲，作为一种典型的语境，“EPR-Bohm”实验为非局域性现象给出了启迪，因为在这个语境中给出了有利于探究概率和非局域性之间关联的可能趋向。这种语境分析方法告诉人们：

第一，对因果性、局域性、决定论及它们之间的关联性的判断，不能在超语境的层面上给出过高的一般意义的判断；相反，人们应该在“EPR-Bohm”实验的语境中，在一个案例分析的基点上去进行判断。只有这样才是对真正完备的“EPR-Bohm”测量模型语境性的真正尊重。

第二，关于局域性的问题必须在特殊语境中去考虑解决测量难题问题，即在详尽的量子力学解释的语境中去解决。一般的分析只能帮助我们理解量子力学与相对论是如何相关的。

第三，量子力学本质地在语境上假定了一个“亚现象”世界的存在，倘若“没有这个世界，也就不需要解释了”。[①]

第四，任何语境性都只具有相对的和具体的意义，而绝不可能是绝对的和抽象的。因此，测量语境是一种具体的语境，对量子力学状态的解释也只能是一种相对的理论诠释。我们既不能否认语境分析方法在量子力学解释中的现实性和实在性，但同时也不能夸大这种分析的有效性和可接受性。任何关于这一问题的研究，都正在探索中前进着。

---

① Dickson W M. Quantum Chance and Nonlocality. Cambridge：Cambridge University Press，1998：215.

论“语言学转向”的哲学本质*

哲学在20世纪初发生了一次根本性的转向，语言取代认识论成为哲学研究的中心课题，这就是哲学史上所谓的“语言学转向”（the linguistic turn）。由于这次转向对传统哲学理性的强烈震撼和对后世哲学的决定性影响，以及这场转向与科学进步之间的千丝万缕的联系，故又被称为在哲学领域内所进行的“哥白尼式的革命”①。人们不再全力关注知识的起源、认识的能力和限度、主体在认识活动中的作用等问题，转而探究语言的意义、语言的理解和交流、语言的本质等。它把语言本身的一种理性知识提升到哲学基本问题的地位，哲学关注的主要对象由主客体关系或意识与存在的关系转向语言与世界的关系。语言问题成为哲学的基本问题。随着其作为一种运动的深入发展，已大大超出了其本来的含义，也不止于哲学领域而广泛地涵盖于20世纪西方人文科学，包括心理学、

---

* 本文发表于《科学技术与辩证法》2000年第5期，作者郭贵春、殷杰。

① 徐友渔先生以此为名，写作《“哥白尼式”的革命》一书（上海三联书店，1994年版），对语言哲学所关涉的基本问题做了系统阐释。

人类学、文学批判等领域。因此，对于科学而系统地分析其形成动因、阐明其特征和意义，具有重要的认识论意义。

一、“语言学转向”的动因

从总体上讲,“语言转向的最根本原因在于现代逻辑的产生”[①]。现代逻辑技术的出现，使得人类具有了一种在哲学研究中对语言进行分析进而解决传统问题的科学的系统的方法。现代逻辑技术，一方面，它采用的是数学的方法，既不同于经验的方法，也不同于哲学的思辨的方法，这就为建立形式的语言，并且在形式语言的基础上进行逻辑演算从而整体地、系统地处理哲学问题提供了可行的先在前提；另一方面，它对与哲学关涉较深并且具有根本意义的问题和概念，如量词、存在、必然、可能、真值，以及个体、对象、关系等进行符号化、量化的处理，极大地推动了哲学研究的深入和发展，并最终导致了语言学转向。当然，语言学转向作为一场革命性的运动，是由哲学思维的内在发展和时代的客观要求所决定的，其动因主要有以下几个方面。

1）相对论及量子力学的出现，使科学理论越来越远离经验。实在不仅仅表现于直观的物质客体，而是一方面表现于抽象的形式化体系，另一方面表现于远离经验的微观世界中。这样，面对人们很难直接地去把握和证实的肉眼所不可见的实体，传统意义上的实验和测量已远不能适应新的物理学革命的要求。同时，科学的发展证明，科学理论所描述的独立于我们的思想或理论的信仰的实体是客观地存在着的。科学理论构成了真正的关于存在的主张。这样，科学理论的描述及其形式化体系成为人们评价的重要方面。科学理论的语词（非观测语词）应作为特定假设的相关表达方式来考虑，它应当实在地被解释或说明。因为“本体论所描述的对象依赖于人们使用变元和量词所意指的东西……因为在任一情况下，问题并不在于实在是什么，而是人们所说或意指的实在是什

① 王路. 论“语言学转向的性质和意义”. 哲学研究，1996,（10）：58.

么。所有的这些都表明，实在依赖于语言”[①]。事实上，任何科学知识都是通过特定的科学语言系统获得其自身存在的物质外壳，从而展现它描述、解释和把握客观世界规律性的本质。所以科学语言的内在结构及其运动，从形式上制约着科学理论的进步和深化，构成了科学理论发展的动力学因素。这样，科学语言作为一个关键性的因素被突出地显现出来。

2）哲学本质问题的争论，归根结底存在一个语言的表述和解释问题。“语言学转向”的革命意义并不在于彻底否定传统，它与传统哲学的根本区别并不在研究对象上，它同样研究本体论和认识论，但是它改变了研究的策略，不是把哲学当作一种知识的体系，而是一种活动的体系，是确定或发现命题意义的活动。既然思想或信念其实就是语言，我们只有通过语言的研究才能把握思想，没有不通过语言表达而独立存在的思想，那么，对于传统诸多纠缠不清的涉及实体或对象的地方，采用“语义上行”（semantic ascent）的方法，即把所讨论对象的本体论地位悬置起来，而用统一的语言语词进行表达和重新解释并达成一致，从而避免无益的争论，这无疑是一种有利的、必要的策略。这也充分表明，传统的、抽象的形而上学哲学思维并不是错的，也不是因为有新的衡量标准而失去意义，它只是由于误用语言或被语言误导而没有意义。运用现代逻辑技术，建立精致的形式语言，抽象的哲学思维与语言使用完全可以具有充分的一致性。

3）逻辑的自洽性与语言的规范性的一致性要求。传统哲学的迷茫和无途，现代科学的发展和进步，从不同的方面极大地促进了哲学的变革并提供了技术上的可能。一方面，现代逻辑技术的普遍深入和发展，要求在所有知识领域进行符号化和量化的推广和演绎，从而保证逻辑发展的普遍性、自洽性和一致性，这就提出了不具有历史性质而具有逻辑性质的要求；另一方面，哲学面对自身所处的理论困惑，除了建立科学的、系统的形式化语言，用规范性的语言处理各种难题之外，别无他途。在

① Quine W V. Existence// Yourgrau W，Breck A. Physics，Logics and History. New York：Plenum Press，1997：94.

这种内在要求和外在影响的推动下，转向强调语言分析便成为自然而必然的选择。

4）逻辑和语言与经验的统一性问题，即科学理性与经验的一致性问题，突出地呈现在人们面前。伴随着 19 世纪和 20 世纪之交的科学革命，特别是数学和物理学的革命，哲学世界观也发生了巨大的变革。在这种情况下，传统的经验认识论方法，在对科学理论的解释方面，遇到了难以解决的困难。对于科学理论来说，“有意义的不是直接观察到的东西的精确性质，而是对被观察到的东西（理论事实）给出解释性的表述，因为正是这些理论事实的集合构成了科学知识的基础”①。同时，理论事实不是孤立的，它们结合在一起并形成了对经验进行完全数学化表述的规律“网络”，无论是理论事实还是与这些事实相关的联系都不能孤立于网络的其他部分而独立地被决定，假设系统必须受到作为整体的经验的检验。事实上，世界不但不能在经验之外存在，而且也不能在逻辑之外存在。超出于逻辑之外的也就是超出于世界之外的，世界的界限也就是逻辑的界限。因此，如何合理有效地在逻辑（语言）、理论、经验之间保持一致的张力，成为人们关注的中心。

5）社会语言学向逻辑语言学的发展，要求寻找它的应用层面。对语言问题的关注与 20 世纪以来数理逻辑和语言学的发展是分不开的。逻辑和语言的结合不仅是科学发展的必然结果，更是自然语言的歧义性和模糊性在描述科学理论和进行科学解释时造成意义混乱必须寻求精确语言的内在要求。逻辑语言学的完善和成熟，要求外展它的方法、功能、作用，并试图在所有领域构筑科学的统一语言，这就促成了“现象主义的语言”向“可观察的语言”的转变，从而试图以量词来限定物质实体，通过理论术语向观察术语的对应性还原，来解决哲学理论所面临的困境。

总之，20 世纪哲学领域内所发生的“语言学转向”，是从关注本体论的古希腊哲学转向关注认识论的近代哲学之后的又一次根本性的变革。这场运动对于整个哲学思维尤其是科学哲学的意义是深远的。它是人类

① 郭贵春. 当代科学实在论. 北京：科学出版社，1991：205.

理性不断寻求认识的“阿基米德基点”的又一次新探索，它在现代科学革命尤其是数理逻辑技术的影响下，把认识的基点定位于“逻辑—语言”的基础上。它关注于“语词—世界”之间的抽象关联、“语词—规则”之间的形式关联、“语词—现象”之间的经验关联及“语词—实体”之间的具体关联，这就为哲学研究提供了新的方向和起点。由此，建立精确的形式语言成为人们共同的理想，语义分析方法成为最广泛的方法论手段。更为重要的是，这场哲学革命不仅是单纯认知方式的革命，而且是思维领域内的根本性的革命。在它的直接影响下，20 世纪科学哲学成为哲学研究的主流，一个“分析哲学”的时代开始了。

二、“语言学转向”的特征

从本质上讲，20 世纪“语言学转向”是以逻辑经验主义为核心的分析哲学的广泛运动，它试图通过对语言形式的句法结构和语义结构的逻辑分析，去把握隐含在语词背后的经验意义，从而推崇科学主义的极端观念和形式理性的绝对权威。其特征表现如下。

1）“语言学转向”是一场在新的基点上探索哲学存在新方式的革命。科学的发展、知识的增长就是科学理性的进步。但是科学理性并不是孤立地存在着的，它总是和某种确定的理论结合在一起，化作一种解释模式或理论评价的标准而生动地展示出来。当人们从黑格尔的形而上学的绝对理性桎梏中解放出来之后，便试图从理论上探寻一种真正的科学的理性。逻辑经验主义就是沿着实证主义和科学主义的传统，构造了一种纯粹的、形式化的理性标准，并在这种“形式理性”的旗帜下庄严地宣告了它的“哲学革命”。它一方面拒斥形而上学，要求形而上学改变它的表现形态；另一方面，将形式理性推向了极端，使科学理性处于“至高无上”的地位。为此，逻辑经验主义者坚持实证主义的基本立场，把经验的可证实性作为判断一个命题是否有意义的标准。在他们看来，一个命题是否有意义，就在于能否用经验证实的方法确定其真假，即一个命题的意义，就是证实它的方法。而经验上的可证实性与逻辑上的可能性，即命题符合逻辑句法规则，是完全一致的。一个命题如果在经验上是可证实的，必然在逻辑上是可能的，反之亦然。因此，通过逻辑分析便可以确定一个命题是否有意义。这样，传统的哲学难题便迎刃而解，因为它们不可证实，对科学来讲是无意义的，应排除出去。同时，逻辑经验主义者汲取了现代逻辑学的成果，将其应用于科学理论的理性重建中。他们排除了传统经验主义对理论概念的“自然定义”，否弃了通过朴素的因果性“自然处理”以形成思想之间的联系，从而阐述理论概念的方式；他们立足于科学逻辑的整体性立场，把理论命题的逻辑综合归诸严格的演绎系统，通过逻辑的功能去形成和强化科学概念和理论的意义。其最终目的就是要在科学理性的重建中，构造逻辑的经验意义。为此，他们一反传统经验主义直接涉及“事件”的自然性，而强调涉及关于“事件陈述”的逻辑性，即观察陈述构成了整个科学理论的理性重建的逻辑起点。同时，他们认为，在满足了有意义的证实标准的基础上，所有理论术语都是认识上有意义的；而一个句子是有意义的，当且仅当所有非逻辑术语都是认识上有意义的。在这里，句法概念起着重要的作用。正是在这个基点上，逻辑经验主义者宣称要在科学语言的逻辑统一的前提下，对科学理论进行经验主义的理性重建，从而在漫长的传统经验主义的“统治”下掀起一场“哲学革命”。

兴起于 20 世纪 50 年代的批判理性主义尽管反对传统的经验主义，要对哲学史上的理性主义进行批判，但它同样延续了“语言学转向”之后，逻辑经验主义对传统哲学问题的处理方式。批判理性主义者同样诉诸经验的支持，只不过采用证伪方法，即用可证伪性来定义意义标准、科学和非科学的划界标准。一个陈述如果是可证伪的，就是有意义的、科学的；反之，如果是不可证伪的，就是非科学的、形而上学的。更为重要的是，在他们看来，科学的目的是追求科学理性在逻辑上的真正解释而不是接近客观实在的真理；严格地坚持科学方法的逻辑性，就是坚持科学的理性原则，因为“没有任何东西能比科学方法更理性了”。所以，逻辑就是真理，逻辑就是理性的原则，从而导致了彻底的“逻辑实在论”[1]。事实上，这与逻辑经验主义具有类似的看法，从本质上讲，批判理性主义仍然是这种理性主义的延续。

2）引入了新的语言分析，特别是语义分析的方法，开拓了哲学研究的新手段。由于“语言学转向”所产生的强烈效应，新的语言分析，特别是语义分析的方法，“已作为一种横断的研究方法，像血管和神经一样渗透于几乎所有的理论的构造、阐释和说明之中”[2]。它作为一种内在的语言哲学的研究方法，具有统一整个科学知识和哲学理性的功能，使得本体论与认识论、现实世界与可能世界、直观经验与模型重建、指称概念与实在意义，在语义分析的过程中内在地连成一体，形成了把握科学世界观和方法论的新视角。这一点尤其是在与实在论的结合中体现得更为明显。从方法论的意义上讲，除了许多复杂的条件之外，科学实在论得以复兴的一个重要原因，就在于一大批科学实在论者在理论的构造、阐释、评价和选择中，自觉地借鉴、移植、汲取和引入了语义分析的方法，从而强化了科学实在论理论的立场、观点和方法的合理性与可接受性，由此自然而又必然地推动了科学实在论的进步。

3）消解了传统的对应论的本质论、符合论的真理论，以及反映论的认识论。传统的认识思维受追求真理性的客观知识的影响，把主观与客观对立起来，把主观等同于虚构，把客观等同于真理，等同于自在之物意义上的客观的本来面貌。这样，就要求思想、命题或理论应与其所阐述的对象具有相同的结构，或者说在构成要素上要与对象的要素具有严格的对应关系，也就是强调语言符号与外在对象具有严格的指称关系。从本质上讲，这种思想奠基于传统哲学“心灵是自然之镜”的隐喻，把心灵当作一面可以精确地反映外在世界的镜子。[3]随着语言哲学理论的深入发展，传统的这一认识思维受到了猛烈批判。就其本身而言，它最大的缺陷在于忽视了认识主体在认识系统中的作用，因为在认识系统中，主体对客体的客观认识是不可能脱离主观而存在的。事物的存在既有整

---

① Smith N. The Rationality of Science. London：Routledge & Kegan Paul Ltd.，1986：273.

② 郭贵春 . 后现代科学实在论 . 北京：知识出版社，1995：125.

③ Rorty R. Philosophy and the Mirror of Nature. Princeton：Princeton University Press，1979：12.

体性，又有多维性；既有现实性，又有历史性与条件性。心灵对有关对象的知觉与反映，要受到主体的成见、欲望和过去的知识背景及价值观的影响，它除了反映对象的有关特征之外，还要反映主体的有关心理特征。正是基于这样的认识，语言哲学家否认人类使用的语言符号具有语义的单义性和指称性，进而否认语言符号表征客观真理的可能性，而强调语义的内在性、不确定性和多元性，从而从语言哲学的角度消除了存在于传统哲学中的这一僵化的、机械的形而上学思维。

需要强调指出的是，“语言学转向”的生成和发展并不是抽象的和一蹴而就的，而是在不断地深刻反思传统认识论思维和迎接各种思潮冲击的挑战中展现出来的。尤其是随着20世纪中叶“后现代主义”运动以分离、解构、消解和非中心化为特征的“后现代性”的渗入，语言哲学发生了朝后现代性生长的趋向，并与科学哲学、科学实在论的后现代发展结合起来，整体地展示了哲学思维后现代演变的特征和走向。①

三、“语言学转向”的意义

20世纪上半叶，当分析哲学家们高举着形式理性的旗帜进行一场“新的哲学革命”时，统治了哲学领域达两个世纪之久的“认识论的转向”便不可抗拒地被“语言学的转向”所取代；人们通过分析语言，更具合理性地达到了传统认识论在分析头脑的探索中所期望达到的目的。在而后数十年中，“语言学转向”已由关于语言结构、“语词—经验”关联和意义分析等的哲学方法论的阐释，赋予了它确定的历史特征。但是，以分析哲学为中流砥柱的“语言学转向”不能不具有它历史的局限性，特别是形式理性与科学主义的观念，导致了某些“不能令人容忍的极端倾向”②。当人们越来越清晰地意识到，对形式理性的极端迷信和科学主义的神话已日益成为阻碍科学进步的因素时，“语言学转向”及其产生的一

---

① 有关“语言哲学与后现代演变”方面的更为详尽的论述，请参阅郭贵春《后现代科学哲学》（湖南教育出版社，1988：35-67）.

② Hiley D R，Bohman J F，Shusterman R. The Interpretive Turn. Ithaca：Cornell University Press，1991：1.

系列结果受到了来自各个方面的强烈挑战。

首先，语言分析不是万能的。“语言学转向”的根本特点是用现代逻辑技术来进行语言分析。应该看到，这种把问题上升到语言层面或把问题局限于只考虑对语言的使用是否相同的方法，客观上避开了某些说不清楚或一时不能说清楚的问题，尤其是本体论地位方面的麻烦。但是试图以之来解决所有哲学问题，便成为不切实际的空想了。这种极端追求“形式理性”的后果便是试图建立一种统一的科学主义语言，将所有的概念和陈述符号化，进而用数学的推演来代替哲学的思辨。事实上，现代逻辑技术本身是有缺陷的，它只能处理语言中一部分语言算子和句式，而且对于许多概念的性质，如因果关系、时间先后关系等，根本不能容纳。同时，自然语言，并不像逻辑经验主义认为的那样一无是处；哲学问题，也并不完全是由自然语言的模糊性和歧义性所造成的。事实上，自然语言和形式语言之间存在着深刻的关联。随着“统一语言”的失败和解释实践的进一步深入，人们逐渐意识到，把哲学的任务当作总是根据特定意义和句法规则，去翻译、解译或解释任意符号的思想，完全是一种形式主义和理性化了的语言学理解的图景。它并不具有覆盖所有哲学认识的能力；既不是自明的，也不是必然的。语言的主要功能在于实践，是人类的公共交往形式，也就是说，对语言而言，使用才是最根本的。在这方面，自然语言是先天的、自然的。因此，只有把语言理解与解释经验、语言分析与语言使用相互渗透和融合，才能真正地发挥语言在哲学认识中的功用。片面地强调任一方面，只能走向极端。

其次，非理性因素受到不应有的忽视。“语言学转向”所高举的大旗是理性主义和科学主义。这样，一切具有主观特点的非逻辑的因素被绝对地排除在外。事实上，作为逻辑经验主义先驱者的弗雷格，其哲学观点的第一条原则就是“始终要把心理的东西和逻辑的东西、主观的东西和客观的东西明确地区别开来”①。在他看来，逻辑是客观的、公共的、数学化的，而心理过程是主观的、私人的、不精确的。一旦把具有客观性

① 弗雷格．算术的基础．1953年德英文对照版，第7页，转引自涂纪亮．分析哲学及其在美国的发展（上）．北京：中国社会科学出版社，1987：38.

的思想和个人主观的心理或精神严格区分开来，人们就必须寻找客观的和外在于个人精神的东西，来体现人们可以公共评判的思想，从而建立公共性的语言，用语言来分析思想。这种反心理主义、反非理性的立场一直贯穿于整个逻辑经验主义运动的始终。应当看到，他们强调理性在科学认识中的积极作用，这是符合事物发展规律的，但是非理性因素同样具有不可或缺的作用。因为科学真理的获得，人类主体对客体的认识不可避免地要受到社会、历史及人类科学技术发展的影响，要受到主体生物特征、心理特征等因素的影响，它不是一个逻辑的前后相关的知识系统，而是一组物质的和认识的实践。各种不同的实践形式构成了不同的研究领域。因此，从本质上讲，科学实践是理性和非理性的统一。只有将科学理性的分析从科学理论的“逻辑结构”转向科学事业的“实践结构”，才能在系统地处理理性与非理性因素关系的基础上，获得知识的进步。

再次，对文化进行了消解。当传统规范哲学的认识论高举着理性主义的旗帜，在人类认识史的发展中取得了辉煌成就的时候，它的狭隘理性主义的弱点也同时暴露无遗。它把逻辑理性标准当作“纯理由的法庭”的首席法官，要求所有科学和社会科学的分支，沿着物理主义的途径，向物理学的本体论和方法论做彻底的还原，从而导向了极端的科学中心主义。但是科学进步的历史日益强烈地表明，试图一劳永逸地为科学发现一种简单的、理想的和具有特权的逻辑规则，而消解文化是不可能的。科学理论的建立、解释和实践，内含着社会的、心理的、科学的、建制的各种背景因素的整体文化的说明。因为对于科学功能的评判，应当建立在狭义的科学层面解释与广义的社会整体结构解释的统一的基础之上，而且科学认识域的确立不在于单纯的逻辑预设，而在于科学探索和进步的实践的和社会的要求。同时，科学的本质不在于其自身目的与实现手段或途径之间的循环论证，而在于科学与特定社会中所有文化要素之间的结构参与性联结。所以，逻辑经验主义通过纯粹科学而消解社会文化的企图，只能是片面的、狭隘的，对科学的发展只有阻碍作用。事实上，寻求科学解释的广阔的社会根由，并不是要丢掉科学的“自主性”

和“文化权威性”，恰恰是科学价值得以实现的前提条件，只有将科学向社会、向所有文化“开放”，才能为科学系统给出逻辑的、物理的、技术的、文化的和道德的多层次的可能性评价，使其成为一个立体的可行性和功能性评价的规范体系。

最后，“语言学转向”加剧了欧洲大陆哲学与英美哲学的现代分裂。“英美”和“大陆”的区分从不同侧面代表了“语言学转向”以来两个不同的哲学主题，反映了两种不同的哲学情绪。英美哲学以“语言学转向”为核心，强调逻辑理性结构的经验性，其方法论的合理性因素包含在对科学理论语言的分析之中。他们只对语言符号与所指示的对象之间的关系感兴趣，而把人或主体当作可以完全忽略的因素。而20世纪贯穿于大陆哲学思想中的三个主题是：文化批判、对研究背景和语境的关注及自我的失落，与此相对应的是反科学主义的情绪。他们普遍关注于人的存在，把语言只是当作人与世界、人与人发生关系的媒介，从而追求概念的简单性和构造的复杂性，摒弃数学化和人工化的语言。因此，大陆哲学蔑视英美哲学的“自然主义”“经验主义”“还原论”，称其为“不治之症”，而英美哲学则反感大陆哲学的历史主义、唯心主义和结构主义。同时，大陆哲学从各个角度维护和延续思辨哲学的“方法”，而英美哲学家则表现出对思辨“方法”的排斥和疏远。这两个传统在相互“对抗”中展现了科学主义和人文主义的不同风格，显示了“语言学转向”所导致的自然科学与人文科学之间绝对的、僵化的界限和逐渐远离的分裂。①

应当看到，“语言学转向”的形成和逻辑经验主义的兴起，对20世纪的科学哲学产生了巨大的影响。这种影响，从罗姆·哈利的不无愤慨的语言中可见一斑：“科学哲学的进步，在20世纪突然中止了。这是因为在学术界出现了腐败的和极其不道德的教条的统治——逻辑实证主义。正是实证主义者，把科学知识的内容、源泉和检验限于感觉的瞬时判决；正是逻辑主义者，把哲学家的任务仅仅限于揭示已完成的科学论述的逻

① 郭贵春. 后现代科学哲学. 长沙：湖南教育出版社，1998：176.

辑形式。这一观点的不道德的性质令人难言。”[①] 当这种经验主义的极端形式理性主义和科学主义的统治不能再被忍受，并且它们自身也不能再继续下去的时候，它受到了来自各个方面的批判。这些批判是全面的和猛烈的。逻辑经验主义把人类认识的本质归结为对知识中逻辑关系的发现，把哲学的任务归结为对科学语言进行逻辑分析，企图用“科学的逻辑”来取代哲学，这一点带有极大的片面性。通过使科学的概念确切化，通过对科学理论的结构、方法等的研究而促进科学进步，这仅仅是哲学的任务之一，而不是全部，绝不能把哲学仅理解为科学认识论和方法论，甚至把方法论等同于狭义的逻辑。这只能过分夸大语言符号形式化的意义，使它们脱离了所表示的客观现实对象，把它们当作是人们“约定的”或任意构造出来的东西。同时，他们采用的逻辑分析方法，是共时性的而非历时性的，是分析的而非综合的，是抽象的而非具体的，这就使得在对科学理论进行逻辑分析时，静态地考察科学的逻辑结构，而脱离科学发展的历史，脱离科学所处的社会结构与文化背景，忽视心理因素对科学的影响。这些缺陷都使得逻辑经验主义在发展中逐渐失去了合理性，受到众多后来者的批判。但是，最致命的并不在于对其理论内在的、逻辑的方面的批判，而是在于挖掉了其理论的最根本的基石——观察的客观性或经验的可靠性。自休谟以来的经验主义的认识论都基于这一思想的指导，即观察提供了经验知识的最大程度上确定的和概念上不可修正的基础，提供了所有科学方法进行推理的基本前提；丧失了这个基础和前提，就丧失了任何可能的知识和理性的思维。这一重大前提和基础，从20世纪50年代初开始，遇到了以汉森、图尔敏、波普尔、费耶阿本德、库恩和拉卡托斯等为代表的科学史和科学哲学家们的批评，从而导致了逻辑经验主义的衰落。

尽管逻辑经验主义如日中天的辉煌时期已然消逝，但它作为20世纪影响最大、统治时间最长的科学哲学流派，在科学哲学中的影响仍长期地存在着。首先，它把哲学的任务定位于对科学语言进行逻辑分析，并

① Harre R. Varieties of Realism: A Rationale for the Natural Sciences. Oxford：Blackwell Publishing Ltd.，1986：21.

借助数理逻辑的精确方法，对科学理论的逻辑结构进行了精细的研究，并由此开创了分析哲学，对传统思辨性哲学产生了巨大的冲击。这无疑使得语言问题成为20世纪科学哲学讨论的主题，开辟了哲学研究的崭新方向，启发了近一个世纪的哲学研究，使得哲学从此发生了根本变化。其次，它所使用的语义分析方法，成为以后科学哲学研究的重要方法论工具。从总体上讲，尽管“试图通过语言哲学的详尽分析来摆脱哲学的困境并解决一切难题的任何企图，都作为一种‘幻想’而无情地破灭了。但是，语义分析作为一种有效的方法论思想，却具有一种普遍的、令人启迪的力量”[①]。它以科学知识为标本，用逻辑的方法改造哲学，使之精确化、逻辑化、科学化，在一定范围内使哲学分析的任务深化了。最后，更为重要的是，正是它的长期影响及最终衰落，播下了科学实在论全面复兴的星火，激发了科学实在论者抛弃传统实在论的机械性和教条性的决心，促使他们在与反实在论的争论中不断地变更自身的理论形式，从反实在论及其他哲学派别中汲取合理的方法论成分，以此强化自己的灵活性。

无论如何，逻辑经验主义带给20世纪哲学研究的影响是根本性的、启迪性的和创造性的。尽管它作为一个理论流派受各种因素的影响必然地走向了衰落，但它的研究策略、方法、理论，仍长期地影响着科学哲学的发展。事实上，在它之后所产生的各种科学哲学流派，包括批判理性主义、历史主义、科学实在论和逻辑实用主义，都是在逻辑经验主义的基础上，从其正反不同的方面借鉴、批判的基础上形成的，逻辑经验主义的影响深深地渗入了各种流派理论研究的方方面面之中。

---

① 郭贵春．当代科学实在论．北京：科学出版社，1991：125.

当代意义理论中的认知分析*

意义理论是语言哲学中的重要内容。达米特对这一理论的理解式说明，包含着较为浓厚的认知色彩，标志着意义理论的当代转向。因此，分析达米特及相关理论家的思想将对了解当代语言学的发展动向具有重要意义。

一、意义理论中的反心理主义修正

弗雷格和维特根斯坦认为分析哲学的基本观点是强调语言的中心性。确切地讲，关于概念和对象的判断主要由我们的语言来决定，而不能超越它。概念和判断不能独立于语言，通过语言学的客观方法能够解决特定的知识问题。这样一来，类似于康德主张的“哥白尼式”的革命已经包含在这些原则中。所以，我们可以把这一思想概括为“语言学上的康

---

* 本文发表于《哲学动态》2004 年第 3 期，作者郭贵春、王航赞。

德主义”。关于意义的论述也就成为这一主义的核心问题。

弗雷格立足于意义的公共性和可交流层面，在对概念和语法的说明中排除对意义的心理学解释。换句话说，在意义问题上坚持反心理主义，即坚持在心理与逻辑、主观与客观之间做出明显的区分。这一原则受到多数语言哲学家，特别是那些接受了康德观点的人的批判。首先，从理解意义论的层面看，心理学将具有更客观、更基本、更科学的特征。因此，欲想获得概念的全面解释，就必须坚持心理和精神机制的作用。其次，对心理主义的理解与说明可以按不同的形式来进行，因此，就反心理主义的力度而言，在其倡导者之间就存在着争论。尽管他们一致要求应在逻辑与心理的内容方面做出区分，然而把分界线定在何处却显得不尽一致。语言学上关于思维法则的本质问题、客观性、主观性，以及它们与人的心灵结构的关系问题仍在争论中。

高登·贝克（Gordon Baker）和彼得·哈科（Peter Hacker）认为，当代分析哲学的主要不足在于迫使哲学家在柏拉图主义和心理主义之间进行选择。其中，大多数人反对心理主义。他们要么选择柏拉图主义的一些说法，要么把语义（逻辑）与理解（心理）结合起来说明心理主义，以避免这种两难选择，由此形成了使二者趋于分离的意义理论。然而，在贝克和哈科看来，后一种做法掩盖了这些哲学家所确立的心理主义。由于理解在本质上是一种心理过程，所以他们没有对理解给予解释，而是把它留给了心理主义者和精神论者。“受过训练的哲学家都会认为理解是一种心理过程，却不去说明这个过程本身，他试图在语义规则的形式计算中以派生的形式复制这个过程……从而在这些计算的研究中得出哲学的结论。”[①]这方面的两个杰出代表是达米特和戴维森。

戴维森在意义理论上变革了塔尔斯基的真理论，他更多地倾向于柏拉图主义，排除主体对意义的呈现性，因而在意义理论的论述方面不主张涉及心理问题；达米特反对柏拉图主义，他对意义理论的说明方式实

---

① Baker G, Hacker P. Language, Sense and Nonsense. Oxford: Blackwell Publishing Ltd., 1984: 161.

际上使他陷入一种对心理主义的包容状态。他对语义和理解（逻辑规则与心理）关系的说明，以及他对反心理主义的解释与贝克和哈科的上述观点相类似。

达米特认为意义理论应当是一种理解理论，即“意义理论必须说明当一个人知道一种语言（即知道语言的句子和表达的意义）时他知道了什么”[①]。由此可以看出，他对反心理主义的说明并没有将理解与语句分开，即没有把心理和逻辑分离。所以，哈科认为达米特在《什么是意义理论》（Ⅱ）及《真理和其他诸谜》中所表达的反心理主义，其实质仍然停留在对心理的假设与认同上。在达米特看来，思维根本不是一种精神过程，它只是进行着的一种思想。所以，在划出这些相关联的语法（逻辑）之后，与此相关的心理主义就没有什么值得研究。从现实性上讲，不存在一种不伴随心理过程的思维。因此，在研究中就没有必要在它的逻辑对应物与心理对应物之间做出明显的区分；相反，“活动、行动、过程以及对象，一旦在哲学心理学中提出，那么就会使我们误入歧途”[②]。

实际上，反心理主义并没有把对诸如思考、理解等概念的处理留给心理学，它在自身的陈述中就已经包含了对这些问题的讨论。从这一点来看，弗雷格规定的分离原则并不连贯，因为它最后又回归到心理主义那里。它所做出的明显区分只是旧表象主义的一种改头换面，其最后的结果必然是“思维不是任何符号论中的表象”[③]，非内在的心理机制或者关于过程的理论能够解释我们的思想、思维、意义和理解。这一点已被后期维特根斯坦丢弃了。

当然，达米特不可能完全接受贝克和哈科对心理做出的那种分析，因为他对相关问题的看法受到了维特根斯坦的强烈影响。达米特曾批判了弗雷格和胡塞尔对心理主义的解释：“虽然他们都正确地批判了那时的心理主义，但两者的失误在于严格地区分了逻辑概念与心理概念，从这

---

① Dummett M. The Seas of Language. Oxford：Oxford University Press，1993.

② Wittgenstein P H. Meaning and Mind. Oxford：Blackwell Publishing Ltd.，1990: 312.

③ Wittgenstein P H. Meaning and Mind. Oxford：Blackwell Publishing Ltd.，1990: 330.

不能期望有任何真正的进步，他们以逻辑与心理之间的严格区分剥夺了自己理解一种思想的解释方法。”[①]实际上，达米特对弗雷格的心理主义持批判态度，认为弗雷格的思想中保留着经验主义和表象主义的残迹。哈科对此也持相同的看法，他认为“不能轻易忽视弗雷格对心理主义的保留”[②]。

这些年，人们对弗雷格思想的批评显然与达米特对弗雷格的批判有关。弗雷格的失误是实在论方法的直接结果，他反对把意义的理解解释为一种能力。“对意义的实在论说明与它有必然的关系，即与那种客观的、独立于我们知识的事物的判断真假方式有关，而与我们决定句子真值的程序（逻辑）无关。”[③]换句话说，弗雷格的实在论概念与个人语言即个人的认知状态密切相关。这样一来，弗雷格对意义的客观性与交流能力的坚持就显得与他的实在论不一致。因为语义与理解之间的明显区分要求我们把对意义的掌握解释为一种能力，它的内容对公共标准是开放的。所以，对反心理主义进行修正的种种做法，在本质上明显地是把认知科学这一部分理论成果包容进意义理论中。

二、意义理论中的认知维度

达米特的意义理解论带有维特根斯坦式的外观。然而，他并不完全同意维特根斯坦的观点。在《思想与感觉：两类哲学革新者的观点》一文中，达米特对思想、含义做出了“意向”理解与“显现”（occurent）理解的区分。从维特根斯坦的方法看，理解仅仅被描述成为一种能力，或只被解释为意象。因此，“从事一种思想”不需要进一步的、非意象的分析。换句话说，不需要求助于一种显现的理解，因为它在本质上是超意象的。由于不需要，它就可以得到一种清晰的观点，所以这种主张及类似的观点只会使我们直接地回到对心理主义的讨论中。尽管它有可能

---

① Dummett M. Frege and Other Philosophers. Oxford：Oxford University Press，1991: 287.

②③ Dummett M. Frege and Other Philosophers. Oxford：Oxford University Press，1991: 278.

完成理解的任务，但达米特并不完全满意维特根斯坦的做法。“由于维特根斯坦试图消解‘理解’的显现含义，所以很难看出这一点如何被成功地坚持下来。”[①]所以，达米特现在转向了对这两种观点的反叛上，因为按照它们，要么我们完全放弃显现的理解，要么陷入心理主义。维特根斯坦认为，“假如你理解了语言……在你理解句子中就无须什么，除了你听到那个句子外，不需要理解活动”[②]。反思这一点，我们认为这种解释不能说明对一个句子的理解；而达米特则在此表达了一个类似于“意识”的概念；赖特同样坚持这种看法。赖特指出，如果我们忽视了表象主义，而采取传统的维特根斯坦式的姿态，那么我们就失去了主体的权威性。我们知道维特根斯坦对心理主义解释的批判总体上有说服力，但纯意向的说明对解释我们的概念是不充分的。因为很难看出何种证实适合这种说明的实践，对一个陈述的理解本质上是一种意向。没有证据我们就不能知道自己已经具有一种具体的意象或意象的复杂性。[③]

以上所述是表象主义和实在论在哲学上争论的中心问题，达米特直到 19 世纪末 20 世纪初才意识到这一点。他主张这只涉及思想，而与思维的心理过程无关。“我们有一种自然倾向，即认为各类语言活动——做出一种判断、表达一种思想——是内心活动的外在表示，包容着一种具体的心理态度。这一倾向由他们的心理活动或事件的对应一致而得以加强——判断的行动，或突然出现的思想……这些心理活动和事件的分析是认识的，而非逻辑的；但语言活动应被划分为习俗活动，而不应按心理状态的外在表达来划分。”[④]达米特的这种态度承受着两种相互矛盾的错误。其一是弗雷格主义，其二是维特根斯坦主义。首先，达米特像弗雷格那样在逻辑与心理、认识之间设置了一道障碍；同时，他又与维特根斯坦一致，关注于纯语言行为和意向理论。一方面，理解、思维、知性、

---

① Dummett M. Frege and Other Philosophers. Oxford：Oxford University Press，1991：275.

② Dummett M. The Seas of Language. Oxford：Oxford University Press，1993：99.

③ Wright C. On Making up one’s Mind：Wittgenstein on Intention. Haller & McGuinness，1989：394.

④ Dummett M. Frege：Philosophy of Language. London：Duckwmth，1981：311.

意图和其他的语言行为是否必然地与内心活动和事件联系，或以别的方式解释，这属于语法研究的内容，因此，意义理论的逻辑性可以被广泛地理解；另一方面，意义理论必须说明理解的“意向”方面和“显现”方面，否则，就不完整。这样，对伴随着这些行为的可能事件的描述就留给了心理学和精神学。

达米特从维特根斯坦那里认识到“再没有什么比把意义称作一种心理活动更为错误”，从而错误地认为“去理解”（to understand）的语法表明不能接受“显现”的含义。维特根斯坦自己明确表明这一点和以前的观点矛盾。尽管维特根斯坦式的态度使我们觉察到一种纯意向的说明比理解更充分，但它不具备语言学的康德主义的那种张力，因此它不能使我们满意。另外，弗雷格主义的一般主张和语言学上的康德主义不可通约，因为语言学的康德主义不坚持独立的认识研究。弗雷格主义缺少“出现”的含义这方面的内容，因此没有为这些问题的研究留下心理的内容，在那里，理解就只与习俗的意义即它的公共方面有关。

所以，一方面，达米特对弗雷格的错误进行了批判；另一方面，他丢弃了以前把语言看作是一种纯实践能力的概念，试图在他的理论中包含一种认知成分或认知因素，借助于语用分析来解释我们可以说明言语者的意向。他对维特根斯坦错误之处的批判表述在他的意义理论的认知成分中。意象描述理解在本质上是把我们的语言知识作为一种实际能力来陈述的。这种描述可能忽视了言语者的意图和目的，因而只提及公共标准和习俗。这一理论解释了什么能力构成了具体语言表达的内容。语言学的康德主义认为，意义理论是一种理解理论，我们对它的构造就表明了它正是言语者所知道的清楚观念。维特根斯坦主义主张对相关的实际能力的陈述充分说明了言语者的知识。但达米特现在认为：“我们对语句内容的理解不可能作为一种纯外在实践的掌握而存在……从我们整个意识生活的完整性上讲，如果我们将其称为一种实际能力，尽管没有脱离即仍旧承担着与别人交谈的语用责任，那么我们便歪曲了事实。”[①]在《语言之海》的序言中他也表达了同样的观点，他对实际知识和理论知识的明显区分提出了指责：“我现在认为语言知识有大量的理论成分；把知识分成理论的和实际的（知识是什么及知识怎么样）太粗糙以至于语言知识在其中找不到位置。首先，把语言知识归为某个人能讲语言的根据在于他的语言是合理的行为，对此我们可能探讨动机和意图。”

给意义理论加上认知成分，不等于放弃了语言学的康德主义，而是代之以温和形式的心理主义，在此知识仍旧以公共准则的形式被描述。但由于它表明了知识为何不能仅仅被表述为外在于语言的形式，所以带有维特根斯坦式的口吻，这一点正如麦克道尔（J. McDowell）的主张。然而，麦克道尔从另一方面混淆了两种不同含义的“外部陈述”：①这种陈述把“实在”作为意义解释的部分；②“外部陈述”指一种机械论、行为主义。麦克道尔把达米特对意义的解释指责成机械性的，因为达米特的“外部陈述”是第一种意义上的，即求助于生活形式、外部事物的颜色和形状。当然，坚持真的、外部世界作为我们语言实践的陈述部分不能与以内在形式解释理解的方式混为一谈；虽然前一种情形的出现不可避免，但是后者却忽视了语言的理性方面。“由于话语具有内容……它是理性的显示；但我们不能把内容看作是由思想给予的，存在于心中，即在外在的话语行为之后。同时，我们不应将其看作是通过话语的可观察实践从外部给予的；我们应在话语中看它。”[②]事实上，麦克道尔承认达米特对隐含知识的叙述已经排除了这种外部陈述，但他认为这要么是循环的，要么由于显示要求而回归为行为主义。

对达米特而言，没有什么比上述思想线索更自然了。首先，这种方式避免了逻辑和哲学分析的空白。这样，对哲学知识和真理的讨论就具有了合理性。其次，这一结果对赞成语言学的康德主义的哲学家至关重要。因此，一方面，达米特不得不表现出反心理主义，在一定意义上，表明他没有迈向心灵主义和表象主义；另一方面，要求他给知识、意识

① Dummett M. The Logical Basis of Metaphysics. London：Duckwoth，1991：103.

② Dummett M. Realism. Synthese，1982，52（1）：256.

和理解以满意的解释，把心理内容看成是语义的构成部分，这一点超越了维特根斯坦的意向主张。

卡尔-奥托·阿佩尔近来在《意向性是否比语言意义更基本》一文中讨论了与此相同的问题。阿佩尔对这一问题持否定的回答，他赞同哲学中的"语言学转向"和"语用学转向"，认为它们的代表分别是维特根斯坦和皮尔士（D. Pears）的哲学。阿佩尔认为，在塞尔（John Searle）的语言行为理论中可以看到这两方面的融合。分析哲学家的转向强调意向的首要性，在塞尔的《意向性》一书中，由于没有将表象的意图和交流的意图联合而终结。阿佩尔接受了语言学的康德主义态度，他的思想在本质上是对康德话语的一种解释："经验事实陈述的可能性条件——表示事实的命题语句——同时是可表述事实的可能性条件。"[①]这一点使阿佩尔认识到由语言惯例所规定的符号意义在方法上优先于意向性。由于维特根斯坦主义忽视了"意识证据"的认识作用，从而成为语言学观点上的失误，"经验世界的命题表示事实上在现象证据的感觉证实方面被超越了，同时，语言在本质上不是先于经验的，而是感觉证据的意识"[②]。这一主张恰是达米特和赖特认为维特根斯坦主义忽视理解的显现含义的一种不同说法。

阿佩尔解决这一问题的方法是根据"语言学转向"和"语用学转向"所提供的东西。"这两个术语的基础是逻辑语义学，它来源于抽象的命题。"[③]需要强调的是习俗的首要性，因为过分地强调实用观点会使我们得到塞尔后期的观点，即"言语者的意指按照更原始的意向形式完全可被定义"[④]。阿佩尔立足于塞尔的前期观点，对此提出了质疑，他认为意向由习俗先在地决定了。语用成分的作用与意义理论中探讨言语者的话语知识这一部分相关，"在我有效地断定之前我必须有一种确信"[⑤]，但这种确信的意向内容最终以传统的语法为根据。

---

① Apel K-O. Is intentionality more basic than linguistic meaning？ Lepore Can Gulick，1991：35.

② Apel K-O. Is Intentionality more basic than linguistic meaning？ Lepore Can Gulick，1991：37.

③ Apel K-O. Is Intentionality more basic than linguistic meaning？ Lepore Can Gulick，1991：38.

④ Searle J. Intentionality. Cambridge：Cambridge University Press，1983：160.

⑤ Searle J. Intentionality. Cambridge：Cambridge University Press，1983：41.

简言之，我们从阿佩尔那里认识到，如果我们给语用以更重要的作用，那么就可以解决个人的理解问题。达米特近来坚持一种与此十分类似的观点："事实上，语用是一种有意识的理性活动——我们可以称之为理性活动——智力因素必须包含在任何陈述中，因为它与人的语用现象是一体的。"①这样就把认知成分加到了实际能力的陈述上，目的在于强调理性方面。它的部分内容是我们语言知识的语用方面，即分析话语的意义、动机、言语者的意向。这一部分自然地集中于言语者的个人语言，但这不应使我们错误地认为个人语言比日常语言更有优越性。达米特与阿佩尔一样，认为语用独立于传统的意义的先在性："我们仅根据假如某个人知道就可以评价他的目的、动机或意向。当我们知道它的意义时就可以探求一句话语的意义。"②因此，意义成为语用者理性的构造性假设。

这样，认知成分的内容通过对语义学加以语用分析就可以得到。这虽然与维特根斯坦主义的原则毫无关系，但我们却能在《哲学研究》中找到类似暗示。为了表明"适合""能够""理解"之间的语法联系，维特根斯坦在《哲学研究》第 182 节中建议布置一些"练习"。由于两者都可以通过一种意向的分析来解释，所以我们看到的理解必然类似于一种能力。然而，我们同样能看到能力和理解有一种"出现"的含义。应该强调的是，维特根斯坦也主张以证实来分析认知成分，恰恰延伸到包括语境、意图及其他语用概念的范围，"我们接受的'适合''能够''理解'的标准比表面上看到的要复杂得多，即使用这些词的游戏，在语言交流中对它们的使用根据是它们的意味，更广泛地讲，是这些词在我们语言中的作用，而不是我们试图所想的东西。"③这一暗示，清楚地表达了认知和语用成分对理解的解释是必需的。

达米特指出，对理解意义论中认知成分的说明可以按照阿佩尔和赖特的主张进行。阿佩尔强调语用方面能与赖特的意向的自我归属相融合，

① Dummett M. The Logical Basis of Metaphysics. London：Duckwoth，1991：91.

② Dummett M. The Logical Basis of Metaphysics. London：Duckwoth，1991：92.

③ Wittgenstein L. Philosophical Investigation. Oxford：Blackwell Publishing Ltd.，1953：182.

所以我们可以把阿佩尔和赖特的观点包含在达米特的观点中。它们都为了同一个目的，即提高语言的纯意向描述，不至于向心灵主义倒退。仅根据意向的理论把我们的语用能力描述为一种实际能力，这从外部就可以说明，因而缺少对语言描述时至关重要的理性成分。所以，在语用外衣下融合语义和意向已成为当代意义理论的必然走向。

论“是”的意向构造性*

20世纪七八十年代以来，分析哲学的研究旨趣发生了深刻的变化，开始从对意义和指称问题的关注转向了对人类心智问题的关注。但是，大多数人关注的只是命题的意向性，即命题态度，而忽视了命题和语词得以形成的“是”及其意向构造性。我们认为对“是”的意向构造性做一番深入的研究，对于我们理解语言和意向的关系是至关重要的。

一、“是”的意向构造性的含义

所谓意向性，是意识活动的一个本质特征，这种特征表现为它是作为对某物的意识，“在每一活动的我思中，一种从纯粹自我放射出的目光指向该意识相关物的‘对象’，指向物体，指向事态，等等”[①]。既然每

---

* 本文发表于《自然辩证法通讯》2005年第5期，作者杜建国、郭贵春。

① 胡塞尔．纯粹现象学通论．李幼蒸译．北京：商务印书馆，1995：211.

一个思维活动都是指向对象的活动，在指向的过程中形成了对意向之物的意向构造，因此，每一个思维活动都具有意向构造性。那么，什么是“是”的意向构造性呢？

1.“是”——存在的显现

“是”是一个在语言中普遍使用而又难以把握的词。在古希腊早期，einai（英语 to be、to exist）具有表存在、表真、表方位和系词的用法，但对于这些用法之间存在何种关系却众说不一。有人认为，einai 的用法可以划分为：①“存在”（exists）；②用作系词。认为两种用法之间是相互并列的。对此，C. H. 卡恩有不同的看法，他认为在希腊语的早期文本中，einai 的系词用法在使用频率上是占绝对优势的[①]。以此为依据，他认为存在着一个广义的系动词 to be，它同时表方位、表存在、作谓词等。海德格尔通过语法学的考察得出，Sein 这个词有动词、不定式和名词三种语法形式[②]。通过对 Sein 的语源学分析，海德格尔认为，Sein（是/在）这个动词的确定含义就是生、升、起、停留[③]。古希腊人对 eimi（德文 sein）的解释就是（自然），就是展开，展开所起的作用就是出现，由出现导致显露。在赫拉克利特的“一（是）一切”中，“一切”意指存在者之整体、总体，“是”当作及物动词使用，其意如同聚集。[④]聚集就是逻各斯，就是语言之是。

在巴门尼德的思想中，“是”与“不是”都是绝对的。这里的“是”意指存在，“不是”意指不存在。在《巴曼尼德斯篇》中，柏拉图认为，“是”与“不是”都有两种，“是”有广义和狭义的区别；“不是”有绝对和相对的分别。广义的“是”一方面包含狭义的“是”和相对的“不是”，另一方面又和绝对的“不是”相对立。而相对的“不是”却又可能是另一种“是”。[⑤]从柏拉图关于“是”的分析中，我们可以把握到“存

---

① C. H. 卡恩 . 动词“To be”与 Being 概念研究之回顾 . 世界哲学，2002，(1)：60-74.

② 海德格尔 . 形而上学导论 . 熊伟，王庆节译 . 北京：商务印书馆，1996：55.

③ 海德格尔 . 形而上学导论 . 熊伟，王庆节译 . 北京：商务印书馆，1996：71-72.

④ 海德格尔 . 海德格尔选集 . 孙周兴选编 . 上海：上海三联书店，1996：595.

⑤ 柏拉图 . 巴曼尼德斯篇 . 陈康译注 . 北京：商务印书馆，1982：72.

在”与“是”在使用上的最初分离及它们之间的关系，“是”（语言之是）展示、显现“存在”。“是”与“存在”的这种关系及其用法在亚里士多德的著作中也可以见到。他认为：“一个词在其本身意义之外尚带着时间的概念者，称为动词。动词的任一部分都没有任何独立的意义。……‘健康’是名词，但‘是健康的’是动词；因为，在它的本身意义之外，它还指出所说的状况现在是存在着的。”① 而这种用法恰恰反映了在古希腊时期，这两个词之间的某种深层联系，或者说它们具有某种应用上的等价意义，即它们都有着显现和澄明“在者”的作用。如果说有区别的话，只是所澄明的对象不一样，“存在”澄明的是“本体”，而“是”所澄明的是“分有”。

维特根斯坦在分析“是”一词的不同用法时，实际上也触及了“是”一词的含义问题。例如，“玫瑰花是红的”这句话里的“是”同“二加二是四”里的“是”含义不一样。前者是作为“系词”，而后者是作为“等号”。② 在这里，维特根斯坦清楚地意识到，解决这一问题不是语法学和语义学的事情，而只能通过语用学来完成。但是，在语用学的分析过程中，他只是把“是”简单地等同于一般的语词，却没有意识到语词之所以具有不同的用法，恰恰是通过这个“是”来指向不同的语境的。因此，他没有看到这两种用法上的内在联系。实际上，早在亚里士多德的著作中，对这两种用法就做过探讨。“数学是理论学术，讨论静止事物，但数学对象不能离开事物独立存在。”③ “于是我们讲来，一般 1 与 1 若合在一起就是 2，无论事物是否相等或不等。例如这个善一和这个恶一，或者一个人和一匹马，总都是 2。”④ 从亚里士多德的分析中可以得出，数学中的“是”与自然语言中的“是”具有同样的意义。它们都是显现禀赋或动变的，虽然有时我们把它当作相等，但它们本身还应该被理解为显现，即 1+1 显现为（是）2。这只是不同事物在数量方面的“侧显”；否则，就

① 亚里士多德 . 范畴篇 · 解释篇 . 北京：商务印书馆，1959：56.
② 维特根斯坦 . 哲学研究 . 陈嘉映译 . 上海：上海人民出版社，2001：232.
③ 亚里士多德 . 形而上学 . 吴寿彭译 . 北京：商务印书馆，1959：234.
④ 亚里士多德 . 形而上学 . 吴寿彭译 . 北京：商务印书馆，1959：276.

会遇到类似于蒯因对分析命题的保全真值性的诘难。[①]

通过以上梳理，笔者认为，古希腊早期伊始，“是”这个词就有聚集和显现的含义，但随着语言的演化，特别是亚里士多德逻辑学的发展，系词“是”的显现“存在”的含义逐渐被遮蔽，只成为一个空洞的、没有含义的联结词。“因为它们本身并不标志任何东西，而仅只蕴涵着一种联结。”[②]在此之后的哲学发展过程中，由安瑟伦关于“上帝存在”的本体论证明，引发了康德对“存在”（英文 being）是不是谓词的讨论。20 世纪哲学家尼尔（W. C. Kneale）、摩尔（G. E. Moore）、皮尔士、汤姆森（J. Thomson）都运用逻辑的方法从不同的角度，对存在的意义进行过有益的探索。[③]特别是罗素和蒯因，也不同程度地认识到“存在”与“是”用法之间的关系。但没有一位哲学家像海德格尔那样，对“是”与“存在”的含义及其关系给予了异乎寻常的重视和深刻的阐发。尽管这种阐发带有浓厚的德国哲学家的晦涩文风，但对于我们研究“是”与“存在”的内在联系具有举足轻重的作用。

在《康德的存在论题》演讲中，海德格尔认为：在康德关于“是”的“逻辑用法”之外，我们又看到了它的另一种用法，即关于“是”的客观用法，这种客观用法的丰富性表现在作为系词的“是”不仅把主词和谓词连接到一起，同时也把主体和客体的关系相接通[④]。正是在这个意义上，海德格尔看到了“是（系词）”在揭示“在者”方面的意义。当然，由于海德格尔不愿保留主体这一近代哲学的产物，企图彻底超越它，所以他的哲学批判的阿基米德点不是“人的语言”，而是“语言”。在他的语言之“是”中，我们看不到人的作用，不是人去道说，而是语言让人去说。如果我们把语言看作是人的语言，那么“是”就有着另一种意义。也就是说，每一个词语都有所“是”，而每一个“是”都具有意向构造性。

---

① 威拉德·蒯因．从逻辑的观点看．江天骥等译．上海：上海译文出版社，1987：26.

② 亚里士多德．范畴篇·解释篇．北京：商务印书馆，1959：57.

③ 徐友渔．“哥白尼式”的革命．上海：上海三联书店，1994：329-337.

④ 海德格尔．路标．孙周兴译．北京：商务印书馆，2000：533.

2.“是”——意向的构造

所谓“是”的意向构造性是指：

1）从语法学上来看，“是”作为一个有含义的“联结词”，把主语和宾语或表语联系在一起。同时，也把我们的意向活动联系在一起。亚里士多德认为：系词是一个动词，“动词本身是名词，并且代表和意味着某种东西，因为说话者在用这种用语时，自己的思想活动暂时停顿一下，而听者（的精神）也停顿一下”[①]。当我们说“*S*是*P*”时，我们的意识把*S*和*P*内化，成为意识中的要素。同时，通过意识行为产生了一个意识结构，也就是一个“意识场”。在这个场中，“是”的意向性把主客体相接通并且构造起来。

2）从语义学上来看，“是”意指显现和涌现。当我们说“*S*是*P*”时，是指“*S*显现为*P*”。无论形式语言之“是”还是自然语言之“是”，都具有显现的意义。“玫瑰花是红的”和“2加2是4”中的“是”是等价的，都意指显现。在上面两个句子中，我们的意向指向“玫瑰花”和“2加2”的显现。

3）从语用学上来看，“是”实际上意指“侧显”。当我们说“*S*是*P*”时，并不是指“*S*‘自然地’‘全面地’显现*P*”，“*P*”总表现为“*S*”的“侧显”。“侧显”是胡塞尔现象学中的一个概念，它是指体验。意向对象作为被给予物，是一个整体，但总是按某种规定性显现，每一种规定性都有其侧显系统，都有某种体验。[②]维特根斯坦分析道：当一个人指称它是……即那人指的是对象的形状还是颜色或数目，等等。——可指形状、指颜色又是怎么回事呢？你试着指一片纸看看！——你再来指它的形状——再……我所说的是：在人把注意力集中在某种东西上的这段时间里，会有这一类的情况发生[③]。“侧显”是“是”的意向构造性的重要特征，它体现了“是”的指向性和构造性。按胡塞尔的话说，“意向客体是

---

① 亚里士多德．范畴篇 · 解释篇．北京：商务印书馆，1959：57.

② 胡塞尔．纯粹现象学通论．李幼蒸译．北京：商务印书馆，1995：116.

③ 维特根斯坦．哲学研究．陈嘉映译．上海：上海人民出版社，2001：25-26.

在连续的或综合的意识过程中被连续认识的，但不断‘不同地呈现’自己；它是‘同一的’，它只是在具有一个不同规定内容的其他谓词中呈现；它只是从不同侧面显示自己”[①]。意向对象的这种“侧显”说明了意识活动具有一种指向、选择和构造的作用。通过这种作用，使意向对象的“侧显”从意向背景中“凸现”出来。

二、“是”的意向构造性特征

意向对象是统一体。也就是说，意向对象作为亚里士多德的意义上的本体呈现给我们意识，给予我们一个“这个”，即“同一体”。而意向作用则是“构成性的”复合体。在功能上统一着多样性因素并同时构成着统一体的这个意识，实际上绝不指示一个同一物。当意向对象的不同片断在意识作用下显示了某种同一性内容时，我们的意识所把握的还是不完整的。所以，“我们应该在完全的意向对象和（例如）在知觉中‘显现的对象本身’之间保持区别”[②]。从这种意义上讲，任何“是什么”都仅仅是一种“侧显”。因此，“是”并不意味着等同。*A* 是 *A* 等价于 *A*=*A* 仅仅是数学语境中的“侧显”，它绝不是可以脱离人和语境的先验的东西，因为它随时会遇到丰富的自然语言（如“唐人不是唐人”）的责难。[③]由于“是”的这种侧显作用，所以“是”的意向构造性是显而易见的，表现在以下几个方面。

1.“是”的指示性特征

“是”的指示性特征是“是”的意向性的一个方面，它主要表现在指示性定义的过程中。海德格尔认为，语言是由词语构成的，词语本身就是关系。词语这种关系总是在词语中扣留着物，从而物才是（ist）一物。由此，海德格尔进一步认为，“唯当表示物的词语已被发现之际，物才是

---

① 胡塞尔．纯粹现象学通论．李幼蒸译．北京：商务印书馆，1995：317.

② 胡塞尔．纯粹现象学通论．李幼蒸译．北京：商务印书馆，1995：251.

③ 维特根斯坦．哲学研究．陈嘉映译．上海：上海人民出版社，2001：77.

一物。唯有这样物才存在（ist）”[①]。当然，这个词语和名称是通过命名来实现的。在这个问题上，弗雷格和早期密尔（J. S. Mill）的工作则更为精致。密尔把名称分成内涵和外延两种成分，内涵即是它的概念或含义，而外延即名称所适用的对象集合。弗雷格则主张：和一个指号（名称、词组、表达式）相联系的，不仅有指称（nominatum），而且还有这个指号的含义（sense），在其含义中包含了指号出现的方式和语境。[②] 名称、意义和指称的划分表明名称和指称不是直接一一对应的，而是通过意义联系在一起的。在此基础上，关于命名先后出现了两种不同的看法。一种是罗素的“摹状词”理论，另一种是克里普克（Kripks）和普特南（H. Putnam）的历史因果命名法。而这两种不同的理论恰恰说明“是”在命名中的两种不同的意向构造。历史因果命名法属于指示性定义的方法，它是直接通过给予某一事物以名称来指称某一事物的。通常在这种命名中，名称的含义与指称并无直接关系。也就是说，名称不是由指称的性质（显现）决定的。例如，罗素所说的“司各特”、普特南所说的“水”。当我们进行命名时，我们并不是因为考虑到“司各特写了《威弗莱》，而水‘是’由 H_2O 构成”，因此把司各特称为“司各特”，而把水称为“水”的。所以，“司各特”和“水”实际上都是在历史因果命名中，被人们偶然地指称了不同的“这个”。在命名中，意向之“是”并没有指向意向结构中“这个”的属性侧显，而是指向“这个”的语词侧显。

2.“是”的显现性特征

“是”所具有的显现性特征表明我们可以通过事物的显现来进行命名，也就是运用概念定义的方式来命名。罗素的“摹状词理论”就属于这一类。所谓摹状词，是对人和物做出特征性描述的短语。摹状词理论认为，人们通常所使用的专名实际上是一种“缩略摹状词”。而只有像“这”或“那”的词从本体的意义上讲才是真正的专名。[③] 但摹状词理

① 海德格尔．海德格尔选集．孙周兴选编．上海：上海三联书店，1996：1067.
② 涂纪亮．语言哲学名著选读．北京：生活·读书·新知三联书店，1988：5.
③ 伯特兰·罗素．逻辑与知识．苑莉均译．北京：商务印书馆，1996：242.

论并不能有效地解释名称、含义和所指之间的关系。因为即使司各特没写《威弗莱》，也并不影响他是司各特。也就是在给司各特命名时并不是因为他写了《威弗莱》，或者说“司各特”与“《威弗莱》的作者”没有含义上的必然联系。但如果“电子”不带电，“基本粒子”没有表现出构成世界的基本粒子单位的特征（后来发现这并不正确），就不可能有这些名称。当然，这种名称的含义有可能并不准确，或者在使用的过程中逐渐发现其错误，但是，重要的是在我们命名时，我们的语言之“是”指向意向之物的侧显。只有这样，我们才能理解燃素、量子等概念。因此，我们说“是”乃存在之“显现”。每一“是”都指向某一场域或语境。在指向中，意识构造意向对象并侧显它。任何分有“是”的东西都是某一“同一体”的侧显，一个事物在不同的场域可以有不同的侧显。亚里士多德可以“是”亚历山大的老师，也可以“是”《工具论》的作者，还可以“是”柏拉图的学生。但在任何情况下，我们都不可能获得一事物的“全显”。当我们说“上帝在”（God is）时，我们是预设了一个“全显”的上帝，因为他存在于无限的时空中（处处是）。[①]

另外，“不是”也具有意向指向性。只是在我们的意向指向某一场域时，并没有显现出某一“所是”，但我们通过另外的“所是”把目光指向被抹消者本身。[②]

3.“是”的主体间交往的语境指向性特征

“是”的意向性不仅存在于命名（语词）中，同时还存在于主体间的交往过程中，即它具有语境指向性的作用。可以说，有含义和含义的表达就会有“是”的意向构成性。例如，当我们的目光落到“这是白的”这个图式上，这个过程不需要“表达”，也不需要一点声音语言意义上的表达或任何类似于语言意指的东西。但当我们想到了或说出了“这是白的”，那么一个新层次同时出现了，这时也就有了意向的指向。[③] 如果这

① 王路．理性与智慧．上海：上海三联书店，2000：166.

② 胡塞尔．纯粹现象学通论．李幼蒸译．北京：商务印书馆，1995：263.

③ 胡塞尔．纯粹现象学通论．李幼蒸译．北京：商务印书馆，1995：302.

时我们所表达的“这个”的确是“白的”，也就是说当我们正确地认出了这种颜色时，我们就学会了一种语言。每一个语词都有着意向构成性作用，在用语词形成语句时，同样有着意向构成性的作用。确切地讲，每一个表达行为都对应一个语境，在不同的语境中，语词和命题有了不同的含义。同时，原有的语言规则也在它们的运用中得到重新规定。当维特根斯坦在《哲学研究》一书中，说某人把“拿给我一块板石”说成是“板石”①就表明原有的语言在意向行为下获得重建，在新的语境下有了新的含义。但这并未否认原有“板石”的含义，也就是说，是在原有语言意向基础上的意向重建。由于主体的意向不同，在主体间交往过程中，就会出现“语境错位”。这时我们会经常听到“你指的是什么”“我们说的不是一回事”等。而“是”在这里起着指向语境的作用，人们通过不断调整各自的意向之“是”或了解对方的意向之“是”，来达到相互理解。只有主体间弄清彼此的意向之“是”所指向的语境，他们才能更好地交流。

当然，我们经常会见到“隐喻”这样的用法，所谓隐喻是指“语言中某些语词的特殊用法，往往是事物 x 的名称用于指称 y 事物；广义上来讲，隐喻可以指概念化以及再概念化的过程本身”②。通过隐喻，我们可以更清楚地理解语言中的概念构造。在概念构造中，人们通过对语词和语句的富于想象力的运用而造就出某种东西。一般说来，“隐喻完全依赖于这些语词的通常意义，从而完全依赖于由这些语词所组成语句的通常意义”③。隐喻不是概念或名称的简单互换使用，而是用具有某种所“是”即侧显的概念或名称去意指另一具有相似侧显（功能或属性）的事物。可以看出，在隐喻中，“是”的意向性作用是很明显的。我们把 x 的名称用于指称 y 事物，是因为 x 和 y 在某方面有相同或相似的“侧显”。也就是说，只有语言共同体的意向指向同一侧显，隐喻的用法才能进行。

---

① 维特根斯坦．哲学研究．陈嘉映译．上海：上海人民出版社，2001：4.

② 郭贵春．科学隐喻的方法论意义．北京：中国社会科学出版社，2004：2.

③ 唐纳德 · 戴维森．真理、意义、行动与事件．牟博编译．北京：商务印书馆，1993：195.

三、"是"的意向构造性意义

任何语言都是人的语言，都是同人的意向分不开的，都表现了意识的构造性。在构造过程中，"是"指向意向对象，从而使主客体相接通。当然，语言的复杂性也使得意向性呈现出逐级构造的复杂情况，即从语词的意向性、命题的意向性、文本的意向性到语言行为、交往行为的意向性等。字典成为主体间沟通和交往的语言平台①，而词典中每一词语所含有的意思都体现了主体间意向之"是"的共同指向（虽然它们之间有时存在着很大的差异，但这可以通过语言规则来加以调节）。只有这样，交往行为才得以进行。因此，理解"是"的意向构造性对理解语言与世界、语言共同体之间的关系及其意义是不言而喻的。

1."是"的意向构造性的本体论意义

"是"作为存在的"显现"深刻揭示了语言与世界（事态）的关联，说明了在语言和意向之间的内在关系。通过语言之"是"存在向我们显露出来，我们才能够表达；否则，存在对我们总是晦暗不明的。从中世纪经院哲学家安瑟伦关于上帝存在的本体论证明到康德以来关于存在是不是一个谓词的争论，都暗示了"是"在指向存在、昭示存在方面的作用。

罗素于 1905 年在《论指谓》一文中提出了著名的"摹状词理论"，试图解决哲学中的三个重大问题：①迈农悖论：金山不存在。②违反排中律：当今法国国王是秃头的。③同一性的问题：司各特是《威弗莱》的作者。罗素认为：通常人们所使用的大多数"专名"都是缩略了的摹状词。如果我们把这些"专名"分解成摹状词，以上问题就会得到解决。举例来说，当我们说"'《威弗莱》的作者存在'时，我们意指：有一个实体 c，使得当 x 是 c 时，'x 写作《威弗莱》'是真的，而当 x 不是 c 时，

① 洪汉鼎．理解与解释．北京：东方出版社，2001：42.

这句话就是假的。作为一个成分的‘《威弗莱》的作者’在此完全消失不见了”。[①]在罗素的分析中可以看到，同古希腊亚里士多德的论述相类似，任何“存在”语句都可以分解为一组包含多个“是”的语句。当我们断定了每一个“是”语句的真实性之后，“存在”语句的真实性也就相应地被断定。在《论何物存在》一文中，蒯因提出了本体论承诺的理论，即依据那个理论有何物存在。当我们说“有些狗是白的”，并不承诺承认狗性或白性是实体。要使这个陈述为真，“有些东西”这个约束变项所涉及的事物必须包括有些白狗，也就是承诺了白狗的存在。但他认为这种承诺只是“说”什么存在，这完全是同语言有关的问题，而究竟什么存在则是另一个问题。[②]在这里，蒯因也触及了“是”与“在”的关系，但他只把它当作逻辑和语言的问题予以搁置，并未做深入探讨。实际上，当我们说一事物存在时，它必须有所“是”，即有所“显现”。这种显现可以是实体，也可以是属性或者是观念。没有显现的东西就是“无”（海德格尔意义上的），同“在者”相对，对“它”我们不可说。凡可显现的，都是存在的。通过“……是……”，我们的意向指向不同的存在领域（但都在意识中进行）并构造它。通过“是”的引导和确证，我们就可以区分一事物（名称）是属于实体的存在，还是属于属性的或者观念的存在。

2.“是”的意向构造性的认识论意义

任何科学知识都来源于世界的“侧显”，来源于人类的建构。它不仅有意向性的建构，同时还有科学实践行为的建构。当我们说“它是粒子”或“它是波”时，这实际上已经指向了我们建构的一个“在场”。在这个建构的结构中，事物（事态）显现（被作用）出来。同样，任何技术也都是一种“侧显”，他们是世界和人类理性的侧显，而不是世界和人本身。无论是胡塞尔对欧洲科学危机的分析还是海德格尔对技术的批判，都表达了对科学技术的理性自觉和对人类命运的忧思。胡塞尔认为，欧洲科学的危机来源于科学技术这一“理念的外衣”遮蔽了人类精神和生

---

① 伯特兰 · 罗素 . 逻辑与知识 . 苑莉均译 . 北京：商务印书馆，1996：302.

② 威拉德 · 蒯因 . 从逻辑的观点看 . 江天骥等译 . 上海：上海译文出版社，1987：13.

活世界。“理性文化的之所以衰落的原因，不在理性的本质之中，而仅仅在于它的外化，在于它在‘自然主义’与‘客观主义’中作茧自缚。”[①]自然科学的技术化使它变为一种技艺，一种按照技术规则，通过计算的技术去获得结果的单纯技艺。而真正给予这种技术过程以意义和给予这种正常的结果以真理的本来思想被排除出去了。“正是科学这件理念的衣服使得我们把只是一种方法的东西当作真正的存有。”[②]也就是说，把一种世界和人的侧显当作世界和人本身。而康德哲学的“哥白尼革命”就在于，“它是一种在反对前科学的和科学的客观主义的斗争中，回到作为一切客观意义的授予和对存有的认定的最终所在地的认知的主体中去的哲学”[③]。并最终回到胡塞尔所发展的一种对自成一体的普遍真实的存在进行建构的意向哲学。只有在这种哲学中，我们才能真正理解人类意识的意向构造性，理解在这个构造过程中，科学技术之“是”对生活世界和我们人类理性的侧显作用。也只有在这个意义上，我们才能真正给予科学和技术以应有的评价。

3.“是”的意向构造性的主体间交往意义

实现于20世纪初的语言学转向是哲学史上的重大事件。皮尔士和弗雷格是这场转折的关键人物。弗雷格在他的指称理论中，区分了指号、指号的指称和含义，认为指号通过含义和指称相联系，同一指称可以有不同指号，而有含义有可能没指称。实际上，在他的含义和指称的关系上，已经暗含了人的意向性和语境的作用。但弗雷格只是从语形学和语义学的角度去研究，他没有意识到，一个指称之所以有不同的指号，就是因为语言共同体在不同的语境指向一指称的侧显，因此没有找到语言共同体命名的平台。尽管维特根斯坦后期转向了语用学，但他更多地是从行为主义而不是有意识地从主体间解释的角度去研究语言的使用和理解。这样，单独的语词失去原有的意义，而只是保留了抽离出语形学和

① 胡塞尔．胡塞尔选集．倪梁康选编．上海：上海三联书店，1997：977.
② 胡塞尔．胡塞尔选集．倪梁康选编．上海：上海三联书店，1997：1030.
③ 胡塞尔．胡塞尔选集．倪梁康选编．上海：上海三联书店，1997：1081.

语义学的游戏规则。莫里斯在《符号理论的基础》中比较系统地提出了语形、语义和语用的划分，但只看到了前两者的优先性，并没有真正把三者结合起来。或者说，没有把语境的思想贯彻进去，而仅仅是建立了一种形式语用学。①而奥斯汀（J. Austin）从维特根斯坦的后期理论出发，区分了记述式语言（以言表意行为）和完成行为式语言（以言行事行为）。如果说以言表意行为是要促使面向客观世界的语言具有意义，那么以言行事行为则可以在言语者和听者之间建立起联系，从而产生互动。在此基础上又提出了以言行事行为和以言取效行为。塞尔则吸收了奥斯汀的适用条件，使它们成为"前提条件"，这些条件规定了一定的言语行为能否取得效果和获得意义所需要的语境。同时，塞尔还补充了可理解性条件和真诚性条件，这些条件包含了语言、语境和意向性。②塞尔认为，理解意义的关键就是：意义是派生的意向性的一种形式。当说话人把语词、语句、记号和符号有意义地说出来时，就有了从说话人的思想中所派生出来的意向性。这包括传统语言学的意义，同时也包括有意图的说话人的意义。③但说话者如何把意向性赋予语词和符号？塞尔在分析摹状词命名和历史因果命名时，认为两者之间有着共同的基础，即摹状词理论，但他只是把指称看作是"满足"命名者头脑中的意向内容的东西。④尽管在命名时，伴随有说话者思想中所派生出来的意向性，也就是说存在着和名称相联系的意向内容，它能够刻画与名称相一致的陈述的部分命题内容，但"我们寻求解释的事实是：名称通常用于指称对象"⑤，而不是用来描述对象。由于没有看到意向性在语词和名称的生成中的作用（侧显），即在意识活动中构造和凸现意向对象，所以在塞尔关于名称和指称的分析中，意向性只是一种派生物，一种与名称和语词的意义相分离的派生物。其研究的角度不是具有意向态度的名称和命题，而是名称

① Apel K-O. Selected Essays Towards a Transcendental Semiotics, Vol.1. Eduardo Mendieta: Humanities Press International, 1994: 136.

② 约翰·塞尔.心灵、语言和社会.李步楼译.上海：上海译文出版社，2001：138-150.

③ 约翰·塞尔.心灵、语言和社会.李步楼译.上海：上海译文出版社，2001：135.

④ Searle J R. 1983. Intentionality. Cambridge: Cambridge University Press: 248-250.

⑤ Searle J R. 1983. Intentionality. Cambridge: Cambridge University Press: 258.

和命题的意向态度，没有从更基底的层面找到言语意向性研究的切入点。

纵观20世纪分析哲学的发展，我们发现：由于没有认识到“是”的显现存在的意义，从指称理论产生之时起，就使得人们对语形、语义和语用的研究相互分离，看不到在语词生成的时候，就有着人的意向性的参与，因而在研究语言的意向性时只注重研究命题，特别是“以言行事”的命题形式。由此，把“以言行事”的行为看作是语言交流的意义单位，而忽视了“以言表意”的意向性。用哈贝马斯的话说，“交往行为用不同的方式把它们所背负的生活世界设定为其语言的有效性基础。对命题内容的理解则又以一种不同的方式把对相关以言行事行为的理解当作前提，以言行事的意义隐形表现在言语行为过程中”①。尽管哈贝马斯把交往行为看作是人类普遍的实践行为，但如果不能在语词的生成和发展中发现人类意向的构造性，那么社会交往行为只能建立在一个断裂的平台上。因此，如何在一个更基底的意义上找到人类交往行为的“阿基米德点”，把语形学、语义学和语用学结合起来，是我们今后哲学研究工作中亟待解决且颇具价值的问题。

① 于尔根·哈贝马斯.后形而上学思想.曹卫东等译.南京：译林出版社，2001：166.

论意义及其构造的语境化过程 *

分析哲学所探讨的基本问题之一就是意义问题。意义理论的基本命题是：语词和语句如何指向语言之外的对象？也就是，语言如何与外部世界相关联？根据米利肯（Ruth Millikan）的观点，“作为意义的基础既不是在语义结构中，也不在说者的‘观念’或意向中，而是在通过语言的特殊用法所提供的‘稳定的’进化功能中。句子的意义不是引起它的刺激或为它提供根据的东西，而是句子和世界的关联以便于促进其生存（survival）的方式”①。意义的产生依赖于语言的使用，在使用的过程中，语词、语句和语境相关联。实际上，在意义的产生过程中，包含了语境与语义构成两个方面的作用。

所谓“构成性（compositionality）②是这样一种观念，即复杂表

---

* 本文发表于《天津社会科学》2006 年第 4 期，作者杜建国、郭贵春。

① Nye A. Philosophy of Language：The Big Question. Blackwell Publishing Ltd.，1998：70.

② 这里存在着两种构造：一种是胡塞尔意义上的，即意向的构造；另一种是语法学家所说的语词的语法构造。为区别起见，我们在文中用“构造”表示具有意向内容的构成，而对于第二种情况，我们使用“构成”一词。

达（或概念）是由它们的成分——不太复杂的表达（或概念）构造的（constructed）”①。构成性按照霍维奇（Horwich）的观点就是：一旦人们已经设计出某一句子如何由基本句法要素构成，并且给人们提供了这些要素的意义，那么人们就可以自动地理解这个句子。构成性是强调语词的初始性及语境独立性，而语境论则坚持把语句作为一个完整的统一体来理解，理解语句的含义先于语词的含义。因此，有人认为构成性和语境论是不相容的，一旦强调语境原则，构成性就会被削弱。福多（Jerry Fodor）、莱波尔（Ernie Lepore）及达米特都对这个问题进行了深入探讨，他们认为无论是构成还是理解过程都带有推理②，由于存在着推理，构成性所表现出来的就不再是语词按照某种句法结构的机械构成，而是在诸多构造单元中运用推理选取合适的组合以形成语句，而这种推理是借助于语境完成的。因此，构成性和语境论之间不仅没有相互削弱，而且存在着更强的关联性③。在这里，我们并不想就具体的意义构造进行详细的说明，而是要给出意义构造的一种结构分析，即语言意义在其构造过程中，是如何和语境相关联的。

一、意义的结构及其语境关联

意义如何同语境相关联的问题，也就是在语言构造的过程中，意义的各种组成成分如何和语境相关联，并且在语境中聚合成意义的问题。语境不是在语义构造之前就已自在地存在，然后和语义粘贴在一起的东西，而是在语义构造过程中所形成的。我们进行话语交流时所处的（物质的和精神的）环境并不能自然地成为语境，要成为话语的语境，只有通过话语者的意向作用，使得这些环境要素和语词一起经过一个语境化的过程，形成了有意义的表达，我们才能根据话语意义区分出哪些是语境，而哪些不是。

---

① Borg E. Meaning and Representation. Oxford：Blackwell Publishers Ltd.，2002：61.

② Borg E. Meaning and Representation. Oxford：Blackwell Publishers Ltd.，2002：69.

③ Bar-Elli G. The Sense of Reference：Intentionality in Frege. Berlin：Walter de Gruyter，1996：116.

1. 语境中的名称和指称

"语境是围绕我们所要理解的现象和为它的适当阐释提供方法的框架。因此，语境概念包含了两个并列的基本实体（entity）：聚焦的现象和现象嵌入其中的环境。"[①]语境可以分为三个层面：首先是外部语境，即境况语境，它指向不同的现象领域或存在的层次；其次是内部语境，也就是文本语境；最后则是意向语境，它指向人的认知、心理和精神的领域。[②]语境化是一种构成联系的活动。在这个活动中，我们的认识指向了意向对象，在意义理论中，这个意向对象就是指称，通过这个意向对象的给予方式，我们得到了意义。意义理论必须包括含义理论和指称理论。由于含义理论要说明的是一个语词的含义如何决定它的指称，所以要说明它的指称。而指称理论要说明的是一个词的指称是如何被决定的，并且以此来解释它的含义。[③]

指称作为意向对象是通过某种方式给予我们的，但并不是无条件地给予我们。由于进入我们心智的绝不会是"自在之物"，而仅仅是它们的复杂变换，所以在知觉者和被知觉的事物之间存在着一种统一的关系。与其说存在着主观和客观，倒不如说存在着主观—客观、观察者—被观察的整体，这个整体是我们人类建构的结果。[④]例如，欧几里得几何学所描述的并不是本真存在的空间，而是人类的知觉者和想象者所定义的空间。在外部世界的事物内部和事物之间存在着无限多的可能和潜在的差异与关系，我们是按照人的设定从实在世界中编辑和选择，以形成我们的知识世界的。我们对客观世界的显现不是全部，而是"侧显"（adumbrate）[⑤]。这种侧显，既包含了我们所处的时空，也包含了主体的意向构造的作用。人们总是从某一方面去看事物，著名的鸭—兔图说明我

---

① Dilley R. The Problem of Context. New York：Berghahn Books，1999：49.

② Dilley R. The Problem of Context. New York：Berghahn Books，1999：14.

③ Devitt M，Sterelny K. Language and Reality：An Introduction to the Philosophy of Language. Cambridge：The MIT Press，1999：38.

④ Dilley R. The Problem of Context. New York：Berghahn Books，1999：192.

⑤ 杜建国，郭贵春．论"是"的意向构造性．自然辩证法通讯，2005，27（5）：24-29.

们所看到的或是图画的“鸭子的方面”，或是它的“兔子的方面”，并不是“事物本身”，而是意向对象[①]。虽然就“事物本身”来说，它是同一个东西，但视觉经验的意向对象在两种情况下是不同的[②]。这是因为它涉及人的信念和精神状态（mental state）。在这种情况下，我们不可能同时得到两个方面。从这种意义上讲，对象是意向的对象，意义也是意向的意义，它是话语者通过话语意指某物的意义[③]。

语境中的指称都是以侧显的方式给予我们的。当我们在某一语境中通过意向指向某一事物，这一事物就将某一属性呈现给我们。例如，金星，当它在太阳出来之前呈现给我们时，对我们来说，具有一种预示黎明的意义，而当它在黄昏时分呈现给我们时，则和夜幕降临联系在一起。因此，同样是金星，早晨出现时被称为“晨星”，而黄昏出现时则被称为“暮星”。这样，在不同的语境下，金星这个指称具有不同的侧显，因而也就有了不同的含义和名称。当然，通过因果方式命名和摹状词方式命名所得到的名称与含义的关系是不同的。罗素认为，严格意义上要取得逻辑上的名称是非常困难的，“人们确实在逻辑意义上用作名称的词仅仅是一些像‘这’或‘那’的词。人们可以用‘这’作为一个名称代表此刻有人亲知的一个殊相”[④]。当我们说“这是白的”时，“这”就成为一个专名，但却是一个模糊的专名。因为“这”可以指任何一个亲知的事物。除此之外，人们所称的其他专名不过是一些摹状词。由此可知，单称指示代词（“这个”和“那个”），由于不涉及事物的任何相关属性，就成为模糊的专名。斯特劳森（P. Strwson）也从另一个角度探讨了名称和指称之间的关系，他把物质物体和人看作是基本的殊相，通过这种区分，找到殊相和共相与主语和谓语之间的关系，殊相只能做主词，部分共相也可以做主词，而这些殊相则对应了语境的对象（指称）。

① 维特根斯坦．哲学研究．陈嘉映译．上海：上海人民出版社，2001：301.

② Searle R J. Intentionality：An Essay in Philosophy of Mind. Cambridge：Cambridge University Press，1983：51.

③ Searle R J. Intentionality：An Essay in Philosophy of Mind. Cambridge：Cambridge University Press，1983：160.

④ 伯特兰·罗素．逻辑与知识．苑莉均译．北京：商务印书馆，1996：242.

在此基础上，他又引用弗雷格的话说，对象是完全的或饱和的，而概念是不完全的或未饱和的。① 而这恰恰揭示了概念体现了语境中对象的属性，是一种摹状词。它只是从某一方面“侧显”给我们的，因此是不饱和的。

2. 语境中的含义和指称

按照早期的表达假设，指涉某物的性质是语词意义的核心。那么，“含义”和“指称”是如何联系在一起并形成我们的意义理论的呢？所谓含义，用弗雷格的话来说，就是对象的“显现方式”，正是借助于它的含义，以及它的环境语境（environmental context）的某些特征，一个语词才有了它的指称，即语词通过含义来确定指称。那么，根据这种观点，语词的含义可能和某些语境特征一起，穷尽它的意义②。当然，这种穷尽只具有相对的意义（谓词的不饱和性）。由于指称的完全性和含义的不完全性，含义和指称成为“多”和“一”的关系，这也暗含了含义成为指称的语境显现方式。弗雷格认为，一个对象可以由不同的方式来确定，其中每一种方式都可以产生一个专名，因此，这些不同的专名具有不同的含义；它不是自明的，它是由不同的方式来确定的同一个对象。而指称关系不是建立在词汇的命名关系（名称 / 承载者关系）的基础上，它是由陈述的语境原则决定的。因此，它是被建立在相关性关系中。相关性关系，作为指称概念的基础，对含义概念也产生了一种有效的强制力：一个句子含义的适当表达必须保留它的“意向结构”，即在理解语句方面，什么能成为要被理解的东西③。按照塔斯基的观点，“句子的意义是它的真值条件”，他主张句子的意义是描述它的某一环境的特征。但是，考虑到上述相关性关系，我们应该找到一个指称在某一意向结构中的境况语境特征，所以一个句子的意义是它以某种方式描述某一境况的特征，

① 彼得 · F. 斯特劳森 . 个体 . 江怡译 . 北京：中国人民大学出版社，2004：109.

② Devitt M，Sterelny K. Language and Reality：An Introduction to the Philosophy of Language. Cambridge：The MIT Press，1999：38.

③ Bar-Elli G. The Sense of Reference：Intentionality in Frege. Berlin：Walter de Gruyter，1996：17.

它的意义是描述它的真值条件的方式[①]。这种描述方式体现了人类的意向语境的结构，通过这种意向结构，我们可以找到意义与含义，以及意义与指称之间的内在联系，特别是找到它们与语境之间的关系。

含义既不是主观的观念，也不是对象（指称），它是介于两者之间的东西，是依附于对象的表达模式。含义不随语境的变化而变化。按照达米特的解释，“它是语词本身的特征”[②]。由于含义是语词的特征，所以它也不随说话者而变化。一旦在某一语境中形成了一个含义，也就是在这一语境中，指称以某一方式显现给我们，它就成为一种含义（字面意义）“沉淀”下来，它不再受说话者的影响，也不随语境的变化而变化。这就是为什么我们可以编撰和使用词典，同时也可以说明为什么语言中存在着隐喻的形式。而意义不仅包括语词的含义，同时还包括在某一语境中含义和指称所形成的一种关系。传统语言学家的错误在于给“意义”这个语词所附加的附属物。好像它给出的是一个确定的东西、一种凝固的事实一样。[③] 实际上，语词的意义传达的是一个语词的正常用法而不是传达事实的集合。也就是说，当我们使用语词时，语词所给出的是“沉淀”在语词中的规约用法的意义，而不是事实本身。在新的使用语境中，指称会在新的话语行为中，聚合出新的话语意义。

3. 语境中的意义结构

含义、指称与意义之间具有很强的内在联系，这种联系是在某一具体语境中完成的，“语言结构的诸方面有时将语境的特征进行了编码（另外和它相互作用），因而我们不可能在语境—独立的语法（能力）和语境—依赖的解释（行为）之间划分一条整齐的界线”[④]。语境的特征嵌入语言的意义及其结构中，因此，意义、含义和指称之间的关系只有在语境中才能得到很好的说明。首先，意义作为描述某一指称（或事态）在

---

① Devitt M，Sterelny K. Language and Reality：An Introduction to the Philosophy of Language. Cambridge：The MIT Press，1999：38-39.

② Dummett M. Frege：Philosophy of Language. New York：Harper & Row Publishers，1973：268.

③ A. P. 马蒂尼奇 . 语言哲学 . 牟博等译 . 北京：商务印书馆，1998：604.

④ Levinson S C. Pragmatics. Cambridge：Cambridge University Press，1983：8.

特定境况中的特征（含义）是具有内容的。其次，意义作为语境中指称（或事态）和含义的关系之和，又成为一种真值条件的说明，具有判定真假的作用。在语义中，有语词的意义、语句的意义等。语句的意义是语词的意义在某一语境中按照语法的构成性原则，通过推理（选择）构造而成的。而语词意义的获得通常有两种方式：一种（既有专名，也有通名）是采取直接（历史因果）命名的方式，如亚里士多德、柠檬、虎等；另一种是按照指称所给予我们（摹状词）的命名方式，如晨星、电子、恒星等。第一种方式的语词含义通常与指称没有直接的联系，或者说语词没有表达与指称直接相关的含义。当然，罗素认为通常的专名只是缩略的摹状词，如“亚里士多德”，它是由“柏拉图的学生”和“《工具论》的作者”等构成，但这些限定摹状词的含义只是作为亚里士多德本人（指称）的显示方式，“沉淀”为不同的语词，而不是语词“亚里士多德”的直接含义。即使他不是柏拉图的学生，或者不曾写过《工具论》，都不会改变最初的命名。同样，一个重要的一般名词类（如“金属”“柠檬”“虎”）是和自然种类联系在一起的一般名词类。而所谓的自然种类，即我们认为是具有解释重要性的事物类，通过这样的事物类，给出一般名词类的“定义特征”①。但对第二种方式（也包括部分专名和通名）来说，语词的含义是同它们的给予方式直接联系着的（至少是人们在命名时这样认为），它们的语词直接沉淀了这种显现方式，如晨星的含义是同黎明联系在一起的。

语词的意义不仅包括语词的含义，同时还包括含义和指称之间的关系等。例如，语词“独角兽”虽然有含义（罗素认为像这样的语词只是一个缩略的摹状词），也就是根据这个词我们可以想象一种长着独角的野兽，但在现实中不存在这样的指称。当语词的意义中只有含义而缺少指称时，意义就失去了提供判定的作用，其内容就“坍缩”为“含义”（有些含义是用一种语词和语法构成的方式构造而成，所以可以通过摹状词理论发现其问题）。这样的语词及其所构成的语句，从判定的角度讲，既

① A. P. 马蒂尼奇 . 语言哲学 . 牟博等译 . 北京：商务印书馆，1998：591-593.

不真也不假，而是无意义的。因此，任何一个有意义的语词和语句，都对应着某一事物或事态，这些事物或事态都可以通过某一方式显现给我们。

二、意义形成的语境化过程

从隐喻的意义上来看，语境是一个用来理解现象、形成意义和提供解释方法的框架和背景。现象的效果同意义与陈述的效果和意义一样，是通过对它的理解建构起来的。当试图理解一个陈述、行为或对象的意义时，我们是把它放到我们需要理解的各种语境中来进行的[①]。正是由于这样的事实，即语境的详细说明是对意义本身解释的结果，而意义的产生又是某一语境化的结果，所以意义是语境依赖的，就好像语境是意义依赖的一样。

1. 语境化的形式

语境化的形式，大致说来有三个方面：首先是外部语境，它体现了语言（现象）和世界（现象）之间的联系；其次是内部语境，也就是意义所包含的语言的内在联系，它包括话语（文本）的前后文；最后是意向语境，我们可以将其看作是语境分析的"心理主义"，它体现了意义研究中注意力的改变，从关注符号与事物之间的关系，到关注符号——使用者的心智和作为内部状态的意向性。语境化的这三种形式，不是彼此分离的，而是相互联系在一起的，语义的形成过程是这三个方面共同作用的结果。当然，在语境化过程中，它们所起的作用是不同的。在通常情况下，意向语境起着指引"聚焦"方向的作用。在它的引导下，外部语境和内部语境成为语言"映射"的"镜头"，通过话语，在语境"凝聚点"上聚焦而形成意义。因此，在语境化过程中所产生的意义也就必然地沉淀了这三个方面的因素。例如，在一个建筑工地上，当甲向乙喊

① Dilley R. The Problem of Context. New York：Berghahn Books，1999：49.

“板石！”时，语词“板石”只是“‘拿给我一块板石！’这个句子的一种缩略形式”。因为在甲的话语意向中，当他喊“板石！”时，想要的是让乙拿给他一块板石，之所以能够使用“板石！”这种缩略的形式，是因为建筑工地，以及甲、乙之间的话语语境成了这种缩略形式的补充，使得这样一种正常的话语行为得以实现。所以，这时的“板石！”是一个语境化的结果，它的意义是在这一具体的语境化过程中突现出来的。

2. 语境化是通过语言的用法事件来实现的

定义境况语境的问题很大程度上依赖于语言单位的一种构成结构（composite structures）：它是在特定条件下，话语者为特定目的所构造的表达，体现了“详细的、语境依赖的概念化”。在兰盖克（Langacker）的术语中，它们被归为用法事件（usage events）①。用法事件所突出的是一个话语整体的意义，通过话语事件，语境化的三个方面嵌入语义中，语言是通过语言的用法事件来完成语境化的。在用法事件中，既有构成性的作用，也有语境的作用，语言的意义正是通过每一个用法事件的语境化而沉淀在语词中，并逐渐积累起来的。当然，每一个用法事件是不同的，所以语境化的三个方面嵌入意义的方式和程度也就不同。使用兰盖克的术语，语言表达通过可能的概念化进入它们的语义图式。通过语境化所形成的一个语言单位的意义，并不是语境本身的意义，而是语境中的话语意义。根据语言学的历时分析，语义变化的最主要的机制是通过去语境化（decontextualisation）的规约化过程实现的。语言表达不传递语境的意义，但是通过分析语言单位，我们可以在其中找到概念化过程中的语境作用。举例来说，“逍遥学派”之所以被用来称呼亚里士多德所创立的学派，要么是由于当时亚里士多德所在的吕克昂学园有很长的走廊，要么是由于其成员经常边散步边讨论科学问题。②所以，在“逍遥学派”的意义中，讨论问题时“走过长廊”或“散步”就成为潜在意义的一种语境解释。由于每一个语言单位都是用法事件的语境概念化，这样也就为

① Dilley R. The Problem of Context. New York：Berghahn Books，1999：79.

② E. 策勒尔 . 古希腊哲学史纲 . 翁绍军译 . 济南：山东人民出版社，1992：168.

我们从中发现语义的历史语境信息提供了条件和基础，因而也才有了解释学。同时，由于用法事件的语境概念化作用，每一个语言单位都在特定语境中被构造出来。

3. 语境为语义提供了构造和限定的条件

按照兰盖克的观点，所有的语言单位都是被限定的，并且所有语言表达都是相对于某一语境来确定的。语言使用者对语境——自然的、社会的和语言学的认识，是概念化的至关重要的方面，概念化在认知语法中变得等同于意义。兰盖克认为，形成复杂语言表达的语言单位的线性组合（combination）过程，是按照句法语境来限定的。但按照这种句法语境建构起来的语义结构，并不是完全可限定的；相反，这种语义结构只是部分构成的。也就是说，它们的意义不是从其组成要素中通过算法计算得到的[①]。兰盖克的"不完全构成性的学说"主张，语义的构造不是仅仅通过句法语境来完成的，还必须通过系统语境的作用才能完成。句法语境只是对生成表达的图式范畴化起作用，它所决定的仅仅是语词的意义按照机械的方式来构成，所解决的只是语词意义如何进入语句中，并一致地构成语句的意义。与句法语境相比，系统语境在构成语言语法相互作用的网络中确立了语言单位的地位。在系统语境中，语义不仅完成了从语词到语句的传递，同时，通过用法事件，积淀了原有语词之外的其他信息。

在语言表达的规约化过程中，语境为新语言单位规约意义的形成提供了构造和限制条件。在兰盖克的语言理论中，系统和句法的语境直接反映在语言表达的结构中。正是通过这些系统语境和句法语境的共同作用，在一个话语表达中，才能进行语词、句法和语境的构造，最终实现语义的构造。

---

① Dilley R. The Problem of Context. New York：Berghahn Books，1999：77-78.

4. 隐喻是语境中的语义偏离

语境结构中的一般要素和特殊要素之间的对立，在探索隐喻的认知中表现得更加清楚，隐喻不再被当作（正常）话语的描述，而是作为建立在大量的人类经验的表达基础上的思维方式。使用隐喻，意味着使用更简单、更基本的认知领域，作为其他更复杂和更抽象的领域的参照点。普遍的原始领域，根植于人类最初的身体的经验，建立在被定义为概念隐喻的基础上。概念隐喻是高度图式化的，它们产生了更特殊的隐喻表达的“家族”。因此，一个单一的隐喻（类型）——“朱丽叶是太阳”，明显地在解释范围和数量上是不限定的。然而，撇开如何使语境个别化的棘手问题，注意在每一特定的语境，隐喻的解释或内容都是限定的或确定的。如果我们知道了语境集合（set），而且掌握了足够多词汇的字面意义，那么对我们来说，就能有限度地陈述内容①。隐喻指称的意义假设，在某种意义上，既不是旨在寻找真值条件的单纯的逻辑，也不是旨在寻找我们可以决定真或假的语境意义上的单纯的实用性。从根本上讲，它不是依靠寻求语义或语境的真值条件，而是包含了语义和语境意义的结合。由于话语意义受到语境化的影响，所以它是原有语境化的规约意义。当话语者在不同的语境使用语言时，由于意向发生了变化，通过原有语境概念化所形成的语言单位发生了“语义偏离”，就产生了隐喻的表达。从这个意义上也可以看出，语境对于正确理解意义是必不可少的。

总之，从意义的产生和变化来看，都必然地包含了语境化过程。精确地讲，意义的形成需要语境化的构造；意义的理解需要语境的解释；意义的接受需要语境的劝导；意义作为用法事件的语境化的产物，永远是语境中的意义。

---

① Stern J. Metaphor in Context. Cambridge：The MIT Press，2000：268.

语境论的真理观 *

在当代科学哲学的发展中，语境论（contextualism）作为一种方法论与世界观，正在越来越多地受到人们的普遍关注。较有代表性的人物是女性主义者海伦·隆吉诺（Helen Longino）和认识论的语境论者基思·蒂罗斯（Keith de Rose）。前者基于案例研究，揭示了语境价值在科学研究过程中产生的影响，并阐述了“语境经验主义”（contextual empiricism）的观点。[①]后者主要从命题的逻辑分析出发，认为语境论能最好地说明我们的认识判断，并且为解决怀疑主义产生的困惑提供了一条最佳途径。这些研究是开创性的。但是，令人遗憾的是，他们都没有对语境论的真理观做出明确的阐述。在我们看来，当试图站在语境论的立场上理解科学时，关于真理观的问题无疑是一个无法回避的重要问题。那么，语境论的真理观的核心主张是什么？与其他真理观相比，它具有

---

* 本文发表于《哲学研究》2007 年第 5 期，作者成素梅、郭贵春。

① Longino H. Science as Social Knowledge: Values and Objectivity in Scientific Inquiry. Princeton: Princeton University Press, 1990.

哪些基本特征？表现出怎样的主要优势？当前，对这些问题的思考与回答，不仅有助于架起沟通科学主义与人文主义的桥梁，而且有助于解决其他科学实在论立场所面临的难题。

一、真理：科学追求的目标

在西方哲学史上，关于真理本性的哲学讨论与哲学本身一样古老。最早出现的，也是最直观的真理论是真理符合论（the correspondence theory of truth）。20 世纪以来，受到分析哲学训练的哲学家习惯于认为，对给定概念的分析总是有某种正确的方式理解它；如果给定一个概念的意义，那么对于这些概念的理解与运用就不可能有歧义；有歧义的词是那些我们赋予不同意义的词。于是，他们主张抛开语言，回到原始概念，分析真理问题。语言哲学家则认为，抛开语言的意义与用法，单纯立足于逻辑形式结构来讨论问题是非常幼稚的。于是，他们分别从符号论、指称论、生活实践等层面阐述新的真理论，相继提出了真理融贯论（coherence theory of truth）、真理实用论（pragmatic theory of truth）及真理紧缩论（deflationary theory of truth）等不同形式的真理观。

从当代科学哲学的视角来看，这些真理论大致可归为两大类：一类是基于经典自然科学的研究实践，首先强调把科学理解成建立在纯客观的证据和普遍可靠的方法论基础之上，然后把纯客观的证据理解成与研究者无关的、可重复的、可传播的实验结果或感知经验或逻辑推理，把方法论理解为确保获得真理性认识的一组方法、一组技巧、一套程序或一系列规则等具有可操作性的规定或准则，其作用是确保所获得的实验结果或感知经验或逻辑推理的普遍性与正确性，因而把科学的形象归属于理论的必然性、无错性和客观性等与主体无关的特征；另一类则是基于实验室研究、对科学史案例的剖析或对科学成功的说明，强调把科学理解成建立在逻辑的融贯性、理论的实用性、解决问题的实际能力或科学家之间的协商与谈判或主体间性的基础上，从而明显地弱化了实验证据与感知经验或逻辑推理的决定性作用，强化了研究者个人的主导性与社会性地位，最终把科学的形象归属于理论的一致性、有用性、协商性或论辩性等与自然界无关的特征。

然而，尽管这两类真理论对科学形象的理解存在着如此大的实质性差异，但在深层次的基本思路上，它们却都没有跳出真理符合论设定的思维定式，隐含着相同的基本假设：一方面，它们都把真理理解为是科学研究的结果；另一方面，它们都假设科学研究的结果一定是纯客观的，即排除主观性的，然后再为这种纯客观性寻找方法论与认识论根据。在这一点上，培根、笛卡儿、莱布尼茨、密尔等人，与波普尔、库恩、拉卡托斯、费耶阿本德、劳丹、范·弗拉森（van Fraassen）等人之间，并没有本质性的区别。或者说，他们的事业是相同的，他们都运用着同样的思维方式，支持着共同的基本假设。正是因为如此，在事实判断的基础越来越弱化、价值判断的地位越来越突出的当代科学研究中，由于研究对象的隐藏性、研究方法的多元性、理论与观察的交互渗透性，以及研究活动中的社会性等因素的存在，科学哲学家不得不做非此即彼的选择，即从对客观真理的强调转向对主观真理的强调。

更明确地说，某些科学哲学家基于客观真理论，把科学大厦理解成如同垒积木一样一层一层地拔地而起，其中每一块积木都是真理的代表。对科学的这种理解在20世纪五六十年代达到高峰，当时逻辑经验主义者试图用科学的研究方法改造哲学，科学社会学则把科学家描述为一个具有普遍性、公有性、无私利性及有组织的怀疑主义的特殊人群，把科学研究中的社会因素的介入理解成对科学的干扰因素或“污染源”。而另一些科学哲学家则走向其反面，基于主观真理论，把科学理解成社会建构的产物或主观意愿的满足等。20世纪70年代之后，随着科学知识、社会学的深入发展，随着科学哲学研究中的解释学转向与修辞学转向的深入展开，对科学研究中存在的人为因素与社会因素的强调越来越占有市场，甚至出现了过分夸大、走向极端的相对主义倾向。

从科学史与科学哲学的发展来看，在科学哲学家中间，基于共同的前提假设所发生的这种认知态度的转变的确是有根据的。首先，其科学根据主要来自数学、物理学和生命科学领域。在数学领域，非欧几何的诞生使人们认识到，曾经作为普遍真理的欧几里得几何是可以被修改的；在物理学领域，相对论与量子力学革命庄严地宣告，曾经作为绝对真理的经典力学定律并不具有无条件的普适性；围绕量子测量问题的争论更是明确地表明，以传统的真理符合论为前提理解量子测量过程时，必然存在“观察者悖论”。这是因为对量子测量系统进行的任何一种形式的分割，都必然会导致像“薛定谔猫”那样的悖论[①]；在生命科学中，随着人工生命等新型研究领域的开拓，关于还原主义、物理主义、随附性、复杂系统中的组织与自组织的研究，颠覆了把科学理论理解成由真理性陈述构成的语言结构的观点，确立了把科学理论理解为对真实世界进行模拟的模型论观点。

其次，其哲学根据主要来自对科学实践的重新解读。20世纪物理学的发展明确表明，曾经被当作清晰而明确的基本概念的决定性、因果性、时间、空间、物质、质量、测量、现象等，都无法幸免于被修正的命运，从而致使康德意义上的先验范畴失去了应有的普遍性，并被赋予了经验的特征。这些来自科学领域的对传统哲学概念的语义学与语用学的修正，导致了对科学概念与理论的实在性的重新反思。从一些典型的科学史案例来看，无论是伽利略对其立场的执着辩护，还是达尔文对其思想的广泛传播，抑或是当代科学实验（如探测引力波与磁单极子的实验、记忆力传递实验等）的具体实施，都内在地表明，科学家在为自己的理论辩护时，并不完全是用事实来说话的，其中包含了不同程度的修辞论证因素。[②]特别是当前盛行的对科学的人文社会学研究成果已经表明，科学活动的每个环节，从符号、语言、仪器、推理规则的运用，到实验的设计、申请、批准、实施和检验的进行，再到科学事实的形成和科学理论的传播等各个环节，都与人的因素相关。因此，科学的认知进路不应该排斥科学的心理进路与社会进路。

问题在于，虽然当代科学的发展已经明显颠覆了真理符合论所塑造的理想化的传统科学形象，但是上述真理论由于把真理理解为科学研究

---

① 成素梅．在客观与微观之间：量子测量的解释语境与实在论．广州：中山大学出版社，2006.

② Pera M. The Discourses of Science. Chicago：The University of Chicago Press，1994.

结果的共同假设所决定的二值选择逻辑，即把真理要么理解为对世界本质的揭示，要么理解为对主观意愿的满足，所以都不足以反映当代科学研究的真实本性。一方面，承认科学事实与理论所蕴含的人为性、社会建构性，并不完全等同于说它们是纯主观的；而只是说明，科学事实与理论是对实在的理解，而理论的变化与更替则是向着揭示更高层次的客观理解的方向演进的。正是由于存在着这种逼近客观性的发展方向，才构成了科学研究的实际进行与不断追求的内在动力。因此，我们认为排斥主观性的真理观是片面的。但是另一方面，走向相反极端、完全排斥客观性的真理观，同样也是片面的。二者共同的思维前提，决定了它们必然会得出这种截然相反的逻辑结论。

现在，如果我们站在语境论的立场上，不再把真理理解为科学研究的结果，不再把单一的科学研究结果看成是纯客观的，而是把真理理解为科学追求的目标，把科学研究结果看成对实在的理解，或者说，把真理理解为依赖于语境的概念，那么我们就可以把已有的这些真理论看成是从不同视角对真理的多元本性的揭示，看成是互补的观念。在这种意义上，我们虽然承认任何一个现实的科学研究过程都是对世界进行概念化的过程，这个过程是以一定程度上的客观理解为起点的，而且承认科学研究的对象越远离人的感官世界，对研究条件的要求就越高，揭示其属性过程中的创造性与社会性因素就越多，其去主观性的发展空间也越大，但同时我们也认为，科学理论的发展变化、科学概念的语义与语用的不断演变、运用规则的不确定性、科学论证中所包含的修辞与社会等因素，却不仅不再构成关于科学的实在论辩护的障碍，反而是科学理论或图像不断逼近实在的一种具体表现。这就使科学研究中蕴含的主观性因素有了合理存在的基础，并作为科学演变过程中自然存在的因素被接受下来。这样，科学认知价值的语境化就体现了科学真理的语境化，形成了一种新型的真理论——真理的语境论（contextual theories of truth）。真理的语境论构成了语境论的真理观。

二、语境论真理观的主要特征

与现有的真理观完全不同，语境论的真理观把真理理解为科学追求的理想化目标，而不是个别研究的单一结果；它既强调真理的条件性与过程性，也强调真理发展的动态性与开放性。但是，强调真理的条件性不等于走向相对主义。这是因为相对主义最典型的特征是突出理论、方法、标准或价值之间的不可比性或相对性，而条件性不等于不可比性或相对性。强调动态性意味着，现存的真理论只代表了二值逻辑的思维方式中的两种极端的理想状态，而科学研究实践中实际存在的却是许多中间状态，这些中间状态体现了对实在或世界的不同程度或不同层次的理解。因此，我们应该始终在一个动态的、开放的语境中理解科学理论的真理性。科学的形象既不像真理符合论所要求的那样，是对世界的镜像反映，也不像各种形式的主观真理论所描述的那样，是社会运行的产物或主观意愿的满足，而是关于世界机理的一种整体性模拟。模拟活动的表现形式体现了理论模型描述的可能世界与真实世界之间的相似性。这样，语境论的真理观使真理成为一个与研究过程相关的程度概念，而不再是一个与研究结果相关的关系概念。这些性质决定了这种真理观至少具有以下五个方面的主要特征。

1. 语境性

语境论的真理观把真理理解为科学追求的目标，首先，突出了科学认识的语境性或即时性特征，即它是此时此地的经验与认识；其次，突出了科学认识的动态性与过程性，承认任何一种形式的科学认识都既包含有真的成分，也包含有假的成分，是“在当下语境中形成的认识”。“当下语境”既是对过去进行批判与继承的结果，也是未来准备扬弃与发展的前提。因此，语境论真理观的语境性特征揭示出世界是变化不定的，变化过程中的因与果既不可分离，也不能离开它们所发生的语境来理解；强调对世界的认识取决于不断变化与发展的语境，当下的认识总是一头联系着过去，另一头联系着未来。因此，人类对世界的当下认识永远不会是最终形式，更不可能是绝对真理，而只能是特定语境条件下的认识，或者说是特定语境中的产物，是有待进一步完善与发展的认识。

2. 动态性

真理的语境依赖性决定了语境论真理观的动态性特征。这种动态性是通过理论与世界之间的相似性程度体现出来的。这种相似性程度处于从根本不同到完全相同这个变化范围之内。在规范的科学实践中，理论所描述的可能世界与真实世界之间的相似性程度，既是动态发展的，也是有条件的。理论系统的模型集合与真实世界之间的相似程度决定着理论的逼真性。逼真度越高的理论，越具有客观性，也越接近于真理。真理是理论的逼真度等于 1 时的一种极限情况。这是对基本的认识论概念的逆转：传统的逼真性理论是用命题或命题集合的真理作为基本单元，来衡量理论距真理的距离——这种做法由于没有可操作性而饱受批评；真理语境论则正好反过来，是通过对逼真性概念的理解来达到对真理的理解。因此，它是对“把科学研究的目的理解为追求真理”这句话的最好解答。

3. 层次性

基于相似性，用理论的逼真度来衡量理论的真理性认识的要求及理论模型的更替发展，决定了语境论真理观的层次性特征。这种特征表明，其一，科学研究语境既是相对稳定的，也是变化发展的。在特定的语境论域内，理论说明的成功是理论逼近真理的一个象征、一个结果或一个必要条件。凡是逼真的理论都必定能够对实验现象做出成功的说明，但是，反之则不然：并不是每一个拥有成功说明的理论都是逼真的理论。在理论的说明中，理论的逼真度与不断增加的成功之间的联系通常是一个认识论问题，而不是一个语义学问题。其二，科学认识是从较低层次的主客观统一运动到较高层次的主客观统一。在这个运动过程中，低层次的认识模型会在高层次的认识模型中找到自己的边界。所以，在科学认识活动中，主客观统一的难易程度与认识层次的高低成正比，即认识层次越高，达到主客观统一的过程就越复杂，理论选择的难度就越大。

4. 开放性

真理发展的动态性和层次性决定了语境论真理观的开放性特征。这种特征是科学家在科学探索活动中不断地去语境化（de-contextualized）与再语境化（re-contextualized）的结果。去语境化是对过去认识中的主观性因素的扬弃；再语境化是对新的客观性因素的接纳。数学中关于数的意义的讨论、物理学中关于场概念的理解便是很好的事例。在科学实践中，语境的不断变迁与运动通常向着纵横两个方向同时发展。语境的横向运动是通过学科间的交叉与融合体现出来的，是对已有认识的扩展与检验；语境的纵向运动表现为学科自身的演进与变化。在这种意义上，科学研究活动如同盲人摸象的故事所描述的一样：不同的盲人从大象的不同部位开始摸起，最初他们所得到的对大象的认识是不同的，因为每个人根据自己的触摸活动只能说出大象的某一个部分；只有当他们摸完了整个大象时，他们才有可能对大象的形状做出依赖于语境的主客观统一的描述。不过，不可否认的是，虽然他们对大象的描述始终是以自己的视角为起点的，并建立在个人理解的基础之上，但是他们的触摸活动总是以真实的大象为本体，因此，他们的理解是受到来自大象本身的客观信息的制约而形成的主客观统一的图像，并且这个图像永远是开放的和可修正的。

5. 多元性

真理的语境依赖性及把理论的逼真度作为理论选择标准之一的主张，决定了语境论真理观的多元性特征。在科学探索活动中，科学家对世界进行概念化的方式通常是多元的，即不是唯一的；语境论的真理观既允许存在着相互竞争的理论体系，也允许共存多学派的观点。在科学共同体中，这些理论与观点都是对实在或世界的一种理解，或者说，相互竞争的图像分别在不同程度上模拟了世界的某些内在机理；理论的选择是根据理论模型与世界之间的相似性比较来进行的：通常情况下，越经得起实验检验并越具有预言能力的理论，其逼真度会越高。这样，通过逼真度或相似性的比较，在相互竞争的理论之间做出的选择，如同生物进化那样是自然选择的结果，是在科学实践的规则与活动中的自然求解；这时被淘汰的理论并非一定要被证伪，尽管证伪也是因素之一。语境论真理观的多元性特征内在地表明，科学总是在探索中前进的，前进的道路并非是平坦的或一帆风顺的；科学探索的动力是不断地揭示世界的秘密，探索的方向是不断地逼近真理。

三、语境论真理观的主要优势

与把真理理解成科学研究的结果的现有真理观相比，把真理理解为科学追求的目标的语境论真理观的上述基本特征，决定了这种真理观至少拥有以下几种特有的优势。

首先，在认识论意义上，它比较容易解释为什么后来被证明是错误的理论，却在当时的研究语境中也曾起到过积极作用这个传统科学哲学无法回答的敏感问题。例如，天文学中的“地心说”、化学中的“燃素说”、经典力学中的“以太”等，尽管它们分别被后来的“日心说”、“氧化说”和“以太不存在”的理论或观点推翻，但是在后来那些新理论或新观点提出之前，它们至少在当时起到过促进科学研究的积极作用。这就为科学实在论所坚持的前后相继的理论总是向着接近于真理的方向发展的假设提供了很好的辩护，也有力地批判了各种相对主义的科学哲学对科学实在论的质疑，并使人们用不着担心会出现理论间的不可通约现象。科学史已经表明，后来证明是错误的理论并不是一无是处；反过来说，即使是正确的理论也会有适用范围的限制。

其次，在方法论意义上，比较容易解释关于科学概念与科学观点的修正问题。科学研究越抽象、越复杂，研究中的人为因素就越明显，科学家之间的交流与合作就越重要。2006 年的国际天文学联合会大会所采取的解决科学争端的方式就是典型事例。2006 年 8 月 24 日，国际天文学联合会大会以投票的方式宣布了关于新的行星定义的结果。有趣的是，被天文学家认为在科学上是正确的、进步的关于新的行星定义的决定，在程序上竟是以近2500名天文学家投票的方式来决定的，而不是通过某个权威的实验结果或公认事实来决定的，这在科学史上是极其少见的。这个新的行星定义推翻了70多年来一直使用的行星定义，把冥王星从行星的位置降低为“矮行星”，或者说，从那一刻起，天文学家将把冥王星从行星的范畴中驱逐出去，修改早已被大众所接受的太阳系有九大行星的定义。这必然将带来一系列的改变，特别是教科书、字典、词典等的修订。这种有趣的方式明确地揭示出天文学家之间存在的激烈争论，以及他们最终采取的解决争论的一种有效方法。

最后，在价值论意义上，能更合理地解释与反映科学的真实发展历程。例如，诺贝尔物理学奖获得者丁肇中在中国的多次演讲中，以人类认识宇宙构成单元的历史为例，阐述了“物理上的真理是随着时间而变”的观点。在中国古代对物质基本结构有两种不同的看法，一种看法认为最基本的结构是粒子，粒子是可以数得出来的；另一种看法认为宇宙中最基本的结构是连续性的。粒子的观念起源于阴阳观念。连续性观念是道家创始人老子提出的。在过去的两千年里，西方国家对基本粒子也有不同的看法。在两千年以前，西方认为土、气、水、火是最基本的东西。16世纪，人们认为最基本的东西除了土、气、水、火以外，还有水银、硫黄和盐，变成了7种。在100年以前，所有的科学家都认为我们已经知道宇宙中最基本的东西就是化学元素，制定了元素周期表。20世纪60年代，我们认为宇宙中最基本的东西是原子核，也有100多个。到了60年代末期，我们认为宇宙中最基本的东西不是原子核，而是好几百个基本粒子。现在，我们认为宇宙中最基本的东西是6种夸克和3个轻子。

可见，科学观念与科学事实总是处于不断的调整之中，而进行这种调整的目标，正在于不断地探索实在的深层奥秘，不断地接近真理。站在语境论真理观的立场上看，人类观点的这种不断调整与变化，不仅没有为各种不同形式的相对主义或反实在论提供依据，反而证明人类对实在的认识，是在不断地修改偏见的过程中，向着客观理解的方向发展的。这也说明，科学家所阐述的理论事实上是一个产生信念的系统，是在特定语境条件下对世界的隐喻式描绘；这些描绘总是有条件的，是真假成分的融合；它们构成了一个信念整体。真理语境论把科学理论看成对实在或世界的理解，允许科学理论中含有主观的东西，承认主观性存在于科学研究的起点，追求客观性是科学研究的目标。也就是说，在科学研究活动中，研究主体的意向性不仅参与了语境的建构，而且受到语境的影响，从而构成了动态的、发展的、变化的、复杂的研究活动。正是由于人类渴望揭示包括自身在内的大自然的秘密，人类才有了共同的求知欲望。问题在于，这个大自然的“秘密”并不是永远不变地存在于那里，等待着好奇的人类去捕获，而是也在与人类的相互作用中发生着变化。因此，大自然本身也是在语境中变化不定的。当前的大气变暖便是一个很好的例子。

真理的语境论与符合论一样都承认科学的客观性，但是它们在许多方面是有很大差异的。首先，前提不同。真理的符合论通常与经典实在论联系在一起，是以经典实在观的下列三个基本假设为基础的：世界的独立性假设、因果性假设和可分离性假设。而真理的语境论是与语境实在论联系在一起的，是以语境论的科学实在观的下列三个基本假设为基础的：世界的独立性假设、统计因果性假设和非定域性假设。其次，出发点不同。真理的符合论忽略了认识中的主观性，从客观性出发阐述问题；而真理的语境论恰好相反，是以承认科学研究中始终包含有主观性为出发点，探索与揭示更深层次的客观性。最后，思维方式不同。真理的符合论主要源于常识性认识，其基本思维方式是从宏观领域延伸外推到微观领域或宇观领域，其中认识者始终扮演着“上帝之眼”的角色：他只是科学研究活动的操纵者与观察者，而不是参与者；而真理的语境论则源于当代科学的前沿性认识，其思维方式是以微观领域或宇观领域的新认识重新评价宏观领域的常识性认识。

与各种建构主义和相对主义的真理观相比，语境论的真理观虽然也承认科学认识是依赖于人心的，承认科学研究活动中蕴含了主观能动性与创造性，但是它不会走向相对主义或反实在论，因为它持一种弱实在论的立场。所谓弱实在论立场，是指在根本意义上坚持实在论立场，但又不同于经典实在论以纯客观性为出发点来阐述问题；它以主客观的统一为出发点，以提高客观性为目标来阐述问题。这种立场既避免了像社会建构论或各种反实在论那样抓住科学研究中存在的主观性因素而全盘否定科学的客观性的极端做法，同时又有利于把现有的各种主观主义的真理论有机地结合起来，使它们分别成为语境论真理观的一个侧面或一个维度，因而从个体性、社会性、实践性等多种维度，系统地揭示了语境论真理观的客观性、动态性、过程性、可变性、一致性、实用性、条件性等特征。

综上所述，语境论的真理观一方面维护了科学认识的客观性，另一方面也容纳了科学认识的社会性与建构性，从而使科学认识的社会化与符号化过程有机地统一起来，把逻辑和理性从先前高不可攀的高度降低到历史和社会的网络当中，把心理、社会和文化等因素从科学的对立面融入理性的行列。

语境的边界及其意义 *

语境论作为当代科学哲学研究的一个最有前途的研究方向，已经日益被人们自觉地意识到。然而，在这一研究中最明显但也似乎最模糊的一个难题，是如何确定语境的边界。尤其是从方法论的视角讲，语境的洞察性（contextual sensitivity）显示了不同表征命题及其意义与不同使用语境之间的相关性，突出展现了语境洞察性必然是与相关语境的给定边界分不开的；同时，这也正是语境的根本特征之一。因此，如何划分语境的边界，怎样认识语境边界确立的意义，就成为一项非常重要的研究课题。本文试图从语境的语形边界、语义边界及语用边界的划分中，努力给出确立语境边界的可能性及其意义的合理性，从而为有效地把握语境分析方法提供一些有意义的视角和思路。

* 本文发表于《哲学研究》2009 年第 2 期，作者郭贵春。

一、语境的语形边界

在当代科学哲学与语言哲学相互渗透和相互融合的发展趋势中，无论是逻辑分析的形式化走向还是日常语言分析的自然化走向，都必然地在方法论层面与语境化分析结合在一起。所以，在科学解释中，“把语境化看作是解释的一个方面是完全合理的”。而且，“一个表征的语言学结构的表达，就是把语形与它的语词的初始意义的语义解释结合起来并且具体化”①。

这深刻地表明，一个表征的内容不是仅仅由它的语言学的结构决定的，而是由语言学的结构与其符号表征的语境共同决定的②。可见，语形结构与符号表征的语境是一致的和统一的，不能离开这种统一去看待语境。这也就是说，语境离不开语形结构，语形结构表现了语境意义；所以，语境的语形边界恰恰是这种统一的结果。在这里，语形边界就是语境边界的表现形态，就是语境的语形洞察与结构洞察的统一。语境边界的确定，首先就在于语形边界的确定。特定的科学解释语境，绝不可能超越给定语言的语形边界，尤其是像数学、物理学这样的形式化的语境研究对象，它的语境必然存在着相关的逻辑语法或形式算法的语形边界的限制。正是在这个意义上，有的哲学家认为“语法的范围”就是语境的边界。③

在数学和物理学中，所求解的任何一个难题都是给定边界条件下的难题。而给定了边界条件，就是给定了求解相关难题的语境。因此，给定条件下的解，就意味着给定语境下的意义。求一个给定条件下的解，就是探索给定语境下的意义，这完全是同一的。所以，在形式化的理论演算中，“数学语言学”（mathematical linguistics）的地位和意义是不言而喻的。特别是在现代计算机科学中，对语形分析、语义分析和语用分

---

① Fodor J，Lepore E. Out of context. Proceedings and Addresses of American Philosophical Association，2004，78（2）：90.

② Fodor J，Lepore E. Out of context. Proceedings and Addresses of American Philosophical Association，2004，78（2）：77.

③ Kornai A. Mathematical Linguistics. London：Springer，2008：77.

析的结合，鲜明地体现了语境分析方法与数学语言学的有机结合。因为离开了特定的语境及其语形边界的约束，“数学语言学”的演算功能就失去了意义；反之，“数学语言学”的方法论功能的彰显，又会突出语境及其语形边界的重要性。所以，“数学语言学”是我们探求语境的语形边界的一个非常有效的视角。当然，一个科学理论的形式化的质量依赖于对初始假设的信念程度，以及该系统数学演算的精巧程度。换句话说，在经验的理想假设与形式体系的精巧性之间的张力，决定了“数学语言学”的语境化的结构系统性。正是对语境及其语形边界的敏感性，造成了“数学语言学”对形式语法研究完备性的必然追求；同时，探索语境的语形边界之内的“意义集合”，成为“数学语言学”最关注的问题之一。①

倘若我们换一个角度来考察语境的语形边界，那么就会看到，一个标准的形式化的理论在于，它是在具有同一性的一阶谓词逻辑内进行形式化的。一阶逻辑的通常逻辑“工具”（apparatus）是被假设的，主要是覆盖要素和逻辑常项的同一集合的变元范围，特别是句子的联结词、普遍的存在量词及同一性的符号。因此，有三种非逻辑的常项：谓词或关联符号、操作符号和个体常项。这样，理论的表征或者说理论语言符号的有限排列，就被分成了术语和公式。同时，任何循环定义都是被给定的，最简单的术语就是变元或个体常项。在适当的结构中，通过将简单的术语与操作符号结合起来以构建新的术语。原子公式由单一谓词和适当的术语组成，分子公式即组合公式则是通过句子的关联词和量词，由原子公式构成的。这里必须强调的是，在一个具有标准形式化的理论中，我们必须首先起始于所构建的术语和公式的循环定义；其次，必须明确该理论的什么公式是被作为公理的。总之，适当的逻辑推理规则和逻辑公理是被假设的，这是理论构造的前提。②这个前提告诉我们，越是完备的公理化的理论体系，它的语境的语形边界就越是清晰；它正是通过语形结构及其语形边界的构造，使其理论的公理化程度更加完备。所以，

① Kornai A. Mathematical Linguistics. London：Springer，2008：4-10.

② Suppes P. Representation and invaniance of scientific structure. Stanford：Centre for Logic，Language and Computation，2002：25.

没有对一个理论的语境化的分析手段，不能把握它的语境的语形边界，要想对一个公理化系统进行科学解释和说明是完全不可能的。

从另一个角度讲，任何理论命题都具有双重特性：一方面，命题是一种根本逻辑类型的意思单元（units of sense），它由具有真值的句子所表达；另一方面，命题也是概念和思想的内容，诸如意向行为和表征态度等。但是，这两个方面逻辑上并不是独立的。因此，每一个命题都是可能的言说语境中的一个句子的意思，同时也是具有意向行为的命题态度的内容。总之，这是一个语境中的两种语义值或两种语义趋向的不同；它们既有区别，又不可避免地联系在一起，存在着本质的统一性。这些都是由这些命题的形式边界及这些边界的交叉所决定的。因为，第一，命题有着特定的构成结构，也是由相关的原子命题构成的。第二，命题构成的要素是意思（sense）而不是对象（object）；如果不将意思纳入对象并给定它们的特性，我们就不能指称对象。所以，命题逻辑的形式本体论性是实在论的而非唯名论的。第三，命题是结构有限的复杂意思。因为人类的认识能力是有限的，只能在言说语境中使用有限的句子；同样，也只能指称有限的对象和预测有限的对象特性。因此，命题作为句子的意思就成了具有有限命题构成的命题。第四，命题的集合是递归的。因为基本命题是最简单的命题，其他所有命题都是复杂的，它们通过改变原子命题或真值条件去进行命题演算，并获得自身的存在。这一切之所以能够发生，就在于所有的命题都是语境化的，并且是给定了形式边界的。

进一步地，从当代“计算词汇语义学”（computational lexical semantics）的研究角度讲，任何语词的语义分析都离不开给定形式边界的语境分析。因为“计算词汇语义学”必须遵循这样几个原则：第一，必须建立一个清晰且完备的语义的形式化概念，因为这对于可能世界意义理论的特性化是必需的。这样才能满足对语词意义概念的抽象化，从而避免不相干语义的干扰。第二，词汇语义学必须探索比其他方式更为丰富的形式表征，以此来丰富语义构成的递归论（recursive theory），进一步完备语义形式化概念，从而在语义学中诉诸不同层次的理论解释。第三，语词不仅仅是动词，它要求注重所有词语的语义属性及其本质特征。总之，对于当代“计算词汇语义学”来说，必须说明在什么语义表征层次上是必需的。在我看来，人们必须在以下几个表征层次上把握语词的意义：①论证结构。对一个语词来说，这是预测论证的结构，它指明了如何将语形表达图景化的取向。②事件结构。对一个语词或一个短语来说，这是对特定事件类型的确证。③事物的特性结构（qualia structure）。这是由词汇术语定义的相关对象的本质属性，是由特定语境给定的。④遗传结构（inheritance structure）。它表明了一个语词是如何在词汇中与其他概念完全相关的。[①] 这四个结构在本质上构成了语义表征的不同层次需要词汇语义学的计算理论的根由，表明了每一个层次作用于不同的语词意义的信息系统。它们也从更深层的意义上告诉我们，正是形式体系本身约束了语义的表征范围，确立了语义使用的不同层次，从而也就规定了语义价值趋向所要求的表征界限，给定了相关语义分析所能实现的语境的形式边界。所以，一切语境都有着人类认识的局限所给定的形式边界，并且在这个界限内去发挥语义和语用的功能，这是我们思考一切科学理论解释的前提。

二、语境的语义边界

在任何理论表征的科学解释中，在确定了语形边界的前提下，相关语境的内在的系统价值趋势就必然地规定了特定表征的语义边界。因为只要超越了这一已规定的语义边界，也就超越了该相关语境本身，就会导致语境的更迭或“再语境化”，但那已是另外一个层面的论题了。所以，语义边界就是语境边界的意义规定，就是语境的语义洞察与价值洞察的统一。

之所以这样来看待语境的语义边界问题，是因为语义的构成性原则从本质上告诉我们，一个理论表征的意义就是其组成部分与构成这些部

① Davis S，Gillon B S. Semantics. Oxford：Oxford University Press，2004：377.

分的方法之间的意义函项。无论是在经验的基础上还是在方法论的基础上，人们都试图用它来求解理论解释的难题。无论有着多少论争，许多哲学家仍然一如既往地坚持着这一点。所以，有人说，“函项的应用是统一意义的唯一方式”；有人认为，“复杂符号的意义是由它们的构成所系统地决定的”；有人指出，“通过构成性我们才能意识到整体的意义是其部分的意义的系统函项”；还有人讲，“构成性就在于存在着一种系统地从部分的意义导出整体的意义的方式”。① 这些看法都从根本上表明，正是语义的构成性原则规定了在特定语境下语义解释的张力范围，确立了语义解释的伸缩度，以及相关的语义解释的意向价值。更进一步地讲，也正是语义的构成性原则实现了特定理论表征的语词和命题与相关指称对象和指称世界之间的内在关联。

但是，对语境的语义边界的研究，不能不受到后历史主义出现以后科学哲学发展所带有的后现代性特征的影响。这种后现代性的特征明显地表现在科学解释和科学说明的如下转变上：第一，从注重结构转向注重过程；第二，从注重部分转向注重整体；第三，从注重实验科学转向注重认知科学；第四，从注重构建转向注重网络模型；第五，从注重真理转向注重对最终探索的客观性的最大限度的描述。②

这种后现代转向的一个最大特征，就是更明确地突出了从对象客体到结构关系的转变，从而更凸显了在科学解释中把握意义的语境基底以及语境的语义边界的必要性。正是从这个角度上讲，“意义就是语境；因为正是这种方式，使各种事物适合于更大的整体”③。同时，一个特定的语境也就是一个相关的给定边界的语义解释的“单位”。所以，“语境意义就成了这个新的语言学单位的约定意义”④。总之，这正是由科学共同体的后现代价值趋向所决定的；但是，它也从另一个层而促进了我们在科学解释和科学说明中，更加自觉地强化语境意识，关注划分语义边界的功

---

① Davis S，Gillon B S. Semantics. Oxford：Oxford University Press.

②④ Tabakowska E. 1999. New paradigm thinking in linguistics // Dilley R. The Problem of Context. New York：Berghahn Books：74.

③ Tabakowska E. 1999. New paradigm thinking in linguistics // Dilley R. The Problem of Context. New York：Berghahn Books：79.

能及其重要性。

从另一个角度讲，注重语境的语义边界的研究，也受到了语义学研究本身的一个战略性转向的影响。这个战略性转向的目的在于，对名称和自然种类术语的结合构建描述分析：①确定指称描述可以消解克里普克式的语义论证；②或者通过规范这些描述，或者通过坚持在同一语句中它们超越了模型算符的范围，去避免模型论证；③通过内在地处理可能世界与真值条件之间的语义关联的“二维语义学”的分析方法，去避免单纯认识论的论证，从而能够解释公认的后验必然性与先验偶然性的案例。[①] 尽管这一战略性转向存在着各种各样的问题，但它推进了人们对语义学和语境论的研究则是不言而喻的。虽然人们往往把“二维语义分析”看作对自然语言系统的语义分析理论，但事实上它的作用远远超越了这个界限。由马丁·戴维斯（Martin Davies）和利奥德·哈姆伯斯坦（Lioyd Humbersmne）提出的规范的（形式化的）二维模型，就对任何一种语言提供了精确的语义分析，即一个具有标准的必要算符、实际算符和新算符的命题演算的模型。它对特定语境下的可能状态的描述和语义分析，超越了自然主义的界限，并适用于典型的公理化的表征系统。[②] 可以说，对自然语言解释和分析的形式化与对形式化规范语言解释的自然化，恰恰是科学哲学后现代转向中的一个必然特征。而这种一致性的前提就是在给定语义边界的条件下进行科学解释和说明；否则，没有确定的语义边界，这种一致性就是没有意义的，也是不可能实现的。

从具体的科学解释和说明的层面看，语境化的意义分析就是某种程度的“框架分析”（frame analysis），它体现了研究对象存在的结构性，以及强调和表征这一结构的原则。比如，量子力学的形式体系，就是用它的形式表征给定了相关研究对象的语境结构及其物理意义的语境边界。简单地讲，任何一个框架，都可以由作为核心框架、不同层级和边界的三层结构构成来进行表征。比如：

---

① Jackson F，Smith M. Contemporary Philosophy. Oxford：Oxford University Press，2005：408.

② Jackson F，Smith M. Contemporary Philosophy. Oxford：Oxford University Press，2005：411.

$$F=I_n+1\,[\,I_n\cdots[\,I_2[\,I_1[\,I_0\,]\,]\cdots]\,]$$

在这里，I_0 表征核心框架，F 表示边界，其他由 0 到 n 的 I 值表征所有它们之间的层级。这一形式表征清晰地告诉我们，F 这一边界表征了科学解释对象的主体语境结构的基本模型。①

事实上，这也就是告诉人们语境是有边界的，并且由于语义边界的确定性，语境的边界同时也是相对的，因为它可能是整个研究对象中的结构的一部分。因此，对特定对象进行语境结构框架分析，就是在给定语义边界内进行意义分析。需要强调的是，由于这种框架分析是科学共同体之内的交流，所以它有着强烈的主体间性，它是表征一种给定语义边界内的主体间性的语境模型。②

事实上，早在对量子力学的科学解释和说明中，这种语境论的模型思想就已在玻姆对量子力学的因果解释中存在了。贝尔在 1964 年提出的定理表明，非局域性是隐变量理论的一个必然特征，它再现了量子力学的统计预测。更重要的是，这迫使一些物理学家承认了隐变量理论的语境特征。所以，这种语境论的数学和物理学的确证就不能不被重新思考，对语境论在科学解释中的地位和作用也获得了更深入的探究。而且，物理直觉是构成语境论基础的一个重要方面，从而使得个体测量结果对语境的依赖性与测量统计结果的整体解释之间的比较成为可能。③ 这种比较的本质就在于，量子力学形式体系的物理意义是在语义上有边界和有条件的，是部分的和整体的统一。更进一步说，在贝尔定理基础上的不断完善，使物理学家们更清晰地看到语境论的可能的数学特征涉及由算符所生成的代数结构，而这些算符表征了在希尔伯特空间中亚系统的观察对象，它们与在"EPR- 玻姆"相关实验中被考虑的综合系统之间，存在着特有的关联性。④ 这实际上是从更高的层次上看到了量子力学形式体

①② Scheff T J. The structure of context：Deciphering "frame analysis". Sociological Theory，23（4）：384.

③ Landisa F. Contextualism and nonlocality in the Algebra of EPP Observables. Philosophy of Science，64（3）：478.

④ Landisa F. Contextualism and nonlocality in the Algebra of EPP Observables. Philosophy of Science，64（3）：480.

系所给定的物理意义，即语境解释的语义边界。这里的物理直觉，实际上就是假定语境论的一个条件可以被设定在个体测量结果的层面上。同时，语境论的物理意义是从语义上假定局域的物理实在性与语境化的统一。所以，语境论的意义包括了观察对象的实在性及其物理意义的给定边界。莱德海德（Redhead）在 1987 年将这种解释称为“本体论的语境论”，即某种物理学的语境实在论。[①]在此必须指出的是，统计结果不依赖于局域的个体测量语境，但这并不是说它无语境；它本身就是一种系统综合的统计语境，这种语境超越了个体测量的局域语境，使语境在一个新的整体性的层面上获得了更高的实现。所以，量子力学的物理意义是在这两种不同层次的语境的统一中，给定了量子力学解释的语义边界。对于这种语境论的语义边界的存在及其意义，人们在对玻姆关于量子力学解释的因果理论的不断深入研究中，已经看得越来越明晰。

三、语境的语用边界

当我们对任何研究对象进行语境分析的时候，都会发现科学的解释和相关的语境是联系在一起的。而科学解释恰恰是要揭示语境自身内在的及不同语境之间的必然关联和功能，即在特定语境中科学语言使用的主体、要素、目标及其结构的关联。正是在这种语用的结构关联中，一个对象的意义及其表征系统被确定了。所以，语境是解释中的语境，解释是给定语境中的解释，它们是在研究主体的语用过程和语用方式使用的展开过程中获得动态统一的。从方法论的意义上讲，“语境化”是一种特定的科学解释的行为方式，通过这种方式可以有效地揭示研究对象的本质意义；同时，又可以在语用的过程中把语境建构与解释行为的意义统一起来。因此，有人讲，语境是特定解释对象的“关联建构的集合”。[②]

① Landisa F. Contextualism and nonlocality in the Algebra of EPP Observables. Philosophy of Science，64（3）：486.

② Dilley R. The Problem of Context. New York：Berghahn Books，1999：2.

可见，语境并不是不证自明的，它需要解释；而解释也不是任意的，它需要语境的约束。这就是语境的语用边界所发挥的功能。从这个基点上讲，语用边界就是语境边界的使用范围，是语用洞察和背景洞察的统一。

不言而喻，语境的语用边界的意义就在于，表明任何一个语境都是在相关的时间、空间和确定形式范围内被动态地分析的；同时，也是作为一种方法论分析的模型被建构的。所以，对语用边界的确定，是语境分析模型的方法论要求。在这里，语境的语形、语义和语用边界是一致的：语用给定了语形和语义的边界和趋向，而语形和语义则表征和显现了语用的价值和确定边界的目的要求。因为这些是由特定研究对象或分析对象的语用本质所规定的，在语用的过程中它们是不可分割地联系在一起的。换句话说，一个科学命题及其理论的现实的语用方式及求解难题的使用过程，就是一个具有自主性的语境的实现和完成；它确立了“语境的自主性原则”（context independence principle），从而也就决定了相关语境的语用边界。同时，在这个确定的语用范围内相关语境的价值趋向的实现，就是该语境的系统目标及其形式体系的实现，它从语形、语义和语用的结合上体现了“语境的一致性原则”（context unanimity principle）。而无论是“语境的自主性原则”还是“语境的一致性原则”，都是以特定语境的语用边界确定性为前提的。当然，也正是在这种语用边界的不断变化和更迭中，导致了科学解释的“再语境化”过程，形成了科学语境的相对确定性与普遍连续性的统一。

在这里，特别需要强调的是，一定要把语境的语用边界的相对性与各种相对主义的形式区分开来。有的哲学家清楚地意识到，“依赖语境是一种有限的相对论，但从哲学的视角看，相对主义却是无边界的”①。这是一种非常理性且客观的评价。也就是说，语境论的语用边界的确是具有相对性的，但是这种相对性绝对不等同于相对主义；二者之间具有本质的区别。因为语境论并不会将求解具体难题的相对的方法论分析无边界地扩张；反之，我们也无法想象任何一种研究方法在求解特定难题的时

---

① Dilley R. The Problem of Context. New York：Berghahn Books，1999：7.

候，它本身是无边界的，因为它只有在相对的语用边界内才是合理的和有效的。正是在这个意义上，“语境论作为相对性的一种形态从来没有远离过普遍性”[①]。因为语境论的相对性正是在普遍性的关联中，展示了自己在特定时空及条件下的相对的可接受性。总之，语境的使用是有边界的，而这种语用边界的相对性与普遍性是统一的，而不是绝对对立的。事实上，后期维特根斯坦的语用论的思想，本质上就是一种相对的语境论的思想：语言陈述的意义正是在有边界的使用中被相对地体现的；所以，语境论事实上包含了语言游戏及其特定的规则。正因为如此，语言的使用可以被看作是一种行为方式，并且是在具体的边界内相互关联的、丰富的和充满活力的。从这个语用学的角度看，特定对象的相对的语用边界就是与其相关的语境的边界，因此，我们永远不能将特定语境的语用边界的相对性与不断“再语境化”的普遍连续性割裂开来。

另外，在研究语境的语用边界的问题上，语用边界的确定之所以构成了相关语形和语义整体统一的舞台和基础，其中一个非常重要的关节点就在于，在任何命题的具体使用中，命题态度都是必然地存在着的。而恰恰是命题态度体现了语言使用者的心理意向，从而构建了相关语境的语形边界与语义边界的一致性，奠定了语境在给定语用边界的范围内所具有的价值意义和价值取向。福多之所以能在后现代性的意义上推动意向实在论的发展，就在于他始终坚持了构成性的心理表征的理念，因为只有根据这种表征，语言使用者才能在语用的操作中进行逻辑推理并将其形式化。而离开具体语用的心理语义的单纯形式推演，是毫无意义的。只有在具有给定语用边界内的语义内容的表征，即具有实在对象指称和真值的命题表征，才是真正有意义的表征。因此，命题态度的语义对象是非常重要的，即使是计算的概念也内在地与诸如内涵、确证、逻辑结果等语义概念联系在一起。尤其是在给定的语用边界内，一种计算事实上就是表征的变换，但却从本质上展现了语义关联的结构性特征。[②]不难看出，通过命题态度所显示的心理意向是与形式结构的演算具有同

---

① Dilley R. The Problem of Context. New York：Berghahn Books，1999：7.

② Davis S，Gillon B S. Semantics. Oxford：Oxford University Press，2004：327.

一性的；同时，实在对象的物理特性通过语义的表征，融入了心理意向的表征形式及其演算，从而奠定了语用边界在语境结构中的结构性地位及其功能。正因为如此，特定对象语境的大小，即语境的语用边界的确定，是由对象域的深度和广度所决定的：对象域有多大，语用的边界就有多大，它完全服从于在命题态度中所体现的语用语境的目标设定和价值要求。

当我们研究语境的语用边界时，同样需要引起关注的是“加强语意的语言行为”（illocutionary acts）所具有的加强语意的言说力量对语用边界的影响。对于在具体语境中的加强语意的行为来说，目前已经有了一些令人满意的规范语义学的基础。例如，用证明论和模型论对这些理论进行形式化，并且使加强语意的言说逻辑能够形式化地表达历史的模态等。从加强语意力量的表征来说，存在着两种意义：其一，在语境解释中一个句子的意义是由言说的可能语境集合到加强语意的语言行为集合的函项；其二，在一个特定的语境中，句子的意义就是特指的加强语意的语言行为。但这两者是相关的，它表明加强语意的语言行为可以应用于任何语境中的命题表征，从而产出命题态度的显现度，使命题态度在语用中更加鲜明。与此同时，它也证明了命题态度所具有的语言使用的创造力，还使语用的边界更加清晰。当然，我们要看到，正像加强语意的语言行为与不同的内涵相关联一样，在语境的深层结构中，句子也总是与不同的衍推（entailment）关联在一起的。比如，加强语意言说力量的衍推、真值条件的衍推、对满意度的加强语意的言说力量的衍推，以及成功的真值条件的衍推等，在特定语境的有效边界内这四种衍推关联总是内在地存在的，并使语境的语用边界实在化。因此，丹尼尔·范德维肯讲过这样一句名言：“将真正的加强语意的语言行为作为语境中对于句子的语义值来设定，语义学能够更好地来描述语言逻辑。”①而且，“一般语义学能够将所有的类型或句子的有效规则形式化”②。正因为如此，当代逻辑和规范语义学才可能在给定的语境中，把加强语意的语言行为纳

① Davis S，Gillon B S. Semantics. Oxford：Oxford University Press，2004：731.

② Davis S，Gillon B S. Semantics. Oxford：Oxford University Press，2004：732.

入理论推理的形式化系统之中。这从另一个方面也告诉我们，使命题态度更加自然化的加强语意的言说行为，体现了在给定语境中具有意向性的“理由”在形式体系中的真正本质，并且构成了可确定的“自然逻辑”。从某种意义上说，这种“自然逻辑”就是鲜明的“语用逻辑”，它是形成语境结构、确定语境边界、给定语境价值取向的重要因素。总之，一句话，正是这种“自然逻辑”的力量，从根本上决定了语境的语用边界，并且增强了人类科学认识的创造力。

四、结束语

从 20 世纪 80 年代开始高扬的关于语境论的研究，被人们称为“语境化运动”（contextualising move）。这种“语境化运动”有三个主要发展趋向：第一，从广义上讲，语境化创造了一种“外在的语境”，给出了现象（语言）域和世界之间的指称关联；第二，语境化创造了一种“内在的语境”，它给出了语言中内在关联的意义，使逻辑语义的意义性更加鲜明；第三，语境化超越了符号和指称物之间的关联意义分析，而走向了符号使用者内在的心理意向状态分析，或称之为“心理语境”分析。[①] 事实上，真正有前途的“语境化运动”的方向不能这样机械地进行分割，这些方向在语形、语义和语用分析的语境基础上是一致的。所以，语境分析就是充分展示语义分析方法的意义分析，是意义理论的拓展和进步。“语境化运动”的一个重要方面，就是要寻找一个有前途的语义分析方法恰当运用的领域、范围或者边界。离开了这个边界，一切意义理论的谈论都只能是抽象的和不可言说的。而本文的目的，就是要在这一“语境化运动”的潮流中，探索语境分析方法的边界并给出它们的内在意义。

---

① Dilley R. The Problem of Context. New York：Berghahn Books，1999：2.

语境论的魅力及其历史意义*

从哲学发展的历史看，语境分析作为一种研究方法的使用，是伴随着科学哲学中科学实在论与反实在论论争的问题在最近三十年形成的。因此，解决实在论与反实在论的论争问题是构建语境论的最初始条件。当代科学哲学发展历史很明确地凸显出这一点。科学哲学家们期望通过语境的实在性去反证语境要素及其关系的实在性，如果这个问题得到解决，那么实在论对不可观察对象的论证、受到质疑的逻辑倒退问题及反实在论所批评的因果关联说明等，就自然能得到解决。否则，科学实在论的自我辩护就始终存在着一种阴影；反之亦然：如果语境不具有实在性，而仅仅是一个形式表征的系统，或者说是一个具有较强心理意向性的说明过程，那么一切实在论的基底就不存在了。所以，对语境论的争论问题是实在论与反实在论争论必然出现的一个问题。在这个问题上，科学实在论与反实在论在引进语境分析方法方面是一致的，没有任何歧

* 本文发表于《科学技术哲学研究》2011 年第 1 期，作者郭贵春。

义。但二者的出发点完全不同。这是回顾当代科学哲学过去三十年的发展历程时可以非常明显地看到的一点。

一、语境是一种横断的科学哲学方法论研究平台

关于语境实在论的问题，国际学术界从20世纪80年代起就有人明确提出过。20世纪80年代中期，施拉格尔（R. H. Schlagel）就在*Contextual Realism: A Meta-Physical Framework for Modern Science*（1986年）一书中专门讨论了语境实在论问题，但当时的科学哲学界并没有太多人关注。1992年，英国伟大的物理学家玻姆逝世，各地举行了不同形式的悼念活动，剑桥大学也召开了纪念玻姆学术座谈会。在这次座谈会上，剑桥几乎所有科学哲学家都把玻姆看作是一个实在论者。当然，对于玻姆有过各种不同批评，尤其是他的隐变量理论受到反实在论者的攻击。这是由于玻姆提出的隐变量是不可观察的；而对于不可观察的对象，历来存在激烈论争。但玻姆认为，如果我们发现一个确定的物理测量现象，这个测量现象绝对不会偶然出现，在它背后一定有一个原因，这个原因一定是我们可以用隐变量来描述的。如果我们仔细研读玻姆的文献就会发现，玻姆在论述其隐变量理论时，“context”和“contextually”这样的词用得非常频繁。他总是在陈述完自己的观点之后声明，他是在“contextually”的意义上进行论述的。为什么玻姆总使用“语境”这个词？科学哲学界没人去注意或试图解释这个问题。这促使我们转向语言学家们的著作，语言学家讲“context”这个词讲得很多。事实上，语言学家的思想对科学哲学研究很有帮助，但又无法完全解决科学哲学里面的核心问题。为此，一种具有前瞻性的解决方法就是将自然科学家自觉地用“context”这个概念和语言学家们对“context”的理解结合起来。如果把语言学家们的思想和哲学家及科学家们的思想结合起来，经过凝练和提升用到科学哲学中去，我们就能在科学哲学的范围内建立一种语境论的思想，这对于整个科学哲学学科的发展非常有意义。

从国际学界到国内学界，科学哲学家们对于“语境论”问题的认识

有一个过程。当这个问题凸显出来以后，我们讨论语境的问题，有两个基点非常重要：首先，我们不是在别的意义上，而是在科学哲学的意义上，即在科学哲学的边界内来谈论“语境”问题；其次，我们是在“语境论”的基础上讨论“语境”，也就是在方法论的意义上讨论“语境”。

在这两个基点的基础上，我们就可以谈论语境论科学哲学的问题。首先有一个问题：什么是语境？对此必须给出一个明确答案。只有先澄清什么是语境，才能开始讨论语境论和语境分析的方法。大量资料文献显示，有多少不同的科学哲学家，就有多少种不同的语境解释。我们认为，要透过种种纷繁复杂的解释来把握语境的本质。一言以蔽之，语境实际上是一种横断的科学哲学方法论研究的平台。

给语境下这样一个定义与语境的本质特征密切关联。语境具有如下四个基本特征。首先，语境是实在的。无论是语境的表征形式，还是语境的存在过程，或者是语境的要素，都具有实在性。其次，语境包含多重世界。也就是说，语境是现实世界及我们对现实世界的表征和可能世界及对可能世界的表征的统一。当我们讲语境的时候，它既可以是一个静态的独立结构，也可以是动态的多个语境的结合，现在有人将其称为“context set”。作为一个集合，它是不断生成、发展、演化的一个逻辑过程。我们强调它是一个逻辑过程，指的就是语境是多重世界的。当前，在语言学界，特别是在计算机理论研究方面，计算语言学和计算主义的发展中一个很重要的理论趋向就是二维语义分析学，它对于当代科学哲学的发展及计算机语言的发展非常重要。从二维语义学的分析出发，可以发现多重世界的特征是非常明显的。二维语义学的一个根本目的就是要解决可能世界和真值条件的关系问题，因此，当我们解决可能世界和可能世界相关的真值条件的关系时，必然涉及多重世界。再次，语境渗透了所有科学哲学研究方法论的视角。例如，各种各样的逻辑分析、不同层面的语言分析，包括语形分析、语义分析和语用分析，而且还包括形形色色的背景分析，诸如历史的、文化的、社会的和科学进步的等，都包含在语境之中。最后，语境是可以包容所有科学哲学派别的一种研究方式。例如，实在论的和反实在论的、理性的和非理性的、计算主义的和自然主义的。此外，具体到数学哲学、物理学哲学、生物学哲学、社会科学哲学等，这些不同的研究方式都可以包纳入语境。

这四种特征非常鲜明。为什么反实在论和实在论都同意用语境分析的方法去开展科学哲学研究？就是因为语境的这些特征决定了大家对它都是可以接受的。概而言之，语境平台是一个在给定方法论边界和认识论趋向的前提下，所有科学哲学研究的价值趋向都可以单独或共同进行讨论、交流和渗透，并且相互促进、推动科学哲学发展的一个平台。

二、语境论的凸现具有历史必然性的趋向

语境作为一种横断的科学哲学研究方法论平台，其出现具有必然性。从直接的意义上讲，是科学实在论与反实在论争论的必然结果。如果将其置于科学哲学近百年发展的大背景中看待，它又是“语言学转向”“解释学转向”“修辞学转向”三大转向的必然结果。“语言学转向”和逻辑经验主义相关，“解释学转向”和历史主义相关，“修辞学转向”和后历史主义相关。这三大转向共同推动了科学哲学的百年发展。在这一发展历程中，科学哲学本身出现了不容回避的三大问题。首先，科学哲学的本质特征被不断弱化，并且在弱化的过程中出现了泛文化主义的盛行。事实上，在历史主义批判逻辑经验主义、后历史主义批判历史主义当中，都在批判科学主义的同时表现出不同程度的泛文化主义倾向。其次，各种科学哲学流派和科学哲学研究视角在相互渗透和融合方面不同程度地受到了方法论上的限制，彼此之间缺乏真正意义上的实质性交流。即使存在一些交流，也只是在泛文化倾向的边缘的意义上，而不是在本质特征上。不同学派和视角的研究由于处于不同的平台，从而失去了对话的基础。最后，科学哲学在走过了百年历程之后越来越缺乏方法论研究的旗帜。方法论旗帜的丧失直接导致了科学哲学研究方法的非中心化。对于科学哲学学科而言，这是致命的问题。如果研究方法非中心化了，那么这个学科的存在就岌岌可危了。逻辑经验主义语义分析的旗帜非常鲜

明，后来证伪主义、范式主义、纲领分析等也都很明显。不管这种趋向是否合理，或存在什么问题，起码其主张的纲领很明显。显然，当前科学哲学研究的方法论旗帜是不鲜明的。

当然，科学哲学近百年的发展取得了伟大的成绩，但也存在这些无法回避的问题。反过来看这些问题时，我们要认识到：科学哲学研究的多元化，不等于不要主流，也不等于不要旗帜。试想，如果一个学科没有了主流、核心、旗帜，那么这个学科的存在就没有必要了，多元化也就失去了意义。只有在有主流、有旗帜、有核心的情况下，才有学科存在和发展的意义。核心旗帜的缺失反映出后历史主义时期全世界科学哲学研究整体意识的迷失。这种迷失既受到科学家的批评也受到正统科学实在论与反实在论的严重批评，而科学哲学本身也受到科学社会学、历史文化学等很多方面衍生出的观点的批评。这在世纪之交非常明显。对学科本身所产生的怀疑和质问，尤其表现在世纪之交美国几个重要学术会议上对科学哲学的批评。这对于科学哲学学科而言是很不幸的。这个问题在中国同样存在。因此，科学哲学发展隐含的问题需要认真思考和研究。

在这样一个背景下，科学哲学要谋求生存和发展，就必须有一个主流的、具有主导性的方法论平台。我们要构建这样的平台，并利用这个平台去解决问题。因此，我们说语境论的科学哲学方法论平台的出现就是必然的了。这一平台的出现就是为了解决科学哲学遇到的这些问题。事实上，它也确实在科学哲学家们求解难题的过程中出现了。

从 20 世纪近百年来科学哲学发展的历程看，语境论的方法论要全力求解的核心难题到底是什么？要回答这一问题，需要回顾历史。有谚语曰“历史你能看多远，未来你就能走多远”。总结历史，就是为了解决未来的问题。回顾科学哲学发展历程中的“语言学转向”就具有非常重要的启示意义。从“语言学转向”最开始要求解的难题，即其最初始的源点上去进行新的层面上的思考，可以看到科学哲学近百年来螺旋上升发展的一个必然要求。

那么，“语言学转向”当时的根本目的到底是什么呢？在回顾历史的基础上总结经验，并综合一些科学哲学家们的意见和看法，可以将“语言学转向”的目的归纳为以下三个。首先，一方面，我们要对概念系统的结构和表征进行理解，这个目的是伴随着相对论和量子力学的出现而出现的。也就是说，是与科学越来越远离经验世界的特征相伴而生的；另一方面，在对哲学难题进行求解的过程中，不可回避地涉及语词使用的模糊性和错误性，包括对表征语法内部的错误使用等方面。我们需要对理解的一些问题进行深入反思。这是伴随着分析哲学逻辑演算的要求出现的。我们对一个命题进行演算，对一个结果进行证明，如果基本概念都不清晰，都是模糊含混的，你怎么演算呢？没法演算。因此，伴随着相对论和量子力学的出现形式体系越来越远离经验，伴随着哲学论证逻辑演算的计算化的必然要求，“语言学转向”应运而生。其次，科学哲学家们意识到，哲学最基本的方法是要对语词使用进行检验，从而厘清概念的混乱性。这是第二个目的。这是当时排斥形而上学的要求，即要在科学哲学研究中彻底清除形而上学，这也是当时逻辑经验主义要做的基本工作。最后，从人类认识的意义上来讲，人们认识到哲学并不是人类关于实在的认识“贡献”。哲学的贡献不是人类对实在的认识，或者说哲学的认识不是优越于或等同于科学的认识。哲学是一种富有特色的理解的形式。哲学的贡献就在于，它是对一种富有特色的理解形式的贡献。这是从哲学研究的方法论意义上提出的一个要求。

可见，“语言学转向”的根本目的是要给出一种富有特色的、合理的关于理解的形式或方法。通过这种方法论的应用，人类语词的使用和表征能够获得正确的、清晰的、一致的理解。因此，“语言学转向”的目的既不是想把逻辑的形式化和价值推向极端，也不是想把语言的意义推到极致，而是要给出一种理解的方法，一种正确的、科学的理解方法。

由此出发，纵观逻辑经验主义、历史主义、后历史主义的发展，我们可以看到，实际上逻辑经验主义和历史主义的那种极端化走偏了，应该重新回归到“语言学转向”的本质意义上去。这是我们今天要做的一项重要工作。所以我们说，科学哲学走了近百年的历程，我们还是要回过头来走。这就是说，逻辑经验主义、历史主义、后历史主义都在不断批判的过程中扭曲了“语言学转向”的初衷，而我们要做的就是要真正地回到它的初衷上去，通过把握哲学发展的真正逻辑内核，构建科学哲学的研究方法。这是一个非常重要的问题。对于这个问题，维特根斯坦事实上已经给出过很好的回答。他曾经有过这样一个经典表述：“哲学的研究不在逻辑之中，而且也不在我们的语言之中，而是存在于对语言、逻辑的错误的理解之中。”这是对逻辑经验主义的一个很强的批评，其所包含的深刻哲理是非常耐人寻味的。

21 世纪的科学哲学到底怎么走？这是一个很难回答的问题。如果我们回顾 100 年前的文献，就会觉得我们背离了当时的初衷。我们今天强调逻辑分析、强调语言分析，并不是对哲学的一种偏离，因为只有对语言和逻辑的合理使用，才能使科学哲学的难题获得求解。因此，语境论的研究就是要在重新拷问“语言学转向”最初始意义的基础上，去构建一个科学哲学的理解方式或理解形式，来求解当下科学哲学的一些问题。这就是我们今天研究语境论科学哲学方法论的历史必然性要求和意义所在。正是在这样的意义上，科学哲学研究应重新回到逻辑经验主义。因此，纵观科学哲学的历史发展，就不难发现语境论的凸现是一种具有历史必然性的趋向。

三、语境的边界及语境的方法论意义

那么，在语境论分析方法的使用中，我们需要注意一些什么问题？我认为，最根本的东西就在于我们要搞清楚语境的边界及语境的方法论意义。这是最重要、最核心的问题。

语境有三方面问题有待澄清。首先是语境的表现形态，即语形洞察与结构洞察的统一。这使得我们可以构建一个明确的语形边界，把自然主义的和科学主义的东西都融合进去。这个边界非常重要。语境离不开语形结构，语形结构表现了语境意义；所以，语境的语形边界恰恰是这种统一的结果。语形边界就是语境边界的表现形态。语境边界的确定，首先就在于语形边界的确定。一切语境都有着人类认识的局限所给定的形式边界，并且在这个界限内去发挥语义和语用的功能，这是思考一切科学理论解释的前提。其次是语境的意义规定，即语义洞察和价值洞察的统一。在任何理论表征的科学解释中，在确定了语形边界的前提下，相关语境的内在的系统价值趋势就必然规定了特定表征的语义边界。因为只要超越了这一已规定的语义边界，也就超越了该相关语境本身，就会导致语境的更迭或再语境化，这使得我们需要构建一个明确的语义边界。最后是语境的使用范围，即语用洞察和背景洞察的统一，它构建语用的边界。语境并不是不证自明的，它需要解释；而解释也不是任意的，它需要语境的约束。这就是语境的语用边界所发挥的功能。任何一个语境都是在相关的时间、空间和确定形式范围内被动态地分析的；同时，也是作为一种方法论分析的模型被建构的。所以，对语用边界的确定，是语境分析模型的方法论要求。这三个边界确定以后，我们就能确定语境的表现形态、意义规定和使用范围，从而确定语境的结构及其价值边界。这样一来，对语境问题的研究就都能够具体化了，也避免了任何可能的歧义的产生，方便对语境的构建和使用。

这里需要强调两点。首先，语境的边界是相对的、有条件的，但并不是相对主义的。它内含着一种绝对性和必然性。语境论最容易受到的质疑是：语境的相对性是否和库恩的范式相类似，是相对主义的？我们认为，二者是有区别的。其次，语境的边界是可变化的，但这种变化不是任意的，也不是纯偶然的，而是存在客观的历史必然性。这既适用于宏观的语境，也适用于具体的、微观的语境。这里蕴含着深刻的辩证法：语境是相对的，但不是相对主义；它的边界是可变化的，但不是任意变化的。由此，从最抽象的形式表征系统到具体的测量过程（它涉及测量主体、测量客体、测量手段、测量现象等），都可以通过“语义上升”和“语义下降”的方法，获得它们之间必然的逻辑关联。

我们研究语境论问题，有三个特别要强调的问题，这是“语境论”很重要的思想基础。第一，语境论的分析方法归根到底是语义分析方法的综合化或整体化，就是要充分展示语义分析方法的意义分析。从这个意义上讲，语境论的分析方法是意义理论的拓展与进步。坚持这一点可以使我们避免很多问题。第二，语境论的分析方法归根到底要有形式化的内核。从本质上讲，语义分析方法必然要以形式演算为基底，辅以必要的自然语言的说明。语境分析一定要模型化、形式化，这也是当代计算主义与自然主义统一的必然趋势，即自然主义的计算化和计算主义的自然化结合的必然趋势。在这方面，计算机理论研究尤其是计算语义学的研究有许多值得我们借鉴的地方。语境论发展到最后一定要模型化，否则就缺乏说服力。只有在这个意义上讲，我们才能回到逻辑经验主义，在一个更高的层面上真正推进科学哲学的发展，从而把科学哲学的研究方法与自然科学的研究方法及计算机语言的发展统一起来。实际上，所有的科学发展到最后，如果无法被形式化、无法被演算，就很难在计算机上获得实现；而如果无法在计算机上获得实现，人类知识的融合就受到很大限制。因此，科学哲学的研究方法到最后能计算化、模型化，是一个需要我们在新的历史起点上重新思考的问题。当然，这不是对逻辑经验主义的简单回归和简单的再认识，而是一种新的超越和提升。第三，我们必须清晰地认识到，语境论的分析方法在科学哲学研究中不是唯一的，也不具有任何特权。但在对当前科学哲学问题的求解中，它是到目前为止最优的、最有前途的方法论之一。总之，我们全面把握好这样几个原则，才能真正地理解语境的魅力及其在科学哲学研究中的本质意义。

语义分析方法在现代物理学中的地位 *

随着物理学的发展，理论越来越远离经验。在这样一个背景下，在如何构造、理解和解释量子物理学方面，语义分析越来越成为不可忽视的科学方法。因为在现代物理学的基础上，语义分析使得量子力学的概念结构和它的物理解释更有机地结合起来，强化了人们对量子理论的理性思考和认识。所以，深入地研究和把握语义分析与物理理论之间的内在联系，具有十分重要的方法论意义。而且，这种方法论意义在所有的科学研究领域中，都越来越带上了普遍的时代特征。

一、语义分析的性质

依据传统的观点，广义地讲，语义学可分为三个方面：句法学、语义分析学和符号学；狭义地讲，可分为两个方面：参照理论和意义理论。

---

* 本文发表于《山西大学学报》1989 年第 1 期，作者郭贵春。

对于哲学家来说，进行语义分析并将其看作研究工作的适当方法或工具，起源于柏拉图和亚里士多德，但在现代逻辑的基础上，从更高的技术上来看，则开始于皮尔士和弗雷格。

什么是这种语义分析的本质呢？

所谓语义分析，就是对“理论的意义进行哲学的或科学的研究”。无论人们是否承认，语义分析的方法在物理学理论的构造和解释中都是客观地存在着的。比如，像罗姆·哈利所讲，在玻尔的氢原子模型中实际上就存在着一种语义学框架，因为这个模型实际上就包含着对微观粒子运动做出解释的语义分析。换句话说，这个模型就是“对基本粒子运动的一种语义分析学上的前后一致的解释”。正是这种语义分析和解释上的一致性潜在地成为一个理论模型是否合理的标准之一。[①] 这也就是说，一个模型、一个假设或一个理论的提出，其自身就包含着一种内在的语义分析框架，这个框架构成了它而后进行解释、论证和争辩的基础。只要一个理论存在着“意义”，就必然存在着语义分析的框架；一个理论的意义和它自身的语义分析框架是孪生的。

另外，从语义分析的角度上具体地讲，在一个科学理论内，一种逻辑 L 可以被赋予有序的一对（SYN，SEM），在这里 SYN 是 L 的基本句法（语言），SEM 是 L 的语义分析，它们由一组关于 SYN 的语义分析说明构成。关于 SYN 的语义分析说明具有一种功能，使得它把各种实体确定为某种优美的、数学形式的 SYN 的表述，如断定谓词的范围、确定句子和 SYN 形式的真值等。[②]

例如，在对物理理论的语义分析中，“$m(S)=r$”这一语义分析形式，即“物理量 m 在系统 S 中具有值 r”，就是我们称之为基本的物理命题的陈述。在这里，涉及了基本的物理描述语言，这种语言是由一组可观察的物理量所构造的。这种分析的目的，就是要建立由物理量所表示的一般物理图景，从而运用这个物理量的一般表述去探索基本陈述之间的语

① Harre R. Varieties of Realism. Oxford：Blackwell Publishing Ltd.，1985：293.

② Hardegree G M. The conditional in quantum logic//Suppes P. Logic and Probability in Quantum Mechanics. Dordrecht：D. Reidel Publishing Company. 1976：82.

义关系。正是在这种语义分析的基础上，许多理论家们把量子物理学语言看作是一种对特定的实在结构的描述语言，从而将其与微观世界联系起来。

从以上叙述可以看出：一方面，语义分析并不是任意的，因为任何物理理论都有其内在的逻辑性和自洽性，物理描述语言有其自身确定的定义和规则，有其特定的描述对象和实体，这些均构成了语义分析的前提和基础；另一方面，语义分析的性质不可能是唯一的，因为任何解释者都是站在自己的哲学立场上，用某一确定的哲学框架去适合物理理论的结构和内容。因此，对于同一量子理论不同的人给出了不同性质的语义分析（如爱因斯坦的实在论和玻尔的非实在论的分析）。这深刻地表明语义分析具有不可避免的、强烈的哲学背景。

二、语义分析与量子逻辑

自从量子力学诞生以来，由于它的概念不同于一般的“真”的被接受的经典力学概念，所以对它的认识论的解释遇到了许多困难。特别是玻尔限制了经典概念的应用范围，并且用互补概念取代了所有可观察物的客观性概念。这种哥本哈根解释成为所有传统的量子力学解释的基础。另外，从量子力学的希尔伯特空间形式体系开始，伯克霍夫（Birkhoff）、旺・纽曼（von Newmann）及后来的贾克（Janch）和皮朗（Piron）研究了它的代数结构，而这个结构被证明是一个正交模格（orthomodular lattice）。由于希尔伯特空间的子空间可以被解释为量子力学的命题，所以这个点陈表示了一个命题演算 La；这种演算通常被称为量子逻辑演算，因为它在某些方面不同于经典逻辑的演算。所以，有人指出这种演算 La 已经成为“量子力学的公理化重构的起点”。但是，不容否认的是，命题演算 La 作为一种“逻辑”演算并不是十分明显的。所以，确定量子力学命题的真理性需要有一个语义分析学的基础就是必然的了。[①]

① Stachow EW. Physical theory as logic-operational structure. Dordrecht: D. Reidel Publishing Company, 1979: 203-204.

这深刻地说明，量子逻辑是为了解决经典逻辑与量子理论命题之间的矛盾，从而适应量子论对所描述对象的合理解释而出现的。因此，在方法论的意义上，语义的分析和解释就成为强化量子逻辑功能的一个必要手段。因此，量子逻辑的目的及其特征决定了在量子论的解释中，量子逻辑的解释要涉及语义分析的方法，而语义分析方法的背后隐含着量子逻辑；语义解释表现了物理理论的逻辑结构的本质特征，而逻辑结构是语义分析的一种载体。二者有着不可分割的相通之处。对此，我们可以做如下图示（图 1）。

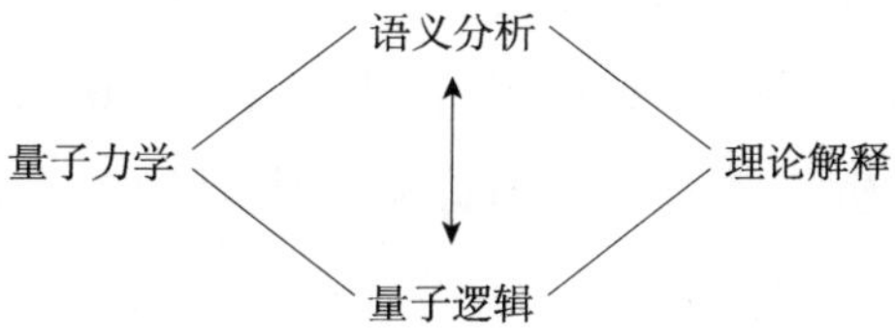

图1　量子逻辑与语义分析的相通之处

语义分析之所以与量子逻辑相互联系，还在于量子逻辑解释的本质特征。对此，普特南有一个很好的表述，他认为对量子力学的量子逻辑解释的核心意义就在于：

$$\frac{\text{几何学}}{\text{广义相对论}}=\frac{\text{逻辑}}{\text{量子力学}}$$

在他看来，“正像只要假定‘空间’服从欧氏几何定律，那么理解空间和时间的真正本质就是不可能的一样，只要假定物理命题服从亚里士多德的逻辑，那么理解微观过程的真正本质就是不可能的”[①]。所以，引入量子逻辑来理解和解释量子理论是必然的。这种解释的实质就在于：在各种事件的物理状态之间的逻辑相互关系是一种经验关系。假如我们把事件的物理状态看作客体，那么就必定把这些客体看作具有一个点陈结构（a lattice structure）。在这个点陈中，这种有序的关系是暗含的关系。根据传统的解释，这种暗含的关系是预先地存在的和给定的；而根据量子逻辑的解释，它则是一个实际的、综合的、经验的关系，它由理论的

① Putnam. How to think quantum-logically?//Synthese. Volume 29. Netherland :Springer，1974：55.

构造和对这个理论的科学检验所决定。在这里，鲜明地表现了经典物理和量子物理的语义分析上的区别。

从对量子论的解释上看，在关于 EPR 论证和贝尔不等式的争论中，人们所谈论的能否接受实在论和局域实在论的假设问题，就是一种关于语义分析和量子逻辑的解释问题。由于量子逻辑上的矛盾性而引起了语义分析上的歧义解释。反实在论者正是通过认为实在论的解释在逻辑上违背量子现象，而排除了隐变量理论在逻辑上的必然性，否认了隐变量的实在论的语义分析，并给隐变量以新的解释。因此，从量子逻辑和语义分析两个方面抛弃了实在论假设，以试图抽去实在论的量子解释的根基。而实在论者们（如玻姆等），为了保证自身立场的稳固性，也在逻辑上的自洽和语义分析上的合理性方面做了大量的探索，以从两个方面的结合上证明隐变量存在的必然性。

这个案例说明，必须由逻辑的一致性来保证语义分析的合理性，而由语义分析的合理性来强化逻辑的自洽和功能。二者相辅相成，并行不悖。正是从这个意义上看，对语义分析和量子逻辑解释的研究构成了量子物理哲学的一个重要内容。

三、语义分析与理论的真理性

"在物理理论和形式语言的语义分析之间，具有更深刻的结构上和哲学上的一致性。这种一致性导致了由这一理论所描述的物理实在的部分内在语言的重构。"①这种重构的本质就在于，由于这种一致性，而能从更深层次的结构上对物理实在进行哲学的解释。因此，这种内在语言的重构过程，就是从语义分析的意义上对物理理论进行科学解释的过程，就是揭示物理实在的本质的过程。

语义的分析是一个过程。这个分析过程与物理过程相互联结，从而形成了它特有的可靠性。它的最基本的原则，就是正确地表示物理过程

① Mittelstead P. Current Issues in Quantum Logic. New York：Plenum Press，1981：264.

之间必然的联结关系。在这个基础上，物质、时间、空间和基本粒子等的表征才产生它们确定的意义。所以，语义分析的理论对象及其所描述和表征的物理过程是统一的，它表明了语义分析过程的两重性。这种两重性告诉我们，对物理理论进行语义分析的过程并非完全形式化的过程。从本质上讲，这个过程表明了人的认识和物理世界之间的相互作用。这种相互作用在物理学理论中，表现为人们通过抽象的过程，以约定的方式用形式符号表征不同实体和事件的能力。

所以，这种“一致性”的语义分析过程不是静态的，而是动态的。这就在于：第一，它把静态的概念赋予了深刻的动态的物理意义和哲学特征；第二，它使抽象的逻辑形式产生了活的、内在的联结力量；第三，它构成了物理理论和语义分析之间结构上的统一性，从而产生了对物理实在的语言重构；第四，它筑起了实在与理论之间的链条和解释的环节。

正是语义分析的这种“一致性”，证明了“真理的概念是语义分析的核心”[①]。因为语义分析的目的，就是重构一个物理理论的意义，即揭示客体和表述这种客体的语言陈述之间的本质联系。语义分析的性质和关系是通过具体的表征、解释和语义限定来说明的，所以任何语义分析都必然要确定科学语言的语句的真理性条件。这就是说，在语义分析过程中，一种物理语言与它的真理性条件是相关的，即语义分析涉及了由物理语言所表述的句子的真理性条件及其真理性意义。所以，语义分析绝不是毫无内容的纯形式分析，它与用一种确定的语言所表述的理论的真理性密切相关。这种关系，可以用一个简单的真理的语义分析公式来表示：

真理 = 一致性 + 语义分析的功能

分析目的的实现　　分析方法的优点

这个公式表明，理论的真理性一方面在于陈述的意义与实在的一致性，另一方面在于语义分析自身的功能及其合理性。所以，无论是片面地强调“一致性”的经典实在论，还是片面地强调“语义分析”的逻辑实证主义，都是不正确的。

---

① Lepore E. What model theoretic semantics cannot do. Synthese，1983，(54)：167.

同时，必须指出的是，对物理理论进行语义分析的真理性问题，必然要涉及物理概念的参照问题，而参照问题是进行语义分析的重要基础。而且，如何对待参照问题，是区分实在论的语义分析和非实在论的语义分析的标准之一。

罗素曾经给出过一个较系统的实在论的参照观。但是，罗素的观点仍然具有强烈的传统实在论的局限性，并不能覆盖所有的事实。为了避免这些弱点，克里普克和普特南在坚持实在论的基础上，提出了因果参照论。

他们认为，适当名称和自然术语的参照物是可确定的。科学的理论术语则可以通过因果联系将它们与自身的参照物联系起来；在这种因果关系中，对客体以可观察的和明显的术语来表征。因此，如果 T 是一个用来表示理论术语的名称，O 是一个可直观的或具有明显因果效应的名称或描述，那么 T 可由下面的公式表示：

$$参照（T）= 某些原因在特定条件下产生 O$$

对于确定 T 的内涵来讲，克里普克认为，我们可以通过因果描述（如光对眼睛的刺激和热的感觉）来确定“光”和“热”这些术语的参照物。如“电”这样的自然现象，则可通过特定的具体的实验效果的因果性来加以确定。普特南也认为，“夸克”这一术语就可以通过确定参照物的因果描述（如“这一粒子对这种或那种效应来说是可靠的”）来加以运用。[①]

尽管这些观点反映了科学实在论的基本立场和主张，有其一定的适用性和合理性，但并不是没有争议的。我们在这里需要指出的是，科学理论术语的参照物是多样的和复杂的。从横的方面来讲，具有个体参照物和群体（集合）参照物、可观察参照物和不可观察参照物、静态参照物和动态参照物、规律性参照物和偶然性参照物的区别。从纵的方面来讲，构成了参照系的多级层次，如理论术语对观察术语的参照、理论术语对经验（观察和操作）的参照、理论术语对经验事实（作为一种结果

① Nola R. Fixing the reference of theoretical terms. Philosophy of Science，1980（4）：506-507.

而言的）参照、理论术语对客观实体的参照等。在理论术语和参照物之间形成了一个立体网状结构的参照系统。这一系统的复杂性导致了语义分析的复杂性，得使语义解释也必须具有相应的分析结构，并从这个结构中揭示出科学理性思维的真理性来。

四、语义分析与理论的构造和解释

语义分析作为一种研究物理理论的方法，具有两种功能：其一，构造理论的功能，或称之为模型理论的语义分析，即从物理语言的意义和参照的统一上去构造一个理论；其二，解释理论的功能，或称之为证明理论的语义分析，即从物理语言的意义和参照的统一上去说明和阐述一个理论。正是这两个方面的有机统一，真正地体现了语义分析的功能及其与物理理论的本质关系。

普特南讲得对，“语义分析的本质并不是一个语言分析的问题，而是一个科学理论的构造问题”①。语义分析从词和意义角度去把握科学理论的内在结构，并从理论的逻辑形式与实在内容的一致性上奠定了构造理论的立足点。所以，粗略地讲，为一个理论提供一种语义分析，就是描述具体的、实在的物理系统；而这个理论则把这一系统看作是它的结构模型。语义分析构成了理论的系统框架并存在于这个系统之中。这也同时表明，一个理论的语义分析，最终受制于它所表征的理论的客观对象和这些对象的客观联系；它不能脱离这些客观的内容和关系而有意义地存在。因此，通过选定一系列具体的物理客体和它们之间定性的关系，而从根本上确定一个理论的实在的物理意义，是语义分析作为构造理论的一种方法的重要任务。

语义分析所具有的构造理论的功能主要表现在以下几个方面：

1）它使得理论系统中各种不同的定量概念和定性概念联结起来；

2）它使得不同的公理和定理在理论的具体展开中，在逻辑的推演

---

① Putnam. Mind，Language and Reality. Cambridge：Cambridge University Press，1984：141.

中，从本质上有意义地协调起来；

3）它使得描述语句（包括数学语句）与它所表征的对象的物理意义达到一致；

4）它使不同的理论之间获得了合理的联结和转换。例如，量子力学理论与经典力学理论之间的内在联系，量子力学在经典力学的基础上发展起来并将其看作是自身的一个特例。

总之，语义分析在理论的构造中发挥了一种内在的“联网”功能，使得理论有效地构造起来。同时，语义分析提供了世界空间结构和理论的逻辑结构之间的一种联结，从而使得这两种结构能够内在地相关，并因此使得一个理论可以合理地、有效地被解释；否则，客观的空间状态结构与抽象的理论逻辑形式之间就是割裂的，科学理论的解释就成为一种空谈。因此，语义分析具有的构造理论的功能在另一个侧面转化为它所具有的解释功能。

由于物理学理论是一个强的公理化系统，所以对这个系统进行语义分析就是给予其合理性的解释。这种解释的功能或者必要性就在于：

1）仅仅解决物理概念的参照问题，并不能完全包含对物理概念的意义的理解；仅仅立足于参照的立场上去理解物理概念，还只是一种朴素的观念。只有从语义分析学的高度，在语义分析的总体框架内去看待和分析参照物并将其系统化，才能避免单纯参照观念的直观性和简单性。如果说在经典力学的范围内，单纯的参照观念还有意义的话，那么在量子力学的范围内，便失去了它的直观效用，而必须借助于语义分析的功能来把握理论术语的参照物。也只有这样，才能避免经典实在论的局限性。

2）仅仅对一个物理理论进行数（学）的描述，相对地讲，也不能对它的物理意义给出完全的解释。因为只把理论看作是一个演绎的公理化体系，在解释上是不完备的。对一个理论进行完备的解释，必须把理论本身的公理化体系、这个逻辑结构所涉及的空间结构，以及在那些抽象的算符背后所隐含的实体揭示出来。而这必须求助于语义分析的解释功能。比如，弗兰森和胡克（Hooker）就指出，有人之所以认为玻尔“对量子理论的理解是模糊的，甚至有点神秘的味道”，其原因之一就在于他们仅仅从数（学）方程的角度去做单纯的理解，而缺乏语义分析的系统阐述。①

3）仅仅把理论单纯地解释为经验的并因此断言它们的有效性是不正确的。所以，工具主义的观点是错误的。例如，杜恒（Duhem）认为，“一个物理理论……是一个抽象的系统，它的目的是逻辑地概括和整理一组经验定律，而不主张解释它们”。彭加勒也认为，“数（学）理论的对象并不是给我们展示事物的本质，这是一个不合理的要求。它们的唯一对象是协调各种物理规律，因此，使我们了解实验”②。他们仅仅从经验的和实用的意义上去理解和解释理论并不能对理论的物理的和实践的意义给出合理的说明。理论的物理意义和实践意义的真正阐述必须辅之以对物理语言的系统的语义分析来完成，即沟通从客观实体到理论术语的完整链条。

4）仅仅从操作的水平上去解释物理理论的操作主义观点也是不可行的。在理论解释的过程中，理论术语应当与操作和观察中的经验术语相互联系起来，因此，操作和观察构成了物理理论语义分析的基础层次之一，这是可接受的。但是，把操作看作是分析和解释的唯一基础，并要求由操作来定义所有的理论概念或术语，这就导向了错误的操作主义的观点。科学的语义分析观点则将对物理理论的分析基础看作是一个多层次的结构系统，从一个整体参照观上来分析和解释理论的意义和概念的意义，这才是合理的。

总之，语义分析在理论解释中的功能如图 2 所示。

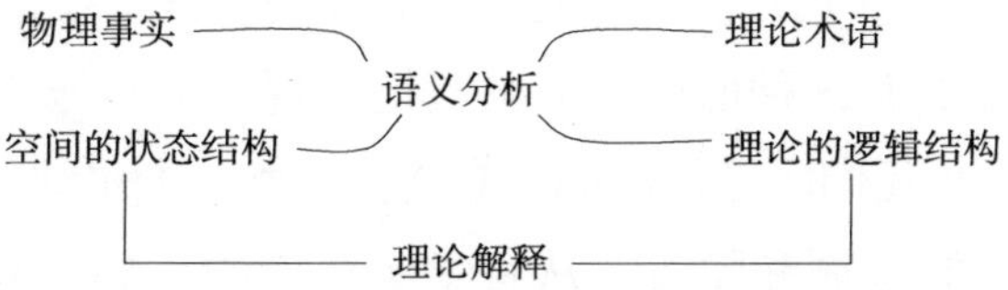

图2 语义分析在理论解释中的功能

① Harre R. Varieties of Realism. Oxford：Blackwell Publishing Ltd.，1985：240-241.

② Worrall J. Scientific realism and scientific change. The Philosophical Quartly，1982：203.

必须指出的是，对物理理论进行语义分析，仅仅是理论解释的一个重要方面，而不是唯一的方法。语义解释最终必须与经验的解释、实验的验证、实践的检验及哲学的思考相一致。因此，语义分析方法的功能是相对的，把它强调到片面的、绝对的方面去，就必然导致语义主义的错误。这是我们必须要避免的。

五、语义分析与科学实在论

我们的论述表明，一个真正的科学哲学家，不可能完全脱离语义的分析来对物理理论进行哲学的解释。语义分析方法是对哲学解释的强化，即对于哲学的解释来说，它是一种有效的、不可缺少的辅助方法。正是在这个意义上，我们认为，"语义分析的观点是科学实在论的核心内容之一"是合理的。[①]

确实，对科学理论进行哲学解释的语义分析方法并不为工具主义所独有。作为一种有效的方法，它同样在科学实在论的阐述中得到了运用。从总体上来讲，语义分析作为一种形式方法与科学实在论的其他研究方法一样，是要从更抽象、更本质的方面反映理论的本体论特征，从理论的构造和解释中体现理论的实践的本性。它与其他科学方法相互印证、相互检验、相互评价，形成了科学方法论的一个整体结构。而这正是科学实在论本身发展的必然要求。萨普（F. Suppe）讲得对：对一个科学实在论者来说，对于理论的完全的哲学理解要求形式的和非形式的研究的明智结合；而且，在这种结合中，语义分析的方法已被证明是"最有前途的"。而摒弃一切形式方法的态度，正是传统机械实在论的弱点。

语义分析方法的这种前途，最明显地表现在对量子理论的哲学解释中。在这里，正像我们已经指出的，它将弗雷格–卡尔纳普的经典语义分析推向了一个新的领域和阶段。从科学实在论的立场上来看，它的哲学意义就在于：

---

① Goldman A I. Epistemology and Cognition. Cambridge：Harvard University Press，1986：156.

1）对量子理论的语义分析，真正敞开地面对了大量哲学上新的、有意义的概念（如概率、互补性等），迫使科学实在论者们回答此前哲学家们未能回答的问题，从而推动了科学理性思维的深化。

2）对量子理论的语义分析表明，从根本上讲，原来奠基于“内涵—外延”区别基础上的语义分析是不充分的和不完全的。这种分析在理解和解释、推论和参照方面，都受到了狭隘性的局限。尤其在对概率理论和或然性世界的分析方面，显得直观和简单，缺乏应有的适当性、灵活性和应变性，从而促使了量子逻辑的发展。

3）对量子理论的语义分析说明，微观世界的不可观察性、经验的不确定性等，并未使得语义分析无能为力；相反，恰恰促使了语义分析的深化，使它在合理性和丰富性上获得了新的进展，在理论的构造和解释中越来越具有重要的地位。

4）对量子理论的语义分析证明，科学实在论的解释是可能的、合理的和必要的。哥本哈根学派及其后继者们的解释并没有，也不可能宣判科学实在论的“死刑”。语义分析的结果只是告诉我们，科学实在论的解释应当是多样的，从而避免教条式的僵化。所以，实在论的内容不应当被看作是永远固定的，而应当被看作是像我们关于世界自身的概念一样，它同样永远是开放的。一句话，科学实在论的形式和内容都应随着科学的发展而变化。

马赫学术思想研讨会论文摘要

——《关于马赫的哲学——纪念马赫诞辰一百五十周年》

语义分析方法与马赫*

任何科学和哲学的理论都是由某种确定的语言所构造的，在这个意义上，构造一个理论就是一种“语言博弈”。因此，对一个理论的解释过程，就是一个动态的语义分析过程，在这里，语义分析的方法具有不可或缺的作用。而且，随着科学越来越远离经验的发展，语义分析将愈来愈显示出它在方法论中的重要地位和功能。

对一个科学理论的解释过程，就是对该理论进行语义分析的具体的、详尽的展开过程。而且，由于科学理论本身的内在要求和特征，这一语义分析的过程是与对该理论数学的或形式化的句法结构的分析密切相关的。换句话说，对一个科学理论的合理解释，是语义分析与句法分析的

---

* 本文发表于《自然辩证法研究》1989 年第 2 期，作者郭贵春。

合取。在这里，句法分析是理论解释的前提和基础，它以严密的、精确的逻辑规则约束、规定并保证了语义分析的一致性、相关性和准确性。而语义分析是科学解释的实现，它以丰富的、生动的内容揭示了理论概念及其相互关联的本质意义和深层内涵，实现了句法分析的逻辑的和结构的功能。所以，关于科学理论解释的争论，实质上就是对该理论的语义分析和句法分析的争论。

对作为一种特定的“语言之网”的哲学理论的解释，同样是一种系统的语义分析体系。然而，在传统的哲学理论（包括马克思主义的哲学理论）的解释中，过分地、片面地强调了它的语义分析，忽略、贬低甚至反对哲学理论的句法分析。这样一来，不同的解释者从各自不同的背景信仰和背景知识出发，在各自不同的时间、空间和条件下，就必然导致哲学理论解释的某些弊病，比如：①任意性；②歧义性；③教条化；④引入不必要的“形而上学”概念等。为了避免这些现象，为了合理地解释和评价理论，就必须将语义分析与句法分析结合起来，从二者的统一性上去实现哲学理论的合理解释，并使“奥卡姆剃刀”具体化。

马赫作为19世纪的一位杰出的科学家、心理学家和哲学家，对这一问题是很敏感的。他清晰地看到了哲学家们在对“感觉”概念解释上的分歧和对立。他试图根据当时物理学和心理学的基本理论，站在经验主义的立场上，以语义分析与句法分析的结合为方法，通过对感觉要素的内在结构的分析，来揭示感觉的认识功能。马赫的这一探索，在对感觉这一重要的哲学概念的解释中，无疑具有不可忽视的认识论和方法论的意义。这对于那种仅仅将感觉做出“唯物”或“唯心”之机械的语义分析结论的哲学家来说，是一种极有意义的矫正。当然，马赫的解释还是初步的，并且不是完全令人满意的，但他这种探索的方法是值得我们借鉴的。

必须指出的是，我们强调在语义分析与句法分析的统一的基础上来合理地、充分地运用语义分析的方法，并不是要退回到逻辑实证主义的立场上去，而是为了在理论解释中扩展我们的方法论结构，从而更系统地去发挥理论解释的功能。

语义分析方法的本质*

在当代人类科学知识和科学理性的蓬勃发展中，语义分析方法作为一种横断的研究方法，像血管和神经一样渗透在语言学、哲学和科学理论的构造、阐述和解释之中。特别是它所具有的那种统一整个人类知识的功能，使得人们将微观粒子和宇观天体、静态运动和耗散结构、自然界和人类社会、直观经验和理性思维，在语义分析的过程中内在地联成一体，构成了把握科学世界观和方法论的新颖视角。因此，我们立足于辩证唯物主义的立场，对语义分析方法的本质做一些认真的分析，将对马克思主义哲学方法论的发展具有十分现实的意义。

一、语义分析方法的对象

语义分析方法的对象，就是要为给定理论的语言做出“意义”解释，

---

* 本文发表于《科学技术与辩证法》1990年第2期，作者郭贵春。

从而揭示特定语言与实在之间的本质联系。换句话说，语义分析的目的就是要通过对给定语言的分析，“来说明这一语言的句子如何被理解和解释，以及说明它们如何与陈述、过程和宇宙中的客观对象之间相互关联”[①]。正是在这个意义上，语义分析方法与意义理论是联系在一起的。语义分析的过程是理论的意义得以展开的过程，而意义的实现则是语义分析的完成。因此，从揭示“意义”的结构上讲，语义分析理论具有这样几个分支：①概念论；②参照论；③语境论；④语义场论；⑤成分分析论；⑥语义结构论；⑦生成语义论。然而，从阐述和解释意义理论的不同角度，则可将语义分析理论归结为以下几种形式。

1）翻译语义学（translational semantics）。福多、卡茨和波斯塔认为，意义理论应当由特定语言句子所呈造的意义图景来构成，也就是说，意义理论应由精确的语言所给定。因此，这种语言应是一种精确地表现了指称对象的属性，以及各种陈述之间所具有的恒定关系的符号系统。

2）模型理论语义学（model-theoretical semantics）。蒙塔古（Montague）指出，这种形式表明，对于语言 *L* 来说，在一个研究 *L* 的每一个句子的任意模型中，意义理论必须由关于真理的定义所构成。所以，持这种观点的语义学家们，期望在任一语言的意义理论中，能够找出与被定义的模型相关的最显著的一种标志，从而在一个确定的模型中给出意义与真理的关联。

3）真理理论语义学（truth-theoretic semantics）。以戴维森为代表的这种认识主张，一种语言 *L* 的意义理论，对于 *L* 的句子来说，应由关于真理的有限的公理化理论所构成；或者对于某些语言的句子来说，根据这种语言，这些句子可以通过保留意义的转换而生成。这种主张的根本特点，就是要通过语言形式提供关于真理属性相对化的标志。

4）游戏理论语义学（game-theoretic semantics）。欣迪卡（J. Hintikka）认为，这种主张表明，语言 *L* 的意义理论是各种规则的集合，这些规则与语言“游戏”中的每一个句子相关。它的本质在于，这种“游戏”可

① Lyons J. New Horizons in Linguistics. Harmondsworth: Penguin Books，1970：167.

被看作是在特定句子的断言者和实在对象之间所展开的内在联结。

5）标准的和构造的语义学（criterial and constructive semantics）。贝克、哈科和莱肯支持这种观点，认为语义学是对维特根斯坦后期著作中的观点的重述，即说明一个句子的意义就是说明它的功能或规则的标准是什么。

6）概念语义学（conceptual semantics）。普特南和哈曼（G. Harman）从概念功能的角度阐述了这种语义分析方法，提出说明一个句子的意义本质上就是说明一种思想，即说明特定的概念和陈述在特定语境中对谈话者的感觉、心理状态和行为结构系统的作用。①

可以看出，这些不同的语义分析形式之间的区别并不是绝对的，它们是在不同的意义和层次上相关的。尽管它们具有不同的视角（语言形式、语句转换、陈述的真理性条件、语言的逻辑规则、语言的结构或语言的功能），具有不同的立场（实在论或反实在论、本体论或方法论、绝对或相对），但都试图运用语义分析的方法去揭示特定科学语言的意义，归根到底都没能摆脱对语言与实在这一本质问题的回答。可见，只要存在着特定理论的语言陈述，就必然存在对这些语言陈述的意义的揭示问题，就离不开语义分析方法的运用、展开和实现。无论人们是否意识到这一点，语义分析都必然地作为一种不可或缺的科学方法存在于对理论意义的分析和揭示之中。正像没有意义的语言是无语义分析的一样，没有语义分析的语言也是无意义的。在这里，语言的本质意义与语义分析方法达到了内在的统一。

二、语义分析方法的具体展开

语义分析方法的具体展开，就是理论语言的“表层结构”与“深层结构”之间的辩证统一。任何一种理论语言都是形式和内容的统一，都是一个多层次的结构网络系统。语义分析方法的功能，就恰恰在于它通

① Floistad G. Contempotary Philosophy：Philosophy of Language，Philosophical Logic.Dordrecht：Springer，1986：36-39.

过对意义的揭示，而内在地将理论语言的形式和内容及其多层次的语义结构有机地联结起来。在这里，语义分析以语义为传导，贯穿于理论语言的整体系统之中。

首先，任何一个语句的语义解释均与它的句法结构密切相关。因为每一个语词要素都是一种语言表征，即特定的词法和句法的表征，这种表征作为一种功能符（functor）构成了语言的确定的表层结构。语言的这种句法分析上的表层结构并不是纯形式、纯逻辑地存在着的，它作为“能指”是与作为“所指”的语义分析上的深层本质结构相对应、相一致、相统一的。语义分析上的深层本质结构，是通过确定的语言规则而被转换成特殊的语言陈述而呈现为适当的表层的形式结构，并通过这一形式结构最终表征了一种语言的综合意义图景。反过来说，一个语句的语义表征作为一个整体，是通过特定的语言操作而从句法的深层本质结构中展现出来的。正是根据相关的句法联系和规则，特定的语言操作才能与特定的语义分析结合起来。

我们必须注意到的是，任何一种语言都可以生成无穷多个句子，并且词汇的“语义域”是广阔的，它作为一个系统整体也是开放的。但是，表层形式的句法结构则是为数有限的，这是句法生成结构所固有的局限性。因此，这导致了一个辩证的矛盾，即通过句法结构的有限形态来表征语词意义的无限内涵的矛盾。在这里，语义分析方法的辩证运用恰恰是解决这一矛盾的途径，由此，也深刻地表明了语义分析方法在科学语言研究中的重要地位。

其次，句法的表层结构与语义的深层结构之间的相互关联是一个动态的转换过程，即语义上升和语义下降之间的辩证运动过程。从辩证的意义上相对地讲，语言的表层结构是由语言本身的自主动能构成的，而语言的深层结构则主要体现为人们对外在世界内在结构认识的不断深化。二者之间的相对运动，使表层结构形成了某种特定的“语言空间”，并通过不断“剥落”的过程而使这一“语言空间”发生演变。正如勒内·托姆形象地指出的那样：“这就好比我们的皮肤，它由一层层细胞构成，这些细胞是由深层皮肤制造的，经过硬化上升到外表面，然后逐渐剥落。”[①]所以，相对于句法的表层结构的不断剥落和更新，语义的深层结构在不断地上升；而相对于语义的深层结构，句法的表层结构在不断地下降。随着人类认识的不断进步和发展，这种运动形成了一个动态的、开放的“语言耗散结构”，从而促进了人类理性思维的飞跃。

归根到底，语义分析方法是从本质上承认了在理性思维机制与客观实在机制之间存在着一种同构。前者保证了“能指”形态的确定性，后者保证了“所指”本质的稳定性，从而保证了特定语言的语义的一致性。正是在这种确定性、稳定性和一致性的破坏和重建中，语义分析方法的功能获得了充分的体现，并使得“语言耗散结构”得以现实地存在。也正是在这个过程中，句法结构在形式上的不断“完美”与语义结构在程度上的不断“深化”获得了统一和实现。

最后，我们可以得出这样“一个必然的结论：语义总是与表示空间位置的形式化表示联系在一起的”[②]。这就是说，任何语言中具有“能指”的概念、术语或形式化的符号，在特定语境中都必须进行空间定位，这是它们确定语义或获得意义的基础；否则，任何语义都终将消亡。因此，那种仅仅把符号系统看作一个“自相关”的语义网，并用它的“有效性”来取代它的“有意义性”的观点是错误的。在这里，表层形式结构的“有效性”与深层本质结构的“有意义性”并不是对立的，强调后者恰恰是对前者功能的强化；反之，试图通过限制语义域而无矛盾地定义形式体系的做法，只能是因噎废食，最终将消除语义而走向极端的形式主义。所以，对语言符号进行空间定位，从深层结构对表层结构确定语义，是摆脱和批判形式主义因在逻辑上的节节后退而消除一切语义的困境的真正出路和方法。

由此可以看出，在人类理性和真理的进步过程中，各种知识之间的可比性，不同理论框架、不同范式之间的可比性，归根结底是语义上的可比性，而不是表面的形式上的通约；是内在的深层结构上的一致，而不是现象的表层句法上的相关。以库恩为代表的历史主义的“语义整体

① 勒内·托姆.突变论：思想和应用.周仲良译.上海：上海译文出版社，1989：311.
② 勒内·托姆.突变论：思想和应用.周仲良译.上海：上海译文出版社，1989：384.

主义”，在这个方面所犯的错误，就在于认为在科学理论和范式的“革命”中，由于“描述语言”的变化和“词汇”的变革，而导致了整体语义上的不可通约性。也就是说，在肯定不存在中性描述语言的同时，否认了语义的客观性；在肯定了不同理论范式革命时所发生的语言转换的同时，否认了它们在语义上的相关性和连续性，从而导致了相对主义的语义学观点。因此，在辩证唯物主义的立场上，坚持语义分析方法的客观性、相对性、绝对性的统一，是一个非常重要的基点。

三、语义分析方法的功能

语义分析方法的功能，始终具有强烈的哲学背景。语义分析方法作为一种横断的科学研究方法，虽然具有自身的相对独立性，但它绝不是抽象地、纯粹地存在着的。它的运用、发展和实现，都必然地需要特定认识论的保证形式，都不可避免地要渗透着某种哲学的立场和观点，都自然地与相应的哲学方法论融合在一起。而且，也正是由于语义分析方法总是在特定哲学的背景上去实现自身的价值，从而使它的功能获得了更充分、更普遍的强化。对此，我们可做如下分析。

其一，语义分析方法在哲学背景上从来不是中性的，它始终与本体论的假设联系在一起。这就在于，一方面，语义分析方法与形式化的逻辑方法是有区别的。逻辑方法是一种任意的公式演算，不存在确定的意义，它只要给出特定逻辑系统的初始符号、形成规则、转换规则和公理就足够了，因此，它只有句法而没有语义；而语义分析方法则是在所用语言具有表征意义的理论系统中才能得以展开，它不仅要涉及句法逻辑的严密性和精确性，而且要涉及语义逻辑的系统性和实在性，因此，它既有句法又有语义，乃是二者的统一。另一方面，语义分析方法总是与特定的理论假设相关，总是在某一理论假设的基础上进行；因此，在它的展开和实现过程中，它必然要受到这一潜在背景理论所假设的本体论观念的“污染”，从而不可避免地立足在某种特定的哲学立场上。正是在这个意义上，丘奇（Alonzo Church）指出，“语义规则的特征依赖于所采用的意义理论，反之，它也必须由它所从事的目的来证明”[①]。邦格也认为，“即使逻辑是中立的，语义分析也可与本体论结合起来”[②]。在这个问题上，强调语义分析与逻辑的抽象一致，强调语义分析在本体论上的中性特征，恰恰是逻辑经验主义、工具主义和约定主义的本质弱点，而辩证唯物主义恰恰是要将对它们的批判作为己任。

其二，语义分析方法的运用，总是与科学认识的主体——人密切相关，因为人作为能动的认识主体，是“有意识的或能思考的信宿”[③]。这就在于：①一切科学均以人作为最终的信宿，因此，所有科学理论对于人来说都是包含客观信息的“意义载体”，而不仅仅是空洞的语言游戏；②在对科学理论的分析、阐述和解释中，人们所产生的语义观念并不是主观臆造的，它归根到底来自外部世界的真实结构和性质，来自与这些事物有关的形式对象的客观存在，即客观的“语义载体”的存在；③在语义分析的过程中，正是认识主体的理性思维活动，才使语言功能与世界的本质发生了最佳“谐振”，从而语词的意义得以实现；否则，语义分析方法本身就是不存在的。形式主义和工具主义者们在涉及语义问题时，认为“能指”是以现象可以描述的形态出现的，并且可以根据经验再现；而“所指”则只能通过反省读出，因此，只是一种纯粹主观的存在。从本质上讲，这种观点就是由于忽视了语义分析方法与认识主体的内在关系这一关键因素，而导致了唯心主义的立场。

其三，语义分析方法是哲学与科学辩证统一的中介。任何缺乏意义的纯形式化的语言系统，都不可能成为真正知识的源泉；任何纯逻辑的演算运动，都必定导致信息内涵的丧失。因此，任何科学理论体系都必须给出充分的、丰富的语义解释。而这种语义解释本质上是哲学的解释。所以，对科学理论的语义分析过程，就是对该理论进行哲学解释的具体化过程。正是通过对科学理论的语义分析，使得哲学的立场、观点和方法在理论解释中获得了实现和具体化。对科学理论的哲学解释之所以不

---

① Martinich A P. The Philosophy of Language. New York：Oxford University Press，1985：40.

② Bunge. Scientific Materialism. Netherland：Springer，1981：175.

③ 勒内 · 托姆 . 突变论：思想和应用 . 周仲良译 . 上海：上海译文出版社，1989：213.

是空洞的，就在于语义分析的具体性、丰富性、系统性和实在性。由于语义分析方法成为语词与对象、理论与实在、抽象与具体、概念与系统相一致的中介，从而成为哲学与科学相结合的桥梁，使得哲学的功能获得了生动的体现。另外，语义分析方法的功能深刻地表明，人类知识的统一性最终并不在于形式的统一性，而是语义的一致性。语义分析的一致性将成为整个人类知识统一的神经网络和根本途径。因此，哲学的抽象性表现在它对于整个人类知识的语义上的集中性、突出性和高度一致性，而不是形式上的相关性。哲学的功能最终也必须通过语义上的高度一致性来概括和总结整个人类的全部科学知识，否则，哲学也就失去了它存在的意义。

总之，勒内 · 托姆说得对，在语义分析中可以得出的一般结论是："在物质存在的逻各斯 E 和所对应概念的逻各斯 C（E）之间存在着一种近似的同构，其中 C（E）可以认为是精神活动的欧氏空间上的一种空间形式……用这种观点看问题，我们就能够相当容易地说明语言在刻画世界时的有效性。"[①] 从而，赋予语义分析方法在认识过程中以恰当的地位。

四、语义分析方法是科学方法论中的一个重要组成部分

科学认识本身的复杂性和丰富性，决定了科学方法论的多样性。每一种方法论都从不同的视角、不同的途径、不同的手段，在科学理论的构造、阐述和解释中发挥自身的功能，从而成为整个科学方法论体系中的一个部分。从科学语言的意义上讲，语义分析方法就是对科学理论的"意义"进行科学的或哲学的研究，即系统地、因果地澄清科学语言的指称，揭示理论术语的意义，强化科学理论的真理性。所以，早在 20 世纪 40 年代，著名语言哲学家塔斯基就明确地指出："科学语言的语义分析应当明确地作为科学方法论的一部分。"因为在科学方法论的讨论中，"语义分析观念起着本质的作用"[②]。

---

① 勒内 · 托姆 . 突变论：思想和应用 . 周仲良译 . 上海：上海译文出版社，1989：208.

② Martinich A P. The Philosophy of Language.New York：Oxford University Press. 1985：65.

第一，语义分析方法是一把“奥卡姆剃刀”。由于语义分析方法是句法分析与语义分析的合取，所以它一方面以严格的、精确的逻辑规则约束、规定并保证了理论解释的简单性、和谐性和准确性；另一方面又以丰富的、生动的本质意义和深层内涵要求和决定了理论解释的相关性、一致性和普遍性。所以，对语义分析方法的合理运用，将从逻辑学、认识论和方法论的统一上，使那种滥用科学语言、歪曲概念指称、引入不必要的术语、修改理论意义，从而使理论解释导致任意性、歧义性、模糊性和片面性的形而上学得以纠正，并使“奥卡姆剃刀”在排除理论解释的这些弊病时得以具体化和实现。换句话说，语义分析方法的运用就是要从科学语言的严密性上，使所有概念、术语、定义、范畴和规律受到严格的语义限定，从语言系统的内在结构上满足理论目的的要求，从而使一切随心所欲的思辨断言被避免，并诉诸合理的、有效的和逻辑的必然陈述。

第二，语义分析方法是联结科学发现的逻辑和证明的逻辑的纽带。发现的逻辑与证明的逻辑之间的内在关联，始终是科学哲学研究的一个重要问题。在这个问题的研究中，片面地强调二者在形式上的一致，必然使人误入迷途。事实上，从科学语言的角度上讲，无论是发现的逻辑还是证明的逻辑，都是为构造科学理论的某些普遍规律所产生的必然性或可能性提供一种适当的语义分析，而不仅仅是说明它们之间在形式上是否连续或在逻辑上是否对称。在这个意义上，普特南讲得对：“语义分析的本质并不是一个语言分析的问题，而是一个科学理论的构造问题。”①从这个基点出发，语义分析方法之所以能够成为联结发现的逻辑与证明的逻辑的纽带，就在于：①语义分析方法贯穿于科学理性运动的整个过程之中。科学理性不仅涉及“探索的理性”（科学创造活动），而且涉及“信仰的理性”（假说和理论的理性可证明性）。仅仅强调后者，必然导致逻辑主义；而片面强调前者，必然导致操作主义。语义分析方法恰恰是从科学语言的要求上，保证了“探索的理性”与“信仰的理性”之间

① Putnam. Mind，Language and Reality. Cambridge：Cambridge University Press，1975：141.

在语义上的相关性和系统性，使它们不被人为地割裂开来。②语义分析方法保证了理论术语的意义在发现的过程和证明的过程中的一致性，即它们所对应的实在物理系统的同一性。这就是说，语义分析方法就是要从科学语言的意义的视角去把握科学理论的内在结构，并从理论的逻辑形式与实在内容的一致性上奠定构造理论和解释理论的立足点。③语义分析方法构成了归纳逻辑与演绎逻辑之间相互转换的潜在杠杆。它在不存在形式化的逻辑通道的地方架起了由此及彼的语义桥梁，从科学语言的深层结构的本质上填补了逻辑形式上断裂的沟壑，从而使经验、灵感、想象和逻辑等理性和非理性因素在理论创造过程中的地位和作用，都可获得统一的与合理的解释。

第三，语义分析方法强化了科学理论的可接受性。由于语义分析方法最根本的目的是要揭示科学理论对物理实在的语言重构，确定“能指”与“所指”之间的指称本质，所以它证明了“真理的概念是语义分析的核心”[①]。而且，科学语言陈述的真理性条件是通过语词的具体表征、解释与语义限定来保证的，所以语义分析的过程就是确定理论陈述的真理性条件及其真理性意义的过程。在这里，一个竞争理论或新假设的可接受性条件的确立，即该理论陈述的真值条件的确立，是一个重要的方法论问题。因此，语义分析方法成为人们理解和把握、接受和反驳、修正和发展特定科学理论的不可缺少的手段和方式。正是从语义分析方法对理论陈述的真理性条件的可确定性出发，数学家们将对所有数学模型的描述，“都习惯地看作是对特定理论的语义解释。因此，数学中的同一性问题能够被看作是解释不同的句法如何可能仍具有同一语义的问题”，从而决定了数学理论的可接受性[②]。物理学家们则将语义分析方法运用到经典力学、量子力学、隐变量理论、贝尔不等式、量子逻辑等具体问题的比较和争论中去，把物理理论所描述的世界图景看作由特定理论作为一个语义整体而系统地给出的具有真理性的语义图景，从而引申了基本问题

---

① Lepore E. What model theoretic semantics cannot do. Synthese, 1982（54）E：167.

② Rota G C, Sharp D, Sokolowiski R. Syntax, semantics, and the problem of the identity of mathematical objects. Philosophy of Science, 1988（55）: 377.

的探索深度，扩展了物理学家们的视野，强化了合理性理论的可接受性。

总之，通过以上四个方面的分析可以看出，语义分析方法的对象、形式、特征和功能内在地、整体地决定了它的本质，决定了它在人类知识和认识结构中的地位和作用；同时，也表明了我们理解、掌握和运用语义分析方法的途径、方式和意义。然而，语义分析方法的本质深刻地表明：第一，语义分析方法的展开和实施，绝不能离开辩证唯物主义的立场，否则，就存在着重蹈分析哲学或逻辑经验主义覆辙的危险。第二，语义分析方法并不是万能的，它并不是解决一切哲学难题的唯一的“灵丹妙药”，而是对一切理论进行构造和解释的诸多有效的方法之一。第三，语义分析方法与唯物辩证法是相容的而不是相悖的，它是在语言哲学的结构和层次上对辩证法普遍原理的支持、体现和证明。所以，语义分析方法并不应该由西方分析哲学和科学哲学所独有，它同样应当是马克思主义哲学方法论中的一个组成部分。这一点，正是马克思主义哲学方法论家们必须认真进行和完成的任务之一。

论指称理论的后现代演变*

20世纪指称理论的演变历程是与“语言学转向”和后现代主义思潮的泛起密切相关的。在这一过程中，“后现代”语义学的设定为指称理论的发展提供了“后现代”语言实在观的基底，由此使得指称理论能够冲破绝对确定性观念的束缚和对心理观念的禁锢，逐渐地确立具有深刻“后现代”特征的非确定性和心理意向性观念，同时在这一演变过程中也始终贯彻着整体语义分析方法的深化。因此，从宏观上揭示指称理论后现代演变的特征，对于透视整个语言哲学的后现代发展趋向，具有深远的认识论意义。

一、从传统语义学的解构到“后现代”语义学的设定

历史地讲，语言哲学与后现代主义趋向的契合始于指称理论在传统

---

* 本文发表于《哲学研究》1998年第4期，作者郭贵春、殷杰。

语义学研究中的“战略性”失败。后现代主义向所有传统范式下共同遵循的元科学纲领发动猛烈批判的精神，驱散了笼罩于传统语义学之上的迷雾。它高举反基础主义、反本质主义、反表征主义的大旗，从否定性的视角出发，把一切语义表征、真理一致性和语词指称等都看作是依赖于语言概念框架而生成的，因而本体论的范畴就嵌在指称说明中，并且这些说明是历史地和文化地变动着的。这使得语言哲学家们在指称理论研究的一切方面能够不断地走向“开放”“弱化”“建构”这三个最基本的趋向性上。从而，在消解传统语义学和构建后现代语言实在观的基础上，描画出“后现代”语义学的蓝图。

1. 现代指称理论的困惑

在传统的语义学中，指称理论所探讨的是关于语言的指称语词，也即关于名称、谓词及它们指称或应用的对象和原因的理论。其重要性就在于它研究语言表达式与非语言的外部对象之间的关联，即它直接地揭示了语言和实在之间所具有的某种对应的或映射的关系。这一研究方向及其目标在相当长的时间内决定了指称理论的命运。我们看到，在“前分析”和“分析”时代的语义学中，大致有四种探讨指称理论的途径，它们从各自不同的角度对指称难题进行了特定的求解：

1）现代符号学是一种直指式的理论，它要求语词的使用者必须先在地把握对象，从而在头脑中产生作为该对象的自然符号，以使这一符号通过与指称该对象的语词之间的关联而被约定地表达。

2）因果论者倡导从对象到语词使用者心灵的分析途径，在他们看来，对象在使用者的头脑中引发了一个通过语词而被表达的陈述或大脑事件，而语词正是借助其与这些陈述或大脑事件之间的约定性结合而因果地指称了对象。

3）“逻辑—数学”理论则是从自然符号及思维过程中抽象出来的，主张指称是一种从语词集合到对象集合的映射，因而指称理论的目标，就是检验建立在非循环地给定的各语词的语义域和各种类型对象之上的关系结构。

4）早期的分析理论则追求在精确的或理想的形式语言基础上，通过语法分析来建立对象和符号之间的确定关联。从而，遵循严格的“投影规则”，在科学和数学的形式体系中，确定每个语词所具有的相应意义和指称，从本质上讲，这种理论途径是在“逻辑—数学”的方法上进行的。

站在世纪之交回顾语言哲学家们所做的这些工作，我们至少可以发现“前分析”和“分析”时代在指称问题上所存在的几个理论缺陷，如下。

其一，出于构造精确语言的需要，他们大都是在概念构造的基础上展开其特定理论的，所以，内在地讲，指称理论是“来自一个人如何尽可能合理地在论争解释和理论所能证明的对象中达到指称”[①]。因此，对弗雷格而言，指称是一种抽象关系；但对皮尔士来讲指称则是认知的形式，是一种假说推论。塔尔斯基、卡尔纳普及他们的后继者所称道的“纯粹语义学”，事实上是一种数学的形式系统，根本不包括指称理论；而乔姆斯基所开创的生成语言学，在其形式上同样如此。总之，理论语言学家们注重于整体上作为语法构成的语义学，而忽略了作为语词指称的语义学。

其二，现代认识论是他们共同的认识基础，这种笛卡儿式的认识论预设了心灵或观念与物质世界的对立和分离，而指称恰是精神存在与物质世界之间的一种关联，表明了“词—表象—对象”之间的关系。指称在这里的地位是不言而喻的，但由此却产生了一种误导：似乎传统的诸多难题纯然是误用语言或混淆了范畴的结果，哲学家们只要通过语言或范畴的分析和批判，就可以一举消除认识中的全部谬误，达到崭新的、绝对无误的观念。

其三，无论是弗雷格的含义理论、罗素的摹状词理论，还是前期维特根斯坦的语言图像论，都是一种描述性的理论，即静态地对专名、通名的对象给予相应的描述性说明，而不追求在具体的语境、特定的语用或动态的命名中赋予指称的因果性或历史性。在这里，最明显的缺陷在

① Nelson R J. Naming and Reference：The Link of Word to Object. New York：Routledge，1992：26.

于仅仅从语言的内部去探究语词指称的方式。

正是由于理论自身的这种缺陷和不足，许多语言哲学家基于各自不同的背景和需要，从后现代性的研究视角上，对指称理论做了新的构建和诠释，使指称理论的研究自然地走向了“后分析时代”或“后现代趋向”。

2.“后现代”语义学的语言实在观

在现代思想状况下，实在论者们所要做的是为理论术语寻求指涉或为科学理论的真理探求一致性的解释。为此，在指称理论方面，他们所追求的是语言的表象或指涉论，即语言必须是通过标示它指称的对象或事实来获得它的基本意义。他们超越了早期的“朴素实在论”和“批判实在论”者，已经从经验的极端表象立场上做出了理性的后退。因此，他们强化了科学语言的隐喻本质，并把科学模型和理论看作现存的、可选择的和可尝试的表象，而不是仅仅当作本质的字面图景。同时，他们也不只是在一种静态的句法形式结构内部寻求指称，而是把“命名”看作一种首要的、事物获得其名称必不可少的“仪式”。可以说，这是一种“分析时代”或“现代思潮状况下”适当的指称态度。

然而，这种企求于一一对称“映射”式的指称理论仍是一种具有二元论色彩的立场，它把世界对立为两极，一端是语言的语词世界，另一端是对象的实在世界。而且，指称成功的标志是真理的符合论，具体表现为追求指称的唯一确定性和绝对所指。它预设了语言和实在、命题和现实之间的同构性，并试图在这种预设的阿基米德点上构建起语言哲学的整个大厦。

“后分析”或具有后现代研究趋向的哲学家们敏锐地看到，传统指称理论的错误在于其根基于主张只有具备确定性所指的语词才有意义的语言实在观。正是在这一意义上，抛弃绝对所指的语言实在观，确立“后现代性”的语言实在观，就成为设定“后现代”语义学的第一要务。因此，蒯因、戴维森等人明确限制自己在科学的新领域中为“实在”和“存在”的语词使用给出约定。在他们看来，对“实在”和“存在”的讨论只能限定于语言的界域之内。倘若我们不是把语言当作一种由社会、历史、文化决定，而仅仅是人类本质上为了实践的和社会的目的而创造的产品，那么语言就具有了一种已为分析哲学传统所拒斥的本体论性。因此，任何对象的存在均是相对于特定语言的存在，并因而是以那种语言为基底的。在这里，语言和实在是同一的，由此，“本体论所描述的对象依赖于人们使用变元和量词所意指的东西……因为在任一情况下，问题并不在于实在是什么，而是人们所说或意含的实在是什么。所有的这些都表明，实在依赖于语言”①。可见，本质的东西就在于，“不能把语言看作是‘自我’和‘世界’之间的媒介；它不是媒介，而是确定的客观实在，一种不断进化的实在”②。

不难看出，“后现代”语言实在观的确立是指称理论“后现代”演变的基础，正是它昭示了“后现代”语义学与传统语义学截然不同的世界图景，也改变了人们头脑中根深蒂固的“语词—实在”对立的观念。更重要的是，正是从这一宏观的背景改变出发，指称理论在其所有的基本问题上，开始了朝向“后现代”的演变。

二、从绝对的确定性到相对的非确定性

20世纪中叶，语言哲学家奥斯汀、维特根斯坦的开创性工作使“指称使用”观念逐渐在整个思维领域全面扩张起来。一方面，强调语词的主要功能在于语用而不是语义，无疑是对“弗雷格–卡尔纳普”传统语义学所倡导的“内涵—外延”严格区分观念的消解；另一方面，也使得指称理论不必再执着于追求确定的指称，更不可能仅满足于在静态的语法结构和语句层次内部寻求这种指称的意义。为适应这种中心消解的“后现代世界”所导致的“非确定性”（indeterminacy）特征，人们更多地关注了在动态的命名活动中指称的相对性和语境把握的整体性。

---

① Quine W V. Existence// Yougrau W Y，Breck A D. Physics，Logic and History. New York：Plenum Press，1970：94.

② 郭贵春. 后现代科学实在论. 北京：知识出版社，1995：304.

1. 指称使用观念的确立

指称使用观念的普遍认可，极大地促进了语言哲学的后现代演变，尤其是指称相对非确定性态度的确立，是由语言哲学的发展及指称理论自身的内在要求所决定的。

首先，“精确对应”神话破灭之后，需要寻找一种促使语言哲学发展的新动力。严格区分了指称的内涵和外延的传统语义学，把内涵对应于语词的外延，使后者成为语词应用的对象集，而前者则成为事物所具有的使它在外延使用中适合于其身份的属性。其本质要义在于，所有的语词均具有特定的意义和指称，而语词的指称取决于语词的意义。在这样一种“内涵中心论”的引导下，它所建立的指称理论表现为对指称对象绝对确定性的追求，也就是说，不仅每个语词均具有固定的决定其所指对象的意义，而且正是语词本身而非其他显示了对象的存在。问题在于，为了追求精确的“语词—实在”对应，不惜抛弃日常语言而建构的理想形式语言，不仅未能真正地建立起来，而且就连其认为最重要的两个问题也未得到有效解决。这两个问题是：①“同一可替换性”（substitutivity of identicals）问题，即两个具有相同语义价值的语词却具有不同的认知价值；②虚名问题，即有意义的虚名却没有指称。在这样尴尬的境况中，“分析时代”的哲学家们显得无能为力。

其次，日常语言面向生活讲话的本质，在某种程度上适合了这一需求。维特根斯坦在其后期坚定地反对私人（纯粹表达的）语言，而认为我们必须设想一种纯粹“指涉的”语言游戏。对他来讲，言语形式的意义和理由必须建立在人类话语世界，而不是超语言的独立实体中。他之所以提出“一个词的意义即它在语言中的用法”，是因为他意识到人们常常被语法形式引入歧途，因而忽视了不同语法形式被赋予的不同用法。事实上，是什么东西表达了一条规则及它所表达的规则是什么，这取决于它的用法而不是它的形式。因为一个人是否理解了一个表达式、理解了什么，可从他使用它的方式中，也可从对他人用法的反应方式中看出。这不是一种理论建构，而是表达式的用法规则。这样一来，指称成为意义的核心，而意义的关键又在于语用，在这个基点上，语言便可与“生活形式”（实践活动）联系起来。由此，作为后现代性的一个显著特征，指称理论便由探求词项与所指对象之间静态关系的“指称”（reference），转变为动态的、使用中的“指称”（referring）。这充分表明，形式词项的指称是与它们的现实使用不可分割的。

2. 指称相对性的转化

长期以来，指称的确定性问题是语言哲学家们探讨的中心。这不仅源于早期的分析哲学家们大多以数理逻辑为工具，更重要的是他们认为妨碍哲学进展的主要障碍是对日常语言的迷恋。因此，放弃日常语言、追求具有确定意义和指称的人工语言，就成为“分析时代”哲学家们所期望的目标。然而，语词是在社会历史发展的实践中形成的，具有各种不同的职能，并不存在绝对的确定性，因此，不可能仅仅赋予它们唯一的属性。正是在这一认识的基础上，“后现代”语言哲学家们吸取了前人的教训，在“指称使用”观念的直接引导下，毅然地抛弃了绝对确定性的迷信，进而把指称的相对非确定性当作语言哲学发展的合理趋向。在他们看来，相对非确定性绝不是语词的盲目指称或“主体的任意选择”，而是在更为广阔的“语境”之中，在相对“弱化”的意义上，赋予指称语词或实在以确定性。这主要表现在：

1）放弃“完全翻译”的幻想。传统的绝对确定性观念主张，既然语词与实在之间具有确定无疑的对应关系，那么给予适当的条件，一种语言和另一种完全不同的语言之间必定可以进行完全的翻译，即“翻译手册”可以人为地编纂出来。然而，这一理想却在实际的操作中遇到了不可解决的难题：首先，当一个语言学家在着手建构其母语与另一种语言之间的翻译手册时，他实际上是通过观察语言使用者的语义事实进行语词与实在对照的，然而“任何真正的语义事实都是通过行为所构成的，而行为本身并不足以确定意义或翻译”[①]。因此，不存在确定的意义或翻

① Evnine S. Donald Davidson. Palo Alto：Stanford University Press，1991：122.

译。其次，即使使用同一语言的语言学家，他们各自的翻译手册可能完全与所有参与者的行为相适应，但他们之间却彼此并不相容。最后，事实上，即使是同一种语言的学习者，也不得不在学习该语言之后继续观察、概括、检验和再检验；因为尽管他们对语词意义的把握通过语音的一致、周围习惯的和谐，以及意向网络的统一得到加强，但当他们面对翻译手册时也仍然会感到迷茫，受制于同样的非确定性的影响。由此可见，理想的完全翻译从来都不会达到。

2）在语境中赋予指称确定性。传统的本质主义和表象主义反对经验世界服从于不断的变化和分解，认为变动不居的经验世界不可能成为知识的对象。因此，倡导不可改变的、完全的、永恒的经验实在的表象，从而使得共相、数学和价值语词的指称在绝对的方式上为通常的谈话提供了客观意义。这样一来，面对自我解释、自我包含和自我充足的世界，所谓知识的问题就成为多余的了。但是，科学和哲学的发展恰恰证明，对象的确定正是在变动不居的世界中进行的，“一个对象应当在不同的条件或不同的语境中表现出差异或展示出其未预料的属性”①。因此，所有的经验知识均是相对于各种对象、条件、历史或文化的语境，并且随着语境的变化而改变。我们不可能也无须求助于人工语言来消除指称的歧义。丰富的语境本身已经为语词的指称设定了灵活、生动、可变换的可能世界。所以，只有在具体的语境中，指称才能获得其有效的意义。

三、从心理观念的排斥到心理意向的重建

随着形式语言绝对化的不断削弱和自然语言合理性的逐渐回归，以及试图在语形、语义和语用的统一语境中研究指称理论的后现代态度的确立，“心理意向”在指称理论的研究中获得了重建。

---

① Richard H. Schlagel，Contextual Realism，a Metaphysical Framework for Modern Science. New York：Paragon House Publishers，1986：xx.

1. “布伦塔诺论题”的重新发现

在早期的分析哲学家那里，心理观念严格地被排斥在指称理论之外。弗雷格在《算术的基础》一书中明确地表示，始终要把心理的东西和逻辑的东西、主观的东西和客观的东西明确地区别开来。作为哲学观念的第一条基本原则，这不仅是建构理想语言的需要；更重要的是，语词的指称只有在客观的逻辑规则和语法结构之中，才能获得与实在世界的一一对应。任何主观的心理参与，均会使指称打上随意性和模糊性的烙印。

然而，这样一种排斥心理观念的态度，随着语言形式化运动的“失败”而失去了它往日的价值。我们从来没有也不可能彻底地离开自然语言，而一旦进入自然语言，有关“心理实在”的问题就会重新回到议事日程上来。事实上，早在20世纪初，德国心理学家布伦塔诺就提出了以“布伦塔诺论题”闻名的“意向性是精神标志”的思想。在他看来，意向性是一切精神现象的根本特征，它表明的是心理现象与物理现象之间的关联。在这里，精神关系并不排斥物理关系；相反，它比后者具有更大的包容性。因为无论是实在的还是抽象的对象均以意向的方式存在于心理现象之中。

布伦塔诺关于心理意向的思想，由于后现代“语境”概念的提出和指称的相对非确定性使用而具有了全新的意义。一方面，它重新恢复了主体在指称过程中的地位。传统的确定指称对象的依据，大都是在“内涵”的基础上，用语词的意义来决定词的对象或外延。普特南和克里普克把语句的意义看作语句中原始成分指称的函项，认为语词对象的确定是一种历史的因果的命名过程，从而为指称对象的选择提供了更大的范围，由“内在论”走向了“外在论”。应当说，这种因果关联的指称对象的确定是必要的，但却是不充分的。后现代心理意向性的重新发现进一步完善了这一观念；人们主张虽然在语境相关的外在指涉中确定指称对象是合理的，但在因果链条的每一阶段和层次上，主体的心理意向性都起着很大的作用，都存在着对具有意向特性的事件的要求。因此，首要的问题就在于，在确定指称对象的过程中，既要看到语词的具体语境的使用，更要关注构成语境要素的主体的偶时意向。在这里，决定指称对象的不是语词本身所具有的“内涵”，而是语词使用者当下的“认知态度”。

另一方面，它所倡导建立的“意向整体论”观念，使我们并不因此而陷入心物对立的二元论泥坑中。因为一旦指称和信仰是整体的，便没有了对非实体精神的单纯许诺。“意向整体论”的具体化容纳了日常语言，预示了意向行为，并将行为动机归因于谈论的意向主体。这表明信仰、愿望、行为等是在相互作用的“脑事件”的本体性中被因果地反映，是一种内在的活动，它不受制于形式的逻辑法则。这使得我们不仅可用心理、思想、行为和语词来恢复人们的清晰图像，而且提供了心理的本体性和因果性相互作用的“意向推定归纳”。在这里，没有必要担心失去逻辑规则“统治”的“意谓指称”会引起什么严重的“指误”后果。事实上，“语言成分范围的可能差别所造成的自然语言的模糊性，应完全由语境来负责”[①]。这就是说，在具体的语境使用中，正是心理意向选择对象所造成的指称相对非确定性本身，显示了这一问题所具有的“后现代性”特征。

2. 心理意向的“语境化”建构

在语境域中，指称离不开具体的语境使用。因此，主体的意向性或态度作为语境构成的必要组成部分，对于指称的确定就不是可有可无的了。至少在下述两点上，心理意向与后现代指称理论的命运不可分割地结合起来，并由此获得了自身的重建。

1）“实在论要求意向性”的趋势，使得“意向语境”在实在论的立场上得到了重建的依据[②]。从一般的意义上讲，在这一问题上，实在论坚持两个原则：“（Ⅰ）成熟科学的语词典型地具有指称，（Ⅱ）属于成熟科学的任一理论的规则典型近似地为真。”[③]这一原则客观地表明，实

---

① Moravscik J M. Nature language and formal language：A tenable dualism// Cohen R S，Wartofsky M W. Language，Logic and Method. Dordrecht：D.Reidel Publishing Company，1983：236.

② Wilburn R. Semantic indeterminacy and the realish stance. Erkenntnis，1992，37（3）：281.

③ Putnam H. Meaning and the Moral Sciences. London：Routledge & Kegan Paul Ltd.，1978：20.

在论要求理论语句为真并坚持相关理论语句的本体论的存在性，事实上，这是一种相对的本体论承诺；也就是说，它与指称本质上是相对的语义“非确定性”论题内在地相容。由此可见，“实在论要求意向性”这一趋势存在这样两方面的意义：一方面，它在指称的确定性问题上给出了一个隐含的价值，即具有意向特性的、作为心理表征对象的命题态度是实在地存在着的，因而可以在“意向实在”的基点上深化实在论的研究；另一方面，它有助于我们在心理意向和与其相关的对象特性之间构建由此及彼的桥梁，从而将命题态度、指称对象，以及科学理论的不同逻辑结构内在地统一于具体的语境使用之中，展示心理意向性重建在指称理论中所具有的地位和作用。

2）虚指和“同一可替换性”问题使语言哲学不可避免地陷入了某种困境。从本质上讲，这是由对指称意义的混淆引起的。为了消除这种混淆，罗蒂严格地区分了通常的“所论”（talking about）和“指称”（reference）。在他看来，前者指的是特定语词表达和某种非存在对象之间能够确立的纯“意向”关系，而后者则指的是哲学意义上纯技术性观念的指谓，特指存在于语词表达和特定实体之间的实际关系中。对于一个虚构词，它不具有“指称”的可能性，却存在“所论”的意义。通常的错误就常常出现在未加区别地把纯技术性的“指称”当作日常应用的“所论”，并不适当地要求对它及其对象的关系做出实在的说明。事实上，这种要求是没有意义的，而真正有前途的出路在于重建意向概念，强化意向性在指称确定中的地位和作用，从而使虚构和真实之间的解释差异在心理意向性的调节下获得消解，同时也满足“同一可替换性”问题在具体的语境使用中的要求。

四、从微观语义分析到整体语义构造

在“后现代”语言实在观的基本图景中，指称理论所表现出的相对非确定性和心理意向性的基本特征，是与其在方法论上出现的相应变革分不开的，这一方面归因于“后现代”哲学的兴起和克服自身理论技术缺陷的迫切要求，使得语言哲学愈益走出自己狭小的圈子，不再拘泥于单纯的逻辑分析和句法研究；另一方面，后现代整体论的认识论有效地促进了传统微观语义分析的弱化和后现代整体语义方法的构造。

1. 传统的微观语义分析方法

语义分析方法作为早期分析哲学所建立起来的一种研究手段，在指称理论的历史进步中，确实起了不可低估的作用。但随着人类理论思维的进展，它已远不能适应指称理论发展的需要。

首先，它带来的是对绝对指称和经验意义的追求，并导致了在对象和语词之间建立一一对应世界的古板图景。它所期望的试图用分析方法来消解传统形而上学哲学问题的目的，远未达到。它所尊崇的“语义上升”战略，即哲学家们不仅应注意到事实和观察，而且更应注意到事实描述和观察语句，则令人陷入更为尴尬的境地：除了语句分析之外，别无他事。

其次，这一方法建立在一种错误的背景语言观上。这就是既把语言当作某种“自解”的东西，同时又用它去解释一切。这种“自解”的解释者就像柏拉图的形式、康德的范畴、罗素的逻辑实体一样，可以用作被解释项的语词得到解释。这样一来，在语言“自解”的意义上，要解决“自我指称的问题，就必须改变整个图景”①，而“图景”的改变实质上即是“世界”的改变，它需要在全新的视角下开拓新的思维途径。

从本质上讲，早期的微观语义分析是一种还原论的方法论。这一方法论认为科学概念和科学理论均可通过语义分析还原为感觉经验的概念和基本的经验命题，并由此依靠观察或经验就可证实或确证这些理论。特别是主张把一切科学语言均还原为物理语言的做法，更是达到登峰造极的地步。由此也使这一还原论遇到了不可克服的困难，而试图把科学哲学构造成类似自然科学那样具有高度确定性的尝试的失败，更使它不可避免地为后现代整体论思想所取代。

---

① Marsonet M. Richard Rorty's ironic liberalism：A aritical analysis. Journal of Philosophical Research，1996，xxi：397.

2. 整体语义方法的构造

语义整体论的思想导源于逻辑实证主义对意义解释的失败。因为这种意义解释既是实证主义的，同时又是反整体论的。而且，那种认为一个句子的意义在于证实它的经验的实证主义形式，更直接地导致了反整体论的认识论趋向。这就是说，如果每一个句子都有它自己唯一的证实经验，那么特定语言中的每一个句子均可在仅仅给予证实其单个句子经验的前提下，独立地得到解释。这种实证主义的意义解释随着蒯因对逻辑实证主义的经验论的批判而破产。在他看来，诸多句子被证实或被合理地判定，并不仅仅在于其特定经验的存在，而是因为它们处于与其他已被证明为真的语句的推理关系之中，也就是说，处于证明或合理判定它的整体语境之中。事实上，这样一种整体论的思想是多数具有后现代倾向的哲学家的态度，“甚至坚定地反对整体论的达米特也适当地接受了这种观点”①。在“后现代”状况下，整体论的思想内在地与语义分析方法结合在一起，成为语言哲学及科学哲学研究的一种合理有效的方法论。整体语义分析方法的特征在于：

1）整体观念的在先性。出于反对现代个体论的要求，整体论强调认知共同体在指称确定中的独特作用。在一个特定的共同体中，语言游戏规则的约定先在于个体言语的合理表达。因此，“讲话者在未对单个语句所处的共同体的全部理论熟悉之前，不可能理解这一语句”②。

2）语义分析的必要性。微观语义分析的狭隘性，不等同于一般语义分析方法的无效性。事实上，语义分析作为一种内在的语言哲学的研究方法，渗透于几乎所有理论的构造、阐释和说明之中。尽管狭隘还原论的主张使得这一方法存在着绝对化的倾向，但通过语义分析把理论还原为基本的经验命题，以使这些命题在操作中与理论实体相关，从而保证科学和真理的客观性，仍然显示了语义分析在理论注释中所具有的不可或缺的意义。

---

① James O. Young，Holism and meaning. Erkenntnis，1992，37（3）：309.

② James O. Young，Holism and meaning. Erkenntnis，1992，37（3）：310.

3）整体语义分析要求整体的思想和语义分析之间保持必要的张力，呈现相互补充、相互制约的合理态势。这就要求在具体的理论构建和语词指称当中，既要看到一切语言行为和语言实在均内在地处于由人类思想的各种信念、欲望，语句态度和对象所构成的关系之网中，又要注重在整体背景中对具体的语句和语词做出语义的分析，使之建立在经验实在的客观基础上，从而在这种关系之网的动态发展和建构中，消解各种指称悖论，把指称理论的确定推向“后现代”研究的新视角。

语用分析方法的意义 *

语用学的分析方法是语形分析、语义分析和语用分析这三大语言哲学分析方法的重要组成部分。随着它在社会科学和自然科学各个领域中的渗透和扩张，它作为一种横断研究的方法论特征显得愈益鲜明和重要。因此，本文将试图立足于语境实在论的视角，在语境的基底上揭示语用分析方法的形式、结构、特征和本质，并表明它未来发展的可能趋向，从而展示语用分析方法的真正意义。

一、语用的对象性及其方法论趋向

语用学的研究对象问题始终是探索语用学意义的基本问题。对这一问题的不同求解，不仅表明了不同的语用方法论的态度，而且也蕴含着它的可能的方法论趋向。所以，从历史的和现实的不同层面上去把握它，

* 本文发表于《哲学研究》1999 年第 5 期，作者郭贵春。

是一个至关重要的任务。

历史地讲，维洛克和皮尔士之后，莫里斯较明确地给出了语用学的研究对象，即它是“对指号和解释者之间的关联的研究”[①]。这一研究一方面涉及了对相关元语言本身的详尽阐释，另一方面需要把元语言应用于对特定符号的描述及其作用的研究。在这里，语用学作为符号学的一部分，还涉及了心理语言学、社会语言学、神经语言学等方面。莫里斯的思想为尔后语用学的研究奠定了最基本的对象性基础，给出了较广阔的方法论研究的范围和可能趋向性。

而后，卡尔纳普曾经从指称论的研究视角更深入地指出，在进行语言探索中，当“指称与语言使用者”相关时，就会产生语用学的问题[②]。换句话讲，特定语词的语义与它的使用者之间的关系就是语用的本质的对象性问题。卡尔纳普的这一见解被人们看作是一个“既非常宽泛，又非常狭隘”的规定。因为，他一方面将这一对象性问题局限于指称层面的关联性，另一方面又在这一关联中留下了巨大的研究空间，并把符号学、语言学和哲学的方法论性融为一体。

在以后的发展中，人们从许多不同的视角对语用学的对象性给出了各种各样的说明，显示了语用研究的丰富的方法论意义：

1）从与符号学的关联上讲，作为符号学的一部分，语用学虽然是对符号与其解释者之间关系的研究，但更重要的在于这种解释是从关系到其指称对象的说明[③]。但从生成的意义上讲，语用学是在指号出现的行为中研究指号的起源、应用与效果[④]。所以，有人认为语用的功能表明，语用学是通过指向非语言的根由来解释语言符号的各个方面。

2）从与语义学的关系上讲，语用学的对象域处于语义学外部，主要研究语境起作用的方式[⑤]。然而，作为对语用意义的揭示，语用学是探究言说意义的，因为这些言说不能由直接指向语句表达的真值条件来说明。

① Stephen C. Levinson，Pragmatics. Cambridge：Cambridge University Press，1983：1.

② Stephen C. Levinson，Pragmatics. Cambridge：Cambridge University Press，1983：3.

③ Dagobert D.Runes，Dictionary of Philosophy. New Jersey：Littlefield，Adams & Co.，1962：245.

④ 莫里斯等 . 指号、语言和行为 . 上海：上海人民出版社，1989：262.

⑤ 杨寿堪 . 冲突与选择 . 北京：北京师范大学出版社，1996：280.

所以，“语用学 = 意义 - 真值条件”。这就是说，语用学是研究那些在语义学中所不能把握的各类层面的意义的。

3）从语言的使用上讲，语用学研究讲话者有意义的一组语言实际使用的目的、效果及其蕴含[①]。因此，语用的特征可从语言的使用及其可能的变化中进行抽象。比如，语用学的研究涉及了特定语句集合为什么是不规则的或是不可能言说的原则或原理。在这里，语用的研究关联到了直指、蕴含、预设、讲话行为，以及叙述结构等各个层面，提供了必须说明的各类现象的集合。

4）从语用的语境性上讲，语用学是对语言和语境之间的相互关联的研究，语境构成了阐释语言理解的基础。在这里，在语用的行为性上，语用学要说明在作为命题的特定句子的语境中，讲话者与对象之所以构成相互关联的原因；在语用的结构上，语用学要表明语境是被语法规则化了的或是在各种语言情境中可被解释的结构；在语用的交流性上，语用学研究的是语境的意向交流，揭示交流就是一种复杂的语境意向，它是由“发话者”意图引起“受话者”思考或行为而构成的，前者是后者思想或行动的原因；在语用的语句适当性上，语用学是研究语言使用者将语句组合成语境的能力，因为只有在特定的语境中，这些语句才是适当的。[②]

以上这些说明均是从不同的层面、不同的深度、不同的意义上给出的，具有丰富的多样性。但是，从本质上讲，这些不同层面、不同深度、不同意义的视角是内在地一致的，是可相互渗透、相互融合的。所以，只有在一个共同可确立的基底上来谈论语用及其意义问题，才是最可接受的。正是在这个意义上，从语用的语境性上去研究语用的形式、特征、本质和实现的途径，在语境的基底上去构设语用分析的方法论性，从而将语用的语境性与方法论性结合起来，是一个较有前途的研究趋向，使人们可能在语用的特殊性中把握语用的多样性和普遍性。

语用学的对象性的确定是语用学得以确立的前提，但它能否发展、

---

① Flew A. A Dictionary of Philosophy. London：Pan Books Ltd.，1984：284.

② Stephen C. Levinson，Pragmatics. Cambridge：Cambridge University Press，1983：6-27.

如何进步、采取什么样的方式或途径其方法论意义才能得以实现，则是与求解难题密切相关的。到目前为止，与此相关，存在以下几种主要的研究趋向。

第一，历史的趋向。这种趋向从总结乔姆斯基的生成语义学出发，试图矫正将语言学看作抽象设计，并把语言学与语言的使用、使用者和功能割裂开来的缺陷，从而挖掘语言使用的本质，并直接从语言哲学中汲取语用学的重要概念。这一趋向的方法论途径，就是求助于语境的概念去描述语境现象，在语境中探索语用学与语形学、语义学及语音学的相互关联，去把握语形规则、语义深度和语言效果的互补性。这一趋向最重要之点，就是强调在特定的语境中，语用学存在着使语义学更简化的可能性。这是因为，语用的原则可以系统地显示嵌入言语的意义远比约定的和文字的意义更多。换句话说，在特定的语境中，除去语用现象的语义分析而走向语用解释，“导致了某种语用学可以简化语义理论的期望”①。

第二，融贯的趋向。这是一种试图在语言学理论与语言交流说明之间的沟壑中“填充”语用学的走向；也就是说，语用研究将成为语义学（及语形学、语音学）与语言交流的可行理论之间的桥梁。当人们以为语言学理论的目的是构造任何语言中无限语句集会的合理意义的相关说明时，就必然要求给出使用该语言进行交流的本质说明。而这样一种目的对于语义学来说是无法完成的，因而语义学与语言交流的融贯就成为一种必然的要求了。

第三，功能的趋向。这种趋向突出语用学具有为语言事实提供有意义的功能解释的可能性，并促使语言学的解释由内在（从语言特征到语言学的特征）向外在（从语言事实到语言特征）转化。这种趋向的本质在于，表明语言结构不是独立于语言使用的，因为所有的语言都是在命令、疑问和陈述三种基本句型的使用中建构的。所以，这种趋向的强

① Stephen C. Levinson，Pragmatics. Cambridge：Cambridge University Press，1983：38.

势就是要在语言结构的基础上去建构语言使用的效果。当然，功能在这里是一种“矩阵”，它展示了语言解释的多层面性。例如，涉及了：信息指称内容的指称功能；讲话者状态的情感功能；讲话者意愿的意向功能；关联符号使用的元语言功能；建立和保持接触渠道的交际功能；信息说明的联想功能；等等。这里最关键的是，人们不能局限于对语境变量或语句功能的静态分析，而应重视意向显示的动态语境，即注重对话或面对面的相互交流，以实现由静态到动态的转换。因此，在语言使用的功能矩阵中，现实的动态交流应是语境的核心。

不言而喻，以上三种趋向均是与求解语言解释的难题相关的，求解难题的目的与语用学的研究趋向获得了高度的一致。这种一致性在某种程度上表明：一方面，在 20 世纪的语言哲学发展中，从对语形的经验语义分析到对语用的语境分析，是一个重大的转变；另一方面，这是一种由语用个体论走向语用整体论的趋向。这种趋向在其发展中顺应了解释学转向对语言学转向的修正，符合 20 世纪中叶以来的整体论观念的内在要求。事实上，这种整体论的趋向性在维特根斯坦的“语言游戏”理论中已得到某种程度的体现，并构成语用分析方法的一个非常重要的元理论。在维特根坦斯看来：①语言的本质是为了交流，因此它具有约定性，是某种社会的行为；②语言游戏是有规则的，它的任意性仅仅在于我们可以决定改变这些规则而玩另一种游戏；③构设完备的游戏是不可能的，任何游戏都有它自身的局限性；④玩任何游戏（除了自己玩暗摸）通常都是与他人一起在某种形式下完成特定的行为；⑤游戏集合类似于由“家族类似”组合成的“家庭”，是一种“关联之网”[①]。总之，一个“游戏”就是一个特定的“语境”，一切元理论性的特征都将在具体的语境中，整体地映射为语境化的语用特征表现出来，特别是通过特定语境下的言语行为和言谈形式表现出来。我们对言语行为可以做以下简略概括，如图 1 所示。

---

① Wedbery A. A History of Philosophy. Oxford：Oxford University Press，1986：324.

- 言语行为
  - 表达语义的言语行为：具有决定意义和指称的语句的言说
  - 加强语义的言语行为：通过相关的约定力，在言说一个句子中，去构造陈述，如提议、允诺等
  - 用言语表现结果的行为：言说语句造成了对听者的效果，这种结果对言说环境来讲是特殊的

图 1　对言语行为的简略概括

在这里，图 1 所示三种言语行为都必然是特定语境的整体效应的表现，体现了语境的整体性、具体性和功能性。言说形式也可以简略地概括如下（图 2）。

- 言说形式
  - 表征：讲话者注重被表达命题的真理性，如断言、结论等
  - 指问：讲话者试图通过受话人做某事，如要求、提问等
  - 指受：讲话者强调将来的行为过程，如允诺、威胁等
  - 表达：表达心理状态，如思考、道歉、欢迎、祝贺等
  - 宣称：试图依赖于超语言的手段引发设定状态的瞬间变化，如宣战、命名、解雇等

图 2　对言说形式的简略概括

图 2 中的五种言说形式，莫不通过特定语境的功能展现出来。这些形式中所蕴含的不同语句态度，都表明了一种不同的整体趋向性，都在语用的整体性和语用的具体性、趋向性及表现性之间产生某种张力，并在这种张力中获得实现。在这里我们不难看出，语境是实在的，语用分析方法的客观性及其意义是以语境的实在性为前提的。[①] 没有语境的实在性，就没有语用的方法论性；而没有语用的方法论性，就没有语境的现实性。所以，在语境的基础上去谈论语用学的意义及其方法论趋向，是一种语用研究的本质要求。

二、语用语境的元理论性

从语言使用的角度看，在任何言语或言说的特定情景中，都蕴含着

---

① 郭贵春 . 论语境 . 哲学研究，1997，(4)：46.

丰富的具体特征。但对相关特征的选择，则是语言的、文化的和社会的背景选择，因为言语或言说的产物及对它们的解释是语言地、文化地和社会地相关的。而这种选择功能，只有通过语境的作用才能得以实现。

一般地讲，人们可以相对地列举出语境的内容，譬如：关于言谈在演讲和社会中的地位及作用的认识；关于时空位置的认识；关于表现形式的认识；关于媒介的认识；关于相关事物的认识；关于相关语言使用的认识；等等。但事实上，正如有的学者指出的那样，“语境的范围是不易确定的……人们必须考虑到社会的和心理的世界，正是在这些世界中，语言使用者在给定的任何时间中运作着”[①]。在这个意义上，语境至少应当包含：言语作用者的信仰及其对时间、空间和对象状态的看法；先前的、现在的及未来的（语词的或非语词的）行为；在社会相互关联中参与者的背景、知识及关注程度；等等。总之，语境绝不能排除相关语言的特征，因为这些语言特征是与语境假设一致的。所以，这种相关语言的特征被称为“语境化的角色”（contextualization cues），或者更明确地将其称为“语用语境”（pragmatic context）。

这种“语用语境”从语句的分析视角看，“它是由一致性所构成的命题集合……这种构成语境的命题一致性集合可被解释为唯一讲话者自己的‘约定记录’”。而从言说分析的视角看，“语境则是一个复杂的事件，或者说是一个由前事件引发了后事件的有序的事件对。简言之，前事件是讲话者言说的产物，而后事件则是听者对言说的解释”[②]。对语用语境的这两种不同的分析视角，是一个金币的两面，应被本质地统一起来。因为对于任一语用语境来说，它都既是一个命题集，又是一个复杂的事件。作为一个命题集，它有着相关的事件基础；而作为一个事件，它又有着赖以表达的命题集。作为命题，它存在着深层的隐喻和心理的、行为的、社会的基底；而作为事件，它存在着一致性的表达和记录。这两种分析视角的区别和关系尽在这种内在的关联之中。由此可以看出，对于一个在语言使用上可阐释的语境特性来说：①它必须在意向上是可交

---

① Stephen C. Levinson，Pragmatics. Cambridge：Cambridge University Press，1983：23.

② Stephen C. Levinson，Pragmatics. Cambridge：Cambridge University Press，1983：24.

流的；②对于相关问题，它必须在约定上是可与语言形式统一的；③解释的形式必须是相关的一组对照集，即不同的特性对应于不同的对照集；④语言形式必须是与常规的语法结构一致的。但必须指出的是，这是一种较强的限制，尽管它存在着确定的合理性，但不应约束语用的灵活性和超形式的解读，必须承认对语用的超形式约束的多样解读的必要性和必然性。

基于对“语用语境”的如上看法，我们需要注意以下几个有关语用的元理论问题。

1）语义与语用的对象及关系问题，或者说语义与语用的划界问题，并不具有绝对的意义。一般地讲，一个言说（特定言说）交流内容的基本要素至少包括：真值条件或衍推；约定蕴含；预设；适当条件；普遍化的对话蕴含；特殊化的对话蕴含；奠定于对话结构基础上的推论。在这里，约定的东西可语义地处置，而语境的问题可语用地对待。语义越小，语用越大；反之亦然。在一个特定的言说对象上，二者所涉及的范围类似某种反比关系。这从某一侧面表明，在语义结构的语境独立性和语用结构的语境特殊性之间存在着内在的关联性。所以，对语义与语用的划界只具有相对的意义。事实上，从理论上讲，无论采取何种语义理论，只要它具有内在的相关性和一致性，其意义的诸多方面都不可能简单地被包容。而从现实的语用来讲，语义和语用具有着“混合模块”的性质，它们均建构在同质的或整体的语境基底上。

2）言说意义与语句意义的区别和关联是在语境基底上生成的。在一个语境中，对言说意义与语句意义之间的关系的研究，无论是对语义还是语用的探讨都是至关重要的，言说意义与语句意义的区别，也被称为“传播意义”与“文字意义”的区别；前者是“自然的”，后者是“约定的”。而从本质上讲，语句是一个在语法规则内被定义或确立的抽象的理论实体，而言说则是在一个实际语境中特定语句的发布，或者说某种类似语句或语句片段的传播。从经验上讲，特定言说与其对应语句之间的关系可能是十分模糊的，通常人们将言说看作构造了特定语句和语境的对子，因为正是在这一语境中句子被言说，但从整体性上讲，存在这样一种相对的区别，即语义是与语句意义相关的，而语用是与言说意义相关的。这既表明了二者之间的区别，又表明了它们之间内在的、无法割裂的相关性。这就是说，它们之所以是有区别的，是因为二者的对象实体不同（理论实体 / 语言行为）；之所以是有关联的，是由于在特定语境中的相互交流层面上，“讲话者的产物（言说）等价于相关语句”[①]。当然，这也涉及了语句意义是否可穷尽言说意义的诸多矛盾等。为了解决这一系列困难，我们既不能将语义排除在语境之外，也不能将语用绝对地限制在语境之内，要避免这种抽象的区分。应当承认语义和语用既是在语境基底上相互区别，又是在语境基底上相互关联的，只不过是相关的语境层面、视角、蕴含或隐喻不同而已。在这里，在心理意向上要传播的和在约定意义上与相关语言形式联结在一起的东西是统一的、不可分割的。

3）语义预设与语用预设在可接受性评价中是统一的。无论是语义预设还是语用预设都存在着强烈的背景性，同时也形成了历史论争的诸多焦点，诸如：①逻辑蕴含与预设之间的区别；②断言与预设之间的对比；③既把预设看作句子、陈述或讲话者之间，又同时看作是假设之间的关联，是否是适当的；④对预设意思之间的不清晰性是予以否认还是保存，被看作是结构或语词的模糊性；⑤明显的预设可被看作是断言或衍推，它等价于其他的句子意义。那么，如何区分语义与语用预设呢？一个关键点就在于：语义预设是一种真值条件的预设，或者说它涉及了真值条件；而语用预设涉及的是讲话者与演说之间的关联，它不影响真值条件，或者说语用预设就是语境预设，是在特定的语境中讲话者与相关语句的适当性之间的关联。在这里，真值性问题与适当性问题具有根本的区别。语义预设是逻辑的、理性的、一贯的和真理性的，而语用预设是情境的、心理的、流变的和劝导性的。一对相关联的概念的语用适当性就在于：一个言说 A 语用地预设了命题 B，当且仅当 A 是适当的，且 B 是参加者共同认定的。它表明句子的使用存在着语用的限制，它只能在语境预设

① Stephen C. Levinson，Pragmatics.Cambridge：Cambridge University Press，1983：19.

下适当地使用，因为在语境中假定了由预设所给出的命题是真的。而这样一来，对待定语句或言说的可接受性评价就渗透着强烈的语境因素，超语境的纯粹评价是不存在的。也正是在这种可接受性评价中，语义预设与语用预设融为一体。①

4）隐喻是语用的创造性的显现。客观地讲，隐喻的问题本质上是一个语用的问题。所以，“隐喻完全属于使用的范围”，是对“语词的想象性的运用”②。这种想象性的运用是对语词原有词义的扩张，它内含着深层的直觉和超越，显示了讲话者和语词之间的创造性的互动关系。同时，它也展示了一个语词的浅层语境与深层语境，或者说形式语境与意义语境之间的跳跃和变换。这也说明了语用的创造性特征及其创造空间的巨大，也正是这种创造性构成了语用的魅力。另外，隐喻所表明的不是语词意义，而总是讲话者的言说意义。但这种言说意义不是任意地不可捉摸的，而是在现实的语境中可理解的。这就是说，隐喻同样存在着语境的选择性和规定性，对隐喻术语的指称对象、谓词外延和函项的功能选择，使隐喻获得了有意义的实现。

三、语用分析的若干特征

语用分析作为一种重要的研究方法，必然具有其独到的方法论特征。正是这些特征的现实的存在、展开和完成，使我们看到了语用分析方法的本质。

1）语用推理是揭示语境本质的过程。在一个特定的语境中，通过具有特定句法结构的言语形态，根据其言说意义或隐喻，可以导出某种相关的语境事实来。这个导出语境事实的过程是一个具体的语用推理的过程，即揭示语境本质的过程。在这里，我们首先要注意两个问题：①语用分析的多层性：语形—语义—隐喻—事实（语境假设）；②语用分析的

① Fraassen B C V. The Scientific Image. Oxford：Clarendon Press，1980：88.

② Davidson D. What metaphors mean// Martinich A P. The Philosophy of Science. Oxford：Oxford University Press，1985：439.

动态性：交流过程—推进过程（语境假设）—形成事实的过程。

这深刻地表明，语用分析是一个立体的、相互交织的、整体的过程，显示了语用分析的复杂性和生动性。在此我们必须强调指出的是：第一，语用推理中的语境假设包括如下“事实”：参加者的空间、时间和社会的关系；他们在特定语言交换中必须具备的背景信仰、心理意向和语句态度等。第二，语用推理是系统的，是在多种可能性中的特定选择，而且这一选择的过程是某种期望或意向的实现过程。第三，语用推理过程是一个对语境问题的求解过程，或者是对特定言语的解读过程。第四，在语用推理的过程中，语用蕴含是对语义蕴含的超越。语义蕴含是预设的、约定的和逻辑地要求的，对它的揭示是语义上升或语义下降的过程；而语用蕴含是偶然的、构造的和语境地要求的，对它的揭示是语用建构或语用假设的过程。

2）语用逻辑是诸多语用要素的内在联结方式，在自然语言中，指示词（deiuis）是一个非常重要的语用特征，哲学家们亦称之为“语用表征”。从本质上讲，指示词涉及的是一种语用方式，即语词解释了或语法化了言说语境或讲话事件的特征；另外，言语说明依赖于对言说语境的分析。在这里，言说直接地确定于语境的各个方面，没有特定的语境，就没有相关的指示词。而这样一来，指示词与语境的关联就涉及一种可能的逻辑关系，从而把逻辑技巧扩张到对相关语句的把握就成为不可避免的，由此导致了特殊的语用逻辑的显现。

事实上，在语用实践中，存在着各种不同的促进言说语境相对逻辑化的方式，从而使命题被看作是由可能世界到真值的函项。也就是说，实现语境的相对逻辑化，就是指在一个语境中特定语句所表征的命题是由可能世界及相关语境到真值的函项。所以，在这里语境将成为语用索引、语用坐标或语用指称对象的集合，它包括演讲者、听众、言说时间和空间、指示对象等一切必需的要素。因此，一个言说内容的说明包含两个方面：一方面，言说的意义是由语境（索引集合）到命题的函项；另一方面，反过来讲就是由可能世界到真值的函项。不难看出，这种语用逻辑的展开是在语境中进行的，是各种相关的语用要素内在联结的方式。语用逻辑的相对性不是指逻辑自身的不确定性，而是指由可能世界（语境）到特定真值之间的多样的可选择性。对于选定某一真值来讲是确定的，但对于多个可能值来讲，它又是语用地相对的。正是由于这种逻辑的相对性，有人认为“语用学逻辑地先于语义学，因为理论的语用要素输出恰是语义要素的输入”[①]。这样，语用逻辑构成了语用推理的前提。

3）语用行为是对相关语境的现实操作。从语用的操作意义上讲，可以把言说行为看作是关于语境的操作；也就是说，可以把言说行为看作是由此种语境进入到别种语境的功能。在这个意义上，言说行为之所以能造成语境转换的原因，就在于“言说行为力”（speech act force）或“言说行为潜势”（speech act potential）的功用。更进一步讲，正是在语用背景的基底上，在语用逻辑和语用推理的前提下，造成了语用假设的潜在选择，给出了言说行为的内在潜势或内在的语境趋向性，从而决定了由某一语境到另一语境的转换。另外，我们必须注意到，自然语言中的语句是典型的独立语境的句子。一个言说行为所表达的命题，将随着使用的语境和场合的变化而变化。尽管干扰言说行为的语境变量是多样的，它包括语境预设的一切要素，但它们都必须通过言说行为的现实操作才能转化为实际的现存语境。所以，语用语境蕴含于语用行为之中，而语用行为体现了语用语境，是一种可操作的现实关联。

4）语用的“对话含义”是语境整体性的关联内核。语用的“对话含义”（conversational complicature）是语用分析中最重要的思想之一。首先，它代表了语用说明的本质及其力量的某种范本。特别是作为一种特殊的语用推论，它的语用源泉需在语言结构之外作为相互作用的关联加以阐释。但更重要的是，“对话含义”为语言事实提供了有意义的功能说明。其次，“对话含义”提供了它如何能具有比实际“说出”更多意味的清晰解释，即比对话中文字表达的意思更多的意义。最后，“对话含义”具有非常普遍的解释力，它可为明显地不相关的语境事实提供关联说明。所以，“于无关联处见联系”是“对话含义”的最重要的功能之一。这就

---

① Stephen C. Levinson，Pragmatics. Cambridge：Cambridge University Press，1983：59.

是说，“对话含义”不仅会影响话语的形式表达，而且决定了有意义的语词选择。在一个特定的语用语境中，不仅“对话含义”的无形的本质规定性是现实地存在着的，而且语形的规则性对它是内在地敏感的。因此，“对话含义”是在特定的语境下将语形、语义和语用统为一体的真正内核。

也可以这样讲，“对话含义”是一种非真值条件推论。因为它不是从一般的语用原则中导出，而是与特定语词表达的非约定的语境要求相关。这种相关性越强，特定语境的敏感就越强。当然，这种敏感度存在于语境中不同种类的交流内容之中。这些交流内容可图示如下（图 3）。①

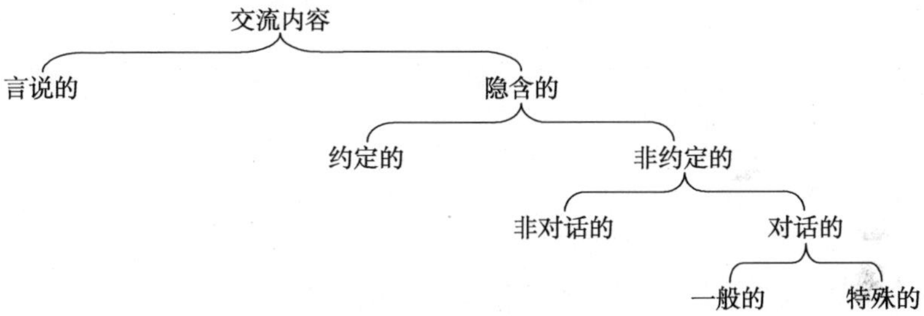

图3　交流内容图示

由此可见，语用语境存在语言的语境和非语言的语境（non-Linguistic context）之别。但无论是在哪一种语境状况下，语用“对话含义”都具有以下几个基本特点。第一，无论在何种语境下，“对话含义”都不可能根据语义的关联直接地模型化。因为它不具有逻辑的推理性，所以是“可形式地废除的”（defeasible）。第二，“对话含义”不是与语言形式相关，而是与语用的语义内容相关的；因此，它不能由转换言说语词为同义词而简单地与言说分离。第三，“对话含义”是“可演算的”（calculable）。也就是说，对任一推认的（putative）含义来讲，它都应该能够构建相关类型的论据，从而表明言说能够进行推理以保护相互关联的语用假设。第四，“对话含义”是非约定的，它不是语言表达的约定意义的部分。第五，最重要的是，具有单一意义的表达可在不同的语境场

① Stephen C. Levinson，Pragmatics. Cambridge：Cambridge University Press，1983：131.

合给出不同的“对话含义”。同时，在任一语境场合，相关联的“对话含义”的集合都不是精确地可决定的。

总之，作为语用推理的“对话含义”不同于作为语用推理的“语用预设”。前者建立在谈话者相关联的特定语境假设之上，而不是句子的语用结构；而后者则更接近于句子的语用结构。但二者有一个共同的特点，就是它们均非语义推理，都存在着对语境要素的高度敏感性。这就是它们既存在着可判别的区分，而又同是特殊的语用推理方式的本质所在。

当代语义学的走向及其本质特征 *

在当代语义学的研究中，将语言语义学与哲学语言学、语法意义与语境意义、文字表达与逻辑规则绝然地区别开来是不可能的。事实上，文字的、语法的和言说的意义总是在不同的语言形式、特性及情境中，与隐喻的、分析的和语境化的意义内在地联系在一起的。它们各自研究层面的不同并不等于它们在意义本质分析上的无关联性。正是在对这种关联性的理解、把握和应用中，展示了当代语义学研究的必然走向及其本质特征。

一、语义学研究的当代趋向

从我们所研究的视角讲，哲学语义学的研究涉及两个最基本的问题：第一，意义是否是可能的并且是如何实现的；第二，原则地讲这些可能

---

* 本文发表于《自然辩证法通讯》2001 年第 6 期，作者郭贵春。

的意义有哪些种类。第一个问题事实上涉及了语言意义的逻辑基础；第二个问题关联到了对意义可能性的判断、分析和探索。在这里，本体论、认识论和方法论的层面均涉及其中，而语言语义学仅在更经验的层面上注重了归纳、案例等不同的所指类型。

对于 20 世纪哲学语义学的发展，凯茨有这样一段名言："存在着许多将意义还原为行为控制、想象、证实方法、陈规旧套、真值条件、可能世界的扩张、使用、潜在的加强语意的言语行为，甚至物理标记等的尝试。的确，20 世纪哲学语义学的历史可以被看作是以特有的激情排除日常意义或意思概念的演变过程。"[①] 这深刻地表明了 20 世纪哲学语义学发展的复杂性和丰富性，而在此之中，意义之所以是可能的，是因为存在着符号意义的"指示"和符号意义的"所指"之间的关联，没有这种关联就没有哲学语义学。具体地讲，从 20 世纪 70 年代初到 90 年代，"语义学已经从句法理论的边缘地位转变成语言学研究中的核心角色"[②]。从哲学语义学的视角看，当代语义学理论至少有以下几个突出的问题。

1）对作为动力学过程的模型解释的关注。这种动力学的语义理论不断地强化了对"信息态"的复杂表征，并将其归因于言说的叙述者；另外，它也不断地将程序精确化，并且通过这些程序，根据叙述修改这些"信息态"。总之，对于一组语句来说，作为对一种模型的经典解释概念，已给定了研究的方式，即将语义解释应用于一系列语句，并促进其中任一要素的发展。这一点，已成为当代语义学研究的起跑线。

2）初步确立了对相关语义学理论的形式根源的可行扩张，即应用于自然语言的类型论和特定语言解释的模型论。前者的发展在于引入了根据一致性的类型来灵活地决定语法范畴，并且采用了在"范畴语法"（categorical grammar）中转换操作的各种类型。再者是在自然语言的"广义量词"（generalized quantifier）表征中，与 n（$2 \leqslant n$）有关的"限定词的功能"（determiner function）和"概括量词"（resumptive quantifier）

---

① Katz J. Commonsense in Semantics//Lepore E. New Directions in Semantics. New York：Academic Press，1986：159.

② Lappin S. The Handbook of Contemporary Semantic Theory. Oxford：Blackwell Publishing Ltd.，1996：3.

的运用。在情态语义学中，包含情态类型的模型扩张则是后一种现象的例子。另外，丰富了经典模型的样板在于把代数结构引入了语义要素的领域，而且为了表达对特定多元表征的指示，允许对构成个体进行定义。可见，对类型论和模型论的表达力的提高，就在于把握了表征的语义特征，而它们在经典的框架中却无法实现。这在某种程度上说明，这些发展表明了对自然语言的语义解释需要类型论和模型论，并且比蒙塔古的意向逻辑系统更为复杂。

3）语形结构与语义解释及其关联构成了句法学与语义学相关的两种主要途径。首先，逻辑形式的抽象句法层面已经可操作地导出来了，这主要在于提出了应用于量化的自然命题系统，以及将特定的短句应用于生成算符的变元结构。这表明了语义解释的规则已应用于作为逻辑形式的句法表征层面。其次，用语形结构确认了相交的层面，因而所有的构成要素都具有其相关的表层位置。总之，不同的选择类型表明了丰富的句法结构允许以更简单的和更直接的方式将相交结构嵌入语义解释；相反，愈贫困的语形表征愈接近于在词汇上实现的表面形式，因而要求更有力的语义设计去生成适当的说明。在这里，经验的因素和理论的内在思考在求解这一问题上都具有不可或缺的作用。

4）提出了是否存在一个语义表征的自主层面问题，即一个句子的句法结构及其模型的理论解释之间相互作用的语义表征问题。在这一层面，解释一个句子完全在于：在该句子的构成要素与其模型相关的指示的基础上，来计算（computing）它的指示与模型的相关性。在这个问题上，至少某些动力学的途径指派了对一个句子的表征，而且这个句子与信息态是一致的；反过来，它又嵌入了相关模型。需要注意的是，强调对信息的处理已导致了构建独立语义结构的强烈趋向，而且这种语义结构在本质上是认识状态的模型。这种趋向反映了对在心理层面和计算层面上对语义解释的不断认可。

5）构建对词汇语义学和形式语义学研究的共同的理论框架是语义学研究需要关注的一个重点。因为解构性的词汇概念结构不能表达形式语义学对量化的自然语言命题、指称术语和前指（anaphoric）表征特性的洞察。某些形式理论家们一般地依赖于意义假设去表征词汇的语义关系，但仍未与它们的框架结合起来去进行系统的和整体性的研究。这里所要求的框架就在于，它将在词汇术语内在的语义特性与其相关句子的指示之间表达它们的本质关联。[①]

以上五个方面的论题代表了当代语义学研究总体发展的趋向性，但是对这些问题的探究绝不能与语用学分割开来。尤其是作为对自然语言意义研究的语义学与作为对言说解释研究的语用学，可以看作是某种同一的研究课题。因为给定一个表征意义是该表征所传递的信息，给定语言使用者的说明是对表征信息的重新获得，所以很难想象它们是可分割的。

当然，我们如此认识问题，并不否认语义学是构建在形式系统的研究之上，而语用学是构建在认识心理学的研究之上的。所以，从表层看，语义学与语用学最显著的区别在于：形式阐释的约定性与非形式化的表达方式之间的不同；而更深层次的区别则在于说明方式的不同。语用学的假定在于，对言语解释的说明至少是部分地根据表达的命题形式来确定的；而语义学假定则相反，对解释的任何说明都是从构成解释的模型理论对象的语形结构中内在地勾勒出来的。但这种区别并不存在不可逾越的鸿沟，事实上，它们可以在自然语言解释的语境说明中得到有机的统一。[②] 可见，自然语言解释的语境说明具有重要的方法论意义，它对确定意义的真值理论说明的构成性原则的任何严格形式，都给出了相关的位置。因此，对自然语言关联的解释不能从句子的语词和它们联结的方式（逻辑系统）中直接地映射出来，而是系统地依赖于它们赖以发生的语境。对语义学和语用学进行统一的分析，需要某种对语境的情境理论的重建，或对新的语境相关意义的重建。因为在自然语言的研究中，“情境论”表现了语义的选择，而“相关论”表现了语用的选择。而无论是语义的还是语用的选择，归根到底都必须在特定的语境中才能完成。不

---

① Lappin S. The Handbook of Contemporary Semantic Theory. Oxford：Blackwell Publishing Ltd.，1996：6-7.

② Kempson R M. Semantics，pragmatics and natural language interpretation//Lappin S. The Handbook of Contemporary Semantic Theory. Oxford：Blackwell Publishing Ltd.，1996：564.

言而喻，在语境的基底上将“情境论”与“相关论”统一起来，构成了当代语义学研究的重要走向之一。

然而，当我们谈到这一走向时，还必须更具体地注意到，从19世纪末一直到20世纪80年代初，逻辑语义学的意义观始终体现了这样一句口号——“意义等价于真值条件”。因此，意义就在于静态地表达了语言表征与世界之间的关系。在这里，“意义就是真值条件的内容”。但是，现在语义学家们试图用“动态语义学”（Dynamic Semantics）来取而代之，即本质地在特定的语义分析中引入解释的动力学，并将其置于说明过程的核心地位。换句话说，“一个句子的意义就在于该句子的言说所导致的变化，同时，非语句表征的意义则存在于它们对这一变化的作用之中”。因此，这一观点可以这样表达：“意义就是潜在的信息变化。”当然，意义不同，含义就不同；或者说，“一个句子的意义就等价于它改变信息状态的潜能”①。这样一个定义涉及信息状态的本质问题，因为信息态的一个最普遍的概念就在于，它是一组可能性的集合，它由各种开放信息的可选择对象所构成。而构成信息态各种可能性的本质则依赖于信息的特性。

另外，从一阶谓词逻辑的层面上讲，信息可分为两类：①关于世界的信息，它表达了一组可能世界。这些世界与描述它们的模态是一致的，而这些模态由一系列相关的对象、叙述域及解释功能所构成。与叙述域有关，解释功能指派了对语言的非逻辑术语、个体常量及谓词的符号表达。②叙述信息。用逻辑的语言讲，即对引入新“主题”的存在量词表达的使用。“主题”是形式对象，变元是逻辑语言的前指表达。为了解决前指性的关联，叙述信息保持了对变元使用的途径，因而“主题”与其相关。对存在量词的任一使用，就在现行使用的变元中增加了一个变元 X；引入一个“主题”并与变元 X 相关。所以，叙述信息增长的缘由就在于，扩张叙述信息就是增加变元和主题，并且调整它们之间的关联。这两种信息并不是割裂的，它们通过从叙述信息域到“主题”对象的可能指派，内在地联结了起来。

---

① Goenendijk J，Stokloof M，Veltman F. Conference and modality// Lappin S. The Handbook of Contemporary Semantic Theory. Oxford：Blackwell Publishing Ltd.，1996：183.

可见，所谓“信息态”是指所有可能集合中的任一亚集。一个信息态的符号表征了相关语言表达的可能指派的信息。同时，它也符号化地表征了变元可能值的信息，换句话讲，变元和主题被整体地引入了信息态。这也就是一个信息态只有一个指称系统的原因。在动态语义学系统中，信息态被用于确定表征的潜在的信息变化。而这一变化是由确定了信息态之间关联的语句所给定的。总之，动态语义学是将当代语义学研究中“情境论”与“相关论”统一起来的具体尝试，试图从经验和理论层面的结合上，通过对动态信息的状态处理，去完成语言意义的实现难题，从而为当代语义学研究难题的求解给出了一个新的趋向。

二、语义学的本质与意义的实现

从宏观上讲，语言哲学提供了两种获得意义理解的途径。其一是表征的途径，试图通过揭示语言与各种世界之间的关联来说明意义。在这条途径中，各种表征语境和指称的关系是其意义的关键。其二是“概念—作用”途径，试图通过支配语言使用的规则来说明意义。在这种途径中，各种语用语境和规则的关系是其意义的核心。但这两种途径并不是对立的，事实上，它们可在相关的语境基底上统一起来。①

无论如何，意义的真正实现是语义学研究的本质。语义学就是要通过表征或符号化的形式系统去分析、描述和说明特定的语言现象。在这里，语义特性构成了语义表征，而语义表征集中体现了语义特性。所以，语言的意义是语义特性和语义表征的集合。实际上，语义表征的统一图景包括了普遍的、动态的及一致的心理映射世界。但这一意义图景实现的具体途径可以说是多样的。

第一，作为指称的意义。指称涉及了语词与世界之间的关系，而世界既包括现实的外在世界，也包括心理映射的意向世界，以及可表征的理论实体世界。在特定的语境中，命题态度的选择趋向构成了指称意义

① Jackendoff R，Bloom P，Wynn K. Language，Logic and Concepts. Cambridge：The MIT Press，1999：18.

的可选择性，即恒定指称中的意义的可变性问题。也就是说，恒定外延中的意义可变性是可能的，在于意义本身是特定语境下对心理映射世界的特征的选择。在这种情况下，“自指”难题是不可避免的。这成为一个“无确定指称的意义”（meaning without determinate reference）问题，即指称预设问题。因为独立于或先验于外延世界的心理意向映射世界及其构成特征的必然性是存在的。对这一问题的求解涉及了语义学与语用学的关系问题。

第二，作为逻辑形式的意义。逻辑形式与意义之间存在着本质的内在联系，因为逻辑与意义分析之间涉及了语句的真值条件。在这里，语义分析揭示了由推理所联结的表征内容，因而“逻辑与语义分析的联结是必然的”①。逻辑依赖于表达内容的语义分析去决定必然真的推理，这就导致了逻辑分析的一个重要功能，即以精确的、无歧义的语言去表达陈述。因此，它就必须是语形与语义的高度统一，而前者必须是以后者或语义解释为补充的。这样一来，语形与指称及所有背景意义便自然地结合了起来。事实上，构成现今大部分逻辑形式理论基础的语义解释是一种模型，它是对相关世界特性的抽象分类，以使逻辑表征在原则上可以指涉。比如：①逻辑术语可以指涉个体对象；②真值；③真值和个体对象可发生的时间和空间。这种语义观的优势就在于，首先，语义表征的内容应是精确的和无歧义的；其次，意义的根据是形式的；最后，可以利用形式分析的工具去求解标准的语义难题。可见，形式语义学决定了适当表征的本质，即当我们讨论一个系统的形式的时候，便认定它既是“范畴的”又是“无内容的”。这两种特征迫使理性的形式语义学与经验的语言语义学分离。这实际上是句法语义学与语用语义学的分离，或者说是形式的与非形式的语义学的分离。“范畴性”与“无内容性”的矛盾，从本质上要求在一个更新的层面上将形式的与非形式的语义学统一起来，使语义学的空间更加丰满和充实。

第三，作为语境及使用的意义。在这里，意义不与语义特征有关，

---

① McCawley J. Everything That Linguistics Have Always Wanted to Know about Logic. Chicago：The University of Chicago Press，1981：1.

而与语境特征有关。所以，语境及其使用决定了意义，构成了一种语用论的观点。这种从被选择的意义中区分出意义选择的途径所遇到的困难，促进了语用学的意义观对它们的超越。语用学包含了在特定语境下对相关意义的选择，但并非对意义本身的决定。需要注意的是，这里存在着“蕴含”（implicatures）和“含义”（entailments）之间的区别。前者依赖于语境而非真值条件，后者则与语境无关而与真值条件有关。语用学研究了“蕴含”，因而它是语用语境介入意义选择时的一种功能。而作为“蕴含”的语用信息是可消除的，但作为“含义”的语用信息是不可消除的。在这两者之间，又存在着“语用假设”，而“语用假设”既是具有真值条件的，同时又是可消除的；它既与特定的语境相关，但又超越了语境的直接限制。这深刻地表明，语用与语义是不可能绝对地被区分的。事实上，某些语义信息恰恰是从语用信息中导出的，语义信息具有语用的起源。但是，从语境“蕴含”与句子的语义结构的相关性来讲，它又具有基于“可能性”的语义特征。在这一点上，对意义的语境决定性又是从语义信息中导出的，语境必然地要在语义的给定的相关基底上运作、展开和发挥。所以，“语义学规则是独立于语境的，但它们却只有在语用中才有生命力”①。尽管语境和语用决定了意义，但语义分析的作用是不可忽视的，因为正是语言表征本身将语义条件带入了任何相关的语境之中。

第四，作为文化的意义。这是一种“文化还原论”，强调文化是意义的最终决定者，或者说语言的意义全是由语言生长于其中的“文化语境”所决定的。从某种意义上讲，这是语用决定意义说的直觉显现，认为从语言使用形式的多样性中，可以看出决定这些形式的文化的多样性，进而看出这些形式所反映的思想的多样性。实际上，在句子的语义表征与言说所交流的思想之间存在着某种断裂。这一断裂不是仅由“译码（coding）来填充的，而是由推理所填充的”②。语义着重于“译码”，语用着重于推理，而文化更倾向于后者。文化还原论趋向于意义的多样说明，而语义学则侧重于恒定的意义。因此，它不可避免地会由文化的多样性

① Higginbotham J. Content，Models and Meanings. Cambridge：Cambridge University Press，1988：28.

② Dan S，Wilson D. Relevance. Oxford：Blackwell Publishing Ltd.，1986：9.

走向语言意义的相对主义。文化可以应用语义表征的内容，但文化并不决定这一内容，因为文化本身的内在趋势是“意向性的”。所以，克服这种意向性的相对性恰是此种意义观所面临的难题或任务。

第五，作为概念结构的意义。这种意义观认为，语义结构类似于概念结构，语义分析就是概念分析。因为语言可以从所有的感觉模态中输入，所以语义信息一定是某种概念的信息。在这一点上，对意义的最好说明允许语言的和非语言的信息在概念信息的核心中收敛，但这涉及了信息的范畴化问题。语义特性和由心理系统所构造的表征特性是由概念化所形成的。心理表征世界是由各种语义类型构成的，并且它们形成了对“译码”的预测。在这些“译码”中，心理表征总是建构的、整合的、有效的和发展了的。更深刻地讲，这个问题涉及了心理意向的选择性及命题态度的趋向性，而这又内在地会导致语义分析与概念分析的差异。但人们可以将概念结构看作是为语义结构提供了“背景”，因此后者是前者的“亚集”。同时，也可以在本体论的意义上，即语义信息和概念信息的实在性上，去构建语义范畴和概念范畴的统一性。[①]

非常明显，以上五种意义均有其各自的特点、优势和缺陷，但它们本质地应是在不同研究层面上互补的和统一的，而不是对立的。事实上，从普遍的语境方法论的视角将它们统一起来，从语境的基底上去看待它们的一致性将是一个可选择的合理趋向。换句话说，当一个句子被使用时，讲话行为便具有了确定的内容，即由句子的意义和特定语境特性所给定的。反过来讲，这些内容又根据事实确定了断言的真值。对此，可做如下表示：①（意义 + 语境）⇒ 内容；②（内容 + 世界）⇒ 真值断言。

意义理论常常使用①去导出意义是将相关语境信息表达为内容的函项的思想，而使用②去导出内容是将相关世界转换为真值的函项的思想。但实际上，存在着两种不同的断言，即“绝对真值断言”和“有效真值断言”；与此相关，也存在着两种内容，即“绝对内容”和“有效内容”。绝对内容表示了一个言语行为约定的一致的东西；而有效内容表示的则

① Franley W. Linguistic Semantics. London：Lawrence Erlbaum Associates Publishers，1992：54.

是仍处于“游戏”中的内容。因此，可将①和②做相应修正：③（意义 + 语境）⇒绝对内容；④（绝对内容 + 世界）⇒绝对真值断言。

但是，有效断言的形式就比较复杂，因为决定有效真值（有效内容）的内容不是由意义和语境简单地给定的。在这里，我们必须扩张语境的意义，或者在语境的局域性和语言的广域性之间寻找一种联结的“中介”，使其能够将表征语言的语义与语用、讲话行为和内容之间建起一种内在的关联。在这里，可借喻地将这种中介称为一种“框架”（frame）。因此得到：⑤（意义 + 语境 + 框架）⇒有效内容；⑥（有效内容 + 世界）⇒有效真值断言。

必须指出的是，其一，语境和框架的域面宽度不同。从狭义的视角看，语境是局域的，它所携带的局域信息不足以确定所有可能的有效内容。而我们将“框架”看作是对规范的、标准的语义信息的携带。语境是可转换的，而“背景框架”则是介于语言和语境之间的。语言通过框架中的变化来确定，而框架通过语境中的变化来确定。

其二，语境和框架在确定内容上有不同的功能。语境填充内容，没有语境信息，一个断言是不明确的或不完备的。而框架决定着“游戏”中的内容，因而是消解着语境内容。另外，它们与语言规则具有不同的关联，因为对于语言规则来说，语境部分地是内在的，而框架则整个是外在的。

其三，语境和框架与理解具有不同的关联。语境信息对于理解该语境中的任何陈述都是必需的，而框架信息则不然，缺少框架信息并不意味着缺少理解。框架包含着语言有效使用说明的信息，不过对于使用形式语言并非总是必要的。这就是说，需要确定的知识而去有效地使用一种（语义）工具，但是这并不等于必然地需要某种知识去理解该工具的有效性。

其四，框架并非总是存在的。成功的交流隐含着充分丰富的语境的存在，但并不直接隐含框架的存在。框架的存在不仅需要成功的交流，而且要求成功的实践。正是在这个意义上，“必要的框架的存在是将日常的和实践的（意义）与理论的和思辨的（意义）在语言使用中分割开来的特征”[①]。

总之，倘若我们将“框架”看作是隐含在广域语境中的关联，而语境意义或语境信息包含着对框架信息或框架意义的选择，那么二者就内在地是统一的了。这一问题整体地表明了语义分析的复杂性和意义实现的可选择性，因为它包含着语境、语用及意义与背景语言的一系列内在的本质关联。

三、语义学的核心概念与语义特性

在语义学的整体研究中，“直指”（deixi）和“隐喻”（metaphor）是非常重要的两个核心概念，通过这两个概念的阐发和运用，可以揭示语义哲学的本质意义。这两个概念从不同的层面上反映了语义学研究的深度、广度和各种语义特性。从某种程度上讲，隐喻是对直指的极端表现，并且是对它的意义的扩张、转换或变化。因此，“直指”具有更基本的、核心的语义分析的结构性地位。

可以这么讲，直指是语境中某种本质之点所凝聚的表达方式。这种语境的凝聚完全是特定语义空间的定位，因此具有确定的语义位置和指称点。各种可能的直指形式是各种可能的语境特性的功能表现。典型地说，有三种直指特性：①接受或发送表征的主体性——主体直指；②表征的时间性——时间直指；③表征的空间性——空间直指。这里特别需要注意的是空间的语境性。因为直指并非给出了一种静态的位置，而是在某种语境中表征所给出的特定关系。从这个意义上讲，直指处于语义学与语用学的边界上。尽管直指本质上涉及了语境的特性，是外在于语义学的，但使直指符号化的形式都内在地赋予语境以本质的指称。因为虽然存在着语用学的功用和语境的所指，直指也同样具有传统的语义结构，并通过这一结构将其意义带入了任何语境。另外，所有的直指表达都具有共同的核心，即指称点（reference point），由此讲话事件或表征

① Gupta A. Meaning and misconceptions// Jackendoff R，Bloom P，Wynn K. Language，Logic and Concepts. Cambridge：The MIT Press，1999：32.

事件及其与语境的关联才可被分析和判断。“指称点”对于位置来说是指称对象的直接对应，而对指称对象来说则是语境的凝聚。所以，空间直接的基本语义结构是由指称点、距离和方向这三个要素构成的。实际上，这是一个关系集，无论是何种表达，无论表达的对象是宏观的还是微观的，都是特定语境中的关系集所确定的。这表明了一个问题，即语言将空间形式化或符号化是由表征的语境意义完成的。首先，空间概念是语境地相关的；其次，空间表达是基于狭义的和理想化的空间模型之上的。现实空间的实在性、理想空间的拓扑性，以及心理映射空间的指称框架，结合在一起构成了特定语言表达的空间意义。从这个角度讲，直指完全是系统的和整体的，是语义、语形、语用的有机统一。

当我们谈到直指的时候，不能不涉及模态，因为整体的系统模态趋向就是直指的对象。一般地讲，“关于陈述的实际地位的语义学范围就是模态”①。有人认为，模态是与讲话者的态度和特定见解相关的语义信息，也有人更宽泛地指出，模态是“讲话者整个命题的意图”②。但有一点是共同的，即模态涉及的是整个陈述，而不仅仅是事件或实体，它的意义域是在一个系统中的整体表征。当然，模态涉及了实际的信息地位，它给出了一个表征内容的相关现实性、有效性或可信性，或者说，它影响了整个表征的断言性，因此，整个命题均置于它的范围之内。所以，模态不仅是对表征内容的实际地位的客观测量，而且是对主体态度和认识趋向的测量。

在一个确定的模态中，事实上潜含着一个给定的可能世界的语境，并且通过命题态度表现了语境的表征趋向性。从整体上讲，模态包含了表征所涉及的命题态度、可能世界、评价和实际地位。所以，模态意义是一种系统意义。正是从这一点上讲，“模态是一种语义现象”③。它具有鲜明的语义内容。从另一个角度讲，“模态是一种认识直指”，并且“这一结构为所有模型系统设定了基本的概念参数”。也有人认为，模态

① Franley W. Linguistic Semantics. London：Lawrence Erlbaum Associates Publishers，1992：384.

② Joan B. Morphology. Amsterdam：John Benjamins Publishing Company，1985：x.

③ Franley W. Linguistic Semantics. London：Lawrence Erlbaum Associates Publishers，1992：386.

是“一种语言对特定表征世界与其相关指称世界进行比较的符号化的方式”[①]。无论如何，模态是直指的一种认识论的样板。当指称世界与表征世界一致时，我们获得了现实的模态或实在。当它们不一致时，得到的是非现实的模态或非存在（irrelis）。这种分叉是一种标度，一个命题的实际地位就依赖于这种范围，由此导致了这两种不同的认识直指的分叉。这种分叉又可以看作是特定的可能性、证据或约定等。换句话说，作为直指系统的模态，可以构造各种各样的结构可能性。从语义的相关性上讲，有三种模态：①否定的或与实际信息相反的模态；②认识的或可能真实的信息模态；③相关的或必然真的信息模态。根据认识直指，否定的模态是由表征世界与指称世界之间的分叉引起的；认识的模态包含着表征世界与指称世界的潜在收敛，以及判断现实世界的证据和标准；相关的模态则涉及了表征世界与指称世界的强制性的收敛。

无论是直指还是其极端表现的隐喻或认识论表现的模态，都在不同层面或不同意义上体现了相关的语言实体。而无论这种语言实体是现实的还是虚构的、可能性的还是意向性的，都有它存在的不同本质的实在性。所以，任何语言实体一旦在概念空间中具有了它相对确定的领域，就必然会显示出其一般的语义特性来。这些语义特性可归纳如下。

1）特定性（specificity）：在心理映射世界中特定实体的指称可理解性的程度。这是特定语言的或叙述的语境功能的表现，是各种语境要素的整体意义趋向性的显露。它涉及指称性、确定性、事实性、否定性及限制性修辞等的关联。

2）界定性（boundedness）：对实体的内在的界定。一旦既定实体在概念结构空间中具有了它的区域，就必然存在划界问题。有些实体具有内在的界定性或限制性，就是语义地界定的；而有些实体在概念空间中则是内在地开放的，便是语义地非界定的。一般地讲，被界定的实体仅是在它们规范的说明中划界的，局限于它们的初始域；另外，这种界定性是实体的内在特性，并非仅仅导源于语境，因而它是实体语义表征的

① Franley W. Linguistic Semantics. London：Lawrence Erlbaum Associates Publishers，1992：387.

重要内容。同时，这种界定也是相对地给定的，而不具有精确的绝对界限。更重要的是，在概念空间中界定的和非界定的区域有着不同的内在特性，所以界定的和非界定的实体在内在的同质性、可扩张性或可复制性等结构特征上存在着语义的分叉。

3）动物性（animacy）：在被表征事件中实体的相关影响和潜在性。事实上，是对实体对象的某种分类，同时存在着语言学与动物学的“动物性”的区别。对于语言学的“动物性”来说，不仅生命和运动的生物学标准是相关的，而且主题性、潜在性、文化性及叙述特色也同时决定着实体的相关“动物性”。当然，“动物性”本身也存在着它的层级结构及其相关层级之间的关联性。

4）性与性别（sex and gender）：雄性、雌性和中性。既然存在着语言学与生物学的“动物性”的区别，也就必然存在语言学与生物学的“性”和“性别”的差异。“性”是语义学的特性，“性别”则是形式的或符号化的特性。这些区别需要我们在语言意义的研究中，注意“性别”和高层坐标术语与低层坐标术语之间的关联，如人类、动物、非动物之间的关联等。

5）亲属关系（kinship）：家庭联系，这是与“动物名词”相关联的又一语义特性。一般地讲，存在着三个最基本的语义特性，即亲族关系、直系关系、代亲关系。在亲属关系的语义结构中，所有亲属关系的术语都是相对的，并有着它们特定线性的、层级性的、结构性的关联。

6）社会地位（social position）：社会等级和敬语（honorifics）。社会地位是一种语义特性，反映着讲话者的尊严和地位的高度，存在着特定的梯度，并有着各种各样的语形形式。这是实体的社会关联，是某种语境化了的稳定关系，并由此给定了意义。另外，“敬语”与语法的约束是一致的，在某种程度上，它是对相关社会地位的直接的语言符号化的表达。

7）物理特性（physical property）：实体的物理结构。这表征了语言实体的空间对象的语义特性，主要表现在一般的广延性、结构性、尺度性及一惯性的语义特性；另外，还有进一步的有序性、量化性、物质性等。这些都给出了一种统一的、本质的对象图景。

8）功能（function）：将特定对象嵌入相关实体的语用意义。任何语言符号化的功能范围都是极宽泛的，并不存在严格限定的规则。所以，“许多基本的功能集合都是特定语言所具有的，并且表现了使用者的整体文化趋向”①。

综上所述，所有这些语义特性都是在相关语言实体对象的不同层面、不同视角及不同维度上给出的，但它们均一致地统一于特定的社会文化历史语境之中，是整体地可通约的，并自然而又必然地构成了语义学研究在人类心理映射世界中的丰富性、结构性和完整性。这是对当代语义学进行哲学研究的一个非常广阔的领域，仍有待人们去开拓和发展。

---

① Franley W. Linguistic Semantics. London：Lawrence Erlbaum Associates publishers，1992：129.

从语义学到语用学的转变

——论后分析哲学视野中的“语用学转向”*

20 世纪分析哲学和语言哲学的发展大体经历了两个阶段：一是发生于 20 世纪前半期的“语言学转向”，弗雷格、前期维特根斯坦、塔尔斯基、卡尔纳普等哲学家使用语言语义分析手段解决哲学问题，探讨科学命题的证实和意义问题；二是发生于 20 世纪 70 年代的“语用学转向”，奥斯汀、后期维特根斯坦、塞尔、格赖斯（P. Grice）、蒯因、戴维森等后分析哲学家借用语言语用学成果来建构哲学对话的新平台，寻求交流和使用中语言的意义。这种哲学发展方向改变的最大后果就是形成了科学逻辑向科学语用学转变的趋势，构筑了新的哲学发展生长点。[①] 因此，系统研究后分析哲学从语义学到语用学转变的内在动因、哲学实质，对于

---

* 本文发表于《哲学研究》2002 年第 7 期，作者殷杰、郭贵春。

① 盛晓明．话语规则与知识基础——语用学维度．上海：学林出版社，2000：序言，2.

理解和把握后分析哲学的发展路径，探究哲学方法论的演变和哲学思维的演进均具有重要的认识论意义。

一、语义神话的破灭

20 世纪初的“语言学转向”使语言变得不只是对哲学具有影响或是哲学主题的一部分。语言成为哲学的唯一来源，哲学的激情就在于创造一种理想语言，通过逻辑演算（通常是谓词演算）所确定的方法论原则构造语词与对象之间的内在关联，消除自然语言的模糊性和歧义性，以治疗各种哲学病。弗雷格、罗素、前期维特根斯坦等的工作均致力于建立这种“语义神话”，并在卡尔纳普那里达到了顶峰，形成了语义学的卡尔纳普模式。

1. 卡尔纳普模式

20 世纪中叶，在莫里斯语言三元划分[①]的启迪和对逻辑经验主义精神的承继下，卡尔纳普系统地表述了自己对语言的洞察：“如果研究中明确涉及讲话者，或语言使用者，便是语用学领域。如果撇开语言使用者，只分析语词与指涉物，就是在语义学领域中。最后，如果把指涉物也撇开，而仅仅分析语词之间的关系，便是（逻辑）语形学领域。”[②]卡尔纳普的三分法似乎是基于一种非常自然的“命名法”语言图景。在这一图景中，在首先位置上组成语言的是它的符号和此符号所代表事物间的联结，正是这种联结理论构成了卡尔纳普语义学的主题。由此，此理论进而一方面通过符号自身特性本质理论，另一方面通过符号是如何被人类行为所使用的理论，而得到了补充。后两个理论即语形学和语用学，相对于语义学它们是第二位的。限定一种语言的是它的成分所代表的意义，分析这种代表关系就是分析此语言的真正本质。因此，在卡尔纳普眼里，

---

① Morris C. Foundation of the Theory of Signs（1938）. Writing on the General Theory of Signs. Hague：Mouton，1971：21-22.

② Carnap R. Introduction to Semantics. Cambridge：Harvard University Press，1942：9.

作为讲话者对语词和语句之使用的特定方式的语用学是一个并无多大用处的东西。同样，尽管语形学确实在自身正确性里有特定益处，但由于即使语言表达式在提供“代表关系”时的句法特征相当不同，语言也能够履行相同作用，所以它并不是核心的。导致卡尔纳普得出这种语言模式的主要根由如下。

其一，这对于创建人工的、形式的语言极为便利。卡尔纳普把建构一种“逻辑上完美的语言”作为哲学的主要任务，这种语言远离模糊性和歧义性，真理一旦被发现，就能被保存并传达给其他人。因此，它或者是逻辑真理，包含适当句法（语言表达式在形式上完善）和逻辑语形（语言的可证明性），通过逻辑语形学来确定；或者是经验真理，要求直接的观察或这些观察的结合，而何者应被组成经验真理由完美语言的语义学来确定。由此，卡尔纳普就为通过逻辑形式语言的帮助而模式化自然语言以解释自然语言的语义学指明了方向，这就是，从语义学出发来开发逻辑语言，从而为自然语言的形式语义学建立牢固的基础。

其二，它符合作为20世纪前半叶大多数逻辑学家和分析哲学家哲学观点支柱的逻辑原子学说。这种学说认为，逻辑形式语言通常由语形学和语义学来定义。前者创建了它们的公式，表明其如何被形成或重新形成，后者则构成了此公式及各部分所代表的东西。正是基于此，卡尔纳普认为语言和世界作为大厦建立于特定的原子基础上，并且语言和世界的联结依据于大厦的同形结构，原子命题与原子事实同构，分子命题与复杂事实同构，整个宇宙就是建立在原子事实之上的逻辑构造，它同构于一个理想化的逻辑语言体系。逻辑原子学说的这一基本原则构成了卡尔纳普哲学研究的方法论手段，使他认识到“一切科学命题都是结构命题”，试图通过概念分析达到对“世界的逻辑构造”[①]。

可见，卡尔纳普的语义学模式实际上概括了早期分析哲学传统对世界的哲学洞察，在这把大伞下，语义学成为一切问题的核心和出发点，其共同信念是认为通过在语词和它们的指称对象之间构筑不变的功能关

---

① 鲁道夫·卡尔纳普.世界的逻辑构造.陈启伟译.上海：上海译文出版社，1999：29.

系，就可以达到确定性和清晰性的目标。在那里，一端是语言的语词世界，另一端是对象的实在世界，认识成功的标志是真理的符合论，具体表现为追求指称的唯一确定性和绝对所指。它预设了语言和实在、命题和现实之间的同构性，并试图在这种预设之上构建起语言哲学的整个大厦。

2. 原子主义的垮台

卡尔纳普的语义学模式所建基的两个原因看来并不能令人满意。首先，现代逻辑的发展提高了对自然语言的理解，自然语言和形式语言之间并不具有本质的同一性，对形式语言的研究绝不能代替对自然语言的研究。卡尔纳普语义学模式的局限就在这里，它对于形式语言是一种界限，但对于自然语言却是幻想。

更重要的是，原子图景对于构建语言—世界关系的解释过于天真了。维特根斯坦这位在《逻辑哲学论》中提供了对原子图景最丰富阐述的思想家也逐渐认识到了原子主义的缺陷。他看到，语言中的原子陈述对应于世界中的原子事实，这种基础假设在实际中得不到支持。因为这种理论的基本特征是成分的独立性，即每一个成分的为真或为假都应是独立于其他成分的真或假。在理想语言中所预设的这种看似合理的假设在自然语言中却行不通，自然语言中的许多基本语句尽管构成语言的“原子”层次，但彼此并不独立（例如，如果“*X*是红色”为真，则“*X*是蓝色”就不能同时为真）。更关键的是，维特根斯坦看到事物及其与其表达式的关系，无论是其意义还是符合性，都是不可证明和无用的，正像他在后期《哲学研究》中指明的那样，意义最好被作为使用的方式而不是被命名的事物来看待。在他看来，语言不应被视为贴于事物之上的标签，而应是一种工具盒，语言成分的意义就在于它们的功用而不是对事物的依附。因此，言语形式的意义和理由必须建立在人类话语世界之中，而不是超语言的独立实体中。他之所以提出“一个词的意义就是它在语言中的用法”，是因为他意识到人们常常被语法形式引入歧途，因而忽视了不同语法形式被赋予的不同用法。事实上，是什么东西表达了规则及它所表达的规则是什么，取决于它的用法而不是它的形式。这样一来，是“作为人们如何使用语言符号理论的语用学，而不是语义学，应当成为语言理论的核心”①。在这个基点上，一种以“语言使用”为核心的语用学模式——戴维森模式逐渐在后分析哲学中建立起来。

二、戴维森模式的建构

后分析哲学家们普遍认识到，自然语言并不像逻辑经验主义认为的那样一无是处；哲学问题，也并不完全是由自然语言的模糊性和歧义性所造成的，把哲学的任务当作总是根据特定意义和句法规则去翻译、解译或解释任意符号的思想，完全是一种形式主义和理想化了的语言学理解图景。语言的主要功能在于实践，是人类的公共交往形式；对语言而言，使用才是最根本的。因此，只有把语言理解与解释经验、语言分析与语言使用相互渗透和融合，才能真正发挥语言在哲学认识中的功用。对自然语言的这种理解构成了戴维森模式的基本态度。

1. 语言的整体论

形式语言自身存在着两个致命的思想缺陷：一是盒子思维（box-thinking），由语言语形学的约束而产生；一是语境盲（context-blindness），即命题不依赖于被做出时的语境，是语义学的一种后果②。但是，这种语义学所标榜的表达式的意义可以“独立于语境”，即与言说它们的语境或环境的改变毫不相干的思想，在自然语言中显然无法实现。在自然语言中，有许多类型的语词反对“语境独立”：离开了具体的言说语境，它们的意义便无法被给予。首先的一类便是“我”“这里”“现在”等指示词。它们的意义类似于功能，只是在用于语境时才产生一个指谓。因此，为了使它们产生语义上的相关值，不得不给予适当的语境。另外的类型

① Peregrin J. The Pragmatization of semantics//Turner K. The Semantics Pragmatics Interface From Different Point of View. Oxford：Elsevier，1999：425.

② Dilworth C. The linguistic turn：Shortcut or detour？ Dialectica，1992，46：207-208.

是如“他”“谁”等代名词，它们对语境的依赖更为特殊，不仅要求有适当的语境，而且需认识到语境产生的渊源。看来对自然语言，要抛弃语境概念和语境依赖是不可行的；没有它们的帮助，特别是解释意义时不考虑言说是如何通过语境来相互作用的话，不能充分理解的语义现象范围太大了。事实上，所有的经验知识均是相对于各种对象、条件、历史或文化的语境，并且随着语境的变化而改变的。我们不可能也无须求助于人工语言来消除语词的歧义，丰富的语境本身已经为语词设定了灵活、生动、可变换的可能世界。所以，只有在具体语境中，才能获得其有效意义。这样就进入了蒯因和戴维森关于语言的核心观点：语言整体论。在他们看来，语言是一种合作的事业，并且它们的运行不能解释为独立词条相互间各自运行的结果。指派意义就是澄明其在一个合作事业中的作用或可能作用，就是去陈述一个表达式如何能够对于我们使用语言的目的有用。

作为后分析哲学思维核心的整体论，是在批判传统理性和经验认识论的线性决定论原则的基础上建立起来的。在基础主义认识论的死亡和逻辑经验主义的衰落中，整体论的出现显示了思维方式的某种根本性改变。这种整体论观念告诉我们，传统的那种赋予真值的“堆积木方法”的缺陷，在于试图通过定义语词的方式达到表征真理的目的。而事实上，任一语句的真实性都与该语句的结构和语境相关。因此，我们强调符号和思想与语境的相关性和感受性，本质上就在于把语言的形式和结构及其内在意义看作是整体思维中的结合物。在此当中，诸多语句之证实或正确地判定，并不仅仅在于其相关经验的存在，而是还因为它们处于与其他已被证明为真的语句的推理关系之中，即处于证明或正确判定它们的整体语境之中。语言整体论不仅体现了对整体语境的要求，强调当一个语词改变了它的意义，或取代了其他语词和短语的作用，或有新的语词被发现时，必然会反映在理论的整体语境之上，而且预设了语言本质上是一种工具或人类行为的一个方面，不可能从行为之网中走出。

2. 戴维森模式

通过对自然语言新的理解及语言整体论的认识，戴维森看到“实际的语言实践仅仅宽松地关联于任何完全而精确地澄明的语音学、语义学和语形学”[①]。因此，他把更多的注意力放在各种“用法的怪癖”上，诸如误用文字、绰号、口误等。因为他看到“误用文字引入了并不为先在学习所覆盖的表达式，或者并不能通过至此所讨论过的任何能力来解释的表达式，误用文字进入了一个不同的范畴，它可能包括这些事情，诸如当实际言说被不完全地或语法地曲解时我们去考察一个形式好的句子的能力，我们去解释从未听说过的词的能力，去改正口误，或者处理新的个人语言方式，这些现象威胁到了语言能力的标准描述”[②]。戴维森由此得出结论说：“我们必须放弃语言使用者获得并进而运用于情景中的清楚地限定了的共有结构，并且我们应当再次努力去说约定如何在任何重要的意义上被包含到语言中；或者，正如我认为的，我们应当放弃通过诉诸约定来澄明我们是如何交流的企图。”[③]依照戴维森的说法，像误用文字那样的现象展示了我们去理解彼此的能力不能整个地先在于交流的具体情景而学得，并不存在我们首先同意并把它应用于具体情况中的共同规则，也不存在预先覆盖和确定词的所有有意义用法的约定。在这里，戴维森事实上放弃了自然语言作为一种具有已澄明结构的语言观念，而代替主张日常用法和交流涉及了真正创造性的和不可预见的成分。因为在许多真实生活的交流形式中，创造和想象起一个核心的作用。

现在，戴维森描述了一个新的可选择的交流和语言使用图景，即他认为在某种意义上，讲话者的确装备了系统的意义理论，以使他们能够产出并理解语言言说。他所反对的是这样的观念，即所有讲话者共有

① Davidson D. The Social Aspect of Language//McGuinness B，Olivieri G. The Philosophy of Michael Dummett. Dordrecht：Kluwer Academic Publishers，1994：2.

② Davidson D. A nice derangement of epitaphs//Grandy R E，Warner R. Philosophical Grounds of Rationality. Oxford：Oxford University Press，1986：162.

③ Davidson D. A nice derangement of epitaphs//Grandy R E，Warner R. Philosophical Grounds of Rationality. Oxford：Oxford University Press，1986：174.

一个他们应用于具体情况的静态理论。戴维森的确相信每个讲话者都具有一个整体的理论集合，而其中没有一个是与其他人所共有。这些理论并不被认为是静态的和不可改变的，相反，我们经常在我们讲话时决定规则。

这就是戴维森所描述的成功交流："解释者进入了一个具有告诉他讲话者的任一言说所意谓东西的理论的言说情景中。讲话者进而说出了具有意向的某种东西，即它将在一种特定方式中被解释和将被这样解释的期望的意向。事实上，这种方式并不是由解释者的理论所提供。但此讲话者仍然被理解；解释者调整他的理论以使它产生讲话者所意指的解释。"[①]按照戴维森的这个模式，如果听到一个并不适合于我们习惯使用的过去理论的言说，我们仅仅修改此理论直至它产生了正确的解释。

应当看到，在戴维森本人的论述中并未更多地涉及或注意语义学和语用学的概念，而且他经常在"给予语言和语言能力一种系统、科学的、可接受的解释和一种关联于真正对话中参与者的描述"之间动摇，甚至希望两者都具有，而这是维特根斯坦和蒯因认为应坚决做出选择的。[②]但无论如何，戴维森对自然语言的处理和对语言整体的强调使得"语用语境"成为一切建构的出发点和生长点，特别是在把对语用的理解推向语义学的外部、关注其起作用的方式和实践意义的过程中，语言本质上成为一组声音和符号，成为人们用以协调自己活动的方式。它的目的不在于去用形式化的体系规范各类哲学陈述或阐明言词与世界的"符合"关系，而只是在于清晰地展示出拥有不同词汇的人在对理论的选择、接受、运用的社会实践中所表现出的信仰和价值取向。其"语用性"明显地体现于它是从认识的结果而不是原因方面来考察我们的知识，突出强调生活实践中经验的地位，把这种经验不是当作任何物理实在或认识的阿基米德点，而是看作在进行实践活动中各种相互作用的总和。这样，由强

① Davidson D. A nice derangement of epitaphs//Grandy R E，Warner R. Philosophical Grounds of Rationality. Oxford：Oxford University Press，1986：166.

② Gustafsson M. Systematic meaning and linguistic diversity：The place of meaning-theories in davidsons later philosophy. Inquiry，1998，41：451.

调“语用性”所体现出的就是一种与认识主体的直接当下的背景信念、价值取向、时空情景相关的对话认识论。毋庸置疑，在这样一种没有“形而上学”强制的对话中，主体之间平等的内在对话是自由的、有创造性的和易于统一的。这标志着分析哲学传统在认识方向上的一次根本性的转折，更喻示着维特根斯坦之后语言哲学在新的方法论手段刺激下的又一次崛起。从这个意义上讲，走向语用对话的后分析哲学突破了传统分析哲学的语义层面，而在语用层面上构建了新的世界，使得哲学问题在所有方面都有了突破并发展到了一个新的阶段。

三、语义学的语用化转向

以语义学为核心的卡尔纳普模式和以语用学为核心的戴维森模式实际上分别代表了分析哲学和后分析哲学的典型思维方式，从卡尔纳普模式到戴维森模式的转变，本质上是一种“语义学的语用化转向”[①]，它进而“导致了对行为中言语和言语中行为之交流和社会研究繁增的‘语用学转向’”[②]。可以看到，后分析哲学视野中的这种“语用学转向”既显示了语言哲学自身发展的内在必然，又反映了哲学思维发展的某种关键性变革。具体地讲，其哲学实质和意义体现在以下几个方面。

首先，“语用学转向”重新定位了语言的三元划分结构，将语用学推向了哲学的中心舞台。卡尔纳普认为语言由语形学、语义学和语用学组成。戴维森模式对卡尔纳普模式的语形学、语义学和语用学间的界限提出了严重质疑，但他的目的不是要否定这种界限，而是认为卡尔纳普划分它们的方式不充分。戴维森模式的出发点不是把语言当作一种命名方法，而是当作一种工具箱的语言理论。一旦放弃语言作为一种命名的观念，就没有办法将语义学从语用学中解脱出来。当我们解读一种语言

① Peregrin J. The pragmatization of semantics//Turner K. The Semantics Pragmatics Interface From Different Point of View. Oxford：Elsevier，1999：420.

② Nerlich B，Clarke D. Language，Action，And Context：The Early History of Pragmatics in Europe and American 1780-1930. Amsterdam：John Benjamins Publishing Company，1996：6.

时所学习到的所有东西（以及因此为懂得这种语言而认识到的每种东西）是语言使用者如何使用语言。在这种有用性得到了充分发挥的新戴维森模式语言理论中，语形学被归结为进入此种语言的表达式，语义学被归结为表达式使用方式中“原则的”“不变的”部分，语用学则被归结为表达式使用方式中“剩余的”“外围的”方面。由此，对于日常语言交流而言，主体真正所面对的是语用学，而不是语形学和语义学。事实上，“语用学不是对句法和语义的排斥，而是兼容。返回到语用学也就返回到了具体”[①]。

其次，“语用学转向”导致了新的科学解释模型，从科学逻辑转向了科学语用学。亨普尔和奥本海默提出的科学解释覆盖率模型（D-N 解释），本质上是逻辑经验主义对科学认识的产物，带有深刻的逻辑经验主义思维痕迹。该模型的目标就是在下述语句中对条件 C 提供解释：E 是一个好的科学解释，当且仅当 E 是一个满足条件 C 的语言单元，它根据逻辑和经验的条件来阐明 C。但基于科学逻辑的这种模式根本不能解决意义的经验标准问题，既不能证实经验事实，又不能验证科学命题。因此，20 世纪 60 年代末，汉森、图尔敏、库恩和费耶阿本德等激进历史主义者认为 C 应当根据历史和世界观条件来满足，科学结果仅仅为一个所予世界观的语境坚持。70 年代末，拉卡托斯、夏佩尔和劳丹等认为 C 应根据为阐明实在的概念框架、研究纲领而建立起来的理性模式来解释。他们并不在形式的、方法论的论题和事实的、物质的论题之间做出明确区分，而是认为科学研究的结果最好是在关联于科学变化过程中来理解。80 年代以来的语用学转向使这种“语用的语境论方法”日趋明朗[②]，这种语用论模型根据做出解释的解释者来阐明 C，要求按照语境的适当指导来在听者中产生理解解释者的意向及解释行为的核心性。它是一种反逻辑主义的思维，即反对解释是独立于语境的、充分解释的语言单元，以及所有好的科学解释能满足逻辑条件的单一集合，而认为解释依赖于主体：由

① 盛晓明 . 话语规则与知识基础——语用学维度 . 上海：学林出版社，2000：6.

② Holcomb H. Logicism and Achinstein’s pragmatics theory of scientific explanation. Dialectica，1987，41：239.

于解释语境的差异，不同解释主体形成不同的提问方式，因而形成特定的回答方式、特定的解释形式。这一过程实际上是一种科学解释范式的转变，即从科学逻辑到科学语用学的转变，因为“正是语用学才分析整体作用；而在这个整体作用的语境中，对语言系统或科学系统句法—语义学分析才可能是有意义的。因此，唯有指号学语用学才能使当代语言分析的科学逻辑变得完整”①。它所显示出的哲学意义不仅体现在科学解释的认识论和方法论变化上，而且表明对科学理论的认识已不仅仅是科学解释问题，更应结合人文解释，从科学共同体的意向、心理、行为等各个方面认识。在科学语用学基础上所建构的解释，才能对科学理论的本质做出真正认识。

最后，“语用学转向”为哲学发展提供了新的基点，建构了哲学对话的语用学平台。由于语言首要的不是词与事物关系的聚集，而是人类行为和作为这些行为之规则的聚集，并且真理也既不需要也不承认以符合术语而做的解释，因此，使得一个表达式有意义的不是它将代表的那个事物，而是它能作为一种交流工具来使用这个事实，即存在一种我们能将之用于特定交流目的的方式。这样一来，意义最好就不要被看作一种对象，而应当被看作一种作用或价值，是其表达式有用性的具体化。因此，“语义学必须符合语用学，把语义内容归属于意向状态、态度和行为，就是在各种语境中决定它们发生的语用意义”②。事实上，作为语义学出现的经常是化装了的语用学，当我们表面上陈述词和事物的语义关系时，我们真正所做的是借助于其他相似的词来指明问题中词的功能。对一个陈述之意义的谈论就是有关此陈述是有效的，以及此陈述之有用性的一种伪装的（有时是相当误导的）谈论。可见，语用学本质上是一种规范的事情，是一种规则，在语言使用的范围内确定何为正确何为错误。一个陈述的意义，即此陈述所具的有效性，首先和主要在于此陈述的断定带来的承诺和授权，并且这些承诺和授权依次为此陈述参与其中的推理所反映。一个陈述的意义就是它的推理作用。在这种方式中，任何“语

① 卡尔-奥托·阿佩尔. 哲学的改造. 孙周兴，陆兴华译. 上海：上海译文出版社，1997：111.

② Brandom R. Making It Explicit. Cambridge：Harvard University Press，1994：83.

义解释”仅仅是对“语用意义”的详细阐释。

对语用学的这种洞察使语言分析工具从语形—语义学分析模式转换到语用学分析模式，使得哲学对话建构在牢固的公共生活实践之上。新的语用平台所展示的作为人类对话要素结构的特性，内在地规定了对话的公共性、实践性和历史趋向性，使人类思想的各种信念、欲望、语句态度、对象都被“语用化”了，没有超人类权威的“上帝之眼”来选择真值，一切均取决于在当下情景状态中所进行的平等对话。信念的每一次变动、真值的任一重新取舍，都只是语用语境的再造或公共实践具体形式的变易，都是在公共实践具体的、多样化的关联之网内进行的信念的重新编织。这就是说，人们是根据语用语境关联的整体性、公共实践的具体性、对话要素的结构性，而不是根据严格的逻辑推演来进行哲学对话的。

由此不难看出，从卡尔纳普模式到戴维森模式的“语用学转向”，作为后分析哲学发展演变的必然趋向，内在地显示了“现今的哲学无不带有语用”这一哲学基本特征，表明“在分析哲学的发展进程中，科学哲学的兴趣逐渐从句法学转移到语义学，进而转移到语用学。这已经不是什么秘密”[①]。可以说，走向语用学，是分析哲学经历半个世纪曲折历程后的最终归宿。

---

① 卡尔－奥托 · 阿佩尔．哲学的改造．孙周兴，陆兴华译．上海：上海译文出版社，1997：108.

论语义学和语用学的界面 *

源自解决语言意义的语义学和语用学，随着它们作为一种方法论策略在自然科学和社会科学各个领域中的渗透和扩张，其界面问题显得愈益鲜明和重要。一方面，从语用学作为语义学的“废物篓”（wastebasket）开始，在其基本要义上，两者之间的界域和范围一直处于争论中；另一方面，在从语言逻辑和概念分析的语言哲学朝向认知科学哲学发展的“认知转向”（cognitive turn）过程中①，语义学和语用学实际上代表了不同的认知过程和认知机制，从而体现为不同的认知形式。因此，如何从一个合理的思维角度处理两者界面问题，对于关涉于语言哲学诸多问题解决是一个颇为重要的论题。本文拟立足于语义学和语用学之关系的起因、传统划界，从认知科学哲学角度对两者界面做系统分析，这对于揭示哲学方法论在认知科学发展中的作用，探讨语言哲学和认知科学间的内在

---

* 本文发表于《自然辩证法通讯》2002 年第 4 期，作者殷杰、郭贵春。

① Nerlich B，Clarke D. Language，Action，And Context：The Early History of Pragmatics in Europe and American 1780-1930. Amsterdam：John Benjamins Publishing Company，1996：6.

关联，从而冲破计算机思维瓶颈，真正实现自然语言人工智能化和人脑计算机思维模拟，均具有重要的科学价值和现实意义。

一、传统的划界理论

基于对皮尔士语言符号意义理论的回应，莫里斯历史上第一次明确给出了语义学和语用学的各自研究界域，他指出“语用学是对符号和解释者间关系的研究”，而“语义学则是对符号和它所标示对象间关系的研究”①。后来，莫里斯进一步对两者的范围做了轻微修改，认为“语用学研究符号的来源、使用和效果”，而“语义学是研究符号在全部表述方式中的意义”②。莫里斯的这种纲领式意义划分理论，在卡尔纳普那里获得了更具体而广泛的支持，他指出，“如果研究中明确涉及讲话者，或语言使用者，便是语用学的领域。如果撇开语言使用者，只分析语词与指涉物，就是在语义学的领域中”③。特别重要的是，他在“纯粹”语义学和语用学与“描述”语义学和语用学间做出区分，认为纯粹研究是逻辑学的一部分，与为特定科学目的而设定的语言理性重建相关，描述研究则是语言学的一部分，与经历史检验可用于更普遍目的的自然语言相关。自此，对语义学和语用学之界面的划分受到了更多语言哲学家的关注，成为语言和哲学研究中的一种普遍态度。

从一般意义上讲，引入语义和语用区别的最主要原因是，为了提供一种解释框架，以说明交流失败完全在于讲话者语言意义的不确定性特征。从弗雷格将断定句的语义值论证为真值起，经过句子的语义值是从可能世界到真值的函数，自然语言的语义分析已经牢固地建立在真理观念上。然而，在任何情形下，讲话者的言说意义并不能完全由真值所确定，总存在一些语词字面以外的东西，如指示性、歧义性、模糊性和非

---

① Morris C. Foundation of the theory of signs（1938）// Writing on the General Theory of Signs. Hague：Mouton，1971：21-22.

② Morris C. Signs，Language and Behavior. New York：Prentice Hall，1946：219.

③ Carnap R. Introduction to Semantics. Cambridge：Harvard University Press，1942：9.

真值内容，因此，总需要一些语用解释，即不只是通过约定的语言信息，而且需通过与超语言信息相结合，由此，“用对话推理而不是语义推衍或语法不良形式，对意义属性和语言表达式使用的句法分布进行解释，总会受到语言学家们的欢迎，因它一方面可以避免冗长的分析，另一方面又可避免对无限制歧义性假设的分析”，从而有助于将言说的语言事实从语言使用者（讲话者和听者）的行为、意向和推理中分离出来。[1] 这样，对符号意义的阐释就分裂为语义学和语用学两方面的研究。具体地讲，语言哲学史上形成了以下几种语义学和语用学划界理论[2]。

1. 形式语义学和语用学

语义学概念中最极端的是形式逻辑方式。在其中，语言由一系列形式规范的公式组成，并在语义值的基础上由真值进行评价，后者被指派给了初始值及生成此公式时所使用的句法规则。用于人工逻辑语言的这种方法被同等地用于自然语言的语义学中，而没有诸如内容、内涵、意义、命题和思想之类的中介实体，甚至没有调节语言形式和外延间关系的逻辑语言翻译。因此，自然语言语义学像逻辑语言语义学一样无语境变化。正如塔尔斯基和蒙塔古分别认为的，“E_xF_x”为真，当且仅当事物之集合 F 非空；“某物是白的”为真，当且仅当白事物之集合非空。

然而，自然语言中充满了指示词，其指称没有语境知识就不能确定。为此，蒙塔古接受了巴-希尔（Bar-Hillel）对指示词的语用研究，提出语用学是指示性表达式的形式分析，或称为形式语用学，涉及对表达式之用法语境的本质指称，如在对特定语词赋予真值时，应考虑到其言说时间和具体讲话者等。但是，这种语用学仅仅是语义真值定义延伸到包括指示性词语的形式语言，它是相对于纯粹语义学的纯粹语用学，仍然是对一种语境不变的澄明。对于一个所予语句，其真值评价可以穿越所有

---

① Green G. Pragmatics and Natural Language Understanding. Hillsdale：Lawrence Erlbaum Associates，1989：106.

② Carston R. The semantics/pragmatics distinction：A view from relevance theory//Turner K. The Semantics Pragmatics Interface From Different Point of View. Oxford：Elsevier，1999：87-101.

特殊语境，因此，并不存在语用原则、对话准则或有关交流的任何假定。所有这些属于对话蕴含的东西，由于处于自然语言句子的真值条件方法之外而远离形式逻辑的研究。

2. 内在论语义学和语用学

不同于处理外在于心灵的公式并将该公式与真值评价相结合的形式逻辑方法，个体论、内在论方式所关注的是讲话者的认知运算结构，即讲话者对语言所具有的前理论知识或个体语言能力。这种内在论语义学产生自限定表象层次的运算原则和词的语音、语形与语义相互作用的系统中。作为一种从表象到表象的传递，语词意义能够在接受者的认知系统中与其固有知识相互作用，外在世界并不会进入考虑之内。乔姆斯基强烈反对依赖于“词和外在事物间可断定关系”的形式语义学，因为对多数自然语言语词而言，其语义属性所提供的外在世界更多涉及的是人类利益和关心，语义学首要的应当是给予我们的信念、愿望和意向性等命题态度以内容。

作为一种语义学真值条件的心理学化说明，内在论方法需要从人类普遍知识和讲话者当下观念所产生的信息中汲取知识。为此，乔姆斯基在语法能力和语用能力间做出区别，前者涉及语言运算、分析形式和意义的知识；后者是有关适当用法条件的知识，即如何使用语法和概念获得特定结果和目的。这样，语义学和语用学的区别就是语言的两种不同类型知识的区别：一方面是语词意义和逻辑形式结构的知识，另一方面是如何在交流中使用这些结构的知识。在这里，由于语用能力是在语境中讲话者基于特定语形的选择原则和基于听者对它的理解原则所组成，所以作为一种能力系统，语用学不可避免会转向通过行为来理解，从而语义学和语用学的界面在内在论中必然是与语言分析者和推理机制相关联，即具有语法能力的语言知识分析者，在知觉和概念的相关信息中，把逻辑形式或图式发送到理性约束的推理解释过程中。

3. 哲学语义学和语用学

语言哲学中区别语义学和语用学主要是方法论上的原因。弗雷格、罗素等自然语言语义学家把语义学视为探求思想、命题、事实和世界结构的手段。因此，命题或思想之间的区别就是自然语言语句语义学的反映。按照罗素的观点，具有真实主词的语句表达了单称命题，具有摹状词或其他量词做主词的语句表达全称命题，因此，理解一个句子涉及对此句子所表达命题的把握。

转向语言使用和交流源自斯蒂文森，特别是唐纳兰（K. Donnellan）对罗素限定摹状词解释的反应。斯蒂文森坚决主张，是讲话者来指称，而不是语言表达式，是讲话者表达命题，而不是句子。唐纳兰则区别了摹状词的指涉性用法和归属性用法，从而在语义学和语用学间做出区别。一个限定摹状词句子在做归属性使用时表达的是全称命题，而在它的指涉性使用中则表达了单称命题。因此，每个摹状词均能指涉地和归属地来使用，但这并不是语义歧义，而是语用歧义。因为它并不是在词汇或语形歧义性中，也不是在语言系统自身之中，而是在讲话者对摹状词的使用中产生。一旦指涉性和归属性的区别被视为一种语用的事情，那么在以这两种用法表达的不同命题中，它就显现为一种真值条件的歧义，从而就在语言表达式的语义学和包含用法、讲话者意向的语用学之间做出了区别。由此，就没有一个自然语言句子会表达命题或具有确定的真值条件。并非不存在这样的命题类型，也不是指在知识种类间没有区别，而是语言系统提供的表达工具和它们表达的东西之间是一种“一对多”的关系，在任何特定情景中，具体表达式间的关系由语用来确定。

可以看到，传统中关于语义学和语用学之界面的各种理论尽管提供了对两者关系的基本认识，但由于各自背景的不同而显示出差异性，并因或者遗漏了某种东西，或者把界线划在错误地方而显示出认识上的不足。在总结诸多划界理论的基础上，关联理论（relevance theory）从新的思维视角为语义学和语用学的划界提供了一种可选择模式。

二、关联理论的新模式

美国语言哲学家格赖斯对语义学和语用学区别进行了概略式描绘。

他提出的对话准则系统，特别是坚持推出言说的非对话或对话蕴含的理性内在过程，为从新的思维角度研究两者关系提供了基础。但是，“语义学”和“语用学”这种术语并未出现在他的工作中，他的基本区别是在“所说的”(what is said)和“所蕴含的”(what is implicated)之间，把“所说的”意指为一个言说的真值条件内容，把“所蕴含的”意指为剩余的其他部分(即非真值条件的)。格赖斯对理性对话感兴趣的基本动机，就是将“我们的语词所说的”从“我们在言说它们时所蕴含的”中分离出来。[①]然而，在此方面，他与罗素传统一致：他的一个句子或言说“所说的”的概念只是句子和命题的一种替换表述，他置于对话蕴含中的用法是在保护罗素限定摹状词的语义学而反对来自斯蒂文森和唐纳兰的挑战，即为了限定摹状词的所有出现而在所说的层次上坚持罗素的量化解释。在此，被肯定或否定的限定摹状词具有的存在预设，由于依赖于某人信息理性出现的行为准则而被解释为一种对话蕴含。但是，为了辨明“讲话者所说的”，一个人需要懂得表达式的指称物及任何模糊语言形式的意指意义。一旦这两个超越约定或解码的语言意义要求由语境所确定，那么它们就明显得到了满足，而不用涉及仅仅在对话蕴含的推衍中使用对话准则。因此，“所说的”看来是一个属于语言用法范围，属于言说或言语行为理论的概念，而不是属于句子语义学。格赖斯对两者之界面的认识具有模糊性，并因缺乏普遍的解释力而受到较大质疑。

为此，在承继格赖斯语义学和语用学基本理论的基础上，斯帕伯(D. Sperber)和威尔逊(D. Wilson)另辟捷径从人类认知角度研究人类交流，认为人类的认知过程就是用最少的运行力来获得最大可能的认知效果，为此，个体所关注的应当是可用的关联信息，去交流就是去告知个体的意向，从而交流意含着交流信息是关联的，交流信息因关联性而得到保证，这就是所谓的“关联原则”。[②]在这里，关联指认知过程输入的属性，是认知效力和在获得这些效力中所耗费运行力的功能。认

① Grice P. Studies in the Way of Words. Cambridge：Harvard University Press，1989：59.

② Sperber D，Wilson D. Relevance：Communication and Cognition. Cambridge：Harvard University Press，1986：vii.

知效力（或语境效力）包括此系统存在假设的增强，即通过给它们提供更多证据，在新证据帮助下，消除错误假设，并通过新信息与存在假设的相互作用而获得新假设。由此，关联论认为语义学和语用学间的区别是在理解言说中两种认知过程类型间的区别：解码（decoding）和推理（inference）。解码过程通过一个自主语言系统、文法分析或语言概念模块来运行，在辨明作为语言的特殊声音刺激之后，这个系统就施行一系列决定性的语法运算和映射，从而导致一种语义表象输出或者此言说中句子的逻辑形式，它是一种概念的结构性系列，既有逻辑的又有因果的属性。语用推理过程则将语言认识与其他可利用信息结合起来，以达到一个与讲话者信息意向相关的证实性解释假说。解释的这种推理阶段由关联的交流原则所约束或引导，容许听者去寻求一种能够成功地与他的认知系统相互影响，同时又无须将他置入任何未经证明结果中的解释。具体地讲，关联论的语义学和语用学理论特点如下。

首先，关联理论的语义学是由语言所编码的内容，意谓着语言形式和它们编码信息间的一种关系，而不是形式和外在世界中实体间的关系。格赖斯的形式的或约定的意义，以及被表达的命题并不是纯粹语义的东西，而是语言解码意义和语用推理意义的混合体，不存在语言对象、句子与命题或命题类型间的对应性。因此，这种编码语义表象很难完全是命题的，它起作用仅仅是作为一种模块或假定图式，它必然地要求语用推理去将它发展为讲话者所意图去表达的命题，这就是通常为人所知的语义不确定性。这里的“语义”意味着在语言形式中编码的意义或信息，由于自然语言句子并不编码完全的命题，而仅仅编码（可评估真值）命题形式的建构，所以语言代码（讲话者所使用的语言形式）并不能确定言说中所精确交流的命题内容（因此还有它的真值条件），在判定它们对一个事态的摹状为真或为假之前，要求一个完全的语用过程，因此，精确交流命题的出现依赖于语用推理，不只是在决定所意指的指称物和模糊表达式中，而且是在提供尚未清楚表达的成分和调整被解码的概念内容之中。这样，语言系统产生的无限句子集合就可以分割为两个无限亚集，一个由不确定的非永恒句子组成，讲话者从中发现了交流他们思想的非常便利而又节省运行力的手段，另一个是由完全确定的（即被编码的命题）永恒句子的无限集合组成，当完全精确并且没有给解释策略留下空间时，它就能被使用。很清楚，这里所分析的语义学和语用学区别中的语义学概念并不与真值条件相等同。依照这种图景，一种真值条件语义学不能直接给予自然语言句子，而应当将完全的命题思想作为它的适当范围。

其次，关联理论的语用学是对涉及理解言说的认知心理过程的解释，它并非严格限制于语言过程，也不是限制于交流，而是应用于全部人类认知或信息过程。在此种关联驱动的过程中，一种言说的语言编码成分不应当普遍提供，以期获得尽可能高的精确度，而应当考虑接受者当下可接受的和容易得出的推理，未注意到这一点，或者把它弄错了的讲话者会引起他的听者不必要的运行力，并且冒不被理解的危险。这种语用推理是接受者对实指刺激的一种自动反应，除了是我们以行为者的精神状态（信念、愿望、意向）来解释人类行为的通常习性之外，按它的顺序，它被定位于普遍寻求关联的信息过程这一更大图景中。依此观点，语用推理是基本的，并且当作为一种实指刺激的代码（语言系统）使用时，是一种有用的附加物。在言说解释的关联论思考中，其目标就是去描述所表达的假定集合及获得它们的过程，在其中，语用过程居于逻辑形式和言说精确表达的命题之间。可见，语用推理不仅建构，并且创造了逻辑形式。在此，“关联的交流原则”所探求的就是：实指的每个行为交流它自己最佳关联的预设，即此预设将至少足够相关地保证引起受话人的注意，此外，同样相关的交流者能够并且愿意去做出它。

最后，关联理论由此就垂直地定位于认知科学的构架中，这种构架采纳了一种心灵表象和计算的观点。按照此观点，语言意义提供给语用推理过程两种相当不同的输入编码类型：概念的和程序的。一方面，语言形式可以编码概念，概念作为经历推理运算的那些精神表象的构成物而起作用（即概念表象），这样，在一个言说中所使用的语言表达式编码的概念就构成了它的逻辑形式，并且为解释的发展提供了概念基础（精确表达的完全命题假设）。另一方面，语言形式可以编码程序，程序并不是概念表象的构成物，而是作为对理解推理的某些方面的约束而起作用。进而言说和其他种类的实指行为，通过把特殊类型的意向归属于它们的发动者而获得了解释。这里的交流意向是一种固有的更高阶的精神状态，是使得告知某人某事的意向更为明确的意向，通过受话人的认知系统与这种意向相一致的过程而自动地为实指刺激所激发，而不顾此刺激产生者的实际意向。在整个从语义解码向语用推理的过程中，存在一种相当普遍的推出交流者意向的动机，以致它看来成为一种固有的反应。这样，由实指刺激所携带的关联预设就产生了一种听话者在他们的解释中所使用的理解程序：他们依照最小运行力原则寻求满足他们关联期望的解释。

因此，语言表达式并不是关联论自身结构的最基本对象，而是思想（私人的、不可观察的）和实指行为（公众的、可观察的），后者被施行以交流思想。交流的意向可以通过大量的实指行为来修改。交流意向中的思想和在实指行为中解码信息间的差异，通过解释者的语用推理力量得到了沟通。这种推理过程本质上以相同的方式起作用，而无论是否与解码信息相结合。显然，语言系统或其他代码的使用，为实指目的提供了具有更为合适信息的推理机制，并且为交流带来巨大便利。这样一种相互制约和相互促动关系正是关联论语义学和语用学之关系的核心所在。

三、语义学和语用学划界的意义

从传统语义学和语用学划界的理论中可以看出，它们实际上体现了不同的划界模式和对两者之关系的不同看法，可概括为以下几种。其一，抽象模式。它把语用学描述为比语义学更为基本的东西，通过从语言使用者和使用成分中来抽象出语义学，进而再从语义学中抽象出语形学，包括莫里斯、卡尔纳普等在内的语言哲学家均是以这种模式开始他们的划界理论。其二，附加模式。这种研究模式源于对自然语言的理论构建，因为把形式系统的模式用于自然语言时，对诸如信念、知识、义务等意义问题无法得到解决，需要发展语用系统来补充语义实体。这样，对于一个命题而言，作为一种语义实体，就可用于不同的目的，在一种情景的交流中它为真，在另一种中则为假。而语用学研究的则是对语义实体的“操作”，是对语义学和语形学的一种理论附加。其三，相邻模式。这种模式预设了一个巨大的语言现象领域，在该领域中，存在两个各自独立的观点，即语义观点和语用观点，从各自视角出发对语言现象进行研究，它们有时处于重叠中。[①] 关联理论研究模式则从新的视角上将语义学和语用学之划界的研究定位并统一于人类认知交流过程中，使语义学和语用学走出了狭隘的语言学领域，并为语言哲学走向广阔的认知科学哲学奠定了基础。具体地讲，传统的与关联的语义学和语用学划界理论的哲学认知意义体现在以下几个方面。

1）语义学和语用学的划界澄清了语言哲学研究中许多相关论题。长期以来，对语义学和语用学对象域的研究形成了各种对立观念[②]。其一，语言的（约定）意义和用法。前者把语义学限制于语词的字面意义，具有形式的、不变的特征，后者则认为辨明语词之语义归属的唯一方式是指出它们是如何被使用的，因而只有语用学的研究才能真正澄清语词的意义，所以“语义学为语言提供了一种语句意义的完全解释，语用学则为如何在言说中使用语句来传达语境中的信息提供了一种解释”[③]，从而“语义学和语用学之间的区别就是，约定地或字面地与语词，由此与整个句子相关涉的意义，以及通过更普遍原则使用语境信息得出的进一步的语句意义之间的区别”[④]。其二，真值条件的意义和非真值条件的意义。这就是说，语义学研究命题，通过说明语言句子的真值条件来研究句子和表达它的命题的搭配规则，语用学则－探究不能直接由句子表达的真值条件来说明的言说意义，所以，“语用学＝意义－真值条件”[⑤]，从而研

① Kasher A. Pragmatics：Critical Concepts（I）. London：Routledge，1998：150-152.

② Bach K. The semantics-pragmatics distinction：What it is and why it matters // Turner K.The Semantics/Pragmatics Interface From Different Point of View. Oxford：Elsevier，1999：70.

③ Kempson R. Grammar and conversational principle // Newmeyer F. Linguistic：The Cambridge Survey. Cambridge：Cambridge University Press，1988：139.

④ Davies M. Philosophy of language // Bunnin N，Tsui-James E. The Blackwell Companion to Philosophy. Oxford：Blackwell Publishing Ltd.，1995：124.

⑤ Gazdar G. Pragmatics：Implicature，Presupposition，and Logical Form. London：Academic Press，1979：2.

究那些在语义学中所不能把握的各类层面的意义。其三，独立于语境和依赖于语境。语境通常被用于去解释语用学如何补充语义学，语境填充了言说意义和语言意义之间的断裂，因此，语义学对语言意义的理解独立于语境，而“语用学则研究语言在语境中的使用，以及语言解释的各个依赖语境的方面”①。事实上，正是这些对立观念的澄明促进了语言哲学的进一步发展。

2）语义学和语用学的划界提供了不同的哲学分析方法，展示了丰富的认知方式。作为20世纪哲学方法论的显著特征之一，语义学以言说对象为取向，形成本体论——语义分析，语用学以语言使用者为取向，形成认识论——语用分析。但这些分析方法长期以来一直处于一种割据状态，以致在处理意义和真理问题上形成了对立的理论。通过对两者各自对象域的界定，特别是关联理论的策略无疑为语义和语用分析方法的整合提供了一条可选择思路。通过语义编码分析，得以进入语用层面，语用的处理作为对真值条件语义学的一种拓展或补充，完全保留了对句子意义的形式语义学解释这一基本假设，并将它扩展到包括了非断定的语言表达式，使非交流使用的句子可以完全用形式语义学工具来分析。作为寻求关联和解读心灵的认知过程，主体对于真假的信仰选择、价值倾向和命题态度，在语义和语用分析的基础上，不仅内在地具有实在特性，而且现实地存在意向特性与相关行为之间的因果关联。它一方面具有语义的性质，规定着用于表征符号、语词和命题中所蕴含对象的指向；另一方面仍然是语用的，只有在当下的、符号使用、语词指称的情景下，才具有完全的现实意义。所以，在特定语境关联中，语义和语用的统一决定了认知的整体性和系统性，规定了真理的建构性和趋向性。

3）语义学和语用学的划界促进了语言哲学向认知科学哲学的转向，提供了计算机模拟人脑理论的哲学基础。历史地讲，语言哲学对语言的处理有四种不同方式：其一，作为交流的语言，即语言的代码概念，语

---

① Lycan W. Philosophy of language // Audi R. The Cambridge Dictionary of Philosophy. Cambridge: Cambridge University Press, 1995: 588.

言由言说组成；其二，作为逻辑的语言，即语言的逻辑概念，语言是一种进入彼此逻辑关系中的命题类型；其三，作为语言学的语言，即语言的语法概念，语言是按照特定规则而被说出或写下的句子类型；其四，作为实在的语言，即语言的自然概念，语言是物理实在的一部分。① 语义学和语用学对语言的这四种不同研究方式的界定，使语言哲学认识到只有转向认知科学哲学，才能将语言的、逻辑的、交流的和自然的模式有效地结合起来。在这样一种语义和语用相统一的认知模型中，一方面，语义学通过语言表达式的语法规则提供了语言的编码——解码装置，将物理实在与语言代码有机结合起来；另一方面，语用学则诉诸具体言说和行为语境，通过主体意向性在交流中将思想转化为语言推理过程，形成了对世界的认识和对知识的传达。它们构成了解释人类行为和意义的认知系统。特别是当将这种认知模式扩展到对其他种群行为的解释及特定人造机（人工智能机和计算机）模型的建构上时，其优势体现得就更为明显。因为从根本上讲，意义理论对计算模型的建构是基本的，计算机语言具有语义仅仅在于它们使用者的意向，而使用者的心理状态恰是主体神经系统的功能状态，这些功能状态既具有实在的因果力，是人脑的物质属性，又体现为表征状态而拥有了语义力。正是由于功能状态的因果力和语义力的心理统一，构成了心理状态的结构变换和对信息内容的加工处理，从而引发了人类的科学行为。对语义和语用认知机制的考察，揭示了各种心理状态间的因果联系与命题对象间的语义联系之间的统一性，使任何逻辑理性演算均可由在句法上构建的符号表征的简单操作而确定。这样，计算机便成为可与人脑相比拟的“实在环境”，计算过程就类似于特定“语用推理过程”。事实上，由于使用者赋予计算机操作意向的存在，任何绝对中性的无意向东西都被消解了，语用认识论使表面上完全形式化了的计算程序所体现出的是人类心理意向的深层展示，使人性化智能机的出现成为可能，并且计算机越更新换代，越显示出对人脑更为逼真的模拟。

---

① Kanthamani A. From philosophy of language to cognitive science. Indian Philosophical Quarterly，1998，xxv：88-90.

德国哲学传统中的语用思维 *

德国哲学传统中的语用思维肇始于康德的“语言学转向”。19 世纪德国语言学决定性的语言思想是语言作为有机体的隐喻观念。语言学家研究语言的语法结构和内部规则，认为语言是独立于语言的讲话者并依照这些规则来运行的现象。因此，对于强调语言的结构和进化依赖于使用者、关注于社会语境中语言使用科学的语用学而言，这种语言学观念并没有为使用中或语境中的语言研究，或者语言和行为间关系的研究留有空间。正是康德在知识建构中的图式论和符号观念，把语言的因素引入理性的建构中，形成了德国语用思维的出发点和思想传统。在康德所开创的哲学轨道上，德国哲学中的语用思维表现为与英美语用学完全不同的发展路径，并成为现代语用学的主要来源之一。本文的目的正是要具体考察语用思想在德国哲学传统中的发展、表现和风格，从哲学渊源的角度认识现代语用学的形成、发展轨迹。

---

* 本文发表于《科学技术与辩证法》2003 年第 1 期，作者殷杰、郭贵春。

一、康德的语言学转向

现代哲学开始于康德的所谓“哥白尼革命”。正像哥白尼通过把太阳置于宇宙的中心并让地球和其他行星围绕它运行，从而在天文学中改变了我们对世界的看法一样，康德通过把理性置于核心地位并让对象世界绕它运行而改变了我们对自身的看法。从这个观点看，我们并不仅仅是通过感觉来认识世界，即通过感觉积累世界经验和它的对象表征；相反，我们预先把一个结构强加于世界之上，并通过人类理性的原则来指导它。在此之前并没有发现组织化了的世界，也没有因对象世界而束缚住人类的行动，人类组织了世界，人类自身就是自由的行为者，并能自由地按照人类道德原则来行动。为了发现理性和道德的这些最高原则，按照康德的观点，哲学应当不仅仅按照英国经验论者所赞同的经验方法来进行，而是应当按照先验方法来前进。

康德哲学的这种“哥白尼革命”的实质，“就是要建立起‘概念使对象可能’的新思维方式”[①]，这种先验方法基于一种“真正的语言哲学”。康德看到，“包括这些普遍的和必然的法则的科学（逻辑）简单地就是一种思想形式的科学。并且，我们能够形成这门科学的可能性的概念，就像仅仅包含语言形式而没有其他东西的普遍语法一样，它属于语言的事情”[②]。为了探询经验可能性的结构或思想的形式，因而它将实际地成为一种语法的研究。也就是，我们通常按照范畴所提供的先天法则来建构对象并赋予其普遍必然性，就像语法在语言现象中的规则作用一样，经验是范畴这种先验语法对自然现象加以拼写的结果。对此，在《任何一种能够作为科学出现的未来形而上学导论》中，康德明确指出，“从普通认识里找出一些不根据个别经验、然而却存在于一切经验认识中的概念，而这些概念就构成经验认识的单纯的连接形式，这和从一种语言里找出

① 陈嘉明．康德“图式”论的符号学分析．厦门大学学报：哲学社会科学版，1991，（4）：78.

② Nerlich B，Clarke D. Language，Action，And Context：The Early History of Pragmatics in Europe and American1780-1930. Amsterdam：John Benjamins Publishing Company，1996：15.

一般单词的实际使用规则，把它们拿来作为一种语法的组成部分，是没有两样的，并不要求更多的思考或更大的明见（实际上这两样工作是十分相近的），虽然我们指不出来为什么每种语言偏偏具有那样的形式的结构，更指不出来为什么我们在那一种语言里不多不少恰好找出那么多形式的规定”[①]。可见，康德事实上把他的先验哲学塑造在其时代的普遍语法之上，语言的形式将理想地反映思想的形式，为语言的使用设定了界限，促成了他的哲学的“语言学转向”。

如果说范畴为经验现象提供了先天法则，形成了概念的语形学，那么概念如何具有意义，它又是如何与直观对象联结起来的？ 因为现象中并不会看到诸如“实体”“因果性”之类的东西，并且如果概念不用于现象，它就没有了意义，只是单纯的逻辑形式，因此必须寻求概念与经验间相联结的通道。

在康德那里，语言是理性的外在化和异化的唯一工具，这种简单的语言表征理论在对内在的精神表征和外在的语言表征区别的基础上，将外在的语言表征又分为符号的概念表征和概念的象征表征。但是，在康德看来，符号（包括语词）仅仅是概念的一种指谓，其唯一的功能只是按照想象的关联规则去唤醒概念，这种纯粹主观的作用避开了与对象直觉的任何内在联结，因此它只是概念的表达式，即语词表达概念，它们是任意的并且主观地用于思想的再生和转换中。另外，在概念的象征表征中，由于与概念所一致的仅仅是程序规则，而不是直觉自身，且此种一致仅仅是在反映的形式中，而不是在内容中，所以它们完全没有可直观的对象，而只能通过类比方式，借助于另一个可直观的对象，反省出其中的意义，再把这些意义类比于原来的概念之上。因此，概念的象征表征不能直接指称对象，是不充分的。为此，康德不得不寻求其他建构概念意义的程序。

在康德看来，能够既符合先天的语形规则，又能够与直观对象相关联获得语义意义的唯一有效认知表征方式，只能是图式。图式通过先在

① 康德．任何一种能够作为科学出现的未来形而上学导论．北京：商务印书馆，1982：97.

性使直觉符合于概念，这里的先验图式就是时间的先验规定。因为时间是直观的先天形式条件，不掺杂有任何经验的规定，同时一切现象均在时间的关系中发生。这样，图式的作用就是提供一个纯粹概念的图景，即在感觉和认知之间的桥梁，“纯粹知性概念的图式，是这些概念能够与对象发生关系并具有意义的真正的和唯一的条件”①。在此，图式可以被创造，是我们创造性想象的结果，因此，是在概念和对象之间建立了一种关系的创造意义的手段。它在理性提供的概念和观念的基础上，对理性做出表征。所以，从本质上讲，图式起着语义规则的作用，在时间序列、内容、范围等方面对用于对象之上的语形概念给出语义的解释，从而使抽象的概念在时间的图式中感性化，并指向了特定论域中的对象。康德的图式论实际上提供的是一种语言概念的意义理论，即如果没有把对象给予概念，概念就不可能形成，不具有任何意义。

可以看出，康德先验哲学中包含丰富的语言哲学思想，特别是他的语言图式论通过限定概念的使用范围，以获得有意义的语句的思想，在某种程度上达到了后来的逻辑经验主义“一切有意义的语句都是在经验中证实的”理论的程度。一方面，康德从概念的语形学到概念的语义学的发展，表明语言观念在他的先验哲学中具有重要位置，尽管只是以一种附属的形式出现。但另一方面，康德对德国语言哲学发展的意义也仅限于此。在他那里，日常语词仅仅是任意符号，而未能看到大多数日常语词开始都是作为象征，哲学语言依赖于日常语言为它提供完全的表征。特别是他未能看到，语言能够履行图式的作用，在直觉和概念或感觉和认知之间架构桥梁。所以，康德的语言作为表征的理论，包括符号和象征的表征，在一段时期内阻止了语言的行为方面的发现。可以说，康德是从否定的意义上来促进德国语用思维的发展的，他的后继者在他的语言思想的启发下，通过跨越康德的纯粹理性哲学所设置的限制以去建立一种基于康德原则的新语言哲学，从而超越了 18 世纪处理语言的感觉论和经验论方法，并促成了一种语言的先验哲学，把康德的先在性从理性

① Kant I. Critique of Pure Reason. Smith N trans. New York：St. Martin’s Press，1968：186.

转换到了语言，并引入了符号和交流行为中对话者的观念，使德国语言传统慢慢发生了朝向语用的转变。

二、后康德时代的语言交流哲学

康德之后，直到19世纪末的这段时间里，在语用问题方面的研究主要是在康德先验哲学的影响下进行的。包括费希特、哈曼、罗斯（G. Roth）、维特（S. Vater）、洪堡特（W. Humboldt）和施莱艾尔马赫（F. Schleiermacher）等在内的哲学家和语言学家，一方面，继承了康德的表征理论，并把对语言的研究集中于语言中精神和表征间的关系上，对语言来源和语言系统本身进行基本界定；另一方面，他们把康德的图式理论结合进语言理论中，语言取代了康德的图式论在其哲学中作为“第三”的作用，与概念和直觉结合在一起，使语言对于思维具有了核心的作用。具体地讲，这一时期关于语言和语用思维的基本观点主要集中在以下几个方面。

1. 语言的先验来源

由于康德先验哲学的影响，这个时期的哲学和语言思想普遍地渗透着先在性是一种对所有知识和所有人类创造物都必不可少和构成性的观念。因此，费希特研究语言的基本目标就是去给予语言来源一个道德基础，所以，费希特所希望的是一个语言来源的先验历史，是对语言观念被转换进人类言说中方式的描述，把语言本质和来源从人类本质中推演出来（以康德的先验演绎为模式），而不是一部自然的或经验的历史，不是对人类所使用以形成语言的自然手段的描述。为此，费希特指出：①语言是通过任意符号对我们思想的表达。“通过符号，这意味着不是通过行为。我们的思想把它自己显示于可见世界中：我思考并且依据这种思考的结果而行为。一种合理的存在能够从这些自我行为中推断出我们所思考的东西。但这并不称为语言。在能被称为语言的每一件事中，只有思想的指称能被思考，并且语言除了这种指称之外无其他目的。”后来费希特写道："语言的目的只是指称，这就是在思想中获得一种相互作用，没有一种适当行为的相互作用不能被产生。"[①]因此，语言的这种表征功能是逻辑地首要的。②语言本质上源于人类面对其他个体时，主体试图与之相互作用，这种相互作用仅能通过交流得到，也就是通过内在表征的外展。因为人类面对的不仅是去征服的自然，而且希望与其他生物接触和联合，此时他所感受到的是一个指向自己的行为，此行为遵循特定的可以认识的规则，这使他意识到此生物像他一样富有理性，所缺乏的仅仅是去与之相联结的手段，而把这两个理性生物联结到一起的工具必定是建立在个体意愿和行为之间的相交部分上，这就是，它超越个体意愿但又仍然与它相联结，这样做的唯一方式就是通过语言，即不是通过占有而是通过理性，通过行为和再行为的一种相互作用，这种相互作用不仅仅是本能的，而且表明了相互间的理解。

2. 语言的表征和交流

从康德的语言表征论出发，罗斯系统分析了内在表征观念和外在表征观念，以及它们的关系。他认为康德及他的纯粹理性批判，并不像其时代的普遍语法家一样，大部分建基于归纳和心理学上。他试图解决的问题是，语言如何能够在认知的，尤其是交流的层次上履行它的符号功能。为此，他指出：一方面，表征可被视为表征呈现其自身为一种内在认知表象的形式，即心灵的行为；另一方面，它意味着观念的外在语言表征是一种身体的行为，一种言语和交流行为，罗斯把这种使用言语来表征观念称为"交流行为"。

在罗斯看来，外在交流表征与内在认知表征是并行的，语言的表征形式就是对心灵及其行为的模仿。在此，词表征概念，句子则表征判断。词和句子作为外在行为在内在行为中具有相应等值物。在形成一个判断的行为中，两个认知实体或表象被结合在句子这种逻辑单元中。罗斯对心灵行为的词（概念形式）和句子（判断）这两种外在表征的区别可图

① Nerlich B，Clarke D. Language，Action，And Context：The Early History of Pragmatics in Europe and American 1780-1930. Amsterdam：John Benjamins Publishing Company，1996：35.

示如下（图 1）。①

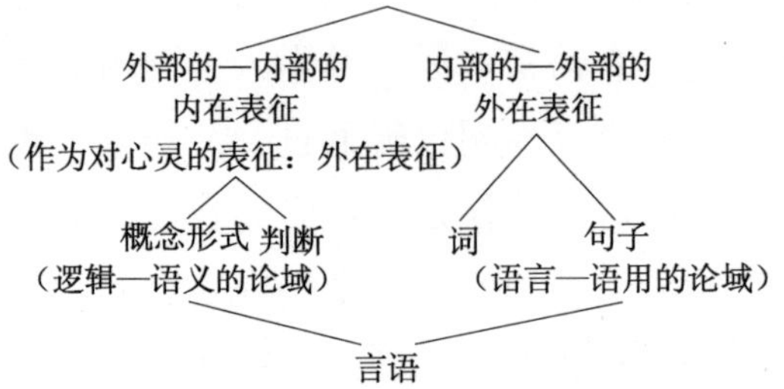

图1　词和句子两种外在表征的区别

由此可见，在思想或观念的表征中，既存在概念形成和判断形成的过程，又存在产生被发出的言语的过程，语言把言语变为表征思想的工具，从而语言成为认知和言语之间的媒介。我们在语言中表征思想，就能被称为语言的纯粹普遍理论规则。然而，这种表征在实际中能运行的必然条件是交流，作为信息的发出和接收者，人们能够真正地把信息的编码视为言语的产生，把信息的解码视为把缠绕于言语之中的声音和思想整理出来，为使真实的表征存在，它就不得不与另外的主体交流，在与他人的交流行为中，表征通过言语而变为基于思想的交流表征，并因此通过交流行为而完成。

所以，罗斯认为，可以从两个层次上来考察语言：其一，语言作为表征是一种日常的现象，它来源于交流需要，产生于他人的意愿，在这种情况下，交流是本质的，它发生于真实的时间和空间中，语言因为交流的需要而使用，并因为使用被改变；其二，在更高层次上，语言能够成为更自由的表征的手段，并与交流的需要相分离，可交流性的特征在此并不是本质的，表征者更多的是为他自己而不是其他人来决定他的表征，其他人的使用是次要的，讲话者仅仅具有历史的价值，听者能够是任何时间的任何人，比如，在诗和科学的论域中。这是两种不同的交流模式。

① Nerlich B，Clarke D. Language，Action，And Context：The Early History of Pragmatics in Europe and American1780-1930. Amsterdam：John Benjamins Publishing Company，1996：38.

这种认为把语言从表征中区别出来的是通过发出言语的交流的观点，使逻辑主义和语言系统的观点在此被功能主义和语言的交流观点所取代，尽管后者是基于纯粹理性的推演而不是日常语言的分析。

3. 语言使用和文本理解

随着言语交流观念的出现，德国语言学中有了作为一种交流手段的语言和作为向某人交流某事的言语之间的区别。语言的讲话者、听者、意向及交流行为的目的等语用方面开始受到越来越多的关注。在语言和语言使用的这些方面中，维特超越了费希特去把握语言纯粹观念的愿望，把它向人类意向性、历史及经验事实开放。对于维特而言，符号的每一次使用并不能绝对地源自普遍哲学法则，符号的具体使用必须部分地被视为人类心灵、自由意愿等自主活动的表达。这就是一种思想当它在一定时间在特定场合与符号相关联时，为何仅仅能成为特定思想的原因。由此，维特认为，人们并不能很容易地从心灵和语言之间关系的纯粹分析中得出语言的普遍特征，规范的语言使用总是根植于特定场合并基于习惯。当被分析为一种经验的事实而不是作为一种无限的观念时，语言就整个地是基于使用，基于在真实的时空语境中通过实践交流转换得来的习惯。

同样，在费希特的直接影响下，洪堡特也提出了类似看法。对他而言，语言是结合于每一个讲话行为中的两个有序过程的产物，即反映和言说。洪堡特试图去表明，词不仅仅是观念符号，“而是一种生生不息的创造性活动”[①]。因此，符号并不是任意地与预先存在的意义相联结的，而是在同一时间及讲话者的同一言语行为中形成的。这种讲话的“言语行为”成为洪堡特语言哲学的轴心，正像“符号行为”是洛克的和“理性行为”是康德的一样，语言基于真正产生它的行为。

神学哲学家施莱艾尔马赫则基于文本的解释，特别是《圣经》文本的解释，在康德的启示下，提出解释的先验问题：理解如何可能？意义的理解如何可能？ 在这当中，阐发了自己对语言使用和意义的理解。在他

① 孙周兴．论威廉姆 · 洪堡特的语言世界观．浙江学刊，1994，(4)：52.

看来，语言不只是一种语法和词法规则的结合。我们试图去理解的总是言语行为。正像对洪堡特一样，言语行为也是施莱艾尔马赫语言理论的焦点。所有的言语行为仅仅是语言本质展示它自身的方式之一。这就是为什么我们在没有同时看到语言使用时也不会看到作为规则或语法系统的语言，这也意味着语言必须总是在与修辞学或心理学的联结中来研究。

在康德时代的德国语用思维的发展中，已经出现了许多与现代语用学相同的方面，特别是对交流互动和对话的探索。这一时期的思想普遍反对理性论及语言的逻辑观。但是，在德国早期的这种语用思维中，尽管康德的图式论逐渐转换为一种意义的语用论，语言是思想表达式的观点仍然统治着语言和交流的萌芽理论，特别是在语言的概念中仍然缺乏对语言的行为性的洞察。

三、言语行为理论在德国的发展

随着康德时代的结束，德国哲学和语言学开始试图把语言从浪漫的灵魂和先验的精神中分离出来并把它带入坚实的地面上，进入人类活动和广泛情景中。为此首要的问题就是重新思考语言的本质，即语言的功能是什么、我们如何理解语言。

在魏格纳（P. Wegener）看来，语言的主要功能不是表达和表征思想，而是以特定方式影响听者，正是在这种影响中，语言系统地进化和个体发生地进化，可见，在语言历史中，语言功能是首要的促动者，而不是语言形式。因此，不仅应注意讲话者，而且应注意听者，不仅应注意言语，而且应注意讲话者想通过言说特定词而达到的目的，只有在对话中，以特定方式影响他人的言语目的和意向才会出现，进而一系列声音才成为语言工具。如果我们想理解交流如何进行，我们也不得不考虑语词被言说的情景，仅当听者和讲话者能够从一个语言的、认知的和超语言的背景中推理，讲话者才能达到他们的目的，听者才能理解讲话者。语言理解因此首要地是基于“语用推理”。

为此，魏格纳把语言分析的单元称作言语行为或交流行为，即一种具有特定目的的意向行为。因此，语言并不仅仅是把我们的思想单元强加于他人之上，语言是语境中的行为，在对话中，我们用词来做事，影响他人的意愿。这里，魏格纳使用“行为”以指语言用法的语用方面。因为从来没有一种纯粹形式的功能，语言的表征功能总是语用地被建基的，必须诉诸听者和情景。

但是，魏格纳的言语行为思想仍然是在19世纪末的哲学和心理学传统中，即康德的精神活动哲学和洪堡特的表征心理学。德国哲学家和心理学家布伦塔诺按照经验的原则来建立心理学的观念促进了德国哲学中言语行为理论的发展。布伦塔诺的行为心理学与旧的主张观念是一种精神内容的感觉论，和结构心理学相反。对他而言，所有的心理现象均是行为，是指称某事的行为，“讲话经常被认为与行为相对立，但讲话自身就是一种行为”[①]。自布伦塔诺之后，心理学家开始放弃观念表征主义，这意味着对词和句子的语言研究不再被视为反映由表征的建构所组成的精神过程，语言结构逐渐成为意向心理“行为”内容的抽象成分。

通过运用布伦塔诺的心理学，马尔蒂（A. Marty）产生了对语言问题的语用洞察。马尔蒂更多不是关注于语言，而是讲话者。在他看来，讲话者具有双重意向：“讲话者的首要意向就是在他的对话者那里产生一种精神行为——在最简单的情况中是判断。他的次要意向是去表达他自己的心理状态。表征讲话者判断的命题功能被意想为产生交流效果的手段，当使用中的符号被听到并且其意向被把握时，理解就达到了。”[②]在此，马尔蒂的意义理论并不是通过符号所表达的东西，内心生活的直接表达仅是语言符号的一种次要功能，首要的功能是去影响或控制听者的内心生活。这样马尔蒂就区别了语言的两种功能或意义的两种模式：表达功能和意义功能。它们都是意向言说的部分，但前者是次要意向，后者是首要意向。这样意义就是一种交流的功能而不是一种物理的或观念的存在。

---

① Smith B. Towards a history of speech act theory//Burkhardt A. Speech Acts，Meaning and Intentions：Critical Approaches to the Philosophy of John R. Searle. Berlin：Walter de Gruyter，1990：42.

② Mulligan K. Marty’s philosophical grammar//Mulligan K. Mind，Meaning and Metaphysics. Dordrecht：Kluwer Academic Publishers，1990：13.

现象学家胡塞尔则主要地继承了布伦塔诺的所有心理行为都是意向的，都是对象表象的思想。他主张的基本上是一种意识哲学，并站在笛卡儿和康德的传统上关注于“主体—对象”的关系。对于胡塞尔来说，意识的本质是意向性，意向性是一种行为，指称某事的行为。他改变了布伦塔诺的意向性概念，即把在布伦塔诺那里作为经验主义精华的意向性，变为自己与经验主义分离的点。“在此种或另一种方式中，所有的意识均指称一个对象。一些行为，尤其是判断，以及外在和内在感觉行为，直接指称它们的对象。胡塞尔称此行为为‘对象化行为’或‘表征’。其他行为——比如，感觉，愿望，意愿行为——仅仅间接具有意向性。”①从本质上讲，胡塞尔的语言意义理论作为一种基于行为的意义理论，是一种对象化行为理论。他把语言的使用视为不只是在自身中具有意义，而且通过相关行为获得意义。但所有这些行为必定是对象化的，必须与对象具有一种直接的指向关系。

在德国语用思维的传统中，另外一位心理学家比勒（K. Bühler）的语用思想具有承上启下的作用，他既总结了德国在康德之后对语用的洞察，又启迪了当代德国哲学家特别是哈贝马斯的语用观念，这使他成为德国语用思想之链发展中重要的一环。

对于比勒来说，作为言语的语言是一种有指向的目的活动，能够在社会生活语境中运行并被理解，作为语法的语言则是一种客观结构，可以从社会生活中抽象出并形式地被理解。据此，比勒区别了语言的三种功能：表征、表达和请求。这里，比勒更感兴趣于语言的请求功能。他把语言的三个功能视为语言的三个维度或意义的三个维度，强调这些维度不能彼此排斥，逻辑研究的是表征，修辞学则研究表达和请求。在比勒看来，三者的关系应当是，当一种言说声音发出时，句子首先作为一种声音事态的表征起作用；其次，句子起表达作用，传递关于讲话者的信息、感情等；进而最重要的是，这些言说通过请求的作用，成为驾驭行为的一种媒介，进入了语言的语用维度中，讲话者通过它施行行为并

① Schuhmann K，Smith B. Questions：An essay in Daubertian phenomenology. Philosophy and Phenomenological Research，1987,（3）：354.

促使他人施行行为，此种语言的使用在特定语境中具有直接的实践后果。它也是语言的社会或行为层面。

可以说，这一时期德国哲学中的语用思维更多关注的是言语行为，特别是具有意向的行为，但他们从未达到一种完全的语言语用学的理论。尽管他们通过语言来理解实在的表征，但普遍忽略了在特定言语行为中，我们能够实现所表征的东西，即还没有理解到句子的自我指称性，可以在说某事时直接就在做某事。他们所主张的施行句也只是指称他们自己在言说行为中构成的实在，而从未描述位于言说自身之外的实在，也未规定位于言说之外的行为，从而忽略了后来被维特根斯坦所重新发现的言语行为的多功能性。

四、哈贝马斯和阿佩尔的语用哲学

经由比勒，德国语用思维发展到了当代的哈贝马斯“普遍语用学”和阿佩尔“先验语用学”的形式。应当说，这两种语用思想源于不同的旨趣。哈贝马斯是批判理论运动的继承者，他从语言和交流在个体行为协调中起重要作用这一假设出发，形成“普遍语用学”。“先验语用学”的建立者阿佩尔的思想起源并不是批判理论，而是受海德格尔的影响，特别是后来阿佩尔在其哲学建构中重新引入了由于第三帝国而中断了的分析哲学，接受了维特根斯坦和皮尔士的观点。但从总体上看，他们具有大致相同的语用范式，承继了德国自康德以来的语用传统。

1. 哈贝马斯的普遍语用学

出于为资本主义社会重新定位理性的界域，为主体交流寻求一种理想的语言环境，以建立合理的人际关系这一理性重建的目的，哈贝马斯成功地借鉴了英美哲学的方法论手段，进行了从意识哲学到语言分析的语用学转向。哈贝马斯首先的开始点是在工具理性和交流理性之间做出区别。在他看来，前者是社会语境中的策略行为，通过技术目的理性形成；后者则是某人就某事试图与他人达成理解而在一种合作的方式中通过有效性主张的接受来完成。交流理性由言语行为的双重结构所支撑，即原则上可以通过施行动词表达的以言行事部分和命题内容组成。在此，决定性的以言行事部分在讲话者和听者之间构成了主体间际的关系，命题部分则用于交流事态。因此，每一个交流都同时在两个层次上发生：主体进行交流的主体间际层次和主体试图去达成理解的对象或事态层次。

通过可理解性、真理性、适当性和真诚性四种有效性主张，哈贝马斯建立了这种讲话者和听者的主体间际关系[①]。尽管这四个有效性主张都展现在每一个命题不同的言语行为中，但哈贝马斯认为，它们各自对有效性主张的要求并不同。比如，在命题断定中，强调的是真理的有效性主张，而在命令中适当性主张占主要地位。在此基础上，哈贝马斯阐述了两种基本的言语模型，即语言的认知使用（通过断定）和与语言的这些使用相关的交流模型，后者最初是由奥斯汀提出作为施行的使用以反对语言的叙述使用。在比勒的启发下，哈贝马斯把这种二元区别转化为三元关系：在每一个言语行为中，我们不得不处理命题内容与外在世界中事态间的关系。在比勒那里是言语的表征功能，在哈贝马斯那里成为真理的有效性主张。比勒的言语的感情功能相应于适当性的有效性主张，处理讲话者和听者间的社会交流关系，比勒的言语的表达功能相应的是真诚性主张，考虑的是言语行为和讲话者内在世界间的关系。

有效性主张在哈贝马斯的以普通语用学为模式的理性重建中起着一种核心作用，因为它们既是依赖于语境的，它们总是通过有血有肉的个体们在社会文化和历史的情景中由于交流的需要而被产生，但它们又是先验于语境的，这种内在的先验语境力量，是建构交流的日常过程的理性潜势，以作为一种强理想化的普遍预设和行为规则，对个体的行为目的的达成起规范作用，并涵盖所有形式的交流行为。可见，普遍语用学与通常的经验语用学研究不同，它是“使得理解的实践过程成为可能的普遍前理论的和暗含的知识之重建的一种准先验的分析”。[②]

---

① 哈贝马斯．交往行动理论（第一卷）．洪佩郁，蔺青译．重庆：重庆出版社，1994：120-121.

② Cooke M. Language and Reason：A Study of Habermas’s Pragmatics. Cambridge：The MIT Press，1994：3.

这样，哈贝马斯的“普遍语用学”以一种全新的风格和方式使传统意识哲学的主观性的感性构想转变为对语言的、符号的互动过程的理想化、可操作性的分析，使得交流行为运行在规范有序的理想环境中，交流理性奠立在社会实践的基础上，生活世界和系统获得了协调发展。

2. 阿佩尔的先验语用学

阿佩尔对“语用学转向”和用语用思维来解决哲学问题抱有坚定不移的信念，他指出“在分析哲学的发展进程中，科学哲学的兴趣逐渐从句法学转移到语义学，进而转移到语用学。这已经不是什么秘密”[①]。他的先验语用学正是对这一见解的身体力行。从本质上讲，阿佩尔的先验语用学奠立在三个不同领域的张力中：①分析哲学中的语用趋向（维特根斯坦和奥斯汀）；②传统符号学理论（皮尔士和莫里斯）；③先验哲学（康德）。

通过使用由（真实）对象、符号和解释者（符号使用者）构成的三元符号关系，阿佩尔区别了三种第一哲学纲领，即符号关系的三个域[②]。其一，希腊和中世纪哲学中的传统形而上学纲领。这种哲学既没有把符号三元关系又没有把主体—客体的二元关系视为使有效知识可能的方法论相关条件，而是从符号和符号解释的心灵中抽象出本体论，并仅仅在“对象—对象”关系的层次上处理哲学问题，而没有允许对象知识通过符号或认知主体来调节的可能性，心灵和符号是处于对象中的对象，而没有视为能被哲学反思所把握的对象知识条件。其二，从笛卡儿一直到胡塞尔的传统意识哲学纲领。它通过意识、对象知识的中介进入哲学的中心舞台，但对于这种纲领来说，符号并不是相关的，因为它们仅仅用于心灵中思想的标志，故把完全的三元关系还原为了双重“主体—客体”关系，在此，只是唯我意识而非符号是哲学反思的主题。其三，先验符号学纲领。这正是阿佩尔先验语用学所主张的。在他看来，语言的先验

① 卡尔－奥托·阿佩尔．哲学的改造．孙周兴，陆兴华译．上海：上海译文出版社，1997：108.

② Leilich J. Universal and transcendental pragmatics//Verschueren J. Handbooks of Pragmatics Manual. Amsterdam：John Benjamins Publishing Company，1995：554.

性是知识可能的先决条件，为了成功地建立起解释和认识世界的语言系统，必须赋予主体以先验的功能。所以，它通过传统先验哲学的符号学转化，通过符号的三元关系，取代了“主体—客体”的二元关系，并将其视为知识可能和有效的先验条件。

从阿佩尔的符号三元关系的“重解”的观点看，语用域既不是莫里斯的经验行为，又不是卡尔纳普的形式建构，而是一种以符号为中介的知识可能性的先验条件，这种作为解释中介和对象的主体间际的有效表征原则上并不能被对象化。所以，阿佩尔主张，一种先验解释必须不仅指派给符号功能的语形—语义部分，而且应当指派给我们实际语言使用的语用域，对语言建构和解释的哲学谈论在先验符号学的框架中履行先验语用学的反思功能。

在此，阿佩尔先验哲学的目的就是要辩护终结基础的可能性，而哈贝马斯普遍语用学则是一种重建的科学，即建立从“前理论的知识”被转化为“阐明的知识”的实际能力，所以哈贝马斯和阿佩尔间的主要差异并不在结果层次上，而是在对这种结果的元理论解释的层次上。因为阿佩尔是在符号地转化的先验哲学的启迪下解释他的理论标准的，试图去发现必须强加于经验科学之上的终结的和必然的条件。

可以看出，从康德到哈贝马斯，德国哲学传统中的语用思维在经历了很长的一段发展之后又回到了其原初起点上，特别是开始于哈贝马斯，在 20 世纪 70 年代，开始去恢复由于被奥斯汀、塞尔、格赖斯和维特根斯坦发展了的英美言语行为理论所遮蔽了的德国语用思维传统，所发生的语言学中的语用革命和 70 年代批判理论经历的语言学转向更是对康德哲学所经历的语言学转向的回应。整个德国哲学语用思维的发展显示了一种与英美语用思维发展不同的主题和路向，他们特别地关注于语言使用的两个重要特征：主体间性和理解。它们就如英美言语行为理论家所强调的讲话者的意向性和语言的约定一样重要。而且，对于德国哲学而言，语用思维是一种阐述理性、寻求理解的工具，倾向于一种人文主义的态度；而在英美哲学中，它们则是为科学共同体设定的科学交流环境，具有明显的科学主义倾向。

指称理论的演变及其语境重建 *

当代哲学的中心问题一直是语言的“实际”问题。而指称理论所研究解决的正是语词与对象相关的问题。所以，在语言哲学和科学哲学中，尤其在科学实在论的研究中，指称问题处于基础性和根本性地位。在当前科学实在论走向语境重建的过程中，全面反思指称理论在20世纪的演变、实现指称理论的语境重建，显得尤为重要。本文先扼要评述20世纪最具影响的三种指称理论，然后从语境论的视角对此加以整合和推进，对语言指称问题给出语境实在论的说明，从而推动科学实在论的语境重建。

一、摹状词指称论

语词与对象的关系问题是哲学家们关注的一个重要问题。在语言转

* 本文发表于《山西大学学报（哲学社会科学版）》，2003年第3期，作者郭贵春、刘高岑。

向之前对这一问题的研究是在传统逻辑学的框架中进行的。英国逻辑学家密尔在其名著《逻辑体系》(1843年)一书中，最为系统地阐述了逻辑学框架中的名称理论。但是在传统逻辑学的框架中，其名称理论所关注的主要是名称与外延之间的静态逻辑关系，而不是要回答"说话者在说出一个名字时是凭借什么成功地指称一个特定对象的"这个关于指称的典型问题。所以，严格地说，传统逻辑学的名称理论还不是一种关于指称的理论。

指称问题的深入研究是伴随西方哲学的语言转向从弗雷格开始的。弗雷格从对"同一性"(sameness)观念的分析展开了这一问题："'$a = a$'和'$a = b$'是两个明显具有不同认知意义的句子：'$a = a$'是先验地有效的，按照康德的观点，它将被称作分析的；而'$a = b$'这类句子通常则包含着对我们知识的很有价值的扩展，而且并不总是能以先验的方式加以辨明。"①所以，$a = a$与$a = b$是不同的。但其不同显然不是它们标识了不同的对象，因为它们是同一对象的名称。二者的不同表明，a和b作为两个符号或语词除了指称对象外还有另外的东西。弗雷格认为这另外的东西就是名称的含义。以此出发，弗雷格初步论述了语言哲学基底上的指称问题，创造性地提出了语言指称的摹状词理论：①全部语词被区分为概念词和专名。概念词代表概念，是对事物的描述；而专名代表个体事物，是对事物的指称。②专名既包括"柏拉图""晨星"等这类狭义的专名，也包括"16的平方根""亚里士多德所写的著作数目"等这类语言表达式。③专名既有含义又有指称。专名的指称就是这个名称所命名的对象本身，而专名的含义则是处于所指的对象和意象之间的某种东西；但专名的含义并不是个别人心灵中特有的部分，也不是某个人的一种特殊思维模式，而是许多意象所共同拥有的可以公开把握的东西。④专名的含义比它的指称处于更根本的认识论地位，人们根据名称的含义去确定其指称。⑤一个专名的含义就是该专名所指称对象的各种性质，即与

---

① Geach P，Black M. Translations from the Philosophical Writings of Gottlob Frege. Oxford：Blackwell Publishing Ltd.，1980：56.

该专名相关的各种摹状词。[①②]

弗雷格的上述思想不仅把传统逻辑的名称问题升华为语言哲学的指称问题，而且初步创立了摹状词指称论。但是，由于弗雷格没有把专名和摹状词区分开，而是把它们看作性质完全相同的语言表达式，这就使他的指称理论受到很大限制。

罗素正是从区分专名和摹状词入手，修正和发展了摹状词指称论。罗素认为：①摹状词与名称是两类性质不同的语言表达式。名称是其构成部分，不再是某个语言的合式符号的简单符号；而摹状词不是一个简单符号，因为组成摹状词的那些孤立的词仍然是某个语言的合式符号。②名称和摹状词的功能及其获得意义的方式不同。名称的功能是标示一个个体，个体就是它的意义；而摹状词是用于描述对象的性质，"摹状词的一切意义均来自它借以形成的那些语词的意义"[③]。③一个名称必定有其指称对象，否则便无意义；而一个摹状词可以没有指称对象而有意义。④一个名称的指称对象是通过摹状词而被确定的，除了"这个""那个"等少数几个语词外，必须通过摹状词才能确定名称的指称对象。所以，名称只不过是缩略的摹状词。

罗素之后摹状词理论成为人们普遍接受并广泛研究的指称理论。其中，斯特劳森、唐纳兰和塞尔又分别在一些重要方面对摹状词指称论进行了补充和完善。斯特劳森的修正主要是从语用角度揭示了摹状词的指称功能，提出了指称是人们对语词的使用这一思想。唐纳兰则沿着斯特劳森的语用理路进一步区分了摹状词的指称性用法和归属性用法，并认为"一个摹状词究竟是以指称方式使用还是归属方式使用，这是说话者

---

① Geach P，Black M.Translations from the Philosophical Writings of Gottlob Frege.Oxford：Blackwell Publishing Ltd.，1980：77.

② 在《论含义和指称》一文中弗雷格并没有明确地说专名的含义就是摹状词，而是说含义是人们对专名的理解，是决定名称指称的标示方式（manner of designation）。但在该文的一个注释中，他明确地指出"亚里士多德"这个专名的含义是"柏拉图的学生""亚历山大的老师"等。可见，他说的含义实际上就是与名称相关的摹状词。

③ Russell B. Introduction to Mathematical Philosophy.London：George Allen and Unwin Ltd.，1919：170-180.

在某个特定情形下的意向的功能”[①]。塞尔则从语用的视角进一步探讨了名称与摹状词的关系，认为人们虽然是以专名的含义知道它的所指，但专名并不是缩略的摹状词。“专名并不是作为摹状词起作用，而是作为在其上挂住相关摹状词的挂钩起作用。”[②]因此，专名的指称不是由一个摹状词决定，而是由一组或一簇摹状词决定的，可以看出，他们三人虽然都从语言的使用角度出发，在不同的方面对摹状词理论进行了一些修正和补充，但其根本目的都是更好地论证和坚持“名称通过摹状词而指称对象、人们通过一个或一组摹状词来达到对名称的理解和使用”这一摹状词指称论的基本观点。

摹状词指称论是第一个在当代哲学基底上对语言指称问题给出系统说明的理论，它也的确能够对一般指称情况做出很符合人们常识的说明。但是，从哲学思维的层面来看，它自身却明显地存在着不容忽视的严重问题。

首先，摹状词指称论的基本立足点是名称有含义，人们正是根据名称的含义去把握其指称，而名称的含义或意义就是相关的摹状词。所以，人们是根据摹状词确定名称的指称。然而，如果名称的指称由摹状词来确定，那么正如罗素所说，名称实际上并没有直接与实在相关，而是直接地与相应的摹状词相关，也就是说名称实际上并不直接指称对象。这一结论不仅构成对摹状词指称论本身的威胁，而且将引起许多严重的哲学问题，如知识的地位问题、科学理论的实在性问题、真理性问题等。虽然大多数摹状词指称论者都不愿意接受由此引出的哲学结论，但他们对此却无能为力。

其次，如果名称的含义是相关摹状词，其指称对象由这些摹状词确定，那么一个人究竟拥有多少相关摹状词才能确定一个名称的指称对象呢？使用同一名称的任何两个人都几乎不可能拥有关于名称的同样多且完全一样的摹状词。弗雷格在“论含义和指称”的一个注释中说，对于

① Donnellan K. Reference and definite descriptions // Martinich A P. The Philosophy of Language. Oxford：Oxford University Press，1990：243.

② Martinich A P. The Philosophy of Language. Oxford：Oxford University Press，1990：277.

“亚里士多德”这个专名，一个使用者可以拥有“亚历山大的老师”这个含义，而另一个使用者则可以拥有“柏拉图的学生”这个含义，所拥有含义（即摹状词）的这种不同并不影响其指称同一对象。如果是这样，那么“由含义（即摹状词）决定名称的指称”岂不成了一句空话？

再次，在许多摹状词与名称的指称对象不一致的情况下，通过摹状词决定名称的指称对象将会导致荒谬的结果。例如，假定某个说话者关于泰勒斯仅仅知道“他是断言‘一切都是水’的古希腊哲学家”，再假定实际上说这句话的不是泰勒斯，而是一个掘井者，那么这个说话者提到“泰勒斯”时究竟指称谁呢？根据摹状词指称论，当那个说话者使用“泰勒斯”这个名称时，他指称的是那个掘井者：“泰勒斯”的指称由“说‘一切是水’的人”这个摹状词决定；“说‘一切是水’的人”是一个掘井者；所以这个人用“泰勒斯”指称那个掘井者。唐纳兰正是这样认为的。但我们却明显地感觉到这里是有问题的，因为这个说话者显然不是要谈论古希腊的那个掘井者。

最后，普特南曾把他的孪地球设想应用于指称问题的研究，对指称的摹状词理论提出反驳：我们不可能借助于相关的摹状词对名称怎样获得其指称对象做出正确的说明；因为尽管我们对地球上某个对象的任何描述性摹状词都同样很好地适合于孪地球上的对应者，但我们使用名称所指称的仍然是我们地球上的这个对象，而不是孪地球上的对应者。①

二、历史因果指称论

指称问题在当代哲学中是一个基础性问题，而摹状词指称论的种种难以克服的困难和缺陷到 20 世纪 50 年代后已日益明显地暴露出来，所以寻求一种新的指称理论已成为分析哲学发展的必然性趋向。正是在这一背景下，露丝 · 玛尔卡斯（Ruth B. Marcus）、克里普克和普特南等共

---

① Putman H. Mind，Language and Reality. Cambridge：Cambridge University Press，1975：215-271.

同创立了指称的历史因果理论。[①]

摹状词指称论的核心在于把名称与摹状词相统一，认为名称的指称对象通过摹状词确定。显然，要克服摹状词指称论的困难就必须把名称与摹状词区分开，不仅要从认识论的层面而且要从本体论的层面上把二者区分开。为此，克里普克引入了“固定标示词”的概念：“如果一个标示词在每一可能世界中都标示同一对象，我们就称之为固定标示词。否则，就称之为非固定的或偶然的标示词。”[②]克里普克认为，名称与摹状词的根本不同就在于名称是固定标示词，而摹状词是非固定标示词。他的论证是：如果名称与摹状词是同一的，那么摹状词性质不一定是对象的本质性质，因而并非对象在一切可能世界中都必然地具有；而在对象不具有摹状词所描述的那种性质的可能世界中，名称和摹状词就不标示同一对象；所以名称作为固定标示词与摹状词是根本不同的，名称的指称并不是由摹状词给出的。因此，专名的指称并不是像弗雷格和罗素所认为的那样由摹状词决定。

如果不能通过摹状词确定名称的指称对象，那么名称究竟怎样获得其指称对象？克里普克的回答是：名称是通过一个最初的命名式和一条历史因果链指称对象的。他举例说，一个婴儿出生后，父母给他取了一个名字；此后，他们会对朋友谈起他，还有一些人会亲自见到他；这样，通过各种社会交际，这个名字被一根链条一环一环地扩展开来；假如这链条远端的一个说话者在市场或其他地方听到了如里查德·费因曼这个名字，那么他就可以用这个名字指称里查德·费因曼，即使他不记得最初从谁那里听到这一名字。名称及其所指就是这样在某个语言共同体中

---

① 长期以来，人们一直认为，索尔·克里普克于 1970 年 1 月在普林斯顿大学做的三次演讲一次性地独创了指称的历史因果理论。然而，昆庭·史密斯（Quentin Smith）发表于 1998 年的一篇论文却有力地纠正了这一看法。他表明，早在 1961 年露丝·玛尔卡斯在研究指称问题时就提出了历史因果指称论的基本思想。此外，几乎与克里普克同时，普特南也独立地提出了解决指称问题的历史因果论理和本质主义思想。不过，的确是克里普克在《命名与必然性》一书中第一次最为系统、最为有力地提出和论证了历史因果指称论，并使之广为流行而成为“新的指称理论”。这一情况深刻地表明了语言指称问题在当代哲学中的重要地位。参见：Humphreys P W. The New Theory of Reference. Dordrecht：Kluwer Academic Publishers，1998：3-12.

② Kripke S. Naming and Necessity. Oxford：Blackwell Publishing Ltd.，1980：48.

一环一环地被传播的。显然，在这里要保证指称的成功就必须解决两个问题：一是听者必须用这名字去指称说出这名字的那个人用这名字指称的对象；二是听者在听到这名字时怎样确定这名字的指称对象：他怎样知道“里查德 · 费因曼”指称的是一个人而不是一个城市。为此，克里普克为因果链条的传递规定了一个关键条件：当这名字被一环一环地传递时，这名字的接受者必须意图以和他由此听到这名字的那个人一样的指称使用它。

克里普克还把他的历史因果指称论从专名推向通名，提出了与密尔、弗雷格、罗素乃至整个西方哲学传统都相反的看法：不仅专名只有指称没有意义，而且通名也只有指称没有意义；通名与专名一样，从根本上讲，也是从最初的命名仪式获得其指称的，也是固定标示词。因此，通名的指称也不是通过它的内涵、含义或意义来确定的，而是与专名一样通过命名和因果传递链条确定的；事物拥有某个种类的大多数特性，既不是它成为这个种类成员的必要条件，也不是其充分条件。通名指称的确定，犹如把一米定义为巴黎那根金属棒的长度一样，无论温度、压力等如何变化，它都是一米的长度；因为它被先验地用于确定一米的指称。所以，“对于通名就像对于专名一样，确定词项指称的方式不应被看作那词项的同义词”①。

普特南在《意义与指称》一文中也独立地表达了与此类似的观点：“当我给出‘这（液体）是水’这个实示定义时，所演示的‘这’就是固定”；在这里，“水”与“这”所固定的样品之间已经由定义形成了必然关系，如果再设想一个可能世界，在其中“水”所指称的不是“这”所研究的那种东西，这是毫无意义的。“所以，认为（1）语词有‘内涵’，即说话者与那语词相联结的类似于概念的某种东西，而且（2）内涵决定外延，这种理论对于像‘水’这样的自然类语词来说不可能是真的。其理由与‘我’这类索引词并非如此的理由一样。”②

概括地说，历史因果指称论的要点是：①指称的本质是对对象的命名，正是命名使得一个名称作为固定标示词必然地指称某个特定对象。②专名有指标而无含义。③通名与专名一样，其指称对象也起源于对事

---

① Kripke S. Naming and Necessity. Oxford：Blackwell Publishing Ltd.，1980：135.

② Moore A W. Meaning and Reference. Oxford：Oxford University Press，1993：160.

物的命名。从根本上说，它没有传统上所认为的那种概念、内涵、含义或意义这类东西。④传统上被认为通名之内涵、含义或意义的东西充其量也不过是在确定了名称的指称对象后，基于对对象的后天认识而形成的后验必然知识。可以在现实世界中用它辨识名称的指称对象，但从根本上说名称的指标并不是由它给出的。⑤名称指称对象的确定依赖于最初的命名式和社会交际体制。对于那些被人们亲知的对象，名称往往是通过实指的方式而确定其指标的；对于那些人们不能亲知的对象，名称的指称则由一条历史地形成的因果交际链传递。⑥虽然并不是社会中的每一个成员都确切地知道某些名称究竟指称什么样的对象，但是，拥有某个语言的整个社会共同体却能有效地辨识各名称的指称对象。因为每一个语言共同体中总有某些说话者的子类能够为某些名称的使用提供“准则”。[①]

与摹状词指称论相比，历史因果指称论由于把指称问题从认识论的层面拓展到了本体论的层面，的确揭示了指称的许多本质特征。但问题在于，它本身并不是一个独立自足的理论，并不能独立地对指称问题给出完全的说明；语言指称的许多重要现象甚至恰恰构成了历史因果指称论的反例。

首先，仅有外部因果关系并不足以完成对对象的命名。因为对对象的命名不仅是一种外部因果关系。按照克里普克对这一理论的描述，在最初的命名仪式上名称的指称通过两种方法确定：一是通过实指的方式确定；二是通过摹状词确定。显然，通过摹状词确定指称对象要依赖于人们对摹状词的正确理解、依赖于人们已有的意向指称网络和精神背景能力。例如，海王星的外围有一颗“引起海王星轨道出现偏差的行星”，人们先是用“引起天王星轨道出现偏差的行星”这个摹状词确定了一个指称对象，然后又把它命名为“冥王星”。显然，这里的关键是必须以意向指称网络和背景能力理解这个摹状词，才能确定它的语义学指称对象，才能把它有意义地纳入科学语言系统。即使在实指命名中，名称指称的确定也绝不可能仅仅是“外部”过程，因为没有与命名相伴随的意向内

① Moore A W. Meaning and Reference. Oxford：Oxford University Press，1993：156.

容，命名就无法完成。

为了达到名称的指称能够完全由外部因果链决定，唐纳兰对历史因果指称论做了如下补充："当一个说话者使用一个名字意图指称一个个体并意谓它的某种东西时，如果存在一个个体并且那说话者意图指谓它的某种东西是它的历史上正确的证明，那么指称就是成功的。这样，那个个体就是说话者所指称的对象，而且说话者所做陈述的真假依赖于那个个体是否有被谓词所标示的特性。"[①]显然，这里的关键是要能够知道什么是"历史上正确的证明"，为此，唐纳兰引入了能够看到一切的"历史的超越观察者"。然而，即使存在这样的观察者，它为说话者寻找的对象也必须是符合说话者意向内容的对象，因此，它必须首先观察说话者的意向内容。所以，试图仅仅由外部因果链决定名称的指称仍然是不可能的。

其次，关于指称的传递。名称的指称通过社会的历史因果链传递，把这一点突出出来的确是历史因果指称论的重要贡献。但问题是，名称的传递必须在相应语境中伴随并依赖于相应的意向内容才能实现。克里普克对名称指称的传递提出的条件是：一个名称的接受者必须意图以和他由此听到这名称的那个人同样的指称使用那名称。但是，接受者的这种意图是如何产生的呢？他又如何实现这一意图呢？例如，当一个人在某种场景中听到"里查德 · 费因曼"这个名字时，是什么保证他用这个名字指称说话者所指称的那个人呢？答案必定是，他是在特定语境中、伴随着特定的心理意向听到和学会这个名字的，如"里查德 · 费因曼提出了粒子成对生成和湮灭的理论"等。所以，离开了语境和心理意向，名称的指称是无法传递的。

最后，普遍存在着与历史因果指称论相对立的语言现象，即名称的指称在传递中会发生转移。这方面最著名的例子是伊万斯（G. Evans）于 1973 年提出并被其他哲学家不断引用的"马达加斯加"反例[②]。"马达加斯加"（Madagascar）原本是一部分非洲大陆的名字，但从马可 · 波罗

---

① Donnellan K. Speaking of nothing// Schwarts S P. Naming，Necessity and Natural Kinds. Ithaca：Cornell University Press，1977：229.

② Moore A W. Meaning and Reference. Oxford ：Oxford University Press，1993：207-208.

开始这个名字便不再指称非洲大陆，而是指称远离非洲大陆的一个岛屿（即现在的马达加斯加共和国）。这显然是历史因果指称论无法说明的一个反例。在《命名与必然性》第二版的“跋”中，克里普克对这个反例做的回答是：指称传递的失败是由于马可·波罗不是土著语言共同体的成员，而“专名使用的突出社会特征则是：我们在一种共同语言中使用各种名称与其他说话者交流”[①]。然而，这个回答并未触及与这个反例密切相关的语言现象的一个本质特征，即在任何足够丰富的语言系统中，比喻、隐喻、转喻、假借、转移等修辞手法都是人类语言活动最本质的特征之一；而人们运用各种修辞手法的根本目的恰恰在于使语言的意义和指称在特定的语境中发生扩张、收缩、引申和转移，从而恰当地表达特定的心理意向。总之，正如克里普克自己承认的：“一个真实的指称能够转变为另一个真实的指称，一个虚构的指称也能够转变为一个真实的指称，而一个真实的指称也能够转变为一个虚构的指称。在所有这些情况中，指称某个给定实体的现时意向根本不考虑在历史的传递链条中要保存指称的这种最初意向。”[②]克里普克说，他“把这一问题留待以后的著作中探讨”。但据笔者所见，他此后的著作都没有再探讨和回答这一问题。

此外，名称及其指称在传递中还普遍存在着中断和消失的情况。例如，在科学中曾被普遍使用的“燃素”“以太”等名称，其指称在传递中都消失了。这正是达米特反对克里普克和普特南等人所持实在论语言观的原因之一。达米特指出：“如果采纳因果论的最本然的形式，那就意味着不允许指称可以消失的这种可能性，即不允许出现保存指称的意向可能不成功这种情况。”[③]但这与人类语言实践活动的本质、目的和现实恰恰是大相径庭的。达米特因此而主张名称有意义而无指称。达米特的极端看法难以成立，但从一个侧面表明了历史因果指称论的片面性。

最后，作为历史因果指称论之哲学基础的本质主义也并不成立。为了反驳摹状词指称论、论证因果指称论，克里普克和普特南引入了本质主义观点，认为：事物有本质性质和非本质性质的区分；通过命名仪式

①② Kripke S. Naming and Necessity. Oxford：Blackwell Publishing Ltd.，1980：163.

③ Dummett M. Truth and Other Enigmas. Cambridge：Harvard University Press，1978：430.

而与事物直接同一的名称本然地含有事物的本质性质，而摹状词则不一定是事物的本质性质；只有反映事物本质性质的摹状词才与事物具有同一性关系。所以，以摹状词确立名称的指称是毫无把握的；确定名称指称的有效方式只能是社会因果链。那么，区分事物本质性质和非本质性质的标准是什么呢？克里普克和普特南都以水、金为例指出，“具有 H_2O 的分子结构”是水的本质特性、“原子序数是 79”是金的本质特征，理由是，虽然可以设想水具有与现实世界不同的各种感觉性质，但不可能设想分子结构不是 H_2O 的物质是水。普特南还以其独特的孪地球设想加以论证，这显然是以现代科学作为最后裁决根据。然而，问题在于，科学并不是超越于语言之外的某种东西，它本身只不过是植根于社会语言系统中的一个子语言系统，是世界事态、社会语境和人类主体意向共同构筑的一种（广义的）工具系统，而且是处于不断变化之中的。正像我们现在判定燃烧不是释放燃素而是氧化反应一样，未来的科学家也很可能根据新的科学对“是水”的标准做出新的规定。简言之，在指称问题上，科学不仅不具有超越的绝对性，而且处于次级地位。所以，这样的本质主义并不能作为指称理论的基础。

三、意向指称论

20 世纪 80 年代后，随着语言哲学的心智转向，塞尔等开始从心理意向性的视角探讨语言指称问题。在总结摹状词指称论和历史因果指称论的基础上，提出了意向指称论，从而把指称问题的研究推进到新的层面。其要点是：①由于语言的指称总是导源于心智，总是借助于包括精神能力和意向网络在内的心理意向实现的，所以为了用一个名称指称一个对象，首先必须有关于那对象的独立的心理表征。这些表征可以通过知觉、记忆、摹状词等各种方法实现，但是它必须有足够的意向内容识别这名称被附于哪个对象。离开关于对象的表征，即使在实指的情况下，指称也可能成功。例如，即使我们指着一个样品说“这（液体）是水”，我们也必须有关于这被命名对象的一些意向性知觉表征（可以是非语言的），如液体、无色、透明等。正是表征内容使命名仪式中所建立的指称关系得以确立。②虽然指称是根据某个表征内容实现的，但这表征内容不是孤立地与实在世界的对象相关联的。名称的指称对象是由意向内容和意向网络共同决定的。在确定名称的指称时，某个名字作为意向网络的一个因素首先给出指称的意向性，使这名称没有任何外部的因果链而进行指称；如果说话者所表征的那个意向内容不符合某个对象，而网络的其余部分则满足于这个对象，那么非表征精神能力将采取网络优先。"一般而言，人们可以说整个意向性网络通过各种交点被因果地固定于实在世界；但是，认为意向网络必须在用专名进行指称的每一个单独交点上都固定于实在世界，则是一个严重的错误。"[①] ③寄生性指称（parasitic reference）也依赖于意向内容。经常有这种情况：我们用一个名字做出指称，而我们与这个名字相联系的唯一识别摹状词仅仅是"在我的语言共同体中被称为 *N* 的那个对象"。在这种情况中，人们对名字 *N* 的使用寄生于其他说话者对这个名字的使用。这就是所谓"寄生性指称"。这种指称现象依赖于寄生的意向内容："我"的指称的成功，仅当有其他的人使用名字 *N* 并且他们对 *N* 附有另外的意向内容。因此，"从表达式的这一次使用到下一次使用，其中传递指称的唯一链条是意向内容的转移；在每一次转移中，指称借助于说话者心中的意向内容被取得"[②]。而所谓"交际的因果链"只不过是从外部的观点对"寄生性指称"的特征化。塞尔特别指出，这种寄生指称论不仅适用于专名和自然类词项，而且适用于包括通名在内的一切表征了意向内容的语词。④所有的指称都是凭借意向内容实现的，无论这指称是通过名称、摹状词、索引词进行的，还是通过片语、标签、图画或其他东西进行的。某个对象被指称仅当它符合或满足某些条件，这些条件被用于指称这对象的那种语言的或其他种类的设置（device）所表征。在极限情况下，这些条件可以仅仅是认知的非表征背景能力，比如，一个人联想某个名字的唯一意向内容仅仅是他认知其承担者的能力（如婴儿对母亲的认知）。因此，什么算作一个对象并因此

① Searle J. Intentionality. Cambridge：Cambridge University Press，1983：238.

② Searle J. Intentionality. Cambridge：Cambridge University Press，1983：245.

算作命名和指称的可能标靶（target），通常由一个表征系统所决定。假定我们有一个表征系统丰富到足以把对象独立出来，并丰富到识别和再识别那些对象，那么我们就能以如下方法把各名字附着于各对象：保持同样的名字附着于同样的对象。⑤从名称的指称对象与使用者的关系来看，所有的名称可分为三种不同的类型。首先，是处于中心区的专名，对每个人来说这些名字都是最重要和最广泛使用的名字，它们包括与我们个人的日常生活密切相关的各种地名、人名等。除了实指命名外，人们最初都从其他人那里学会了这些名字。但是，这些名称一旦被学会，它们就与意向性网络中丰富的意向内容集相联结，使得人们不依赖于其他人就能够决定一个名称正在指称哪一个对象。比如，亲密朋友的名字、家庭成员的名字、所居住社区的名字等，都属于这类名字。这类名字不存在任何交际链条的问题。其次，是那些有着显著使用的名字，但这些名字的使用并不是基于对对象的亲知。与这些名字相联结的意向内容，其绝大部分导源于其他人。但这些意向内容丰富到足以被看作关于那对象的知识。也就是说，对于这些名字来说，意向内容丰富到足以对我们使用那名字指称的这种事物设立一些很强的限制，使我们用那名字做出正确的指称。最后，是这样一些名字，人们几乎在总体上依赖于其他人对这些名字的在先使用来保证它的指称。这也就是我们前面所说的寄生性指称。在这种情况中，说话者不具备可以看作关于那对象之知识的意向内容：那对象甚至可以不被它已经取得的那个名字所指称。但是，即使在这种情况中那有限的意向内容及意向内容网络也对那被命名对象的类型施加一些限制。

较之摹状词指称论和历史因果指称论，意向指称论的确对语言指称现象给出了更全面、更合理的说明。可以说，摹状词指称论和历史因果指称论所面临的各种问题，意向指称论都能有效地给予解决。然而，如果我们从现实的语言实践来审视意向指称论就会发现，它至少存在如下几个问题。其一，名称的指称在现实的语言实践中会发生变化，其变化的原因是说话者给那名称赋予了新的意向内容，这个观点是正确的；但是，说话者为什么要给某个名称赋予新的意向内容？这意向内容是如何产生的？对此，意向指称论本身无法给出解决。其二，说话者意向内容的转变究竟有没有规程？显然，应该是有规程的。但这种规程是什么呢？应该以什么样的理论视域对其做出原则规定？对这个重要问题，意向指称论也不能给出解决。其三，从思维理性的抽象规定来看，的确不应该出现用“爱因斯坦”指称一条被单的这种情况；但在现实的语言实践中，却普遍存在这种情况。对于这类语言指称现象的形成和实现过程，意向指称无法完满说明。其四，任何人的意向网络和背景能力都不是固定不变的，而是处于不断变化之中；所以，仅有主观的意向内容、意向网络和背景能力并不足以确定某个特定名称的指称对象，也就是说，它们并不足以构成确定名称指称对象的充分条件。

四、语境、意向与指称

基于以上关于摹状词指称论、历史因果指称论和意向指称论的考察，可以发现，要想对语言指称问题做出合理的说明，就必须寻找一个既能容纳使用语言的主体因素，又能容纳使用语言的客观因素的更广阔的理论视域。我们认为，这个理论视域就是语境（context）。这不仅是因为语境全面地包容了语形、语义和语用的全部因素，包容了话语的主体对象、句法形式、前后关联、背景关联、指称对象和本质意义等语言表达和交流的有序和无序、必然和偶然的所有因素，更重要的是，正是语境“将外在的指称关联与内在的意向关联统一起来”①。语境论的优越性在于，一方面它可以修正传统实在论的直指论所导致的僵化性，另一方面可以纠正由语义相对论所导致的绝对性，从而把因果指称论与意义整体论统一起来，消解对立，建立联系，使科学理论术语的指称难题都获得一种语境论的统一解。下面我们就从语境论的域面对语言的指称问题进行具体说明。

1. 说话者确定指称的主体意向是如何形成的

说话者要想以其特定的意向内容去指称特定的对象，就必须首先形

① 郭贵春．论语境．哲学研究，1997，（4）：50.

成特定的意向内容。但是，一般来说，特定的意向内容并不能仅仅由说话者的内在意向网络和背景能力生成，必须加上特定语言场景的其他因素才能形成特定的意向内容。退一步讲，即使说话者的意向网络和背景能力已完全包含所要运用的某条意向内容，这条意向内容也需要语言实践场境的即时刺激，才能从无意识状态达到意识状态，进而才能实现对某一特定对象的指称。也就是说，说话者是通过主体意向与特定语境因素的相互作用确定名称的指称对象的。因此，语境比主体意向处于更高的层次和更加重要的地位。

2. 说话者的主体意向为何发生转移及如何转移

在现实的语言实践活动中普遍存在着指称转移的情况，意向指称论已正确地指出指称的转移乃是由于说话者为名称赋予了新的意向内容。那么，说话者赋予名称的意向内容是如何产生的？除了发生错误的情况外，所有新的意向内容都是由语境引发、促成并在语境中实现的。正是特定的语境使说话者产生新的意向内容并赋予它原来的名字，从而改变这个名字的指称，达到特定的语言行为目的。例如，“马达加斯加”，马可 · 波罗之所以能把“马达加斯加”（Madagascar）的指称转变为一个岛屿，是由于他处于 13 世纪的欧洲这个特定的历史语境中。另外，虽然名称指称的转移首先是由于某个说话者改变了附着于那个名称上的原有意向内容，但是名称指称的转移和改变必须为受众所理解和接受才能成功地实现；而受众的理解和接受则依赖于语境。因此，只有处于特定的语境中，名称的指称才会成功地发生转移。特定意向是指称发生转移的必要条件，语境加上主体意向才共同构成指称转移的充分必要条件。

3. 意向网络、背景能力与语境

无疑，名称意向内容的改变，进而其指称的转移直接来自说话者的意向网络和背景能力；正是主体的意向网络和背景能力决定着某个特定名称意向内容改变的可能性，即决定着该名称意向内容的变程。但是，从根本上讲，说话者的意向网络和背景能力则是由特定的社会语境塑造并形成的，并且是随着来自社会语境的各种刺激而变化的。同时，说话者的即时意向网络或心理语境也是由特定的语境构建的。说话者的特定心理语境与外部环境（作广义理解，包括研读著作等所构成的语境）的相互作用和同化，使说话者运用其背景能力形成特定的交流意向。而名称指称的改变正是由在特定语境中形成的特定交流意向所决定的。

4. 指称转移的规程

名称指称的转移并不是任意的，原则上说这种转移依赖于语境。具体地说，它由三个因素制约和规定，即意向网络（包括背景能力）、社会规制和世界事态。当说话者处于某个特定的语境、被给予了特定的语言刺激时，就会以其背景能力整合其独特的意向性网络，形成特定的心理表征，这表征融合了说话者的创新意向；但是就说话者本人来说，这创新意向是受制于他的意向网络和背景能力的。同时，融合于特定语言环境的社会规制和世界事态也对说话者的创新意向施加相应的制约。这些共同构成说话者改变名称意向内容的规程，使说话者不能任意地改变一个名称的意向内容、任意地转移名称的指称。这其中，某个人特有的意向网络只是构成并设定他的意向变程，在这个变程内说话者可以构设任何意向内容。所以，从纯心理意向的视角来看，人们完全可以形成“用‘爱因斯坦’指称一条被单”的这种意向；人们并不这样转移指称的原因就在于社会规制和世界事态即社会语境对意向内容的这种转变做出了强大的制约。

5. 关于亲知对象的指称

对于那些人们能够亲知的对象，其名称的指称往往是在特定的语境中通过实指命名的方式建立起来的。伴随着在特定语境中对对象的亲知而形成的意向内容被联结于一个特定的名称。比如，在“这（液体）是水”的命名中，必然伴随着“无色、无味”等的意向内容（尽管这些意向内容可能未用语言表达出来）。但这意向内容正是在某个特定语境中生成的。也就是说，对于亲知对象，名称的指称实质上是通过在特定的语境中确立附着于某个特定对象的意向内容而实现的。

6. 非亲知对象的指称

人们使用的许多名称，其指称对象并不是亲知的，甚至是无法亲知的。这些名称是伴随着相应的意义为我们所认识的。对这类名称来说，重要的是理解附着于这些名称的意义。理解伴随着这类名称的意义是确定其指称的前提。而这类名称意义的理解则是通过心理语境与即时的外部语境的相互作用、相互融通而实现的。因此，离开了心理意向和社会交际语境的相互作用，这类名称的指称便无法确定。“历史的超越观察者”可以脱离心理意向和语境而了知这类名称的指称。但对于只有有限认识能力的人来说，离开心理意向和社会语境的同化来谈论指称是不可能的。

7. 关于自然类名称、物质名称的指称

考虑这些名称的指称问题时应首先引起我们注意的是：“对象并不先于我们的表征系统被给予我们；判断‘什么可被算作对象’或‘什么可被算作同一类对象’是我们划分世界的一种功能。……我们怎样划分世界取决于我们的表征系统，而我们的表征系统是生物地、文化地和语言地形成的。”① 也就是说，这类名称更突出地体现了指称由意向内容和社会语境确定的特点。无论是通过实指命名还是通过其他人学会这类名称，实质上都是为了得到关于这类名称的意向内容，而任何这样的意向内容都是依赖于特定的语境的。不仅如此，这类名称还将不断地再语境化从而形成新的名称和新的意向内容（如“白金”“重水”的命名）。因此，从来不存在超语境的本质。语境是指称之根。关于本质主义问题，中国古代寓言“盲人摸象”、柏拉图的“洞穴人”隐喻都是很好的注解。

总之，必须在特定的语境中形成相应的意向内容并使之融合于意向网络和语境之中，一个名称才会有意义地进入我们自己的世界，也才能现实地获得其指称对象。因为理解从来不是一种达到某个所给定“对象”的主体行为，而是对象的语境建构。

---

① Searle J. Intentionality. Cambridge：Cambridge University Press，1983：231.

英国哲学传统中的语用思维 *

英国哲学传统中的语用思维以洛克的符号行为哲学为开端。在经验论的传统中，洛克把“行为”引入对语言的解释中，这使得英国语用思想的主题集中于语言意义的本质、使用、文化、语境，以及语言的各种功能。特别是分析哲学中日常语言哲学的发展和以言行事语力的发现，使英国哲学中的语用思维与言语行为理论相联结，构成了现代语用学的主要来源之一。本文的目的正是要具体考察语用思想在英国哲学传统中的发展、表现和风格，从哲学渊源的角度认识现代语用学的形成和发展轨迹。

一、洛克的符号行为哲学

哲学的“认识论转向”之后，对语言的洞察发生了根本性变化，“语

* 本文发表于《山西大学学报（哲学社会科学版）》2003 年第 5 期，作者殷杰、郭贵春。

言被视为密切与知识相关，并由此能够阻碍或促进知识的发展。因此，对科学知识的解释不能忽视语言，即便是仅仅对其缺点的批判。”[①]洛克的哲学典型地正是这种现代性哲学。他第一个把语言视为不能为认识论所忽视，也不仅仅是哲学思考的工具，他的语言哲学结合了语言的现代理论及现代知识论思想，使得基于“认知”和“语言”的语用行为观念在洛克和后洛克的语言哲学中均具有了首要的意义。

具体地讲，洛克详细考察了“理智世界的三大领域”，他看到，“所有能够位于人类理智中的东西，包括：第一，事物的本质、事物间的关系及其运行方式；第二，人类自己为了实现各种目标，特别是幸福，而理性地和自愿地去做的行动；第三，获得和交流这些知识的方法和手段”[②]。洛克在此所讲的第三个领域就是“符号学或符号的学说，通常以语词和符号为主要研究对象”。在他看来，无论是对事物本质的揭示，还是人类目标的实现，一种语词的存在都是必要的。通过人类观念的符号（语词），才能与其他人交流思想，因此理智知识本质上就是符号，只有在人类能够理解自身的语词并能够与他人相互理解和交流时，知识才成为可能。可见，语言不仅仅是交流知识的主要工具，而且也是对知识进行亲知时的最为危险的障碍。洛克的知识论因此不可避免地与语言及其本质、使用和意义关联起来，或者与语词意义的语力和方式关联起来。

洛克把这种新的符号学方法与已建立的知识经验论结合起来，直接反对笛卡儿的天赋观念论。洛克认为，所有的人类知识都由观念构成，观念则来自经验，所以理智活动就是对已有观念进行的一种精神操作。这一思想完全不同于以前许多哲学家认为人类天赋地具有一些甚至全部观念的假设。在此，洛克实际上以经验论的方式为我们提供了一种新的知识传输通道，它由双重符号组成：观念是事物的符号，语词是观念的符号。为了交流观念，我们使用语词并把它们传达给对话者，源自经验

---

① Dascal M. The Conventionalization of language in seventeenth-century British philosophy. Semiotica，1993，(96)：139-140.

② Locke J. Essay on Human Understanding. Oxford：Oxford University Press，1975：5.

的观念及事物的符号，反过来又是通过作为观念符号的语词来表征，否则人类就不能交流自己的思想。

在洛克这里，经验实际上表现为两种类型，包括对外部世界的感觉和对我们心灵运行本身的反思。洛克认为通过这两种经验，我们就可以既认识外部世界又能懂得我们自己内在的精神世界。但是，洛克进一步认为关于心灵的直觉知识通过内省就可获得，故心灵的运行并不是通过客观经验而获得的，正如笛卡儿讲的那样，思考、记忆、感觉的力量全是天赋的，所以在洛克的哲学中尚存有一些天赋论的残余。这使他得出心灵是观念的居所，“言语交流就在于心灵交流，即在于观念从某一个体的心灵向另一个体心灵的传达。语言是工具，是最大的‘导管’，借此心灵交流得以发生”[①]。这样一来，洛克就把个体语词的任意的、自由的和私人的这三个重要特征引入了符号学中，从而导致这种理想的交流图景带有洛克的“语言自由主义”形式。其特征是：①语词是其所表征观念的任意符号，是依照讲话者的任意的决定、意愿和意向而与观念相联结。②言说一个语词的行为，是个体讲话者的意愿行为。语词是观念的自由符号，因此语词仅仅在意义行为的语境（语词的使用）中才具有意义。意义是使用，是心灵的一种行为，而不是符号的属性。③这种“意义是用法”的理论因此相当不同于维特根斯坦的“意义就是使用”的理论。洛克的“符号行为”是一种私人行为，讲话者的语词和他的观念之间的联结仅仅为他自己所懂得。[②]可见，在洛克那里，在其首要的意义中，除了代表使用它们的人心灵中的观念之外，语词并不代表什么，只是讲话者观念的符号。

但由此存在的问题是，如果作为观念的符号是任意的、自由的和私人的，即纯粹是主体的，那么知识的交流、亲知和传达又是如何可能的呢？

---

① Harris R，Taylor T. Landmark in linguistic thought//The Western Tradition from Socrates to Saussure. London：Routledge，1989：110.

② Nerlich B，Clarke D. Language，Action，And Context：The Early History of Pragmatics in Europe and America 1780-1930. Amsterdam：John Benjamins Publishing Company，1996：6.

为此，洛克制定了一些规则来保证知识在不同个体间交流的顺畅，包括：①在没有弄懂你让语词所代表的观念时，不要使用语词；②保证你的观念是清楚的、有特点的和确定的，并且如果它们是物质观念，则应当符合于真实事物；③尽可能地遵从于共同的用法，遵守普遍认可的语词使用规则；④尽可能通过定义来告知你所使用的语词的意义；⑤不要改变你给予的语词的意义。[①] 可以看到，洛克所列的语言行为的这些规则是启发式的或指导性的，但它们对于语言的不完全性和私人性这些先天缺陷而言，只是一种减缓的方法，而不能真正治愈语言的弊病。事实上，洛克是试图通过承认语词的不变的使用，来认可私自创造的符号，而没有像后来的维特根斯坦那样看到，因为不存在私自遵守规则的问题，所以不可能有私人语言的存在。语言是由主观的个体和客观的社会两个相互关联的方面构成的，对个体自由的抑制必须通过社会来进行。因此，洛克的语言自由主义真正的问题在于，认可了个体对语词使用时的无约束的自由。

但无论如何，在洛克符号行为哲学中发生的语言革命，通过用语言手段发展个体自由这样一个论题来建构观念世界和精神世界，从而为人类语言使用的自由建构人类知识体系。这种经由语言的理解来对知识进行建构的思路为英国 17 ～ 18 世纪的经验主义所继承和强调。可以说，洛克的思想蕴含了英国哲学中语用思维发展的一切“潜势”。

二、经验论视野中的语用观念

洛克意识到了语言的隐喻本质，即我们可以使用语言来创造一个新的世界，这在某种程度上削弱了过去占据主流的语言表征论思想。一旦从表征事物或思想的单一功能中解放出来，语言就能成为交流主体的自由所有物和工具，语言使用者就能代替语言本身而成为关注的焦点，这就使语用思维进入语言变得更为容易。也正是从洛克所开创的这一方向

① Taylor T J. Mutual misunderstanding : Scepticism and the Theorizing of Language and Interpretation. Durham：Duke University Press，1992：43.

上，英国 17 ～ 18 世纪伟大的经验论哲学家霍布斯、洛克、贝克莱和休谟及常识论者里德（T. Reid）将对语言使用的认识与社会理论结合起来，从社会行为的角度揭示语言的本质，形成了关于语言和社会的语用哲学。

从洛克对语言并不能完全、正确地传达或交流思想的怀疑论出发，贝克莱进一步认识到，这种怀疑不仅仅与语言相关，而且与物质本身相关。他否认物质的存在，坚持仅有思想和精神事件存在。像洛克一样，贝克莱也注重阐明语言和世界间的关系，但他把语言从传达或表征的功能中解放了出来，指出它事实上是思想建构的媒介，并给予语言相对于它的指涉物以更大的自主性，强调了言语的非指涉性和语言使用的多样性。在他看来，符号并不总是表达或指称思想的观念，即便当它们表达观念时，也并不是表达普遍的抽象观念。除了表达和显示观念之外，对于观念可产生特定性情或心理习惯，以及指导我们的行为等，符号也有表达作用。

休谟也反对知识确定的可能性，认为在精神中只有感觉存在。他通过研究洛克语言经验论中的语用潜势，提出了一种意义的语用论。休谟认为，“名称”通过它自身的语义力，可以在语言的接受行为中起作用，但这并不是要展示或表征个体讲话者心灵中的观念，而是依照实践的动机或交流的需要，在受话人那里唤起一种指称个体或观念的感觉。因此，意义是名称的一种潜势，它的实现依赖于语用因素。

与洛克不同，霍布斯认为语词不仅仅是观念符号，它们本身就是观念。在洛克那里，首先有了理性，进而用语词来表征它；而对霍布斯来说，首先有的是语言，人不可能没有语言来思考，理解仅仅是通过言语而引起的。霍布斯通过对语言的使用功能和语言结构间差异的认识，显示了自己对语言使用的直觉。

但霍布斯主要是在政治哲学中发展了言语行为理论。对霍布斯来说，社会自身是基于一种普遍承诺来建构的。因此，这种普遍的相互承诺不仅是一种社会行为，而且是最基本的社会行为。在一开始，所有的社会成员出于相互的恐惧而把各自的权力交给君主和专制政府，使得自我主义和利己主义结束，形成普遍的言语行为。君主或专制政府发出的每一个言说，因普遍遵守的义务而被以命令的形式解释为法律。如果这一义务不能获得，此言说就被解释为商议、劝告或恳求，它具有一种不同的以言行事语力。可见，霍布斯在此把言语定位为诸如承诺、威胁、命令、证实等言语行为，而在言语中表达的感情则类似于命题态度，是直接导致和产生行为的原因。通过澄清各种句式中的感情或意向，每种形式都被约定具有不只一种功能。

常识论者里德则分析了作为社会行为的言语行为。他是第一个发展语言理论以反对亚里士多德主张语言的科学研究应当限制于命题或陈述这一观念的哲学家，并把传统意义上的修辞学（语用学）"废纸篓"置于语言理论研究的核心。里德认为，疑问、命令或承诺等都可以像命题那样来分析。这一思想源于里德对语言普遍概念的新认识[①]。自培根以来，哲学家们感兴趣于语言，是希望为了哲学的对话而改正语言的不可靠。但里德相反，认为日常语言本身是好的，是哲学家们滥用了日常语言。对他而言，日常语言是常识的居所，并且对日常语言的分析能够提供有价值的哲学洞察。这一主题成为后革命时期欧洲哲学重建的共识。

在里德看来，语词传达思想时体现出的不完全性，事实上正是日常语言的特性所在。如果语言的所有普遍语词都只具有一个精确意义，那么所有关于语词的争论将会终止，并且人类将从来不会看到观点上的差异，但事实上它们在实际使用中却是不同的；大多数普遍语词的意义并不是像数学术语一样可以通过精确定义来学到，而是通过我们所遭遇到的经验，通过听它们在会话中的使用来学到的。所以，不同的人把不同的概念置于同一个普遍的语词中，因此，正是在无数的争论中，人们真正地并不是在他们的判断上不同，而是在表达它们的方式上不同。[②]

---

① Schuhmann K，Smith B. Elements of speech act theory in the work of Thomas Reid. History of Philosophy Quarterly，1990，(7)：53.

② Nerlich B，Clarke D. Language，Action，And Context：The Early History of Pragmatics in Europe and America 1780-1930. Amsterdam：John Benjamins Publishing Company，1996：18-19.

对日常语言的新认识导致里德去研究语言的其他方面而不只是纯粹逻辑的方面。在他看来，语言哲学不仅应研究命题和它的主词与谓词构成，而且也应研究言语行为。在此方面，“像贝克莱一样，里德采纳了霍布斯的用符号来结合概念的宽泛的符号观念，而不是洛克式的作为精神事件或条件的公共表征的符号思想”①，认为一种语言理论应当是更广泛符号理论的一部分，因为通过语言，就可以理解人类用以向他人交流思想和意向、目的和愿望的所有符号，语言由此就不仅是表征思想的工具，而且也是一种修辞工具。在那里，语词的意义建基在语境中的归纳过程上，因为语境和对话者都是时刻变化着的，故语词的意义从来不能明确地被建立，也从来不是对每个人在任一时刻都是同一的，它总是不完全的。正是语言的这种不完全性，恰好构成了语言之存在、存活和发展的基础。所以，语言的首要的和直接的意向并不是心灵的独白行为，而是通过命题判断表达的社会行为。

但是，应当看到，尽管里德的语用哲学观念在某种意义上成了日常语言哲学和言语行为理论的直接先驱者，但他仍旧生活在 18 世纪的模式中，即把语言视为基于“思想”的反思，而“思想”正是他所真正研究的对象，这仍旧是洛克和康德所坚持的传统模式。

三、日常语言哲学的发展

经验论之后英国语用思维的发展主要体现在诞生于英国哲学语境中的分析哲学传统中。这一传统包括两个学派：一个是剑桥的形式语义学和语用学，其创立者有弗雷格、罗素和穆尔；另一个是牛津的日常语言哲学，其奠基者为赖尔（G. Ryle）、奥斯汀、斯特劳森和格赖斯，他们发展了包括言语行为理论在内的语言使用观念。维特根斯坦的前后期思想则分别对它们的发展做出了贡献。

理想语言学派的根本目的就是为哲学和科学研究寻求精确的、形式

① Land S. The Philosophy of Language in Britain：Major Theories from Hobbes to Thomas Reid. New York：AMS Press，1986：216.

化的语言，消除洛克所担忧的语言不完全性和误用问题，试图对语用学像语义学那样做形式化处理，认为“语用学可以看作内涵逻辑的部分的一阶化归”[①]。语用学发展的这一方向随着形式化语言的失败而逐渐衰落。从 1929 年起，维特根斯坦开始改变他先前竭力主张的哲学观点和从事哲学的方法，认识到尽管日常语言能误导我们，但我们并不需要把它转换进另外一种理想的语言，语言本质上是一种规则所统治的语言活动或“语言游戏”，它植根于由文化所约束的社会活动和态度或“生活形式”中。维特根斯坦的这些新思想促成了牛津日常语言学派的诞生，从而把哲学的追问与日常语言的研究联结起来，并更关注于后者，形成了第二次世界大战之后繁荣的日常语言哲学运动。

在维特根斯坦的“意义使用论”和“语言游戏说”的启示下，奥斯汀从行为角度阐释人类语言交流活动，提出了“言语行为理论”，成为第二次世界大战后牛津日常语言哲学的最有影响的代表[②]。具体地讲，奥斯汀“言语行为”的语用思想主要体现在以下几个方面。

首先，奥斯汀否定了理想语言学派进行语言形式化的可能性。在他看来，语言是哲学家的工具，哲学家应当仔细检查他们所使用的语词的日常意义和蕴含。借助于语言语法特征，奥斯汀认为可以区别出不同的“句子类型”。因为一直以来哲学家们都假定“陈述”仅仅能描述某种事态，它必定或真或假。但语言语法学家又明确地指出，并不是所有的“句子”都是陈述，除了陈述之外，还有疑问和感叹，以及表达命令、希望或妥协的句子。他指出：“被假设的理想语言在许多方面是实际语言的更为不充分的模型：它的把语形学从语义学中的明确分离，它的精确的形式规则和约定，以及它对其使用范围的明确划界，全是误导。一种实际的语言几乎对它的使用规则没有任何限制，对何为语形的和何为语义

① 理查德 · 蒙塔古 . 语用学和内涵逻辑 // 中国逻辑学会 . 语用学与自然逻辑 . 北京：开明出版社，1994：186.

② Verschueren J. Handbooks of Pragmatics Manual. Amsterdam：John Benjamins Publishing Company，1995：28.

的，也没有严格的分界。”[①]陈述句的真假，不仅仅依赖于词的意义，而且依赖于在环境中所施行的行为。比如，在奥斯汀看来，我们不能说“猫在席子上但我并不相信”，但这并不是因为它自身矛盾，违反了句法，而是违反了我们在语境中使用这些词时做出的语义约定。

其次，奥斯汀探讨了叙述句和施行句之间的区别。他指出“言有所述”和“言有所为”之间的不同，认为言有所述形成叙述句，可以为真或假；言有所为则构成施行句，无真假可言，但有适当或不适当之分。对这一点的洞察正是促成他的日常语言哲学的基本动因。在他看来，哲学家通常认为语言纯粹是描述的，通过“我知道 S 是 P”这样的陈述，就可以寻求到特殊的认知行为。但事实上，奥斯汀认为，“我知道”的功能像“我承诺”的功能一样，做出了一种许诺，具有“你能答复我”的语力，因此，我们不能说“我知道它是这样的并且我可能错了”，因为这样一种断定同等地就是一种许诺，即不仅是描述事情，而且是对该事情做出承诺，就是在做事，是在施行一种行为或礼仪，以及遵守契约或承诺。[②]当考察语境中所使用的词时，我们看到的不仅仅是词（或意义），而且是我们使用词所谈论的实在，我们正在使用对词的意识来区别对现象的感觉。

这样，位于日常语言分析核心的有关感觉和描述陈述的问题就由陈述和施行问题所取代。奥斯汀看到，这些看起来像陈述但没有真值的句子不是用于去描述事态、表达或激起感情，其首要功能是用以去施行一种行为，如提出权利、发布命令、履行承诺等。它们没有真或假之别，只有适当或不适当之分。在此意义上，我们是用“做”来代替“说”，因此，句子的这种施行功能在认识上绝不是归属的和附加的，而恰恰正好是句子的主要意义所在。

最后，在此基础上，奥斯汀提出了言语行为三分说的新言语行为理

---

① Austin J. How to Do Things with Words：The William James delivered at Harvard University in 1955. Oxford：Oxford University Press，1962：13.

② 杨玉成，王春燕. 知识仅仅是一种权威话语吗？——论 J L · 奥斯汀知识概念分析. 福建省委党校学报，2000，(7)：33-39.

论。他把言语行为分为三类：①叙事行为，即“说某事的行为”，包括发音行为、发声行为和表意行为，它表述意义。②施事行为，即“在说某事中所存在的行为”，如“命令”“警告”“通知”等，它们普遍具有语力，其功能是以言行事。③成事行为，即“说某事时对他人的感情、思想和行为产生影响或效果的行为”，其功能是以言成事。[①] 在此，奥斯汀详细考察言语行为的具体类型。澄清各行为类型间的界限和范围的目的并不是在解决语言问题，而是在解决感觉、真理、意义和指称问题。奥斯汀指出，哲学的千年谜之一，即如何在语言和实在或语言和世界间架起桥梁，在某种程度上实际是一个假问题。它产生于我们把描述（或表征）视为语言的唯一功能，忽略了诸如承诺这样的讲话方式。在此，语言和实在实际上都消解于伴随着语言的“行为”中，也就是说，在语言和世界之间实际上并没有什么鸿沟需要去架构。我们能够施行一种行为和通过使用特定形式的词从而让其他人施行特定行为。在使用语言时总是施行某种行为，每个言说都是一种言语行为，这样，语言和世界在单一的、公开的、可观察的和可分析的行为中结合到一起。奥斯汀的哲学研究的新方法不仅激励了哲学家，也启发了语言学家，这使奥斯汀成为当之无愧的现代语用学之父。

可以看到，洛克所培育出来的英美哲学传统中的语用思维，源于对语言的不完全性和私人性这些先天缺陷的治疗，更多地是为了知识和经验的传达而关注于语言的规则和使用技术，包括奥斯汀、塞尔和实用主义的行为主义语用学都是在这种意义上进行语用思考的，是一种“经验主义语用学”。研究语用学的目的是制定“话语规则”或者说是会话基本准则，解决的是当下情景中交流的顺畅问题，是一种“对象谈论”，而不是寻求交流的理性的普遍的和先在的原则，因此，更多强调的是讲话者的意向性、语言约定及具体的言语行为问题。正是在这个意义上，我们说，主要产生于英国的这种“语用思维”和“语用分析方法”在哲学语用思维的发展中表现出其独特的功效、主题和路向，与其他哲学传统

---

① 索振羽．语用学教程．北京：北京大学出版社，2000：152-155.

中的语用思维一起，形成了影响当代哲学发展的重要力量。随着这种看待语言和世界的言语行为理论思维的发展，语用学逐渐在 20 世纪 70 年代发展成为一门显学，借助于语言哲学家对哲学的洞察来解决语言问题，成为一种风尚，“导致了对行为中的言语和言语中的行为的社会化交流研究繁增的‘语用学转向’”①，并渗入于哲学研究的方方面面中，构成了哲学对话和辩护的新思维平台。

① Nerlich B，Clarke D. Language，Action，And Context：The Early History of Pragmatics in Europe and America 1780-1930. Amsterdam：John Benjamins Publishing Company，1996：108.

语义学研究的方法论意义 *

伴随着世纪之交人们对语义学理论研究的反思和重建，语义学的分析方法已经作为一种横断的科学方法论，内在地融入几乎所有学科发展的可能趋势之中，其方法论地位毋庸置疑。因此，从普遍的科学研究方法论的视角，去审视语义学研究在过去几十年中的历史演进，把握规范语义学和自然语言语义学这两个方面的形式、结构、本质与特征，洞察语义学的后现代走向及意义，就成了语义分析方法论研究的重要内容。

一、语义学的演进及其根本任务

从根本上讲，语义学从语法理论的边缘地位进入语言学研究核心，并逐渐奠定进一步发展的坚实基础，始于 20 世纪 70 年代。

20 世纪 70 年代初，在生成语法框架内进行研究的语言学家们，将

* 本文发表于《中国社会科学》2007 年第 3 期，作者郭贵春。

语义学看作一个缺乏规范框架的，或者说是一个缺乏明确意义纲领的欠发展的领域。这一点乔姆斯基在 1971 年就有过明确的表达：“毋庸置疑，在语义学的领域中，存在着需要充分探讨的事实及原则的难题，因为不存在人们能够合理参照的具体的或明确定义的‘语义表征理论’。”[①] 他看到了语义学的问题所在，开始致力于这一领域的研究并做出了富有启迪意义的成果。之后，蒙塔古提出了一个发展自然语言规范语义理论的模型。在这一理论模型中，对自然语言语句模型的理论解释，是通过与生成其结构表征的句法操作严格一致的规则来构造的。他的这一工作为尔后 20 余年的规范语义学的研究奠定了基础。与此同时，杰肯道夫（Jackendoff）在生成语法范围内提出了表征词汇语义关联的研究。这一研究主要是提供了词汇意义与语形之间关联的可进一步探究的基础。到 20 世纪 90 年代左右，由于语义学研究的规范发展，语义学在经验领域和理论解释力这两个方面都得到了进一步的拓展。尤其是在传统的语义难题的求解中，取得了真正的进步。比如，经典的蒙塔古语法采取的是静态的、与句子关联的意义观，而新的对解释过程的动态研究却提出了要通过论述将信息的增量流动模型化的见解。同样，通过把模型理论拓展到表征论述情景的内在结构，基于情态的理论也要求对各个超语言学语境的给定游戏规则给予严格说明。而且，为了生成完备的句子解释，也需要对句子意义的独立语境的组成部分进行说明。至 20 世纪末 21 世纪初，在语境的基底上来谈论语义学分析已成为一种不可忽视的趋势，换言之，它已将各种分散的语义分析模型建构在语境分析的基础之上。可以说，没有语境便没有真正意义上动态的、规范的、结构性的语义分析理论。

语义学的历史发展表明，语义的整体性就是意义的整体性，由于它是由相关语境的整体性所决定的，语义分析方法有其特殊的整合性功能。因此，语义评价也是一种整体性的评价。理论的意义不是简单的整体和部分之间的关联功能，而是一个相关表征整体的系统功能和系统目标的

---

① Lappin S. The Handbook of Contemporary Semantic Theory. Oxford：Blackwell Publishing Ltd.，1996：1.

集合。在这个整体性的基础上，“语义学的任务就是阐释特定的原则，并通过这些原则使语句表征世界。倘若世界与表征是一致的，那么作为表征世界的特定方式而缺乏潜在的必须被满足的严肃条件，就完全是不可能的了”①。无论在这些条件上不同的语义学家们有多少不同的看法，但在语义学必须遵循特定的原则这一点上却是有共识的。其中，坚持语境分析的原则是最有前途的一个方向。“一个句子的意义就是从言说的语境到这些语境中由句子所表达的命题的函项。”失去语境就失去了意义存在的基础。

语义学的历史发展告诉人们，语义学是一门横断的具有方法论性质的学科。不仅语义分析方法已渗透到几乎所有的学科之中，语义学本身的存在也是建立在哲学、逻辑学和语言学基础之上的。以此来看，可以说正是20世纪30年代中期弗雷格、卡尔纳普和塔斯基的工作，为尔后蒙塔古的模型理论语义学的发展奠定了最有效的前提。毋庸讳言，语义学在它的整体性、逻辑性及意向性各个方面都存在着持久的争论，协调这几个方面的关联，是建立语义学的科学性的根本问题。由于这种在语境的基底上，将语形、语义和语用结合起来去处理上述问题的做法非常重要，所以将其作为方法论来建构将是适当的。

在这种方法论的历史建构中，规范语义学的研究具有非常典型的意义。规范语义学试图从三个方面回应各种批评：首先，规范语义学认为对意向性表征理论的批评是不适当的；其次，有必要发展更适当的逻辑和模型结构；最后，应当对“心理实在”问题进行哲学、语言学和心理语言学的探索。各种批评是方法论意义上的，因此，规范语义学的回应也应当是方法论意义上的。于是，规范语义学最大限度地将语义学的整体性概括为三类：①经验的。这种整体性表达了关于语形建构的根本主张，所以规范语义学理论从某种意义上说，是对能否将这一主张可持续化的问题的讨论。②方法论的。这种整体性被看作一种对语法理论的最基本的制约，因为只有包括了清晰语形的语法才能做出构造完美的语法

① Richard M. Meaning. Oxford：Blackwell Publishing Ltd.，2003：235.

说明。所以，规范语义学从一定程度上讲就是对这种方法论原则的成效的探索。③心理的。这种整体性的原则并不在于它自身被给定了特殊的地位，而是对更基本的方法论原则给出了心理意向上的说明，当然这种整体性原则必须存在某种语形和语义之间的系统关联。规范语义学的这种发展，被人们称为“后蒙塔古语义学”时代。可以说，基于向科学和社会学开放的广泛开放，在整体性、逻辑性和意向性上更加深入地研究，是“后蒙塔古语义学”的必然要求。

在这种方法论建构中，自然语言语义学从另一个方面体现了语义学研究的方法论意义。由于自然语言完全不同于命题演算或谓词演算那样的形式语言，建构自然语言的意义理论，必须包容自然语言的两个最基本的特征：第一，使用语言是为了表达讲话者的交流意向；第二，这种语言的语句可以包含开放的“标志表征”（indexical expression），而这些表征的值只能在语境中予以决定。所以，在自然语言语义学中，意义理论不仅包含语义分析，而且包含语用分析，由此才能决定句子如何被用于建构陈述，才能为讲话者的意向和语境给出相关的条件。这就是说，在一定意义上，语用的具体凸现过程是意向和语境得以实现的物质基础。同时，这种语用的物质条件性决定了语境的本体论意义上的实在性，即决定了在语境实在的基础上去实现语形、语义和语用的统一。可见，“语境至少是实体、时间、空间和对象的集合”①。语句表征的意向性及其意义正是在这个集合中被交流、被完成、被确定的。这样一来，语言陈述在形式上的丰富性和价值取向上的内在性，均在语境中获得了统一。所以，在语义学的框架内，“理解是语境的事情”②。在一个特定的语境中，一个陈述或表征所具有的确定意义，事实上是语境所给定的一种本质特性或者价值趋向；在语境中对相关特性或价值趋向的选择，是由与语境一致的特性条件决定的。语境决定特性或价值趋向，而特性或价值趋向决定

① Lappin S. The Handbook of Contemporary Semantic Theory. Oxford：Backwell Publishing Ltd.，1996：117.

② Lappin S. The Handbook of Contemporary Semantic Theory. Oxford：Blackwell Publishing Ltd.，1996：135.

意义。意义表现为特性或价值趋向的“值”或“函项”。归根到底，这些特性或价值趋向是语境的“值”或“函项”。所以，在理解的过程中，意义的重建从根本上讲是语境的重建，仅仅有语形重建的表面上的一致，并不保证意义的一致性。只有语境重建，才能有意义重建的可能性。在这里，语形、语义和语用在重建中的结构上的一致性，是语境同一性的表现形态。总之，语句的重建规则如何被系统化，它们如何与规范陈述的语义计算（semantic computation）相互作用，包括演算本身可能对一致性概念的任何影响，都构成了自然语言语义学必须解答的核心内容。

当我们谈到语义学的历史发展时，不能不提到从 19 世纪末到 20 世纪 80 年代，在逻辑语义学中流行的“意义等价于真值条件”的静态语义观。这种语义观将语言表征与世界之间关联的意义看作是静态的关系，这种意义可能会随着时间的流逝而变化，但它自身却不会导致变化或引发变化。这一观点持续了近一个世纪，不过，逻辑语义学的开创者们，如弗雷格和维特根斯坦等，对于那些他们无法处理的问题，还是坚持一种开放的视界。尽管逻辑的途径奠定在经典数理逻辑和集合论之上，但该方法对意义的诸多分析还不如传统“意义等价于真值条件”的表征更为适当。逻辑语义学的真正变化有待其他概念的出现，即有待计算机科学和人工智能等认知科学的发展及其影响。这就是传统逻辑语义学的挑战持续了近一个世纪的原因。但在逻辑语义学中，对静态语义观的真正挑战，产生于逻辑语义学中对“顽抗难题”（recalcitrant problem）的解决，因为对这一难题的解决要求超越静态的意义观。20 世纪 80 年代初由凯普（Kamp）和海姆（Heim）发展了的“叙述表征理论”实现了这一超越，动态语义学由此有了自身发展的广阔空间。

这种动态语义学方法论的历史建构构成了动态的解释思想形式化的特定方式。因为在动态的解释过程中，解释者对表征结构做了本质的应用，将解释的动态性确定在了解释过程的真正核心即意义的核心概念之中。之所以如此，就在于解释与表征形式的变化是相关的。于是，“意义就是潜在的信息变化”成了动态语义观的核心，而静态语义观则强调“意义就是真值条件的内容”。可见，静态语义学的基本概念就是“信息的内容”，而动态语义学的基本概念是“信息的变化”。总之，在动态语义学中，句子的意义是与它潜在地改变信息状态相关的。

语义学在其演变和发展历史中表现形态多样，这些表现形态从不同的立场、视角、层面，以及各自的方式试图求解语义学及其哲学解释的难题。但是无论哪一种语义学倾向，从心理意向的要求上来分析，它们都必须从方法论上回答这样几个最基本的问题：第一，意义与指称或真理之间的联系是什么？第二，表征的意义与认识或掌握其意义之间的关系是什么？第三，什么使有意义的表征成了有意义的？第四，意义与心理之间的联系是什么？第五，自主的意义与继承的意义之间的联系是什么？第六，为什么意义与表征系统是相关的？依据对这些问题的不同回答，可将它们区分为还原论的和非还原论的两种类型。然而，无论是哪一种类型，都不能回避由语境到指称和真值的确定这一根本问题。因为在确定的语境基底上把意义与指称和真值的关联阐释清楚，是所有语义学研究趋向的基本问题。对这一基本问题的回答，构成了不同趋向之间的相互论争、相互渗透和相互借鉴的丰富多姿的历史局面，也构成了人们评价一个语义学方法论体系的衡量尺度或标准，推动了整个语义学的发展和进步。了解这一基本问题及对这一问题的不同回答，将有助于我们把握语义学发展的历史走向，认识其方法论研究的重大意义。

二、语义学的规范性及其计算化处理

语义学的规范性与语义学形式体系的逻辑性密切相关。塔斯基关于真理和逻辑问题的研究或许是对现代语义学最重要的贡献之一。真理的递归定义、逻辑语形学的语义、语义模型的概念、逻辑真理和逻辑结论的意义等，都是当代语义学的核心论题。模型理论语义学（抽象逻辑）、可能世界语义学、戴维森及其他学者的意义理论、蒙塔古的语义学，甚至作为生成语形学之分支的逻辑形式，都与塔斯基的原则有关联。但塔斯基的理论是一种逻辑语义学，在他那里，逻辑的和超逻辑的术语有着本质的区别。在塔斯基的语义学中，逻辑术语的规则、范围和本质，以及逻辑和非逻辑语义学之间的关联并未得到适当澄清。现代语义学的许多分支虽然植根于语言与世界之间关联的逻辑理论，却都超越了塔斯基语义学的范围。只不过规范语义学到底在多大程度上能超越逻辑的基础，仍然是一个值得探讨的问题。这就是说，规范语义学既与逻辑理论有关，又必然超越逻辑理论的形式约束，二者之间的合理张力才是当代语义学发展的可能性条件。

事实上，上述问题涉及的是在当代语义学的研究中，如何处理语义和语形之间关系的问题。而在范畴语法中讨论语义和语形之间的关系是十分有意义的工作。在这里，有两种观点值得我们注意。

第一，任一语言学表征都被直接地指派了一种模型理论的解释，以作为其部分意义的显现。因此，可以把语形系统看作特定语言学表征的构造完备的、可再现的描述，并且是一个以小的低层面的表征构建了大的高层面的表征的体系，所以语义学给任一表征都指派了一个模型理论的解释。在这一点上，所有语义学理论都采用了某种关于语义学的构成论的观点，但问题的关键在于这种构成论的语义学到底解释了表征的哪一个层面的问题。众多观点认为，表层结构都不是被直接解释的，相反它是被导出的或被描述的，而且其意义也是被指派给了相关层面。范畴语法研究的有意义的假设就在于，一旦语形直接建构了表层的表征，建构语义学为任一表征指派了相关的理论模型解释之后，就不需要中间的任一层面了。

第二，从任何意义上讲，语义学所使用的特定建构论是语形学建构的镜子，因而给定了语形的建构就可以“读出”(read off)相关的语义学。但反之则不然，因为语形系统在某种程度上比语义系统更丰富，比如，语序在语形中具有重要的作用，但并不存在语义学的对应物。

在规范地解决语义和语形的关系问题上，当代计算语义学的出现和发展提供了更为广阔的应用空间。从语言学的角度讲，计算语言学假定了一种语法特征，即意义和形式之间的关联，以便使问题集中在“处理”(processing)上，比如，需要计算给定形式意义的算法等。在这里，计算者很自然地会把语法当成关于“意义—形式”关联的约束的集合，从而将约束决定当作某种处理战略。正因为如此，怎样从语义学的角度阐释这种约束，并且进行语义的处理及澄清语义理论所隐含的意义，就成了当代计算语义学的重要内容。而要阐明这些内容，计算语义学必须解决这样几个问题：①解释这种假设的背景，特别是关于语言学与计算语言学之间的功能区分，以及基于约束的语言学理论；②阐释基于约束的理论如何重解“语形—语义”的相互作用；③说明“约束决定”（constraint resolution）如何为计算处理提供处理的自主性；④需要提出相关计算语义学的模型理论。事实上，这一工作与人工智能研究有着极重要的联系。但在语义学研究的层面上，它更注重语形和语义的相互作用和对语义信息的处理。

语言学和计算语言学的理论区别在于：语言学负责对语言的描述，而计算语言学则负责算法和对被计算对象的建构。所以，计算语言学是在语言学的基础上来赋予计算关联的特征，它们都既有经验的也有理论的层面。因此，它们之间的区别是正交的。计算语义学则不同，它既要描述算法和构造，又要进行理论的分析。计算语义学是要从本质上表明，特定的算法结构为何能被用于阐释语义学的问题，以及说明在给定的语形和语义相互作用的形式体系中，为何能从结构上对它进行计算。以这种方案来确定语义学，显然在特定的语用语境中，不可能把语形和语义绝对区分开来。“而且在特定的形式体系中，语形和语义值所共享的结构，建构了相关语形学和语义学的相互作用。”[①]把语义处理看作是特定的计算操作，其优势在于它不仅包含了语义模糊的特征化，而且提供了可从形式上描述语义清晰性的框架与阐释意义的机会。正是在这种意义上，计算语义学是某种模态语义学的特定表征。换句话说，在一种有意义的表征语言中，语形与语义的相互作用表现为特定语形结构和相关形式公式之间的一种可等价计算的关联。尽管这种方式并不能唯一地决定一种语义学，但它却使语义学在相关的计算模型中被具体化，从而为探索特定的对象意义和它的值域提供了有效的现实途径。

---

① Lappin S. The Handbook of Contemporary Semantic Theory. Oxford：Blackwell Publishing Ltd.，1996：446.

从计算语义学的角度去解决语义和语形关联的规范性问题，就必然要涉及计算语境与模拟表征的关系问题。因为没有计算语境就没有模拟表征赖以存在的环境，而没有模拟表征就没有计算语境意义得以显现的途径。在这个问题上，弗雷格早就说过，“只有在一个语境中，一个词才具有它的意义”。维特根斯坦也进一步讲道，“理解一个句子就是理解一种语境”。正是这种相互关联的方式，决定了在一种语言中特定的表征所意味的东西。[①] 这是建立在语境基础上的可分析的语义整体论观点。这种经典的思想在当代语义学中被重新放大性地具体化，并体现在认知计算理论对表征的说明中。由于这种说明与意向表征论的关联，同时也为了从它们的特征上加以区别，所以语义解释引入了“模拟表征”（simulation-based representation）的概念。“模拟表征”是人工表征的一种结果，由于它与数学建模语境的相似性，所以在这种计算语境下给出若干“模拟表征”的特征就非常有意义了。这些特征包括：

第一，当我们处理一个特定现象的数学模型时，适当表征的标准恰恰是适当建模的标准。其典型表现是，它使用一组统计方法来决定一个数学模型是如何很好地模拟了自然法则。在此，作为资料的自然法则可以得到观察并被记录下来。资料和模型不一致，则表明了该模型不能适当地模拟表征相关的对象世界或者相关的特性等。

第二，在这个计算语境中，人们试图表征的东西与成功表征了的东西之间有着明确的区别。没有人会认为，一个线性方程表征了自由落体中时间与距离的关系，仅仅是因为存在着人的意向。

第三，“模拟表征”所体现的也是一种鲜明的特定程度问题，其实质就在于一个模型所表征的适当性如何，以及它是否比竞争模型更好。

第四，“模拟表征”对于特定的目标来说是相对的，即一个特定的线性模型在系统 S 中可能比在系统 S’ 中是一个更好的模型；但是，如果要问该模型到底表征的是哪一个系统则是不恰当的，这是一种不恰当的理解。

第五，“模拟表征”的失败常常并非可定域的（localizable）。当一个

① Stich S P，Warfield T A. Mental Representation. Oxford：Blackwell Publishing Ltd.，1994：144.

模型表征不适当时，可能会把责任归咎为某一参量经验值上的错误，但是，对某种可责备性（culpability）的更清晰或更全面的判断也往往不可能。

第六，在这种计算语境中，表征系统也经常存在某种实用化的因素。比如，一个复杂社会系统的线性模型对某些目标来说可能是一个适当的表征，但对非线性的模型来说可能更可取，因为这在数学上可能更易于处理。

总之，在一个计算语境中，上述“模拟表征”均被应用于具体的表征之中。这生动地说明，在语义的计算化处理过程中，语义的生成、建构、说明和解释是一个相当复杂的、既是整体又是可分的系统。这种整体性和可分性（可分析性）相一致的一个重要前提，就是“模拟表征”与相关计算语境所接受的信息状态是一致的。在这里，信息态的性质在某种程度上决定了“模拟表征”的特性。信息态的一般概念就是可能性的集合概念，这个集合由各种开放的可选择性所构成。而构成信息态的各种可能性依赖于信息对象的特性。计算语境可获得的信息包括两类。一是事实信息（factual information）。它是作为可能世界的集合而表征的信息，在“模拟表征”上，这些世界与一阶模型相一致。而这些模型由对象集合、话语域及解释函项所组成。另一类是话语信息（discourse information）。它间接地提供了关于世界的信息，保持了被处理对象的联结途径。在模拟表征的逻辑语言中，它是对引入新的处理对象、新主题的存在量词的使用。在这里，扩张话语信息就是增加变元和主题，并调整它们之间的关联。这两类信息通过从话语域到主题对象的可能陈述获得关联，或者间接地通过与主题相一致的变元来获得。所以，它们统一于对可能世界信息的模拟表征之中。

从计算语义学的角度去解决语义和语形之关联的规范性问题，对科学哲学尤其是物理学哲学中语义分析方法的应用具有非常重要的启迪。因为从科学语言的角度来讲，“一个理论的语形和语义特征之间的相互关联所产生的意义，是任何哲学的优越性的主张所必需的”①。这些相互关联

① Sklar L.The Nature of Scientific Theory. New York：Garland Publishers Inc.，2000：120.

所指称的恰恰是由普遍的完备论证所描述的对象。换句话说，正是在语形和语义的相互关联中，展示了物理描述的本质及其论证的合理性。这也从另一个侧面表明，哲学的分析若不与语形和语义的分析结合起来，将无法进行科学理论的说明。这种结合的意义在于，它一方面要通过认同逻辑上鲜明的值域特征，另一方面要通过认同特定的物理状态，或者说在某种意义上可测量物理量值的特征，来从语义上给出适当的分析，从而确定相关的物理意义。所以，一个完备的语形与语义结构的关联存在，是揭示物理意义存在的前提。这也就是范·弗拉森自己明确地指出，他受到了贝斯（E. W. Beth）对语义分析方法研究的影响，并认为贝斯“对量子逻辑的分析提供了对物理学理论进行语义分析的范式”的根本原因之一。

三、语义学的自然性及其结构特征

语义学的自然性直接体现在它作为对自然语言的意义研究之中。而且，这种自然性恰恰通过具体的独立的语用环境及其意义的自主建构来实现。但是，自然语言解释的这种语境独立性，本质上是一种现象，它可以根据由意义的真理论说明所定义的构成性原则的特定形式，来给定相关的状态。由于自然语言解释的线索不能独立地由句子的语词和它们结合的方式（如逻辑系统）所确定，而是在整体系统上依赖产生于其中的环境，所以独立语境解释的现象具有极其普遍的特征。正因为如此，理论情态的语境重建就成为自然语言研究的语义和语用相互作用、共同发展的一致性的前提和基础，也正是在这个不断重建的过程中，实现了意义理论解释的同一性。而且，由于解释的前提性的说明本身就是一种直接反映这一线索的形态特征的结构，所以语义、语用及语形的建构全部结合在了一起。这三者的整合，构成了自然语言独立语境解释现象的自然本性，也由此使得意义解释成了有理由的说明。也就是说，在自然语言的语义研究中，基于形式系统的分析与基于认知心理学的分析这两种研究纲领，在语境的解释中内在地融合在一起。这两种纲领的区别，最根本的就在于它们的说明方式上。因为作为对言说解释说明的语用假设至少是根据言说所表达的命题形式来定义的；作为元说明解释的语义假设则诉诸完全不同于由语形构造所直接描述的东西。这些不同特征的方式，正是在自然语言解释的独立语境的说明中，自然地获得了它们的统一。

对语义学的自然性及其结构特征的意义分析，最基本的假设就在于，自然语言的语形结构必须与它所表征的概念相关联，并且这种表征通过翻译或一致性规则的集合来进行；在这里，概念包括人类认识的所有丰富性和内在的相互关联。这个要求提出了两个问题：其一，这种关联是否是直接的；其二，是否存在一种独立的可证明为统一的层面，它可被称为语形和概念之间严格意义上的语义学关联。前一种结构过于简单化了。以一种结构将语义层面作为独立的存在结构，有利于对问题的认识和把握。其特征在于：①通过概念结构，语义与句子之间密切相关；②通过语义结构，概念结构与世界知识相关。这既表征了句子的语义关联，又表征了关于世界知识的关联，同时还包含了隐喻分析的语义关联在内；③通过结构性的关联，意义表征的各个方面获得显现；④具有心理意向层面的表征，因为命题态度的心理意向性必然会在语义结构中得以显现，也必然内含于概念结构之中。由此可以看出，语义学研究的自然性与其结构性本质地联系在一起，是不可人为分割的统一体。因此，我们应该特别重视以下几个方面的研究。

1）命题态度与语义特性的关联。命题态度和心理表征都依赖于对它们的语义特性和意向性特征的说明。因为只有通过心理表征的语义特征，才能说明命题态度的语义特性。而且，这种语义特性同样具有实在论性的特征。因此，说明语言学实体（如语词、句子等）的实在论性的语义特征，是语义学研究的一个必然的本体论性的要点。福多就曾指出，一个在因果性上有效的心理状态在语义上也必然是可评价的。也就是说，是否具有语义特性是评价一个命题态度是否具有实在论性的标志之一。他有这样一句名言：“命题态度的因果作用反映了作为其对象命题的语义作用。”[①]之所以如此，是因为命题之间的语义关联和心理状态之间的因果关联，具有内在的一致性和同晶性。所以，在可操作的理想框架内，人们可以从命题对象的语义关联中导出存在于心理状态中的因果结论，对语义特征的分析和把握，正是对命题态度及其意义的分析和把握的前提与基础。

2）语用分析与语义分析的关联。自然语言的语用学的特征就在于，它研究在社会语境中语言学的表征使用。但存在着两种极其不同的探索方式，而它们的任何表征又都依赖于语境。其一,一个句子的命题内容随着语境的转换而变化；其二，即使一个句子的命题内容已被确定，它的使用也存在着其他的重要因素，而这些因素仍将随着语境而变化。语义语用学（Semantic Pragmatics）研究的是前者，即通过具体的语用语境来确定命题的内容和意义；而后者是语用语用学（Pragmatic Pragmatics）的研究范围。语义语用学的研究既表现了语义学作为方法论的扩张，又体现了语义学分析与语用学分析的内在一致性。语义语用学的关键之处在于，在特定的语境中我们使用什么样的规则，去填充与指称要素相一致的命题内容的缺失部分。在自然语言中任一这样的要素都会由相关的适当规则所支配。语义语用学的一项重要工作，就是通过语用分析与语义分析的关联，去提炼这些规则，以使它们适合相关的对象。开普兰（D.Kaplan）就将这些规则看作函项。内涵是从语词到外延的“函项”，而一个语义语用的规则是从语境到内涵的“函项”。在句子的层面上，内涵就是从语词到真值的“函项”。从某种意义上说，语义语用的关联分析规则，就是从语境到内容的“函项”，开普兰将其称为“特性”。一旦把握了这些特性，我们就有可能预测到一个可能世界中所获得的内容。[②]语义语用学的分析方法是要通过对这些特性的语义把握，来强化语义分析与语用分析方法的一致性，展示语义分析方法在语用研究中的功能和作用，从而在深度和广度上去扩张语义学的自然性及其结构性的特征。

3）隐喻重描与语义结构的关联。在特定的语境下，相关理论解释

① Stich S P，Warfield T A. Mental Representation. Oxford：Blackwell Publishing Ltd.，1994：19.

② Lycan W. Philosophy of Language. London：Routledge，2000：170.

的隐喻重描（metaphoric redescription）对理论解释的功能具有强化的重要意义。隐喻重描本质上是一种特定理论的语义重建。所以，隐喻一方面被用于指示语言学实体，具有语义的内在性；另一方面超越了观察语言和理论语言的二分法，而给出了新的解释方向。在这里，隐喻分析是语义分析的重要的方法论的组成部分。它告诉人们，意义的变化归因于与其相关的语句态度的变化，以及指称和使用环境的变化，所以理解一个表征的意义，就是理解它的内在的语义结构。可以这么说，隐喻在不同的语义结构中传递信息和建构思想，所以隐喻重描或“后隐喻”（post-metaphor）意义的建构，正是语义结构变化的必然结果。因此，隐喻的使用规则存在于可理解的隐喻中，这些规则也是语义规则的特例在给定语境下的表现；并且，语词或符号的意义不具有独立的特征，它随着隐喻使用的变化而变化，语词隐喻因此构成了意义的载体。需要特别强调的是，隐喻不是非理性的，它恰恰是理性的特殊表现形式。“理性就存在于我们的语言不断地适应我们不断扩张的世界当中，而隐喻恰是完成这一使命的最重要的途径之一。”[①] 从这个意义上讲，隐喻重描与语义结构的关联正是一种科学理性展示出来的方法论的关联。正是隐喻重描和语义结构之间的这种合理张力，提供了对隐喻的各种形式和使用的解释。当代科学哲学家们超越了亚里士多德的那种以一个词代另外一个词的狭隘的隐喻使用观念，表明“运用隐喻去创造意义是完全可能的”。所以，隐喻的本质在于它作为一种方法论的“创造意义”的功能，或者改变语义结构之功能的发挥和突现。隐喻重描和语义结构的重建，既体现了新旧意义之间的断裂，同时又展示了它们之间的关联。正是在这种断裂和关联的不断生成中，科学理论的新语境在不断变化，语义结构在不断地被建构，从而意义在不断地被创造。总之，隐喻作为自然语言的普遍特征，是所有科学方法的核心要义之一。离开了隐喻的意义和离开了意义的隐喻，都是不存在的。

4）内涵语境与语义整体性的关联。内涵语境的语义学特征是把握

① McErlean J. Philosophies of Science. Wadsworth，2000：354.

语义整体性的一个极其重要的问题。内涵语境是相对于外延语境而言的，二者的区别就在于：①内涵语境的关联不是单纯演算的；②内涵语境展示了一种对“空洞的容忍”（tolerance of emptiness）；③内涵语境限制了相关外延表征的自由替换；④内涵语境制约了量词的任意使用，并且明显限制了外在量词的内在延伸。也就是说，内涵语境更本质地体现了语义的整体性及语境对意义的决定作用，因为语句的意义是由内涵语境整体地给定的。另外，从某种层面上讲，内涵语境的语义结构分析与可能世界语义分析关联在一起。可能世界语义学的框架为表征命题和内涵提供了一种有效的方式。也就是说，我们可以通过一个可能世界的集合来表征一个命题，而且在这个世界的集合中，命题成真。因此，命题可以作为从可能世界到真值的函项来表征。更广泛地看，可以将各种内涵作为从可能世界到各种外延的函项来表征。比如，我们可以把一个谓词的内涵作为从可能世界到一组对象客体的函项来表征。同样地，也可以将单个术语的内涵作为从可能世界到个体的函项来表征。[①] 这样，内涵语境就架起了从可能世界到所有相关外延对象之间的语义桥梁，并从根本上保证了整个语义解释的一致性和整体性。在内涵语境的基底上整合各种不同的语义结构的要素，确定相关可选择意义的趋向性，并保证语义整体性的合理性，其重要性由此可见一斑。

四、语义学的后现代趋向及其意义

众所周知，后现代主义的风暴在席卷了整个人类精神世界所有领域的同时，也遭到了来自各个方面的激烈批评和反对。需要指出的是，后现代性作为一种探索问题的方法论视角，却与后现代主义的极端立场和观点大相径庭。某些语义学家从后现代性的方法论视角去研究当代语义学的特征，并试图由此推进语义学的发展，从而形成了“后现代语义学”（postmodern semantics）的特定走向，这是值得我们倍加关注的一个

---

① Taylon K. Truth and Meaning. Oxford：Blackwell Publishing Ltd.，1998：201.

方面。

“语义学”（semantics）一词源于法文 sémantique，它是由法国语言学家米切尔 · 布莱尔（Michel Br é al）于19世纪末首创的[①]。事实上，从这个概念一诞生，语义学就是要对人们如何通过语言的途径把握世界给出令人满意的说明，而这一点对于后现代语义学家们来讲，也毫不例外。从后现代语义学的角度看，规范语义学（或形式语义学）是抽掉了“主体”（body）的不同句法形式的系统整合，它至少是缺乏了语义学建构的某种“灵魂”和基础。所以，把“主体”嵌入语义学的内在结构之中，使语义学成为一种有鲜明“主体”的语义学，是后现代语义学的一个重要走向。更具体地说，是把“理解的主体”和“被理解的主体”都嵌入语义分析的过程之中，而不是仅仅强调语义分析的形式规范性和自然性的理想化。他们尤其反对将规范的或形式的符号及系统偶像化，强调主体在语境中的重要的结构性地位；同时认为，在特定语境中内聚的意义是解释的结果，语境的复杂性只是增加了语义的相对可通约性，而不是相反。也就是说，主体的嵌入更强化了意义的可通约性，进一步防止了不同语境下语义的断裂。[②]

从这个视角看，首先，后现代语义学中的“主体”不能根据简单的存在性将其看作是“肉体的”（corporeal）；相反，倘若我们希望语言符号与世界之间的关联是有意义的，那么“主体”就必须被重铸为某种有意义的必然性。这种必然性就在于，“主体”是作为不可或缺的语义的“世界”和背景而存在的，而且是一种具有能动性的结构性的存在。只有在这个基础上，才有可能在规范语义学与自然语言语义学之间做一个区分，尤其对后者来讲，没有“主体”便没有意义。其次，除了各种各样生动的特征之外，“主体”是作为认识论的手段或者途径而进入语义学结构的，因为它具有在可推论的界限内构成“世界”的重要意义。之所以这样认识问题，是因为后现代语义学既想消除主观论的心理主义，又想避免决定论的生理主义在语义学研究中的渗入。总之，在后现代语义学

---

① Harris R. The Semantics of Science. London：Continuum International Publishing Group，2005：viii.

② Routhrof H. Semantics and the Body. Toronto：University of Toronto Press，1997：4.

那里，“意义是对实体的可理解性的展示”。在这个基点上，意义表现了属于理解的被揭示对象的形式存在框架。一句话，走向“主体”，走向理解，走向形式与存在的统一，是后现代语义学的根本趋势。对此，我们将其称为后现代语义学的“主体转向”（body turn）。

这种朝向强调主体性的后现代语义分析，突出地认为“在语言和词典中没有意义”，语义学是社会意义的理想化，是从符号交流的行为中抽象出来的。这种理想化之所以是可能的，是因为我们理解的层面和文化的层面，把所有的意义及其约束都限制为被约定的动力学关联。在这里，后现代语义分析注意了两个方面的区别与融合。一方面，不把规范语义学与语言学或非语言学的社会意义的语义学严格区分开来，而是既要保留一个可推演的程序集合，同时又不为所有语义学提供某种创构的元基础。另一方面，强化社会意义的理想化的结果，通过这种途径，从而产生新的形式化的体系。这两个方面不但不可偏废，而且是互补的。后现代语义学试图从以下几个方面来区分自然语言语义学与规范语义学之间的主要差异，并体现后现代趋向的基本特色。

第一，规范语义学是“同形符号化”的（homosemiotic），而非形式化的或自然语言语义学则是“相异符号化”的（heterosemiotic）。同形符号化与相异符号化之间的区别集中于意义的获得和指称的保护上。对前者来说，意义可与严格的理性意义等价，并通过可定义的形式规则来约束，而且在意义的交换中不存在语义的增损。然而，在语言学系统和非语言学的符号（可将意义具体化）之间相异符号化的关联中，则完全不同。在这里，我们必须面对各种解释之间的近似性，并根据语言学表征的趋向性使各种非语言学的解释相一致。

第二，在非形式语言学中，指称是“交互符号化”的（intersemiotic）关系。在规范系统中，指称是通过在定义上使一阶系统和二阶系统相关联来得以保证的；但在自然符号系统中，意义则总是存在指称。在某种程度上，后现代语义分析认为，自然符号指称在符号化的意义上完全可以被理解为是不同符号系统之间的关联，从而导致对复杂的符号系统的确认。这样一来，既可坚持指称的确定性，又可避免传统实在论的指称意义的僵化性。

第三，规范语义学中所称为意义的东西，完全不同于非规范系统中的意义。在规范意义中，由于定义是充分的，变元和常项因而得到了严格定义，并不要求它们存在直接的或具体的指称背景；相反，在自然语言表征中的非形式意义，则由共同体的实践所赋予，允许语义的相关变换。比如，“民主”这一指示对象，只有当我们能够为其说明非语言学的、指称的背景时，它才可能得到理解。

第四，充分的符号表达（semiosis）针对的是自然符号语义学的，而真值条件规则是针对规范语义学。在论争中，规范语义学依赖于真值条件的判断，而自然语言语义学则不能通过二值逻辑的途径来保证意义的变化。在这里，交流通过符号的充分表达来实现。充分的符号表达是一系列心理表征的原则基础，并据此给出理由去支持综合判断。所以，符号表达的充分性并不是逻辑意义上的，而是公共社会经验基础上具体语用意义上的。

第五，感觉是对“只读符号”（read-only sign）系统及其内容的关护，为了将语言表征或动作姿势之类的交流符号系统与“世界”关联起来，需要根据符号来重新定义“世界”，因为交流符号与只读符号构成了某种社会符号学。从这个视角看，我们能够更好地解释在自然语言中，语言表征的趋向系统是如何由非语言的符号所能动地体现的。在这种方式中，我们必然要把语词和非语词的表达习惯性地联系起来，从而使其一方面具有更深层次的普遍性的约束，另一方面服从共同体的交流约定的规则。

第六，自然符号语义学既非奠定于激进的相对主义，也不能建构于狭隘的形而上学实在论的基础之上。然而，任何一种语义学事实上都预设了某种形而上学的前景，比如，弗雷格传统就提出了建立在实在论的形而上学假设基础上的语义学系统。后现代语义学也不例外，但它所指望的是可推演的实在论（inferential realism），或者实在论的文本论，以此来强调语义的约束性和交互符号化的解释，从而通过强调所有知识的文本性质而坚持实在论立场的要求。

综上所述，在后现代语义学的框架中，意义是有条件的。这个后现代性的条件就在于意义是社会文化结构的功能，而不是规范意义的结果。但这种后现代性绝不是要对意义进行解构，相反，它是要建构解释意义的方法论视角，并在新的层面上反映意义的语形学的必然要求。换句话说，语形的规范化推演要服从于意义的社会文化建构，而语义学的意义分析要渗入语形的规范要求中去。这是一个问题的两个方面，它的处理超越了弗雷格和索绪尔的各自传统，将其推向了历史文化语境基础上的语义学建构的新平台。在这个平台上，后现代语义学试图达到形式化的符号表征与非形式化的符号表达之间的融合，即在自然语言中实现从不同种类符号的交互符号化关联，到语词和非语词符号的形式化的语义交换。正是通过非语词的符号行为，而使语言辩证的意义获得实现。这样，意义便成了“交互符号化”的和“相异符号化”的交流事件，成了不同符号系统中的关联。在后现代语义学看来，这种语义分析的方法不仅适用于感觉层面的初始阅读，而且适合于复杂事态的所有交流。即使是最抽象的符号指示，也会显示它所涉及的初始社会状态的表征轨迹。所以，符号的功能远比目前人们所认识到的现状具有更大的可变性及其意义。总之，后现代语义学的条件是社会的、历史的、具体的，它也将随着这些条件的变化而变化。这既是后现代语义学值得我们认真关注并加以研究的地方，同时也是它不可避免的特定局限性之所在。

美国当代语义学研究的旨趣与趋向 *

语义学作为一门具有横断研究方法的理论学科，在其近百年的历史中走过了曲折而又辉煌的发展历程。综观美国语义学演进的思想轨迹，它恰恰印证了20世纪哲学思维的几次转向，对人类理性和科学思维的进步起到了巨大的推动作用。以特征而论，一方面，当代美国语义学的主流研究呈现出规范语义学和认知语义学并立并存的局面，形成了与欧洲大陆语义理论大异其趣的理论趋向；另一方面，欧美语义学在"学术全球化"的驱动下加强了对话，其中规范语义学与自然语言语义学之间的相互融合、语义学的语用化转向，以及语义学的多学科拓展也为美国语义学的发展注入了新鲜血液，共同描绘出21世纪语义学建设有意义的前景。

* 本文发表于《自然辩证法研究》2008年第7期，作者郭贵春、刘伟伟。

一、美国当代语义学的先声：结构语义理论

在20世纪五六十年代以蒙塔古为代表的美国规范语义学派诞生以前，结构主义作为一股世界性的学术潮流在很大程度上影响了美国语义学的发展动向。这一时期语义学的研究不仅在句法分析和词汇理论方面为美国语义学的发展做出了贡献，而且更为重要的是，在理论研究中逐步突出了“语义”的地位，对语义学成为学科领域中的重要分析工具起到了根本性的作用。

1. 形式理性的强化及其工具性的意义

美国结构主义的发展直接继承了索绪尔理论的概念系统，如句法结构和语言形式等，它强调语言形式的描写，对音位、语素、直接成分等结构形式进行详细的分类，进而把纯粹的语言形式当作语言研究的基本原则，认为可以采用形式化的或者代数的方法研究语言系统——这种思想构成了美国后来规范语义学派的纲领和旗帜。例如，以布龙菲尔德和萨丕尔为代表的结构语义学家对形式与模型的推崇，为后来规范语义学的建立与完善奠定了重要的思想基础。

这一时期美国语义学研究领域结构主义兴起和繁荣的原因与特征可以归纳如下。

首先，逻辑实证主义的渗透为结构主义的形式化取向提供了哲学基础。20世纪中期以前，逻辑实证主义在英美哲学中产生了广泛影响，它站在科学主义的立场上，采用了量化的和标准的手段，运用逻辑和数学等理性工具对语言形式进行精密分析。这一点对美国结构主义也产生了潜移默化的影响：结构主义主张对语言的描写不是从语义上，而是从形式上展开。布龙菲尔德就指出，现代科学知识能够精确说明和描写语言形式，从而彻底摆脱了传统语言学在概念构造和分析方法方面的模糊性，如他的著名论文《一套语言科学的公设》（1926年）采用了严谨的数学表述方式，极大地改变了传统语言学中存在的定义含糊、分类标准混乱及

循环论证等问题。布龙菲尔德结构的形式语义分析思想在他的直接成分分析方法即“IC 概念”中得到了集中体现：他认为人们在言语表达中对经验的表述大多遵循二分原则，由于语言是经验的外在表述，而既然经验的表述遵循二分原则，语言形式的分析也就同样遵循二分原则。①

其次，20 世纪初在美国兴起的行为主义理论也对结构主义语义学产生了强烈震动。行为主义的方法论特征在于：①注重研究事实，借鉴自然科学方法与成果，反对抽象分析和说明；②主张客观的仪器测验和观察实验方法，试图在刺激与反应之间建立直接的函数关系，并且把 S-R 即刺激—反应作为解释人的一切行为的公式，达到预测与控制的目的；③运用物理和化学的原理建立模型理论，具有强烈的还原论色彩。布龙菲尔德的结构主义思想在某种程度上吸取了同时代美国行为心理学家魏斯的科学理念，即注重语言事实，采用科学的观察和方法对实验对象加以研究，其语义学理论的基础就是讲话人的刺激和听话人的反应，把词语的意义视为一种刺激—反应的过程。

综上所述，在理性主义基础上，美国结构主义的语义分析在经验指导与严谨程序的要求下更多地呈现为对于形式和外在特征的阐释和理解，注重严格与精确的逻辑建构。另外，可以作为佐证的是，萨丕尔的心灵主义尽管和行为主义处在相对立的位置上，强调意识的分析与研究，但萨丕尔在其代表作《语言论》中同样考察了语言形式问题，认为语言形式除相关联的功能外，还应当作为类型模式加以研究。

2. 语义问题的突出与语义分析方法地位的确立

意义问题是语义学理论的核心，对语义进行科学的形式化描述是语义学领域争论的主要来源。在美国结构主义发展历史中，无论是早期的结构主义者萨丕尔和布龙菲尔德，还是后期的结构主义者霍凯特和哈里斯，以及结构主义的集大成者乔姆斯基，在语义问题的处理上均表现出强形式化的色彩，但是另一方面，他们也采取了极为谨慎的态度，对语

---

① Bloom field L. Introduction of Language Science. New York：Henry Holt Company，1914：60-61.

义问题普遍承认，并在适当的范围内加以涵盖。

在语义的本质问题上，布龙菲尔德认为，意义是“说话人发出语言形式时所处的场景及听话人对此形式的反应”①。对于语义的地位，他认为，意义在语言研究中“不是用还是不用的问题，而是如何恰当地加以使用的问题”②。因此，实际上他相当于明确承认了语义的重要地位。布龙菲尔德在其《语言论》一书的第九章中专门讨论了语义问题，在其后他发表的一系列论文中又专门讨论了语义学研究的重要性。然而遗憾的是，他始终认为语义说明只是一种“未来的事业”。霍凯特在其名作《现代语言学教程》中把语言区分为中心系统和外围系统，认为只有等中心系统的研究取得更多的成果后，才能更为深入地讨论语义问题。后布龙菲尔德主义者科尔纳也认为大部分结构主义者主张有控制地使用语义标准，而非绝对地加以排斥。当然，后布龙菲尔德主义者哈里斯在其 1951 年出版的著作《结构语言学的方法》一书中采用精密的分析手段和高度形式化的写作风格，由此而极端化的后果便是对语义的完全排斥，这一点遭到了语义学领域的强烈批判。

我们认为，语义问题作为 20 世纪语言哲学的中心议题之一，贯穿于历史上语言理论发展的始终，对于结构主义的语义态度，我们必须进行客观分析。在结构主义的研究中，对语义而言，抛弃它是不可能的，回避它是没有意义的，我们在结构主义的思想体系中总可以发现其所处的位置。问题在于，结构主义者在着手对语言进行研究时，更多地把注意力放在更容易形式化操作的音位学、形态学和句法学上，而语义研究在他们看来并不具有现实操作的可能性。③

在美国结构主义语义发展的末期，出现了乔姆斯基多元论背景的语义学派。乔姆斯基的语义理论在美国 20 世纪后期语义学的发展中深具影响，原因不仅在于他在自我理论的不断更新中将语义学问题提到了战略

① Bloomfield L. Language. New York：Henry Holt Company，1933：139.

② Bloomfield L. Language. New York：Henry Holt Company，1933：245.

③ Hill A. An Introduction to Linguistic Structure：From Sound to Sentence in English. New York：Harcourt Brace.

性的高度，而且还在于他极具开创性地将语义问题以形式逻辑的方式加以精确表达，由此便成为规范语义学的理论先声。更为重要的是，他还提出了语义认知系统的问题，其中蕴含了很多包括计算机语言和信息理论等在内的后来成为美国语义学前沿课题的思想内容，因此，我们有必要对乔姆斯基的语义观做一个简单考察。

首先，乔姆斯基语义学的发展以语义为核心进行了不断更新。20 世纪 50 年代末乔姆斯基的名著《句法结构》问世，其中他主张句法研究可以不依赖语义概念而独立进行，这说明他尚未认识到语义的重要地位。之后在 60 ~ 70 年代，乔姆斯基在语义学家凯茨等的建议下对其语义理论又进行了两次修改，提出了“标准理论”和“扩充的标准理论”，对语义所属部分进行了具体的划分，即可以用形式逻辑表达的内容和其他语义问题，前者保留在语法体系中，即逻辑结构，后者则归入了语义子系统。

其次，乔姆斯基把语义问题放在人类整体认知系统中进行了考察。从根本上说，乔姆斯基的语义方法论是建立在科学主义和理性主义基础上的，他认为语言不仅表现为表面和形式的现象，更是人类一种深刻的认知能力，作为主体的人在语言形式系统中建构起自然语言。可见，乔姆斯基已初步具备认知科学的思想。乔姆斯基采用了数学符号和公式来建立规则、范畴，认为形式可以抽象地在认知系统之外进行考察，而语义却无法与主客观的语境相脱离，即语义从属于认知系统。就这一点而言，乔姆斯基的语义思想实际上为后来认知主义语义学的发展间接地提供了某种可以过渡的桥梁。

二、美国当代语义学研究的旨趣与特征

20 世纪中期以后，随着人们对语义研究重视程度的提高和理论分析的现实需要，“语义分析方法已经像血管和神经一样渗透于几乎所有理论的构造、阐释和说明之中”[①]。美国当代语义学的研究也呈现出理论更迭频

---

① 郭贵春．科学实在论教程．北京：高等教育出版社，2001：21.

繁、学术争鸣、“四方割据”的局面，但是总体来说，语义研究的主要领域包括两个大的方面，即规范语义学和认知语义学，这也是当代美国语义学研究的两大主流趋向。

1. 规范语义学的建构与完善

规范语义学作为美国当代语义学研究领域的主力军，已经走过几十年的发展历程。它目前在美国的发展已经初具规模，占据了美国语义学研究领域的主流地位，普遍得到了各大学和研究机构的认可，已经成为一门相对独立的分支学科，包括麻省理工学院和宾夕法尼亚大学在内的许多大学把它列为语言学和哲学专业学生的必修课程，出版了如道蒂的 *Introduction to Montague Semantics*；卡恩的 *Formal Semantics* 及巴赫的 *Informal Lectures on Formal Semantics* 等教科书。当然，规范语义学本身的建立也是一个不断完善的过程，从蒙塔古最初建立规范语义学到后来克里普克等人的继续发展，出现了诸如类型理论、模态理论范畴语法、博弈语义学等新的学说，特别是后来帕蒂等人对蒙塔古语义学的不断完善，充分表明了规范语义学的研究具有极强的生命力。

规范语义学的核心概念是形式体系，即一种抽象的模型结构，模型的抽象性意味着广泛的语义空间，进而彰显出语义自身的自由度。萨伊德认为，可以采用外延方法研究语义，即使用语言来描述事实和场景，也就是研究语言表达式与外部世界之间的关系①。以上所述也是蒙塔古语义学的主要理论基础，他认为可以采用数理逻辑的方法来处理自然语言的句法和语义问题，这一点在他的《英语也是形式语言》一书中得到了集中体现，该文开篇即指出，“我反对形式语言和自然语言截然分离的论点”，这是蒙塔古比较富有开创性的一项工作。

总体来说，蒙塔古语义学主要以真值条件语义学、可能世界语义学和模型论语义学为基础。在此基础上，蒙塔古把自然语言同其所指向的客观事态相互联结加以考察语义，借鉴函数与集合理论构造模态算子的

① Saeed J. I. Semantics. Malden：Blackwell Publishing Ltd.，1997：269.

语义，对自然语言进行精密的数学分析——这就使其语义分析的操作手段具有了明显的客观主义哲学色彩。客观主义认为人类所有的思维和理性都是对抽象符号的机械操作，而符号只有通过指称外物才能表征意义。这种客观主义思维已经被理论的发展证明是一种狭隘的视阈，这也是蒙塔古语义学不可避免的缺陷所在。

回溯历史可以发现，蒙塔古在逻辑语言的模型构造中所表现出的规范语义学的形式色彩在相当程度上受到了逐渐衰落的逻辑经验主义情绪的“感染”，尽管他在很大程度上已经实现“弱化”，如卡尔纳普是后来流行于美国的逻辑经验主义的领军人物，他认为，“如果只分析语词与指示物，便是语义学”[①]，也就是说，语言主要是符号与符号指示物之间的联结，这种联结也是卡尔纳普语义学的核心。卡尔纳普认为对于自然语言必须采用人工语言对其进行摹写，建立完美的理想语言，而且理想语言必须是逻辑真理，由理想语言的语义学来确定。这样，由语义学出发来构造逻辑语言，进而就为自然语言的形式语义学奠定了牢固基础。可以看出，卡尔纳普的语义学具有典型的分析哲学色彩，他把真理符合论奉为圭臬，预设了语言与实在、命题与现实的同一性。实际上，这种思维存在很大漏洞，原因在于形式语言的逻辑概念具有高度的抽象性，并不与自然语言同构。

需要指出的是，规范语义学在美国后来的发展虽然在理论上进行了不断完善和更新，但是其理论基础仍然是蒙塔古语法理论，这也是蒙塔古被尊为规范语义学奠基者的根源所在。在蒙塔古规范语义学的基础上，后来凯茨与福多在TG语法研究中采用形式化的方法研究语义，提出了语义成分的分析方法。[②] 此外，美国马萨诸塞大学的帕蒂作为国际性的蒙塔古语法研究专家和当代规范语义学代表人物，认为规范语义学作为一个标准规范化的术语，涵盖了蒙塔古语法及其后续理论，他认为形式语义学就是句法内容添加语义因素的结果，并首次提出了“蒙塔古语法”的名称，把它视为一个时代的标志。

---

① Carnap R. Introduction to Semantics. Cambridge：Harvard University Press，1942：9.

② Katz J，Fodor J. The structure of a semantic theory. Language，1963，39（2）：170-210.

2. 认知语义学的兴起与发展

认知语义学就是在认知学的框架内研究语义，对心智进行经验性的研究。认知语义学的发展近年来在美国语义学领域异军突起，形成了一股声势浩大的思潮，1990 年美国首发了《认知语言学》期刊，2001 年 7 月在美国召开了第七届国际认知语言学大会，对认知语义学开始了全面系统的研究。认知语义学的形成与发展极大地丰富了规范语义学的思想，并且形成了自己独特的研究方法和目标，特别是认知本身的发展将意向性与主体性包括在自身理论框架之内，并且潜在地为语用与语境因素的扩张奠定了基础，因此，尽管认知语义学在理论构造和解释方面仍然存在一些盲区，但它确实成为美国语义学进一步发展的理论生长点。

如前所述，乔姆斯基理论实际上已经涉猎认知语义学的基本思想，如乔姆斯基认为语言是心理机制产生的客体，是人类心智能力的一部分——他本人也非常认同自己属于语义学研究认知学派的提法。然而，认知语义学本质上是对传统语义学，尤其是乔姆斯基语义学的革命。它从根本上反对客观主义的真值论和成分论，反对乔姆斯基形式主义的方法，认为语义不是客观的真值条件，而是主客观相互作用的结果，取决于由情感、意图和行为组成的经验世界，因此，它与规范语义学也存在严重的对立情绪。

首先，认知语义学强调概念的心理机制，主张概念化意义，反对意义的语义原子化。我们知道，意义的本质及意义研究方法是认知语义学的核心问题，如作为认知语义学奠基人的 Talmy 认为，语义具有与认知相关的自然属性，认知研究的重点应该是一般意义上的概念内容及其组织的本质研究；兰盖克（R. Langacker）把语义当作一种认知现象，即“意义是语言存在的理由”[①]。兰盖克也认为，语义等同于概念化，属于认知处理的过程。

其次，认知语义学主张语义并不与客观世界具有一一映射关系，它具有动态和主观性及经验意义的社会性，反对规范语义学真值指派的行

---

① Langacker R. Foundations of Cognitive Grammar. Redwood City：Standford University Press，1989.

为。例如，Talmy 认为，语言陈述与客观事物的关系是间接的，它只有通过语言主体的大脑才能识别；G. Fauconnier 把意义的构建看作一个动态的认知过程；杰肯道夫则对语义与世界的关系进行了认知考察，他认为语义学的认知基础包括个体化，而且存在着一个心理表征层次，语法规定需要与心理表征相结合①。

最后，认知语义学承认日常语言意义的丰富性，认为语言能够成为经验概括的有力工具，反对规范语义学对自然语言的形式化处理方式。例如，Lakoff 与 Johnson 承认语言中的隐喻行为，否认了形势分析法和真值理论的绝对性；G. Fauconnier 认为语义的研究对象涵盖了语用后台的认知，而且与交际和社会功能相关；E. Sweetser 也指出，复杂动态的意义可以结合包括了言语和文化的语境系统进行分析。

不可否认的是，认知语义学在美国当代语义学领域确实是一个极有前途的发展方向，原因不仅在于它对传统形式语义学外部缺陷的深刻认识，更重要的原因还在于它适应了 20 世纪哲学转向中解释学转向和修辞学转向的需要，比如，认知语义学家们对心理意向和背景知识的重视，以及对修辞学中隐喻概念的关注都体现了这种趋向。如果说早期语义学的发展是在语言学转向框架内的建构，那么 20 世纪后期随着狭隘“语义图景”的破灭，语义学家们不得不在新的理论视野中从多角度对语义学展开观察和研究。当然，这并不是要否定语义学的方法论意义，而是要在语义基础上赋予更坚实的理论基础和解释空间。

三、美国当代语义学未来发展的可能趋向

步入 21 世纪，美国当代语义学在反思和批判 20 世纪狭隘理性主义和绝对主义思维，打破传统语义学保守性与封闭性的同时，在广阔的时间序列和社会空间上对自身的发展趋向进行了拓展，而且由于其本身所内聚的强大的阐释力和逻辑意义，从而把哲学、语言学、心理学和计算

① Jackendoff R. Semantics and Cognition. Cambridge：The MIT Press，1983.

机科学等学科分野的壁垒加以贯通，实现了哲学整体思维的提升和深化。其中，最有前途的一个方向就是在整体语境的背景中赋予语义以解释的实在性，在包括了科学与社会、文化、历史的因素中，形成语义具体而现实的动态特征。总的来看，美国当代语义学的发展呈现出批判与继承、创新与融合并存的局面。

在语义学方法论建设的内部和微观领域，美国当代语义学的未来发展面临着需要重新反思作为语义学领域两大主流的规范语义学与认知语义学的关系，以及传统的规范语义学对待自然语言语义学态度的问题，具体如下。

首先，从本质上说，规范语义学的建构对于认知语义学具有很大的包容性。认知语义学对意向性表征和心理实在的关注对规范语义学产生了极大的启发，因此，科学的规范语义学已经不能再固守“逻辑推演”和“严格形式”的藩篱而必须结构性地联结“心理意向”。规范语义学和认知语义学各自在某种程度上认识到了自身的缺陷和不足，但并没有采取简单的故步自封的策略，而是相互包容和借鉴，从各学科吸取营养，力图完善自己的理论结构，进而在语义学领域标榜学派、巩固地位。我们知道，认知语义学是在对规范语义学革命的基础上建立的，然而两者之间仍然具有很大的融合性，比如，在意义与指称的关系问题上，它们都强调言外界域对言内界域的重要性。然而，认知语义学在对规范语义学反动的基础上似乎矫枉过正，比如，它过于偏重对人脑结构和情感意图的分析，导致主观色彩过重，具有较大的随机性和变动性。①帕蒂认为，“语义学家都希望最终给出一幅令人满意的语义图景，进而展示出语义如何通过人的语义能力与语境相互作用”②。从这个意义上说，作为美国当代语义学研究主流的认知语义学和规范语义学在未来一段时间仍然会占据各自的一席之地，并且二者仍然具有很大的互补性。

其次，规范语义学对自然语言语义学提出了逻辑语形制约的主张，同时也与后者的“主体”实在性保持了适度的距离，而自然语言语义学

① Jackendoff R. Semantics and Cognition. Cambridge：The MIT Press，1983.

② 邹崇理. 从逻辑到语言——Barbara H. Partee 访谈录. 当代语言学，2007：158.

不可避免地相关于语用语境，包含了文化社会因素，并且先天地指向作为认知语义学纲领的“意向交流”。美国规范语义学研究专家帕蒂认为，以蒙塔古为代表的规范语义学并非只简单地使用现有逻辑工具去分析自然语言，而是根据自然语言的特征不断完善逻辑，与运用逻辑和数学方法研究自然语言的规范语义学具有不同的研究模式。“自然语言完全不同于命题演算的形式语”，“自然语言语义学从另一个方面体现了语义学研究的方法论意义”。[①] 我们知道，在规范语义学与自然语言语义学关系处理的问题上，历来存在很多争议，早期蒙塔古语义学已经充分概括了两者的共同性。当然，差异与共性并存，规范语义系统需要保证其完全性与可靠性，而自然语言则具有开放性和灵活性。帕蒂指出，自然语言有益于逻辑工具的完善，如蒙塔古曾经设计内涵高阶类型的逻辑，以描述自然语言的语义性质。此外，坎普、林克等人也对语义的自然性与规范性进行过讨论。总之，自然语言表达与规范形式的双重要求，促使未来美国语义学的研究不得不慎重考虑二者之间的恰当关系。

科学的规范语义学与认知语义学，以及自然语言语义学之间的良性互动，恰恰证明了在有意义的系统语境基础上进行语义分析的必然性，它们之间的合理张力指出了在包括语形、语义和语用的语境基础上语义分析的可行性，进而把语义分析带入了人类公共实践和社会交际的层面。

在美国20世纪80年代以前，传统的静态语义学将语言表征与世界之间关联的意义看作静态的关系，并且把这种关系凝固和永恒化。认知语义学的提出本身已经对传统的静态语义观造成了极大的冲击和挑战，动态语义学的提出更是证明了在广义语境基础上全面、客观地研究意义问题的必要性。动态语义学把语言理解为一个动态变化的过程，认为语义学不能仅仅局限于表达式的意义，而是要致力于话语场景和社会交际的研究。例如，塞尔的意义理论把关于命题的形式建构拓展到了言语行为当中，不仅局限于语言的表现功能，而且开始研究语言的社会交际和实用功能。这样，把语言置于社会生活中来考察，强调语言的语义性，

---

① 郭贵春．语义学研究的方法论意义．中国社会科学，2007，3：79.

由此便能弥补单纯研究形式结构的片面性。另外，动态语义学学者坎普认为，语言是用来交际的，掌握一种语言就是掌握如何用它来交际，因此，必须揭示意义与语言形式之间的关系。

我们认为，当代美国语义学领域的语义动态化倾向，特别是帕蒂教授指出的规范语义学与自然语言语义学之间的良性互动，恰恰表明了经典语义学“意义等值于真值条件”观点的狭隘性，指明了语义语用化转向，进而在语用语境的基础上构建规范性语义分析理论的合理性。帕蒂认为，语义学与语用学的融合是当今语言哲学的发展趋势。他指出，语义学与语用学的首次合流出现在蒙塔古和刘易斯等人的著作中：把内涵语义最终扩展到作为整体且包含了主体和意向因素的言语行为语境。我们知道，20 世纪语言哲学的发展见证了语义学向语用学的转向，在语境的基础上，“语义语用学”研究通过具体语用环境确定命题的内容和意义，“语义语用学”研究确定的命题内容使用中存在其他影响因素，这表明语义学分析与语用学分析之间的内在一致性。因此，伴随着语义语用化转向，卡尔纳普三元划分的语义学模式必将进一步被打破，而站在作为语形、语义和语用统一的语境基底上去凸显语义学的方法论意义，必将成为美国当代语义学发展的一种潜在趋势。

在语义学学科发展的外部和宏观层面，美国当代语义学的继续研究出现了欧洲大陆语义学传统与美国语义学发展旨趣的相互渗透，以及语义学多学科和多维度发展的整体趋势。

首先，虽然从总体上看，当代美国语义学的发展以规范语义学和认知语义学作为主流，然而与此同时，美国语义学界研究的触角也在不断向外延伸。传统上，欧洲大陆的人文主义和非理性主义气息相对比较浓厚，表现在哲学上就是 20 世纪欧洲大陆传统与英美理性主义传统的对立和隔膜。这种世界观背景的差异也造就了欧美语义学研究的不同旨趣。欧洲大陆的语义学研究更多是与语言学、语言哲学、信息论相关，如近几十年来兴起的计算语义学就是哲学家、逻辑学家和语言学家合作的结果。帕蒂认为，规范语义学为计算语义学奠定了理论基础，同时计算语义学也促进了规范语义学的研究，原因在于语义学也存在实际应用问题，在这一点上规范语义学相对于计算语义学可以算作纯科学。[①] 他同时还指出，规范语义学出现之前的美国，语言语义学在计算机理论研究方面除了词汇分析之外毫无进展，直到 20 世纪八九十年代，美国语义学在欧洲语义理论的影响下，才使计算语义学开始蓬勃兴起并迅速发展。语义学家们不断参与一些前沿的计算机项目，直到 1999 年在美国成立了计算机语义学协会。由此可以预见，随着学术壁垒的不断突破和理论交流的不断加深，未来美国语义学必定是以更为开放的、国际化的视野继续发展。

其次，20 世纪后期美国语义学的发展本身已经表明了语义学作为一种分析的方法论工具的重要意义，它具有的统一整个科学知识和哲学理性的功能，形成了把握科学世界观和方法论的崭新视角。一方面，美国未来语义学的发展必然更加广泛地涉猎多种学科，以期丰富自身的理论内涵。例如，规范语义学就融合了逻辑学、数学、哲学、系统学等学科知识，而认知语义学更是把诸如心理学、人工智能、语言学等学科加以贯通。美国语言学家和哲学家近年来就已经进行了深入合作，如坎普和帕蒂（1995 年）、库柏（D. Cooper）和帕森斯（1976 年）、巴威斯和库柏（1981 年）等就共同发表了很多著作。因此，未来美国语义学发展的走向已经不是单独一个学科如何修改和完善的问题，而是多种学科怎样相互融合与协作的问题，这更进一步地体现出了人类思维全面性与整体性的特征。另一方面，语义学作为一种普遍的研究方法和“分析利器”，各种具体学科必然一如既往地会把它与自身学科的推动和建设结合起来，像血管和神经一样渗透于几乎所有的理论构造、阐释和说明中。例如，在美国工业设计领域，工程师们提出了“产品语义学”的概念，并在 1984 年美国克兰布鲁克艺术学院由美国工业设计师协会（IDSA）举办了“产品语义学”研讨会；在生物学和生命科学领域，F. Cantlon、M. Brannon 等开始从语义和认知的角度分析神经与心理机制；在社会学领域，B. Anderson 和 C. Busching 等把语义分析方法应用于社区和家庭结构的研究。

---

① 邹崇理．从逻辑到语言——Barbara H. Partee 访谈录．当代语言学，2007：2.

综上所述，美国当代语义学的发展在各个语义学流派不断推陈出新、相互竞争的局面下，从总体上呈现出研究思维相互融合、研究手段相互借鉴、研究领域相互贯通、研究目标逐步清晰的崭新图景。在这个过程中，语义学的学科地位和方法论意义得以充分确认，并且开始朝向具有充分开放性和社会文化意义的所谓“后现代性”的阶段过渡，从而为世界语义学的发展做出新的贡献。

规则遵循中的语言共同体和规范性 *

规则遵循悖论及其相关问题向来广受争议。克里普克在《维特根斯坦论规则和私人语言》（*Wittgenstein on Rules and Private Language*）中系统阐释了这一问题，他以加法运算中的规则为例对规则遵循悖论进行扩展性解读，进而提出了一种怀疑论解决方案。这一方案实际上由两个方面组成，一方面暂且接受怀疑论论证的结论，即不存在能够判断意义归因（meaning ascriptions）是真或假的事实根据；另一方面拒绝由怀疑论论证的扩展造成的彻底怀疑论立场，并且肯定意义归因的一些作用。但这两者的结合如何可能？意义归因的某些作用是非陈述事实的，所以无须事实来做辩护。尽管这种意义归因的具体使用不符合经典的真值条件的意义观念，却是合理而有意义的。那么，如何判断人的活动是否遵守了某种规则？克里普克认为，共同体的规则模式是我们的活动（包括语言）的基础，我们正是通过语言交流来活动的，"我们所达成一致意见的

---

* 本文发表于《山西大学学报（哲学社会科学版）》2009 年第 1 期，作者郭贵春、赵晓聃。

反应的集合及其与我们的活动交织在一起的方式是我们的生活形式"[①]。比如，我们在具体的加法运算中能够得到相同的答案，并不是因为我们都以相同方式理解了加法的概念，而是因为我们彼此都同意以"+"来意味加法，这是一种"语言游戏"的一部分。怀特（C. Wright）也有相似的观点，他认为人们存在共有的理解力，"正是一致的约定使得所有规则和受规则支配的制度得以保存。我们的规则所施加于我们的要求归因于这种约定的存在"[②]。

因此，规则遵循问题与语言共同体和社会约定密切相关。本文试图分析克里普克共同体观点所面临的困境，并且表明，我们追问规则遵循活动的标准，追问语言表达的运用的根据，从而为语言表达的运用提供辩护，其实就是追问意义归因与意义的规范性问题，而语境分析在阐释语言共同体的作用和规范性问题时具有重要作用。

一、克里普克的共同体观点面临困境

在《维特根斯坦论规则和私人语言》一书中，克里普克谈到规则遵循问题时强调了语言共同体和社会约定的作用，他试图从语言共同体的角度来反对私人语言的存在，并且为规则遵循活动提供一种判断标准。然而，克里普克在语言共同体方面的一些观点很难为规则遵循活动提供合理解释，他的论证方式也值得商榷。

第一，克里普克认为，从真值条件的确立方面来看，一个人不能从他自己的意向中建立真值条件，而语言共同体却可以，这一观点令人生疑。因为语言共同体也不能为规则遵循活动的判断标准确立真值条件，而且就意义的本质方面而言，个体的活动并不是只有符合共同体的一致判断才有意义。

以加法为例，运算者并没有独立的准则来确定目前对加法规则的使

① Kripke S. Wittgenstein on Rules and Private Language. Oxford：Blackwell Publishing Ltd.，1982：96.

② Wright C. Wittgenstein's rule-following considerations and the central project of theoretical linguistics//George A. Reflections on Chomsky. Oxford：Blackwell Publishing Ltd.，1989：244.

用与过去相同，他不能证实在用符号“+”做具体运算时所指谓的究竟是什么。然而，语言共同体也无法获得不证自明的事实，因而无法证实自己所判断的真或假的基础。[①]一个共同体所能做的只是，其共同体成员在语词的正确使用方面达成协议，在其成员所理解的“真”和声称什么为“真”的方面达成一致，所以在真值条件的确立方面共同体并不比个体更有利。语言规则或行动规则的关键是达成一致意见，我们据此解释在某种情形中人的相似反应，进而判断人们遵守或违反规则的行为。此外，对于一个私人的规则遵循者来说，他的活动并不是由于符合共同体的一致判断才有意义，他所需要的只是“充足的复杂性的活动规律来产生规范性”[②]。因此，尽管意义具有共同的或社会的方面，共同体成员做出的判断具有一致性，但这些并不是规则遵循活动具有意义的本质方面。

第二，克里普克提出语言共同体观点的一个重要原因是为了避免产生私人语言。然而，从他论证私人语言可能性的方式来看，语言共同体可能会与个体面临相同的情况，因而语言共同体的提出并不能避免私人语言问题。

首先，克里普克认为，私人语言的不可能性恰恰表现为语言和规则的私人模式的不可能性，因为私人语言中的规则遵循只能通过一种私人模式来分析，而问题在于这种私人模式本身是不正确的。语言共同体的观点可以排除私人语言的可能性，这是因为：①一个语言上处于孤立状态的人不可能拥有一种语言，因为他不仅与一个共同体没有联系，而且不能将我们关于规则的概念应用于言行之中，因而这种私人语言不能被创造出来；②如果一种语言只有说话者自己可以理解，这种私人语言也不可能存在，因为说话者所做的一切或者被翻译成某人自己的语言或者作为非语言而被排除。

尽管一个人不能在没有规则概念的情况下仅从自己的例子中掌握语言，但这并不意味着我们必须接受共同体的观点或否定语言的真值条

---

① Werhane P H. Some paradoxes in Kripke's interpretation of Wittgenstein. Synthese，1987，（73）：253-273.

② Baker G，Hacker P. Scepticism，Rules and Language. Oxford：Blackwell Publishing Ltd.，1984：42.

件[①]。即使我们暂且同意克里普克的观点，一个语言上处于孤立状态的人不能通过确立真值条件来证明规则遵循活动的正确性，但他仍然可以建立自己所认为客观的规则，确立私人的规范标准，而一个语言共同体能做到的并不比这更多。这样，一个处于孤立状态的人就与一个共同体处境相同了。

其次，克里普克反驳了一种倾向性的共同体观点（a dispositional communitarian view）。他认为，语言规则是公共的准则，而不能仅仅是对共同体倾向和习惯的描述，意义和意向与未来行动的关系是规范性的[②]。但是，按照克里普克的思路，如果规则是一种规范性的标准，它产生于共同体的约定，这种约定在语言共同体中正是作为标准来发挥作用，却无法得到证实和辩护，那么孤立的个人为什么就不能确立起自己的独立标准呢？他确立自己所认为的规范标准也无法得到证实和辩护，没有理由认为个体不能有自己的标准作为语言的基础，因此共同体并不比个体更具有优越性。如果克里普克认为一个语言上处于孤立状态的人没有任何关于规则的概念，因而他不能拥有一种语言，那么他的观点或许还可以接受，然而，克里普克实际上说的却是，一个孤立的个人仅有他自己的规则的概念，他只是没有客观的准则来评价这种概念。从这种意义上讲，语言共同体也处于一种孤立的状态。

最后，克里普克的共同体观点在某种层次上也会产生私人语言问题。如果规则遵循的是一种社会约定，每个个体做出判断的标准都只是共同体观点的反映，那么个体就无法对共同体观点做出任何合理的判断，他也无法知道自己是否理解另一个共同体的观点并对其做出判断，以一个共同体的约定为标准就导致了无法对其他共同体做出评价。“在某种程度上用来反驳私人语言可能性的共同体观点在另一个层次上却产生了自己的私人语言问题。”[③]

第三，克里普克对维特根斯坦观点的一些错误解释可能源于他对

---

①③ Werhane P H. Some paradoxes in Kripke's interpretation of Wittgenstein. Synthese，1987，(73)：253-273.

② Kripke S. Wittgenstein on Rules and Private Language. Oxford：Blackwell Publishing Ltd.，1982：37.

“私人的”一词的狭隘解读。一般认为，对于维特根斯坦的“私人的”一词至少可以有三种理解方式：①相对于公共的对象而言，它指的是只能被一个人所体验和了解的现象；②相对于可以翻译的或可以公共理解的东西，它谈论的是只能被一个人所理解的东西；③相对于团体或社会实践而言，它指的是某个或某些个体的实践。[①] 克里普克似乎只是从第三种意义上理解“私人的”这个词的含义，因此，他认为遵守规则不能是个体的行为。如果我们在①或②的意义上理解“私人的”一词，遵守规则就可以是个人的行为。按照克里普克的理解，“私人语言”只局限于在孤立状态中的个人所获得的语言，因此，规则遵循活动只是在社会实践的意义上而言的，他还错误地援引维特根斯坦《哲学研究》第 199 节作为论据。这一节的内容是：

> 我们称为‘遵从一条规则’的事情，会不会是只有一个人能做，在他一生中只做一次的事情？——这当然是对‘遵从规则’这个表达式的语法注解。
>
> 只有一个人只那么一次遵从一条规则是不可能的。不可能只那么一次只做了一个报告、只下达了或只理解了一个命令等等。——遵从一条规则，做一个报告，下一个命令，下一盘棋，这些都是习惯（风俗、建制）。
>
> 理解一个句子就是说：理解一种语言。理解一种语言就是说：掌握一种技术。[②]

克里普克将“只有一个人只那么一次遵从一条规则是不可能的”理解为：规则遵循必须与社会实践密切相关。这样看来，第 199 节似乎提出了规则遵循是个体的还是社会的论题，但这节真正要表明的并非规则遵循必然要与社会实践相关联。因为如果从“只那么一次遵从一条规则”出发，也可以把第 199 节理解成“规则”不是只发生一次的现象，这样也可以把“规则”看作一种正式机制，它为不同和重复的应用或解释阐

① Werhane P H. Some paradoxes in Kripke's interpretation of Wittgenstein. Synthese，1987，（73）：253-273.

② 维特根斯坦 . 哲学研究 . 陈嘉映译 . 上海：上海人民出版社，2001：122.

明了准则，这点正是维亨（P. H. Werhane）与克里普克的分歧所在。这节表明一个或一些个体不可能只在某一个场合使用一条规则，对这句话可以从不同角度理解，克里普克将规则限于社会实践，但这并不一定是维特根斯坦真正意味的东西。麦金（C. McGinn）就认为，“维特根斯坦在这些章节的核心主张是，规则需要很多显示的场合”①。也就是说，维特根斯坦并没有表明私人地遵守规则是不可能的，因为规则需要被不止一次地遵守的论断并没有排除这种可能性。

可见，在理解维特根斯坦的这段文字中，克里普克关注了“只有一个人”遵守一条规则的不可能性，因此强调社会实践的重要性，得出规则遵循必须在社会实践中才是可能的，而如果我们关注“只那么一次”遵守一条规则的不可能性，理解就会不同，它可能强调的是一条规则需要更多显示自身的场合。语言共同体并非与规则遵循活动不可分割，而且可以据此推断语言共同体的提出并非必要。

总之，克里普克对语言共同体地位的论证处境尴尬，语言共同体既不能为规则遵循活动的判断标准确立真值条件，也不能避免私人语言问题。克里普克之所以要求助于具体的社会实践和社会约定，是要寻找判断规则遵循活动的根据，为什么我们在某个场合、某个时刻会遵守一种规则或以一个表达意味什么？他把这种标准或根据放在了语言共同体之中。语言共同体和社会约定并非没有重要作用，而是克里普克的论证方式面临重重困境。面对规则遵循问题，我们都无法避免对规则遵循活动的根据或标准的追问，这其实就是追问意义归因与意义的规范性问题。

二、规则遵循中意义的规范性

克里普克在讲怀疑论悖论时已经涉及意义归因的非事实论，这在某种程度上意味着意义的概念是与实践相关联的，它不能在一般意义上被

① McGinn C. Wittgenstein on Meaning. Oxford：Blackwell Publishing Ltd.，1984：81.

理论化地建立起来，而应该是被说话者彼此心照不宣地理解的一种概念。要清楚阐释意义归因问题需要结合这几个方面，即决定意义的基础、语言表达式的意义和应用等。然而，无论是探讨决定意义的基础与表达式意义之间的关系，还是探讨表达式的意义与应用之间的关系，都离不开意义的规范性。探讨意义的规范性问题时，首先要澄清这里所讲的“意义”。我们知道，语词的意思或含义（sense）在使用之前就能存在，可以被预先确定下来而不依赖于人的使用，一个语词可能有特定的含义或几种词义，这都是在“sense”的层面上讲的，而它们的意义（meaning）却一定要和使用相联系才能理解，并且这种意义根植于社会的生活形式之中。我们也可以借助维特根斯坦的表层语法和深层语法的理论来做区分，从表层语法而言，语词在使用之前可以有确定含义，如词典上有关各种词语的明确意思，它们并不依赖于人的使用。然而，很多语言表达有含义也符合表层语法却没有意义，因为语词的“意义”必然是我们日常生活的使用才能赋予的，意义与使用密切相关，这正是在深层语法的层面上讲的。与规则相关的“意义”探讨的是关于“meaning”的问题，而不是从“sense”的角度来探讨。与之相联系，我们可以从两个不同的层面来理解“规范性”。

第一，“规范性”是围绕意义本身的形成或确定而言，“规范”被看作一种实在的、确定不变的标准，意义由这种外在的标准所决定，语词或语句的意义本身与某种外在的实在之间有一种确定关系，这是一种抽象和先验的意义观。

第二，“规范性”涉及的是语言表达式及其运用之间的关系，探讨正确运用有意义的表达需要满足什么条件，或者规则及其正确运用之间的关系，分析如何在某个时刻的特定场合中为某种语言表达的正确使用提供根据或者辩护。

意义的规范性涉及的是语言表达式的意义和应用的关系、规则和运用的关系，因此在第二个层面上可以讲意义的规范性。它分析为什么在某个时刻、在某种情况下我们可以运用某种表达式来意味某事物，这种有意义的运用有什么根据。就规则遵循活动而言，它分析为什么在某种特定场合中我们会遵守某种规则，这是为具体语境中的规则运用提供辩护，只有分辨不同场合中的具体情况才能正确地运用规则。按照维特根斯坦的看法，如果在语言表达中存在作为一个标准来发挥作用的东西，它是作为语法规则的一部分，那么这种语法规则不能作为事实上的根据，也不存在事实上的真假，它只是要为语词在具体语境中的使用提供辩护，这样就与社会实践相联系，并且涉及社会约定的问题。在这种意义上，意义的规范性是存在的，对这种规范性的理解也需要结合语境分析。

那么，在第一个层面上能否讲意义的规范性？这种规范性脱离了使用语词和语句的具体动态的语境来理解它们的意义，认为意义的规范性与经验的事实根据密不可分，从这个角度讲，意义的规范性是不存在的，我们也无法探讨意义的规范性。帕金（P. Pagin）所反对的规范性准则（N）正是在这个意义上讲的，这一准则表述为："一个言说可以表达一种信念或其他的态度，仅当被说出的这个表达的意义已经预先被确定（或决定）下来。"①

由这个规范性的准则可以得出：决定意义的东西与意义之间有内在而非偶然的关联，这意味着准则（N）要求意义被私人的理解状态确定下来，而且这要求理解状态和被表达的规则或概念之间有一种非偶然的联系。帕金提出了一个逻辑论证来证明准则（N）的不合理性（在这里，我们将帕金前后的论证结合起来，并且为了避免在论证顺序上产生误解，在不影响内容的前提下，将他论证过程中一些步骤的序号做适当改动），其主要步骤为②：

1）规则预先决定了正确的应用。（假设 1）

2）决定意义的东西内在地与意义相关联。

3）1）和 2）是不协调的。

---

① Pagin P. Rule-following，compositionality and the normativity of meaning//Prawitz D. Meaning and Interpretation：Conference Held in Stockholm. September 24-26，1998. Stockholm ：Kungl. Vitterhets Historie och Antikvitets Akademien；distributed by Almqvist & Wiksell International，2002：171.

② Pagin P. Rule-following，compositionality and the normativity of meaning//Prawitz D. Meaning and Interpretation：Conference Held in Stockholm. September 24-26，1998. Stockholm：Kungl. Vitterhets Historie och Antikvitets Akademien；distributed by Almqvist & Wiksell International，2002：175-178.

4）因此，1）是错误的。

5）如果 1）是错误的，句子的意义就没有被预先确定下来。

6）我们没有表达信念（从 4）、N 和 5）得出）。

7）我们确实表达了信念。（事实）

8）矛盾。因此，或者 4）是错误的那么 1）是正确的，或者 N 是错误的）。

9）但是，如果 1）是正确的，那么 N 是错误的（从 3）得出，因为从 N 可以得出 2）的结论）。

10）因此，N 是错误的（从 8）和 9）得出）。

这是一种关于意义的规范性准则（N）的归谬法。帕金通过这种逻辑的论证过程对规范性准则（N）进行了有力反驳，同时从逻辑上证明了在第一种层面上理解意义的规范性是错误的，因此，我们应该放弃在第一种层面上探讨规范性问题。实际上，在逻辑论证之外，帕金偶尔涉及了交流中的一些情况，但没有给予充分阐释。这些情况应当引起我们的注意，因为如果我们不通过帕金这样的逻辑推理过程，而结合实际交流中的一些情况也可以证明第一个层面上的规范性不合理。

第一，如果接受规范性准则（N），那么对规则的理解将是不可能的。因为从 N 可以得到这样的推论：如果某人确实理解了正确的规则，那么必须有对于意义的一种确定，这要在此人的理解状态之内发生，人的理解状态和被表达的规则或概念之间要有一种必然联系。然而我们知道，这种理解不能存在于有限的状态或实体中，因为任何有限的状态或实体，都不可能必然地与一种无限的规则相联系，或者与一条有限规则的未曾有的应用相联系。

第二，从实际的交流情形来看，规范性准则（N）是不正确的。一个说话者在交流中可能已经具有关于某种特定事态的知识，只是自己没有观察到，而与他交流的人却观察到了。说话者可能已经通过语言交流而得知了这种事态，并且已经通过他们的言语表达了某种态度。说话者在交流中能够彼此传达信念、期望或其他态度，至少某些场合，我们并不需要预定的意义而达到自发的理解。因此，我们不必为了使成功的语言交流成为可能，而假设规范性准则（N）的存在。

第三，在实际交流中，规范性准则（N）并不足以解释所有情况，所以它实际上是不充分的。如果假设规范性准则（N）是必需的，那么当交流中遇到新情况时，说话者要表达的意义已被预先确定标准就不足以解释所面临的问题了。因为新情况不是确定的，当说话者把一种表达应用于一种新情况时，那种表达的意义并没有为这种新情况而被预先确定下来。在新情况中说话者并非仅仅遵循已有规则或者应用某种概念，还有对已有规则或概念的扩展，因此还存在说话者在具体境遇中运用表达时的自主选择。

另外，从规范性准则（N）的内涵来看，它也是不成立的。帕金认为规范性准则（N）有两个关键成分，即时间性（temporality）和充分性[①]，但他只是简单地解释了这两个成分的含义。实际上，我们从这两方面就可以有力地反驳规范性准则（N），进而论证意义的规范性在第一个层面上不可能存在。

第一个成分是时间性。时间性的内涵为：①如果语词的意义决定于某种规则或准则，那么显然如果一个语词要被有意义地运用，它的意义就必须预先确定下来；②如果语词的意义是预先确定下来的，那么必然有其他的东西，如语义准则，先于该语词的运用来决定它的意义。

时间性的内涵表明，只有当一个语词的意义被预先确定下来时，这个语词才能被有意义地运用，那么必然有语义准则之类的东西来预先决定这个语词的意义。这种抽象和先验的意义观似乎仍然在寻找哲学中的“阿基米德支点”，它预设了一个先验可靠的基础性的存在，语词的意义可以被孤立地确立下来，这体现了认识论中本质主义、基础主义和还原论的倾向。它表明语言表达及其意义是从实在的外部东西中派生出来的，并且要在逻辑上符合这种实在的东西，是在一种静态的关系中寻找语词和语句的意义，这种观点遭到很多哲学家的反对，也是与后期维特根斯

① Pagin P. Rule-following，compositionality and the normativity of meaning//Prawitz D. Meaning and Interpretation：Conference Held in Stockholm. September 24-26，1998. Stockholm：Kungl. Vitterhets Historie och Antikvitets Akademien；distributed by Almqvist & Wiksell International，2002：173.

坦的“语境论”思想相冲突的。

第二个成分是充分性。如果一个“决定的行为”自身不足以充分决定意义，而需要某种另外的关联准则把行为和意义联系起来，它就不能体现规范性。因为如果这种联系是偶然的，我们还需要某种另外的准则。这样一来，我们还要询问那种准则的正确性及它又是如何被决定的。这种充分性要求那些决定意义的事实、特性、行为和被决定的意义之间有一种内在的联系。

然而，这种充分性在实际的交流中不可能达到。根据交流中语言发生作用的方式，语言中各种表达的意义都不是完全确定的，语言的本质是在交流中体现的，它是一种社会的行为。我们是在任意的语言游戏中，或明确或隐含地使用了一些相关的规则或采取了某种社会约定，各种语言因为其所采取的不同规则和社会约定而有所不同，而且一个言说行为所表达的意义，必然随着场合及语境的变化而有不同含义。如果要解释某个语词或语句的意义，为它们的使用做一种辩护或寻找一种根据，我们常常需要借助多种标准，而不可能依赖某种单一孤立的标准。因此，不可能由所谓的一种“决定的行为”就可以充分地决定其意义。在探讨语词和语句的意义时，如果只从对语言的命题分析和语义分析的角度来寻找其中的逻辑联系，或者只对某种和某些行为做简单的语用分析，将是不充分和不准确的，会有其局限性。因此，在探讨规范性问题时，我们要在语义分析和语用分析的基础上扩大视域，寻求将语形、语义和语用分析结合起来的基础，而语境分析能够提供这几个方面统一的基底。

因此，第一个层面上意义的规范性要素——时间性内涵和充分性内涵都必然遭到质疑，这种意义的规范性是不存在的，并且它也从另一个角度表明了语境分析的必要性。综合这两个层面对意义的规范性的分析，并结合后期维特根斯坦的语境论思想可知，规范性问题只有根据语境才能回答。例如，维特根斯坦讲人在表达“我害怕”这一感受时，会在不同情况中以不同语调说出来，因而意义会有差别，“这些句子每一个都带有一个特殊的语调，不同的语境”[①]。如果要想明白“我害怕”的含义到底

① 维特根斯坦．哲学研究．陈嘉映译．上海：上海人民出版社，2001：292.

是什么，是找不到答案的，“‘这话是在哪一种语境中出现的？’才是个问题”[①]。可见，语境分析是理解规范性问题的合理有效的方式。

三、语言共同体与规范性问题的语境选择

从以上对语言共同体和意义的规范性的分析可知，语境思维的重要性渗透于其中，而以语境分析方法来探讨这些问题是一个合理的途径。这体现为以下几个方面。

第一，语言共同体可以看作一个具体动态的语境的基础。对克里普克语言共同体观点的反驳和质疑并不表明共同体本身的存在是不必要的，布莱克本（S. Blackburn）和帕提特（P. Pettit）强调，我们可以从其他角度论证共同体的地位和作用，比如，语言的规范性，它使我们能够判断话语是否正确。语言的规范性与其他共有的社会约定所具有的规范性相似，它依赖于共有的社会维度，无法脱离整体的社会语境，因而对共同体的研究需要综合这个语境中的社会、历史、文化等各方面因素。显然，这种建议为分析共同体问题指出了一种语境选择。

克里普克在探讨共同体问题时指出，一个语言上处于孤立状态的人不可能拥有一种语言，但是这种观点也遭到了批评。布莱克本等人认为，从表面上看，我们无法排除一个处于孤立状态的人可能指称事物或表达思想，因为他显然能够有真正的词语技术。“他或她给事物命名或贴标签的实践能够形成应付环境的方式的一部分。没有明显的理由表明其他人的出场是必要的。在这里，论证依赖于语言的规范性质。”[②]布莱克本认为语言具有规范性质，正是这种性质使得我们能够判断话语的正确或错误，因此，他同意帕提特的观点，认为语言的规范性只能在共有的社会维度才能产生。从规范性的实际产生过程来看，规范性必须是生物之间相互交往和预期的产物，这些生物通过彼此发送信号来传递正确或错误的信

---

① 维特根斯坦．哲学研究．陈嘉映译．上海：上海人民出版社，2001：292.

② 西蒙·布莱克本．语言哲学//欧阳康．当代英美哲学地图．朱志方译．北京：人民出版社，2005：531-532.

息。[①] 语言所具有的规范性使得它与其他正当行为方式的规范一样，语言和其他各种行为方式在本质上都是我们彼此之间如何交往的问题，孤立的个人无法复制这种规范。当然，从语言的规范性来分析论证共同体地位的合理性也有待考察，但它无疑为分析规则遵循问题提供了新颖的方法与视角，也指出了论证语言共同体问题时与语境相结合的必要性。

第二，意义的规范性问题涉及命题态度、心理表征与语义特性之间的关系，而命题态度体现了语境的趋向，也是语境的结构性的体现。通过上文对规范性准则（*N*）的分析，可以看到命题态度和语义特性之间的重要关联。

从规范性准则（*N*）可以有这样的推论，如果某人确实理解了正确的规则，就要有对于意义的一种确定，但是这必须在此人的理解状态之内发生，人的理解状态和被表达的规则或概念之间要有一种必然联系。

与第一个层面上意义的规范性观点形成对照的是非规范性观点。戴维森就持这种观点。在戴维森看来，一个表达具有什么意义决定于说话者对他的表达态度，正是这样的态度解释了真实的言语行为，体现了合理的使用。因此，没有这种可能性，即在表达一种信念或其他的态度之前，意义就已经预先被确定下来。虽然帕金和戴维森在构成性问题方面持有异议，但在以下方面他们是一致的，即只有在表达式的使用的基础上，自然语言理论中的语义概念对于语言表达才是适用的。因此，如果我们不想迫使说话者陷入一种危险的倒退中，就不能要求他预先规定表达的意义。

由以上两点可知命题态度和心理表征与它们的语义特性之间的密切关系，我们在考察一个表达具有什么意义时需要考虑说话者表达的态度，因为正是这样的态度解释了真实的言语行为。那么，如果要了解说话者在某种表达中的态度，也必然要知道这个表达的语义特性和意向性特征。“命题态度和心理表征都依赖于对它们的语义特性和意向性特征的说明。因为，只有通过心理表征的语义特征，才能说明命题态度的语义特

① 西蒙·布莱克本．语言哲学//欧阳康．当代英美哲学地图．朱志方译．北京：人民出版社，2005：532.

性。……在命题之间的语义关联和心理状态之间的因果关联具有内在的一致性和同晶性。”[①]所以，我们可以在把握语义特征的基础上来分析命题态度及其意义。

第三，在第二个层面上探讨意义的规范性并反驳规范性准则（N）时，体现了语用分析与语义分析的重要关联及其相结合的必要性。

规范性准则（N）在实际的交流情形中是不正确的。我们不必为了使成功的语言交流成为可能，而要求一个表达的意义被预先确定下来。说话者在交流中不借助预先确定的意义而达到自发的理解是可能的。所以，我们不能认为句子的命题内容是预先确定的，而要考虑实际的交流情况，在语义分析的同时结合适当的语用分析，才能结合特定的语境找出需要遵守的规则。

在面对新的情况时，说话者并不是仅仅遵循已有的规则或者应用某种概念，他们还有对已有规则或概念的扩展，因此，说话者在具体境遇中运用语言表达时，要进行一些自主选择。可见，一个句子的命题内容并非一成不变的，对它的使用要考虑具体的语境，并随着语境的转换而做出调整，这样才能知道我们在具体的语境中怎样做到遵守规则。

这两个方面正是自然语言的语用学特征的一些表现。因为自然语言的语用学“研究在社会语境中语言学的表征使用。但存在着两条极其不同的探索方式，而它们的任何表征又都依赖于语境。其一，一个句子的命题内容是随着语境的转换而变化着的；其二，即使一个句子的命题内容已被确定，它的使用也存在着其他的重要因素，而这些因素仍将随着语境而变化”[②]。前者考察的是在特定的语境中使用什么样的规则，我们要通过具体的语用语境来确定命题的内容和意义，这属于语义语用学的研究范围。阐释意义的规范性问题蕴含着语义学分析与语用学分析的内在一致性，而这正是语义语用学研究的一个重要体现。因此，语义语用学方面的理论对于进一步探讨规则遵循和意义的规范性问题具有重要作用。

第四，在论证语言共同体的作用和地位，正确理解和合理解释规范

① 郭贵春．语义学研究的方法论意义．中国社会科学，2007，(3)：77-87.

② 郭贵春．语义学研究的方法论意义．中国社会科学，2007，(3)：77-87.

性问题时，语境分析方法为我们提供了一种视角。

论证语言共同体的作用和地位时需要结合特定的语境来分析。虽然克里普克对共同体作用的解释有很多欠缺，但不能因此否定语言共同体的重要作用。我们可以结合语言的规范性来论证共同体的作用，而这种规范性依赖于共有的社会维度，因此本质上也是一个语境分析问题。语言共同体是语言游戏这个特定语境的一个构成要素，在语言游戏这种语境中解释意义问题要考虑语言共同体的因素，语言游戏所体现的规则及其意义也需要联系语言共同体的实践过程才能得到合理解答，它是理解和解决规则遵循问题的必要前提。语言共同体的地位正是在语言游戏这种具体语境中才能彰显出来，也必然要结合语境分析才能有令人信服的解释。

语境分析是理解规范性问题的重要途径。“规范性”涉及的是语言表达及其运用之间的关系和规则及其运用之间的关系，这需要为某种语言表达或规则在具体语境中的合理使用提供辩护，这种辩护会涉及社会实践和社会约定，而这些离开语境都无法得到解释。如果仅从语义方面来分析社会约定，将无法合理地解释约定性与必然性之间的对立及语言共同体存在的意义，容易造成狭隘性和不可通约性，对共同体成员的行为仅做语用分析也明显不足。而语境分析体现了语形、语义和语用分析各自的优点，语境结构性地将社会、文化、心理等各种要素统一起来，将语言、说话者和外部世界三者相结合，在语境分析的过程中，可以鲜明地体现对本质主义、基础主义和还原论倾向的有力驳难。这种方法正与后期维特根斯坦语境论思想相契合。

意义与语境有本质上的关联。意义是在具体的语境化过程中显现出来的，对意义的理解需要借助语境的解释，意义的问题在特定的语境基底上才能得到回答。后期维特根斯坦把语言游戏看作意义的基本单位，一个表达式可以用在不同的语言游戏中，这种不确定性并不是对其意义的否定。因为语言游戏是一种包容各种因素和特征的动态的语境，只有在言语行为的具体实践过程中才能把握表达的意义，只有在语用分析的基础上实现不同语境的转换才能澄清表达在语言游戏中的使用。“一个词在语言中的用法就是它的意义。”[①] 要解释语言表达的意义就要揭示其具体使用。维特根斯坦的语境论“突破了逻辑语形、语义分析的狭隘层面，引入语用分析方法，将语形、语义和语用融于语境的整体，保持整体论与各种分析方法之间的必要张力”[②]。生活形式、语言游戏是多种多样的，意义也随着各种语境中语言表达的不同而发生变化，意义就是在动态的语境的结构关联之中体现出来的。

① 维特根斯坦．哲学语法 // 涂纪亮．维特根斯坦全集（第四卷）．石家庄：河北教育出版社，2003：51.

② 郭贵春．语境与后现代科学哲学的发展．北京：科学出版社，2002：117.

语义分析方法论的核心及其战略转向*

语义分析方法为科学实在论与反实在论的斗争和融合提供了新的对话平台。对20世纪以来科学哲学的发展具有重要的方法论意义。“二维”语义分析方法论代表了新的哲学方法论研究趋势。

语义分析方法为科学实在论与反实在论的斗争和融合提供了新的对话平台，对20世纪以来科学哲学的发展具有重要的方法论意义。我们必须正确地理解对理论进行解释的语义分析的方法论核心，同时合理地看待语义分析方法论的发展趋向，从而在形式、内容和体系上重新奠定语义分析方法在科学实在论研究中的方法论地位。

首先，确定和表达指称是对理论进行解释的语义分析的方法论核心。随着后现代性特征在语义分析方法中的应用和扩展，当代科学实在论超越了传统机械实在论狭隘对应性的理论缺陷，强调意义对于指称的决定性，认为指称的意义区别于指称的对象，且指称在特定的语境中具

* 本文发表于《中国社会科学院报》2009年3月17日第005版，作者郭贵春。

有意向性。我们知道，内涵论的指称论强调可能世界或普遍特性的关联，而语言的指称特性在于意义的效果，强调的是根据思想的表征来确定语词指称，只有对表达的思想和世界中事物的确定，才能决定语词指称的对象。

在自然语言中，指称是具体的和语境化的。一方面，只有在特定的语境中表达了思想的语词才具有指称，意义和头脑中的思想是两个层面的问题；另一方面，形式系统只有在具体的语用结构中表征了特定的对象和思想时，才能具有指称。从根本上说，意义的语义结构超越了指称，因为语词的指称只是语词和世界对象之间的关联，而意义还同时涵盖了相关的意向趋势。

从语义实在论所具有的后现代性趋势来看，在意义与指称理论上实现了从表征的理由性到思想性，从思想性到具体语境的语用性，再从语用回归到表征的规范的形式化体系的转变过程。科学实在论的表征理论认为，一个语词的意义是由它表征了某种思想的特性而确定的，这可以避免在逻辑上的语义循环。就指称而言，只有当其中使用的要素被认同，模糊性等难题才可以在使用的语境中得到求解，意义也才能得到确定。另外，理想的意义理论并不需要排斥语言表征的指称特性，因为理想的意义理论就是要在语言表征的意义上和它们所表征的思想的指称特性上，把语言的指称特性看作被导出的。

在确定和表达指称中，指称和专名的语义分析具有重要意义。对于科学实在论的语义分析而言，需要解释在特定条件下专名对给定对象的指谓，以及在规范理论中专名的逻辑作用等问题。在求解这些问题时，不仅形式语言依赖于语境参量，而且自然语言也具有语境依赖性，尤其是在特定的语境下所存在的语义直觉可以使语言使用主体进行语义的意向选择，从而实现语境结构给定的语义价值趋向的要求。同时，指称表征并不需要包含一个独立对象，它的作用也并不需要在表征和对象之间建立某种因果关联，这样就既坚持了指称意义的关联性，同时又规避了传统因果指称论的局限性。

其次，“二维”语义学分析是当前语义分析方法论研究的必然趋势。在科学实在论的理论解释和说明中，语义分析作为方法论的工具发生了某种战略转向，其核心内容之一就是“二维”语义学。“二维”语义学的本质是内在地处理可能世界与真值之间的语义关联，从而为理论解释提供语义逻辑的方法论基础，主要包括意义、理由和模态三个概念。三者间存在着结构性关联的“金三角”，对于人类理解理论与理论之间、理论与世界之间、必然性与偶然性之间、先验性与经验性之间的一切逻辑的和认识论的关系具有重要作用。这种“金三角”的语义结构关联，既是语义分析理论重建的理论要求，也是科学理论解释的方法论重建的必然。

“二维”语义分析方法的核心思想，即一个表征的外延依赖相关世界的可能状态存在着两种方式：其一，表征的实际外延依赖于实际世界的特征，在此世界中，该表征是被言说的；其二,一个表征的反实际外延依赖于反世界的特征，在此世界中，该表征是被评价的。与此相应，表征也具有两种内涵，从而把可能世界的状态与外延用不同的方式结合起来，实际上这两种内涵也相当于意义的两个维度。这样，一方面我们可以从两种不同的可能性意义上去分析和理解可能世界的不同状态及其表征的真值；另一方面它为理解和把握形式体系的表征及其相关可能世界之间的实在性语义关联，提供了语义分析的方法论基础，同时也为“金三角”重构提供了可能。

总之，把体系化的形式理性和抽象的概念理性统一起来，把逻辑的理性分析和认识论的理性分析统一起来，把语境依赖和理解同认识论的依赖和理解结合起来，从而实现语义分析方法重建的目标，是“二维”语义分析方法论的具体路径。

“二维”语义分析方法论代表了新的哲学方法论研究趋势，特别是在语境分析的视阈中也始终存在着构建“金三角”的努力。其基本原则在于：一方面，认识论的特性建立在语义特性的基础上，因此，得益于认识论思想的内容才具有了与认识论的关联；另一方面，语义特性也是建立在认识论特性的基础上，这样得益于认识论作用的思想才具有了语义学的内容。正是这种内在的相互依存和联结关系，才使我们能够把握“金三角”之间的复杂关联，并将自然语言分析的形式化和形式化规范语言分析的自然化视为人类认识过程中有机联结的两个方面，这是语义分析方法论战略转向的动力所在。

当代语义学研究的几个相关性问题*

自20世纪哲学的“语言学转向”以来，“语义”就像18世纪的“原子”和19世纪的“进化”那样，成为一个非常流行的概念。对当代的分析哲学家来说，要证明语义问题是整个哲学研究的正当起点这一信念的合理性，似无须费劲。就“语义”这个概念来看，它具有“话语含义”“语句意义”“陈述意味”之意，反映了语言表述及其对象之间的关系。由此，在很大的意义上，语义学就成为探求陈述、思想、事实及世界结构的一种手段。语义学的研究，其实是对什么样的东西使得话语成为思想表述的一种刻画与探讨。通过研究对象与其语言表述之间关系的语义论题，就能反映和语言密切相关的实在，达到让人们理解世界的目的。这样的论题必然要涉及对意义、真值（真理）等问题的研究，因为对陈述进行一种完全的语义解释包括对语句真值、指称及正确使用的系统说明。这就意味着，语义学的研究具有横断性的特征，它的研究关涉

* 本文发表于《哲学动态》2010年第1期，作者王航赞、郭贵春。

和交织着其他论题。这些就是语义学研究的相关性问题，受到了当代语言哲学家的重视和讨论。

一、语义学与逻辑

当代哲学语义学的产生与逻辑理论的发展密切相关。语义学的发展在很大程度上归功于逻辑学的进步，尤其是弗雷格、罗素、前期维特根斯坦、塔尔斯基等在逻辑句法上的研究。这些研究提供了构造形式体系，即符号的抽象体系，以及有严格定义的逻辑和结构关系集合的技巧。维特根斯坦和逻辑实证主义者发现，这些技巧是如此引人注目，以至于他们用特定的形式体系和逻辑体系来揭示所有科学语言的结构。在这一点上，乔姆斯基做出了重要贡献，给自然语言的句法以体系的解释。在他那里，一个人所拥有语言的句法被看成是在获得这种语言时，就已被隐含地掌握的。当代的语义学家认为，乔姆斯基的这项研究非常有用，从而将他们自己的任务确立为揭示那种部分是先天的、在认知上真实的理论。

逻辑分析有时被称为对语言的分析，有时被看成是对知识的分析。这种分析的倾向就是试图把必然性和先天知识的根源定位在语言的使用上。① 逻辑经验主义认为，以知识形式出现的科学理论其实就是一套公理系统，其成分可用句法结构刻画的形式语言所表达。在这样的体系中，一个语句的主要算子表明了其他语句能从那个语句推导出来，从而可能和别的语句相关联。这样，知识就被转化为一种具体的语言形式，并给任何科学的语言以其逻辑根基，使得对语言进行严格逻辑分析的主张有了自己的合理性。自逻辑实证主义产生以来，这种分析的价值就越来越广泛地受到人们的认可。一种很少具有极端性同时又有持久性的观点认为，自然语言的很多方面都非常适当地由逻辑学家提出的或者在表达上被想出来的、揭示语言的体系结构来予以模型化。在自然语言中，一个

① Coffa A. The Semantic Tradition from Kant to Carnap. Cambridge：Cambridge University Press，1991.

客观的事实就是，自然语言在无限多的语句中会有不同的意义。对自然语言的任何可接受的语义解释将表明它的意义系统地依赖于它的可重复及可重组特征。这表明自然语言的语义结构是多产的，即它能从相对少的词汇中产生大量的语句，并决定了复杂表达的意义如何从简单表达的意义中产生出来。这样的策略可能应用了一种方式，即在更复杂语句意义的产生过程中指派给简单表达意义的语义值概念。按照这些解释，给语言表达意义的组合性来源提供答案的那种结构，因为有关意义本质的假设，从而被称为表达的逻辑形式。这样，用比较清晰、详尽的逻辑形式来对自然语言给予刻画，表明了当代语义学研究的最新成就。因此，可以说，在语义学的研究上出现了逻辑的形式化趋向。

语义学的形成，需要特定的逻辑基础。在语言哲学中，一个主要的问题就是从语句出发来探究逻辑真，这是现代逻辑分析的基本思路。一个语句的真值和真值条件的应用在逻辑关系上具有独立性，就像逻辑上的“连贯性”和“蕴含”那样，对真值条件的解释能被看作语义学的一个重要目标，即解释语言表达中的逻辑关系。研究自然语言意义的语义学，并不排除把语义学建构在形式系统的研究上；相反，从某种程度上讲，就是把语义学和形式系统的研究结合在一起。因为有关各种语句的逻辑结构问题，常常在语义的具体语境下得以合理的讨论。卡尔纳普给逻辑的语义分析以重要的地位，把它作为抛弃形而上学的一种必要手段。他认为，“语言分析发展中的重要一步就是用意义和真值概念理论的语义学来补充语形学”[①]。这样一来，语义方法就使抽象实体存在的本体论问题成为使用抽象的语言形式问题。要抛弃形而上学，就要用纯粹的语法词项来定义“真值”“指称”“意义”之类的表达式，从而体现了逻辑分析的语义色彩。塔尔斯基用数理逻辑的形式方法来解决语言的意义问题，以此来建立语言意义的逻辑理论。受塔尔斯基的影响，戴维森提出，有关意义的问题部分地是逻辑形式的问题，因为和意义相关的语言上的约定包括了那些把语句的表面形式和它们的逻辑形式相关联的语法约定。

---

① Schilpp P A. The Philosophy of Rudolf Carnap.Illinois：Open Court，1963：60.

就像维特根斯坦确信的那样，任何表达的逻辑必然性总是语言约定的直接表述。这样一来，以探讨有关语句意义为主要任务的语义学就在于探讨和揭示这个语句的逻辑形式，以表明其意义如何依赖于它的结构。除此之外，蒯因强调，语句的意义与语词的意义取决于语言整体，这实际上表明了对语句之间逻辑关系的强调。因此，可以这样说，在语言哲学中，“语义学”这个词的使用常常就是逻辑学家在技术上的使用。翟姆斯·梅考雷（Jams McCawley）指出：“逻辑与语义分析的联结是必然的。”① 因为对逻辑术语的语义探讨在逻辑真的表述中发挥着重要的作用。真值条件的语义学之所以有时能够给我们有关意义方面内容的重要原因就在于此。真值条件的观点能够给我们有关语句结构的逻辑成分的一些内容，在于它能说明这些成分对逻辑真值的语义确定。这样，逻辑分析就推进了语义学研究的进步。

另外，逻辑目标的实现也离不开语义学的发展。语义理论对逻辑产生了重要的影响，语义学的逻辑本质及语义表述的逻辑建构决定了这一点。一种规范的语义学其实就是包含着特定逻辑的语义学。不管对古典的二值语义学还是对以证据和测量为基础的认知语义学来说，情形都是如此。规范的语义学既与逻辑有关，又在一定意义上超越了逻辑的形式约束，两者之间的合理张力构成了当代语义学发展的可能条件。首先，语义学包括真值理论和逻辑演绎理论。一般地，逻辑学家要想从一组语句的结构来识别另一组语句中的成员是真的，就可以通过关注特定的推理来进行。对陈述来说，哪种论证形式被接受为合理的，由对它们来说是恰当的，从而被接受的真值概念来决定，因为真值是确定一种论证合理性的有效备选者和体现者。其次，语义学也包括有关对象与其表述、表述与其意义之间关系的指谓理论。近些年来，对逻辑分析感兴趣的哲学家开始意识到，对语言进行单纯的形式分析存在一定的困难，而要摆脱这种困难，就要坚持在对语言的纯形式进行分析外，还需要具体分析语言的指谓功能。具体地讲，就是需要有关意义和解释的理论。而这种

① McCawley J. Every Thing That Linguistics Have Always Wanted to Know about Logic. Chicago: University of Chicago Press, 1981: 1.

理论的内容实质就是语义学。由于“真值”概念在语义上反映了语言陈述与现实世界的一致性和对应性，所以，确认推理规则合理性的一个有效方法就是借助真值这一语义理论来进行。就像达米特所描述的那样，在这样的理论中，每个表达都被指派给了一种语义值，从而需要对一个复杂表达的语义值如何建立在它的组成部分的语义值上进行解释。[①] 语义值常常用来对每个语句被指派以真或假的二值原则进行概括。这就表明，如果一旦确立了正确的语义理论，那么正确的逻辑原则就应当变得清晰起来。

语义学的研究，除了揭示一个陈述的简单真值条件外，其语义理论还应进一步揭示它的形式内容。由于这种形式内容决定了那种话语正确描述了什么样的可能情形，所以就可以用陈述的本质概念来给出一些语义框架，在这种框架下对给定语言进行语义描述的任务就成为揭示支配一个表达具有语义值的逻辑原则。在卡尔纳普看来，塔尔斯基的语义研究取代了句法逻辑的某些论据和原理。这种方法对逻辑发展的意义不管怎样评估都不过分，尤其对科学哲学而言更为重要。当代大多数语义理论对语言中句子形式的体系性说明，都是从它们的意义部分来进行的。因此，句子的结构和正确的语法与其语义有密切的关系。逻辑问题在语义层面就能得以很好的解决。比如，在语义蕴含关系忠实地反映语法的对应物——推论关系的情形下，语义对逻辑推理系统的研究是非常有用的。可以说，语义学是在逻辑的每一分支中都具有重要作用的学科。因此，理德（W. Read）认为，语义学和逻辑有着特定的关联，两者相得益彰。[②]

二、语义学与真值

对逻辑问题的探讨必然关涉到真值问题，逻辑上的二值理论就是有陈述值的非真即假性观点。尽管真值理论和语义学不同，但它们也并不

① Dummett M. The Logical Basis of Metaphysics. London：Duckworth，1995：23-25.

② Read A W. An account of word “semantics” . Word，4（2）：78-97.

完全分离，如二值语义学和确证论语义学都对真值问题进行了讨论。其原因在于真值和语义学之间的密切关系。首先，语义学是分析真值理论的有效形式。语义是谈论真值的基础，语句的真值常常有赖于这个语句意味着什么，以及对语句所涉及的实在本质是什么的语义表述。因此，从这一意义上看，语义已成为揭示语句真值的有效手段。由于这个密切的关系，真值理论的可接受性及意义理论的成功性就连在了一起。20 世纪以来，语言哲学中的一个普遍共识就是语句的意义与其真值密切结合。客观地讲，语义学在有关对象及其表述之间关系上的关注所凸显出来的一个主要特征，就是要着眼于表明语句为真时是怎么回事。对语句如何被确定为真或假给予解释的情形表明，语义学的核心概念就是“真值”。在卡尔纳普那里，讨论语义学的真正起点就被看成是“真值”这一概念。这样，以讨论陈述“真值”为主要内容的语义学，就构成了对逻辑关联词的意义进行不同说明的基础。反映陈述属性的“真值”这一语义学概念受到了许多哲学家的讨论。比如，弗雷格认为，只有根据真值理论构造起来的意义理论，才是令人满意地接受的语义学观点。塔尔斯基提出了定义真值的语义学方法，表明了在什么样的条件下语义学在对给定体系真值的定义上是足够和充分的。此外，戴维森也从语义学层面入手对真值进行了讨论。他在意义的解释和说明上，把真值看成是语义学的核心概念，坚持认为陈述的意义在于该陈述为真时的那种条件。威金斯和刘易斯也承认，对语义学的实质性研究必须采取真值理论的方式。任何不涉及成真条件的语义关注都不能成为真正形态的语义学。达米特在这一点上提出了这样的主张，即认为对一个语句意义的理解就在于对其真值条件的把握。

另外，真值是一个重要的语义学概念，它本身具有语义学的内涵，有关真值的观点是建构语义学的要素。从本质上看，陈述的真值本身就是一种语义形态。因为真值这一概念其实是对我们把握语句为真时意味着什么的一种说明，它具有内容上的适当性。真值概念是对陈述及其对象之间关联的一种表述，因而它是呈现意义的一种方式。这样，有关一种语言陈述的真值观点就能成为建构其意义理论的基础，这一看法在意义的揭示上超过了翻译。不同的哲学家在这一点上都持相同或相近的看法。即使在互相批判的戴维森和达米特那里，也赞同这一点。按照达米特的认识，语义理论着眼于解释陈述的真值如何形成。具体地讲，就是解释陈述的真值如何由其部分的组合与构造来决定。这其实就是把真值看成语义学的构成要素，强调它在意义理论中具有重要的地位。在他看来，真值概念和意义概念是密切相关的，它们的地位是同等的，“以至于对其中一个任何成功的哲学解释均不能事先假定另一个已被理解”①。意义理论和真值论是统一的，意义理论不但规定了意义的形成条件，也规定了有关真值的条件。对特定的语句来说，知道意义就是把握了它们的真值条件。同时，知道它们的真值条件就是理解了它们的意义。在这一点上，存在着三种论证：首先，对从这个事实即知道特定语句的意义就是知道它们的真值条件而得到论题的论证；其次，对诉诸意义理论和真值理论所期望的那种内容间类似性的论证；最后，在交流中对语言的规范使用依赖于使语句和真值条件相关联的约定这一背景。

在语义学的研究上，针对真值条件的意义理论，还存在这样两种回应。一种可被刻画为有关真值的冗余理论，即任何正确的东西都足以说明这一点——为什么知道意义就是知道真值条件；另一种通过表明真值条件来表明意义并不要求一种成熟的意义理论，而只要求一种翻译理论。这种翻译理论在表明一个表达的意义上是通过给出另一个具有相同意义的表达而达到的。这就意味着，有人并不认为语义学一定要包括一种对该理论来说具有重要价值的真值条件理论。或者说，他们并不主张意义理论在外观上必须采取真值条件理论这一形式。例如，斯特劳森、达米特等就坚持这样的观点。

三、语义学与指称

语义学必须对语言的指谓功能进行分析，从而阐明语言表达是如何

① Dummett M. The Logical Basis of Metaphysics. London：Duckworth，1995：iv.

有意义的。概括地讲，语言哲学家在语义学的探讨思路上，常常坚持这样的看法，即意义的发生一般要在语言中的语词及其所指这两个要素之间进行。这就意味着语义学的研究提出了有关陈述意义的形成框架。这种框架表明了陈述的指称是如何被确定的。弗雷格认为，从本质上看，一个表达的含义其实就是使其所指得以呈现的方式。因此，含义就成了一种辨识方式，它能给指称以确定。尽管含义本身并不是对象，但它可以通过指称告诉我们语词及语句是如何与世界关联的。"意义之所以是可能的，就因为存在着符号意义的'指示'和符号意义的'所指'之间的关联，没有这种关联就没有哲学语义学。"① 因此，传统的观点都把语义学的中心问题归结为对语词、陈述及其所指之间关系的研究，研究语言与事物的意义关联。这个问题主要是有关指称在语义理论中的正确作用，以及有关语言词语的具体类别的指称是如何被确定的。就指称而言，它是指语言表达的这种性质，即给定的表达式拥有这些性质，就可以确定语句是否为真。也就是说，我们通过确定语句构成部分含义的指称而确定了它的真值。这样，在对命名指称的确定上，我们就必须首先实现对语句真值的确定。在指称的研究上，人们特别关注的是专名，像"树木"和"蓝天"这样的自然术语，依赖语境的术语。

"指称"被广泛地看成是语义学所涉及的核心概念和重要内容。在弗雷格看来，"指称"和"语义值"是等同的，通过"指称"，能给语句的语义值以确定。卡尔纳普在《经验主义、语义学和本体论》一文中指出，如果我们从语言使用中抽象并仅仅分析表达式与表达式的指涉，那么我们就可以认为它属于语义学的范围。蒯因认为，语义学关心语言表达式的"指称"和"意义"这两个方面。有关指称的理论肯定要作为语义学中的一个"设置"。② 存在着指称相同但意义却不同的情形。因此，在语义学的研究中，蒯因就把"指示""满足""是真的"这样的作为外延概念的"指称理论"和包含着像"意味着""意思是"等内涵概念的"意义理论"予以区分。20 世纪以来，以皮尔斯（C. S. Peirce）、莫里斯为代表

① 郭贵春. 当代语义学的走向及其本质特征. 自然辩证法通讯，2001，23（6）：8-16.
② 蒯因. 从逻辑的观点看. 江天骥译. 上海：上海译文出版社，1987.

的符号学研究，其实质就是一种语义学研究。因为这种研究注重于符号在各种指代关系中的意义，它必然贯穿着对指称的关注。因此，在《符号理论的基础》中，莫里斯指出，语义学讨论的是“符号与适用该符号的对象的关系”。这样，如果要对语义学的内涵给予刻画，我们就可以把它看作一种对符号指称的方式进行描述的科学。在语言哲学中，弗雷格的含义和指称观点、罗素的原子事实和原子陈述思想，以及维特根斯坦的图像理论都反映了语义学的这一属性。

四、语义学与意义

语义学的目的就是给出任何有意义表达的意义来。在意义问题上，一种常见的观点认为，语言的意义在很大程度上取决于语言和外在于语言的某种东西间的对应。所以，对语句意义或词的意义的把握其实就是对那种对应的表述，也即一种知识。而语义学和有关语义的理论建构则着眼于这种知识的表达问题。这一点使得语义学具有了合理性，“语言与世界之间的意义关联给语义理论以普遍的价值”[①]。

语义学作为研究和表述语言意义及一切与意义有关的现象的科学，在其发展中，逐步形成了语义理论和意义理论这两种理论成果。在对意义进行表述时，语义学所涉及的一个重要概念就是语义模型。其本质上是通过构造概念体系来模拟世界，从而将陈述的意义表达出来。语义学强调研究用语言符号体系表达的意义。在这一过程中，语义学试图建立一个可分析的语言世界，使得意义的表达以语义内容及语义关系为基础，来提供一种接近自然语言的意义表达体系。在意义表达的语义模型上有两个重点：一是建立表述概念实体和理论实体的语义内容模型；二是建立定量计算概念对象之间的关联模型。

在语言哲学中，“语义”和“意义”是有所不同的两个概念。“语义”涉及的内容要比“意义”更宽泛些，因而它包含着“意义”概念。另外，

① Taylor K. Truth and Meaning: An Introduction to the Philosophy of Language. Oxford: Blackwell Publishing Ltd., 1998: 305.

语义理论和意义理论的关注点有所不同，它们是有所分工的。语义理论旨在解释陈述的结构或构造如何决定了它的真值，而意义理论则是要弄清掌握并使用某种语言是怎么回事。在名称上，可以这样称呼它们，即逻辑的语义学和哲学的意义论。按照达米特的论述，语义学中的语义理论和意义理论之间的关系是这样的："语义理论不是完整的意义理论，而只是一种意义理论的初步概要；只有当把语义理论扩展成一种揭示了由该理论所表达的语句的意义与使用这种语言实践之间关联的意义理论之后，它才能被判决为正确的或不正确的。"① 尽管如此，语义学和意义理论之间也是密切相关的。因为语义学和意义理论是一个问题的两个方面。语义学涉及语言在成真的情况下的逻辑、指称、意义及与使用相关的问题；而意义理论则涉及语言的意义形成、本质及如何达到成真的问题。因此，语义学和意义理论在研究的内容上是相互交织的，这一点表现为：意义理论有赖于语义理论，而语义理论需要意义理论的刻画。具体来讲，一方面，语义理论是意义理论的基础。语义理论本身就是基于真值而进行的有关意义的理论表述。因此，它告诉我们词是如何与世界相关联的，从而给意义被构成指称的真值条件形式所确定以刻画。从这一意义上讲，语义理论可被看成是一种意义理论。② 另一方面，语义理论需要在对语句意义的明确陈述中来讨论。对一个表达的意义的探讨，能够确定该表达本身及组成部分与其所指之间的关系。这样，意义理论就成为探讨语义理论的重要方式。

五、语义学与形而上学

语义学常常被看成是对意义的研究，建立语义学理论的目的就在于确定意义的定义。就"意义"这个词而言，它和哲学上许多激烈争论的主题有关。所以，在这一点上，语义学表现了自己的重要性，已成为解

① Dummett M. The Logical Basis of Metaphysics. London：Duckworth，1995：18.

② Devitt M，Sterelny K. Language and Reality：An Introduction to the Philosophy of Language. 2nd ed. Cambridge：The MIT Press，1999：199.

决哲学问题的有效手段。形而上学问题是哲学争论中最为关键的论题，它是对超越了经验的世界本原或事物本质的研究，一直被视作哲学研究的基础和核心。比如，达米特强调，“要是哲学最终无法对伟大的形而上学问题的普遍解决有益，那么它就不会如此吸引我”[①]。就语义学和形而上学的关系而言，尽管在不诉诸任何形而上学判断的情况下，确实存在解决接受什么样的语义理论这一问题的方式。然而，在此情形下，形而上学论题就得不到有效的解决，因为形而上学不能免除语义学的浸染。意义与真值这两个概念使语义学和形而上学得以联结。意义是关涉到形而上学的，在意义的探讨上，通过追问真值来解释意义的形成，其本质就是揭示真值的形而上学前提。例如，达米特对意义形成的详细论述，一定在某种程度上先于任何“形而上学的”假设而被发展。一方面，我们对一个表述形而上学问题的陈述、思想及理论的理解是通过掌握它的构造及其构成部分的含义而实现的；另一方面，语义学层面上的真值，其实是对形而上学情形的一种反映。因为真值问题的实质是语言与实在的关系问题，我们可以把逻辑上的求真研究和有关存在、本质等问题的讨论密切联系，通过对语言的逻辑分析来描述形而上学问题。从某种意义上讲，语义学是先于形而上学的。因为对形而上学问题的刻画无法离开语义学。首先，形而上学论题的判定有赖于语义学。语义上的分歧是形而上学分歧的基础，“不同的形而上学概念可以为不同的语义理论所反映”[②]。语义学这一语言学工具使形而上学问题得到了很好的解释，从而能直接在相互竞争的形而上学概念之间进行裁定。其次，可通过解决更基本的语义问题来使形而上学问题的解决得以实现。波普尔指出，对语言意义的语义学反思形成了一种形而上学的图景。这样，从语义学得出的训诫常常就成为一种哲学上的训诫，它们往往会给哲学中形而上学问题的解决提供良好的策略。语义学能给形而上学问题的解决提供支持，因为每种语言都有表明一个被描述事件和事态的手段，通过语言从而可以充分地认为实在由那个为真的陈述所反映。所以，任何语言的正确语义

---

① Dummett M. The Logical Basis of Metaphysics. London：Duckworth，1995：19.

② Dummett M. Thought and Reality. Oxford：Clarendon Press，2006：20.

理论都具有形而上学的含义。

如何能把形而上学建立在语义学上？如何获得所谈论的那种实在的正确概念？如何把实在看作独立于我们对它的探讨，以及如何通过对语言结构的研究使我们可对其进行讨论？对这些问题的回答，就在于我们如何看待语言。在语言哲学看来，语言是世界的外衣，是对世界的符号化。“思想哲学的成立需要这样一种理论——该理论的内容就是对语言如何作用的一种哲学解释中的语义学理论。”①首先，由于语义学着眼于解释语言表达如何拥有意义，以及有意义是怎么回事，所以一种可接受的语义学理论必须对意义如何形成做出解释。同时，也要对言语者理解一个词、一个语句乃至一门语言是怎么回事给出解释。因为对一个表达的理解就是知道这个表达意味着什么。这样，语义学理论就得说明什么构成了一个人对那些意义的掌握。如果根据语义学理论能构造出对理解的说明，那么如何获得对语言的掌握就一定是可以理解的。就像有关思想研究的哲学家必须阐明思想有内容是怎么回事那样，意义理论必须对语句有意义及这种意义的本质如何做出解释。在这一点上，达米特指出：“我们必须先提出意义理论，然后建构与之相协调的形而上学，而不是先说明形而上学假设再得出有关意义理论的结论来。”②这就表明，意义理论有它的形而上学后承和形而上学反响。其次，就像语句有结构那样，由形成子结构的词组合而成，思想也是有结构的。这样，思想哲学家也必须解释内容如何由思想的内在结构确定。对语义理论的讨论将很好地适用于这样的结构部分。语义理论将解释一个基本单元的组成部分的语义值如何组合在一起并确定整个语句的语义值，从而有效地表明句子的意义如何由它们的组合决定。在这里，语义值的出现，决定了语义学理论的形而上学色彩。

---

① Dummett M. Thought and Reality. Oxford：Clarendon Press，2006：21.

② Dummett M. The Logical Basis of Metaphysics. London：Duckworth，1995：305.

德国语义学发展的历史趋势及其内在特征

——逻辑实证主义之前语义学的诞生与兴起*

客观地回溯历史，德国语义学由科学研究的边缘地带进入哲学和语言科学研究的核心区域始于 19 世纪。19 世纪德国语义学的产生与发展一方面来源于德国深厚的古典哲学传统积淀，另一方面也与同时期自然科学的进步及相关语言科学的发展密切相关。这一时期的德国语义学走在同时期欧洲语义学发展进程的前列，极大地影响和促进了欧洲其他国家语义学的发展与繁荣。19 世纪中期以后，德国语义学从孤立的语词研究开始转变为越来越多地关注处于历史和语境系统中意义的语用功能，并且自发地形成了早期语形、语义、语用相结合的语境思维。这种尚处在萌芽阶段的语境分析思维的重要意义就在于它初步认识到了只有在整体和统一的语境基础上才能凸显出语义分析方法论的重要价值。

---

* 本文发表于《科学技术哲学研究》2010 年第 1 期，作者郭贵春、刘伟伟。

一、语义分析逻辑传统的诞生与建构

综观19世纪德国语义学的发展脉络，康德纯粹直观的语义缺陷，尤其是他以“哥白尼革命”为旗帜所开创的认知理论模式成了语义学家们理论建设的基础和哲学批判的对象，这集中地反映在语义学理论范畴的建立和意义分析思路的展开等方面。正是在对以康德为代表的德国古典哲学传统批判和反思的基础上，19世纪的德国语义学开始趋向于寻求更加科学、更具合理性的语义分析工具。

1）古典哲学传统中康德诉诸纯粹直观的先验理论成了19世纪德国语义学发展的巨大障碍。其原因在于，康德式的唯心论传统并没有真正认识到先验性问题的理解与概念命题和意义之间具有本质的关联，并且语义学概念的分析是先验性问题理解的基础。因此，步入19世纪之后，伴随着对于康德先验理论的批判过程，以意义和概念理论研究为核心的德国语义学开始逐步诞生。

首先，康德认为概念与分析之间的关联并不是绝对的，在这方面他具有典型的经验主义倾向和意义表征的物理主义色彩。我们知道，意义和概念的本质紧密相关，因为概念的理解就是下定义，而定义本质上就是分析，所以意义与概念的本质紧密相关。客观来说，概念的明晰和确定是哲学分析的基本原则，然而康德所理解的概念明晰性却完全依赖于心理表征，他认为我们达到概念明晰的过程就是所谓的分析：“关于明晰，首要的是由概念而实现的分析或论证的明晰。”[①] 为了达到概念的明晰，分析过程必须达到不可分解的原子概念，而意义的理解就主要体现在概念分析的解释过程中。在此过程中，康德划分了心理表征概念和概念本身之间的绝对界限，然而他并没有认识到两者在心理基础上的统一性，而这种统一性恰恰是概念分析和认识活动的基础。因此，在康德的理念中概念与分析之间的稳固关联并没有得以确立。

---

① 康德．纯粹理性批判．韦卓民译．武汉：华中师范大学出版社，2000：10.

其次，康德认为综合判断并非建立在纯粹概念的基础上，而是建立在直观的基础上。就综合判断原则的基本内涵来说，康德认为在综合判断中把概念联结起来的成分必须包含直观，同时综合判断只有在直观强调了主体的概念时，才具有可能性。另外，康德把分析性和纯粹概念混淆起来，然而实际上分析的基础是概念理解，对概念的分析要求对概念本身进行理解。因此，尽管康德认为分析知识的基础是复杂性概念，但是简单概念并不依赖于直观，同时它也是先验知识的基础，这进一步说明了我们对于概念的理解不能只根据它的结构特征或逻辑构造，而且也必须与分析判断的基础结合起来。

最后，康德在对于先验判断基础的考察中强调其存在的主观性而忽视了对其客观性的研究。康德认为分析与综合的区分是概念分析的结果，分析借助于意义在逻辑上具有真值，同时概念只有通过分析的过程才能为知识奠定基础。此外，判断的分析性与概念分析之间的关联并不是直接的，概念分析是分析判断实现的途径。这样，康德把概念理解中分析和综合的区分应用于判断，但是分析性与先验性的区别就在于它并不具有真理的必然性。因此，先验真理并非建立在概念分析的基础上，而是建立在先天判断的基础上。在这里，康德把知识的语义基础完全归诸范畴分析，但是在此综合判断的语义基础问题并没有引起他的重视。

总的来说，康德认为综合判断并非建立在语义学的基础之上，这样意义问题就成了理解的核心和关键。同时，康德的先验性理论也构成了概念判断命题发展的障碍，这就意味着语义学的发展必须摒弃先验哲学和唯心论的思维桎梏，而这也正是 19 世纪德国语义学产生和发展过程中的必然趋势。

2）新康德主义的逻辑观为语义分析的形式化走向奠定了基础。随着 19 世纪非欧几何等精确性算术科学的提出与发展，人们开始反思命题直观性的思想基础。在德国古典先验哲学趋向于瓦解的过程中，新康德主义仍然选择了康德的纯直观作为理论分析的基础，这不可避免地构成了其局限性所在。与此同时，新康德主义的马堡学派在康德先验论的基础上，提出了语言形式纯粹逻辑构造的设想，为现代规范语义学的发展做出了贡献。

首先，马堡学派强调感性直观与逻辑思维之间的紧密关联。我们知道，在先验认识论中，康德承认了时空结构作为感性形式的先天性，但是也隐含了对于感性内容客观性的理解，其原因在于自在之物对于感性形式的作用。在马堡学派看来，感性事物是由纯粹思维所产生的主观构造，思维规定了事物的形式和结构，因此感觉与思维具有内在的统一性。在这里，认识作为一种思维形式并非源于感性知觉，而是建立在内部的抽象思辨过程中。因此，柯亨认为，"感性知识并非先于逻辑，思维的原因在于自身，而不在其外"①。在这里，马堡学派实际上是主张通过严格的科学理性将精确自然科学发展的规律与康德批判哲学相结合，这也体现了新康德主义的一大普遍特征。

其次，马堡学派在意义理解的过程中，强调纯粹逻辑方法论的构造，坚持语言与世界绝对二元对立的狭隘语义理论，认为意义的真理性就存在于逻辑分析的过程中。同时，马堡学派的逻辑主义特征还表现为"反心理要素"的倾向，为此赫尔茨海指出："在马堡学派看来，认识批判的有效性在于排除认识中经验和实证的心理要素。"②另外，在纯粹思维的结构中，逻辑范畴具有先验性，同时逻辑的结构与世界的结构具有统一性，因此，逻辑原理就构成了世界存在的基础。这在康德先验式的逻辑构造中思维与认识对象的结构具有了同一性，逻辑的结构与世界的结构也就具有了对应性。

由上可知，马堡学派逻辑方法论的实质就在于用逻辑的结构来阐释世界的结构，把哲学的任务归结为对于知识的逻辑分析，并且力图为科学理念和经验判断奠定绝对化的逻辑基石。从德国语义学后来的发展来看，新康德主义马堡学派语义分析的逻辑形式化构造与逻辑实证主义的主张不谋而合，其共同的实质就在于主张将逻辑语言作为科学描述的基础，进而把经验事实的研究还原为理性的物理分析。

---

① Cohen H. Logik der reinen Erkenntnis. Berlin：Hildesheim Press，1902：12.

② 赫尔茨海 . 新康德主义中的认识论与逻辑 . 哥尔腾堡，1980：10. 转引自毛怡红 . 当代德国新康德主义研究述介（续一）. 哲学动态，1993（6）：40-43.

3）弗雷格的语义学理论开创了逻辑语形分析的历史传统。在语义学发展史上，弗雷格最大的贡献在于突破了形式逻辑纯粹数学规则推演的历史传统，在逻辑与意义之间建立了有效关联，并且把意义的理解建立在稳固的逻辑基础上。弗雷格的反心理主义意义分析和逻辑主义纲领被后来的逻辑实证主义继承，成为他们科学阐释和分析的重要手段，对分析哲学、语言哲学的兴起产生了重要影响，同时也使他成了德国现代语义学发展史上奠基性的历史人物。

首先，弗雷格针对传统形式逻辑中的范畴类型提出了逻辑推理和证实的基本原则。历史上，形式逻辑主张主谓结构的区分，弗雷格则用功能和对象的区分代替了主谓区分，他认为系词作为非饱和性（unsaturatedness）概念中的组成部分并非连接主谓的独立要素。同时，在自然语言的句型中，词的关联与概念结构并非完全对应，其中也包含了非表征特征的事实和要素。在这里，弗雷格实际上是认为思想中的逻辑和客观因素与心理因素无关。他认为只有“表征意义的符号”及其相关的符号关联才有意义，为此他认为“必须严格地把心理和逻辑的东西区分开来，把主观和客观区分开来”[①]。这就是说，客观表征区别于主观表征的原因就在于它主要体现为联结基础上的功能，由此弗雷格的这种语义态度就构成了其知识论的基础。

其次，弗雷格提出了对于意义问题的研究，强调意义与逻辑真值的关联性。我们知道，命题理解的功能在语义学中具有重要地位，在历史上相当长的时期内，意义问题的研究并没有得到哲学的重视。弗雷格的转变就在于他把命题态度看作实体的存在，认为理解并不是考察命题态度的有效方式。同时，意义与实际事态并不等同，而是与世界中的真值紧密相关。在这里，由于语法单元并不包含命题意义的基础，而是与世界中的真值特征相关，所以具有真值的意义一定是某种确立关联性的机制。

最后，弗雷格考察了概念起源的基础，以及指号、意义和指称的关系。在弗雷格的语义学中，概念具有最为重要的意义，它与可能判断内

① 弗雷格．算术基础．王路译．北京：商务印书馆，2001：9.

涵的理解密切相关。弗雷格认为，概念的形成是从判断开始的，它具有多种指称的解释力，并非源自抽象。在这里，我们可以看出弗雷格把从判断到概念的推理过程看作某种数学程序，而不再简单地把表层语法和主谓形式当作概念分析的工具。此外，弗雷格认为"意义、指号与指称之间的关联在于意义对应于相应的指号，指称对应于相应的意义，然而与指称相对应的指号并不一定具有唯一性"[①]，这表明弗雷格的语义学已经内在地融合了意义理论和指称理论，这是语义学发展中的一大进步。

综上所述，弗雷格的语义学思想突出地体现了在现代逻辑和精确性数学分析工具兴起之后，语义学家们力图在客观主义的基础上建立统一完善的语言分析工具的迫切愿望，这使其彻底与传统语义学中的主观主义和心理主义的狭隘性划清了界限，他所采取的逻辑语义分析的策略和手段也鲜明地标示出了现代语义学发展的典型面貌与主要特征。

二、心理语义分析和语言意向性的提出

19 世纪德国语义学的发展同时受到德国思辨哲学传统和心理哲学的影响，对于词的意义开始在心理表征中去寻求，把意义看作与词相关联的心理表征。同时，受到布伦塔诺意向性理论的影响，语义学家们开始将意向性分析与意义的理解结合起来，开创了意向性语义分析的先河。在这里需要指出的是，心理语义性和语义意向分析之间具有直接关联，因为意向性研究涉及心理内容的基础，在某种程度上意向性问题就是心理内容问题。另外，意向性问题本身不是心理现象最根本的属性，而心理状态则是由于具有特定的心理内容或语义性才具有了意向性，因此"心理状态的意向性根源于心理表征的语义性"[②]。从这个意义上来说，对 19 世纪语义学发展中的心理语义分析思想和意向语义分析理论进行认真总结和梳理，就显得尤为重要。

---

① Frege G. On Sense and Reference. Oxford：Blackwell & Mott Press，1981：58.

② Fodor J. Psychosemantics or：Where do truth conditions come from ？// Lycan W. Mind and Cognition. Oxford：Blackwell Publishing Ltd，1990：313.

1）意义的心理表征和心理语义分析。从本质上说，科学语义学的研究必须回答意义与心理的关系问题及意义与表征系统的关联问题。我们知道，心理状态借助于心理表征而体现为命题态度，而命题态度则是主体与心理表征的心理语句关系，同时心理表征的语义属性意味着心理语句也有意义和真值条件，这种命题态度的根本特征就是心理语义性。在这里，心理语义性的问题就是意义问题，因此，19 世纪德国语义学家们自觉地从心理表征的状态出发，对概念和意义问题进行了全面考察。

首先，语义学家们在康德表征理论的基础上，结合心理学的方法和原则，为语义学的概念和范畴赋予了新的理解。Resig 认为，意义可以理解为某种心理表征，心理表征之间特定类型的关联决定了意义的变化。Hey 认为语义学建立在心理学方法的基础上，为此应该分析语义现象的心理类型和原则，这样才能确立语义学的科学性。赫尔伯特（Herbert）认为，与心理学相关的事实应该得到解释，它与感觉印象的观念和表征心理状态的相互作用有关，统觉范畴只是一种心理的能力。伍德特（Wundt）则强调了态度和行为中心理因素的重要性，认为语言是心理活动的外化，只有通过心理内部活动的外部表征，才能实现对统觉内在过程的理解，同时只有通过对语义现象的心理过程的分析，才能实现概念意义的理解。由上可知，19 世纪语义学家们在意义理解和分析的过程中已经自觉地融合了心理状态和心理表征的理论，这就不仅打破了康德先验逻辑的独断论，而且为意义问题的解决提供了更多的在科学性上可以突破的路径。

其次，语义心理主义建立在经验主义立场之上，这种心理学的经验论不是把语义分析视为心理表征理解的基础，而是将心理状态和过程的理解当作语义分析的基础，这既是其立论的前提，同时也是其不可避免的局限性所在。赫克特（Hecht）认为，心理学方法是语义分析的重要基础，其中经验心理学具有重要意义，在心理活动中包含了当经验对象与显现相关联时由心灵产生的新的意义。拉扎鲁斯（Lazarus）强调语言是一种客观心理的构造，是一种普遍的集体心理活动的系统结果，这种系统性区分了不同的客观心理和语言，因此语义学应该研究这些系统的运动和转换。总体来看，心理主义语义学把心理分析当作科学认识的重要工具，然而心理学本质上是以事实为基础的经验科学，它以作为事实性存在的共同体心理作为研究对象，因此语义心理分析的基础也必然是共同体存在的事实。

最后，语义学的心理分析在意义理解的过程中，普遍存在着一种心理“纯粹化”和绝对化的趋势，而这种心理活动的结构并不能完全解释逻辑的构造和概念规律的形成。斯坦达尔（Steinthal）企图用纯心理的机制替代概念的逻辑分析，为此他把概念区分为感觉、直观和表象三个层次，直观将感觉加工为表象，表象作为心理简单层次是一种直观的直观。在语言的发展中，纯统觉具有重要意义，统觉既构建了意义，也可以产生不同概念，这样在统觉基础上形成的词语便具有了新的感知能力，产生了意义的外延，因此词语的意义和形式是实现统觉的一种工具。值得一提的是，胡塞尔早期也持这种心理主义立场，为此还曾受到弗雷格的批评，因此，在《逻辑研究》中胡塞尔对这种意义的心理主义进行了反思。他认为，心理主义的关键在于它没有理解本质直观的明证性是本质自身“原本的被给予性”。[①] 由此，明证性被当作了心理实在的感觉，结果是混淆了逻辑关联与心理实在的联结。

总之，我们在这里对19世纪德国心理语义分析的思想进行总结，其目的在于说明在近代语义学诞生和发展的初创阶段，语义学家们对于意义和概念理解的界域是相当广阔的，其中注重语义学理论的心理建构是其中的一大重要特征，尽管它作为一种分析的手段和方式还并不完善，存在种种缺陷，但它至少从理论上证明了心理分析作为科学研究的重要方法，对科学理论的构造和概念的理解所具有的意义。这既是被后来的逻辑实证主义所忽略的一大领域，同时也是当代语义学的发展必须倍加重视的一个方面。

2）在语义学的意向性分析过程中，19世纪德国意向理论的发展明显受到了奥地利心理学家布伦塔诺意向理论的影响，这一时期意向理论的

---

① 胡塞尔．逻辑研究（第一卷）．倪梁康译．上海：上海译文出版社，2006：157-167.

代表人物如胡塞尔和梅农（Meinong）等也正式对此予以承认。其中，胡塞尔是意义与意向分析理论的集大成者，他将意向性理论与语义学分析结合起来，一方面使语义学分析成为意向性理论进一步展开的基础，另一方面也使语义学的发展不再局限于逻辑语形分析的狭隘视阈，从而开辟了意向语义分析的路径，为语义学的发展提供了崭新空间。

首先，胡塞尔考察了作为意向性语义分析基础的知识对象和心理分析的关系，这与19世纪之前的认识论形成了很大差异。我们知道，17世纪德国的莱布尼茨曾经认为，对对象的理解没有必要直接将思考付诸实践，而只需拥有这种思考力，这种能力不仅是指感知能力，而且还包括我们不必通达事物而能够表征事物的方法。康德也认为，为了达到表征的目的，表征本身与它的对象具有同晶性。布伦塔诺曾经认为，心理状态的导向性产生对象的意图，同时意向性强调了意向语境中的语义学。胡塞尔则认为，数学知识的精确性是有限的，我们可以理解具体的事物，但对于抽象事物却很难把握，其原因就在于表征的心理经验并不把对象当作隐性内涵包括在内，而是在某种意义上对事物的意向。由此，胡塞尔对于语义真值的理解就摆脱了二元对立的逻辑观，倾向于对真理进行直接把握。其原因在于，意识活动既是认识的基础，同时也是意向活动的结果，因此认识的真理性无须辩护，是一种本质直观的显现。

其次，胡塞尔认为意向行为本身具有意义，是语言意义的基础，这就使得胡塞尔的语义学理论与康德的理性主义彻底划清了界限。胡塞尔认为意义具有三个层次的要素：①具有意义的行为——意向性；②此类行为的内容或表征的意义；③此类行为的对象或者表征的客观性。其中，意向行为乃是指意识活动本身，意向内容则是指意识活动的意义，而对象则包括观念和实在的事物。同时，语言的意义在于它表述了说话者意向行为中的意向内容和说话者的表述意图。为此，胡塞尔反对实用主义把意义与实现意义的行为相等同的做法，认为命题的意义与主体的行为无关，只有意向性才具有决定作用。

最后，胡塞尔在对逻辑理性主义反叛的基础上将意义理解的意向性分析过程与现象学理论的展开紧密结合起来，他的现象学还原方法作为一种哲学“语义上升”的过程，为20世纪现象还原方法论的建立做出了重要贡献。在意向结构中，胡塞尔强调直观和体验的重要性，他认为命题的意义源于以体验方式获得的意识行为本身，这种意义具有一种自明性。同时，意向与意义是一种通过内省而实现的客观性的先验性原则，这种所谓“内省”就是一种在主观知觉之外的先验式思维。因此，我们必须通过反思以考察我们意识活动中直接呈现的经验，同时意向性意义的显现也就成了现象学分析的目标，我们可以通过研究意向活动的构造达到对于对象事态的理解。

概而言之，以胡塞尔为代表的19世纪的德国意向论者，力图在意义分析的过程中对意向性的本质特征和结构属性进行阐述和说明，从而使语义和意向性具有了内在关联。同时，胡塞尔在布伦塔诺意向性理论基础上所引入的现象学方法论路径，拓宽了意向性的研究领域，深化了意向性分析的理论体系。从现代语义学的视角来看，意向性分析本身就是语义学理论中的重要领域，它消解了理性论和感性论的冲突，超越了单纯逻辑形式的分析，为20世纪逻辑实证主义终结之后心理学的回归和语言学的转向奠定了基础，并且进一步成了当代语义学成长和前进的重要生发点。

三、语义学的语用分析和语境思维的产生

站在当代科学语义学发展的立场上，回顾德国语义学演变的历史，我们可以清楚地看到从19世纪到20世纪初的语义学家们在科学思维与科学理性逐渐成长的过程中，不断地为语义学的发展注入新的血液，其语义分析思维的触角是灵活的，所依赖的背景是广阔的，他们并没有把语义学狭隘地局限于概念范畴的演绎和扩展，而是自发地选择了语境作为意义理解的基石，从语义学逻辑形式化的建构到心理意向的分析，再到“语用语义学”概念的提出及文化历史背景中的语义建构，其中越来越鲜明地彰显出在语境视野中语义分析的必要性和价值所在。

1. 命题语境在意义理解中具有基础性地位

命题语境是语境的重要组成部分，历史上语义学家们一直认为词语是语言构造的原子要素，弗雷格则敏锐地意识到了只有判断句型即命题才是意义构成的基本单位。弗雷格的这一思想也直接启发了维特根斯坦关于语言的基本单位是命题及命题与事实关系的思想，并且影响到后来逻辑实证主义维也纳学派的意义理论和证实标准。

首先，弗雷格认为，概念与对象之间的关联并不是固定的，只有在命题语用中才具有确定性，其中命题语境对于意义的形成具有重要作用。也就是说，词语和句子是隶属关系，词语意义的表达要由作为整体的句子来决定，词语的功能体现在句子的语用中，由此句子或命题便具有了原子要素的意义。弗雷格认为，"必须在句子的语境中考察语词的意义，而不能孤立地研究语词的意义"[①]。这就意味着在句子中，我们不能孤立地研究词的意义，而必须在语词的关联中分析句子的意义和思想。

其次，弗雷格主张用意义的语境原则来取代意义的指称理论。他认为意义的指称理论是相当局限的，尤其是在涉及诸如数和逻辑的抽象对象时显得并不适用。更为严重的是，意义指称理论有可能把虚构的心理表象同所指称的对象混淆起来。在逻辑语形的构造中，对于分析命题中所涉及的词的意义，我们是根据规律和定义来理解的。由于定义和规律必然要用句子来表达，所以只有在句子中才能弄清楚分析命题所涉及的概念的意义。在此单纯地追问其所指称的对象并没有意义，只有通过分析它在句子中使用的语境才能了解它们的规律和定义。

最后，弗雷格强调句子意义的真值与世界的实际事态相关。在规范语义学和自然语言语义学的理论对立与关联中，弗雷格一方面认识到日常语言的缺陷和他所建立的以命题逻辑和谓词逻辑为基础的理想语言的完善性和合理性；另一方面他也充分意识到理想语言并不能取代自然语言的全部功能。为此，弗雷格探讨了语句的认识价值和真值的关系问题，

---

① Frege G.The Foundations of Arithmetic. Austin J L trans. 2ed Edition. New York：Harper and Brothers Press，1960：22.

他认为句子的意义在于它的真值，这种真值并非由意义单独决定，而是和意义与实际事态关联的方式有关。

总之，从命题语境的分析过程来看，弗雷格语义学所采取的基本态度是开放的，他所理解的意义理论也区别于纯粹哲学逻辑分析的范畴。在这里，意义构造实际上就是语境构造，意义的内涵空间超越了逻辑语形的构造，在语形、语义、语用相结合的语境平台上达到了意义的沟通与交流，这充分显示了语境中诸多要素之间的内在统一性和整体性。

2. 人类历史和群体文化是语义阐释和理解的基本背景

在人类发展的长期历史中，语言是人类思想和知识的载体，它与人类思维和实践的发展同步，因此，语言本身就是包括历史、文化和自然等多种因素在内的综合体。在历史和文化系统中，语境包括形式表征和心理意向等多种要素，因此，语言命题的基础是文化和历史的存在。站在历史和现实的角度上，德国语义学发展过程中这种理论趋向的形成，既与德国古典哲学人文传统有着一脉相承的关系，同时也与19世纪以“主体回归”为口号的新康德主义思潮在语言科学研究领域的影响和渗透不无关联。

首先，Resig认为语义学的基本规范与人类思维的一般原则相关，为此他强调在历史中研究文本的必要性。Resig认为词汇具有意义的特性，但这种意义既不依赖词源，也不依赖句法规则，因为这种意义不仅由表征一个观念的功能构成，而且也由一般语言状态和依据一定方式的词的使用决定。另外，Resig强调语言是一种历史和群体的产物，通过社会群体中人的交际而进行扩展，并且其演化受制于语言的使用，因此，在意义的理解中存在着历史动因，以及文化和社会的因素。在文化中，概念的指称发生转换并产生了新的指称和术语，因此，语言的历史是一种共时态的语言使用现象，这种语用的阐释就为意义的理解奠定了基础。

其次，斯坦达尔强调了语义学研究中历史事实的基础性作用。他认为，语言的演化包括表征的历史，以及建立在语义学基础上的言语的历史。在人类语言从简单反射到抽象语言的转变中，语形和语义的分析都与人类的认识过程相关。总的来看，人类语言发展经历了三个阶段，即拟声词阶段、词源学阶段和纯粹指谓阶段。其中，最重要的是抽象的纯粹指谓阶段，其特征在于语言的使用抛弃了对于原初意义的探索，也就是说词语在命题的表述中本身并没有意义，而只有在语用中确定的表象或意义才能够得以应用，从而完成认识的过程。

最后，拉扎鲁斯在意义理解的过程中提出了历史语义学的概念。他认为意义的真值只有在整体的社会和历史背景中才能确定，语言是人类的“客观”心理表征，在历史中它处在一种不断演化的过程中。就语言本身而言，它是建立在人类历史活动基础上的系统活动，其中源于言语历史的系统性可称为自然系统性，源于科学的系统性可称为人工系统性，“我们必须研究这种系统的历史演化，因此，只有历史语义学才能揭示心理的内在活动”[①]。在这里，我们可以看出拉扎鲁斯实际上是在意义转换的过程中否定了语言是一种绝对确定思想的简单表征，进而凸显了在个体之间交流过程中对意义的建构。

总体而言，德国语义学发展中这种将意义的内涵与历史或文化的语境相关联的态度与方式是有意义的。任何语言形式都不是空洞的存在，任何意义的形成也不是脱离时空历史的虚构，语形的构造要依赖于语用的推演，语义的理解也要满足语形的需要，同时语境的整体系统性也决定了思想表征中语言的形式及其意义结构。这种语境系统性为意义的理解提供了广阔的发展空间，体现出其社会交往和文化价值功能，由此使得意义的理解不仅包含了语义分析，而且还包括了文化历史的语用，进而这种意义的语用分析过程也为意向和语境的存在奠定了物质基础。

3. 具体的公共生活实践和有效的交流是意义理解的重要环节

本质上，语境是以实现人类交流为目的而存在的一种认知结构，语境构成了公共实践的具体形式。从德国早期众多语义学家们语义分析过程来看，朴素的语境整体论视野已经萌芽或者得以应用。在语境整体论

---

① Nerlich B. Semantic Theories in Europe 1830-1930. Amsterdam：John Benjamins Publishing Company，1992：33.

的视野中，语形、语义和语用具有内在的关联，意义的理解就建立在交流和理解的基础上。在这其中，逻辑形式化的演绎不再具有绝对性的意义，命题真值的判断也不再仅仅依赖于与命题相关联的语境存在，而是紧密地与整体语境中的实践经验相关。在这一点上，我们必须承认，它不仅标示出了德国早期语义学所理解的语境平台的开放性和所投射的语境视野的科学性，而且也充分启发了当代世界语义学发展的趋向和未来前进的道路。

首先，瓦格纳（Wegner）在语言交流和理解的基础上提出了意义理解的“语言生活理论”。他认为词语本身并不具有意义，只有在完整的语境中及主客体的理解中才能获得意义，同时语用先于语义和句法，而意义和语法都源自交流。语言的功能性作用在于，语言的交流超越了纯粹的词汇语义学，从而使得言者和听者在语用语境中能够以一种互动的关联实现意义的理解。在他看来，“个体的存在属于表征的社会群体，个体之间具体意义的交流和活动具有典型的意向性和目的性”[①]。可以看出，瓦格纳所理解的作为意义基础的语境已经将具有能动性结构的主体包括在内，并且力图在自然语言意义的语用建构中实现逻辑性和意向性的整体统一，从而使得语境的推演逐渐成为意义理解的基本背景。

其次，保罗（Paul）的语义学在意义分析的过程中也涵盖了系统的语境因素。为此，保罗区分了一般意义和具体意义，所谓一般意义是指具体意义的共性，而具体意义则建立在一般意义的基础上，包含了讲话者的意图，它在语境中被阐释和重构。他认为，这种具体意义的语境依赖性表现为依赖于某种由听者和言者所共同拥有的背景，先于言语的内涵及具体的言语场合等因素。他说，“具体意义是一般意义的衍生；具体的意义只能指称某种具体的事物，而一般意义只能指称抽象的事物”[②]。在这里，保罗清楚地意识到了词语的内涵和界限是变化的，因而意义也是相

① Nerlich B. On Wegener's theory of “speech acts”. Drlav：Revue De Linguistique，1986：34-35，301-315.

② Nerlich B. Semantic Theories in Europe 1830-1930. Amsterdam：John Benjamins Publishing Company，1992：91.

对的、不确定的，在使用中具有极大的灵活性和变动性。

最后，额尔德曼（K. O. Erdemann）提出了意义交往和理解的网状结构理论。他认为在日常语言中，我们对于词意义的描述仅仅是一种线状网络，并不是完全固定的，它根据外延来界定，而且也是通过对语言使用者定式思维的指称来实现的。在使用过程中，语词通过与其他语词的关联而得到意义的明确，但是其中最重要的还是在具体语境中个体之间的沟通和交流。为此，额尔德曼认为，我们必须理解词的价值，即词的经验建构，同时也必须结合各种语境类型及说话者的立场和行为。在这一点上，额尔德曼对后来奥格登（K. Ogden）和理查德（I. A. Richard）意义分析的语境理论也产生了一定的影响。

站在历史的高度上，从 19 世纪到 20 世纪初德国语义学发展的总体态势与其后逻辑实证主义（在德国以柏林学派为代表）兴起的时空承续和内在历史逻辑关联来看：①自康德开始所强烈突出的哲学分析传统所强调的对于概念和逻辑的重视成了逻辑实证主义语义理论的纲领和旗帜，由此逻辑实证主义所主张的形式规范传统在先进的自然科学理性工具的指引下，越来越倾向于对语言的分析和对数理逻辑的推崇。②从 19 世纪开始迅速扩张和膨胀的科学革命（如物理学和数学的变革）所带来的对于“精确性”和“实证性”工具方法的过度迷恋，表现为重视经验操作和经验观察，这种思维倾向在 19 世纪的语义学研究中已经逐渐渗透和渐趋深化，而随后兴起的逻辑实证主义则进一步将其纯粹化和极端化，由此意义确定的标准和“科学主义”的证实性紧密关联起来，命题的意义只有在逻辑的证明和实证的观察中才能具有有效性。③尽管 19 世纪德国历史科学和精神科学所研究的语义学主题和范围是宽广与丰富的，但是它从根本上并未被逻辑实证主义的严格“科学”纲领所采纳，在其中意义确定的心理分析、历史考察和社会学探索成了空白。因此，在德国尽管对于意义分析的语用和语境理解已经具备了 19 世纪深厚的文化历史积淀，但是同一时期“语境”意义分析的理念尚局限在语言学的界域之中，在逻辑实证主义理论建构中意义的“语境”分析与社会和文化的因素也自然保持着严格的距离。

综上所述，在以逻辑实证主义为代表的，同时以严格的主客二元对立为特征的语义分析理论走上 20 世纪现代语义学发展的历史舞台之前，德国 19 ~ 20 世纪初的语义学发展所取得的成果是丰富的，理论分析的过程是深刻的。在此过程中，意义的理解不断远离词源学的关联而接近于语用语境的分析，语言的形式和结构及其内在意义逐渐被看作是整体思维之中的结合物，同时语境要素分析的整体性和公共实践的具体性也逐渐取代了严格的逻辑推演。在德国古典哲学高度发达的抽象逻辑思维和深厚人文精神的氛围中，这一时期德国语义学的发展同时紧密结合了同时代最新科学分析的理念和手段，从而使其不仅站在了同时期欧洲乃至世界语义学理论发展的前列，而且引领了德国现代语义学分析的崭新旗帜，成为德国现代语义学崛起的先声，并且跨越时代为我们当代科学语义学的建设和发展提供了可资借鉴的思想材料和分析路径。

意义的非事实论与规范性

——规则遵循问题的语义分析*

规则遵循悖论（the rule-following paradox）及其相关问题源于维特根斯坦的《哲学研究》，它是后期维特根斯坦论述语言的运用及其意义方面的一个重要议题。克里普克在《维特根斯坦论规则和私人语言》中对该问题进行了系统阐释，并提出了怀疑论解决方案。在这一解决方案中，他暂且接受意义归因中语义事实的缺失和怀疑论论证的结论，同时拒绝扩展这种论证而导致彻底的意义怀疑论。克里普克提议在语言共同体的实践中考察我们的思想内容和言说意义，认为虽然没有意义归因所符合的语义事实，但不能否定语言表达式的意义，因为意义归因有时是非事实陈述的，无须事实来做辩护，所以不会导致一种语用学上的不融贯。[①]“克里普克解读的维特根斯坦”引发的诸多争议自不待言，近年来与规则遵循相关的

---

* 本文发表于《哲学研究》2011年第5期，作者郭贵春、赵晓聃。

① Kripke S. Wittgenstein on Rules and Private Language. Oxford：Blackwell Publishing Ltd.，1982：66-71.

意义理论问题也引起关注，它为语言及意义归因问题的探讨提供了一个基点，而且很多问题尚待系统阐释，如：“克里普克解读的维特根斯坦”是否遵循非事实论（non-factualism）的路线而得出了怀疑论悖论和怀疑论解决；语言表达式的意义是否存在规范性维度？意义是否是内在地规范的。本文以规则遵循中的意义非事实论为切入点，对相关问题进行语义分析，通过探讨非事实论与真值条件的关系、非事实论中的“真”等内容，试图揭示一些代表性观点的论证缺陷和意义非事实论在融贯性方面的困境；另外，阐释意义归因和非事实论也要对规范性问题做出分析，而“规范性”存在多种解读方式且易引起争论，因此，通过阐明和辨析规范性的不同维度，可以澄清规范性的基本内涵并探求其本质。

一、意义归因与非事实论

克里普克对规则遵循问题进行扩展性解读时提到，如果一个说话者以“+”来指谓加法，一定有关于说话者的某种事实以某种方式为他挑出加法的函项，并且他已经形成了关于这种函项的意向方式，这种函项决定了对该词项的正确使用。那么，是关于他的什么事实使得他运用加法而不是怀疑论者提出的“卡法”(quus)①作为运算的标准？接下来的怀疑论论证表明，关于运算者的一些事实并没有“挑出”任何特殊的运算。怀疑论者想要找到某种事实作为说话者使用某词项的正确标准是不可能的。②很显然，克里普克提到的这种意义观念体现了经典实在论的倾向，他关注的是句子的意义与“经典实在论式的”真值条件的关系。如果遵循经典实在论的方式，就必然要去寻找背后的语义事实和使语言表达有

① 克里普克在《维特根斯坦论规则和私人语言》中描述了一位怀疑论者，他质疑“plus”和“+”指谓加法函项，并提出使 68+57=5 的“卡法”规则：在计算比 57 小的数时，“plus”和“+”是指谓函项“quus”，它以“⊕”作为符号，并且定义为：如果 x、$y<57$，$x \oplus y = x+y$；在其他情况下，$x \oplus y = 5$（Kripke S. Wittgenstein on Rules and Private Language. Oxford：Blackwell Publishing Ltd.，1982：.8-9）。这个运算法则表明，只有在 x、y 都小于 57 的时候，$x \oplus y$ 的运算结果才和 $x+y$ 相同，但是在其他情况下都等于 5。

② Kripke S. Wittgenstein on Rules and Private Language. Oxford：Blackwell Publishing Ltd.，1982：7-9.

意义的真值条件；当找不到意义归因的事实和真值条件时，就会陷入一种困境：没有人可以通过运用语言表达来意味任何东西。克里普克的怀疑论解决方案正是试图避免“所有的语言都是无意义的”结论。我们可以这样理解怀疑论解决方案：首先，要把意义归因的真值条件转换为可断言性条件（assertibility condition）；其次，意义归因的可断言性条件要考虑语言共同体的倾向或行动。这意味着如果要证明说话者做出某种断言的合理性，就要对做出断言的具体情况或语境做出明确说明，进而得出语义事实的缺失并非必然导致意义的怀疑论悖论。

克里普克从加法规则入手进行了怀疑论论证，进而引出了怀疑论解决。在规则遵循问题的语义分析中，意义归因和非事实论的探讨不可避免，伯格赫森（P. A. Boghossian）就以意义的非事实论为视角来阐释规则遵循的怀疑论论证。他通过论述关于意义的非事实论与真值条件的关系，并结合真理紧缩论来阐释“真”的概念，以此表明非事实论中的内在矛盾。

首先，伯格赫森阐释了关于意义的非事实论与真值条件的关系①。

怀疑论的结论表明，不存在相应的事实能够被一个意义归因的句子来表述。那么，不具有真值条件的陈述是否就无法表达其意义？怀疑论解决方案的建议是，通过强调意义归因的某些作用是非事实陈述的来削弱这种结果的力量，语句是因为具有可断言性条件而有其特殊意义。伯格赫森认为，怀疑论解决方案首先采取的是一种非事实论的形式，这种非事实论不仅仅限于某种特定的有意义的言谈，而是整体、全面的非事实论。在一些解读中，这种彻底的非事实论形式与一种谬误论（error theory）②形成对

① Boghossian P A. The rule-following considerations//Miller A，Wright C. Rule-following and Meaning. Montréal：McGill-Queen's University Press，2002：158-162.

② “谬误论”首先出现于伦理学领域，麦基（J. L. Mackie）提出该术语用以反对伦理自然主义。他指出：“对客观价值的否定将不是作为一种分析方法的结果提出来，而是作为‘谬误论’提出来，这种理论表示，虽然大多数人在做道德判断时含蓄地做出断言，所指的是存在于其他事物中的某种客观规定性的东西，但这种断言全都是错误的。”（Mackie J L. Ethics：Inventing Right and Wrong. New York：Viking Press，1977：.35）麦基反对把自由选择的道德问题当作强加于我们的客观的道德事实，他质疑有决定道德判断真值的客观价值或事实的存在。这里是从语义学视角来对比全面彻底的非事实论与谬误论的异同，笔者认为，它们都有对相关事实的否定，但力度和程度不同。谬误论保持了关于陈述的一些基本语义学特征，从某事物的一些具体方面的体现来论证它不存在，但彻底的非事实论可能会要求从本体论的层面做出断言。

比，伯格赫森通过女巫的例子来说明这一点：如果我们认为女巫是不存在的，没有什么能构成她的属性，比较保守而谨慎的方式并不是提供关于她的非事实论的概念，而是提供关于她言谈的一种谬误概念，这里谓词仍然被理解为表达某种属性，陈述句仍然被看作具有真值条件。因此，在某个特定的言谈领域，当我们说明某事物为假时，至少还可以保留该领域的一些基本的语义学特征或表象，然而我们可以在这种意义上来理解克里普克的怀疑论论证和怀疑论解决方案吗？

伯格赫森接下来就证明了这种有意义言谈的谬误论并不是怀疑论论证的寓意所在，怀疑论悖论的结果是整体、彻底的非事实论。根据怀疑论者的质疑，不存在这样的事实，根据此事实意义的归因是真或假；由此可以导致一个结论：

所有的意义归因都是错的，所以：

1）对于任何 *S*：“*S* 意谓 *p*”是假的。

但是真值谓词的去引号属性使得由 1）必然得出：

2）对于任何 *S*：“*S*”没有意义。

这是一种可怕的结论，1）表明，没有任何语句能够具有意义。如果仅根据日常言谈，也可以判断这个结论与我们的经验相悖。我们知道，后期维特根斯坦反对一个语句的意义可以被先验地确定下来，在尚未知道语句“*S* 意谓 *p*”的意义是否被先验地确定的情况下，就做出“对于任何 *S*，‘*S* 意谓 *p*’是假的”这一论断也显得不合理。怀疑论者要寻找意义归因的语义事实，也就是要寻找使语言表达有意义的真值条件，按照这种方式，克里普克关于非事实论的论述会推论出什么结果？伯格赫森在解读克里普克的阐释时，把他的非事实论观点解释为，某个目标陈述句并不是真正地具有真值条件的，可以表示为：

3）对于任何 *S*、*p*：“*S* 意谓 *p*”不是真值条件的。

但是，如果按照怀疑论解决方案的建议，这种非事实论并不是仅仅局限于意义归因的语句，而是应该能够整体、全面地运用。因此，可以得到：

4）对于任何 *S*，“*S*”不是真值条件的。

由意义归因的非事实论可知，不存在具有真值条件式的意义归因的语句。因为任何语句的真值条件（也许是部分地）是其意义的一个函项，所以一种关于意义的非事实论必然会要求关于真值条件的非事实论，*S* 所具有的真值条件也同样几乎不可能是事实的东西。我们由 3）就可以得出：

5）对于所有的 *S*、*p*：“*S* 具有真值条件 *p*”不是真值条件的。

然而，根据真值谓词的去引号属性，又可以得出：“*S* 具有真值条件 *p*”这种语句是真的，当且仅当 *S* 具有真值条件 *p*。但 5）说明“*S* 具有真值条件 *p*”不会为真，因此又能得到和 4）一样的结论。但是如果我们要把非事实论看作一种整体、全面的要求，就不得不将非事实论也应用于怀疑论论证的结论本身，即“没有语句具有真值条件”仅仅是可断言的。

其次，伯格赫森说明从不同角度解读“真”这个概念就会有不同理解[①]。

在语言表达中我们实际上已经预设了一种“真”的概念，而接受并遵循全面、整体的非事实论时又会对“真”的概念做出某种断定，它们之间会存在矛盾。为阐明这种矛盾所在，伯格赫森将非事实论的论述中的“真”的概念和紧缩论中的“真”的概念做了对比，并在此基础上试图厘清二者的区别。他举例证明，如果按照前面的思路，“*x* 是好的”是一个有意义的陈述句，要对“*x* 是好的”做一种非事实论的论述，那将是：“所有‘*x* 是好的’这种形式的语句不是真值条件的。”虽然这种表达式也体现了真理紧缩论的某些特征，但是伯格赫森认为非事实论相关论述中的“真”与紧缩论概念中的“真”的意义存在明显差别。为了进一步说明意义的非事实论中的隐含矛盾，伯格赫森又通过艾耶尔（A. J. Ayer）对“真”的紧缩论概念的相关论述进行分析：“说 *p* 是真的仅仅是断言 *p* 的一种方式。……传统的作为‘实在的特性’或‘实在的关系’的真的概念，像多数的哲学错误一样，是由于不能够正确地分析语句。……存在这样的语句，在其中语词‘真’似乎代表了某种实在的东西；……

---

① Boghossian P A. 2002. The rule-following considerations//Miller A，Wright C. Rule-following and Meaning. Montréal：McGill-Queen's University Press，2002：161-162.

（但是）我们的分析已经表明语词‘真’并不代表任何东西。”①

我们知道，真理紧缩论挑战传统的假定，即认为“真”是某种东西的性质的假定，并且断言“真”既没有一个载体，也不描述命题。正像艾耶尔在这篇文章中所声称的，“真”的概念仅仅是语义上行的一种策略性的概念，而不是指某种真正的属性或某种“实在的关系”。伯格赫森在阐释真理紧缩论的相关内容时认为，一个语句只有在适合于语义上行时才是具有真值条件的；并且只有当它是一个有意义的陈述句时，它才适合于语义上行。如果按照这种“真”的概念来看意义归因的非事实论，那么非事实论就无论如何都不会是融贯的。伯格赫森是这样推论的：根据紧缩论中对“真”的理解，“*x* 是好的”是一个有意义的陈述句，它应该具有真值条件，但一种整体的非事实论却否定了它具有真值条件。因为意义非事实论的观点是构成性的（constitutive），否定与一个语句相符合的外部客观实在是存在的同时，也否认了一些有意义的目标陈述句具有真值条件。这种观点断言，一个有意义的、在形式上是陈述的语句不能具有真值条件。因此，这种非事实论显然预设了一种比紧缩论内容丰富的“真”的概念。从这个角度而言，非事实论中必定蕴含着这样一种预设和承诺，即谓词“真的”代表了某种独立于语言的属性，而这种属性仅仅通过“一个语句是陈述的并且是有意义的”是不能得到证明的。

二、意义非事实论的困境分析

根据以上伯格赫森关于意义归因非事实论的阐述和论证，以下我们将通过语义分析来揭示他论述中的缺陷和问题、整体的意义非事实论所面临的困境及形成原因。

其一，如果我们对伯格赫森的这种阐释从逻辑上做出一种分析，可以发现他在区分非事实论相关论述中的“真”的概念和紧缩论中的“真”的概念时存在一些缺陷，他的结论自然也因此受到影响。按照艾耶尔对

---

① Ayer A J. Language，Truth and Logic. London：Penguin Books，1990：87.

真理紧缩论的解释，一个语句只有在适合于语义上行时才是具有真值条件的，并且只有当它是一个有意义的陈述句时，它才适合于语义上行。那么，很明显地可以断定，“一个语句是一个有意义的陈述句”是“一个语句适合于语义上行”的必要条件，而“一个语句适合于语义上行”又是“一个语句具有真值条件”的必要条件。据此可以进一步推出：“一个语句是一个有意义的陈述句”是“一个语句具有真值条件”的必要条件。所以，当一个语句具有真值条件时，它一定是一个有意义的陈述句，而从一个语句是一个有意义的陈述句却不能得出它一定具有真值条件，否则就是不符合逻辑推理的。所以，伯格赫森的观点可以归结为：真理紧缩论蕴含着一个语句是有意义的陈述句时，它就具有真值条件，然而根据全面、整体的非事实论，一个有意义的、在形式上是陈述的语句不能具有真值条件，因此非事实论显然预设了一种比紧缩论内容丰富的“真”的概念，这种分析显然有不合理之处。由于他对“一个语句是一个有意义的陈述句”“一个语句适合于语义上行”“一个语句具有真值条件”之间的关系解释有误，所以据此而得出的关于非事实论中“真”的一些推论也必定存在问题。

其二，伯格赫森联系真理的紧缩论探讨了很多关于“真”的问题。且不论他的论证方式是否正确，他实际上是要表明，非事实论预设的“真”比紧缩论中的“真”更加有力；而且，关于一个语句真值的判断自身必须是事实的，也就是说对于“S 具有真值条件 p”中的“p”的判断必须是事实的，它的真值条件必须是非常有力的。但是我们知道，上文中的 5）表明：“对于所有的 S、p：‘S 具有真值条件 p’不是真值条件的。”如果要求一种整体、全面的非事实论，必然会得到一个相反的结论，即对于“一个语句具有真值条件”的判断不会是事实的，它的意义是非事实的。所以，伯格赫森实际上要通过这样的论证表明：当我们联系真值条件来探讨时，意义的非事实论将面临一种困境。如果要将关于意义的非事实论整体地加以运用，就会追问类似于“S 具有真值条件 p”这样的语句本身是否是真值条件的。如果这种判断本身是事实的，就不是意义的非事实论的全面体现。但不断地追问判断本身的真值条件问题可能就会带来一种无穷倒退，我们必须安排有一个“事实”出场，它的“真”具有独立于语言表达式的属性，是非常有力的。伯格赫森似乎预设了一种比紧缩论的“真”更加丰富有力的“真”的概念，但他对这一概念又未充分阐释和澄清；他似乎是要为那种倒退寻找一种理想的解决方式，但是在联系紧缩论中的“真”来证明时没有达到预想的目标，其中的一些缺陷反而使他的论证力度削弱不少。然而，我们可以肯定的是，他的论证体现了关于意义的非事实论潜存的一些问题。

其三，关于意义的非事实论不仅存在上述问题，而且还需要进一步明确指出的是，它可能会导致一种自相矛盾。首先，关于任何内容的非事实论和谬误论都预设了关于“真”和真值条件的某种断言，但是我们有意义的言谈的谬误论和非事实论必然有对那个预设的否定。按照意义非事实论的相关解释，对于一个语句意谓什么的判断是非事实的，因为一个语句具有的真值条件是它意义的一个函项，所以关于一个语句所具有的真值条件的判断也是非事实的，“*S*是真的（或*S*不是真的）”这样的判断自身必须是真或假，而并非仅仅是正确的或不正确的。如果这种意义的非事实论的确面临自相矛盾的困境，那我们就不得不对其融贯性问题提出质疑；进而，克里普克所提出的怀疑论悖论及怀疑论解决也将会受到威胁，因为克里普克的怀疑论者正是在与非事实论有关的意义上提出了怀疑论悖论进而提出了怀疑论解决方案。此外，规则遵循的意义非事实论中可能隐含着一种非实在论的立场和倾向。克里普克在提出怀疑论解决之前，已经借怀疑论者的质疑意指一种意义归因的非事实论，并说明语义事实的缺乏并不一定带来语言意义的丧失，所以我们推测克里普克的怀疑论解决可能导致一种非实在论的意义概念。在《论心及其他问题》中，古德曼（N. Goodman）对非实在论做出了这样的解释：“非实在论并不认为每一事物或甚至任何事物都是不实在的，而是认为世界融入了构成世界的各种形式中，它发现本体论是转瞬即逝的，它探讨使一个构成世界的形式成为正确的并使世界很好地建立起来的东西。”[①]这里

① Goodman N. Of Mind and Other Matters. Cambridge：Harvard University Press，1984：29.

需要注意的是，怀疑论悖论的结论并不直接表明一种非实在论观点。根据语义非实在论，我们不能说所有的语句都是无意义的，因为如果做了这样的断言，那么它对于这些语句而言本身就构成了一个事实；它只是强调不存在意义归因语句所描述的意义和语义特性的特殊领域，对遵循句法规则所确立的话语表示质疑。

其四，一般认为，克里普克理解的维特根斯坦正是通过否定相关语义事实的存在，使说话者能以语言表达意谓某事物，从而依此路线得出“意义归因的非事实论”和怀疑论解决。然而，如果意义归因的语句具有无须“陈述事实”的功能，那么是否一定要以一种“非事实论”为前提？这种论证过程似乎不具有必然性。伯恩（A. Byrne）等人认为，就这些语句的作用而言，有些类似伦理学中的唯情主义（emotivism）[①]。唯情主义主张，类似于“*X*是好的”等语句体现了一种逻辑形式，但并不断言任何事实。贝克莱就曾主张诸如“好的”这样的评价词用于引起情感而不是传达信息[②]。艾耶尔则将这一理论逐步完善，他提出伦理判断是对情感的表达，既非真也非假，因此，我们说某事物“正确”或“错误”就相当于发出这样的声音：“Hoorah！”或“Boo！”。所以，这种陈述既不能看作对非伦理的科学事实的判断，也不表达一种非科学的伦理事实。[③]如果结合意义归因问题来解释，这种表达与真值条件无关，也并非事实的陈述；从它的表达效果和功能而言，或许我们可把它看作一种伦理学意义上的非事实论。如果循着这种思路，某些语句本身可能就不具备断言事实的功能，于是我们似乎不必在将一些假定的候选事实考察后再一一拒绝。我们不必寻找各种可以构成意义的语义事实，不必追问以往经验中正确运用某个表达的语义意向或策略，甚至不必求助于关于说话者的事实或内省的经验。这样，克里普克从怀疑论者寻找语义事实的努力到提出怀疑论解决方案的过程，就令人质疑了。

---

① Byrne A. On misinterpreting Kripke’s Wittgenstein//Philosophy and Phenomenological Research，1996，56（2）：339-341.

② Berkeley G. Principles of Human Knowledge and Three Dialogues between Hylas and Philonous. London：Penguin Books，1988：48-49.

③ Ayer A J. Language，Truth and Logic. London：Penguin Books，1990：104-107.

三、从意义非事实论到规范性

在克里普克关于意义非事实论的论述中，怀疑论者质疑了传统内涵主义理论所预设的语义事实和内在状态方面的事实。那么，形成语言表达式意义的语义基础或所谓的“事实”是什么？如果坚持按此思路寻找它们之间的联系，我们或许可以通过一种关于语言表达式正确运用的“事实”来解释，也即语言表达式的意义与一些规则或规范性条件密切相关。关于规则遵循的相关探讨已经表明，一个语言表达式的意义与它实际的正确运用有一种规范性联系。因此，阐释规则遵循的意义归因就要对其中的规范性问题做出分析。

通常认为，“意义的规范性”意味着，说话者运用一个表达式时有正确或错误的方式，而我们之所以可以做出这种判断是因为，一个语言表达式“应该”被说话者以“某种”方式来运用，也就是说以体现它意义的方式来运用。例如，一个人在运用“+3”这个规则时，得到了“0，1，2，…，13，14，15…”这样的数列，我们立刻会判断他犯了错误，可见规范性条件在表达式意义中的重要作用。我们知道，维特根斯坦不仅反对将规范性问题还原为自然科学中的因果规则性，而且在意义的规范性方面反对两种传统观点：①意义的规范性基础存在于个体的主观假象或心灵状态中；②在超验的柏拉图式的意义领域之内寻找意义的规范性基础。如果根据这两种传统解释来理解规范性，我们必然会继续追问：个体的心灵状态应该怎样解释？柏拉图式的意义基础及合理性根据又是什么？这些都会导致解释的无穷后退，而且它们最终仍然无法为语言表达式的正确运用提供辩护。既然在私人的心灵状态和意义的柏拉图主义解释中都无法为规范性找到合理根据，那么语言表达式的意义是否存在规范性维度？是否要取消意义的规范性问题？首先可以明确的是，这种规范性联系必然存在，关键在于如何阐释意义的规范性。维特根斯坦反对以行为主义的自然主义倾向使规范性简单化甚至取消规范性，塞拉斯、普特南、布兰顿（R. Brandom）、麦克道尔、萨维尼（von Savigny）、布鲁尔（D. Bloor）等人，也主张从与自然科学不同的一种规范性视角来理解人的语言行为和语言的意义。

目前，在关于“克里普克理解的维特根斯坦”的争论中常常涉及规范性论题，争议较大的是：意义是否具有内在本质的规范性？什么决定了意义的规范性维度？如果与意义有关的规则具有规定性（prescriptive）作用，那么意义就不仅是规范性的，而且是内在地规范性的。一些语义规范论者在经典实在论的基础上为意义的内在规范性辩护：他们不仅强调正确运用语言表达式的规则和条件，而且认为如果说话者能够正确地运用一个表达式，他就“应该”甚至“必须”在所有符合这种意义的情况中运用该表达式。因此，意义的内在规范性表明一种“应该”的语义义务和责任。例如，一个说话者运用“猫”这个词项指所有的猫，并且仅仅指猫时是正确的。如果说话者能够将“猫”这个词项正确地运用于所指的对象，并且达到了该词项运用的正确标准，那么说话者就做了他应该做的事，体现了意义的规范性。持语义实在论的规范论者常用如下表达式来表示这种规范性：

（C）w means $F \rightarrow (x)(w$ applies correctly to $x \leftrightarrow x$ is f)。[①]

与这种观点相似，帕金所质疑的规范性准则也是在这种内在的强规范性的意义上讲的。这一准则表述为：“一个言说可以表达一种信念或其他的态度，仅当被说出的这个表达式的意义已经预先被确定（或决定）下来。”[②]这个规范性准则比上述表达式（C）所含的内容更丰富，它表明了这样几个方面：①决定意义的东西与意义之间具有内在而本质的关联；②“一个语言表达式是有意义的”蕴含着“关于语言表达式的正确运用存在规定性规则”；③意义的规范性与内容的规范性相关联。帕金的规范性准则要求意义在私人的心灵状态中理解并确定下来：如果一个说话者能够表达一种信念，那么就有他表达这一信念的规则，这体现了意义、

① Hattiangadi A. Some more thoughts on semantic oughts：A reply to Daniel Whiting. Analysis，2009，69（1）：55.

② Pagin P. Rule-following，compositionality and the normativity of meaning//Prawitz D. Meaning and Interpretation：Conference Held in Stockholm，September 24-26，1998. Stockholm：Almqvist & Wiksell International，2002：171.

心灵状态和做出断言的规则之间的必然联系。

可见，“内在本质的规范性”实际上可能对意义和心灵内容都做出一些限定。从某种程度上而言，规则对于遵从内在规范性的说话者具有决定性意义。如果说话者以一个表达式意谓某个对象是正确的，这决定了他“应该”如何使用该表达式，而与他的心理状态或交谈的意向无关，也不必考虑道德、合法性或其他问题，因而这种强规范性要求没有考虑说话者使用语言表达式的具体语境。哈特甘迪（A. Hattiangadi）等人指出，实际上这种内在的规范性难以满足，为此哈特甘迪做出相关论证对内在的规范性予以反驳。她区分了不同类型的意义规范性，当说话者 *S* 以一个词项 *w* 意谓某种意义 *F* 时（*F* 表达 *w* 的意义，*f* 体现其特征），就有如下表达式所体现的规范性要求①：

Prescriptivity：S means F by $w \rightarrow (x)(S$ ought（to apply w to x）$\leftrightarrow x$ is $f)$

这种规定性实际上具有一种内在本质的规范性特征，它在现实状况中是难以成立的。哈特甘迪将它分解成两个条件句进行分析，使我们可以明确其中的问题所在：

1）S means F by $w \rightarrow (x)(x$ is $f \rightarrow S$ ought（to apply w to x））

2）S means F by $w \rightarrow (x)(S$ ought（to apply w to x）$\rightarrow x$ is $f)$

也就是说，如果说话者 *S* 能以一个词项 *w* 意谓 *F* 这种意义，那么可以推论出：①如有任一对象 *x* 体现了这种意义的特征，说话者 *S* 就应该把词项 *w* 运用于这个对象；②如说话者 *S* 应该将词项 *w* 运用于任一对象 *x*，则 *x* 体现了 *F* 这种意义的特征。从这两种推论可以发现，表达式 1）很明显是错误的。因为说话者显然不能担负这样的义务，即应该将语词 *w* 运用于所有具有 *f* 这种特征的 *x*。正如哈特甘迪的例子：一个说话者 *S* 不具有将“猫”这个语词运用于所有猫的义务，包括所有近的、远的、过去的、现在的和将来的猫。因为“应该”蕴含着“能够”，它体现为一种义务，显然一个说话者 *S* 不可能达到这种要求，这种要求太高了。哈特甘迪认为，这表明规范论者或许可以接受一种较弱的规范性，即

---

① Hattiangadi A. Some more thoughts on semantic oughts：A reply to Daniel Whiting. Analysis，2009，69（1）：57-58.

Prescriptivity*：S means F by $w \rightarrow (x)(S$ ought（to apply w to x）$\rightarrow x$ is $f)$ ①

因此，原来的规定性要求：如果说话者正确地运用了某个表达式，他就应该将表达式运用于所有符合这种意义的情况中，而修改后的规定性并没有要求说话者在任何条件下"应该（不应该）"或者"可以（不可以）"做什么。而且，哈特甘迪提醒我们，如果没有 x 是 f，会得出 S 没有将词项 w 运用于 x 的一种义务。因为根据表达式（Prescriptivity*）中的逻辑关系可以分析得出：否定了"x 是 f"，可推论出并非"说话者 S 应该将 w 运用于 x"，而不是 S 负有不将 w 运用于 x 的义务；如果得出的是后者，则还是一种内在的强规范性要求，这样对规定性（Prescriptivity）的修改就没有任何意义了。我们之所以对内在本质的规范性进行质疑，正是因为在合理的规范性要求中，不应包含说话者"应该"甚至"必须"完成的语义义务和责任。因此，在规范性问题的探讨中，内在的规范性需要谨慎对待和分析。

四、意义的规范性与内容的规范性

如上所述，克里普克的怀疑论解决方案中并没有对规范性的层次和内涵做出充分阐明，而探讨规则遵循的意义归因时，规范性问题的分析不可避免，而且容易引起诸多争议。为了说明语言表达及其意义的规范性维度，我们认为需要关注和澄清以下几个方面。

第一，在对规范性做出相关解释之前，我们首先要区分两种不同的规范性，它们分别涉及意义（meaning）和内容（content）。如果我们谈论的是意义的规范性，那么它的规范性要求可能会包含这样一些基本层次：①如果一个语言表达式是有意义的，这意味着存在正确运用这个语言表达式的一些条件；②我们常用规则来表明语言表达式需要怎样的正确性条件，因此语义的规范性与规则有关；③内在的意义规范性涉及一种语义义务或者责任，因此它的规范性要求有一种较强的规定性，这里

① Hattiangadi A. Oughts and thoughts：Rule-following and the Normativity of Content. Oxford：Clarendon Press，2007：179-185.

的规定性就不仅仅是一种规则，而且是说话者“应该”完成的义务。而如果我们谈论的是内容的规范性，那么这种规范性与信念、欲望、思想等心灵状态的内容有关，具体的心灵状态内容常体现为“相信……”“认为……”，这就意指有一些关于“相信……”“认为……”的规则和条件。正如伯格赫森认为，“以真为目标的信念是构成性的，真是你应该相信的东西”①。而对于意义的规范性而言，在信念中应该相信的东西就成为应该断言的东西，否则就没有达到规范性要求。

第二，当前关于“意义与规范性”问题的很多争论都围绕“规范性”与“内在本质的规范性”问题而展开。需要明确的是，“意义的规范性”首先意味着，一个有意义的语言表达式与正确运用这个语言表达式的条件密切相关，这点毋庸置疑。然而，规范性问题的探讨却不仅止于这一基本内涵，其中既包括运用语言表达式的正确性条件，还涉及使得语言表达式有意义的规则，这些规则也对正确性条件有所限定。因为关于“内在本质的规范性”存在较大争议，要区分表达“规范性”的不同语词。它们涉及对以下问题的回答：意义的规范性是内在的，“应该”是否意指必须有一个能动者承担其不可避免的义务。描述“规范性”的语词normativity、prescriptivity等都曾出现在意义和规范性问题的阐释中，但含义不尽相同。“意义是规范性的”这个论题内涵较广，但是有不同的解读方式，我们通过对规则的两种阐释可以显示其中的区别：①当一个语言表达式的意义并非决定于某种规则，而只是与正确使用表达式的规则相关，这时规则体现为描述性的（descriptive）或调节性的（regulative），其中反映出基本的规范性要求；②当语言表达式的意义由规定性的规则（prescriptive rules）所构成，它在描述的结构内无法得到解释，这时规范性不但意指能动者的存在，而且包括能动者“应该（或能够）”做什么的责任，因此涉及的是内在的规范性问题。上述哈特甘迪等指出的规定性就可以看作一种强规范性，它主张意义是内在地规范的，而与说话者的信念、欲望等其他因素无关。总之，意义的规范性问题需要对语言表达

---

① Boghossian P A. The normativity of content. Philosophical Issues，2003,13(13)：38-39.

式进行多维度的分析，但意义的内在规范性要求较高，它的存在问题仍然需要商榷。

第三，内容的规范性问题可以结合内容的两个方面来探讨。心灵状态的内容可以区分为宽内容（broad content）与窄内容（narrow content）：宽内容与说话者所处状态的真值条件有关，窄内容则强调说话者被个体化的内在本质特性。正因为窄内容体现了说话者的内在特性，一个精确的复制体才可以共享这种特性而不必考虑所处的环境等因素。当然，窄内容存在与否有一些争议，如克里普克、普特南等人提出的质疑。这里暂且不评述窄内容存在与否，而着重考察内容、意义与规范性的联系。首先，我们考虑在窄内容的心灵状态下，对于说话者的规范性要求中不存在索引性问题，规范性条件也不必考虑具体的语境变换等因素。例如，地球上的一个说话者 *S* 相信自己看到了一杯无色无味的透明液体，而在孪生地球上，另一个说话者 *S* 也相信自己看到了这样的透明液体。这时，他们“相信杯子里有无色无味的透明液体”的信念可以看作需满足同样的规则和条件，而且因为不必考虑事实表征的问题，规范性条件的要求和作用并不明显。其次，由于在心灵内容中，具有相同窄内容的说话者可能有其各自的宽内容，那么规范性要求就要结合不同的语境。基于同一个语境的语言共同体的成员通过某种共同的语言类型来表达意义，在不同的语言共同体所使用的语言类型中，存在正确运用一个语言表达式的具体条件，也涉及特定的语义义务。再来看上述例子，地球上的说话者 *S* 和孪生地球上的说话者 *S* 可能具有相同的窄内容并都用这一表达式来表述“杯子里有无色无味的透明液体”，但他们的宽内容有不同的事实表征。对于地球上的 *S* 来说，当且仅当他意指的“水”是无色无味、化学结构为 H_2O 的透明液体时，*S* 的信念为真；而对于孪生地球上的 *S* 而言，当且仅当他所谓的“水”是无色无味、化学结构为 XYZ 的透明液体时，他的信念为真。可见，涉及宽内容时，看似相同的语言表达式可能涉及不同的语义内容或意义，表明其正确性条件和说话者语义义务的具体规则也有差异，对于各种信念和断言的规范性要求也更加丰富。

第四，对于心灵状态的内容与规范性问题的探讨，我们还需要考虑其中的意向性问题。因为：①相同的命题内容可能出现在不同的意向状态的形式之中，与实在世界的联系方式也不同，如：同一个命题内容可能由“认为”“相信”“希望”等命题动词表达，也可能由“知道”“感觉到”“看起来”等认知动词表达出来，它们虽然都对语法的宾词有要求，但不一定都要求有现实中的真实对象与这种宾词相对应，前者可以看作由外在世界向心灵的适应指向，而后者可以看作心灵向世界的适应指向，因此内容的规范性条件要考虑不同的意向状态和形式。②正确运用语言表达式的规则与意向性有内在关联。这些规则并非仅仅通过构造表达式的句法符号操作来发挥作用，在表层的形式规定之下首先隐含着对构造表达式行为的约束和限定，因此，关于表达式规则的探讨就需要从表层形式扩展到构造表达式的行为意向等方面，分析意向性中的规范性问题。③行为主体的意向性与实践语境相关，体现出其所处语言共同体的规范性特点。个体的意向性渗透着语言共同体的整体意向性，它们都处于特定的社会背景并承载着社会文化特征，必然会受到共同体的行为准则、价值判断等规范性条件的限定和影响。

第五，对规则、意义和规范性的阐释要注意区分这样几点：①领会一个规则或指令所意指的内容与理解表述该规则的语句本身的意义不同，如一个人可能在没有理解表述规则的语句意义而能领会规则的内容；②理解一条规则的意义和能遵循这条规则不同；③一个语言表达式没有满足某种规范性条件并不意味着产生错误或违反语义义务，“应该”有时体现的是法律的、道德的或审美的要求。可见，规范性不仅内含着语义学上的“应该”，也涉及语用学上的“应该”。语义学的规范性要求也要借助非语义学的特征来理解，如说话者的欲望、意向等，“应该”这种语义上的义务不能脱离具体的语境因素。另外，理解和阐释意义与内容的规范性还应考虑到语境的不透明性问题。当提出关于说话者的信念的某种规则和规范性条件时，我们要先考察特定语境中的不同说话者以不同方式表征事态的能力及其合理性，然后才能探讨对意义和内容有所描述和限定的规则的合理性问题。

英国语义学研究的历史传统与发展趋势（上）

——从经验主义意义理论到逻辑实证主义语义学的演变路径*

英国语义学的发展与演变深受英国自身特有的哲学传统和对于语言学研究深刻关注的长期影响，在不同的历史时期都内在地迎合了时代哲学的主题内涵和方向转换，从而表现出不同的发展形态。16 世纪之后，摆脱了宗教理性主义阴霾的英国语义学研究开始向着科学理性主义路径迅速成长，同时由培根所开创的经验主义理性精神在洛克的语义学研究思想中得到了充分体现，由此语义学研究的科学性原则和理性主义思维开始在英国语言哲学领域拥有合法地位。

* 本文发表于《科学技术哲学研究》2012 年第 1 期，作者刘伟伟、郭贵春。

一、英国语义学研究的早期经验传统与历史特征

文艺复兴运动以后，在英国哲学研究的认识论转向过程中，语言分析的地位开始确立和提高起来，而意义理解的经验主义立场在这一时期的英国语义学思想中也得到了强烈的凸显。

总体来看，早期英国语义学研究的这些工作和努力作为一种历史传统在后世的英国语义学发展过程中得到了延续和传承。

1. 语义分析与认识论研究的关联

17 世纪以降，英国语义学研究在哲学的认识论转向背景下，开始将意义的理解紧密地与知识和认识的本质、特征等问题的研究结合起来，将意义置于认识论的研究过程之中，并且使得语义理解成了认识论问题研究的重要工具和分析手段。

在认识论研究中，语言意义对于展现思想的本质、特征具有重要作用，这是认识构成的重要基础，其中最具典型特征的就是这一时期意义观念理论的提出与发展。我们知道，对于意义问题的理解，是语义学研究的核心和主题之一，而语词观念、意义等关系的探讨在从洛克、贝克莱到休谟的语义学理论研究中占据了重要地位。历史上，洛克将作为知识表征的符号理论纳入知识研究体系，其原因在于语言命题能够用来建构知识，而知识在本质上相对于“观念”。特别是，洛克将语词意义看作心理观念的表征，“语词被用来作为观念的符号，并非作为自然的意义，而是一种主体的倾向性”①，而观念形成的基础是客观实在的事物。因此，人类的认识系统，即知识的建构就是通过语言和观念实现的，其本质就是对于客观存在世界的理解和建构。同时，与观念相对应，语词的存在目的在于表征观念，由此就形成了实在—语词—观念的关联系统。在这三者之间，观念可以用来表征实在的事物，而语词作为媒介则沟通了实在事物和观念。

① Kretzmann N. The main thesis of Locker’s semantic theory. The Philosophical Review，1968，77（2）：195.

就人类语言系统当中的语词而言，与之相对应的是思想之中的观念，尽管在观念中存在着不同的类型和层次，且在程度上具有简单和复杂的理解差异性，但其本质上都是源于主体的感觉与反思，“一切观念都是由感觉或反省来的”[①]。洛克认为，观念是私人的，人们要进行思想交流，并且把这种私人的观念传递给他者，语言的使用就成为必然选择。因此，语词的意义就体现在最大可能的作为主体的观念和思想的表征，“语言固有的、直接的意义，就在于它们所标记的那些观念”[②]。对于思想观念及其相对应的事物、实在而言，语言成了重要的联结渠道和中介，并且承载了观念表征的信息内容。对于贝克莱而言，意义的观念理论更进一步被他推向了极端，其著名论证“物体就是观念的集合”，将观念的内涵之中所包括的感觉材料和实在事物看作一种主观性的存在和类似于观念的表征。在休谟看来，为了达到对于认识的分析和理解，我们应该对复杂的知觉进行语义分析，并且在知觉基本要素的基础上进行推理、考察，这样就能实现对于知觉的本质、特征的理解，达到认识的目的。在此，休谟所谓的基本要素就是简单感觉和简单印象，这是我们分析的起点和前提。按照休谟的理解，语词意义建立在印象和观念的基础上，而个体观念及印象知觉具有经验的个体性，因此，在社会性的交往过程中我们就必须把语词意义理解摆在非常重要的位置。

总体来说，英国近代语义学的认识论路径开拓具有重要的历史意义，它充分地认识到了在人类认知与理解过程中语言所发挥的有效作用，并且把语言意义的理解与认识相关的各个层面结合起来。尽管语义学本身在这一时期不可避免地处于认识论问题研究中朦胧和模糊的地位，但它仍然在英国哲学从本体论向认识论的伟大转折历程中扮演了重要角色。同时，语义学思想研究也正是从这一时期开始与科学和理性思维进行联姻和结合，从而使语义学分析从以往历史上孤立、分散的研究开始逐步成为一种有意识的研究工具，这就潜在地为以后语义学方法论的凝聚和提炼提供了重要铺垫。

---

① 约翰・洛克. 人类理解论. 关文运译. 北京：商务印书馆，1983：68.

② 约翰・洛克. 人类理解论. 关文运译. 北京：商务印书馆，1983：386.

2. 早期经验主义语义分析的本质与特征

经验主义理论将意义理解确立为自己的核心任务之一。我们知道，语义研究的经验主义和理性主义具有很大区别，经验主义反对理性主义语言先验性的假设，同时也拒斥观念逻辑语形建构的绝对性。从观念的起源来说，从洛克、贝克莱到休谟的英国经验主义语义思想的基础是经验感觉，这样语词的意义就形成了与观念的对立态势，而意义的本质就体现在语词、观念和实在之间的关联特征中。就语词与实在、世界的关系而言，正是由于语言本身就建构于实在基础上经验的感觉中，所以在对于事物和真理的认识过程中，语言才能作为意义理解的重要中介。在这里，个人在实践当中获取的经验只是立足于自身的感觉、思维，其公共性的扩展和提升只有依赖于思想当中的语言才能实现，这样语言分析工作就成了首要任务。也就是说，我们通过对语言的结构、特征进行充分表述，就可以构建起世界的模型结构，由此语言作为一种中介就成了思维、认识和实在世界沟通的重要桥梁。

对于贝克莱而言，意义理解的经验主义立场被他进一步推向了极端，其主要特征就反映在他关于语言的认识和理解中，“通行概念（抽象概念）的根源，在我看来，正在于语言”①，“人们以为每一个名称都有而且也应有一个唯一确定的意义，于是也就认为一定有一些抽象的、确定的观念，来构成每个普遍观念的真实的、唯一的直接意义”②。贝克莱反对洛克关于观念内容的客观性认识，他认为普遍而抽象的观念并不存在，“抽象观念的构成既然是很难的，所以它不是传达思想所必需的”③，事物在本质上表现为心理、感知当中观念的集合，也就是说观念完全是一种纯主观的心理感觉，因此事物的客观性并不存在于外界，而只可能存在于感觉之中，“普遍的观念只是心灵的虚构和设计”④，由此观念与外在事物之间的关系被贝克莱完全否定，所存在的只是观念之间的内部联系。我们可以看出，

---

①② 乔治·贝克莱．人类知识原理．关文运译．北京：商务印书馆，1973：14．

③ 乔治·贝克莱．人类知识原理．关文运译．北京：商务印书馆，1973：11．

④ 乔治·贝克莱．人类知识原理．关文运译．北京：商务印书馆，1973：10．

贝克莱对于观念意义的理解走上了反对天赋观念理论的激进道路，认为“所谓普遍并不在于任何事物的绝对、积极的本性，只在于它和它所表象的那许多个别事物所有的关系。通过这种途径，本性原为个别的各种事物、名称或概念，就被变成了普遍的”①，这一理性主义思想反叛的结局就是认识的经验主义得到了更强的坚持，直至陷入主观主义的泥淖。

从本质上来说，语义分析是理论和命题解释、构造的重要手段，而语词意义的判断依据在经验主义的视阈中被归属于经验的材料、因素，因此分析性的方法在此基础上就被凸显出来。在休谟的认识论研究中，经验论的语义分析思维被融合于其理论的整体框架中，这一点不仅可以从其理论体系的基础——观念的本质、特征——中得到表征，而且可以从休谟对于命题概念判断的语义标准中得到反映。从本质上来看，休谟所指称的概念具有与观念、思想的内在关联，两者具有对应性，而他所特别强调的“印象”作为观念建构的基础具有明确性、清晰性等特征，这样概念意义的判断就转换为对于观念、印象的考察，命题意义的判断由此也可以通过经验进行验证。在意义的经验判断标准方面，休谟采用概念分析的方法将复杂知觉分解为基本的知觉要素——简单感觉印象，由此这种简单感觉印象就成了概念的意义判断标准和观念来源，“我们的全面简单观念在初出现时都是来自简单印象，这种简单印象和简单观念相应，而且为简单观念所精确地复现”②。可以看出，休谟的这种经验的意义理论将感觉置于了认识和理解的基础地位。

3. 语义分析的心理认知、主体性及语用化的路径趋向

在意义的理解和分析过程中，主体存在和意向态度是构成的基本要素，这种心理内在活动能够容纳语词、行为和思想等重要内容，同时也能够为语义分析赋予相对的非确定性特征。总体而言，从洛克、贝克莱到休谟的经验主义意义理论经历了从客观经验论向主观经验论的内在转变，而这种趋势也内在地符合了 19 世纪末英国语义心理主义的解释性特征。

---

① 乔治·贝克莱. 人类知识原理. 关文运译. 北京：商务印书馆，1973：12.

② 大卫·休谟. 人性论. 关文运译. 北京：商务印书馆，1996：16.

洛克将观念特征的理解与心理、意识联系起来，他认为“观念具有三种必要的特性，即通过意识与心理相关联、作为心理的一部分和依赖心理而存在”[①]。所谓观念，在洛克看来就是人们思考过程中心理理解的对象，而心理本身是一种建立在简单观念基础上的思维能力。简单观念在逻辑上最先起源于感觉，这是认识展开的第一个环节，随后在外在事物印象的基础上产生了心理观念。从本质上来说，观念就是与心理相关的实体，而意义建构的基础就是心理和意识，为此洛克认为“对象就是心灵之中的知觉”[②]，这就能够使我们为语词赋予心理图像的意义或者心理操作类型的意义。从某种程度上来说，意义与观念具有同一性，语词的意义就是观念之间的联系，这种观念就是主体的心理观念，“语词在最初和间接的意义上，代表着使用它们的心理观念”[③]。对于作为符号的语词而言，“语词的意义和使用基础在于心理活动中，观念和符号之间的关联”[④]，也就是说语词背后所隐含的心理图像表征就是意义。正是从这一点上来说，事物与名称的关联在心理活动中必须具有明确的观念，即思想，这样就形成了事物—心理表征—名称之间的内在结构。

贝克莱对于语言与观念的关系进行了详尽分析，他将观念与感知等同起来，“这个能感知的能动的主体，我们把它叫作心灵、精神或灵魂，或自我……一个观念的存在，正在于其被感知”[⑤]。也就是说，贝克莱通过这种语言的认知企图对观念的本质、特征进行说明，“语言可以引起人的情感……使人心发生某种特殊的倾向”[⑥]。从理论上来说，既然有观念发生，我们就可能追问其感知的主体存在，这种存在就是自我和心灵，它存在于感知的人心之中。更为重要的是，贝克莱提出了语言和意义关联的图像说，他认为“各种语句在严格的、理论的意义下……刺激起我们

---

①② Nerlich B. Semantic Theories in Europe 1830-1930. Amsterdam：John Benjamins Publishing Company，1992：780.

③ Kretzmann N. The main thesis of Locker's semantic theory. The Philosophical Review，1968，77（2）：181.

④ Kretzmann N. The main thesis of Locker's semantic theory. The Philosophical Review，1968，77（2）：189.

⑤ 乔治 · 贝克莱 . 人类知识原理 . 关文运译 . 北京：商务印书馆，1973：20.

⑥ 乔治 · 贝克莱 . 人类知识原理 . 关文运译 . 北京：商务印书馆，1973：15.

的适当情感或意向来”[①]。在这里，语词意义的获得应该归属于心理概念，相应的心理概念则通过与实在事物的近似来进行表征。

对于休谟而言，如何从建立在心理基础上的因果和归纳问题出发来对作为意义理解基础的观念结构，以及意义的经验性特征进行解释是一项重要任务。为此，休谟认为我们应该将心理的图像分析作为意义理解的重要基础，“心灵所从事的每一种活动，在那种心理倾向继续期间，也将是较为强烈而生动的”[②]。在语义学思想的整体结构中，休谟所关注的是意义和经验层面，而实在则相应地处在被忽略的地位。为此，休谟将信念理解作为他心理主义意义理论的基础，他认为长期的习惯和反复的观察能够在主体心理中产生信念的必然性，而因果观念就建立在这种心理习惯的基础上。对于认识而言，与之密切相关的是心理感觉、情感等因素，因此，印象和观念都是建立在感觉基础上的心理习惯性结果。也就是说，观念、印象的理解要与心理意识分析相结合，“凡由任何现前印象而来的信念，都只是由习惯那个根源来的，当我们习惯于看到两个印象结合在一起时，一个印象的出现便立刻把我们的思想转移到另一个印象的观念”[③]，在这里休谟强烈地凸显了主体性的地位和价值。可以看出，休谟的这种建立在心理经验和情感构成基础上的意义分析思路反对逻辑理性的归纳推演，其中存在着滑向彻底心理主义意义分析的风险性。

从当代语义学方法论的视角来看，休谟的这种将主体性地位纳入意义理解过程的做法具有其合理性价值，在这种意义理解的心理意识领域当中包含了主体的意向、态度和情感等重要因素。这样，意义理解的基底就从认识表征的客观性层面转换到了主体的心理、知觉层面，并且通过这种潜在的意识、心理实现与经验表征相关联，这是意义实现的重要一环。从这一时期英国经验主义意义理论的整体路径来看，休谟最主要的贡献在于他最大限度地打破了观念—实在这一不可动摇的对立关系，使得意义理解能够通过心理意识得到更加合理的表征。当然，这种观点

① 乔治・贝克莱．人类知识原理．关文运译．北京：商务印书馆，1973：43.
② 大卫・休谟．人性论．关文运译．北京：商务印书馆，1996：118.
③ 大卫・休谟．人性论．关文运译．北京：商务印书馆，1996：103.

进一步向前推演的极端就是心理主义意义学说，也就是将意义理解完全置于心理意识的基础之上，这种思想的影响在英国直到19世纪末才得以消除和湮灭，其原因在于休谟视之为理论核心的心理主义信念本质并非牢固而不可破，一旦将其推向经验证明和解释的境地，这种理论就很难再得以维系其理论的自洽程度。

就语义问题的关联界面而言，在英国早期的经验主义哲学研究中也存在对于与语义问题相关联的语用性特征的强调。洛克对于语言的社会交流功能非常重视，他认为意义在交流过程中的理解是语言存在和建构的前提，为此我们应当把语义分析的语用层面凸显出来，他说“人类有必要寻找一种外部感觉符号，由观念所构成，可以被他人所感知”①。也就是说，语词的意义最终是在实践应用当中被完成的，虽然语词只能表示使用者自己心中的观念，并且只有当言者的语词意义与他者对于该语词的社会约定性意义理解一致的时候，这种语词的交流才能够实现意义的目标。对于主体之间观念和思想的有效性而言，洛克认为在具体的语词使用过程中，除了保证观念的确定性，观念还应当与语词在对应关系上更加明确。从总体来看，洛克对于语词和观念之间关系的理解还是保持了相当的开放态度，也就是说，语词作为观念之间联系的表征尽管具有重要意义，但是这种意义的实现最终还是要通过语用活动和系统语境的整体建构，“行动的规则，一定是可离了各种文字而各自独立的，一定是在我们知道各种名词以前就存在的”②。从本质上来说，语词与世界的关系研究需要对语用和语境的动态建构进行合理把握，而意义的实现也是一项涉及主体双方交往、理解活动的系统工程，只有对意义的语用规则、特征及相应的语境系统进行充分了解，才能为意义的准确定位奠定坚实基础。

综上所述，在对英国语义学早期传统的历史考察中，我们可以发现，语义学研究的经验论思维普遍存在于17～18世纪的英国哲学研究中，

---

① Kretzmann N. The main thesis of Locker's semantic theory. The Philosophical Review，1968，77（2）：181.

② 约翰·洛克. 人类理解论. 关文运译. 北京：商务印书馆，1983：41.

而语义学分析对于认识论问题的研究具有了重要的工具性意义，在其中也隐含着对于意义理解的心理认知和语用化的解释倾向，这表现为语义学研究对于意义的交往、实践等经验理性精神的推崇和应用。从总体上来说，英国经验主义内涵的语义解释方法与同时期欧洲大陆的理性主义观念论形成了鲜明对比，它在意义分析中所强调的对于事实、实证基础的重视和具体、周密分析的理论建构视野等方面符合了现代语义学的方法论趋向，对于之后的英国实证主义、自然语言语义分析，乃至当代的英国语义学研究都产生了广泛而深远的影响。

二、英国语义学的现代转型与表征形态

语义学研究的经验主义传统在 19 世纪末到 20 世纪前期的英国得到了继承和发展，在反叛以客观经验论为基础的理性传统基础上，英国语义学研究继承了以贝克莱和休谟为代表的主观经验论传统。历史地来看，由斯宾塞（H. Spencer）和密尔等人所开创的对于意义理解的实证主义传统，是对早期经验主义思维的直接传承，而罗素和艾耶尔等人则将语义分析的基础置于逻辑实证的基础之上，将英国传统的经验论思维推向了极端化，“逻辑实证主义……是传统之中的经验主义认识论的一种变体”[①]。在逻辑实证主义的语义分析中，语义学工具的采用在这一时期成了理论证明和解释的有力手段，这表现为哲学研究采用了“语义上溯”的理性策略，将语义的分析与研究作为解决哲学难题的有效路径。正是从这个时期开始，英国语义学分析方法的地位开始在哲学和相关的科学研究中逐步确立和巩固，这也是英国现代语义学形成和发展的黄金时期。

1. 经验实证、逻辑性与语义分析的本质

19 世纪后期英国实证主义与逻辑语义分析在方法论上的借鉴、结合与工业革命和自然科学的突破背景具有很大关系，而休谟经验主义意义

---

① M. 弗里德曼．重新评价逻辑实证主义．高湘译．世界哲学，1993，（1）：19.

理论在这一时期也得到了继承和发展，它所具有的科学主义和实证理性精神对于语义学的研究产生了强烈的影响，而它对于形而上学意义理解方式的拒斥则为英国语义学方法论的现代性建构奠定了重要基础。从总体上来说，在英国逻辑实证主义语义学诞生之前，斯宾塞的实证主义传统为意义的经验证实原则奠定了思想基础，而密尔的经验语义分析理论和罗素的逻辑语义分析体系则为语义学的方法论路径开辟了广阔空间。

19 世纪后期，基于科学观察和感觉经验的原则，斯宾塞反对传统形而上学的思维传统，支持休谟关于现象世界和本体世界的区分，认为我们只能对可观察的现象进行把握，而无法探究世界的本质、本体，“科学的真正含义就是用来理解存在的现象领域秩序中实证和确定的知识”[①]，也就是说，我们只能认识现象世界经验范畴之内的东西，而经验范畴是不可超越的。因此，对于本体的实在世界，认识所能理解的范畴只是本体世界的表层现象，“客观的科学证明了这种实体并非我们想象的样子”[②]。我们可以发现，斯宾塞的实证主义思想内核与之后的逻辑语义分析在路径上具有内在的一致性。

密尔将概念和意义的理解限定在主观经验的范围之内，对于密尔而言，如何在经验实证的基础上采用逻辑的思维确定名称的意义是认识论的重要任务。以名称而言，在命名活动中和对象最先关联的符号就形成了名称的形式，之后再通过群体性的交往过程实现意义的确定。在这里，我们特别需要注意辨别不同类型名词的含义和指称。从理论上来说，专名具有指示性特征，本身并无含义，而通名则既有含义也有指称。在这一点上，密尔反对传统主观经验主义的意义观念理论，认为命题研究的对象并非心理观念的判断，而是对真实事物和实在的判断，也就是说信念的基本内容是实在、事物，而非事物的心理观念。在概念理解的过程中，我们通常的定义只是名称的定义，而命题的意义说明就是解释名称的意义，“对语词的意义进行分析是对命题的意义进行分析的一个先决条

---

① Spencer H. First Principles. Cambridge：Cambridge University Press，2009：102.

② Spencer H. First Principles. Cambridge：Cambridge University Press，2009：99.

件"[①]。因此，在概念、命题本身及其定义之间，判断与推理的基础并非简单的定义，而是基于经验事实的理解，命题的意义就是判断名称的属性与经验事实之间的对应关系。这样，我们在观念与经验之间就可以建立起逻辑的实证关系。

罗素的实证主义语义学思想主要体现在其逻辑原子主义的意义理解过程中，其目的在于通过对概念和知识的逻辑分析寻求确定的意义，这种思想成了随后英国逻辑实证主义语义学研究的理论先声。对于名称的意义，罗素反对洛克将语词意义与观念简单等同的做法，认为观念只是语词和事物的联结者，而语词名称的意义就表现为所指对象，"一个命题并不是一个事实的名称"[②]。站在经验主义和先验逻辑的立场上，罗素认为语言与世界的结构具有一致性和统一性，在世界结构当中具有基础地位的并非单独的事物，而是包含事物性质和关系的事实。世界的逻辑基础是原子事实，与之相应的命题语言系统则以原子命题为基础，而原子事实就是与命题真假判断相对应的整体事实系统的基本事实成分，"命题对于事实的关系完全不同于名称对于被命名的事物的关系……只要通过检验命题就能确定关于世界的真理"[③]。在这里，事实具有的含义在于它表示着事物之间的关系结构，而原子事实就最大限度地体现了语义分析的基本原则，"逻辑原子主义意味着我们可以把语词分析为许多相互关联的组成部分"[④]。也就是说，逻辑原子作为分析的最基本元素构成了事物的观念，我们可以通过对于语言和逻辑的结构分析而把握世界的本质、特征。为此，罗素反对心理主义的意义理论，他认为我们应该研究语言与外部实在的关系，尽管我们对于意义的理解仍然不可回避其中的心理学色彩，但是采用相对的原则、标准以达到认识的真理是有可能的，"一种绝对标准的概念虽是幻想，然可以有相对的标准，去增进真理的可能"[⑤]。从总体上来说，罗素在语义分析过程中力图建构理想逻辑语言，以及原子事实

---

① D. J. 奥康诺 . 批评的西方哲学史 . 洪汉鼎等译 . 北京：东方出版社，2005：645.

②③ 伯特兰 · 罗素 . 逻辑与知识 . 苑莉均译 . 北京：商务印书馆，1996：225.

④ Russell B. The Philosophy of Logical Atomism. London：Routledge，2009：15.

⑤ 伯特兰 · 罗素 . 心的分析 . 李季译 . 北京：商务印书馆，1963：202 .

推理的思想成了逻辑实证主义语义学的重要思想基础。

2. 语义分析与逻辑实证主义证实原则的建构

从根本上来说，英国现代语义分析方法的真正确立是由逻辑实证主义实现的，逻辑实证主义不仅从内在特征上标示了哲学“语言学”转向的本质、纲领，而且使得语义分析方法普遍地与哲学问题的研究和目标的实现结合起来，“所有的哲学问题都是关于意义的问题”[①]，同时也正是从这个时期开始，语义学的学科地位和研究阵地开始走向成熟和不断巩固。相对于传统的意义问题研究，逻辑实证主义的语义分析试图对传统的认识论思维进行全面反思，同时哲学研究的内容也由此转化为命题语言和经验表述，并且通过真值判断以实现认识的目标，也就是对构成科学系统结构的命题意义进行判断。

从理论内涵上来看，英国逻辑实证主义语义学对于逻辑分析性推崇和信奉的典型特征之一就是排斥意义的形而上学背景限定，认为在证实性原则的基础上命题必须以主体经验作为判断的依据，而命题的意义就是逻辑上的证实或证伪性，“经验主义（即哲学）的特点是远避形而上学，他们的理由是每一个事实命题必须论及感觉经验”[②]。这样，通过证实性原则和标准的划界，许多形而上学的命题就被推向了有意义的领域之外。在方法论上，英国逻辑实证主义语义学选择了逻辑语义分析的基本策略，认为概念、语言结构与世界、事实存在之间具有对应关系，为此我们应该借助于自然科学的精确工具，特别是数理逻辑以建立科学的语言系统，这样意义的理解就能够通过语言结构的逻辑分析加以实现。对于命题的意义而言，其中的经验内容非常重要，只有被经验证实，命题的意义才能得到承认，“有意义的命题应能为感官观察所确认……从检测过的案例中获得了意义”[③]，也就是说命题的意义就体现在证实性的方法中。

维特根斯坦前期的语义学思想主要形成于英国剑桥时期。在划分综

---

① 艾耶尔 . 哲学中的变革 . 陈少鸣译 . 上海：上海译文出版社，1985：66.

② 艾耶尔 . 语言、真理与逻辑 . 尹大贻译 . 上海：上海译文出版社，1983：77.

③ 麦基 . 逻辑实证主义及其遗产 . 周德明，翁寒松译 . 国外社会科学，1987，(7)：39 .

合命题与分析命题的基础上，维特根斯坦认为命题从本质上反映了原子事实的存在状态，“命题是对原子事实的一种描述”①，而科学系统本身就是由有意义的命题——可被经验证实的命题构成的。在综合命题的证实过程中，理论借助于还原方法对基础命题进行观察，因此，哲学就是建立在语言基础上的一种动态的逻辑分析活动。在科学命题理解的过程中，维特根斯坦强调意义的图像理论作用，“名字……是互相联系着的，整个地就像一幅生动的图画一样地描画出原子事实来”②，也就是说命题的意义就是它所表征的一种情态，在其中语言系统的基础就是语词的逻辑联系，因此逻辑结构就应该被看作语言、世界的基本结构，“命题只是就其在逻辑上有秩序的而言才是情况的图画”③。在这里，维特根斯坦实际上是强调命题的逻辑结构与世界、事实的结构具有同晶性，而语言命题的意义来源就是存在的逻辑事实，“各种可能的状态之间的内部关系的存在，通过描述这种关系的各命题之间的内部关系用语言表现出来”④。我们可以看出，维特根斯坦的意义划界理论实际上是从认识论上标示了人类在逻辑语言上有意义的可理解世界和无意义的本体、形而上学世界之间的区分，这就是维特根斯坦前期逻辑语义学构造的根本宗旨所在。

艾耶尔是将欧洲大陆的逻辑实证主义语义分析引入英国的主要代表人物，对于同时期石里克和卡尔纳普等人的逻辑实证主义意义理论艾耶尔表示基本上能够接受，“可证实性原则是一切的基础”⑤。他认为，对于命题的形式和结构的研究与经验事实关系密切，因此，命题意义的理解必须建立在系统和整体的经验事实观察基础上。从本质上来看，这种意义理论对于我们具有重要的哲学价值，在有意义的命题分析过程中，我们应该去除形而上学的伪问题，“许多形而上学的言辞与其说是发表这些言辞的人为了有意识地企图超过经验界限，不如说是他犯了逻辑错误”⑥。

---

① 维特根斯坦．逻辑哲学论．郭英译．北京：商务印书馆，1985：40.

②③ 维特根斯坦．逻辑哲学论．郭英译．北京：商务印书馆，1985：41.

④ 维特根斯坦．逻辑哲学论．郭英译．北京：商务印书馆，1985：47.

⑤ 麦基．逻辑实证主义及其遗产．周德明，翁寒松译．国外社会科学，1987，(7)：38.

⑥ 艾耶尔．语言、真理与逻辑．尹大贻译．上海：上海译文出版社，1983：31.

对于命题意义而言，建立在可证实性原则基础上的命题必须经由经验的逻辑性进行检验，也就是说真理判断的标准就存在于命题与事实的一致性关系之中，“如果与一个给定的命题相关的观察符合于我们的希望，那个命题的真实性就被肯定”[①]。因此，从这个意义上来说逻辑实证主义语义分析的主张具有优越性，“它令人们对精确性更加强调，对模糊性强烈反对。它像一道命令，祈使人们去观察事实，去伪存真”[②]。

三、结束语

在理论的推进过程中，逻辑实证主义严格而纯粹的还原论意义理解方式在实践过程中很快就遇到了困难和障碍。对于命题本身而言，很难在经验层面上寻找到对其完备而明确的证明途径，而逻辑实证主义语义学对于逻辑的极端化假设实际上是另一种形式的“形而上学”，其理论分析的基础就是主观经验主义的逻辑本体，因此，语义分析的可观察性证实标准本身就是一种不可能性的存在。对于艾耶尔来说，原先所期望的经验命题，即观察命题对于理论命题意义的支撑很难实现，其原因在于观察性的经验标准并非在所有情况下都适用。为此，艾耶尔基于对严格逻辑语义分析的反思提出了变通性的解决方案，“‘可证实的’这个词项的‘强意义’与‘弱意义’的区分……如果经验可能使它成为或然的，则它是在弱意义上可证实的”[③]，也就是说我们可以将意义的证实性区分为实在的可证实性和理论上的可证实性，除了经验事实的保证，只要在逻辑层面上命题可被证实，我们就可以断定一个命题有意义，“证实原则本身从未得到适当的阐明……至今仍未得到逻辑上精确的阐明”[④]。可以看出，这种语义分析的路径实际上是对逻辑“强纲领”在策略上某种程度的让步。正是从这一点上来说，艾耶尔声称存在着“强的证实性”和“弱的证实性”原则是有其充分而明确的理论诉求的，在他看来，强的证

① 艾耶尔．语言、真理与逻辑．尹大贻译．上海：上海译文出版社，1983：111.
②④ 麦基．逻辑实证主义及其遗产．周德明，翁寒松译．国外社会科学，1987,（7）：43.
③ 艾耶尔．语言、真理与逻辑．尹大贻译．上海：上海译文出版社，1983：35.

实性决定了命题的意义是否存在，而弱的证实性决定了命题的真假赋值。在这里，艾耶尔实际上是由逻辑的主观经验陈述自发地向约定论倾向进行内在的转换。

纵观英国语义学思想演变、延续的历史进程，我们可以发现无论是17～18世纪英国经验主义意义理论的提出与应用，还是19～20世纪初英国实证主义、逻辑原子主义、逻辑实证主义的语义学研究路径发展，尽管基于不同的时代主题和各具差异的哲学目标使得语义学思想研究呈现出多样的表征形态、面貌，但是各个时期语义分析方法在寻求突破的同时其背后都隐含着科学、理性推动力的整体作用，这充分验证了语义分析方法作为一种人类重要的理性工具在哲学和相关科学研究中的效力、作用。无论是对于英国语义学发展历史的内在逻辑特征进行辨析、梳理，还是对于英国语义学现代性的"巅峰"——逻辑实证主义语义学进行反思、批判，都为我们全面、客观地理解英国语义学的历史成就与教训，以及在世界语义学舞台上的独特地位提供了重要的方法论视角。从本质上来说，英国逻辑实证主义语义学的缺陷在于其实证原则、标准被无限制地推向了极端，并且将其作为一种绝对的、唯一的和不可动摇的判断标准，以此方式来展开对于命题意义的分析。这种分析倾向的教训在于，语义学的研究不可能脱离主体、意向和直观而独立自存，否则这种实证性的标准同样容易成为逻辑实证主义所批判的形而上学思维方式的"复归"和保留。正是从这个意义上来说，逻辑实证主义语义学在英国的地位的确立既是十七八世纪英国经验主义、理性主义、科学主义发展的最高成就，同时自其诞生之日起就已经在其内部埋下了理论崩溃和"被颠覆"的导火索，这就是逻辑实证主义语义学的历史命运。

英国语义学研究的历史传统与发展趋势（下）

——从自然语言语义分析到当代语义学系统方法论的理性建构*

对于由英国现代哲学的语言学转向在语义学研究方面所产生的两大思潮而言，除了逻辑实证主义的语义分析取向之外，英国日常语言语义学的研究更具重要地位，它所坚持的语义分析原则使得语义分析的经验论传统在这一时期具有了新的表征形态。与此同时，英国语义学研究中一直存在的语用、语境分析路径在这一时期也继续成长和发展，并且从自然语言的结构性和系统性分析等方面为语义学方法的丰富和完善做出了贡献。

---

* 本文发表于《科学技术哲学研究》2012 年第 4 期，作者刘伟伟、郭贵春。

一、英国自然语言语义学研究的路径与特征

相对于逻辑实证主义语义学，英国的日常语言语义分析立足于生活语言本身的结构与特性，并且兼顾了语义学研究的自然性特征和结构属性，从而为语义学解释的一致性和完备性提供了重要启示。

1. 日常语言语义学的方法论转向及其内涵特征

英国的日常语言语义学从一开始就反感于逻辑实证主义对于意义的“理想状态”处理方式，认为这种态度并不合乎语言的自然性特征，“哲学家对于句法结构不能完全反映逻辑关系所表示的不满促使语言学家去寻找更深一层的描写……以解释句子的意义以及语义和形式之间的关系”①，而这种特征内在地包含了语义、语用及概念结构的意向性等方面的特征。为此，英国的日常语言语义学研究虽然也秉承了语义分析的基本方法，把对于世界和事实的理解限定于语言实体范畴，但是在语义分析路径上则推翻了逻辑实证主义关于命题意义的经验证明方案，将与语义相关的语用、实践和语境等层面纳入语义学方法论的系统框架，从而在整体上开辟了语义学研究的崭新路径。

作为英国日常语言语义学的早期奠基者，摩尔的语义学研究倾向于从“常识”的角度对日常语言进行细致的语义分析，期望从日常语言的“表象”背后揭示意义的本质和内涵。摩尔认为，观念即思维中与语词相对应的概念就是语词的意义，而命题则从总体上表征了句子的意义。也就是说，意义可以被看作一种实体性的存在，“摩尔把他想加以分析的东西（即被分析者）说成是表达式的意义或表达式所代表的概念”②。中后期的维特根斯坦则否定了其前期《逻辑哲学论》所坚持的语词意义与事实指称严格对应的做法，认为语词的意义存在于我们对其应用和实践的理解过程中，也就是说语词只有在一种类似“游戏”的生活状态中才能实

---

① 杰弗里 · 利奇 . 语义学 . 李瑞华等译 . 上海：上海外语教育出版社，1987：215.

② D. J. 奥康诺 . 批评的西方哲学史 . 洪汉鼎等译 . 北京：东方出版社，2005：881.

现其意义，“一个字词的意义是它在语言中的用法”[①]。我们可以看出，这种语义分析态度直接地体现为对于逻辑实证主义语义学的“反叛”，这既是维特根斯坦在后逻辑实证主义时代对于语义学研究路径反思的结晶，同时也在另一个维度上又开启了日常语言语义学研究的崭新征途。

对于牛津学派的日常语言语义分析而言，奥斯汀和赖尔等人将语义分析的技术工作推向了极致。奥斯汀认为意义和真理等语义学问题只有在言语行为的基础上才能得到真正解决，因此，意义的理解本质上就是对于我们存在的事实和世界状态的反映。因此，奥斯汀的语义分析实际上已经从语用化倾向出发走向了社会约定论的道路。赖尔对于语义分析方法的理解同样立足于概念、范畴的解释、澄清，并且深入到语词、句型的具体使用习惯、心理类型之中，“它是一个范畴错误……实际上它们属于另一种逻辑类型或逻辑范畴”[②]。在赖尔看来，逻辑的语形与世界的事实并不具有对应关系，因此对于意义本身而言，它既不是一种抽象的存在，也并不存在于语词的外延形态中，而真正具有重要地位的是语词的内涵。这种内涵的刻画、描述与语言的实践、主体的意向及情境特征具有很大关系，在此基础上我们就可以达到语言逻辑的“纯粹”状态。

从整体上来看，在英国以前期的剑桥为中心和在后期以牛津为中心的日常语言学派坚持了语义学研究的自然化趋向，其目的在于通过日常语言的分析建立起可靠、完善的意义理论，“这种自然性恰恰通过具体的独立的语用环境及其意义的自主建构来得以实现”[③]。因此，日常语言语义学的研究并没有否认语义分析的经验主义基础，而只是将希望寄予对形态多样、具有丰富内涵的自然语言本身进行理解、分析，以消除哲学的疑惑，达到真理性的认识，这就是日常语言语义学与逻辑实证主义语义分析的根本区别。

---

① 维特根斯坦．哲学研究．汤潮，范光棣译．北京：生活·读书·新知三联书店，1992：31.

② 吉尔伯特·赖尔．心的概念．徐大建译．北京：商务印书馆，2005：10.

③ 郭贵春．语义学研究的方法论意义．中国社会科学，2007，(3)：83.

2. 自然语言语义学研究的语境内涵与特征

语义学分析的语境基础是包括了语形、语义和语用在内的系统背景，如果我们把语境区分为内涵语境和外延语境的话，逻辑实证主义语义分析的句法和语义规则也可以被看作语词意义的逻辑句法语境，如罗素摹状词的特征性家族就可以被看作语词的内涵语境。尽管如此，对于英国语义学研究中一直存在的“语境”概念的内涵而言，如同对于“意义”概念的多维解读一样，历史上不同时期的哲学和语言学对其理解存在着较大的差异，但是从总体上来说，语义学分析的“语境”内涵潜在地蕴含了语词外延存在的情态、环境，以及主体的心理、意向等相关因素。斯特劳森认为意义与指称表达的语境基础具有重要意义，“表征的意义类型在语境中使用，给出特别的指称……语境条件一般作为指称正确使用的基础”①。也就是说，意义的理解应该立足于生活世界和语用实践，因为命题陈述本身并不具有真理性特征，只有在动态的语境之中才能把握语言与实在的关联性、确定指称的精确对象，并且实现意义与真值的有效结合。

马林诺夫斯基（B. Malinowski）较早地将意义理论的研究带入了语用、交流和朴素的语境分析层面，他认为我们对于语言的理解必须在人类社会的复杂系统中进行展开，而意义取决于语境功能的要求，也就是说“把语言看作行动的方式而不是思维的工具比较合适”②。因此，意义的基本元素是句子而非语词，它本身并非一种固定的实体，而是一种语境的存在。奥格登和理查德则认为，在语言功能的实施过程中，意义解释和指称理解包含了意向、态度等语境因素。在语境的基础上，符号、意义与实在三者之间处于一种关联和制约的体系之中，“语境包括了符号和对象，为不同实体之间提供了意义关联，而内在心理语境在符号与指称之间建立了关联”③，因此，符号的意义表现为多种复杂的形态，其中就包

① Strawson P F. On referring. Mind，1950，59（235）：336.

② 杰弗里·利奇. 语义学. 李瑞华等译. 上海：上海外语教育出版社，1987：88.

③ 杰弗里·利奇. 语义学. 李瑞华等译. 上海：上海外语教育出版社，1987：9.

含了意义实现的语用语境基础。

20 世纪上半叶，伦敦学派语义学从自然语言研究的背景出发，在文化和社会历史的视阈之中对语言的本质、语义理解等问题进行了探索。受到英国日常语言学派的影响，伦敦学派的主要代表人物如弗思（J. R. Firth）、罗宾斯（R. H. Robins）、韩礼德（M. Halliday）等采用语义分析技术对语言的概念和范畴及语境因素等问题进行了研究，其共同特征就是强调语境因素与意义的对应性和关联性。例如，弗思的语义学思想具有“泛意义论”的色彩，他在经验研究的基础上将意义看作言语行为活动的主要特征。罗宾斯则认为，作为意义基本单元的是句子而非语词，语言是一种活动的模式，而并不只是一种思想的表现，因此意义也并非语词及其所指物之间的关联，而是语词与其所处语境的关联。在这里，语词的意义取决于语境的功能，“情境语境成了意义理论的基础和语言理论的重要组成部分”[①]。

从总体来看，日常语言语义学及进行自然语言分析的伦敦学派语义学所强调的语境分析原则强烈地突出了意义存在的复杂性特征，并且将外延语境因素引入语义问题的处理过程，在一定程度上认识到了将语形、语义和语用分析相结合的语境分析原则的重要性，这对于语义学认识域的拓宽是具有重要意义的。

3. 自然语言结构语义分析的旨趣与特征

受到同时期欧洲大陆语义学的影响，从 20 世纪 30 年代到 20 世纪中期，英国语义学研究中一直存在的结构分析思维在语言学和哲学领域得到了很大程度的扩散与传播。事实上，早在英国的弗莱哲（J. G Frazer）关于社会结构关系的探索中就认为，心理意识与社会结构之间的意义关系表现在两者之间结构性的特征之中，而随后英国的阿丹森（R. Adamson）乃至罗素都主张在逻辑基础上对命题进行结构性的分析，这样就能使作为分析基础的原子命题能够对事实的本质结构进行澄清。从方

---

① Ardener E. Social Anthropology and Language. London：Routledge，2004：33.

法论上来说，结构语义学在本质上与逻辑实证主义具有很大不同，这表现为结构语义分析强调对于实在、事实的隐含意义研究，而非直接指向实在本身。从结构语义分析的视角来看，语言本质上就是“客观的”、系统的整体结构，在其中意义的产生与表征就是各种结构、要素之间的关联活动，“自然语言的语义层有其本身与句法结构相对应的部分”[①]，也就是说意义就存在于语词之间的关联，以及系统和结构的关系之中，并且是作为一种系统和结构的“凸现”。

对于弗思而言，在语言的基本结构之中系统性的特征存在非常重要，语言的各种要素要求能够在关系的联结中形成特定的结构，这表现在语词与句子及语境的内在构成等方面，“分析的首要原则就是区分结构和系统……意义是系统和结构相互作用的产物……系统为结构要素赋予了价值”[②]。也就是说，在意义实现的过程和层次之中都普遍存在着结构和系统的组合特征。乌尔曼（S. Ulmann）则强调在语言符号分析过程中的内部结构和系统功能，认为由符号所指示的语词意义在历时性上具有系统性的特征。韩礼德则认为“语义是一种网络的结构”[③]，而意义就是语言系统不同层次或类型的表征形态，它表现为语言系统和语境之间的一种结构性“产出”。

从英国结构语义分析的本质和特征研究中，我们可以看出，结构语义学否定了经验主义将语词意义与指称对象相等同的简单做法，将意义确定在了语词和句法所构成的网络结构中，其中结构性要素的关联即意义的产出并不依赖于指称的对象。也就是说，结构语义分析的前提是承认语言符号的社会约定性特征，在语言形态的多样性基础上力图寻求意义的确定性存在。实际上，这种结构语义学的分析方法在内涵语境的基础上赋予了语义分析以动态性和灵活性，这种分析倾向尽管存在着很大的缺陷和不足，但仍然对于英国后来的整体主义语义学、动态语义学和

---

① 杰弗里·利奇.语义学.李瑞华等译.上海：上海外语教育出版社，1987：15.

② Halliday M，Webster J. Continuum Companion to Systemic Functional Linguistics. London：Continuum International Publishing Group，2009：64.

③ Halliday M，Webster J. On Language and Linguistics. London：Continuum International Publishing Group，2003：346.

语义学分析中语境思维的应用提供了某种适当的契机。

二、当代英国语义学的方法论建构与发展

20世纪后期以来，随着世界科学的全面突破和飞速跃进，英国语义学研究在计算机科学、认知科学等相关学科的持续推动下，呈现出多学科、跨领域和综合应用的发展趋向。在继承传统、反思历史的基础上，英国语义学研究不仅保持了与欧洲大陆语义学沟通、融合的开放态度，实现了逻辑语义分析和日常语言语义分析的有效贯通，而且力图在全新的背景、平台基础上构建科学语义学方法论的系统结构。

1. 整体的和动态的语义学研究倾向得到了全面扩张和展开

20世纪后期，基于对实证的逻辑语义分析的反思和受到语义学语用化研究倾向的影响，英国语义学开始逐渐从传统的微观语义分析向整体、系统的语义分析转变，而这一点也符合了当代语言哲学的内在转变趋势。

从理论特征上来看，传统的微观语义学在与形而上学论题划清界限的同时又极端、绝对地把语言、逻辑作为形而上学不可动摇的背景。对于英国的逻辑实证主义语义学而言，这种衍生于经验主义内核的语义还原论思维不可避免地走向了没落的厄运。正是在此基础上，整体主义语义学的提出鲜明地把意义理解的基础置于整体语境的分析视阈之中，它从根本上要求命题理解在相关的语境因素和语义分析之间保持适度的平衡。为此，达米特在语义学方法论的建构过程中树立了系统整体的理论思想，在对于意义和真理等语义学问题的分析、处理过程中，语义分析的系统性、结构性和语用特征等多维界面被纳入进来，这成为达米特语义学思想结构的重要组成部分，而在这种整体结构之中意义的表达、实践必须遵循科学的有效性和协调性等一般性特征。

在动态语义学研究方面，波普尔的语义学思想本质上是基于英国语义学研究中一直存在的经验主义基础而对真理和知识等概念、范畴进行

反思的结果，其思想的动态性特征主要体现在其理论、命题的经验证伪性基本原则之中。波普尔认为，理论的真理性本身就是一个不断被检验、不断被证伪的过程，真实性特征是暂时的，而被证伪是一直存在的，“客观真理观念，它是一个我们可能永远也达不到的标准。正是在这个意义上，真理观念是一种调节的观念”①。对于认识论的研究而言，真理是一种永远处在“被逼进”状态的存在，科学的探索能够不断地向真理的“本质”进发，但是这种“本质”永远都是一种相对性的存在。因此，面对这种理论命题的“逼真度”，科学的研究唯有不断地提升和进步才能为命题的意义赋予新的内涵。

从总体上来说，在意义的动态理解过程中，“语义结构的语境独立性和语用结构的语境特殊性之间存在着内在的关联性”②。也就是说，语义分析的动态化倾向充分关注到了语义内涵的语境转换特征，从而为语义学研究的自然性扩张奠定了基础，这也是当代英国语义学研究从相对的动态性和系统的整体性趋向扩张的动力所在。

2. 认知和意向语义分析在英国语义学研究中得到广泛应用和普及

认知、意向语义学反对客观主义的语义分析趋向，同时基于经验论的研究背景，认为语言、概念结构与主体思维结构具有很大关系，这种语义分析的意向和认知特征反映了“心理现象与物理现象之间的关联”③。也就是说，意向、认知语义解释为心理表征奠定了重要基础，“对语义特征的分析和把握，正是对命题态度及其意义分析和把握的前提和基础”④。例如，格莱斯将交际参与者的意向性表达与意义的分析紧密结合起来，他认为语言交流的有效性依赖于对符号意向性的理解、分析，也就是说在语言交流过程中双方需要对说话者的意图进行推理、判断。在作为言语的非自然意义中最关键的就是意向性的意义内涵，这样意向性就成了

---

① 卡尔·波普尔．猜想与反驳．傅季重等译．上海：上海译文出版社，1987：328.

② 郭贵春．科学实在论教程．北京：高等教育出版社，2001：245.

③ 郭贵春．科学实在论教程．北京：高等教育出版社，2001：350.

④ 郭贵春．语义学研究的方法论意义．中国社会科学，2007，(3)：84.

语言意义实现的重要工具和手段。在格莱斯之后，威尔森（D.Wilson）认为说话者的意向性包括信息和交流两个层面，信息意向即言语的表层含义，而交流意向则是语言的隐性含义，因此语言的交往实际上是在这两种含义的共同作用下进行的推理、判断和分析。

从认知语义学的立场上来说，我们应该将与语言相关的知识结构、认知过程和隐喻含义等相关界面进行整合，对文化、社会的语境信息进行认知处理。在这方面，达米特语义学研究的认知取向则在很大程度上代表了当代英国语义学实现“认知语义”转向的重要特征。达米特否定了实证主义将意义与指称简单等同的做法，认为必须将语义真理的确定根植于主体的内在理性，这样我们就可以通过理解语言形式的意向性表征来实现对于真理的把握。实际上，传统的思想将真理作为一个不可动摇的初始性存在，从而在某种程度上忽视或有意回避了真理分析中主体的能力和意向性地位的存在。为此，达米特强调我们必须了解语言的运行机制和交流双方所使用语言的意图、目的等背景知识，也就是说“意义理论是理解理论，这是达米特关于意义理论的本质要求”[①]，这样才能实现意义与真理的有机结合。

从理论的目标指向性来说，认知、意向语义分析肯定了人们在语言使用背后所具有的思维、心理作用，将意义作为命题形式在心理当中的整体反映，也就是说语义潜在地包含了心理认知图景。因此，相对于逻辑实证主义在意义理解中强调真值条件的狭隘做法，当代英国语义学试图从脱离主客观二元对立的基本背景出发，将意义的理解置于整体的认知结构、模式之中，强调人的思维、心理和大脑反应机制对于意义理解的重要作用，并且在此过程中将主体的情绪、态度和意向等因素涵盖进来。从总体上来说，这种语义分析路径对于实现语义学方法论的科学性建构目标而言是值得肯定的。

---

① 张燕京，李颖新．当代意义理论如何可能——达米特的一种解答．学术研究，2007，(2)：30.

3. 计算、信息语义学和语义的规范性研究得到了普遍重视

20世纪后期以来，计算机科学和信息科学等新兴学科在英国迅速兴起，机器语言翻译和人工智能研究开始逐渐成为英国前沿科学领域探索的“显学”。正是在这种时代背景下，当代英国语义学的分析触角广泛地渗透到了计算机科学语言的语义研究当中，并且通过相关路径的开拓为语义学研究开辟了广阔空间。

就计算语义学处理的规范性本质而言，自然语言的语义分析模式势必与语言、心理等计算信息处理实现跨领域的结合，而在信息科学方面基于哲学语言分析和逻辑计算处理的英国计算语义学一直走在世界前列。从内在特征上来看，计算语义学实现了语义和语形的内在关联，因此能够从结构上展开对于算法结构的理论分析。从信息和计算语义的视阈出发，当代英国计算、信息语义学研究中存在着以下一些研究路径，这些路径从语义和计算的关联特征、结构等方面表达了对于规范语言语义学计算化处理的态度和方向：第一，语义学的公式化处理。公理语义学对于意义的理解侧重于反映计算的程序状态对于命题的影响，同时也希望将对于程序的理解形式化，通过对于语言组成结构的语义分析建立公理系统，在这方面霍尔（C. A. R. Hoare）采用公理系统对语义进行了程序化的处理，并且强调了程序处理的严格性和规范性。第二，语义学的代数式处理。皮特斯（M. Pitts）、林科（G. Link）等人用代数方法对计算语言的语义进行分析，他们将计算语言的语形看作抽象的代数结构，并且立足于数据类型的科学理解，用代数结构对数据类型的语义进行研究。第三，语义学的操作化处理。这种语义方法采用虚拟的计算模型和条件性约束来对计算元语言进行定义，并且通过程序规范的语言对语义加以确定。英国的兰丁（P. J. Landi）和温斯克（G. Winskel）采用抽象模型的标准实施表述了计算式的语义，其本质就是用语言结构的计算操作来界定语义，从而建立起逻辑的解释系统。第四，指称语义学的程序化语言分析。例如，斯特罗奇（C. Strachey）将计算语言作为计算程序设计的结果，尽管计算系统自身存在差异性，但计算指令的执行方式并不影响

输出的结果，因此，语义的分析与计算程序的语言处理过程是无关的。

从总体上来看，英国计算语义学的应用和发展，以及语义分析、处理的不同路径典型地反映了语义和语形之间的内在关联，也就是说它首先要处理的就是语形和语义的“纠缠”关系。在实践过程中，它力图通过算法和集合的规定为意义表征赋予全新的解读方式，同时也希望能够通过语义信息的有效处理而实现对于对象意义的理性分析。也就是说，在计算语义学的系统研究中，语义分析和语形构造紧密地结合在了一起，这对于语词意义的理解和概念的深入分析具有重要意义。

4. 语境论语义学的方法论研究成了当代英国语义学科学性内涵建构的合理趋向

20 世纪后期以来，英国的语义学研究在对语形、语义和语用相结合进行分析的背景基础上，充分认识到了作为意义理解整体基础的语境论，能够作为一种本体论实在对命题意义进行判断，同时它也全面兼顾了多种形态的语境因素及其关联特性，为意义理解赋予了完备性和系统性。因此，从某种程度上来说，英国语义学的这种研究旨趣为当代世界语义学的发展指出了可资借鉴的崭新路径。

历史地来看，利奇虽然对于语境论语义学的现状、进展表示了极大的不满，但他对于语境论语义学建构的系统性、结构性和科学性还是寄予了很大期望。他敏锐地意识到了导致语义学自诞生以来地位模糊、界限不清的主要原因在于对语义学方法论的科学性结构、领域没有建立一种统一而明确的认识，特别是在自然语言、规范语言之间，以及与语义相关的逻辑性、意向心理等相关问题、特性的研究中没有实现科学的归纳和整合，而这一任务最终还是需要通过语境论语义学的继续完善、丰富来加以实现。也就是说，语境论语义学的方法论建构应该满足基本的科学性条件和要求，“语义学和下面几种知识划清界限的问题，这几种知识分别为：①真实世界的知识；②句法；③情景知识；④一般人类语言的语义学”[①]，这实际上是指出了语境论语义学建构的基本界面和需要系统化处理的几个重要范畴。

站在语境论语义学的立场上，英国的逻辑实证主义语义学和日常语言语义学，以及当代英国的认知语义学和计算语义学研究，实际上是从语境系统的不同界面出发所展开的语义分析路径，而语境论语义学分析的“语境”界面与语言构造本身，以及心理状态和事实存在等因素密切相关。因此，达米特认为我们必须将意义的真值分析置于动态的语境之中加以理解，而句法形式、文化和意向特性等相关界面在整体上决定了真理的特征，也就是说我们需要对真理概念进行系统和完整的解释，“语境框架的变动规约了真理的形态”[②]。

从利奇和达米特等英国当代语境论语义学研究的核心思想来看，语义分析实际上是被要求恰当地处理语义表征的语形体系，而正是在这种语形体系的规定范围内语义的功能和作用才能得以充分发挥，同时在自然语言的规范化和规范语言的自然化处理中理论和命题解释的语境平台被整体地凸显出来，从而在意义和语境之间建立起了动态的和结构性的关联。

三、结束语

纵观英国语义学发展的历史趋势与时代特征，我们可以发现英国语义学研究的传统、特征与英国哲学思辨的理性精神、语言学分析的浓厚氛围具有深刻的内在关联，这表现为哲学研究重视语言学分析视角、方法，而语言学研究中强烈渗透着哲学基本问题的反思，从而在边缘交际的研究领域中孕育出崭新的思维趋向。在长期探索的历史进程中，语义学分析与哲学本体论诉求、认识论理解和方法论探索相互交织、互相推动，从而使得语义学研究不仅在英国历史上呈现出多样的发展形态和表征类型，而且在当代从系统方法论的建构方面体现出重要的哲学意义和

① 杰弗里 · 利奇. 语义学. 李瑞华等译. 上海：上海外语教育出版社，1987：124.

② 郭贵春，王航赞. 达米特的语境真理论. 学术论坛，2003，(1)：23.

价值。因此，从语义学研究的历史定位、横向比较来说，当代英国语义学研究繁荣、多姿的延续历程，充分展示出了英国语义学在世界语义学研究的历史格局中所具有的重要地位，其成就不仅代表了当代世界语义学研究的潮流和趋势，而且必将继续引领未来语义学发展的时代旗帜，从而为科学语义学的方法论建构做出更大的贡献。

博弈论语义学的方法论特征及其意义*

现代博弈论语义学最早由欣迪卡提出，但其作为一种相对成熟的语义分析手段和工具的确立，却是缘于20世纪70年代以后数理逻辑和信息理论的迅速扩展。从理论方法的横向比较来看，它与当代若干重要的语义学理论具有内在的关联，例如，它与可能世界语义学和语境语义学在理论思维上的内在关联和相互借鉴。博弈论语义学建构的多维理论背景和应用的多学科性特征充分展现出了语义分析方法在科学研究和理论分析中的重要意义。就此而言，博弈论语义学研究为意义理解提供了新的解读方式，并为考察主体认知过程提供了新的思路。

一、博弈、逻辑与语义分析的路径突破

博弈论语义学迎合了20世纪哲学的语言学转向趋势，其兴起和发展

---

* 本文发表于《中国社会科学》2012年第2期，作者郭贵春、刘伟伟。

与 20 世纪以来现代科学革命和理性思维方式的进步密切关联。对博弈论语义学思想基础和动力来源的考察，以及对博弈论语义学形成的基本脉络和理论特征的分析，将有助于我们充分地理解博弈论语义学在当代哲学研究与科学理论分析中的重要意义，更加合理地把握其方法论体系。

1. 博弈与逻辑的紧密关联是博弈论语义学及其理论后续发展的内在动力来源

在现代数理逻辑兴起之前，逻辑博弈概念与对话和辩论的含义相近。例如，亚里士多德的逻辑推理就可以视为一种简单的对话博弈理论。19 世纪中期以后，罗宾森（J. Robinson）和史蒂文特（F. Stewart）研究了集合理论与博弈之间的关联，亨金（L. A. Henkin）结合博弈的基本思想对于无穷语言的意义进行了阐释。这些研究工作都为博弈论语义学的理论建构提供了重要动力。

事实上，对于博弈和逻辑的关联特性进行研究的真正先驱者是皮尔斯。从理论特征来看，逻辑与博弈之间的关联性不仅体现在对逻辑概念进行博弈解释，而且表现在采用逻辑方法对博弈现象进行分析的研究策略中。伯奇（R. W. Burch）曾经刻画了皮尔斯的这种虚拟存在者之间的博弈活动：Grapheus 作为完整宇宙体的创造者能够决定原子命题的真值；而 Graphist 则作为完整宇宙体中的一个个体试图依据句法形式对 Grapheus 的特征进行描述。在这个过程中，双方就描述图表的真实性展开论辩。[①] 因此，就皮尔斯对“图式逻辑”系统进行刻画的目标而言，我们认为，他在一阶逻辑及其存在量词理论中针对两个虚拟存在者所展开的博弈论证是有意义的。其意义就在于，上述对话关联的典型特征表现为语义博弈中各个环节的相互制约性，而命题的真值则表现为博弈获胜方反驳的有效性，这种关联性特征使得逻辑命题意义的表述能够更为清晰。根据现代逻辑符号理论，我们可以假设存在博弈者 $\forall$ 和 $\exists$，其中双方在集合 Ω 中进行要素选择，并在选择过程中建立起 a_0，a_1，a_2……的顺

---

① Burch R W. Game-theoretical semantics for Peirce’s existential graphs. Synthese，1994，99（3）：361.

序，一个函项 τ 采取了对于 $\forall$ 和 $\exists$ 而言的 a 立场，如果 $\tau(a)=\exists$，就表明博弈活动处于 a 的博弈回合中，博弈者 $\exists$ 接着做出下一个选择，由此规则就可以界定 $W\forall$ 和 $W\exists$ 的集合。[①] 通过比较可以看出，皮尔斯的思想类似于博弈论语义学的量词解释，这种解释意味着句子真值的充要条件在于博弈参与者能够具有取胜的策略。

我们认为，皮尔斯借助于认识论的概念把习惯性机制作为指导行动的策略规则，这种思路是合理的。一般而言，意义体现在符号与阐释者的关联活动中，由于在行动当中的操作和计算具有一种认识论层面的博弈策略功能，所以博弈活动才能为系统的结构赋予意义。实际上，皮尔斯的习惯概念就类似于当代博弈论语义学中的策略概念，这能够使非确定性所指概念获得更加明确而清晰的意义。

20 世纪后期以来，博弈论语义学逐渐在数理逻辑和计算机科学元理论研究中展示出其独有的功能。其中，最具代表性的研究是洛伦岑（P. Lorenzen）和洛伦兹（K. Lorenz）等人在直觉逻辑中对博弈论对话语义思想的应用和为数理逻辑引入博弈语义分析模型的尝试，以及布拉斯（A. R. Blass）等对于博弈论语义学和线性逻辑之间关联性特征的深入拓展。[②] 目前，博弈论语义学已经在计算机语言的模型建构和线性逻辑难题的求解中具有越来越重要的地位和应用价值。

2. 经典博弈论语义学建构的基础是维特根斯坦的语言哲学理论和现代博弈论思想

20 世纪五六十年代由欣迪卡始创的博弈论语义学被公认为现代语义博弈论的经典思想。它以虚拟博弈者的存在及其互动关系作为分析对象，以规则性集合的策略选择对于博弈活动的刻画为展开过程，以胜负作为取信的结果，其主要工作就是对维特根斯坦思想的改造、利用，以及对

---

① Neogy S K. Mathematical Programming and Game Theory for Decision Making. Singapore：World Scientific Coporation，2008：433.

② Benthem J，Meulen A. Handbook of Logic and Language.Amsterdam：Elsevier，1997：402，407.

于博弈论思维的引入和借鉴。

首先，博弈论语义学理论批判的对象和思想来源在于维特根斯坦的图像论及其语言游戏思想。与维特根斯坦的后期思想相对应，博弈论语义学明确否定了把规则与句法分析相等同的简单做法，强调意义的实现就存在于规则制约的语用活动中，从而摒弃了狭隘的语义对应论和逻辑还原论思想。语言博弈活动特别强调语用规则和具体语境，并且立足于博弈活动参加者的文化和历史背景。由于规则本身就存在于语用的实践活动中，因此，起决定作用的是语用而非语形。在命题的真值判断方面，博弈论语义学借鉴了维特根斯坦后期哲学中语用活动的规则语言思想，由此使得逻辑真假判断的标准与命题意义的确定相关联。因此，我们认为，欣迪卡将博弈论语义学的任务明确为"我自己"（myself）和"自然"（nature）在规定界域内寻找个例来证实或者证伪命题的逻辑方法具有重要意义。欣迪卡指出，"前者试图最终得出一个为真的原子句，后者则相反"①，"如果最终的句子为真，则'我自己'获胜，'自然'失败，如果最终的句子为假，则结果正好相反"②，其中命题与世界的逻辑关联中介就是博弈活动。可见，博弈论语义学与维特根斯坦的语言游戏思想在理论分析的基本模式和语义分析的倾向性等方面都具有一脉相承的逻辑关联。

其次，始于20世纪前期并在20世纪得以发展的博弈理论推动了博弈论语义学的形成。其中发挥主要作用的包括20世纪二三十年代策墨洛（Zermelo）和波雷尔（Borel）在集合理论的研究中所提出的博弈论基本构想③，40年代冯·诺伊曼（V. Neumann）和奥斯卡·摩根斯坦（O. Morgenstern）对博弈论结构的系统化和形式化④。在博弈理论的应用研究方面，纳什（J. F. Nash）利用不动点定理证明了存在着博弈均衡点⑤，奥曼（R. J. Aumann）首次定义了在协作型博弈中的相关均衡概念，并提出

①② Hintikka J. Quantifiers vs. quantification theory. Linguistic Inquiry, 1974, 5（2）: 156.

③ Zermelo E. Collected Works: Volume I. Heidelberg: Springer Publishing, 2010: 267-272.

④ Neumann J V, Morgenstern O. Theory of Games and Economic Behaviour. Princeton: Princeton University Press, 1953: 73-83.

⑤ Nash J F. Essays on Game Theory. Cheltenham: Edward Elgar Publishing, 1997: 104.

了重复博弈的连续交互模型[①]。可以说，博弈理论的自身完善与发展推进了博弈论语义学的形成，也为博弈语义分析方法的多学科应用与扩展提供了基本保证。

3. 博弈论语义学形成与应用的理论必然性

首先，自然语言语义学研究的复杂性和模糊性是博弈论语义学理论建构的起点。自然语言语义学试图在认识论层面建立一种关于世界的图式结构，其实质是强调真理作为语言与世界图式的一致性，并将其图式看作以命题为基础的实在模型。尽管维特根斯坦的语言游戏理论对于后来的规范语义学和知识表征理论的发展产生了很大影响，但是由于只有对应于对象的游戏才能在逻辑哲学论中得到解释，所以其后期哲学不可避免地面临着自然语言的复杂性问题。也就是说，维特根斯坦的语言游戏理论已经蕴含了语言的具体活动方式，并且将意义划入了语用的范畴。由于早期计算语义学和句法语义学等理论的研究并没有对语词的内在活动类型进行深入探讨，20 世纪严格规范语义学的发展从理论上提出了新的要求，即完善的语义表征必须能够反映不同类型的文化和社会语境特征，以及各种不同层次的科学语言类型。因此，有必要澄清语词存在的活动类型。

其次，博弈论语义学为规范语言语义学和自然语言语义学建立了两者之间可供沟通的桥梁和渠道。从方法论特征来看，博弈论语义学相对于规范语言语义学和自然语言语义学具有较大的包容性和理论优势。规范语言语义学强调形式系统的建构和逻辑分析的功能，如塔尔斯基将语义学限定于规范语言和模型结构之间的关系，蒙塔古认为只有规范语言才能为真理赋予意义。因此，规范语言语义学实际上提出了语义和语形关联结构的处理问题。与之相反，自然语言语义学则强调语境解释的系统性和整体性，它蕴含着语用分析和语义分析的关联，如维特根斯坦的后期语言哲学就关注语言存在的生活形态和赋予世界意义的人类活动。

① Wooders M H. Topics in Mathematical Economics and Game Theory. American Mathematical Society, 1999：1-11，23-26.

就理论特征而言，我们可以在一种开放系统中将语言博弈形式化，从而体现出语义和语用的内在融合特征。由于规范语言语义学具有意义表征和理论解释的要求，在方法论上它力图从整体性和意向性上进行扩张；而自然语言语义学进一步试图在语境实在的基础上实现语形、语义和语用的统一。博弈的意义理解过程对逻辑结构的表征和语用分析的整体背景提出了双重要求，例如，欣迪卡将可观察事实的分析纳入表层模型理论的处理方式就已经体现了语形、语义和语用分析的某种融合。具体来看，语言博弈通过欣迪卡所谓的“算子结构”可以建立起与事实的关联，在这一点上，欣迪卡指出“表层模型具有有限性……表层模型作为世界的集合，是对于世界的模拟与近似……这种表层模型可以表征对话中的个体和关系”①。我们认为，这种语言博弈的隐喻分析对于命题理解和真值判断具有重要意义，这也是博弈论语义学要求在规范语义学中进行范式转换，并将逻辑的表征在对话和博弈中加以扩展的根本原因。

20 世纪以后，语言哲学和分析哲学的发展如日中天，而博弈论语义学对于实现规范语言语义学和自然语言语义学的内在融合及建构语义学分析的可靠平台起到了重要作用，为语言哲学的进一步发展提供了支持。博弈论语义学在其产生和演变的过程中，广泛融入了现代科学分析的理性思维，并与当代科学哲学和语言哲学对于意义与真理、意义与心理，以及意义与表征系统关系的反思紧密相关，因而呈现出多样的发展形态。随着博弈论语义分析方法与语言表征的动态解释和整体性原则的更深入结合，它在语义学研究中的地位将更加凸显。

二、可能世界、进化论思想与语义分析方法的创新

语义分析方法具有自我完善和理论建构的特征，而博弈论语义学作为一种语义分析的有效工具和手段，在其演变过程中也不断对其理论本身进行修正和补充，它所具有的可能世界语义学基本背景和进化博弈的

① Sowa J F. Language games，a foundation for semantics and ontology（preprint）// Ahti-Veikko P. Game Theory and Linguistic Meaning . Amsterdam：Elsevier，2007：17-37.

策略性选择为语义分析方法的丰富和完善提供了有益的思路。

1）博弈论语义学引入可能世界语义学的意义整体论，摒弃了逻辑万能论和意义决定论，使逻辑认识论的研究域面得以扩展。事实上，无论是在欣迪卡初创的经典博弈论语义学，还是在其他博弈论语义学中，都蕴含着可能世界的思想。博弈论语义学研究中存在的最主要问题，是如何才能在多重的界域中去把握世界中单个个体因素的信息。就博弈者把握的信息而言，它并不能成为所有可能世界的全集，而这种在确定选择域中进行寻找的思路与现实世界和可能世界的模态概念具有很大关联。因此，正如欣迪卡所说："博弈论语义学的范畴可以借助于可能世界语义学，从认识论和模态概念方面进行扩展。"①由于在规定界域之中的个体与可能世界之中的对象所具有的映射和对应关系，通过博弈规则规范化处理的句子，即原子句才得以实现与具体世界的关联，从而体现出真假的赋值。

这充分说明了，在语言分析过程中，博弈论语义学能够深入知识和理论概念构造的微观活动，全面把握理论的整体结构。同时，博弈论语义学与博弈过程中的信息网络结构也具有密切关系，只有在博弈者信息集的基础上，博弈的认识论结构和语义结构才能获得统一。对作为博弈重要基础的信息集而言，博弈者在语义分析中能根据自身背景形成必要的选择空间，而这里的背景就隐含着"意向语境"的存在，正是这种意向语境决定了模态逻辑结构在对象上具有极大的灵活性和适应性。

博弈论语义学对于可能世界模型系统进行引入分析的原因，一方面与逻辑概念对必然和偶然等模态分析思维的内在需要密切相关，另一方面也与博弈论语义学和可能世界语义学在结构特征和方法论趋向上存在着诸多交集具有很大关联。事实上，早在皮尔斯以博弈论思想作为分析工具的存在图系统理论中，就已经包含着对量化模态逻辑进行可能世界语义学研究的初步探讨。与可能世界理论的思路类似，博弈论语义学也使用了模型集的方式对可能性特征进行刻画。我们认为，这种可能性作

① Hintikka J. Quantifiers vs. quantification theory. Linguistic Inquiry，1974，5（2）：160.

为一种逻辑的可能性，能够使其中的量词和命题联结词的真值条件对模型集合进行充分表征。其中的具体事件可以表征为世界状态之中的独立子集，当博弈者在身处现实状态的时候，对于可能世界的状态就处于非完全信息状态。因此，对博弈者可能的信息状态 W 而言，其个体的信息知识并非独立存在的，而是具有亚集合（W_1，W_2，W_3……）内部的关联性，亦即在特定的信息集合 W 中的任何认识论选择，都具有逻辑的可能性。

就存在与事实对应关系的问题而言，博弈论语义学要求对于存在概念的类型能够在语义层面上做出解释，并且能通过具体的语用语境确定命题的意义，亦即采用适当的博弈规则以完善与指称要素相对应的命题内容，而这一点正体现在博弈论语义学的操作性过程中。我们认为，这种通过采用可能世界的模态方法对存在概念进行扩展的基本思路是合理的。因为，通常情况下，规定的定义域中既包含实指对象也包含非实指对象，我们可以把自然语言的指称对象区分为可能存在的对象和现实存在的对象，这样博弈论语义学中可能状态的语义分析便具有了实在性的特征，它不仅使得逻辑结构和语义空间具有了系统性，而且进一步展示了博弈的逻辑结构对于语形、语义和语用的统一性特征。

2）博弈论语义学吸纳了进化论思想，将语义分析导向了文化和历史语境研究的广阔领域，为意义理解开辟了新的维度。20世纪70年代以后，基于对经典博弈论语义学的全面反思和对进化论思想的重新阐释，人们逐渐意识到在自然语言的演变和规范语言的逻辑化过程中，有必要将达尔文的进化论理念与博弈论语义学结合起来，分析结构性的语言表征过程。而鲁宾斯坦（A. Rubinstein）将进化论思维与语义博弈进行结合分析的思路正体现了进化博弈论语义学的研究旨趣。为此，鲁宾斯坦指出，“（博弈的）进化动力能够解释自然语言中语词的产生”[①]，我们认为，正是通过进化过程中具有语言博弈性质的复杂机制和内部作用，语言的稳定性意义才能得以形成，也就是说，在这种进化过程中形成了语言和人的

---

① Rubinstein A. Economics and Language：Five Essays. Cambridge：Cambridge University Press，2000：29.

思维结构的线性优化特征。可见，以语言的动态化和结构化分析为特征的进化博弈论语义学有助于理解语言和人的思维结构中的最优二元线性关系。

此外，进化博弈论语义学在理论生物学的研究中也具有重要解释功能，例如，在自然选择的进化模型理论中，生物体之间的作用关系可以被看作博弈交往活动，每个个体之间的交往存在损益，结果取决于其他行动者的活动。从理论生物学这种进化损益的角度来看，其表征就是种群的规模或者繁衍的数量。又如，西蒙（H. A. Simon）对于博弈理论中博弈者群体作用的动力因素颇具建树。他采用进化的博弈理论来模拟达尔文进化论意义上的自然选择，不再将语言及其意义看作一种确定的现实存在，而把它当成一种处于不断进化过程中的存在。[①]

语义博弈作为一种文化现象的语用过程，群体交往在其中发挥了重要作用，这意味着语义能够在语用规则系统和具有多重信息的语境中发生各种变化。从理论特征的比较来看，传统博弈论思想的基本立足点是将个体的博弈者看作具有完全理性和充分信息条件的主体，而进化博弈论语义学则依据对个体感知能力的有限性和语言表述先天缺陷性的认识否定了博弈个体完全理性的假设。例如，纳什的“群体性行为解释”就强调博弈者在语言的交往和演化过程中通过策略结果的信息扩展就可以达到纳什均衡。[②]

实际上，纳什的群体性解释正是迎合了日常语言面向交流和生活的本质，将言语的意义定位在人类生存和发展的世界之中，源自不断变化的世界当中的历史条件和经验知识，促使主体自觉地对应对世界状态的策略做出调整。同时，在语言交往的反复博弈中，既存在着博弈策略选择的随机性，同时也在群体的长期活动中呈现出博弈的规律性。出于对这种规律性特征的把握，我们很自然地可以为策略选择引入概率分布的解决方式，而这也是进化博弈论语义学的优化选择，这样我们就可以通过群体交流中博弈者的平均收益状态来表征博弈收益的概率函数。

---

① H. A. 西蒙 . 人工科学 . 武夷山译 . 北京：商务印书馆，1987：79-83.

② Nash J. Non-cooperative games. The Annals of Mathematics，1951，54（2）：290-295.

在对进化博弈论语义学内涵特征的进一步研究中，我们有必要对其核心概念即进化稳定策略（ESS）展开分析。从进化稳定策略的概念本质和目标来看，它试图改变博弈者完全理性的博弈假设，并对意义的表征情态进行更加精准的理解。在这方面，史密斯（J. M. Smith）和普瑞斯（G.R.Price）将进化稳定策略与语义博弈理论的展开过程进行结合分析的理论路径做出了重要贡献。具体来看，进化稳定策略的逻辑陈述可概括为：①存在策略 x；②存在 $y \neq x$ 的策略集；③对于 $y \neq x$ 的策略集具有 $\bar{\varepsilon} = \bar{\varepsilon}\ (y) \in (0,\ 1)$ 的约束；④ $z= (1\ \varepsilon)\ x + \varepsilon y$；⑤ $0< \varepsilon \leqslant \bar{\varepsilon}$，且 $u\ (x,\ z) >u\ (y,\ z)$。在公式中，y 为策略变换，εy 为与 y 相关的恒值，而 $(1\ \varepsilon)\ x + \varepsilon y$ 指进化稳定策略与变换策略组的共同作用。[①] 这种进化稳定策略肯定了博弈选择过程的动态均衡性，并且将这种均衡的状态作为理性主体在进化过程中不断寻求最佳选择策略的结果。为此，史密斯和普瑞斯也认为，“进化稳定策略基于博弈理论……大多数群体成员接受了这种策略，并且在其中任何突变（mutant）策略都不能增益于繁衍适度”[②]。这种过程类似于达尔文进化论意义上的淘汰和胜出，排斥了博弈者完全理性的最初假设。在系统论研究的视野中，博弈者的策略选择是在其心理和认知基础上对系统中其他博弈者的策略进行观察和思考的结果，并且希望在交互的关系模式中做出最佳策略判断。因此，我们可以将人群共同体当中的博弈看作一种动态策略选择的模型结构，而这种动态性和不确定性在研究群体活动的意义时，能够使我们对于意义的表征和语词意义的内涵进行更加准确的把握。可见，语义的这种进化性特征通过复杂性策略的实施，能够促使语言名称的确定性内涵转为由文化历史背景中语言使用者之间的博弈活动来确定。

总之，博弈论语义学对可能世界理论和进化论思想的引入，既说明了博弈论语义学理论所具有的兼容性特征，这使它能够在方法论层面实现与其他相关科学理论的互通和借鉴，也反映出 20 世纪后期以来人们在

---

① Bozanis P，Houstic E. Advances in Informatics：10th Panhellenic Conference on Informatics（PCI 2005）. Heidelberg：Springer，2005：107-108.

② Smith J M，Price G R. The logic of animal conflict. Nature，1973，246：15.

对待语义学研究方面的开放态度。正是从以上两个层面来说，博弈论语义学方法论的创新意义在这里得到了充分体现。

三、博弈论语义学的逻辑特征与认知模型

不同类型的博弈论语义学类型都具有规范性，是一种立足于博弈理论而对真值和有效性的概念进行界定的形式语义，它强调理性的博弈者之间策略性的交往活动和个体选择的无偏向性，以主体间的互动博弈及策略选择作为核心概念，凸显了理解主体和意向思维的存在地位。可以说，博弈论语义学的这种认知模型及其逻辑特征使其超越了传统规范语义学的语形系统，力图实现一种规范表征系统的内部扩张，从而极大地扩展了命题动态逻辑的内涵和结构。

1）传统逻辑的局限性及博弈论语义学对其内涵的丰富与扩展。通过将博弈论语义学与弗雷格式的逻辑系统进行比较，我们可以发现博弈论语义学从理论上否定了一阶逻辑作为符号绝对标准的狭隘思维，批判了采用形式化手段进行语义解释的生成语法理论，扩展了逻辑形式建构的方法论视角。对此，欣迪卡也认为“（这种博弈的语义分析路径）相较于传统一阶逻辑而言，具有哲学的、语言学的和解释学的方法论优势”[①]。在分析哲学的历史传统中，弗雷格对实施严格定义极限概念的数学语言方法中量词的作用没有给予足够重视，而早期的皮尔斯博弈理论也主要涉及符号学，在理论内核上并没有与逻辑真正结合起来。事实上，在逻辑学层面博弈理论被引入语义分析的原因在于传统的过程性真值定义在命题证明过程中出现了某种失效，而博弈论语义学则深化和扩展了一阶逻辑，并且对于一阶逻辑具有很大的包容性。在这里，我们如果反观塔尔斯基所谓真理的不可能性公理定义中存在的说谎者困境，就可以发现其根源在于塔尔斯基过于强调命题的强规范性而忽视了量词之间多重信息的选择和主体的心理态度因素。语义分析的意义在于对科学命题和科学

① Hintikka J. Quantifiers vs. quantification theory. Linguistic Inquiry，1974，5（2）：332.

理论的语义图景进行合理解释，而博弈论语义学则通过语义相对性概念的建立和一阶逻辑内涵的拓展使这种解释的效力得到了极大的提升。

从量词与联结词的关联特性来说，在传统的一阶逻辑中，这一特性没有得到合理的表征，而博弈论语义学则将博弈者在博弈过程中所采取的策略规则作为一种类似逻辑联结词的存在。我们知道，斯科伦函项的证明是量词逻辑中的重要内容，而这种竞争性的策略规则能够通过高阶形态的规范表征为斯科伦函项的存在提供证明。在这一问题上，欣迪卡指出“斯科伦函项的使用能够借助于博弈论语义学得到阐释，并且这种博弈论语义学可以作为斯科伦函项概念的系统化和抽象化体现”①。事实上，就存在的信息状态而言，我们可以把传统一阶逻辑中“我自己”和“自然”的命题博弈看作一种完全信息的博弈，而在博弈论语义学中，博弈者的策略选择则表现为一种非完全信息的选择。以表达式而论，两者的区别在于博弈论语义学具有非依赖性信息的一阶量词 $\exists x/\forall x$ 和命题联结词（$v/\forall x$），从而使博弈者能够信息独立地对公式进行证明。因此，博弈论语义学不仅没有否定演绎逻辑的表达效力，其语义的不完整性反而更加凸显出了语境分析中演绎逻辑的重要性。其意义在于它不仅为量词理解赋予了博弈理论的解释，并且有效地实现了一阶逻辑和二阶逻辑的贯通，从而极大地拓展了量词逻辑的发展空间，使得我们对数学理论的分析可以由语义博弈中逻辑的公式合法性来表征。就此而论，博弈论语义学为认知逻辑和数理逻辑的发展奠定了坚实的基础。

2）博弈论语义学凸显了对于真值判断结构性和系统性的诠释。就语义学与真值理论分析的关系而言，语义构成了句子真值理解的基础和分析的有效手段，而博弈论语义学与塔尔斯基语义学在语义理解和真值定义方面具有很大不同。在语义类型及效力方面，塔尔斯基语义学只是一种严格语义学类型，在自然语言语义学的应用中其有效性受到很大制约。博弈论语义学试图为真值理解开辟新的分析路径。欣迪卡认为，“（博弈论语义学）将真值概念从原子句型中进行扩展……在博弈中其中一方试

① Hintikka J. Quantifiers vs. quantification theory. Linguistic Inquiry，1974，5（2）：334.

图得出正确的原子句型，另一方则相反”①。真理概念是语义分析的核心概念之一，而博弈论语义学的分析模型为揭示科学理论的真理性条件提供了有效工具。这种模型集合的建构与语言博弈活动之间具有类似性，亦即只有在语言博弈过程中才能把被解释的语言和相关联的世界联系起来。

通过真值判断的比较分析，可以发现博弈论语义学与斯科伦函项和赫尔伯特的数学理论有关，因为逻辑上句子的真假是以证实性的策略来表征的，而语义博弈就类似于科学实验的证明，其中不同类型的获胜策略可以反映出命题系统的不同特征。鲁宾斯坦也主张研究“命题程序的类博弈结构……确定真值寻找的经验现象”②，而“有效的结论意味着在某个断言中博弈者总是具有获胜的策略……博弈相关于逻辑效度”③。换言之，在这里命题公式的有效性意味着在博弈函数 *G*（*s*）中无论由博弈者做出任何选择，其结果都能够获胜。因此，语义博弈实际上就是一种证实或者证伪博弈中语义赋值的过程。正是命题与世界之间的意义关联表现为表达者和解释者在博弈活动中二值选择的结果，才使得语言的语义结构与最优化选择的法则密切关联。

在量词短语的结构性分析方面，博弈论语义学对量化句的真值条件确定起到了重要作用。策略的有效性与真值的定义具有等同关系，通过真值判断和分析，我们可以对策略的有效和无效做出区分，由此形成语义结构中语义真值的公式集，即欣迪卡所说“量化句子的真值定义就表示为相关博弈活动中的获胜策略的存在”④。从形式表征来看，博弈进行的过程可以表示为 $G(S:M)$，其中 *M* 为博弈者“我自己”或“自然”，*S* 为语句，语句 *S* 的真值在博弈论语义学中可以解释为：*G*（*S*）中博弈者一方恒态地具有获胜的策略，而与博弈另一方的策略选择完全无关，表示为 $M{=}_{\mathrm{GTS}}S^{+}$，这意味着句子 *S* 在 GTS 的解释中为真。博弈论语义学正

① Hintikka J. Quantifiers vs. quantification theory. Linguistic Inquiry，1974，5（2）：331.

②③ Rubinstein A. Economics and Language：Five Essays. Cambridge：Cambridge University Press，2000：102.

④ Hintikka J. Quantifiers vs. quantification theory. Linguistic Inquiry，1974，5（2）：175.

是由于对真理的定义策略在本质上采取了博弈理论的概念，所以才能系统化地对数学中的 epsilon-delta 极限问题做出处理。塔尔斯基曾认为真值的基本条件在于保证规范语言理论中的句子为真，这种条件性要求考虑了从句法到集合理论的概念。[①] 然而，在博弈论语义学对于真值解释的视野中，塔尔斯基的这种方法类似于采用了非决定性的策略，由此使得语义为真的公式集能够具备合理的证明程序。因此，相对于塔尔斯基的语义方法而言，博弈论语义学的这种将真值定义与非决定性策略进行关联分析的思路很有价值。

3）博弈论语义学随其理论的创新与发展，越来越强调主体认知过程中理性博弈者的知识逻辑性和逻辑结果的非确定性，并且把主体对语境因素的把握和意向性的选择活动纳入逻辑结果的推断过程。作为一种有效的解释性工具，理性思维和逻辑知识是重要基础，而博弈论语义学正是在这一点上超越了纯粹数理逻辑中策略概念的狭隘性，赋予了意义理解以全新的解读方式。语言博弈能够对于人类的认知活动进行合理模拟，而身在其中的博弈者的演绎推理也能提供博弈者理性知识的来源，这与命题演算的形式化展开过程在很大程度上是一致的。从规范性的博弈过程来看，博弈者具有自身固有的信息集，而博弈者在信息集中的选择对应于博弈的逻辑结局，为此博弈者只有在各自的理解模式中尽力掌握更多的语境信息并具备更强的解读能力，才能使双方取得良好的交往成效。

我们认为，博弈者策略性的选择行为内在地蕴含着“形成主体态度个体的、心理的、规范的和社会的背景，从而体现为不同心理意向的趋向性”[②]。也就是说，语言博弈活动中的策略性选择奠基于博弈主体的语言行为理解中，这种语义理解活动不仅关注于主体策略选择的认知态度，而且在整体论的视野中将不同主体间意向性的命题理解扩展到语言使用的界域中，将其作为一种涉及文化社会因素的语境之中的语言现象，从而为命题意义的理解提供了广阔的空间。

---

① 塔尔斯基. 逻辑与演绎科学方法论导论. 周礼全等译. 北京：商务印书馆，1963：35-39.

② 郭贵春. 科学实在论教程. 北京：高等教育出版社，2001：366.

需要指出的是，站在理性人的立场上，博弈者应该在博弈活动中出于效益的考量而改进自己的策略，并通过竞争或者合作的策略实现效益的最大化，这正是博弈论语义学结构性特征的体现。因此，正是在理性博弈的效益目标层面上，博弈者策略性的选择才不仅取决于自身掌握的认知信息，同时也必须依赖于对他人认知信息的掌握和判断。在这里，我们可以把这种信息博弈看作博弈两者之间互为假想敌的对抗形式，在其中双方需要依据自己的认知能力和信息资料形成最优化的选择策略。这一点与历史上冯·诺伊曼的数学博弈理论中关于“最大解”的二人零和博弈具有很大关联。也就是说，在线性逻辑演算中，只要博弈双方以概率分布的形式遵循最优策略中的具体步骤，就能实现效益的最大化。为此，我们应该重视这种典型的博弈过程性特征，正是由于与量词相关的语义博弈就存在于“寻找”和“找到”的活动中，博弈者互动性的判断与认知对于博弈最终结果的确定才能发挥重要作用。

概言之，20 世纪以来的现代逻辑学理论为语义分析方法的进步提供了有力支撑。博弈论语义学超越了严格逻辑语义分析的狭隘性，从情境表征和态度选择，以及动态性和认知特征等方面，为传统逻辑语义学研究注入了新鲜的血液，符合当代科学逻辑的发展趋向。

四、语言的博弈分析及其语境关联

在对语言与世界的关系解释上，传统逻辑语义学由于过分强调概念分析基础上的抽象模型结构，与现实的语用实践存在着较大差异。实际上，在语言与世界之间的关联中，语言作为一种工具使人们获取了关于世界的知识，其操作和使用的方式决定了人们知识的构造。因此，博弈论语义学的运行思路典型地体现了人们力图寻求意义理解基础的心理期望，其最终归宿就是将意义的分析置于语用语境的背景之中进行考察。

1）博弈论语义学为语言意义的解释提供了新思路。如前所述，博弈论语义学将其策略确立为对于量词短语及其存在的语言博弈活动进行关联分析，以便对于量词使用的逻辑条件进行合理解释。欣迪卡认为“量词在本质上存在于寻找且找到的语言博弈活动中”[①]，进而由这种寻找且找到的活动对量词使用的逻辑条件进行合理解释。在博弈活动的进行过程中，博弈者的策略选择表现为将“自我”选择替换存在量词的约束变元而形成的量词顺序。应该指出，这种具有过程性内涵的量词顺序非常重要，在其中存在量词的表征就是“自我”的策略选择，而全称量词的表征就是“自然”的策略选择。因此，从博弈双方活动的内在结构来说，“自我”与“自然”形成了一种互动的制约关系。

我们认为，这里所涉及的“自我”与“自然”的关系问题具有很大的隐喻含义，它意味着内在的自我本身和外在的自然或世界之间存在着一种对抗活动，自我若要在与世界的博弈中获胜，就必须掌握世界的潜在规律和更多信息，以便做出更合理的行为选择。从自然或者世界与自我的关系来看，自然或者世界本身具有一种潜在的惰性，其意义的“产出”依赖于主体的能力和自然的关系。与此相关，在科学理论的分析和命题研究中，博弈双方的活动也内在地契合零和博弈的规则，其中存在命题能够表示为可证实性，而全称命题则能够表示为被证伪性，这样，通过有效的博弈过程和策略选择为命题的经验证明奠定基础。

语言意义的本质是通过博弈参与者之间的语言博弈得到表征，同时语言博弈也可以对理论论证的结构进行解释。应当指出的是，语言博弈与直觉逻辑相互关联，其内在的基本结构与科学理论和逻辑命题的系统表征紧密相关，它可以通过博弈的证明程序最终实现语言博弈的目标。从语言博弈的总体程序来看，论题的博弈过程具有明显的规律性特征，而最后的获胜就以其中一方中止论辩的过程作为结果，并且在排中律的基础上判定胜负和确定博弈的结局。这种排中律的有效性如表 1 所示。[②]

---

① Hintikka J. Logic，Language Game and Information. Oxford：Oxford University Press，1973：59.

② Saarinen E. Dialogue Semantics Versus Game-Theoretical Semantics. Proceedings of the Biennial Meeting of the Philosophy of Science Association，Vol.2. Chicago：The University of Chicago Press，1978：45.

表1　排中律的有效性

O	P	$\overline{\text{rows}}$
	$P_{\vee}—P$	0
?	$—P$	1
P		2
	P	3

其中，o 和 P 为博弈者，(0，1，2，3）为不断地反驳和对抗，P 的反复对抗对于这种结构中排中律法则的有效性是有效的。就逻辑命题而言，这种对抗性的二人零和博弈基础就是语言活动展开的结构过程和证明程序，语言博弈过程中的博弈者个体认知可以转换，而语言活动的证明程序则能够以一种具体的约束性规定保证博弈的语言论证合理运行。

就语言的内涵而言，我们应当明确逻辑程序及语法规则中符号系统建构的重要性，因为其内在特征就表现为这种确定性结构的规范性。在此，也可以基于语言博弈而实现对理论命题的解释，进而通过程序性的论证而展开命题的证明，这在很大程度上说明了语言活动的博弈结构在科学语言研究中的重要功能。此外，与存在量词相关的命题的论证规则表明语言活动的博弈结构具有较强的规范性，它在某种程度上决定着真值判断的条件。因此，相对于命题演算而言，语言博弈在表征结构上是一种逻辑演算的模拟，其论证过程与经验事实无关，这与命题演算要求进行逻辑经验的证明过程具有很大差异。

2）在博弈论语义学的展开过程中，规范的博弈规则具有重要意义。众所周知，对于语义规则的本质和特征进行合理定位，是语义学理论研究的主要工作之一。维特根斯坦对于与意义相关联的语用规则非常重视，他充分肯定了语言的运用需要遵守特定的规则，也就是说，理解意义就是理解它们在各种语用活动中的用法规则。同样，语义博弈规则也构成了博弈论语义学研究的重要内容。从逻辑上看，它类似于真值联结词，能够有效确立逻辑常项的意义，而逻辑常项和量词联结词正是在规则约束下才能在博弈的语义过程中得到表征。在方法论层面，博弈论语义学的博弈展开规则与操作主义也有很大不同，操作主义简单地将科学概念的意义理解与实验操作结合起来，而博弈论语义学则认为在命题集合中对于模型集合既可以采用多维方法加以建构，同时也可以寻找到适当的个体来证实命题，因此萨瑞尼认为，“博弈规则本身就具有语境依赖性”[①]，在博弈的有限步骤和程序中，“博弈规则对语言中的可能句型进行化归，确定博弈的可能性展开程序……最终得出的就是一个比规则应用之前的句型更为简单的句型”[②]。在解释性的语言处理过程中，可以通过与世界的关联对原子句的真假进行判断。从理论方法的比较来看，命题的博弈活动所受制约的博弈规则类似于科学命题的规范结构，萨瑞尼认为，“博弈规则规定了在博弈过程中，后一阶段的博弈公式总是要比前一阶段的博弈公式更为精练”[③]，它在语言博弈活动中表示为取胜的策略选择，只有在此条件下才能赋予命题陈述的可能性。于是，语言博弈作为一种受规则制约的活动与语言和实在密切关联。

从表征类型来看，博弈论语义学建立在结构性的规则基础上，这种博弈规则可以区分为不同的种类，由此决定了不同逻辑类型的差异。以汉德（M. Hand）在其博弈证明程序中的（$G.\&$）和（$G.V$）展开规则为例，如果在博弈中某个回合处于 $S_1 \& S_2$ 的形式的句子时，博弈者 F 选择了 S_i（i=1，2），博弈的回合紧随 S_i 之后；如果在博弈中某个回合处于 $S_1 \vee S_2$ 的形式的句子时，博弈者 T 选择了 S_i（i=1，2），博弈的回合紧随 S_i 之后。[④] 上述这种博弈规则充分说明了，博弈活动的结构规则在某种程度上能够确定博弈者的选择界域，由此形成博弈者活动的规范性。这样，语言活动的规则与逻辑规范形式，以及规范逻辑与交往博弈中的语言实践才能建立紧密的联系。

3）动态的、语用的和语境基础上的语义学研究方法与博弈论语义学的语义分析路径具有内在关联。在语境论的视阈中，博弈论语义学强调具体语境中主体之间有意识的理性交往活动，而博弈者之间的对抗或协

---

①② Saarinen E. Dialogue Semantics Versus Game-Theoretical Semantics. Proceedings of the Biennial Meeting of the Philosophy of Science Association，Vol. 2. Chicago：The University of Chicago Press，1978：51.

③ Saarinen E. Dialogue Semantics Versus Game-Theoretical Semantics. Proceedings of the Biennial Meeting of the Philosophy of Science Association. Vol. 2. Chicago：The University of Chicago Press，1978：47.

④ Hand M. How game-theoretical semantics works：Classical first-order logic. Erkenntnis，1988，29（1）：80.

作是其选择必要而恰当的策略的动力因素。事实上，早在格赖斯的语义学理论中就已经存在着理性博弈思想的萌芽，斯塔纳科（R. Stalnaker）认为，“格赖斯的思想中内在地蕴含着博弈的理性思维，在其说话者意义的讨论中知识和信念类型的博弈思想特别突出，在其交往含义的表述中策略理性也具有重要地位”①。这就意味着，在意义理解的过程中，交流和语用等范畴具有重要作用，而语言的意义并非永恒确定，“博弈者之间的交往活动会影响博弈的结果，交往本身也是一种博弈”②。语言交往的有效性表现为建立在理性策略选择基础上语言的明晰性和确定性。为此，应加强语言内在结构的分析和对于意义的理解。从一般意义上来说，在语言交往活动的现实语境中，参与语言交往和博弈的个体进行有意识的策略选择，旨在取得效益的最优化。对于博弈的系统结构而言，这种博弈者为了实现自身效益的最优化而在策略界域中做出的相应选择，其结果就表现为支付结构（pay-off structure），这成了博弈论语义学理论解释的重要特征之一。

不可否认的是，博弈论语义学的意义分析过程与展开思路在很大程度上与 20 世纪后期动态语义学的发展具有内在的关联。20 世纪后期的动态语义学包括话语表征理论、动态谓词逻辑和量化动态逻辑等。随着语义学的研究由语义的绝对确定性向相对非确定性的转变，博弈论语义学的这种对于博弈效用性的突出实际上是将意义的理解确立在动态的语用基础上，这不仅与弗雷格－卡尔纳普的传统语义学形成了鲜明对比，而且逐渐将语义研究从独立的词语分析转变为整体语境的研究，由此这种动态的整体语境基础便使得语言的指称能够获得更加清晰的意义。

通过对 20 世纪语义学发展所展现出的丰富的理论视域和不同语义分析方法的梳理、厘定，我们可以看到不同研究领域的语义学家在新的世界观引导下，将各自的语义学研究方法从横向上不断扩展，从纵向上

① Jager G. Game Theory in Semantics and Pragmatics，Manuscript. Bielefeld：University of Bielefeld，2008：2.

② Jager G. Game Theory in Semantics and Pragmatics，Manuscript. Bielefeld：University of Bielefeld，2008：1.

不断延伸，不仅力图实现形式化的符号表征与非形式化的符号表达之间的融合，而且逐步有意识地将语义分析的基础锚定在贯通了科学和人文、统一科学知识和哲学理性的语境思维基础上。博弈论语义学自身也在其发展的过程中不断完善理论方法和研究策略，这正是它能够应用于不同科学理论的分析和解释的生命力所在。从博弈论语义学所采取的技术方法和手段来看，语境信息的背景和判断在其中具有重要地位，语义博弈作为研究语言与世界关系的重要工具，也恰恰契合了语境系统中关联网络的复杂性和非对称性特征。同时，博弈论语义学作为语义分析方法中的一种独特研究视角和理论，它的发展和创新在当代语义学的整体推进中显示出越来越明显的理论交叉特性，与这种特性紧密相关的具有最大包容性的语义论思想为博弈论语义学理论建构的趋向提供了引导和基础，而博弈论语义学也只有在语境论的背景中才能使其方法论的完善具备坚实的支撑，从而在未来的语义学发展道路上开创更加广阔的空间。

规范性问题的语义转向与语用进路 *

规范性在西方哲学中始终是一个核心概念，认识论转向以来围绕规范性展开的自然主义与反自然主义、实在论与反实在论的长期争论表明，任何一种哲学范式的确立都有赖于对其自身规范性基础的辩明。规范性问题的重要性一度被理念的实在性与上帝的绝对权威遮蔽，而近代认识论转向和主体精神的自觉最终导致了康德的规范性转向，从而将此问题推到哲学争论的核心。更为重要的是，随着 20 世纪分析哲学的发展，对规范性问题的研究越来越体现出一种语义转向。语义分析方法揭示了语言的使用及其意义与规范性的密切关联，并进而呈现出明显的语用趋向。这使关于规范性本质和内涵的探讨更为细致和全面，展现出其多重意蕴，并同时为意义理解提供了独特视角，拓展了该问题的诠释途径和方法。

---

* 本文发表于《中国社会科学》2014 年第 8 期，作者郭贵春、赵晓聃。

一、规范性概念的内涵与规范性转向

规范性概念体现了人类经验和实践活动的基本特征，但长期以来，人们对规范性概念的认识存在一些误区和争论，比如，将规范等同于规则或规律、将规范性等同于客观性或必然性等[①]。规范性问题的重要性在近代以来逐渐凸显出来，康德的规范性转向不仅使此问题成为哲学探讨的核心与基础，实质上也揭示了认识论与语义学的内在关联，进而为规范性问题的语义转向准备了条件。由于规范性概念在不同领域有不同的应用，所以有必要首先廓清其一般含义。

1. 规范性概念的内涵

规范性概念[②]就其本质而言，始终与某种约束性力量联系在一起，形式上往往体现为具有规范性内容的命题或陈述。这种命题或陈述的典型形式可以一般地归结为包含“应该”等规范性词项的假言条件句，如“如果某人想要……，那么他就应该……”。这就揭示了传统规范性概念的两个基本特征。

1）义务性。规范性所具有的约束性力量往往意味着某种程度的“义务”——只有履行了这样的义务，或者说遵循规范性的要求，才能顺利

---

① 关于规范性的传统见解和争论，一个明显的倾向是将其等同于某种形式的必然性，如近代以笛卡儿为代表的唯理论者试图将规范性奠基于抽象理性的形而上学原则，其目的是为其确立普遍必然的基础；此后康德、胡塞尔、弗雷格及逻辑实证主义者，都沿着某种形式的先验主义将规范性归结为先验必然性或逻辑必然性。同时，在以往的讨论中，规范往往被解释为明确表达的规则，但这种解释隐含着无穷倒退的可能。

② 英文“规范”（norm）源于拉丁文 norma 和希腊文 γνώμων，原意为工匠所用的矩尺，引申为实践或行为的标准、模式、戒律；在古汉语中，“规”与“范”原本也是指工匠使用的尺规和模具。因此，规范性概念本身意味着某种限定、约束和指引，这在不同领域内表现出不同的形式。比如，在自然科学中往往体现为各种定律，在政治学和伦理学中体现为实践活动与行为的准则，在语言中体现为语法规则，等等。这也从一个侧面体现了此概念本身的重要性。但无论如何，规范性何以具有这种约束性力量始终是一个根本问题。

实现某个目标或达到某种效果[①]。因此，规范性对作为说话者、行动者或认识者的实践主体始终有一种约束、范导或调节性的作用。正是由于这种规范性作用，人们才能正确地理解并使用语言、遵守社会行为规范、获取客观有效的知识等。

2）超时空性。尽管规范性是在具体时空和情境下提出的，但规范性要求的效力往往是超越具体时空的。如果一条规则或规范性陈述是正确的，那么它将不仅适用于过去和当下情境，对于未来尚未发生的情况也应同样适用。比如，一条数学计算法则或者逻辑上的推理规则，对于已经发生的计算或推理和对于未来尚未使用的无限可能的计算或推理同样适用。当然，这种超时空性有时只具有相对的意义[②]，因为正如诺里斯（J. Knowles）指出的那样，具体的规范有时是可错的和可废止的[③]。

由于规范性涉及政治、伦理道德、认识活动及语言使用等诸多领域，涵盖了人类实践活动的各个方面，所以要把握规范性概念的意义还需要从不同角度对其做出进一步的区分和界定。

其一，从规范性的来源来看，可以分为外在的规范性和内在的规范性[④]。所谓规范性的来源指的是规范或规则所具有的规范性力量的来源，也就是那些确证了规范性力量的东西。来源问题对于规范性而言具有基础性和本质性地位，如果规范性的来源无法确证，那么规则和规范也就

---

① 仅就传统的规范性概念而言，将义务性作为其基本特征并无不当，特别是由于康德及义务伦理学的影响，规范性的确与义务性联系在一起，而这种义务性本身也预设或内含了价值标准和目的在其中。因此，陈嘉明在讨论知识确证的规范性时，将规范区分为义务论的、价值论的和目的论的。（参见陈嘉明：《知识与确证：当代知识论引论》，上海：上海人民出版社，2003 年，第 83-88 页。）这一区分得到学界的广泛认同。本文原则上赞同这样的区分，但认为这一区分不能无条件地推广到规范性概念涉及的所有领域。分析将表明，规范性并不总是体现为义务性的要求。

② 在传统认识论中，规范性往往被认为是先验的、普遍的、绝对的和不可错的，但这样的理解与先验论一同受到大量质疑和批评。尽管如此，规范性的相对超时空仍可以被视为其显著特征之一，这是规范性概念本身的内在要求。

③ Knowles J. Norms，Naturalism and Epistemology：The Case for Science without Norms. New York：Palgrave Macmillan，2003：8-13.

④ 关于规范性的来源问题，科尔斯戈德（Christine M. Korsgaard）将其解决方案归结为四种：唯意志论、实在论、反思性认可、诉诸自律（参见科尔斯戈德：《规范性的来源》，杨顺利译，上海：上海译文出版社，2010 年，第 20-21 页。）总的来看，这无非或从主体自身，或从主体之外寻找其来源。显然，这一区分实际上体现了内在主义与外在主义在规范性问题上的分歧和争论。

失去了应有的效力与合法性，规范性问题本身也就失去了意义。对这一问题的不同回答实际上造成了两种不同的规范性，一种是在能动者之外的客观世界中寻找规范性的来源，比如，实在论者设定或接受的某些实体、事实或关系，这构成了外在的规范性；另一种是在能动者自身内部寻找规范性的来源，比如，人自身的理性、意志或情感，这构成了内在的规范性。

其二，从规范性起作用的方式来看，可以分为显规范性和隐规范性[①]。显规范性起作用的方式是直接且明确的，能动者可以用来确证其行动的合理性；而隐规范性起作用的方式则是间接的或潜在的。在语言实践中，这两种规范性在某种意义上类似于乔姆斯基对表层语法和深层语法的区分；而在政治、伦理道德及法律层面，显规范性涉及那些明确的规则、规章、法律或者某些明显的可用作指示或参考的东西，隐规范性则涉及作为背景或语境的潜移默化地发挥作用的文化传统和思维模式等。

其三，从规范性的约束性力量来看，可以分为强规范性和弱规范性。不同的规则或规范，其约束力可能存在明显的区别，比如，“酒后勿驾车”与“酒后勿饮浓茶”，前者是必须遵守的规章，而后者只是健康生活方式的一种指导。可见，与强规范性相联系的往往是某种强制性的力量或明显的义务，而弱规范性只是给出了某种正确性条件。[②]

总之，对规范性的任何一种合理解释，都应在充分考虑这些区分的基础上，对其来源、起作用的方式和本身的约束性力量做出恰当的诠释。

2. 规范性问题回溯与“规范性转向”

“规范”一词在希腊文中原指社会共同体的风俗习惯，随着法律和伦理逐渐从中分化出来，规范也成为与“自然”相对立的概念，对规范性的本质与来源的自觉始于智者时期“自然说”与“约定说”之争。这

① 关于隐规范性的阐发在很大程度上应归功于布兰顿，可参见本文第二部分关于实用主义进路的探讨。参见 Brandom R. Tales of the Mighty Dead：Historical Essays in the Metaphysics of Intentionality.Cambridge：Harvard University Press，2002：21.

② 本文所谓强规范性与弱规范性的区分，并非在于命令与祈使之间语力的不同，因为弱规范性不必涉及义务，而强规范性则与某种义务性相联系。

场争论的核心是，人为约定的规范何以具有普遍的合法性和约束力。在苏格拉底那里，规范性奠基于知识的普遍必然性，而柏拉图则将规范性连同目的与价值一并归结为理念本身的实在性，从而开启了规范性论证的实在论进路。在这一进路中，规范性问题实际上被本体论问题消解了。亚里士多德对苏格拉底"美德即知识"的批判表明他已经明确意识到知识理论与行动实践之间的区别。从主观意识的角度来看，这种区别体现为理性与意志的不同作用；从目的论的角度来看，它体现为真理与功用的不同追求；从逻辑的角度来看，它又体现为以"是"连接的实然命题与以"应该"连接的应然命题之间的区别。这些区别在中世纪基督教哲学和神学中又都被无与伦比的"上帝"概念取消了——上帝的意志作为一切规范性的来源是无可置疑的。

随着近代文艺复兴和工业革命，对知识力量的推崇促使人们反思和质疑知识的普遍必然性，而对新知识的渴求又促使人们追问知识的来源及获取正确知识的有效途径。这就使在认识论的讨论中，规范性成为首要问题，唯理论和经验论都试图为知识建立可靠的规范性准则。对于经验论而言，虽然以"奥康剃刀"原则清算了柏拉图主义，但经验本身却不足以为规范性奠基，而这一点实际上由休谟明确地揭示出来。休谟一方面彻底否定了以经验为基础建立因果必然性的可能，另一方面提出了"是"推不出"应该"的所谓"休谟法则"，并由此导致了事实与价值、描述性与规范性的二分，从而使得通过描述经验事实的因果关系来为规范性奠基成为一种"自然主义谬误"。①

正是由于近代经验论的这种局限，康德才诉诸认识主体的先验理性来为规范性奠基，因此，近代的认识论转向最终体现为一种主体性转向。这一转向同时也是从外在规范性到内在规范性的转向。笛卡儿开启的这一主体性转向在康德那里得以完成，而其标志就是康德的"规范性转

① Sellars W. Empiricism and the Philosophy of Mind. Cambridge：Harvard University Press，1997：19.

向”[①]，其可归结为以下三个方面。

其一，判断负载价值[②]。就休谟法则本身而言，它只断言“是”推不出“应该”，而这两种判断之间的差别并不意味着存在独立于价值的事实判断。康德认为判断本身就包含了对判断内容或对象的一种承诺，这种承诺意味着主体对他所持的信念和所做的事情负有责任，也就是说，必要时主体有义务和责任为他自己的信念和行为进行辩护。因此，只要存在判断的正确性标准，那么任何判断都是包含有价值维度的规范性评价。

其二，从本体“自我”转向责任“自我”[③]。在笛卡儿那里，认识主体同时也是作为纯粹思维实体的“我思”。由于康德将判断和规范性与责任和义务联系在一起，所以他眼中的认识主体同时也是承诺判断正确性的责任主体。在此意义上，康德将规范性评价带来的责任和义务看成是人与其他动物之间区别的一个根本标志。显然，作为主体的“自我”从笛卡儿的本体论区分到康德的非本体论区分，实际上出现了一个规范性的转向。

其三，从规范性转向元规范性。唯理论纠结于“真观念”的辨明，笛卡儿和斯宾诺莎都把“清楚明白”作为真观念的标准；康德对规范性的运思并不以观念或概念为起点，而是以判断为基本单位，因此他转而考察判断或命题正确性的先验条件，即知识的可能性条件。如果说唯理论者试图建立知识的规范性准则，那么康德就是在元规范性的层面上追问规范性准则本身的可能性和来源，这与他要求在使用理性之前对其认

---

① 布兰顿认为康德的大多数代表性观点都印证了这一转向。布兰顿主要是从“自我”意义的转变来界定康德的“规范性转向”，也就是下文谈到的第二个方面：“自我”从本体论意义的实体转变为规范性意义的责任主体（参见 Brandom R. Tales of the Mighty Dead：Historical Essays in the Metaphysics of Intentionality. Cambridge：Harvard University Press，2002：21-22.）布兰顿将这一转变称为“规范性转向”，认为其意义丝毫不亚于“哥白尼革命”。“规范性转向”可以说是近代“认识论转向”深入发展的结果。

② 事实与价值的二分往往被追溯至休谟法则，尽管关于休谟的本意仍存在争议，但无论如何，休谟至少明确将这两种判断形式区分开，而任何跳跃性的尝试都必须“加以论述和说明”。尽管康德表明了判断本身离不开价值性，但他对必然王国和自由王国的区分又容易造成误解，因此，随着新康德主义对价值哲学的大力推广及逻辑经验主义对形而上学的清算，事实与价值的二分被夸大，受到普特南、杜威等人的批判。

③ 参见 Brandom R. Tales of the Mighty Dead：Historical Essays in the Metaphysics of Intentionality. Cambridge：Harvard University Press，2002：20.

识能力做一番先验的考察是一致的。在此意义上，康德的规范性转向其实也是一种元规范性的转向。

康德的规范性转向标志着近代认识论主体性转向的完成，使得规范性成为认识论的根本问题，进而在哲学探讨中占据核心地位，对于伦理学特别是义务伦理学也有非凡的意义。20 世纪哲学的“语言学转向”之后，规范性的核心地位更加显露无遗。虽然在认识论和语言哲学中始终存在着强大的自然主义思潮，但从根本上讲，自然主义通常并不质疑规范性本身，只是试图对其本质和来源做自然化处理，以非规范性的术语来解释或消解规范性。自然主义的诘难从另一方面彰显了规范性的基础性地位和重要意义。在当代分析哲学领域中，对语言意义明晰性和确定性的追求正源于如下信念：存在语言使用的正确性条件，语言实践本身就是规范性的。这使分析哲学家们一度坚信，只要解决了语言的规范性问题，一切哲学问题都将随之消失。这构成了规范性问题“语义转向”的内在动因。①

二、规范性问题的语义转向

由于对明晰性和确定性的追求，分析哲学在相当长一段时间内将逻辑看成是哲学的本质，将规范性归结为逻辑必然性，而对其的探讨也就蜕变成关于逻辑本质的探讨。就此而言，早期分析哲学在规范性问题上可以说是康德先验逻辑的嬗变。然而，随着蒯因对分析哲学传统的批判，对规范性的本质和来源的关注变得越来越强烈。一个显著的变化在于，语义分析在规范性解释中发挥越来越重要的作用，使整个探讨呈现出明显的语义转向。这一转向虽然主要以克里普克对维特根斯坦规则遵循问题的解读为标志，但其根源同样可以追溯到康德的先验逻辑中所蕴

① 由弗雷格、罗素、维特根斯坦及维也纳学派推动的“语言学转向”将哲学活动归结为语言意义的澄明，以此将传统的形而上学争论当作无意义的命题，并将其逐出哲学的领地。由于语言被认为是分析思想的唯一途径，而语义又是语言意义最基础的部分，这就使得语义分析逐渐成为当代哲学家普遍采用的研究范式，而这也促使规范性问题的当代研究呈现出明显的“语义转向”。

含的有关语义规范性的深刻洞见：语义规范性在逻辑上优先于认识论规范性。

1. 规范性：从认识论到语义学

康德的规范性转向并不是要建立某种规范性准则，而是探究规范性本身的构成性要素或条件。康德最终将其归结为作为纯粹知性概念的先验范畴，后者构成了知性综合统一的规范性活动的规则。因此，康德以意识的先验综合能力说明认识的可能性，以先验自我意识的统一性说明知识的客观必然性，从而将规范性奠基于先验必然性。但是，康德的规范性转向并不能简单地理解为将规范性归结或还原为先验必然性，而应注意其考察方式体现出的元理论意义。这事实上已经超出了认识论的范畴而涉及语义领域。正如布兰顿所指出的那样，康德的深刻之处在于，他看到认识论问题预设了语义学问题①。知识概念预设了表征概念，但康德关注的并不是知识何以能成功地表征对象，而是一个表征的意向是如何形成的。也就是说，"是什么使我们的概念指向外部世界，指向它们关涉的事物"。康德通过先验概念的"客观演绎"来解释"概念能够先验地和对象发生关系的方式"②。在康德看来，形式逻辑的规则只是先天的空洞的重言式，也就是纯粹的分析判断；而他的先验逻辑却是能够用于经验性对象的普遍法则，由此而产生的先天综合判断既是普遍必然的，同时又具有后天经验内容，因而是有意义的。可以恰当地说，先天综合判断产生的过程同时也是意义获得与形成的过程，这直指当代语言哲学的核心——意义问题。

意义问题用康德的方式来表述就是"语言表达式具有它所具有的意义是如何可能的"。这样，其解决方案就包含以下两个步骤：首先以类似主观演绎的方式构建语言表达式运用的先验规则；然后以类似客观演绎的方式将规则用于后天经验性对象，从而产生有意义的语言表达式。这

---

① Brandom R. Tales of the Mighty Dead：Historical Essays in the Metaphysics of Intentionality. Cambridge：Harvard University Press,2002：22-23.

② Kant I. Critique of Pure Reason. Indianapolis：Hackett Publishing Company，Inc.，1996：142.

可称之为意义问题的康德式解决方案，现代分析哲学中人工语言学派用数理逻辑的严密规则构造精密的人工语言，以此替代含糊不清的日常语言，正是这一思路的体现。

康德开启了规范性探讨的先验进路，而这揭示了语义规范性对于认识论规范性的优先性——虽然这一问题在此后相当长时间内没有受到应有的重视，即使在“语言学转向”之后情况也没有得到明显改观。在很大程度上，这是因为语言使用的规范性仅仅被当成一种毋庸置疑的预设，而规范性本身的内涵和本质却没有得到澄清。因此，关于语义规范性问题的探讨总体上仍只是局限于传统范式，要么寻求某种规范性准则（如逻辑实证主义的证实原则），要么对规范性做出某种还原（如某种逻辑必然性或克里普克的后天必然性）或替代解释（如蒯因的自然主义解释）。

2.“规范性”的语义转向：几种研究进路及其局限

克里普克于 1982 年出版了《维特根斯坦论规则和私人语言》，虽然现在普遍认为他误读了维特根斯坦，但其分析所引发的争论却改变了规范性问题探讨的方式，使规范性概念和规范性判断的语义分析成为被普遍接受的研究范式，导致了规范性问题的语义转向。在分析哲学领域中，这一转向演变为三种不同的研究进路。

第一种进路大体可以称为还原主义进路，集中于规范性表达式的语义分析，试图将规范性概念还原为非规范性的，或者以非规范性术语为规范性表达式构建成真条件。其理论形态主要有以下三种。

1）心理语义学。主要代表人物是布莱克本（S. Blackburn）和吉伯德（A. Gibbard）[①]。这一进路反对真值条件语义学而主张心理语义学，试图通过心理学术语给出规范性的合理解释，将规范性归结为欲望或情感等非认知性的心灵状态，而不是信念之类的认知性心灵状态。此外，这一进

① 参见 Blackburn S. Ruling Passions：A Theory of Practical Reason. Oxford：Clarendon Press，1998；Gibbard. A. Wise Choices，Apt Feelings. Cambridge：Harvard University Press，1990；Gibbard A. Normative and recognitional concepts. Philosophy and Phenomenological Research，2002，64（1）：151-167.

路试图以非规范性术语解释这些心灵状态，并将规范性事实排除在对规范性的基础解释之外，因而被称为规范性的反实在论。

2）因果指称论。波义德（R. Boyd）和斯滕伯格（N. Sturgeon）主张以因果指称理论处理规范性概念的意义，具有明显的实在论倾向①。他们认为自然种类词的意义在于词项指称特定自然种类的方式，这种方式在因果上决定了或限制了我们以恰当的方式使用该词项，从而将规范性术语的语义学消解为自然种类术语的语义学。

3）概念分析。主要以杰克逊（F. Jackson）、佩蒂特（P.Pettit）和史密斯为代表②，试图以双条件句的形式给出规范性陈述为真的充分必要条件。他们把这种双条件句看成是概念真理，而且这种概念分析必须是非循环的，也就是说，必须用非规范性术语来详述规范性陈述为真的充分必要条件。

第二种进路是寂静主义实在论。麦克道尔和帕菲特（D. Parfit）都持这一立场③，认为规范性不可还原也无须还原，不存在任何实质性的或诠释性的解释，以此消除关于规范性的语义争论。按照这一观点，表达式“我不应该谎报数据”意谓的是说话者不应该在数据上作假，至于“一个人不应在数据上作假”这一信念究竟意味着什么，不需要也不存在进一步的解释。甚至我们如何能知道这一规范性命题，如何能有关于它的合理信念，也都没有任何实质性解释的必要。

第三种进路是实用主义进路，主要涉及推理主义语义学和概念作用

---

① 参见 Boyd R. Realism，natural kinds，and philosophical methods//Beebee H，Sabbarton-Leary N. The Semantics and Metaphysics of Natural Kinds.，London：Routledge，2010：212-234；Sturgeon N，Moral Explanations Defended// Dreier J. Contemporary Debates in Moral Theory. Oxford：Blackwell Publishing Ltd.，2006：241-262.

② 参见 Smith M. The Moral Problem. Oxford：Blackwell，1994；Jackson F. From Metaphysics to Ethics：A Defence of Conceptual Analysis. Oxford：Clarendon Press，1998；Jackson F，Pettit P. Moral functionalism and moral motivation. Philosophical Quarterly，1995，45（178）：20-40.

③ 参见 McDowell J. Virtue and reason// Mind，Value，and Reality. Cambridge：Harvard University Press，1998：50-73；Parfit D. On What Matters：Volume II. New York：Oxford University Press，2011.

语义学，其支持者有布兰顿、哈曼、霍维奇和布洛克（N. Block）等[①]。这种进路也反对将规范性解释或还原为非规范性的术语，认为对其分析不能局限于语义学层面。意义并不是孤立的，语言表达式只有在使用中，也就是从表达式之间的规范性的推论关系中才能获得意义，而推理能力就是掌握规范。

这三种进路中，第一种进路涉及的其实是显规范性的语义分析，因为它针对的是具有明确形式的规范性表达式，而对规范性概念的任何还原都难免陷入实在论与反实在论、自然主义与反自然主义、认知主义与非认知主义的争论。心理主义语义学将规范性陈述所表达的心灵状态说成是非认知的情感或欲望非常牵强，而且它为了避免实在论，甚至不愿承认规范性陈述可以表达提供真值条件的命题。因果指称理论对规范性词项意义的解释显然具有较强的自然主义倾向，因为其实际上是将规范性词项所代表的属性或关系直接还原为某种非规范性的自然属性或关系。概念分析所提供的双条件句要求概念分析同时又是非循环的，而这实际上很难做到。因为这还是要求将规范性术语"分析"为非规范性术语以避免循环，但这样一来，这个双条件句的分析性是无法得到保证的。

这些理论都试图通过语义分析为规范性表达式的意义提供说明，但还原主义的进路显然存在明显的局限性。至于第二种进路，寂静主义为了避免争论而采取一种完全否定性和批判性的方式，像维特根斯坦那样致力于消解问题而非解决问题。然而，仅仅强调我们凭借理性反思能力就能做到某事，却拒绝对如何做到加以解释显然不够，拒绝回答并不等于问题会自动消失。

第三种进路其实关注的是对隐规范性的考察，这与第一种进路形成了鲜明对照。第三种进路中影响最大、最具代表性的学者是布兰顿，他认为"像规则那样明晰的规范预设了实践中的内隐规范[②]"。这就是说，

---

① Harman G. Reasoning，Meaning and Mind. Oxford：Oxford University Press，1999；Horwich P. Reflections on Meaning. Oxford：Clarendon Press，2005；Block N，Campell J. Functional role and truth conditions. Proceedings of the Aristotelian Society，Supplementary Volumes，vol. 61，1987：157-181.

② Brandom R. Making It Explicit：Reasoning，Representing，and Discursive Commitment. Cambridge：Harvard University Press，1994：20.

相比显规范性，隐规范性更为基础且更为根本。因此，布兰顿坚信规范性必须在社会实践中寻找，认为其就在于表达式之间规范性的可推论关系。

布兰顿的这一立场可以部分地归功于维特根斯坦。维特根斯坦的遵守规则悖论揭示了有关规范性的一个长期以来被忽视的关键特征：人们是在使用语言的活动中才逐渐领会到规则的。这意味着语义规范性并没有先验地设定语法规则或必须遵守的语义事实，其内涵只有结合说话者具体的言语行为才能全面而充分地体现出来。

对规范性的传统研究的确忽略了奠基于社会实践的隐规范性。无论康德还是逻辑实证主义，都只是将规范视为明确清晰的规则而加以考察，还原主义进路对规范性的语义分析同样如此。推理主义语义学的成功之处，便在于重新发现了隐规范性的基础性和决定性作用，布兰顿强调语用的优先性，他的整个语义理论以“推论”为出发点与核心，完全颠倒了传统语义学的建构方式。

事实上，对规范性的语义分析完全可以采取不同的进路，对隐规范性的解释与阐明虽然涉及推论关系但也不必完全建立在其基础上。显规范性和隐规范性这两个维度本身就意味着，规范性意义的构成包含语义和语用两个并非彼此独立和相互平行的层面，而任何有关其合理解释都必须对这两个层面给出融贯一致的说明。就显规范性而言，传统语义学研究将其等同于规则，将规范性等同于一种规则的强规范性，但是对语言表达式的正确性条件分析将表明，规范性要求首要地体现为一种弱规范性。就隐规范性而言，信念及相关心灵状态的语用规范性同样是一种弱规范性。因此，基于弱规范性，语义学的“应该”与语用学的“应该”可以很好地结合起来，为全面理解规范性的本质奠定基础。

三、规范性问题的语义分析

规范性的“语义转向”要求我们在讨论此问题时首先应在语义层面

澄清其内涵和本质，即对规范性问题做出恰当的语义分析[①]。这一过程不仅提供了规范性概念的合理解释，同时也为语言表达式的意义提供了规范性说明。关于语义规范性，博格赫森提供了一种广受认可的说明：表达式之所以具有它所具有的意义，乃是因为存在正确运用该表达式的条件。比如，“假设表达式‘绿色’意谓绿色。立刻会得出‘绿色’这个表达式只有对这些事物（绿色的事物）而非另一些事物（非绿色的事物）有正确的使用”[②]。这表明，语言表达式的意义与运用该表达式的正确性条件应处于一种规范性的联系之中。因此，规范性问题的语义分析首先是对语言意义的正确性条件做出分析。

其一，从发生学的角度讲，语言的意义及其正确性条件都依赖于共同体的言语实践。尽管说话者可以通过语言表达式做出各种断言，但他使用表达式的正确性条件始终依赖于他所处的语言共同体的规范语境，而且作为理性的存在者，人类的言语实践活动总是基于一定的理由并受到各种规则的约束，这种约束正体现了言语行为的规范性特征。此外，对说话者言语行为的评价也依赖于语言共同体的公共语言和评价准则。可见，无论是具体的言语行为还是语言表达式的意义，都具有规范性特征，依赖于一定的正确性条件。正是由于言语实践的这种特征，共同体成员才能判断一个表达式的使用是否正确，因此，不能对言语行为进行简单的因果性还原，或者以自然科学的解释模式来说明说话者的行为倾向和语言表达式的意义。但需要注意的是，尽管语言表达式的使用受到正确性条件或规则的限制和约束，但不能由此认为语言表达式的意义是由这些条件或规则先验地决定的，进而在柏拉图式的超验领域或个体的内在状态中寻找规范性的根据。言语实践的规范性维度要求我们在语言

① 需要指出的是，虽然意义问题或许无法仅凭语义分析而得到完全解决，语义分析方式在规范性问题的探讨中也显示出其局限性，但它极大地增加了规范性问题讨论的深度和广度。而且，下文的内容将表明，这种语义分析需结合说话者具体的言语实践，很自然地会延伸到语用的层面。这不仅有助于澄清规范性的内涵及其本质，而且为意义问题的解读提供了新的视角。

② 参见 Boghossian P. Is meaning normative ?// Content and Justification：Philosophical Papers. Oxford：Clarendon Press，2008：95-99；Glock H-J. Meaning，rules，and conventions// Zamuner E，Levy D K. Wittgenstein's Enduring Arguments. London：Routledge，2009：159-160.

共同体构造的动态语境中理解意义，将语言表达式的语义规则与交流者的具体状态相结合，从而对表达式的意义和说话者的心灵内容都进行正确性条件的分析。

其二，语言表达式使用的正确性条件表明，如果一个表达式意谓了什么，这就表明说话者如何正确运用该表达式受到了一些规则或规范性条件的约束。这里需要关注的并不是一个语言表达式的意谓如何能在不同情境中保持同一，而是说话者运用表达式的正确性条件何以可能。例如，对于说话者以“+”来意谓加法而不是其他函项，需要关注的并不是说话者如何保证在 t_2 时刻运用“+”的方式与 t_1 时刻相同，而要探讨这种运用与“+”的意谓之间的关系。

其三，语言表达式的正确性条件常常体现为规则，而这些规则主要通过以下两种方式发挥作用：①语言表达式的正确运用与某种规则相关联，这种规则虽然对说话者的言语行为提出了必要的限制性条件，但不能决定表达式的意义——这可称为描述性或调节性规则；②语言表达式的某些规则并不局限于描述的层面，而对表达式的意义具有构成性和决定性作用，则其可被视为较强的规定性规则。后者不仅指定了表达式运用的正确性条件，而且能够意指某个能动者“应该/不应该”做什么的义务和责任。

相应地，作用不同的规则所体现的规范性要求也不同。描述性规则对语言表达式的运用有所限定，表达了规范性的一般要求，而规定性规则要求更高，表达了一种较强的规范性。根据这种强规范性，如果一个语言表达式的某种运用有意义，或者说话者能够将该表达式正确地用于某一对象，那就表明他“应该”甚至“必须”这样做，否则就违反了自己的语义义务。显然，强规范性是就纯粹的语义层面而言，而没有涉及说话者的欲望、意向、认知等语用因素。

事实上，强规范性难以达到。虽然语言表达式的规则与意义密切相关，但这种相关性并不蕴含某位说话者“应该”如何的责任和义务。举例来讲，我们说“绿色”这一语词“应该”被用于那些呈现“绿色”这一特征的对象，如此才符合该语词的意义，但由此不能推出任何说话者负有将该语词用于所有“绿色”对象的义务。这种要求不合理。而且，也不能排除这样的可能性，即某位说话者在特定情境中由于欲望、审美等原因而将“绿色”用于其他对象。可见，包含“应该”的规范性陈述并不直接涉及某位特定的能动者，也没有将某种义务归于任何人。因此，当说话者没有将表达式用于它所适用的对象时，可以判断他做出了错误断言或犯了语义学错误，但不能认为他违反了强规范性意义上的语义义务。

这里可以借康德“应该蕴含能够”[①]的著名法则进一步加以分析。这一法则表明，如果一个规则或命令没有被遵守的可能性，那么它是无意义的。虽然在康德哲学中，这一法则有其伦理学意义，但也有助于理解语义学中的规范性问题。原因在于：①如果认为说话者或能动者“应该”履行某一行为，就相当于在逻辑上肯定了他“能够”这样做。例如，如果我们预设说话者“应该”将一个表达式用于某一对象，那么可以推出，该对象“能够”体现说话者想要意谓的特征，或者“能够”符合表达式运用的正确性条件。②“能够”并不蕴含“应该”，即由说话者“能够”正确地运用一个表达式，并不能推出他“应该”如此行为，否则就违反其义务和责任。

假设 A 为任一能动者，P 为任一事件，根据康德的法则，如果“A 应该做 P”是成立的，那么可以推出“A 能够做 P”。但还要注意另外一种情况，即否定“A 能够做 P”是否可以得到“A 不应该做 P”？[②]后一推论是不成立的。由“并非‘A 能够做 P’”推出的应是“并非‘A 应该做 P’”，而不是“A 不应该做 P”。“A 不应该做 P”表示 A 负有不去做 P 的义务和责任，而“并非‘A 应该做 P’”表示 A 没有一定要做 P 的义务和责任，二者显然不同。因此，我们由“并非‘A 能够遵守一项规则’”不能推出“A 负有不去遵守这项规则的义务”或“A 必须不遵守这项规则”，

① 康德曾多次强调过这一法则，如：Kant I. Critique of Practical Reason：45-46；Kant I. Critique of Pure Reason：737；Kant I. Religion and Rational Theology// Wood A W，di Giovanni G. Cambridge：Cambridge University Press，1996：92-94.

② 否定“A 能够做 P”的情况稍显复杂，因为“并非‘能够’”至少包括两种情况：① A 没有能力做 P；② A 由于道德、法律等其他方面的原因而不能做 P。由于此区分不影响推论的过程和结果，所以没有必要就此分别予以讨论。

实际上，合理的结论是“A 没有遵守这项规则的义务和责任”。

在规范性的语义分析中，同样可以采取类似的策略。假设任意一位说话者 S 以一个语言表达式 x 意谓某种意义 F，那么“应该蕴含能够”可重构为：

S 以 x 意谓 $F \rightarrow (a)$(S 应该（将 x 用于 a）$\rightarrow$ S 能够（将 x 用于 a））

而“S 能够（将 x 用于 a）”实际上表明，对象 a 具有表达式 x 所意谓的特征和属性，如果我们用 f 表示这种特征与属性，那么可以得到：

S 以 x 意谓 $F \rightarrow (a)$(S 能够（将 x 用于 a）$\rightarrow$ a 是 f ）

分析可知，如果 S“应该”将表达式 x 运用于一个对象 a，那么 a 就具有 x 所意谓的特征，也就是 a 能够体现表达式 x 运用的正确性条件，即

S 以 x 意谓 $F \rightarrow (a)$(S 应该（将 x 用于 a）$\rightarrow$ a 是 f ）

根据上述表达式，如果没有“a 是 f”，会得出“并非‘S 应该将表达式 x 用于某对象 a’”，也就是说，“S 不具有将 x 用于 a 的一种义务和责任”，而不会得出“S 不应该将 x 用于 a”，或者“S 有不将 x 用于 a 的义务”。① 总之，当否定 a 具有 x 所意谓的特征 f 时，如果 S 仍然将 x 用于 a，S 可能犯了错误，但不能说他违反了“应该”的语义义务；另外，如果肯定 a 具有 x 所意谓的特征 f，也不能推出 S“应该”将 x 用于 a，其中仍然没有“应该”如何的语义义务。如前所述，说话者“能够”正确地运用一个表达式并不意味着他做了“应该”做的事。

总之，语义规范性的合理解释意味着，即使某个语言表达式的运用正确，也并不表明对强规范性的承诺。因为表达式的正确性条件只是体现了一个表达式“应该”被如何运用，指出言语行为的一些构成要素和有意义的表达式的必要条件，并对言语实践涉及的基本概念做出明确说明，但不会决定说话者运用表达式的具体过程。同时，基于规范性视域的语言使用问题的分析，不会仅限于语言表达式意义和说话者信念内容的阐释，更要进一步追问表达式意义的实现条件、构成基础及相关信念得以坚持的理由。这些特征凸显了规范性问题在当代分析哲学中的方法

① 参见郭贵春，赵晓聃．意义的非事实论与规范性——规则遵循问题的语义分析．哲学研究，2011,(5): 46-54.

论作用。

四、内容的规范性：从语义到语用

规范性问题的语义分析指出了语言表达式运用的一些必要条件，表明规范性首要地是一种较弱意义上的规范性，它对表达的使用起到的是一种调节和指引作用。更重要的是，这种语义分析不会局限于对语言的形式化分析，而会扩展到说话者言语行为的心灵状态和语境因素。因为事实上很难设想一种仅仅产生于语义本身的“应该”，这种“应该”不可避免地会涉及信念、意欲、希望、意向等命题态度，命题态度所涉及或意指的东西就是心灵状态所具有的内容或命题内容。这就意味着对语义规范性的考察要结合内容的规范性。

如果与表达式运用的正确性条件相关的语义规范性主要涉及显规范性，那么内容的规范性主要是一种隐规范性，而内容的规范性首要地体现为内在信念的规范性问题。比如，根据克里普克解读规则遵循悖论时提出的加法例子，如果一位说话者以“+”来意谓加法，并不能推出说话者在面对“68+57”时将会得出“125”这个结果，而只能认为说话者应该得到这个结果。[①] 如果继续追问“应该”是否足以充分说明说话者得出“125”的原因，就会发现，尽管说话者知道“+”的指谓及“125”这一结果符合运用“+”的正确性条件，但是他仍然可能不会得到该结果，因为他可能没有这样做的信念或者故意以违反正确性条件的方式来做断言。

---

① 在《维特根斯坦论规则和私人语言》中，克里普克以加法运算为例对规则遵循问题进行了解读，进而探讨了语言表达式的使用与意义问题。特别是，说话者基于何种理由和根据而使用某一语言表达式来意谓某个对象，比如，以“+”意谓加法。如果这种意谓与某种语义事实或实在论式的真值条件有关，那么就要追问是什么事实决定了他对该表达式的正确使用。克里普克假定了一位试图寻找这种事实怀疑论者，他对“+”指谓加法函项表示怀疑，并定义了一种“quus”规则，根据这一规则，68+57 的结果是 5，而不是 125。怀疑论者进而排除了所有可能成为语义事实的候选项，指出那种语义事实是不存在的。克里普克认为，这些候选项具有明显的倾向性特征，它们本身不足以说明语言表达式的意义归因问题，语言表达式与其未来使用之间的关系应该是规范性的。为了避免由怀疑论者的推论得出彻底的意义怀疑论，克里普克进一步提出了“怀疑论解决方案”。具体内容参见 Kripke S. Wittgenstein on Rules and Private Language.Cambridge：Harvard University Press，1982：8-9，37-38，68-75。

可见，规范性的语义分析必然会深入到心灵内容的规范性，而在不同的心灵状态中，信念具有毋庸置疑的优先性，因此，要解决内容的规范性问题就必须首先解决信念的规范性问题。

1. **内容的规范性与信念的优先性**

信念问题在内容的规范性解读中具有优先性。心灵内容的规范性解读使语义学分析突破了传统形式语义学的局限性，它并不强调语句的结构表征与句法算子的描述，而侧重于在语言实践的基础上来考察说话者的信念、意向等问题，从而使意义理解的条件更有充分性和具体性。

人们对于同一个命题可以有不同的命题态度。命题态度可以由“相信”“希望”“认为”“要求”等命题动词来表示，也可以由“知道”“看见”“感觉到”等认知动词来表示。前一类动词体现了世界向心灵的适应指向；而后一类动词则体现了心灵向世界的适应指向。当然，还有一些是零适应指向的，仅以相关命题内容的满足为前提，难以在适应指向的意义上加以探讨，如“对……感到高兴”“对……感到生气”。[①] 无论这些命题态度体现了心灵状态的何种特征，它们基本上都非对称性地依赖于“信念”的概念，即使是对非信念概念的理解，实际上也都隐含了信念的首要性与优先性。例如，对“意欲”这一命题态度的理解，就包含了有关“信念”的前理论预设。[②]

---

① 有关“适应指向”问题的详细区分可以参见 Searle J. Mind，Language and Society. New York：Basic Books，1998：99-104.

② 在内容的规范性的相关探讨中，信念问题的重要性已经明显体现出来。但关于信念与其他一些心灵状态之间的具体关系问题，则存在不同见解。态度问题的功能主义者认为，信念和意欲这类概念是彼此密切关联的，它们之间并不存在任何不对称性。然而，博格赫森等人对此予以反驳，认为对于意欲等概念的理解不对称地依赖于对于信念的理解。在这里，我们赞同后者的观点。需指出的是，博格赫森在分析了信念的特殊性之后，主要将信念的规范性与心灵内容的自然主义论题相联系来进行讨论，而没有进一步分析信念归因中的构成性与评价性问题。我们主要从信念在内容的规范性中的优先性地位出发，从不同角度分析意欲等心灵状态对信念的依赖性，进而从构成性与评价性两个维度来看信念的规范性，同时强调其中的合理性问题。参见 Boghossian P. Is Meaning Normative? // Nimtz C, Beckermann A. Philosophy - Science - Scientific Philosophy: Main Lectures and Colloquia of GAP.5, Fifth International Congress of the Society for Analytical Philosophy, Bielefeld, 2003, Mentis, 2005; Hattiangadi A. Is meaning normative？ Mind & Language, 2006, 21(2): 220-240; Glock HJ. Meaning, rules, and conventions. Polymer International, 2008, 60(9):1355-1361.

其一，某种感觉状态、事态或命题成为“信念”的对象而非“意欲”的对象是可能的。可以设想这样一种情况：即使说话者“意欲”或“想要”的对象并不为真，但他却可能“相信”或“认为”该对象是真的，因为说话者可能有关于对象“如何”的想法但却没有“想要”这一对象“如何”的欲望。对此，有人可能会提出质疑：欲望和信念这两个因素的结合正是构成行动理由的充分条件，那么信念的优先性实际上存在吗？诚然，如果从行为者的行动动机和理由来看，可能会更倾向于强调欲望的作用并将其看作与动机有关的本质状态，从而认为信念只是促成行动的一种偶然和辅助的方式。这种分析进路可追溯至休谟的“信念—欲望”理论，但这里并不涉及行动的动机和理由及其来源与构成，而是将“应该”与意义归因、信念归因、“真”等问题密切关联起来。

其二，难以设想这样一种情况，说话者有“意欲”的对象却没有关于这一对象的任何信念。比如，无法融贯地设想一位说话者完全不了解或不认为对象处于某种状态，但他却有“想要”该对象处于这一状态的欲望。欲望与信念的这种不对称性可以通过“从言的”（de dicto）和“从物的”（de re）两个层面来分析。首先，从“从言的”层面来看，假设有一个命题 p，在某一情境中，仅当一位说话者拥有关于 p 的某种命题信念（de dicto belief）时，他才能“意欲”或“想要” p；也就是说，只有以这种信念为前提，他关于 p 的欲望才是可以谈论的。例如，如果说话者 S“想要”天气变得更加晴朗，那么仅可能是由于他对晴朗的天气已经有某种信念。其次，从“从物的”层面来看，说话者关于某一对象的欲望也依赖于他对该对象的客体信念（de re belief）。例如，假设一位说话者“想要”某一事物，但他如果没有关于该事物是否存在的任何信念，那么其欲望便无从谈起。由此可见，就同一命题的规范性问题而言，对“意欲”与“信念”的分析必须要考虑到这种不对称性。

推广来看，在有关某一命题的各种命题态度中，除了对“意欲”的分析体现了对“信念”的依赖性之外，其他命题态度如“希望”“生气”“高兴”“恐惧”“担忧”“要求”“猜测”等，也都隐含了对“信念”的前理论预设。

2. 信念的构成性维度与评价性维度

信念的规范性需要在其构成性与评价性两个基本的维度上分别予以分析。

其一，从信念的构成性来看，首先要明确是什么构成了一个说话者“相信……”，或者是什么构成了一个具有合理性特征的信念。另外，从“应该”的角度来解析以“真”为目标的信念的构成性条件，也可以体现信念归因与意义归因之间的关联。首先，考虑与某一个词项相关的信念：如果说话者S拥有将词项w用于某个对象x的信念，且这一信念对于“真”的目标来说是构成性的，那么他就“不应该”将w用于那些非x的对象，否则他就无法正确地把握该词项的意义。然而，需要注意的是，所谓的“不应该”并不是指说话者具有不将w用于非x的义务或责任，而只是表明说话者将w用于非x是不正确或不恰当的。其次，考虑关于命题的信念：如果说话者S相信一个命题p，那么他“应该”相信p是真的。如果这种构成性条件没有得到满足，那么这个说话者就会陷入自相矛盾的困境。如果他拥有“相信p”的信念，却同时认为p是假的，这显然是不合理的。

其二，从信念的评价性来看，主要需考察构成一个说话者“相信……”的理由是什么，或者说话者能够将其信念评价为“真”需要满足什么样的准则。这种准则突出地体现在命题信念方面。有关客体信念的评价性条件是显而易见的，如果信念与其对象之间构成一种适应指向的关系，“相信”的条件就得到了满足。而命题信念的评价性准则可以表述为：对于一个命题p，仅当p是真的（或能够得到辩护的），（主体）应该相信p。对此可能会存在一些争议，比如，如何界定“真”或得到辩护的条件？在命题p得到辩护时，一个主体“相信p”的信念会涉及他“应该”如何的义务吗？需要指出的是，一个主体在遵循这一准则时也要避免将“应该”扩大化，“真”或“得到辩护”只是构成了信念规范性的条件或前提，但并不意味着只要满足了这种条件，主体就有一种“应该……”的内在义务或责任。另外，需要澄清的是，在信念的评价性维度上，关键问题并不是“真”信念的辨明与命题知识之间的关系，即此并非一种知识论层面的探讨。

3. 信念的规范性及其合理性

如果一个信念体现了心灵向世界的适应指向，仍不表明信念本身具有一种强规范性。正确性条件可以作为信念归因的一个必要前提，但不能作为充分条件，否则会导致规范性问题的扩大化和规范性要求的不合理性。

前文在分析语义规范性的正确性条件时已经指出：语言表达式规则的正确性并不蕴含强规范性。在信念的规范性中也存在类似的情况，如果可以将一位说话者的信念评价为“真”或者该信念的正确性条件得到满足，能够就此推出说话者“应该”甚至“必须”做某事的义务吗？通过对信念归因的双条件式分析可以澄清这一点。[①] 以命题信念为例，对于任一主体 S 与任一命题 p，则有：

“S 相信 p”是正确的，当且仅当 p 是真的（能够得到辩护）。

在上述双条件表达式中，这种“正确性”是可以接受的，但是能否进一步在规范性的意义上理解这种“正确性”呢？假设“正确性”蕴含“应该”的意义，同样可以得到一个双条件式：

S“应该”相信 p，当且仅当 p 是真的（能够得到辩护）。

但这里的“应该”能否成立呢？可以将此双条件式分解为两部分来考察它们是否具有一种分析的等价性。这两部分可以分别表述为：

1）如果 p 是真的（能够得到辩护），则 S“应该”相信 p。

2）仅当 p 是真的（能够得到辩护），S“应该”相信 p。

其中，2）是可以接受的，它表明了构成一个说话者“相信……”的信念需要满足的正确性条件，这符合前面提到的信念的评价性维度。然

---

① 关于内容的规范性中的信念问题，博格赫森曾引述吉伯德的具体事例进行了分析，试图表明事实上的“真”并不蕴含一种内容的规范性。然而，我们认为，这种结论虽有一定的合理性，但博格赫森没有详细区分规范性的不同层次，因而仅止于此还不能充分说明内容的规范性问题。本文这里试图基于对信念的分析进一步说明，规范性可以体现为强弱和显隐等不同层次，而内容的规范性则主要体现出一种隐规范性与弱规范性的特征。

而，1）表明，只要p是“真”的，就“应该”相信p。这一层面的规范性要求无疑指出了有关“应该”的充分条件。但这种充分条件难以满足，因为要求人们相信一切可以评价为“真”的东西，这一过强的规范性要求显然是不合理也不符合实际情况的。

可见，规范性的语义分析与内容的规范性密切相关，探讨一个语言表达式的正确性条件也在某种程度上意味着理解相关心灵内容的正确性条件。但是，与表达式的正确性条件不同的是，心灵内容的正确性条件通常并不体现为明确的规则，而是根植于语言共同体的文化传统与语言习惯中，在此意义上，语义规范性主要体现为一种显规范性，而内容的规范性主要体现为一种隐规范性。语义规范性与内容规范性的密切关联意味着，语言表达式意义方面的“应该”（即显规范性）无法脱离说话者信念方面的“应该”（即隐规范性），语义规范性不能脱离信念的规范性而获得独立的说明。

五、规范性问题的语用进路

上文的分析表明，在追问有意义的语言表达式与其运用的正确性条件之间的关系时，需要进一步考察说话者的心灵状态。而对语言表达式和心灵内容的分析始终无法脱离说话者言语行为的语用意蕴和语用效力。传统的语义分析方法关注的主要是显规范性和强规范性，因而不足以刻画规范性问题的整体图景。

规范性就其基本论域而言，主要可以区分为意义和内容这两种不同的规范性。关于前者的分析表明，与强规范性相比，弱规范性更能体现规范性要求的合理内涵；关于后者的讨论揭示了隐规范性比显规范性更具有基础性和决定性地位。这就体现出规范性探讨的一种整体变化：从显规范性到隐规范性，从强规范性到弱规范性。这一变化实际上指出了规范性问题在研究进路和探讨方式上的总体趋向，即从语义规范性到语用规范性的转变（图 1）。

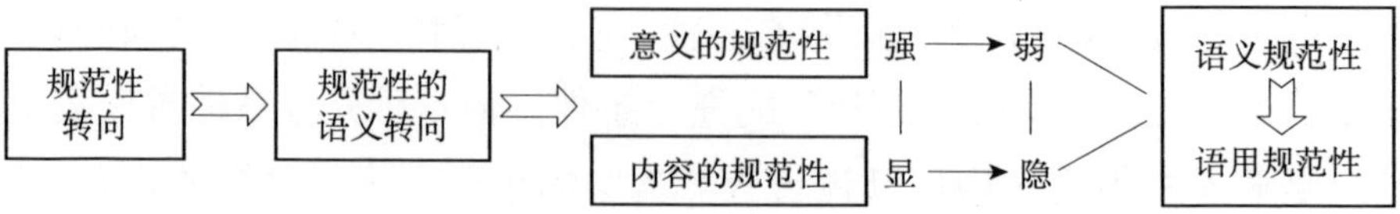

图 1　规范性转向

这就意味着，要澄清规范性的本质和内涵，语义学的“应该”需要结合语用学的“应该”，语义规范性中渗透着非语义规范性的特征。说话者的意向、欲望、行为、态度等方面的语用分析对于说明语义结构和内容具有重要意义。这就使规范性问题的探讨无论在研究内容还是在方法论层面都呈现出一种语用进路，而此进路具有以下基本特征。

首先，从意义发生的原因和过程来看，规范性的语用进路肯定了意义在本质上对于使用具有依赖性。语言表达式的意义正是在共同体成员的言语行为实践中建立起来的。虽然意义与使用之间有密切关联，但仍应对此关系采取一种较为审慎的解读方式。意义使用理论的坚持者常常遵循“意义即使用”的原则，但这一原则往往遭到过度阐释而被误解和滥用。在强调“使用”的同时不应该忽略言语行为的规范性特征和语言意义的规范意蕴，如果仅从行为主义视角对言语行为进行因果性还原，就会忽略意义的自主性，导致意义的消解或解构。也就是说，要避免通过“去规范性”的使用而消解意义。

其次，规范性传统研究和语义分析将规范等同于规则，将规范性等同于显规范性，这就使规范性成为一种强规范性。虽然语言表达式的使用具有一些约束性的规则，表达式的意义也与规则密切相关，但不能因此认为这些规则或正确性条件完全决定了意义甚至等同于意义。说话者处于语言共同体中，其言语实践必定会遵循一定的规则，体现出某种规范性特征，但正如前文所指出的，那种决定意义的强规范性的合理性令人质疑。某些使用理论者将语言的使用与棋类游戏做类比。[①] 在棋类游戏

① 维特根斯坦在《哲学研究》中反复将语言规则与棋类规则做类比，以阐明其语言游戏理论，这一类比受到语言使用论者的普遍重视。达米特为了说明语义规则对于意义形成的重要性也曾采用这一类比（参见 Dummett M. The Seas of Language. Oxford：Clarendon Press，1996：96，102-103.）。但也有很多人反对这一类比，如戴维森曾分析了遵守规则的游戏与语言实践之间的重要区别（参见 Davidson D. Subjective，Intersubjective，Objective. New York：Oxford. University Press，2001：106-121.）。

中，下棋的目标、步骤及结果完全是由参与者约定的规则决定的，规则也构成了这一活动的意义。然而，语言的使用与此不同，没有遵循这种规定性规则的言语行为并非无法获得意义，也不代表违反了某种语义义务。虽然语言共同体的言语实践是意义发生的前提，但仅仅着眼于意义的发生角度或言语行为的实施过程并不能充分地解释意义归因，规范性的语用进路仍坚持意义的独立性和自主性。

最后，将规范性等同于显规范性的另一个后果是，它使对规范性的语义分析容易陷入还原主义的窠臼，把规范性特征或关系看成是对自然特征或关系的一种表征。而推理主义语义学将规范性归结为规范性表达式之间的推论关系，这又容易导致语言与世界的分离。规范性的合理解释在强调语用规范性的同时，并不否认规范性表达式具有表征外部世界的命题内容，因而没有置身于语言与世界的关系之外。其不同之处在于：①规范性仅仅指定了表达式运用的正确条件，由此而产生的规范性约束较弱，且不能做任何形式的还原。因此，规范性的语用进路不再仅仅诉诸具有明确规则形式的显规范性，也不再仅仅把语言表达式看作表征外部世界的符号系统，而主要在言语实践过程中考察交流者的意向、信念，以及他们在达成理解的过程中需具备的条件；②在规范性构建的解释模式中，我们不再认为表达式对其对象的指称或表征是不证自明的，不再把“指称”“意谓”“真”等看作毋庸置疑的前理论意义的概念，而是结合内容的规范性，通过说话者的信念归因来具体说明这种表征关系和表达式的正确性条件，进而达到意义归因的辨明。

因此，基于一种弱规范性的理解，规范性的语用进路将语义学的“应该”与语用学的“应该”结合起来，规范性往往与说话者的命题态度或心灵状态联系在一起，并且依赖于说话者使用语言表达式时所持的相关信念。因此，显规范性的语义解释必然导向关于信念规范性的语用解释，而这一过程表明，态度、信念等语用层面的规范性不再是可有可无的，它对于语言表达式的意义发挥更为基础性的作用。

其一，意义与未来行动的意向之间的规范性联系体现了语用的特征和指向，对规范性的语义分析内含着对语用规范性的依赖。克里普克曾指出："计算错误，我能力的有限性及其他干扰因素可能会导致我没有'倾向于'像我'应该'的那样来回答，如果确实发生这种情形，我就没有按照我的意向来行动。意义和未来行动的意向之间的关系是规范性的，不是描述性的。"[①]这里的"规范性"并不意味着强规范性，运算者或说话者的未来行动源于他要达到的某种目标或要满足的某种欲望，他想达成这种愿望就应该做某事。如果他没有做到，并不会必然得出他违反了某种义务。

这里的"应该"只是表明，为了符合某种意向或实现某个目标，做出某种行动是合适的。这种规范性可以类比于康德哲学中的"假言命令"，后者从经验上设定了一些达到某种既定目标的可能方法，即如果某人想要达到某种目的 P，就应该做 A。当然，就一般情况而言，如果没有做 A，并不表示某人做了他"不应该"做的事，也不一定表示某人没有达到目的，因为可能存在其他达到目的的方式。不过，规范性与这种假言命令还是有区别的，因为它并没有像假言命令那样从经验上指定实现一个目标的可能方法，而只是强调说话者"应该"以符合他"意向"的方式来行动。比如，如果说话者要正确而有意义地运用"马"这个词项，就要将"马"用于对象的马，这是表达式运用的恰当方式。但是，如果说话者没有将"马"用于它适用的对象，也并不表示他违反了语义义务，只是说明其意向没有实现，其中不涉及规定性的"应该"。可见，意义与未来行动的意向之间的关联并不是内在的或本质的，说话者或能动者所谓的"应该"主要取决于他所处语境中的非语义学特征，与欲望、意向、认知等因素密切相关，常常体现的是道德、审美、法律等方面的"应该"。在语言共同体的实际交流中，强规范性的语义学"应该"几乎是不存在的，它仅仅表示一种假设的达到意向目标的方式或手段，需要通过语用的规范性才有可能完成。

其二，通过规则和意义之间的关系来解读语义规范性时，以语用背景为基底分析规范性的内涵和本质比单纯的语义分析更加有效。如果一

① Kripke S. Wittgenstein on Rules and Private Language. Cambridge：Harvard University Press，1982：37.

个语言表达式有意义，那就一定有其运用的正确性条件或规则。然而，说话者遵守了这些规则是否就意味着他做出了正确的断言？反之，就做出了错误的断言？如果这些规则只体现了语义学规范性的一般要求，或许可以做出这样的推论；而如果这是强规范性要求，则不仅可以这样推论，而且还可以进一步要求说话者以“应该/不应该”的方式做出断言。可是，实际情况并非如此，规则的规范性本质和力量更多地体现在语用层面，以保证语言共同体的交流互动能够顺利进行。举例而言，塞尔曾对以言行事的行为结构进行了分析[①]，其中的真诚性规则指出，只有当说话者 *S* 相信 *p* 时，才断言 *p*。然而，实际上会有这样的情况发生：①即使说话者 *S* 遵守真诚性规则，他仍有可能做出不正确的断言。比如，*S* 确实真诚地相信 *p*，但断言时由于某种原因发生了错误。②即使说话者 *S* 违反了真诚性规则，他也仍有可能断言 *p*，于是做出了正确的判断。比如，*S* 虽然不相信 *p*，但由于说谎或其他原因，结果也断言了 *p*。可见，遵守规则并不总是意味着做出了正确的断言；同样，违反规则也并不总是意味着做出了错误的断言。规则对于能动者并没有强规范性要求。正是在语用背景的基础上，言语行为的变化体现了与具体语境趋向的内在关联性。

其三，在信念的规范性解读中，推论的合理性问题也显示出语用分析的旨趣。有关信念规范性的探讨不能仅限于某一个体单一信念的合理性，而且还要考察信念之间推论关系的合理性；也就是说，单一信念需要被置于一个信念集之中才能得到充分说明。首先，为了说明将某一信念归于一位说话者的原因，或者解释这一信念为“真”的合理性条件，需要将说话者彼此相关的一组信念融合于一种前后融贯的理性模式之中进行分析，进而在此模式之内确定已有信念集的限制性条件。在这一过程中，只有结合心灵状态的内容和语义属性进行分析，才能体现语用规范性在确立限制性条件时所具有的导向意义。其次，在对说话者的信念进行归因的过程中，还需要把握构成其合理信念集的各种背景因素，而语用意蕴和效力也渗透在信念之间的推论中。

---

① Searle J.Speech Acts：An Essay in the Philosophy of Language. Cambridge：Cambridge University Press，1969：64-67.

可以考虑这样两个例子：①对于一个命题 p，如果说话者 S 相信 p，并且 p 蕴含 q，能否得出 S 相信 q？这种推论是不合理的，因为要清晰地解释一个说话者的信念、意向等命题态度，必然要了解相关背景性问题。由于命题态度具有语义的不透明性，在尚未全面把握一个说话者对某一事态的理解程度、表征能力与表征方式之前，无论命题 p 蕴含 q 还是等价于 q，都不能由“说话者 S 相信 p”就直接推出“说话者 S 相信 q”，否则就会违反命题态度的严密性和确定性。②对于一个命题 p，如果说话者 S 相信 p，并且 p 蕴含 q，能否得出 S“应该”相信 q？如果未辅以一些限制性条件，这种涉及“应该”的推论过程也是不恰当的。因为就说话者本身而言，他在言语行为中并没有体现出有“相信 q”的义务，所以这种信念归因还缺少具体说明与合理性辩护。

其四，通过对语言表达式功能的特征化表述，可以对表达式“应该”如何被运用的问题进行语用分析，从而消除强规范性导致的困难。有关表达式“应该”怎样被运用实际上并不隐含说话者的语义义务，如果把这种“应该”理解为关于表达式功能和特征的表述，会使问题更清晰。比如，说“黑色”不应该被用于“雪”，这可以理解为对谓词“黑色”的部分特征描述。也许有人在某一时刻出于某种原因而将“黑色”用于“雪”，也并不表示他做了违反自己语义义务的事。又如，伞“应该”被用来遮阳挡雨，这种“应该”只是表示了伞的功能特征。如果伞没有被用来遮阳挡雨而用作他途，也并不说明使用者“不应该”有这样的行为。

由此可见，规范性问题的语义分析不可避免地涉及其语用特征，对意义与内容这两种规范性的阐释都内含着一种语用意蕴。因此，只有将语义规范性和语用规范性这两个基本维度相结合，进而凸显语用规范性在言语实践中的基础性和指引性作用，才可能更清晰准确地把握规范性问题。

六、结束语

规范性问题的重要性伴随着近代认识论转向和主体精神的自觉而逐

渐凸显出来。这一过程在康德那里完成，使得规范性成为认识论的关键与核心，进而揭示了认识论中蕴含的语义学问题。随着 20 世纪语言哲学的发展，规范性与语言意义紧密交织在一起，而语义分析方法在对规范性的探讨中也发挥着越来越重要的作用。

从康德探讨规范性问题的先验方式中，我们不仅要看到认识论的规范性中预设了语义学问题，更要看到语义规范性与认识论规范性的必然关联和前者对于后者的优先性地位。然而，规范性的传统语义分析要么仅仅关注显规范性而将规范性不加区别地等同于强规范性，要么片面强调规范性对主体的强制性义务要求而忽略了弱规范性。对规范性表达式的正确性条件的分析表明，规范性首要地是一种弱规范性，信念等命题态度的语用规范性也确证了这种弱规范性的合理性。这一分析同时也揭示出，在探讨主题上，规范性研究经历了从语言到心灵、从意义到内容、从（强规范性和显规范性意义上的）规则到（弱规范性和隐规范性意义上的）正确性条件的变化；在方法论特征上经历了从语义规范性到语用规范性的变化。

就规范性的探讨主题来看，需要注意的是，尽管目前体现出一种从语言意义到心灵内容的研究趋向，但不能因为内容的规范性涉及主体的认知状态或心灵状态而简单地将这种趋向看作向认识论规范性的一种回归。因为内容的规范性始终是与语言意义的形成与归因密不可分的，它对于构建一种合理的意义理论不可或缺，也是全面理解与充分阐释语言意义的一种必然诉求。

结合当代语义学的发展来看，在规范性论题的方法论建构中，规范性的语用进路既体现了一些传统语义学理论的优势，也显示出其丰富性与独特性。首先，规范性的语用进路明显区别于还原主义和寂静主义进路，它并不试图对规范性做出某种形式的还原，也不赞同取消问题悬搁解释的做法，尽管还原主义为规范性问题建立了一种典型的语义分析方式，比如，条件句分析，但由于忽略规范性的内隐维度，这种分析就显得颇有局限。实用主义进路虽然强调隐规范性的考察及语用在这种考察中的优先性，但是这将种规范性完全归结为语言推论的实践则显得有些矫枉过正。我们所主张的语用进路试图在弱规范性的基础上将语义和语用、显规范性和隐规范性结合起来，从而为规范性提供完整一致的说明。其次，规范性问题研究的一个基础是对语言表达式的规则和使用的分析，从根源上讲，对语法、语义和语用规则的分析自然地属于规范性问题的论域。而且，规范性问题的语用进路指出，规范性的“意义”层面需要借助“内容”层面而得以说明，意义归因需要借助信念归因才能得以充分解释。因此，这种规范性问题的分析模式不但满足了形式语义学对语言意义精确阐释的要求，而且比传统形式语义学的意蕴更丰富。最后，规范性的语用进路表明，说话者意向层面的表征与语言对外部世界的表征不仅同样重要，而且在语义的阐释中，甚至前者更具有基础性和优先性地位。因此，语形、语义和语用在语言共同体成员构建的言语实践基底上实现了有效结合。这不仅满足了自然语言语义学的特征，更重要的是，语义规范性与语用规范性可以构成一种规范性语境，其中我们对于意义的分析既不会脱离言语实践和语用层面，又能把握意义的准确性、明晰性与相对稳定性。总之，“语义的整体性就是意义的整体性，由于它是由相关语境的整体性所决定的，语义分析方法有其特殊的整合性功能”①。

规范性问题的多重意蕴为我们构建了一个探讨意义问题的动态语境，在审视传统的意义解读方式的同时也融合了其中的合理性因素。基于这一规范性语境，我们既能通过语义分析而对语言表达式的意义及其正确性条件有所说明；又能借助语用分析对语言表达式的运用及说话者言语行为的特征有所理解。在规范性的要求与引导作用下，这两种维度密不可分。在此基础上，我们不仅可以进一步澄清规范性的内涵及其本质，还可以将语用层面的意义解释纳入传统的语义分析。于是，在相关语用背景中，言语行为中的语用推理和语用效力提供了探讨表达式意义的必然选择，从而在使用理论的基础上凸显了语言实践的规范性层面，丰富了哲学中意义讨论的图景。另外，语用规范性的独特方法论作用使得语

① 郭贵春. 语义学研究的方法论意义. 中国社会科学，2007，(3)：77-87.

义阐释得以深入和拓宽，从而为当代语义学拓展了一种视角新颖的研究进路。更值得注意的是，规范性的语用进路也在一定程度上转变了我们对于语义分析与语用分析方法的传统理解。语用分析不再仅仅作为语义分析的一种辅助或从属部分。当我们基于规范性语境来考察二者的差异性与互补性时就会发现，语用分析也可以为语义分析提供一种基础性说明，正如语义规范性必然地会走向语用规范性，语用规范性可以发挥一种引领性作用。这对于我们理解和把握当代语义学的发展具有重要意义。

规则遵循与意义的规范性 *

由于克里普克对维特根斯坦规则遵循问题的阐发及其引起的热烈讨论，规范性在语言哲学领域受到了越来越多的关注。目前对规则遵循的探讨已不再局限于对克里普克解读方式的争议，而更关注其中语言表达式的意义问题。因为当我们寻求规则遵循行动的理由和根据时，就不能仅限于经验层面的因果分析或满足于规则遵循悖论的解决方式，而要追问：如何理解这些规则所体现的指引性和规范性力量？语言表达式的意义是否具有规范性维度，何以体现这一维度？这就需要我们在探讨语言的使用、规则和意义时分析其中的规范性问题，并将规范性与其相关概念做出比较和澄清。

---

* 本文发表于《科学技术哲学研究》2014 年第 6 期，作者赵晓聃、郭贵春。.

一、规范性与倾向性

维特根斯坦在《哲学研究》中通过规则遵循悖论揭示了一种困境[①]：能动者的行动往往是在规则的指引下进行的，但在试图说明遵守规则的行动时就会发现，我们恰恰是通过行动而理解和诠释了规则，因此，作为原因的规则似乎又可以被看作行动的结果。而且这些规则本身也是需要解释的，这就导致了解释的无穷倒退。实际上，这一悖论为我们理解语言的使用及其意义提供了独特视角。正如规则遵循活动那样，语言运用的规则也只有通过共同体的言语实践才能得以理解。克里普克通过对规则悖论的扩展性解读进一步探讨了语言表达式的意义问题。在《维特根斯坦论规则和私人语言》中，克里普克描述了一位怀疑论者，他对我们习以为常的加法运算和语言表达式的使用提出了质疑，进而追问是怎样的语义事实构成了说话者使用语言表达式的根据，如：说话者以“+”来意谓加法而不是卡法（quus）。为了找到能够确定语言表达式意义的“事实”，怀疑论者考察了那些可能成为这种语义事实的候选选项并将它们逐一排除。那么，构成表达式意义的基础或“事实”是什么？应该如何解释意义的归因问题？随后的怀疑论论证表明，我们无法找到那种“事实”作为说话者运用某一表达式的正确标准，而这种推论继续进行下去就可能导致彻底的意义怀疑论，即能够为说话者使用某一语言表达式提供合理辩护的语义事实是不存在的，没有人可以通过语言表达式来意谓任何东西。为了避免这种可怕的结论，克里普克进一步提出了“怀疑论解决方案”[②]。

在克里普克对意义归因的分析过程中，规范性和倾向性的区分发挥了重要作用。克里普克说：“倾向论者给出了这种关系（我归于‘+’的意义和我对‘68+57’这个问题的回答之间）的一种描述性解释：如果

① 维特根斯坦．哲学研究．陈嘉映译．上海：上海人民出版社，2001：123.

② 这一方案的提出过程和具体分析可参见：Kripke S. Wittgenstein on Rules and Private Language. Oxford：Blackwell Publishing Ltd.，1982：66-77.

‘+’意谓加法，那么我将回答‘125’。但是这不是一种恰当解释，这种关系是规范性的，而不是描述性的。”①

克里普克认为，构成语言表达式意谓的根据并不存在于说话者的倾向性行为中，这些倾向性解释也无法为语言表达式的未来使用提供辩护。因为涉及表达式意义的候选选项与该表达式“应该”如何被使用密切相关，而怀疑论者所找到的候选选项只体现了说话者倾向于如何使用某一表达式。通过观察说话者在某些情形中对某一表达式的有限次使用，倾向论者可以做出描述性解释，但它们无法为该表达式在未来的合理使用建立基础，也不足以说明意义的归因。尽管克里普克未对规范性问题进行明确界定和充分阐释，然而在其论证过程中却隐含着这样一种前提或预设：语言表达式的意义具有规范性维度。

简言之，意义的规范性指的是，语言表达式的意义对说话者如何正确恰当地运用该表达式具有一种约束性和范导性作用，即一个表达式“应该”被说话者以符合其意义的方式来使用。正由于这一规范性维度，当说话者使用某一表达式时，我们才可能判断他使用的方式正确与否。然而，根据倾向论者的观点，意义归因问题可以理解为说话者倾向以某种方式来使用表达式。例如，说话者以表达式 w 意谓某一对象 F 而不是其他，倾向论者可能会这样解读归因的过程，即通过说话者在过去相同的情境中多次使用这一表达式的倾向性行为，我们可以把握该表达式的意谓。实际上，意义归因的倾向论解释很容易因其局限性而受到质疑，如：说话者在过去情境中有限的倾向性行为如何能为表达式未来使用的无限可能性提供标准？如果倾向性行为能够决定某一表达式的未来使用，那么何以解释说话者使用该表达式时出现的错误？面对这些质疑，有些倾向论者或许会诉诸更加完善和精致的倾向性解释，给那些倾向性行为的实施过程附加一些理想情形或条件。但这不仅无助于倾向性解释摆脱困境，还会表明，对于这些理想情形或条件的阐释，我们同样无能为力。在倾向性行为的描述和规范性结论之间，仍然存在着难以逾越的鸿沟。

---

① Kripke S. Wittgenstein on Rules and Private Language. Oxford：Blackwell Publishing Ltd.，1982：37.

因此，有关倾向性行为的描述性事实或许可以在经验的层次上说明规则与遵守规则的活动之间的因果关联，但当我们追问“什么构成了遵守规则的根据和理由，或者什么构成了意义归因的基础”时，却只有在规范性层面上才能得到回答。赖特（C. Wright）、麦克道尔、布莱克本（S. Blackburn）等人同样也看到了这两者之间的明显差异。他们还进一步认为，在克里普克的阐释中，实际上隐含着一种休谟法则式的推理过程。①

休谟法则区分了事实陈述与价值判断：前者是关于对象“是”怎样的一种描述，而后者涉及的是“应该”如何的评价性断言，具有规范性的含义。“是”的断言中并不蕴含“应该”的断言。②赖特等人认为，克里普克的解读过程体现了一种对休谟法则的辩护。倾向论者试图以自然主义的方式确定说话者运用表达式的一组最优条件或理想情形，从而保证当说话者倾向于将该表达式用于某个对象时，这一对象能够在表达式的外延中。然而，问题的关键并不在于是否存在这样一组最优条件及如何确定这些条件，而是与意义归因有关的事实究竟能否被还原为倾向性事实。通过克里普克的解读可知，即使假设在逻辑上存在一种倾向性谓词，它能与体现意义归因的谓词发生共变，也就是说，假设倾向性谓词的外延总是与那些体现“意义事实”的谓词的外延保持一致，我们仍然不能将“倾向性事实”等同于“意义事实”，因为这两者具有根本性差异。从前者的属性中无法得出语言表达式运用的正确性条件，它无法为意义的“规范性”建立基础。

二、规范性与意义

在克里普克的阐释中，怀疑论者的质疑实质上可以概括为：倾向性

① 关于赖特、伯格赫森等人的具体观点和相关解释可参见：Wright C. Kripke's account of the argument against private language. The Journal of Philosophy，1984，81（12）：766-778；McDowell J. Wittgenstein on following a rule. Synthese，1984，58（3）：333-336；Blackburn S. The individual strikes back. Synthese，1984，58（3）：286-299.

② 休谟．人性论．关文运译．北京：商务印书馆，1996：509-510.

解释何以为语言表达式的使用及意义归因的合理性提供辩护。描述性前提与规范性结论之间存在着一种跳跃，因而在对倾向性行为的描述中无法找到这种辩护的理由。克里普克对规则遵循的解读体现了倾向性与规范性之间的明显差异，这点毋庸置疑，然而能否由此认为其中体现了对休谟法则的辩护？这一问题实际上是存在争议的。

1. 意义的“辩护论证”

赖特等人认为克里普克的论证中存在休谟法则式的推理路线，而萨拉巴多（J. Zalabardo）提出了质疑，认为倾向性面临的困境并不足以支持这一观点①。他指出，如果把克里普克的解读看作对休谟法则的又一证明，那么这可能是对克里普克的一种过度阐释。根据他的观点，克里普克关于倾向性的探讨只是表明，说话者过去的倾向性行为和意识过程无法为他在未来正确运用语言表达式建立基础，也无法为他的信念和具体反应提供适当的理由。

就克里普克的加法例子而言，运算者在计算“68+57”的时候，他得出答案的方式应该与其过去运用函项“+”时的倾向相同，他归于“+”的意义应该能为运算者现在的信念和反应过程辩护，而我们在倾向论的解释中却找不到能够提供辩护的根据。那么确定一个表达式意义的语义事实在哪里？克里普克说：“我是否应该为我当前意谓加法而非卡法的信念辩护，因此通过我过去所倾向的那种假设而应回答‘125’？（我记录并且研究了我大脑过去的生理机能了吗？）”②在萨拉巴多看来，克里普克表明，要使说话者的回答过程得到合理性辩护，这一过程就必须与说话者在过去运用同一函项做出断言的生理机能或意识产生联系，也就是说，该过程必须与相关语义事实形成有意识的固定联系。因此，萨拉巴多主张，我们在克里普克的文本中所能找到的论证应该无涉于休谟式的推理思路，他把克里普克的论证归结为如下步骤：

1）必须有一个合理的步骤来决定我是否将一个谓词用于一个对象。

---

① Zalabardo J L. Kripke's normativity argument. Canadian Journal of Philosophy，1997，27（4）：473-475.

② Kripke S. Wittgenstein on Rules and Private Language. Oxford：Blackwell Publishing Ltd.，1982：23.

2）只有当这种步骤与这些事实（决定了我应该将谓词用于哪些对象的事实）具有有意识的固定联系时，这种步骤才是合理的（得到辩护的）。

3）在决定是否将谓词归因于对象时，我并没有考虑在理想条件下是否会这样做。

从 2）3）两个前提，可以推出：

4）如果在理想条件下如何运用谓词的有关事实决定了应该把谓词用于哪些对象，那么我用来决定谓词运用的步骤就是不合理的（得不到辩护的）。

而通过 4）和 1），这个论证就得出了反倾向论的结论：

5）我应该将谓词用于哪些对象，不是由在理想条件下我如何运用谓词的有关事实决定的。①

萨拉巴多将以上论证过程称为“辩护论证”，他认为在这一论证结构中显然不存在休谟式的推理过程，而只是揭示了倾向性行为与意识过程在解释意义的规范性时所面临的困境。

然而，我们认为，将辩护论证归于克里普克也是有问题的。如果说克里普克的论证不足以体现对休谟法则的辩护，那么将所谓的辩护论证归于克里普克可能同样是对克里普克文本的一种过度解释。因为辩护论证的一个重要前提是，要使得说话者运用表达式的过程是合理的，表达式的运用与决定这种运用的语义事实之间就必须形成有意识的固定联系。可见，如果合理化的意义归因需要具备上述特征，那么信念和行为的辨明都需要说话者密切联系他过去相关的意识过程，而这又可能会导致内在论的倾向。如果萨拉巴多将辩护论证归于克里普克，那么他就要承认克里普克的论证中存在这种内在论的预设。然而，在克里普克的规范性论述中，并不能明显地找到这种倾向。

概而言之，虽然倾向论者可能也注意到了倾向性事实的描述性特征与“应该”断言的规范性特征之间存在鸿沟，他们并非无视这种差异的

① Zalabardo J L. Kripke’s normativity argument. Canadian Journal of Philosophy，1997，27（4）：480-482.

存在，也并非没有考虑到语义规范性的“应该”，然而问题的关键在于，当他们要从语义学的角度为倾向论解读方案做出明确的说明和论证时，会显得力不从心。如果试图以倾向论来解释意义问题，那就必须对倾向性做出系统的非循环的条件分析，而“理想条件”显然无法达到这一要求，这正是倾向论面临的尴尬处境。

2.“能力”解决方案

麦金试图以一种“能力”解决方案来解释意义归因，并由此避免倾向论面临的困境。他认为如果把理解和遵守规则看作说话者具有的能力或潜能，那么这种“能力”可能会为怀疑论论证提供一种较为合理与直接的解决方案，而这也符合后期维特根斯坦对语言的基本看法。比如，维特根斯坦在《哲学研究》中就曾提到：“‘Wissen［知］’一词的用法显然与‘können［能］’‘imstande sein［处于能做某事的状态］’这些词的语法很近。但也同‘verstehen［理解、领会、会］’一词的语法很近（‘掌握’一种技术）。”[①]“理解一种语言就是说：掌握一种技术。”[②]

麦金认为，说话者意谓某对象的事实是由他具有某种“能力”的事实构成的。克里普克的怀疑论者按照经典实在论的方式，致力于寻找可以为意义提供基础的语义事实或使得表达式具有意义的真值条件。然而，语义事实的缺失和怀疑论论证的扩展却可能导致意义怀疑论。根据怀疑论论证，既然找不到任何语义事实作为表达式运用的正确标准，那么说话者的信念和反应与他过去的倾向性行为如何产生联系？如何能够确证规则的要求？这些疑问显然不利于倾向性解释。在麦金看来，如果我们采取关于“能力”的解释，就可以避免这些困难，同时又能充分满足意义的规范性条件。他把这些条件概括为：“（1）解释在一个特定时刻以什么来意谓某事物；（2）解释在两个不同时刻以什么来意谓同样的事

---

① 维特根斯坦．哲学研究．陈嘉映译．上海：上海人民出版社，2001：90-91.

② 维特根斯坦．哲学研究．陈嘉映译．上海：上海人民出版社，2001：122.

物。”[①] 因此，在加法例子中，运算者在不同时刻都能以“+”来意谓加法的原因是：运算者在某时刻 t 以“+”意谓加法是与其此刻运用加法的能力相联系的，而他在另一时刻 t^* 以“+”来意谓加法而非卡法，这同样与他在 t^* 时刻运用这一函项的相同能力有关。说话者之所以能够在不同时刻以一个表达式意谓相同的对象，是因为他运用该表达式的能力是相同的。

麦金试图通过“能力”解决方案避免倾向论的缺陷，但其阐释也存在以下几个问题。

其一，“能力”解决方案同样不能恰当地回应怀疑论论证的挑战，“能力”并不比倾向性更具有说服力，因为“能力”的内涵和来源没有得到澄清。例如，运算者在不同时刻都具有加法运算能力，但其根据又是什么？麦金认为说话者因为其能力而具有相关的倾向性行为，但他并没有阐明这种能力的形成过程。

其二，“能力”解决方案的提出本来是为了使倾向性解释摆脱怀疑论的困境，然而这一目标只有在说明这些问题的基础上才可能达到，即倾向论成立的基础和根据、规范性概念的内涵、倾向性与规范性之间的关系等。如果这些问题尚未明确，那么麦金的建议同样也将面临困境。

其三，麦金探讨的规范性概念与克里普克的概念之间存在差异。按照麦金的理解，“规范性”涉及的是说话者如何能在不同时刻以一个表达式意谓同一对象，或者说，一个语言表达式过去的意义与其现在或未来的意义之间有何联系。然而，克里普克的“规范性”主要探讨表达式的意谓与其运用之间的关系。“规范性”解读方面的差异必然导致麦金的提议无法解除倾向性的困境，这也正是他的解决方案遭受批评的关键之处。另外，“能力”解决方案在选择构成语言表达式意义的“语义事实”时，似乎并没有提出实质的限制性条件，从而也无法说明运用语言表达式的正确条件。

---

① McGinn C. Wittgenstein on Meaning. Oxford：Blackwell Publishing Ltd.，1984：74.

三、规范性、正确性与有效性

萨拉巴多的辩护论证试图在意识过程和生理机能中寻求信念和行为的辨明，但却隐含着内在论的预设，麦金的“能力”解决方案则诉诸说话者在不同时刻运用同一表达式的能力，但这种能力本身又缺乏进一步的说明。这些解读方式都没有把握语言表达式的规范性意蕴。规范性论题所要探讨的并不是说话者的意识过程如何能在不同的情境中与过去保持固定联系，也不是说话者以何种“能力”使语言表达式保持相同的运用，而是有意义的语言表达式与其正确运用的条件之间具有怎样的联系。与之密切相关的另外一个问题是，如果一种规则是有效的，是否意指对一位能动者的规范性要求？为了清晰地把握规范性的要求，我们需要将其与正确性、有效性等相关概念进行比较和澄清。

1. 规范性与正确性

不可否认，说话者运用语言表达式需要符合一定条件，但这是否意味着说话者负有“应该”如何的责任或义务？如果说话者没有将这个表达式用于它所适用的对象，这是否违反了表达式的规范性条件所意指的要求？怀汀（D. Whiting）认为，正确运用语言表达式的条件意指对说话者一种强制性的责任要求。他提到：“如果有关一个表达式意义的陈述确实意指了该表达式运用的正确条件是存在的……那么这同样意味着它能否或应该以某种方式被使用。”[①] 因为“正确”是一种规范性词项，如果一个表达式正确地用于某对象而且仅适用于该对象，就表明对本质的规范性的承诺。这一观点遭到了哈特甘迪的反驳，她认为由“正确地运用”并不能推出一种规范性，这里不涉及说话者或能动者“可能”“应该”“必须”或者“不能”“不应该”做什么。如果我们能够将表达式用于一个对象并符合其正确运用的规则，这并不意味着我们做了“应该”

① Whiting D. The normativity of meaning defended. Analysis，2007，67（2）：136.

做的事。①

总体来讲，表达式的正确性与意义的规范性之间的关联可以从两方面来说明。

首先，规范性与语言表达式的正确性不能分开讨论。语言共同体的言语实践构成了说话者正确运用语言表达式的前提。说话者作为语言共同体中的成员，他对语言表达式的理解和运用都受到一种规范性力量的限制和指引。

其次，合理的规范性应体现在一个适度的范围之内。我们常说一个表达式"应该"被怎样运用，但这不表明对某个特定的说话者发出训令或使其承担某种义务。涉及"义务"的规范性实际上对说话者提出了过高的要求，因而也是不合理的。比如，"猫"这一语词应该被用于"猫"这个对象，这符合"猫"这一语词的正确用法，但这并不能得出任何特定的说话者都承担着将该语词用于过去和未来的所有"猫"的义务，这种要求太高了。而且，还要考虑到这样的情况，即某人在特定语境中由于意向、修辞或其他原因而将"猫"用于其他对象，他也并没有违反任何"应该"的义务。

2. 规范性与有效性

如果一条规则或标准是有效的，能否表明其中蕴含着能动者"应该"如何的规范性？正如规范性不能等同于正确性一样，规范性也不能等同于有效性。但怀汀仍然认为：规则具有指向行动的特征。如果一个规则有效，那么某人的行为符合了这条规则就隐含着他"应该（或将会）"这样做。他借用哈特甘迪游乐场的例子来为自己的观点辩护。②

在一个露天游乐场里，一些游戏设施对乘坐者的身高下限设定为1米。假设有 *A* 和 *B* 两个小孩，*A* 身高高于1米，*B* 低于1米，那么根据那条规则，*A* 可以乘坐这种游乐设施而 *B* 不可以。怀汀认为，如果一条规则

---

① Hattiangadi A. Some more thoughts on semantic oughts: A reply to daniel whiting. Analysis, 2009, 69（1）: 54-55.

② Whiting D. The normativity of meaning defended. Analysis, 2007, 67（2）: 134-136.

有效，那么乘坐者事实上达到或没有达到这个规则自然就隐含了他“应该”或“不应该”去乘坐；反之，如果某人没有遵守这条规则，则他受到批评或惩罚就是适当的。因此，如果一种规则有效地指定了乘坐游乐设施的适当条件，那么这就是规范性问题。对此，哈特甘迪指出，一种规则是有效的并不能表明它本质上是规范性的，不能从中推出某人“应该”或“不应该”做什么。她认为，怀汀之所以这样理解规范性，可能是因为他把游戏准则理解为：

S_1：当且仅当 S 高于 1 米，S 被允许（乘坐）。①

尽管上述规则体现出一定的规范性特征，但实际上是对有效规则的一种过度阐释。因为它相当于做出一种预设：如果一条规则是有效的，那么它必须能够以规范性的表述来说明。然而，游戏准则的有效性并不能规定某人“应该”怎样做。在哈特甘迪看来，如果我们以另一种更为恰当的方式解读这条规则，就不会像怀汀那样对规范性做出过度的阐释。因此，正确而合理的解读方式应为：

S_2：当且仅当 S 高于 1 米，乘坐 X 对于 S 来说才是安全的。

根据准则 S_2 和 A、B 的身高可以推出，乘坐 X 对于 A 是安全的，而不是他“应该”这样做或负有乘坐 X 的义务；乘坐 X 对于 B 是不安全的，而不是他违反这条规则就等于违反了某种义务。因此，一条规则的有效性并不蕴含能动者承担的义务。游乐场规则的相关讨论体现了有效性与规范性之间的关系，这可以归结为以下几点。

其一，结合游乐场的有效性规则，可以理解语言表达中的规范性问题。假设 x 是任意一个语言表达式，而 f 体现了它所表达的意义 F 的特性，f 正是由于这种特性而被运用。如果 x 意谓 F，就可得到：当且仅当 x 可以正确地用于一个对象 a，a 体现了 F 具有的特征 f，即 x 意谓 $F\rightarrow$（a）（x 正确地用于 $a\leftrightarrow a$ 是 f）。该表述的关键之处在于：它没有意指某位特定的说话者“应该／不应该”做什么，只表明如果一个表达式被正确有效地运用，它应具有什么特征。因此，这个表述同样不存在义务方面的规

① Hattiangadi A. Some more thoughts on semantic oughts：A reply to daniel whiting. Analysis，2009，69（1）：56.

范性问题，它更接近于 S_2 而不是 S_1。

其二，有效性并不蕴含能动者“应该”如何的规范性。在探讨有效性与规范性时，首先要考虑什么规则可以被称为“有效的”，有效性是如何被界定的，以及“有效的”规则自身是否有效等问题。如果一条规则本身是无效的甚至是不合理的，或者一种规则原来有效但逐渐不被一个语言共同体所接受，那就无须再谈论它是否应该被遵守的规范性问题，它更不会意指“应该”的行为。

总之，某一语言表达式具有正确运用的条件，或者某一规则是有效的，这并不蕴含说话者“应该”或“必须”做某事。虽然意义的规范性维度为说话者运用语言表达式指出了一些约束性和限制性条件，但并不会使说话者承担任何责任或义务，而是在表达式的意义及其正确运用之间保持一种适度的张力。

四、结束语

只有在说话者使用语言表达式的具体过程中，我们才能充分领会和把握表达式意义的规范性含义，它没有先验地指定表达式意义的语义事实或说话者必须承担的义务，也不主张在纯粹的经验层面建构语言运用的因果机制。因此，无论是基于形而上学领域来寻找所谓的“语义事实”，还是诉诸说话者具体的倾向性行为，都不能为意义归因提供合理性辩护。当我们追问意义归因的“事实”或者什么构成了表达式的某种意谓时，并不是在寻求该表达式意谓的具体对象或传统内涵主义理论所预设的语义事实，而是追问一种处于关系中的有关“使用”的事实，正是这种关系性的事实构成了“意谓”的根据和基础，说话者才有可能使用表达式来意谓某一对象。规范性的意蕴与正确性和有效性密切相关，但规范性既不能等同于语言表达式运用的正确性，也不能等同于规则的有效性，只有将其要求置于一种适当的范围之内才能准确地把握语言表达式意义的规范性问题。因此，规范性维度既体现出对言语实践的限制性和指引性，又不会在本质上决定说话者具体的言语行为。在此基础上，我们可以分析语言表达式的意义对说话者正确使用表达式所发挥的范导性作用，在言语行为的具体语境中澄清并丰富意义的规范性内涵，进而构建意义归因的合理解释模式。

隐喻的语境分析*

在当代，隐喻从多个向度和层面进入哲学研究的视阈。除在诗学、修辞学、美学中所发挥的不言而喻的重要作用外，隐喻也频频出现在心智哲学（如一般精神概念的隐喻形态问题）、科学哲学（如隐喻与解释模型之比较）、认识论（如类比推理）及认知研究（如概念的形成理论）之中。但是无可否认，隐喻首先是作为一种语言现象而存在的。因此，对之做出一种细致的语言哲学分析，是澄清隐喻在上述这些领域的存在、本质及意义的一项基础性工作。

从词源学的角度考察，英文词 metaphor（隐喻）源于希腊词 metapherein，meta 的意思是“超越”（beyond），pherein 则有“提供”“带来”（to bring）等含义。《牛津哲学词典》认为，隐喻是最重要的一种修辞格式，其中有关话题（意旨）被一种用于非字面意义描述的语词或句子来指称；在一种典型的隐喻用法中，“相关特征的结合成为不合逻辑的

---

* 本文发表于《江海学刊》2002 年第 5 期，作者郭贵春、安军。.

和荒谬的，但是理解并不因此而失效"①。伴随着当代哲学运动中的语言学、解释学和修辞学的"三大转向"，特别是在语言哲学和科学哲学的研究中，隐喻得到了愈来愈密集和热切的关注。20 世纪 70 年代以来，西方隐喻研究堪称蔚为显学：一种以隐喻研究为核心并广泛扩展渗透至多学科领域的"隐喻学"（metaphorology）逐渐成形，学术界甚至掀起了一股"隐喻热"（metaphormania），"隐喻转向"（the metaphorical turn）的提法也随之出现。这些现象和动态都不能不引起我们的关注与思考。客观论之，隐喻无论在哲学中还是在科学中，都发挥着不可替代的重要作用，因而具有重大的研究价值和意义。

一、隐喻研究的当代"语境"

传统隐喻研究在当代发生了巨大变化，在某种意义上可以将之称为一种转折或转向。因此，当代的隐喻研究体现出了全新的时代特色。或者可以说，当代隐喻研究是在一种全新的历史语境中进行的。在本体论上，隐喻的地位被大大提高，人们已经从一种语言修辞现象上升到认知和思维的一种内在的、本质性的结构层面上来重新发现和认识隐喻；在认识论上，隐喻不再被看作仅仅具有文学意义上的审美功能，它所特有的科学认知功能也逐渐被揭示出来；在方法论上，隐喻研究被置于更广阔的研究视域内，跨学科的研究方法被广泛采用。至此，人类理智前所未有地清晰洞察到了隐喻这一特殊现象所具有的重大意义。总之，隐喻研究的当代"语境"特征主要体现在以下几个方面。

首先，隐喻不再仅仅被看作是一种广泛存在的语言修辞现象，而且被认为是人类一种重要的认知和思维方式。从结构主义的角度来看，人们在日常生活中所使用的语言，是由其文化的深层结构（deep structure），通过隐喻原则所展现出来的浅层结构（surface structure）。换言之，隐喻不能仅被当作一种语言工具，更重要的是认识到它作为一种基本的

① Blackburn S. Oxford Dictionary of Philosophy. Oxford：Oxford University Press，1996：240.

思维工具的本质、意义和价值。隐喻思维蕴含着某种超越外在现实世界的意向，体现了人类意识与精神活动的原始结构和方向。正如莱考夫（Lakoff）指出的，“隐喻无处不在，在我们的语言中、思想中。其实，我们人类的概念系统就是建立在隐喻之上的”[①]。传统隐喻研究是局限于语言学和修辞学领域的，而当代研究则彻底打破此局限，将之置于心理学、哲学、符号学、文艺学、认知科学、人工智能等多学科综合研究的视域内，并着重揭示其作为人类“心智的修辞方式”（figure of mind）在人类认知、思维及科学理论陈述与交流等领域潜在的巨大作用。

其次，隐喻与哲学和科学的内在关联被逐步揭示出来。自柏拉图至黑格尔，隐喻长期被理性主义传统，尤其是科学理性主义视为理性对立物，从而被排斥在哲学和科学的研究领域之外。在当代条件下，隐喻研究所应有的合法地位得以恢复。哲学方面，从古希腊柏拉图著名的洞穴隐喻，到海德格尔的“语言是存在之家”及其听觉隐喻，隐喻被承认直接参与了哲学的发展，以至于德里达认为整部形而上学的历史事实上无非一部隐喻史；科学方面，隐喻同样是一种“合理的工具”。甚至可以说，近代科学即起源于对隐喻的论争，其结果是哥白尼的地球绕日运行的圆周运动隐喻（circle-motion metaphor）出现，成为一种最强有力的宇宙图景解释模式，对近代科学产生了重大而深远的影响。在当代宇宙学中，则有所谓宇宙起源的“大爆炸隐喻”（Big Bang metaphor）。随着研究的深入和交流的增强，科学家们正在逐渐取得共识，即认为隐喻对科学概念的形成和发展、对科学理论的构造和陈述，均有无法替代的重要作用。

再次，20世纪人类哲学运动中的语言学、解释学及修辞学“三大转向”，更加将隐喻研究的地位凸显出来：隐喻首先作为一种特殊的语言现象受到当代语言分析方法论家的关注。戴维森于1978年发表了著名论文《隐喻的含意》，塞尔也于1979年发表了长文《隐喻》。此后关于隐喻的语言分析继续升温，一大批有关专著和论文不断面世；隐喻与解释学核

① Lakoff，Johnson. Metaphors We Live By. Chicago：University of Chicago Press，1980：1.

心问题的内在关联的研究也已被提上日程，“隐喻理解可作为对较长文本理解的指导”[①]；著名的哲学解释学家保罗 · 利科（Paul Ricoeur）为此发表了专著《隐喻的规则》，将隐喻研究从语词级提升到话语语义级的地位；尤其是在“修辞学转向”背景下的科学修辞学研究中，作为一种最重要修辞手段的隐喻，更成为研究的焦点。在科学修辞学中，隐喻成为“整个非文字设计集合的提喻法”，“构成了从技术语言到日常语言、从形式语言到自然语言之间的桥梁和理解的中介”，“在不同语境中，以不同形态表现出来的隐喻说明，深化了修辞学劝导及其战略构设的灵活性和生动性”。[②]

最后，不仅几乎全部顶尖的英美语言哲学家和科学哲学家都对隐喻问题做出了深入的专门论述（如布莱克、戴维森、塞尔、罗蒂、库恩、蒯因等），而且其他堪称大师级的欧陆哲学家（如卡西尔、伽达默尔、利科、德里达、巴特等）也都对隐喻有精湛的专题研究。可见，隐喻研究既是当代英美分析哲学传统下语言哲学和科学哲学共同关注的重要议题，也是欧洲大陆人文主义传统下解释学理论及后结构主义理论的关注热点。在这一共同的研究课题中，两大传统之间交流对话、互相借鉴及渗透的趋势正在得到自觉和不断的加强。这充分体现了当代哲学运动中科学主义与人文主义融汇发展的整体趋向性。

二、隐喻的语境透视：语形、语义、语用的统一

如果说语词的字面意义表述对语境有某种程度的相对独立性，那么隐喻语言对语境的依赖性要强得多。这种依赖性在于，为说出一个隐喻，说者必须对相关语境条件有深入把握并获得某种“洞察”；而为理解一个隐喻，听者也必须了解自己与隐喻陈述者所共享的特殊语境特征。在语词的字面意义表述中，语词所指的基本特征由语词意义所引起的标准分类法所提供，而在隐喻表达中，听者必须通过语词的再概念化建构意义等级，并运用语境特征决定谈论所指的哪些方面或维度应被考虑为相关

---

① 保罗 · 利科．解释学与人文科学．陶远华，冯俊等译．石家庄：河北人民出版社，1987：176.

② 郭贵春．科学修辞学的本质特征．哲学研究，2000，（2）：25.

的，即语境提示使听者决定隐喻陈述的哪些意义特征应当接受，哪些特征应当被放弃。可以说，离开特定的语境，就无法理解一个隐喻。从而，作为语形、语义和语用的集合和统一体的语境，构成了隐喻分析的切实可靠的基底。

1. 语形是特定语境中隐喻的载体

索绪尔给出了语言符号系统的两组二元对立模式：除能指与所指外，另一项重要的语言差别体系就是句段和语群的对立。句段（即邻接或组合）指句子里各语言元素之间的线性连缀关系，即一个词同其前后可能出现的词的关系，也称结构段关系；语群（即选择或代换）指句子的元素跟其他在句法上可与之互换的元素之间的关系，即句子中的一个词可以用另一个词置换而不会引起这个结构段不能接受，也称聚合体关系。语群代换包含了对近似性的察觉，这是隐喻产生的重要途径之一，即产生一种相对于原来的句子来说其字面意义并不真实的描述。这是对隐喻语形本质的一种深入揭示。布拉格学派著名语言学家雅可布森（R. Jacobson）将索绪尔的句段与语群二元模式应用于失语症的研究中，发现仅具有语群代换能力而丧失了句段组合能力的失语症者，其所使用的语言几乎全部都是隐喻性的。这为索绪尔的理论提供了有力的证明。

隐喻最简单、最一般的句法形式是主谓结构的“*S* 是 *P*”，例如，“世界是一团永恒的活火”“人是机器”等标准形式的隐喻陈述句，通过“是”构成 *S* 与 *P* 的同一关系，从而创造出隐喻的张力结构。一个完整的隐喻往往由“本体”*S* 和“喻体”*P* 两部分构成。有时，隐喻本体不在场，只有喻体出现在句子中，即 *S* 常常在语形上缺席。如果做更进一步的考察，我们会发现：事实上，一个隐喻句子中用作隐喻使用的往往只是其中的某些词，这些词可以称为隐喻的“焦点”；而其余的词是非隐喻地使用的，它们起某种“外架”的作用。例如，“主席犁除（plough）众议使讨论继续”中，“犁除众议”是该隐喻句子的“焦点”，该句剩余部分则构成一种“外架”结构。[①] 很显然，“外架”类似于隐喻句的某种“内部语

① M. 布莱克 . 隐喻 // 涂纪亮 . 当代美国哲学论著选译（第三集）. 北京：商务印书馆，1991：84-85.

境”。另外，需要注意的是，所谓“*S* 是 *P*”的隐喻结构，不同于那种分析的主谓结构，即一个名词主词跟随意义相同的形容词或修饰词的结构。分析的主谓结构可以说是一种没有任何意义差别的同语反复（“*S* 是 *S*”），其中谓词包含在主词的含义范围内，两者是同一的。这种结构在某种程度上排除了对主词概念的任何其他解释，从而切断了其意义的联系和发展。隐喻结构则与此相反，它通过自身特殊的语形构架为意义提供了一种极大开放的可能性。当然，隐喻也可能由其他较为“隐蔽”的句法形式构成。例如，“某某在啃书”中的动词、“华盛顿是美国之父”中的述谓短语也构成隐喻。

我们认为，语形是隐喻赖以存在和体现的物质载体，任何隐喻陈述必然首先落在一定的语形基础上。但同时不能不强调的是，只运用语形分析还无力揭示出隐喻的本质特征。正如利科所指出的，隐喻研究并不是可以“通过将话语语义学还原为词汇实体的符号学来完成的”[①]。尽管语句可以通过语群关系的自由代换构成一种结构性的隐喻关系，但这种关系必须通过语义和语用两个层面获得进一步的说明。

2. 语义是特定语境中隐喻的本质

既然语形只是特定语境中隐喻的载体，它本身并不能反映隐喻的本质，那么隐喻的本质究竟何在？我们认为，由语义互动引起的语义映射是特定语境中隐喻的本质所在。正是两个不同语境中的语义场在同一个句子内部的意义冲突、映射和协调创生出了隐喻意义。正如布莱克所指出的：“我们把一个句子称为隐喻的例句，是指有关它的意义的某种东西，而不是它的正字法、语言形式或语法形式。”“用众所周知的方法来区分的话，就应该把隐喻归入语义学的一个专有名词，而不属于造句法，或任何有关语言的形体方面的研究。”[②]这样，隐喻的语境分析就不能不奠定在语义学的基础之上。首先，根据语义学的理论对隐喻的本体和喻体概念进行细致的语义分析并做出精确界定，这是隐喻语义分析的一个前

① 李幼蒸．理论符号学导论．北京：中国社会科学出版社，1993：343.

② M. 布莱克．隐喻 // 涂纪亮．当代美国哲学论著选译（第三集）．北京：商务印书馆，1991：85.

提和基本出发点。而一个完整的语义分析过程除这一初始步骤外，还应包括以下两个方面：识别由喻体到本体的语义映射传递，以及最后确定该映射引起的语义变化。

1）语义比较、语义替换及语义偏离。比较论是隐喻语义学最为古老的一种传统理论，首先由亚里士多德在其《修辞学》和《诗学》中提出。比较论认为，隐喻实际上是简写的、缩略的明喻，一个隐喻陈述是将两个不同事物之间基础性的"类比"或"相似性"展示出来。大致来说，隐喻类型可分为四种，分别通过类与种概念、种与类概念、种与种概念的比较及类比比较构成。隐喻的本质特征就在于发现两个不同事物间的相似性并将其进行比较，一个隐喻陈述"S是P"应被分析为"有某种性质F和某种性质G，使得S之为F相似于P之为G"。语义替换论由1世纪罗马修辞学家昆体良（Quintilianus）提出。该理论的本质特征在于：认为隐喻实质上是用隐喻词去替代表达同一意义的字面语词的一种修辞现象。例如，"约翰是只老狐狸"中，就是用"狐狸"代替了直接表达法"狡猾的人"从而造成隐喻。在这里，隐喻作者用隐喻词代替表达同一意义的另一个用作字面意义的语词，而读者则需要还原这种替换，以隐喻词的字面意义为线索去寻求作者原想表达的潜在意义。这个过程类似于破译密码或猜谜语。"作者所提供的，并不是他想说的那个意思m，而是由此产生的某种函数$f(m)$；读者的任务是应用反函数f^{-1}，并由此得出$f^{-1}(f(m))$，即其本来的意义m。"[①]

比较论和替换论都仅仅把隐喻视为一种语词层次上的修辞手段，尽管它们在后世被广泛接受并产生了重大影响，但在当代却受到了严厉批评和反对。例如，布莱克即认为这两种理论"模糊"并且"内容空白"，其缺陷在于过于粗糙和表面化，不能对隐喻语义的内在机制做出深层阐释。此外，语义比较论与替换论事实上具有相同的理论实质，二者可用语义偏离论统一解释。例如，在"萨丽一块冰"（塞尔的例句）这个隐喻句子中，比较论将其看作是"萨丽"与"冰"进行对比而构成隐喻，替

---

① M. 布莱克. 隐喻 // 涂纪亮. 当代美国哲学论著选译（第三集）. 北京：商务印书馆，1991：92.

换论将其看作是用“冰”替换了“一个严肃冷酷的人”。无论是比较还是替换，都必须首先承认“冰”对“萨丽”的明显的语义偏离。语义偏离论认为，隐喻就其结构和形式而言，都是对正常语言规则的一种偏离，语义偏离是隐喻语义的一个基本特征。这种偏离有意或无意地违反了正常的语义规则，具体说就是隐喻对语言的字面或普通用法的背离，这一背离引起语义变化，从而造成隐喻。著名解释学家利科进一步认为，偏离本身不造成隐喻，偏离的还原才引起隐喻。这样，一个隐喻就可视为说话者通过改变词义以便偏离减弱的过程。此过程又包含两个相反而互补的方面：①隐喻语词的使用与其字面意义相偏离，从而造成某种“不适当性”；②在具体语境中对语义加以还原，从而使偏离减弱，“不适当性”消失，隐喻由此完成。这样，“隐喻意义就不再是字谜或语义冲突，而是字谜的解决，是新语义适当性的提出”①。很明显，利科的这种观点强调并突出了替换论“反函数还原”的思想。

2）语义互动与语义映射。语义互动论是一种更为精致和有效的隐喻语义理论，其主要内容包括以下几个方面：①一个隐喻命题包含两个基础性成分，即作为“主要主体”或“基本主体”的隐喻本体和作为“从属主体”的喻体；②这两大主体往往是复杂的“事物的体系”，而不是单纯的“事物”；③隐喻之所以形成，是由于对基本主体（即本体）应用了从属主体（即喻体）所特有的“联合蕴含”的语义体系；④这些蕴含通常由有关从属主体的“常用语”组成，但在适当情况下，也可以由作者所特别造成的“背离习惯”的蕴含组成；⑤隐喻通过其所蕴含的有关基本主体的命题（这些命题在正常情况下是应用于从属主体的）对基本主体的特征进行选择、强调、隐匿和再组织；⑥由此引起与这隐喻词同一家族或同一系统中各个词的意义变化。② 如果说“比较论”或“替换论”观照下的隐喻语义本质包含了四个基本元素，即“隐喻词”（E），“隐喻命题”［$F(E)$］，“隐喻意义”（m^1）和“字面意义”（m），一个隐喻句可以解释为：某些焦点隐喻词 E 出现在语言框架 F 中，由此 $F(E)$ 形成

① 李幼蒸．理论符号学导论．北京：中国社会科学出版社，1993：356-357.

② M. 布莱克．隐喻 // 涂纪亮．当代美国哲学论著选译（第三集）．北京：商务印书馆，1991：102-103.

一个隐喻命题，其中，E 所具有的含义 m^1（E）是与某些同义词 x 的字面意义 m（x）相同的；那么，“互动论”则认为隐喻语义的构成情况更加复杂一些，它还需要涉及 F（E）的“主要主体” S（即该命题所“实际地”论及的那个事物），以及附属主体 P（即当字面地阅读 F（E）时所可能涉及的那个事物），还有同 P 相联系的有关蕴含体系 I，包括由 I 所得出的属性体系 A 对 S 所断定的。在 F 语境中的 E 的意义取决于使用语言过程中 I 向 A 的转化，即在正常情况下用于喻体 P 的语言被用于本体 S。①

我们认为，互动论的本质特征在于它假设了隐喻是由两个不同概念系统之间的互动作用造成的，隐喻意义的基本单元不是语词或句子，而是一种“联合的蕴含”的体系，即所谓的语义场（semantic field）。语义场是一个有一定语义蕴含的语义系统，它是一个双维结构，包括语义蕴含的横向句法组合方面与纵向语义等级方面。例如，将“狗”这一概念视为一个语义场，在横向的句法层面上它只能与“白色的”“温顺的”等表达相结合，而不能与诸如“液体的”“第一的”等修饰语结合；其纵向的语义等级则蕴含不同种类的狗的概念。语义的互动作用必须通过两个不同语义场之间的特征映射（feature projection）而被理解。其中一个语义场（可称为源语义场，即“从属主体”的喻体语义场，the donor field）的语义特征映射到了另一语义场（可称为目标语义场，即“主要主体”的本体语义场，the target field）中。隐喻就是一种概念的两个语义场之间的互动。互动引起两个语义场的破碎和重组，隐喻就此生成。

语义场概念有助于我们确定隐喻与非隐喻的区别，其关节点就在于确定两个语义场是互相排斥的还是横断交叉的。若两语义场互相排斥，则其互动即引起隐喻意义。例如，在“血管是身体的灌溉渠”这个句子中，喻体“灌溉渠”与本体“血管”在语义上是互不相容的，即它们分属彼此相斥的语义场，这两个语义场的并列产生一种互动的“必要的张力”，相互影响和作用，从而创生了一个隐喻。“灌溉渠”语义场的蕴含

① M. 布莱克 . 隐喻 // 涂纪亮 . 当代美国哲学论著选译（第三集）. 北京：商务印书馆，1991：105.

体系隐匿了与“血管”语义场不相关的语义特点，而强调了“滋润”和“营养”等相关语义方面，从而调整了我们对于血管的知识，即“灌溉渠”的语义蕴含选择、过滤和改造了“血管”的语义蕴含。同时，在此隐喻句中，“灌溉渠”自身的语义蕴含也不能不在“血管”的语义影响下发生某种细微的变化。在这里，我们可以发现，语义场概念类似于某种微观的意义语境，正是句子的这种“内部语境”的意义冲突构成了隐喻的本质。

在隐喻互动论中，描述和揭示两个语义场（本体和喻体语义场）之间的语义映射机制，具有特殊重要的意义。上文已经指出，隐喻效果的达成最终可以归结为从喻体语义场到本体语义场的一种语义映射过程。但这一过程相当复杂，要对之进行深入分析，有必要引入语义常项（semantic constant）和语义变项（semantic variable）这两个概念：对一个给定的语言共同体中任一有意义的词，至少有一个一级属性（first-order property），此属性又至少包含一个次级范畴（second-order category）。例如，“冰”这个词，“固体”是其一级属性，此属性又内含次级范畴“气体/液体/固体”。语义常项指此一级属性，即事物概念的本质语义特征；变项指次级范畴，即事物概念本质语义特征内含的下属范畴变项。语义常变项概念的引入使由喻体语义场向本体语义场的语义映射过程及其机制清晰化了。一个隐喻语义映射过程大致包括四个子过程：①本体语义场 S^1 引入了喻体语义场 S^2 的一个语义常项 C^2；②本体语义场 S^1 的一个语义常项 C^1 被喻体语义场 S^2 的一个语义常项 C^2 替换掉；③本体语义场 S^1 引入了喻体语义场 S^2 的一个语义变项 V^2；④本体语义场 S^1 的一个语义变项 V^1 被喻体语义场 S^2 的一个语义变项 V^2 替换掉。如果用 P 表示一次映射的子过程，用“→”表示语义映射的方向，则可形式化表示为：①语义常项结合（引入）映射：$P(S^2 \rightarrow S^1: S^1 \cap C^2)$。②语义常项替换映射：$P[S^2 \rightarrow S^1: (S^1 \cap C^2) \& (S^1 \varnothing C^1)]$。③语义变项结合（引入）映射：$P(S^2 \rightarrow S^1: S^1 \cap V^2)$。④语义变项替换映射：$P[S^2 \rightarrow S^1: (S^1 \cap V^2) \& (S^1 \varnothing V^1)]$。一次隐喻映射过程可能是包含了所有这四种映射类型的一个系统过程。这样，语义常变项的结合或替换映射不仅勾画出了隐喻语义变化的具体层次和类型，还对揭示隐喻语义特征映射机制的复杂性和系统性起到了重要作用。①

3. 语用是特定语境中隐喻的生成方式

当代隐喻理论在隐喻语义学研究的基础上，聚焦于语境中隐喻的使用和交流，更加关注于句子的语用语境。这可以说是当代隐喻理论研究的一个基本走向。“隐喻语言不能单纯语义地来进行分析，它必须在特定的语境中，语用地来加以参照。”②这是因为隐喻是出于对特定语境条件的洞察而被建构起来的，这种建构的过程也就是一个实际使用的过程。因此，任何隐喻只有通过在具体的语用语境中的创造性建构使用才可生成，其意义的实现实际上是一种语用的创造性的显现；所以，只有在特定的语境中进行成功的语言交流，才可以说一个隐喻是“活的”隐喻（live metaphor）。当代多数语言哲学家已经越来越深刻地认识到，仅仅依靠一种关于隐喻意义或隐喻真理的语义理论是无法全面揭示和展现隐喻的内在机制的。隐喻的语义映射本质必须而且只能在特定的语用语境中获得体现。

隐喻语用论由隐喻语义的静态分析转向隐喻生成的动态分析，是对语义论的超越。其理论出发点在于，认为以隐喻方式使用的语句具有一种“隐喻意义”的传统说法应予以抛弃，坚持并强调隐喻语句保有其严格的字面意义，为理解一个隐喻，必须充分理解其字面意义。“隐喻的含义无非就是其所涉及的语词的含义（按对此类语词的最严格的字面解释）。”③隐喻不同于通常话语之处是可以为后者增色，但这并不等于它使用了超乎后者所依赖的手段之外的语义手段。无论隐喻是否依赖于一种新的或可能的扩展意义，它首先必须以某种方式依赖于语词原有的字面意义。因此，对一个隐喻的适当解释必须使语词的最初或原有的字面意

① Rothbart D. Explaining the Growth of Scientific Knowledge：Metaphors，Models and Meanings. Lewiston：Edwin Mellen Press，1997：29-36.

② 郭贵春 . 科学修辞学的本质特征 . 哲学研究，2000，(2)：25.

③ Davison D. What Metaphors Mean，The Philosophy of Language. A. P. Martinich ed. Oxford：Oxford University Press，1985：438.

义依然在其隐喻语境中发挥积极作用。这样，超越于语词字面意义之上的、似乎带有某种神秘色彩的“隐喻意义”被拒斥掉了，问题自然而然地转向了如何现实地、具体地理解所谓的“字面意义”。这样，我们就自然地把目光投向了语用。正如戴维森所指出的，隐喻“仅仅属于使用领域。它利用对语词、句子的想象性使用来达成”，“能够区分隐喻的不是意义，而是使用”①。

在语用论的观照下，传统的隐喻语义理论出现了自身无法克服的问题。比较论试图把隐喻解释为指称之间的关系，但是隐喻表述的产生和理解并不需要两个供比较的对象。当一个人说“萨丽是一块冰”时，他无须对冰进行量化，也不在字面上蕴含（$\exists x$）（x 是一块冰），使其可以将萨丽与之进行比较。具有零外延（a null extension）的隐喻表达式也是如此，如“萨丽是一条龙”并不在字面上蕴含（$\exists x$）（x 是一条龙）；同样，否定式隐喻句更是对比较论的一种尖锐反驳，如“萨丽不是一块冰”。因此，比较理论首先在隐喻表达式的指称特征上发生了混乱，即隐喻不一定必须是一个对于相似性的断言。首先，对一个隐喻断言来说，没有可用喻体 P 词项所特指的对象，因此不可能预设一个比较对象的存在。其次，即使导向隐喻意义的推导所依据的关于相似性的陈述为假，隐喻断言仍可保持为真。因为真值条件不同，所以隐喻陈述与相应的相似性陈述在意义上不能等值。相似性只能作为创生和理解隐喻的策略，而不能作为隐喻意义的组成部分，喻体词项 P 无须在字面上包括在对隐喻真值条件的陈述中。而语义互动论的致命缺陷则在于，它试图把隐喻解释为含义与指称相关的信念之间的关系，但其基本假定（即认为所有表达式的隐喻使用都必须出现在包含表达式的字面使用的语句）就是错误的，因为并非任何隐喻使用的表达式都被其他字面使用的表达式所“环绕”。一个最典型的例子是所谓混合隐喻（a mixed metaphor）的表达式，如“坏消息冻成一块冰”（这里的“坏消息”“冻”“冰”均可做隐喻使用）。这个句子已完全超出了其字面使用的语境。尽管我们理解一个混合隐喻

① Davison D. What Metaphors Mean//Martinich A P. The Philosophy of Language.Oxford：Oxford University Press，1985：446.

是相当复杂和困难的，但混合隐喻本身并不存在逻辑上的问题，它不仅是可能的，而且也是正当的。最后，隐喻意义也并非相关语句要素之间相互作用的结果。继续考察“萨丽是一块冰”这个例子：主要主词（本体）“萨丽”与辅助主词（喻体）“冰”的意义之间并不存在相互作用的问题，因为“萨丽”仅仅是一个专名，它并不像“冰”那样具有一个意义。这样，互动论者所宣称的字面框架与隐喻焦点之间的互动关系显然是无中生有的。[①] 由此出发可以得出结论：作为隐喻语义理论的两种主要形态的比较论和互动论的解释力都不能令人满意；隐喻分析必须超越语义分析的层次，使用一种新的、更有效的方法，即深入语用语境，采用语用分析的方法。

首先，在某种程度上，我们可以将隐喻视为一种类似于间接言语行为的东西。这是因为二者都是由于没有履行会话准则而在会话中被蕴含着的。其次，隐喻也如同在一定语境中进行的语言游戏，游戏参加者必须了解和遵循有关的游戏规则。而这些游戏规则是由特定的相关语境决定的。从说者的角度来看，解释隐喻是如何工作的，就是解释说者如何在“分离”的意义上使用语词或句子。谈论一个语词、一个句子或一种表达的隐喻意义时，实际上谈论的是说者说出这种表达时实际上所含的意义，而这种意义与语词或句子的字面意义是相分离的。“隐喻意义总是说话者的表述意义”，即“说者通过说出语词、语句及表达式所意谓的东西”[②]。语义内容仅仅决定与说者所设定的一系列假设相关的真值条件；如果一个语言交流事件实际上是成功的，则说者的假设必须同时被听者所理解。一个说者说了一个形式为“S是P”的句子，但他却隐喻地意指“S是R”。因为词项P的字面意义往往仅只代表说话者意义的一部分，它并不穷尽说者实际上表达出的全部意义。从听者的角度来看，要理解一个隐喻陈述，他必须意识到说者的言说可能是一种间接的言语行为，并因此根据某种相关的“策略或原则”（主要是语境原则）去寻求一种可选择

①② Searle J. Metaphor//Martinich A P. The Philosophy of Language. Oxford：Oxford University Press，1985：421-424.

的意义，即当说者的表述在从字面上理解有缺陷时，听者就会对说者的言论去寻求一种非字面的隐喻的解释。当决定这样做的时候，他仍需根据上述策略或原则以估算出 *R* 的可能的值（可能含义）；接下来还必须再次应用语境条件对 *R* 的可能含义序列进行再限制，以决定最符合于说话者所说 *S* 的是 *R* 的哪些含义层次。这实质上是一个指称确定的过程，其中语境原则发挥着决定性的作用。也就是说，听话者必须使用他对于 *S*、*P* 和 *R* 的有关知识并根据具体的语境条件，具体地发现和把握说话者是如何说话的及其意欲达到何种效果，即必须掌握说话者是如何在一个特殊语境中使用其语言的。

那么，听者和说者可交流一个隐喻的充分必要条件是什么呢？首先，必须有某种确定的语形及语义前提，在此基础上听者可以辨认出说者的表述不是在字面上被意指的。通常听者是根据以下事实：如果在字面上理解，表述有明显的缺陷。其次，必须有共同的把 *P* 词项（包括其意义、真值条件和可能的指谓）与一组可能的 *R* 的值联想起来的原理。阐明这些原理是解决隐喻问题的关键所在。这组“共同原理”大致包括以下内容：① *P* 事物根据定义是 *R*，*R* 是 *P* 的一个突出的限定性特征；② *P* 事物偶然地是 *R*，*R* 是 *P* 的一个突出或为人熟知的性质；③对 *P* 事物来说 *R* 是假的，但 *P* 却常常被习惯地说成或被相信是 *R*；④ *P* 事物不是 *R*，它既不像 *R* 也不被相信是 *R*，但是由于“文化与自然的决定作用”或“关于我们情感的事实”，使 *P* 的说出在我们心中与 *R* 的性质相联系；⑤ *P* 事物不像 *R* 事物，也不被相信为像 *R* 事物，然而 *P* 的状态与 *R* 的状态相像；⑥ *P* 和 *R* 在意义上相同或相似，但 *P* 在其运用中因受某种限制而在字面上不适用于 *S*；⑦上述原理也适用于关系隐喻和其他句法形式的隐喻（如涉及动词和谓词形容词的隐喻）；⑧转喻和换喻的有关原理可作为某种补充。[①] 最后，根据“确定 *S* 的可能性质的 *R* 的可能值才可能是其实际值”这一原理，在了解了 *S* 词项（表达式意义及其指称对象性质）的基础上把 *R* 的可能值范围限制到其实际范围。

---

① Searle J. Metaphor//Martinich A P. The Philosophy of Language. Oxford：Oxford University Press，1985：431-433.

可见，无论是隐喻的说者还是听者，他们对所谓“共同策略和原则”的应用与选取都必须依赖于特定的语境条件。换言之，正是语用语境构成了隐喻创造、理解和交流的“触媒”与“规范”。舍此，说者不可能创造出一个有深刻洞察力的隐喻（而且这种洞察往往是对相关语境条件的洞察），而听者也会无法理解此隐喻的含义。

三、结束语：朝向语境论的隐喻研究走势

本质地讲，隐喻是以一定语形为载体、在特殊的语用语境中生成的一种语义映射。正是特定语境中语形、语义、语用的统一，决定了相关隐喻的生成及其本质意义。一个隐喻的有意义的实现是通过相关语境的选择性和规定性所保证的，包含了“隐喻术语的指称对象、谓词外延和函项的功能选择”，并且生动地展示出了“语词的浅层语境与深层语境、形式语境与意义语境之间的跳跃与变换”[①]。一种有效的隐喻分析不能脱离特定语境的基底而进行。这样，朝向一种隐喻的语境论就成为当代隐喻研究有前途的趋向。一方面，一个新隐喻的创造不仅是特定语境的产物，也使原来的语境获得了某种新的含义，从而体现出一种“再语境化”的功能；另一方面，随着语境的发展和变化，原来的新隐喻也会逐渐失去其新义，而转化为语词的字面意义和普通意义被收入词典，成为一个“死的”隐喻（dead metaphor）。因此，对于隐喻的语形、语义、语用的分析考察，也使我们能够更准确地认识相关语境的特征、更清晰地描画语境的流变发展轨迹，从而更科学地把握隐喻的本质。

① 郭贵春．科学实在论教程．北京：高等教育出版社，2001：246.

隐喻与科学理论的陈述 *

科学理论陈述中隐喻语言的使用，是当代科学哲学家所研究的重要课题，他们一般都把隐喻视为描述科学理论构成要素的一种有启示性的范式。同时，隐喻问题也日益引起科学家群体自身的广泛关注。包括达尔文和爱因斯坦等在内的许多大科学家，都曾明确指出隐喻是一种可用于“逼近”和交流复杂科学概念的方便语言工具，其使用对于科学理论的构造和发展具有相当的重要性。科学修辞学的研究发现，科学理论陈述中一些重要的核心概念往往都是隐喻性的，而且这些隐喻概念被科学家作为新的科学事实和概念前瞻性发现的重要工具而被使用。从表面上看，隐喻语言与追求逻辑严密和可证实性的科学理论语言似乎背道而驰，但事实上并非如此。科学家们往往在科学理论的陈述中自觉或不自觉地广泛应用了隐喻语言和隐喻性思维的方式方法。正是在这个意义上，英国科学哲学家玛丽 · 海 西（Mary Hesse）提出了“一切语言都是隐喻性

---

* 本文发表于《社会科学研究》2003 年第 4 期，作者郭贵春、安军。

的”的著名论点。

一、从逻辑经验主义到科学修辞学：隐喻合法性地位的建立

以逻辑经验主义为代表的形式主义和逻辑主义传统曾在西方哲学文化领域占据统治地位，直至当今仍保持着广泛而深刻的影响力。在它看来，科学理论体系是由符号计算表征且可还原为观察经验解释的演绎系统，因此理论陈述的语言必须严格精确而无歧义。这就要求：①理论语言必须在严格意义上使用其字面意义；②所有的科学概念都应当基于严密的逻辑归纳和演绎；③科学语言首先应是可观察的语言，作为最终可被还原的各类科学描述的基本解释媒介。这样的一种传统观点把科学语言严格局限于字面意义和逻辑的、精确及可证实的特征层面，认为科学话语必须是一种完全透明的零度修辞的话语，并期望将科学理性的重建奠立在不可置疑的感觉材料的基础之上。由此出发，此种观点将语言的隐喻使用严格排除在科学语言的范围之外。前者不仅被认为不能达到后者严格的逻辑精确性要求，而且直接与之相对立。逻辑经验主义这种隐喻观导致的结果是可想而知的：隐喻语言被认定缺乏认识论价值，不具有科学认知功能，对科学理论的表达和陈述有害无益，应当加以彻底否弃和拒斥。著名科学哲学家邦格（Bunge）是仍然坚持这种传统观点的当代学者之一，他认为隐喻语言至多可被作为科学教学法的帮助、修饰或补充，它永远都是“真实事物的不可靠的替代品”，因此在科学理论的陈述中应该“力图避免其使用”[①]。

但是，逻辑经验主义所设想的这种纯粹依靠逻辑演绎形式化地建构起来的科学理论语言事实上是不可能存在的，它只是逻辑经验主义者一厢情愿的理想或曰幻想。科学史表明，几乎没有任何一种科学理论基于一种纯粹的逻辑建构。对此，所谓后实证主义的科学哲学家们有着非常清醒的认识，他们不遗余力地对逻辑经验主义以来科学哲学的形式主义

① Rothbart D. Explaining the Growth of Scientific Knowledge：Metaphors，Models and Meanings. Lewiston：Edwin Mellen Press，1997：13.

和逻辑主义传统进行了尖锐的批判。其主要内容有以下几点：①科学理论不仅仅只是形式的或逻辑的构造。②科学理论语言不是稳定不变的，而是具有某种程度的“韧性”或“延展性”，它可以在新的认知条件或新的语境的“压力”下不断变易、流动和转换。这一点也是那些具有创造性的新理论能够不断产生的原因之一。③科学中新的发现不能总是还原为“观察事实的稳定领域”或用纯逻辑来解释。上述这些具有鲜明“后现代”倾向的后实证主义科学哲学观点，为隐喻在科学理论陈述中合法性地位的建立提供了理论上的支持和保证。在此基础上，科学修辞学作为一种具有“元分析特征”的科学方法论应运而生。科学“修辞学的一个很显著的特点就在于它关注对前景的构设。而在这种构设中，隐喻具有着重要的作用。在这个意义上，隐喻似乎成了整个非文字设计集合的提喻法”[①]。隐喻在修辞学的意义上广泛而深刻地渗入科学理论的陈述，为其意义的确定和发挥、理解和交流提供了新的语言策略，大大深化了科学理论修辞学劝导及战略构设的灵活性和主动性。事实上，尽管隐喻语言是一种非字面意义、非逻辑的语言，它不可能在逻辑实证主义的意义上得到“证实”，但它却对科学概念及范畴的重构（再概念化）、新的理论术语的引入乃至整套科学理论的构建和发展，发挥着重要的、不可替代的作用。科学史的发展有力地证明了这一点，众多具体的科学理论文本也为此提供了活生生的证据。正如同在日常语言或文学语言一样，科学理论陈述语言中同样大量地存在着隐喻。一个著名的例子是，达尔文在其划时代的科学巨著《物种起源》中，使用了大量借自经济学术语的隐喻概念，如“分配”“丰富”“稀缺”“竞争”等。这些隐喻概念不仅提供了一组描述自然选择的适当词汇，同时提供了一种便于理解和解释的概念框架。达尔文对此的说明是：“每个人都理解隐喻表达的意义，它们是为了表述的简洁所必不可少的。”[②]再如，在数学的图论中，科学家们隐喻地使用“树”（tree）这一名称来指称某种特定的图形，并把这种“树”的集合形象地称作“森林”（forest）。诸如，“矮小树的周期性森林”和“最

① 郭贵春．语境与后现代科学哲学的发展．北京：科学出版社，2002：41.

② Darwin C. The Origins of Species. New York：Collier，1962：216.

大树径为 3 的周期性森林”此类标题的学术论文在各类权威的数学科学学术杂志中屡见不鲜；在数学词典中，隐喻概念更是几乎随处可见，如群、环、模、格、域、棱、核、束、鞍、流、滤子、垂足等。著名隐喻研究专家莱考夫为此专门发表了一篇题为“数学中的概念隐喻”的论文。随着科学观念的转换和理论认识的深入，已经有越来越多的科学家基于亲身的理论实践活动开始重视并认同隐喻在科学理论中应有的地位和作用，他们在陈述自己的理论时，并没有摒弃所谓“超逻辑形式”的隐喻语言，相反，却大胆而审慎地使用了它们并达到了理想的效果。不少科学家已经达成共识，认为隐喻是创造性思维的工具，不仅是科学活动合理的产物，而且有助于新的科学理论的创生。

在“硬性的”（hard）科学理论中使用“软性的”（soft）隐喻修辞表达，并不是由于科学家们出自一种浪漫的唯美主义热情，而是由于在许多情况下它是理论陈述最适合，甚至是唯一可选择的表达法。此时科学修辞学战略的采用就具有了某种意义上的逻辑必然性。当物理学家们考察肉眼不可见的微观物质世界时，宏观世界的种种规则及原理不再适用，这时就不能不从隐喻语言中寻求合适的描述的表达法。例如，在考察了波义耳的理论之后，海森堡指出：“当进入原子领域时，语言只能在诗学的意义上被使用。量子力学为我们提供了事实的显著的例证，即我们完全可以理解一种用法，尽管我们只能在图像和隐喻的意义上谈论它们。”①显然，科学理论应该也必须具有某种适度的弹性和模糊度，以保有其预言性和开放性。隐喻语言的使用，成功地弥补了纯由形式逻辑词汇构造的理论语言“僵硬”“封闭”的缺陷，极大地拓展了科学理论陈述所提供的意义空间。

二、隐喻在科学理论陈述中的功能

基于以上分析，我们认为，隐喻在科学理论陈述中所发挥的功能主

---

① Radman Z. Metaphors：Figures of Mind. Dordrecht：Kluwer Academic Publishers，1997：53.

要在于以下几个方面，这些方面都是科学哲学隐喻研究所要探讨的重点内容。

1. 教学法功能

在科学理论的陈述中，隐喻语言所具有的教学法功能不言而喻。例如，台湾交通大学近年进行了一项题为“科学文本的隐喻使用与读者理解”的实验，目的在于探讨科学文本中的隐喻使用是否能够提高读者对科学文本内容的理解。此次研究以33位台湾大明中学的高中生为受试对象，让每个学生阅读4篇从正规学术杂志中随机抽取的自然科学文本。4篇中的2篇含有与文本内容相关的隐喻，另外2篇则不含隐喻。在阅读结束后，受试学生被要求尽可能地回忆出相关的阅读内容并接受其他方面的测试。实验结果显示，对含有隐喻的科学文本内容的正确回忆量和整体性理解的程度，明显高于不含隐喻的文本。这证明科学文本中隐喻的适当使用的确对提高读者的记忆和理解有积极的促进作用。由此，该实验得出结论，隐喻可以为读者连接长期记忆，能够帮助他们以其自有知识体系来理解新的科学理论知识或信息，从而发挥着一种重要的教学法功能。

2. 认知功能

隐喻不仅仅是一种意义转换，更是一种意义创造，它通过将普通语词再概念化而形成新的科学概念，从而达到为科学理论引进新的概念或术语、传达新的认知内容的目的。我们知道，在科学理论的陈述中，为了传达新的知识内容或提出新的概念范畴，需要一定的语言构架作为基础性载体。但是，如果每传达一个新的理论内容或表述一个新的科学概念都要创造出一个传统词汇表中原本没有的新词汇，这将导致人类语言系统无限度地膨胀和复杂化，以至达到无法认知、记忆和使用的程度。因此，使用传统语言系统中业已存在的词汇元素来隐喻地表述这些新的理论内容就不失为一种经济而有效的选择。不仅如此，通过隐喻方法传达的新的经验或知识内容也更易于理论受众的认知、理解与把握。事实上，在科学实践中我们往往遵从一种“保守”原则和“简化”原则，即尽量用熟悉的理论来说明新现象和用最少的规律来说明更多的现象，整个科学系统据此都可以看作一种方便的语言形式和方便的概念体系或概念结构。隐喻语言提供了新意义创生的媒介，是对语言字面意义的超越、丰富和深化，它被用于给出一个比其他释义法更具有开放性和指向性的意义，为科学理论陈述增加了重要的“意义的细微差别”，科学家以此成功地扩展了科学理论语言习惯表达的用法。一个新的科学概念往往是一个旧概念的隐喻用法所创造的，这种隐喻用法以再概念化的方式赋予旧词以新意，从而扩大和丰富了科学理论的概念和语言系统。总之，“从可用的现存事物的主体中可以创造出革命性的新意义。这种言语媒介的操作类型是新意义创造的主要来源，而其中隐喻是占支配地位的一种类型”①。例如，在科学理论的发展过程中，概念发展的障碍往往造成一种“瓶颈”效应，科学史上对哥白尼的天文学理论、牛顿力学体系及光的波粒二象性理论的论争都证明了这一点，即有关理论首先迫切地需要创造出自有的一套术语，以突破概念瓶颈。如果一个新理论与其他已被普遍接受的理论或原则产生抵触，或这一理论自身内部出现了对其自洽性、相关性、清晰性和说明力等准则的违反，那么这种概念障碍的问题便彰显出来，从而严重阻碍科学理论的发展。因此，理论解决其内部和外部概念问题的程度就是其发展状态的一种度量。在解决这一问题的语境中，隐喻发挥了其工具性的作用：将传统词汇表中的语词进行再概念化，从而使之创生出新的意义，由此引入的这些新术语或概念意味着理论瓶颈问题的消除。

此外，隐喻发挥其特有的意义映射功能，在各种不同的科学理论之间进行“转换”和“链接”，使理论始终可以保有某种开放性和活力。当代科学家普遍承认，科学理论植根于一定的社会、文化、历史语境中并对之有反馈作用，科学理论话语不可能不被包括日常交往、文学及政治

① Radman Z. Metaphors：Figures of Mind. Dordrecht：Kluwer Academic Publishers，1997：57-58.

等非科学话语的概念所“传染”和“侵蚀”。科学理论与非科学理论之间始终存在一种互动作用。因此，科学语言可视为某种“混合物”，而隐喻正在科学话语和其他文化话语之间充当了一种转换和链接的媒介。同时，作为科学理论基本概念转换的基底，隐喻丰富了我们对科学理论实践的理解。隐喻不再是自然事件的一种不适当的表征，而是作为社会的、文化的、认知的、推论的工具“参与”自然事件并“制造”出相关的科学理论知识。通过发挥其独特的“链接”和“转换”功能，隐喻促进了科学理论与其他非科学理论，乃至与整个社会、历史、文化语境之间进行有效的对话和交流，从外部推动了科学理论的发展。

3. 理论建构功能

隐喻可以作为一种“理论建构隐喻”直接参与科学理论的组织构造。所谓理论建构隐喻（theory-constitutive metaphor），是“一个科学理论的语言学结构中不可替代的部分，对于它至今还没有一种完全合适的字面解释”，但是这种理论建构隐喻可以通过引进术语，去指称“其存在似乎可能，但其许多特征现在仍未被揭示的世界”[①]。这种特殊的隐喻在科学理论中发挥着一种搭设理论框架、建构概念基底的重要作用。它们的特征被波义德称作归纳的“无限开放性”（open-endedness），即它们通过刺激科学理论的解释对象和解释模型（相当于隐喻的本体和喻体）之间相似性和类比的考察导致了进一步深入的科学研究。例如，通过对作为一门新兴科学的认知心理学的理论建构过程的考察，我们可以清楚地发现理论建构隐喻所发挥的基础性作用。认知心理学从计算机科学及信息理论中借用了大量的术语，把人类思维的过程视为“信息处理”过程，把人脑视为计算机，把意识视为“信息反馈”现象等。当计算机隐喻成功地应用于认知心理学理论中时，隐喻地使用的“计算机”这个概念就在心理学理论建构的语境中获得了新的所指和含义。理论建构隐喻的引入，同任何其他理论术语的引入一样，都表示一种对可能真实存在

---

① Boyd R. Metaphor and theory change：What is “metaphor” a metaphor for？ // Ortony A. Metaphor and Thought. Cambridge：Cambridge University Press，1993：489.

的自然现象的推测或估计，这样的隐喻应用很明显地直接参与了新理论的组织构造并成为其核心内容。理论建构隐喻就是这样通过刺激科学的新发现，为新的科学研究指出方向，从而代表了一种从“语言调试”到尚未发现的世界因果关系之间联系的揭示战略。①理论建构隐喻同时还表征了一种非定义的指称确定战略，即其所独有的模糊性特征提示科学家们去注意并进一步揭示相关自然现象实际上所存在的特性，这同样也是对逻辑经验主义者关于严格精确语言观念局限的一种深刻揭示。

三、隐喻思维是构成科学类比和科学模型的本质思想基础

在科学史上，科学类比和科学模型一直作为科学研究的重要认知成分和科学理论陈述的重要解释工具而被广泛应用。我们认为，科学类比和科学模型这两者具有一个共同的思想基础，这就是隐喻性的思维方法。它深深地渗透在科学类比与科学模型的应用中，使两者折射出相同的精神气质和思维风格。

1. 科学隐喻与类型层级理论

类型层级（type hierarchy）是一种根据概念普遍性的不同层次构造而成的一种特殊语义框架。这种框架表现为一种从具体概念到抽象概念的结构。其中，相对于某一抽象概念的具体概念可称为亚类型（subtype），其所参照的抽象概念则称为超类型（supertype）。超类型的特征及内在联系可以传递给其亚类型，或者说超类型的特征及联系可被其亚类型所继承。这种继承性表明，类型层级的建构是非任意的，即必须根据亚类型是否反映出超类型的元特征（meta-properties）来确定。超类型的特征集合总是小于其亚类型的特征集合，这样，超类型总是能对其亚类型较低层次的概念起到一种选择和“过滤”的作用。这就解释了

---

① Boyd R. Metaphor and theory change：What is “metaphor” a metaphor for？ // Ortony A. Metaphor and Thought. Cambridge：Cambridge University Press，1993：490.

隐喻的本体和喻体、类比的两个系统，以及模型与其原型之间，相似性何以产生、相关与不相关的相似性何以区分的问题。例如，红、绿、蓝等均是色彩的一种，而色彩是遵循光学定律的，所以红、绿、蓝等也必须遵循光学定律。也就是说，如果一个超类型的各个部分间有某种确定的联系，那么在其亚类型之间通常会发现相同的联系。如果用“=”表示一个亚类型的部分间的联系等于另一亚类型的相同联系，则可以得出“A:B=C:D”这样一个标准形式的类比公式。再如，原子与太阳系可被置于一个公共的超类型，即“中心力场系统”（central force field system）之下。这使得它们均在一般意义上继承了“中心力场系统”所具有的元特征。在这种情况下，由于否定的类比无法在超类型的层次上被表征，所以只能选择肯定和正面意义上的类比。①

类型层级理论对于解释科学隐喻、类比、模型的本质并说明三者的本质关联，具有重要的意义。隐喻的语义互动论观点仅提出了比较模糊的语义“过滤器”（filter）图式，对相关类比选择问题的解决实际上付诸阙如。类型层级的“继承机制”则成功地解释了语义“过滤”过程是如何决定和控制适当的相似性关系选择的。科学隐喻并非揭示和表达事物固有的、先在的相似性，毋宁说它创造了这种相似性。实际上，隐喻语义的互动机制可以由类型层级理论这样说明：隐喻本体被一个新层级的语词重新描述，这一新层级由喻体的本体论提出并发挥作用。这样，就可以探测新的可能性并扩展概念的意义，而避免主观任意性。这也正是科学类比和科学模型据以成立并发挥作用的原则。隐喻的创造性可以在不产生矛盾性结果的情况下应用于科学类比和科学模型。

2. 隐喻与科学类比

在科学理论的陈述中包含着许多不同类型的类比推理和说明。从本质上来说，类比是一个映射的选择结构，它映射了知识的一种域（背景）到另一种域（目标）的转换。类比的说明首先应当在类比的两个基本要

---

① Newton-Smith W H . A Companion to the Philosophy of Science. Oxford：Blackwell Publishing Ltd.，2000：281.

素，即对象（目标）域和来源（背景）域之间进行区分。对象域是科学家试图加以解决或解释的概念或问题，而来源域则是科学家用来理解对象或者是向理论受众解释对象的借自另一领域的概念或“片断知识”。类比的过程是将来源域的特征描绘为对象域的特征的典型的隐喻思想的应用。通过这种隐喻性的类比描述，就有可能发现对象的新特征，或者重新安排对象的特征及发明新的概念，或者科学家能够向其他人显示对象的科学特征。例如，当卢瑟福试图理解原子的结构时，他做出了著名的“卢瑟福类比”，把太阳系作为来源域（相当于隐喻的喻体），而把原子作为对象域（相当于隐喻的本体），通过把行星绕太阳旋转的观念描述为原子的（相当于隐喻映射），从而论证电子绕原子核旋转。不言而喻，这一类比的提出直接导致了人类知识的重建，促发了重大的科学发现。在此可以明显地看出，科学类比这种由于对当前问题缺乏直接答案，而有意或无意地从一个领域汲取知识用到另一个领域、填充相关知识空白的情况，正是科学家们自觉或不自觉地应用隐喻思维的结果。类比的来源域相当于隐喻喻体，目标域相当于隐喻本体，类比过程则相当于隐喻映射过程。正如隐喻映射有其基础（即喻体与本体的某种“开放的”相似性），类比也建立在同样的基础上。新的理论和假说不是通过与十分不同的领域进行类比而产生，而是通过与相关或具有某种程度相似性的领域进行类比而产生。这一“相关领域”乃是一个科学类比得以成功的重要保证。正是在这个意义上，我们可以说类比是以隐喻思维为基础的，或者说“类比仅仅是对隐喻结果的一种描述”，“隐喻产生了类比”。①

3. 隐喻与科学模型

与类比相似，科学模型的创设同样也是隐喻在科学家思维中发挥作用的结果。模型是一种启示性、再描述的工具，它不属于证明逻辑，而属于发现逻辑。模型不仅在科学理论的陈述中极为常用，它本身也可以

① Way E C. Knowledge Representation and Metaphor. London：Kluwer Academic Publishers，1991：161.

参与构成科学理论的“硬核”。我们认为，在科学理论的陈述中，模型的运用有助于揭示理论说明对象的性质和结构关系，因此是一种理解理论、认识真理的有效手段。在科学理论语言中，隐喻与模型是一种深层次的平行关系。各种不同类型的科学模型都可视为其说明对象的隐喻，它们反映了不同层次上的特征映射关系，因而在本质上都是隐喻性的。例如，记号模型包含了对经验环境的一种概念模拟和理念复制，如过氧化氢的分子式“H–O–O–H”及DNA的双螺旋结构模型，都是一种隐喻的描述；理论模型同样是由隐喻语言构造的，如用波和粒子的语言描述光的理论。不仅如此，科学模型还经常随着从技术层面引入的新隐喻的变化而发生变化，例如，科学史上先后应用的机器、钟表、电话交换机、计算机等模型。随着这些隐喻模型的发展，科学理论也随之发生了相应的转换。一个科学模型就是一个具有凝固力的隐喻（ametaphor with staying power），它提供相对可理解和融贯自洽的解释，并且这种解释具有理论上的开放性和预言性。

四、结束语

总之，隐喻可以将传统概念体系中的各种成分加以整合，即通过再概念化和理论间的链接与转换，不断提出新的科学研究方向，创造出新的科学理论。它是通过理解语境的传递，由已知到未知，由旧的理论知识通达新的理论知识的桥梁和媒介。这就是说，科学理论的发展是由科学隐喻历时地“再语境化”所推动的。“再语境化”的过程就是新旧隐喻交替的过程。库恩在其《科学中的隐喻》一文中指出：“隐喻在建立科学语言与世界的联系中发挥着基础性的作用。然而这些联系并不是被一次全部给予的。理论是不断转换的，尤其是一些相关隐喻及通过附属于自然术语的相似性框架之对应部分的转换。”[①]就在这种不间断地“给予”新的联系的过程中，隐喻富有成效地推动了科学理论的发展。

① Kuhn T. Metaphor in Science，Metaphor and Thought. Andrew Ortony ed. Cambridge：Cambridge University Press，1993：539.

正是基于以上认识，我们相信：进一步细致、深入、持久地开展科学隐喻的系统分析工作，尤其是针对具体科学理论文本的微观语境分析，不能不是我们为继续推进和深化当代科学解释学和科学修辞学研究的重要工作内容和着力方向。

科学隐喻的方法论意义 *

在 20 世纪科学哲学的发展历程中，随着“语言学转向”“解释学转向”“修辞学转向”的不断演进，人们对隐喻的认识发生了根本性的变化，科学隐喻的方法论意义问题随之凸显出来。虽然上迄亚里士多德下至逻辑实证主义者都表示反对在科学理论语言中使用隐喻，但在科学的历史发展中，隐喻在科学理论中的运用始终存在。事实上，在过去几十年中，科学隐喻问题引起了越来越多著名的科学哲学家的关注，如玛丽 · 海西 Mary Hesse、罗姆 · 哈瑞（Rom Harre）、狄德瑞 · 詹特纳（Dedre Gentner）、罗伯特 · 霍夫曼（Robert Hoffman）、理查德 · 波义德（Richard Boyd）等[①]，

---

* 本文发表于《中国社会科学》2004 年第 2 期，作者郭贵春。

① Hesse M. Revolutions and Reconstructions in the Philosophy of Science. Indiana：Indiana University Press，1980；Harre R.Varieties of Realism.Oxford：Blackwell Publishing Ltd.，1986；Gentner D. Are sientific analogies metaphor //Metaphor：Problems and Perspectives.New York：Humanities Press，1982；Hoffman R. Metaphor in science// Cognition and Figurative Language. Hillsdale：Lawrence Erlbaum Associates，1989；Boyd R. Metaphor and theory change//Ortony A. Metaphor and Thought. Oxford：Oxford University Press，1993.

都从不同的方面致力于科学探索过程中隐喻方法的现实性研究。他们关于“隐喻转向”的提法，推动了隐喻作为一种科学研究方法论的发展过程。随着这一研究的不断深入，科学隐喻的合法性地位得以确立并不断巩固，成为当代科学哲学发展的一个新的生长点和有前途的方向。因此，隐喻作为科学方法论研究的一个重要组成部分，探究并揭示它的方法论意义，无疑是一项非常必要且重要的工作。

一、科学隐喻是方法论研究的必然要求

从狭义上讲，隐喻指的是语言中某些语词的特殊用法，往往是事物 *x* 的名称用以指称 *y* 事物；从广义上来讲，隐喻则可以指概念化及再概念化的过程本身。也正是在后一种意义上，我们可以认为所有思想都是隐喻性的。隐喻的本质是创造性和开放性的，但这也往往使人错误地将其与歧义性、含混性及非逻辑性联系起来。正因为如此，当科学哲学中的“语言学转向”把形式化的科学理论推向峰巅的时候，隐喻被排除出了科学方法论研究的领域。在“解释学转向”开始之初，人们仅仅把隐喻看成是修辞方法的附庸，一般辞典都把隐喻定义为一种“言语的修辞格式”（figure of speech）。而伴随着“修辞学转向”运动的展开，许多科学哲学家意识到了仅仅把隐喻看成是修辞特征的观念太狭隘也太绝对化了；事实上，随着人类科学认识的不断深化，“隐喻已经被看作科学中语言生成、概念构造及相互关联的重要的、不可或缺的手段”①。可见，在科学理论的进展中，隐喻的语言学结构总是不可避免地存在着。但人们对隐喻的理解是在“修辞学转向”的过程中逐步深化的。隐喻作为一种方法论的形式与“修辞学转向”本质地关联在一起，所以当代科学哲学中的“修辞学转向”为隐喻方法提供了更为广阔的理解空间，正是在这种理解空间中，隐喻的方法论的本质意义才被人们真正地认识到了。因此，所谓“科学隐喻”的本质意义就在于将一般的隐喻理论应用到科学理论的具体

---

① Pulaczewska H. Aspects of Metaphor in Physics. Tübingen：Max Niemsyer Verlag Gmblt，1999：1.

解释和说明中，并由此形成一种科学解释的方法论思想。

如何看待隐喻的方法论要求的实质呢？著名隐喻研究专家马克·约翰逊（Mark Johnson）指出，“对隐喻的审视是经由基本逻辑的、认识论的和本体论的问题，而核心地深入对人类经验的任何哲学理解之最有成效的方式之一”[①]。对于这一看法，人们是普遍地承认的，但至少存在三种不同的视角。其一，认为应当用语用学、对话理论或言语行为理论来补充语义学，以便更从容地应对隐喻的问题，这包括格赖斯、塞尔等人的观点[②]。其二，认为作为语言使用的隐喻的意义就在于，它抵制了任何一种如语义学或语用学的一般理论说明，而注重理论的个体言论；这包括戴维森、罗蒂及库柏等人的看法[③]。其三，认为历史上隐喻一直处于传统语义学讨论范围之外的事实，是传统贫乏的例证，因而应当彻底修正甚至全盘否弃经典语义学，同时应当避免仅仅在纯粹科学的或数学的语言基底上来思考隐喻的问题；这包括莱考夫及其学派及利科[④]等的见解。尽管这三种视角表达的观念不尽相同，但却一致认为隐喻根本不可能仅在语义学的狭窄范围内得到充分解释。这就是说，隐喻与语义学必须打破传统的界限真正地统一起来，一方面语义学应建构性地促进对隐喻的理解，另一方面隐喻应创造性地强化对语义的阐释。总之，必须在特定意义理论的语境角色中才能较为彻底地澄清并说明隐喻的方法论意义。

事实上，对隐喻作为一种科学解释的方法论来理解和评价的不同视角隐含着一个最基本的要求，即隐喻应当是语形、语义和语用综合作用的系统趋向，而不是纯先验的东西。因为理解隐喻生成的方式就是理解隐喻语句形式中语词相结合的语用方式，所以表达了隐喻语句的合理的本质特征，直接导致了对隐喻方式的语义理解，并提供了处理所有传统

---

① Stem J. Metaphor in Context. Cambridge：The MIT Press，2000：ii.

② Grice P. Logic and conversation// Logic of Grammar. Dickenson Publishing Co. Inc.，1975；Searle J. Metaphor and Thought. A. Ortony ed. Oxford University Press，1993.

③ Davidson D. Inquiries into Truth and Interpretation. Oxford：Oxford University Press，1984；Rorty R. Philosophy and the Mirror of Nature. Princeton：Princeton University Press，1979；Cooper D. Metaphor. Cambridge：Blackwell Publishing Ltd.，1986.

④ Lakoff G. Metaphor We Live by. Chicago：Chicago University Press，1980；Ricoeur P. The Rule of Metaphor. Toronto：Toronto University Press，1962.

哲学难题的基础。传统分析哲学尤其是逻辑经验主义失败的一个重要的原因，就在于忽视了活生生的现实的隐喻语言，没有认识到它不是仅仅在规范的理论陈述的逻辑语形上就可以解决的语言现象。正是在这个意义上，“将具有特定意义的隐喻看作一种范式是错误的战略”①。这种错误的本质就在于它忽视了隐喻内在地具有的科学解释的方法论要求。

隐喻作为一种科学解释的方法论要求的展开过程，就是特定隐喻生成的过程。这种展开或生成的过程存在于不同层面。因为，从隐喻直觉到隐喻理解、从隐喻语词到隐喻语句，以及在隐喻框架和非隐喻框架中使用隐喻语句、隐喻焦点和隐喻框架等，其意义均不相同。在这里，隐喻生成过程事实上包含了特定语词意谓的多重使用，而这正是隐喻生成的不可避免的方法论的展开过程。在这一过程中，不仅语词意义的时间扩张与空间延伸密切伴随，语义的可能性和现实性不断转化，语用的确定性和不确定性也相互关联。所以，在语形的层面隐喻是被构造的，在语义的层面隐喻是被转化的，在语用的层面隐喻是被选择的。在一个特定隐喻的生成过程中或它的方法论要求的展开过程中，这些层面是内在地统一和同时作用的；或者说是在一个特定的语境中相互作用给出的系统结果。因此，一个隐喻描述必须在语言转换的语境中历时地加以理解。

从隐喻的方法论要求的结构上讲，主要存在两大类隐喻：其一，“混合隐喻”；其二，“扩张隐喻”。首先，从本质上讲，隐喻作为科学解释方法论手段的展开，就在于建立不同语境状态之间的一致性，同时也是不同语言表征结构层面的“混合”，因为它是将不同状态、不同描述结合的产物；其次，一旦建立了这种一致性，通过与不同状态描述的继续结合，就会生成“扩张隐喻”的可能性。从隐喻的语言学的机理看，“扩张隐喻”的过程是理智的；然而，一个隐喻是否并且如何被成功地、创造性地扩张，却是由语境的整体特征所决定的。不言而喻，从本质上讲，隐喻的生成是语境的功能，隐喻的转化是语境的交换，隐喻的更迭是“再语境化”的结果。总之，包含隐喻的句子与包含指示词（demonstrative）的句

① White R M. The Structure of Metaphor. Cambridge：Blackwell Publishing Ltd.，1996：2.

子一样，在不同的语境中表达不同的命题内容。但这里必须做出两种重要的区分：首先，应当区分这类句子在其言说语境中实际上表达的内容与它在其他语境中可能表达的内容；其次，应当区分在一种反事实条件评价下，实际上隐喻地表达的命题真值与可能表达的命题真值之间的差异。对于隐喻与指示词来说，相关的或适当的命题内容总是那些在其言说语境中表达的内容，而这与我们评价其真值的条件无关。

正因为如此，隐喻只有超越了语法转化的形式规则的界限，才能成为一种科学的修辞手段。这种修辞手段的表现形态本身所内聚的语义内容，在具体的使用语境中，形成了“多重隐喻”的较强功能，并超越自身而形成了一种把握实在意义的方式。也就是说，将鲜明的文字意思转换成为具有颠覆性的隐喻，这就是隐喻修辞的效果。从这一点上讲，“隐喻既是非常丰富的，又是非常困难的语言使用”①。所以，在特定的语境中，语法转换的语形规则的要求携带了隐喻修辞，而隐喻修辞内嵌了语义内容，因为隐喻修辞必然要超越这些形式规则的要求而在语用中实现自身的修辞特征，从而使隐喻的方法论功能得以展开和实现。虽然这些形式规则是先在地给定的，但隐喻这一功能的实现却是在给定的语境中瞬时完成的。

到目前为止，有四种较有影响的隐喻理论，它们内含着各自不同的隐喻倾向性。

其一，将隐喻倾向性置于指称层面的理论。这种理论的基本思想就在于，隐喻是将某一对象的名称用于其他对象的命名。比如，将 *A* 称为 *B* 的结果，将 *A* 看作 *B*，并探索 *A* 和 *B* 之间的比照。这一理论的实质在于指明了这样一个重要的隐喻意谓：“不适当的指代预设了不适当的意义。”每一个隐喻事实上都引起了一种二元指称（dual reference），利科把这种特殊的隐喻指称命名为一种“破裂指称”（split reference）。

其二，将隐喻倾向性置于语词意思层面的理论。换句话说，即在单一的语词内确定它的隐喻倾向性，并在这一过程中最终超越给定语词特

① Pulaczewska H. Aspects of Metaphor in Physics. Tübingen：Max Niemsyer Verlag Gmblt，1999：32.

殊意义的要求。因为这一意思实际上的持久特征是在特定语境中无法给出的。作为对隐喻的解释或说明，这一理论存在着逻辑上的巨大困难，因为它一方面要将隐喻倾向性置于语义下降的最小单位（唯一单位），另一方面又要同时创造另一个语词的意思或那个意思的影子。

以上两种理论的主要缺陷，就在于将一个隐喻语词的使用限制在一个太小的语言单位中，以至于无法支撑复杂的隐喻意义。

其三，将隐喻倾向性置于语句层面的理论。在这个层面上，会出现“语言学的混合”，或者说，一个句子应用了两种不同的语词。也就是说，它的自然的倾向性存在于整个语句的复杂表征之中。如果说按照马克斯·布莱克（Max Black）的理解，隐喻的张力是由句子所包含的来源域和目标域的互动所引起的，那么在利科看来，这种张力更本质地来自对这个隐喻句的两种不同解释。而这两种相互冲突的说明，正是通过将其所指带入语义近似的同一域，从而生成了特定隐喻并赋予其以意义。

其四，将隐喻倾向性置于隐喻语句的特定使用层面的理论。这种隐喻倾向性试图超越句子，走出语句的语言学结构的束缚，从而诉诸语句的整体使用。这种倾向性被建构在对一个语句的期望与对它的使用的张力之中。严格地讲，这种理论不是被作为隐喻语句的理论，而是作为隐喻言说或“讲话行为”的理论而被描述的。①

以上这几种理论各具特色，对于全方位地理解隐喻的本质特征均不可或缺；但同时又都存在着各自的缺陷。我们认为，只有在一种动力学的、开放性的隐喻框架中，在语境的基底上进行整体构建，才能展示隐喻的方法论的真正要求。因为“隐喻是高度复杂的语言结构，对这一点的任何简单化，都将失去或缺乏适当描述隐喻全域的逻辑复杂性”②。

总之，隐喻并非单纯的“语言游戏”，它关涉并以一种复杂的方式指称实在。隐喻对一般指称进行悬置，并在此基础上做出一种“二阶指称”。它的本质就在于通过这种方法对科学理论的理性陈述加以解释和说明。科学隐喻的这种方法是对客观实在的一种语境化的把握，而语境必

---

① White R M. The Structure of Metaphor. Cambridge：Blackwell Publishing Ltd.，1996：166.

② White R M. The Structure of Metaphor. Cambridge：Blackwell Publishing Ltd.，1996：12.

然是有特定限制的。所以，只有语境的不断重构，才能给定隐喻语境的存在及其把握实在本质的有效性。这种有效性更多地体现在，隐喻作为一种科学解释方法把握实在对象的目的性、可能性、合理性和现实性的统一。所以，仅仅从合理性的标准去评判科学隐喻是不符合科学发展的历史事实的。另外，我们必须强调指出的是，科学隐喻作为一种方法论的使用，尽管在科学解释和说明中不是唯一的，但它的存在性确实是不可避免的，正是在这个意义上，对科学隐喻的探究是方法论研究的必然要求。

二、科学隐喻的方法论特征

离开了语境的整体性来谈论隐喻的方法论意义是无用的。在科学解释中，一个给定的语境是所有假设条件的前提；它一方面表明该语境与特定隐喻之间的关联，另一方面又作为该隐喻倾向的可能性展现了出来。所以，“真理就在于离开了语境我们便绝对地一无所成”[①]。如果我们立足于语境的整体性去分析隐喻的方法论意义，会发现如下特征。

1）隐喻方法是理解与选择的统一。给定一种隐喻的说明，事实上就是对一个概念的意义转换如何理解的问题。如果不是在一个给定语境中去理解隐喻意义，而仅从字面意义上去注释，这将导致巨大的发散性和高度的思辨性。因为并不是所有的隐喻陈述都有一个潜在的字面的相似性陈述与之对应。即便有这种相关联的字面相似性陈述，二者的真值条件也不可能相同。首先，隐喻可理解为“多重偶像”。每一个“偶像模型”都包含着一次对经验环境的概念模拟或理想化复制。也就是说，它有着一个极大的对照网络，这些对照在特定的语境中组合成了整体的隐喻图景。其次，在语言学的层面上，隐喻是作为已给定的一种特定使用的解释和说明而存在的。给出真正说明的必然是一个有系统理解能力的思想网络，而非仅仅基于隐喻语词的个体单位的狭窄理解。最后，这些

---

① White R M. The Structure of Metaphor. Cambridge：Blackwell Publishing Ltd.，1996：213.

作为“释解”（construe）的语词不仅属于隐喻地被使用的语词范围，而且“释解”一词必须被看作“可分叉的”（bifurcated），即可基于多重选择的。[①] 在特定的科学语境中，隐喻的本体与喻体系统都是建立在自然法则的基础上的；而在一个特定的语言思想交流中，瞬间语境的可能趋向性与想象的特定本质的一致性，决定了对给定语境的选择。正是在这种状态下，人们只接受或认可那些描述了事物本质和熟悉状态的候选词句来作为隐喻，通过对想象的状态与实际状态的比较，进一步将隐喻的可能趋向具体化，并接受那种在其瞬间语境中容纳隐喻的理想语句。总之，一个隐喻的生成过程或理解过程，也就是特定语境条件下的选择过程，正是在这一意义上我们说隐喻是建构的。

2）隐喻方法是经验与概念的统一。概念化的途径与经验的形式之间存在着一种系统关联，因为概念的形成在孤立于经验基础的情况下是完全不可能的。通过隐喻的意义交叉功能发明出新鲜的、原创性的概念，同样不能脱离经验的基底。隐喻的本质是实验性的，但它同时包含了经验的相关性。通过隐喻去理解经验已经成为一种与看、触、听一样的感觉能力，隐喻提供了理解人类经验世界的特定途径。[②] 但必须看到，隐喻的转换或传播虽与经验相关，却并不必然地受制于经验的“所予”。隐喻在经验的层面上通过概念化是可以显现的，但从深层隐喻到可实现的浅层表征隐喻则是特定科学语境整体决定的结果。“空间隐喻”之所以构成“概念隐喻”的基础，是因为它们虽然并不直接地由概念来表征，却起到了一种生成语言表征的基础的作用。隐喻不仅使我们看到了不同的经验现象，而且使科学理论中概念术语的意义转至隐喻的意义，诸如“和谐”“共振”等概念术语被用于量子波动力学的模型所给出的意义。在这里，隐喻建立起了科学概念与经验世界之间的内在联结。

3）隐喻方法是语义结构与隐喻域之间的统一。由于隐喻的性质产生了某种特定的科学认识论的洞察，所以，“可将概念结构看作构成言语基

---

① White R M. The Structure of Metaphor. Cambridge：Blackwell Publishing Ltd.，1996：76.

② Lakoff G. Metaphor We Live By. Chicago：Chicago University Press，1980：239.

础的一种语义结构”[①]。这种语义结构是与它所相关的隐喻域一致的。隐喻作为一种方法论的洞察力就导源于对概念体系的语义结构与相关隐喻域之间的重新整合，从而使新的关联在重新组合的概念语义的结构中生成新的理解和新的隐喻趋向。语义结构是由语义网络体现的，而语义网络存在着语形的和范式的两种基本的语义框架，这些语义框架都有自己的亚形态，由此构成一种多阶的、具有许多语义结（semantic nodes）的整体网络。在这种语义结构中，尤其是涉及部分和整体的关系时，存在着两个的特别重要原则。其一，媒介的整体性原则（the principle of intermediate wholes）。它要求：如果 x 和 y 同处于一个语义场 F 中，并且倘若 x 包含 y 时，无论多么间接，在 x 和 y 之间的任何整体媒介都处于 F 的“部分封闭”（mercological closure）之中。其二，起码的最大整体性原则（the principle of least maximal wholes）。这一原则被用于决定“部分层级”（mercological hierarchy）的范围，因而“部分封闭”之间的这种层级结构被嵌入了语义场。如果在这一层级结构中 x 包含 y，那么 x 在这一结构中比 y 高，是一个更大的整体；反之，y 在这一结构中比 x 低，所以说是一个更小的整体。[②] 上述分析揭示了隐喻域的大小、层级结构的高低、它们之间的关联等与语义结构的一种关联性，从而可以发现隐喻生成的语义基底及概念“再隐喻化”的可能基础。可见，一个隐喻术语的意义是由它的关联结构所决定的。倘若两个术语具有同样的关联，就将具有同样的意义；如果两个关联具有同一个“结”，并且具有同一个语义视角和语义结，那么它们的隐喻也必定是同一的。隐喻一旦概念化、表征化、形式化，就不可避免地要处在特定的语义场中并有了确定的隐喻域，由此决定了隐喻与理性陈述之间某种必然性的关联。

4）隐喻方法是理性与非理性的统一。隐喻与科学理论的理性陈述之间的复杂关联，不仅源于隐喻实现的不同形式及途径，且源于如何实际理解理性陈述的问题。一方面，语言的隐喻性（包括学术语言和交流）似乎否定了知识和真理奠定在坚实的经验事实、严格的逻辑推论和清晰

---

① Nintikka J. Aspects of Metaphor. Boston：Kluwer Academic Publishers，1994：41.

② Bradie M. The Metaphorical character of science. Philosophica Naturalis 21，1984：45.

的概念范畴之上的观念。隐喻常常被错觉地看作理性构造的对立方甚至“颠覆物”。另一方面，隐喻有可能防止理论范畴的过分僵化，同时它联结不同语境的强大能力在各个学科之间敞开了交流和互动的大门。隐喻所具有的实在的学科角色及独特功能，说明了隐喻作为一种方法论不仅可以超越学科之间的界限，而且可以凭借直觉的创造性的途径去解构它们，因而在隐喻和理性陈述之间的关联就必然表现为一种相互融合的方式。可见，隐喻的使用是理性陈述之间具有可通约性的必然的方法论要求。在超越不同学科界限或理性陈述界限的同时，隐喻不断导致了新的假设和理性的洞察。理性陈述正是借助于隐喻联结可观察的和不可观察的对象的途径进行建构的。例如：在特定理性陈述中显在和潜在隐喻的建构性作用；对特定隐喻功能的检验；对给定隐喻域的语言学的和历史背景的解释学重构；对隐喻概念的含义和隐喻描述主体之间的关联分析；对隐喻的真理性和认知内容的考察。[①] 隐喻在直接当下的意义上似乎是非理性的，但是当把它放在一个理性系统中去分析时，就会清楚地发现它具有特定的，甚至是长期的科学理性思维的背景，以及长久的科学实验的行为背景。没有这种理性的背景，科学隐喻的出现是不可能的。一个原创性的科学隐喻往往首先以一种“佯谬”的形态出现，但很快便通过常规化的过程成为科学范式的特定要素。

三、科学隐喻的方法论功能

自开普勒时代起，物理学的发展就逐渐被数学的形式化语言所支配，以保证物理洞察的精确性和可靠性。由于数学公式必须与可测量的对象相关联才能产生它的物理意义，作为一种描述语言，数学的形式体系不可避免地存在着自身的局限性。同时，数学化的语言形式与非形式化的概念结构需要提供物理意义的一致性，因此，物理学对隐喻方法的引入就成为一种必然的选择。在物理学的发展史上，隐喻是由科学共同体约

① Nintikka J. Aspects of Metaphor. Boston：Kluwer Academic Publishers，1994：6.

定并认同的，具有确定的稳定性和一致性，更主要的是，它具有重要的方法论的功能，而且常常是自然而非强制地、潜在地而微妙地发挥着它的功能；同时，隐喻作为一种思维工具，是科学共同体为了求解难题，突破理论发展的概念瓶颈的一种集体约定的结晶，它不仅促进了科学共同体成员之间理解的统一，同时通过新的理论假设的提出引导了新的科学预测，推动了科学假设的创立和发展。隐喻的方法论功能表现在以下几个方面。

1）科学理论的发明功能。隐喻化代表着一种从字面意义的束缚中解放出来的途径，发散性和创造性内在地构成了它的本质。在科学活动中，科学家使用隐喻并不是出于审美的兴趣，而是主要为了理论创新，这正如戴维森说的那样，“理解一个隐喻像创造一个隐喻一样需要大量创造性的努力”[①]。隐喻意义更多地含有“建构出”的创造性因素，而不仅仅是对所指称对象的一种匹配。概而言之，隐喻中的意义发明是先于指称的，同时隐喻意义对个体说明的超越，在不同语境中有效地实现了意义的交换，正表明了隐喻所具有的人与人之间的规则性（interpersonal regularity）。这种规则性说明，从依赖语境的使用到非语义地位的关联是把握隐喻创造性功能的重要视角。在某种意义上可以认为，决定隐喻内容的语境作用越“强”，相应地语言学意义上语形规则的约束性就越“弱”，而特定隐喻的语义创造的空间就越“大”。而特定隐喻意义空间的大小，同时也决定了隐喻创造性的深度、广度、有效性、针对性和整体的完备性。隐喻的科学功能正是在这个意义创造空间中，在语形和语用的张力中，展示其创造性意义的丰富性和独特魅力。所以，各个语境要素的整体背景水平的高低，确定了这个张力的弹性空间的延展及这一空间的特色、水准、层面和理论的可接受性。隐喻的可把握或可分析的特性，也正存在于这种创造性的空间。在探索未知世界的过程中，隐喻对于理论尚未给定完备的解释和证实的对象，具有强烈的引导性；而对给定解释和证实的对象，则具有明确的可借鉴性；并在具体的说明中产

① Stem J. Metaphor in Context. Cambridge：The MIT Press，2000：10.

生有效的说服力。所以，没有隐喻的科学世界是枯燥和呆板的。事实上，在一个给定的科学语境中，特定“语义单元”（semantic unit）的运用可能完全不同于它的起源意义。新的理论创造正是对旧的语义规则的突破和新的语义概念在语形中引入的结果。科学家们一旦被理论的原有语义规则所束缚，就不可能做出新的理论创造。当代物理学家之所以不满足于近代传统物理学的规范，正是因为传统规范的语形和语义已严重地制约了物理学的当代进展。例如，爱因斯坦相对论的两个基本假设前提所具有的隐喻性就是对牛顿理论隐喻的革命性背离。可见，科学理论的革命是隐喻变革或创造性发展的结果。正是在这一意义上，阿彼德（M. Arbid）和海西指出，对于科学理论的发展而言，“隐喻是潜在地革命性的”[①]。

2）科学理论的表征功能。许多科学哲学家都承认，隐喻是对特定科学实体、状态或事件的术语表征。因为在特定语境中，某种表征往往会较之于其他表征具有更强的可接受性，这就从语言学的层面给出了相关隐喻的表征域。隐喻作为理论模型的基础，就在于：一方面，特定模型是相关隐喻的表征；另一方面，它又是而后理论模型得以构建的潜在源泉，即“再隐喻化”的基础。再隐喻化内在地要求我们不断改善甚至更换理论模型，允许我们不断地改变看待事物和接受外部世界的方式。换言之，隐喻正是为不断调整我们对世界的表征而起作用，并在这一过程中为我们提供关于世界的新信息。所以，在一定意义上讲，隐喻是“前科学”的直觉与科学经验的概念化之间、科学的“前理论”与“替代理论”之间由此及彼的桥梁。这主要体现在隐喻的两种表征功能上，即本体论的隐喻和空间隐喻。前者允许我们指称某种特定的测量对象，从而扩张人们的经验，并据以构成理论表征的基础，如夸克、基因等就属于此种隐喻。后者提供特定的语言，用以表征物理特性的关联和变化。例如，将“状态”看作“容器”、“薛定谔猫”等，就是这种隐喻的例子。隐喻的这两种表征功能均属于其“元理论”的功能，这种“元理论”的

① Arbid M A，Hesse M B. The Construction of Reality. Cambridge：Cambridge University Press，1986：156.

功能不仅构建了物理学的研究对象，给出了物理世界的本质关联和可认识性的假设，同时还表示了经验的主客体之间的关联，形成了科学发展及其自身解释的方向。从一般的意义上讲，我们可以认为物理学的某些形式符号同样是科学隐喻存在的特例。当它们表征某种可能的测量对象时，并不存在绝对的一一对应关系，而是给出了某种科学认识可能的趋向性。无论这种趋向性是被逻辑地证明，还是被测量地证实，均是隐喻的这种表征功能所引导的结果。所以，科学隐喻与科学表征之间的可通约性，是物理学研究的内在要求。此外，科学隐喻的直觉性与科学表征的逻辑性之间也不存在绝对的界限，它们常常是融合在科学语言的一致性之中的。当沃森和克里克发现 DNA 双螺旋结构时，那种隐喻性的直觉与在严格测量基础上的表征并不存在此岸和彼岸的对立。还可以从相似性这一视角将隐喻分为“存在性隐喻”（epiphors）和“可能性隐喻”（diaphors）。“存在性隐喻”指通过比较引起意义的溢出和延展的隐喻，可视为一种“基于相似性的隐喻”；“可能性隐喻”则通过并列创造出一种新的意义，可视为一种“创造相似性的隐喻”。很明显，“可能性隐喻”比“存在性隐喻”具有更强的理论表征功能。惠尔赖特（Wheelwright）曾指出，“可能性隐喻”最本质的可能性就在于那种广泛的本体论事实，新的量和新的意义从迄今为止未分类的元素结合中产生出来。[①] 正如不同的、原本是独立存在的分子或原子等通过温度、压力等适当条件下的共置而生成全新的化合物，能够独立存在的不同意义也通过前所未有的并列而导致新意义的诞生。在这里，“可能性隐喻”强烈地表征了一种理论综合的过程。由此可见，隐喻作为形式化科学表征系统的必要补充，是导向科学发现的重要途径之一。

3）科学理论的说明功能。20 世纪物理学的发展方向鲜明地显示了从物体到过程、从稳定到流动、从决定论到概率论、从确定的到相对的研究范式转换。这决定了在物理学的描述语言与发展要求的适当性之间的分岔，从而也决定了隐喻的说明功能在科学理论解释中的功能的必要性。

---

① MacComac E R. A Cognitive Theory of Metaphor. Cambridge：The MIT Press，1985：97.

因此，传统的科学说明的演绎模型应当进行适当的修正和补充。物理学理论的隐喻说明是在约定的语形（形式系统层面）、公认的语义（意义分析层面），以及共享的语用（演算操作层面）之间的相互结合与渗透中进行的。隐喻在语形层面说明了符号系统关联源泉的隐喻基础，以及科学模型构造的概念背景；在语义层面说明了语义的变化和关联，尤其是指称的扩张、符号的转换及物理图景的意义；在语用层面说明了隐喻所具有的修辞学的功能、增强了物理理论的理由及其可接受性。“熵”与“麦克斯韦妖”就是两个非常有意义的说明隐喻。人们普遍地认为，“麦克斯韦妖”问题的本质就在于，它为信息理论的应用提供了一个非常杰出的案例，并且非常清晰地表明了信息与“熵”之间的关联。[①] 所以，在两个隐喻说明之间的关联也是隐喻的。这种隐喻关联的说明沟通了热力学与信息论之间的联系。在这里，将负熵带入系统，由这一负熵所获得的信息及作为结果在系统中熵的减少等，都是这种关联说明的结果。“这个案例可以最简洁地表明，隐喻和矩阵不仅仅对创造秩序是必然的，隐喻选择本身就决定了人们在一个系统中所能接受的熵的程度。”[②] 可见，隐喻的说明功能具有其他任何理论说明方法所缺乏的那种更为“迷人”的修辞学功能。

4）科学理论的评价功能。一个隐喻说明首先是陈述性的，而一个镶嵌隐喻的陈述至少表达了两种不同的语句状态：经验地被描述了的状态和隐喻假设的意向状态。正是这两种语句状态的比较才使得所谓的隐喻评价能够存在，才有了某种评判理论可接受性的独特标准。具体地讲，隐喻状态本身存在着各种语境要素的相互作用，这些相互作用决定了隐喻选择评价的可能趋向；这种相互作用是一个陈述的命题态度与评价主体的心理过程的统一，带有特定的价值趋向性；隐喻载体不是实际的测量对象或测量状态，而是常常表现为一种预设的情态；隐喻过程的心理意向性是必然地存在着的。正因为如此，隐喻陈述传输了比通常解释更多的信息内容，而这些信息内容确定了隐喻评价的功能基础。因为在对

① Nintikka J. Aspects of Metaphor. Boston：Kluwer Academic Publishers，1994：127.

② Nintikka J. Aspects of Metaphor. Boston：Kluwer Academic Publishers，1994：128.

一个相关理论的评价中，评价者的心理意向是必然地存在着的，所以意向条件的确定是一个非常重要的隐喻评价的问题。在这里，隐喻评价与心理意向分析密切相关，从而决定了隐喻评价的价值取向和功能。在物理学中，波粒二象性的不同描述及其互补性，本质上就是两种隐喻评价的功能互补。有人从语言学的意义上将这两者的互补称为相互的“隐喻重描”。[①] 例如，当代量子力学的发展使物理学的语言越来越远离经验世界，因此，量子力学理论的概念发展也就不是现存语言体系所能支撑得了的。这就为量子力学理论语言的隐喻性使用及对测量对象的“隐喻重描”留下了更为广阔的空间。隐喻评价功能的发挥也就有了更为宽广的“自由领域”。正像在海森堡的著名定理中，物理学家们更明确地意识到了物理学研究的对象“不是自然本身，而是我们的提问方式所揭示的自然”[②]。正是这种提问方式的转变，不可避免地将隐喻评价带到了物理学的前沿，并且成为在经验等价的情况下，存在着多种理论选择的可能性的方法论基础。

5）科学理论的交流功能。科学理论在科学共同体成员之间的交流对推动科学理论自身的发展无疑具有极为重要的意义。此外，科学理论在科学共同体与其他社会成员之间的交流也是必要的。一个特殊的科学共同体内部之间的交流往往基于某种特定的学术语言，而这种语言是由该共同体密切相关的认知模型隐喻所创建的。在理论交流过程中，共同体成员通常使用一种特殊的、经过集体约定的隐喻语言。此外，如果在科学探索的过程中发现了一些新的观察事实或经验，科学家也常常用隐喻语言进行表达以便于其他科学家理解。当代认知科学理论表明，人类对概念的理解不仅仅基于客体或现象内在的、客观的性质，同时也决定于主体与客体之间的交流互动。为达到理解世界的目的而构造的各种科学理论知识是主体与环境以及主体与主体之间相互作用的结果。一种科学理论不但必须与基本的感知层次相融洽，同时也必须被相关的科学共同体理解和接受。如果它能够成功地做到这一点，就会被纳入人类的知识

---

① Pulaczewska H. Aspects of Metaphor in Physics. Tübingen：Max Niemsyer Verlag Gmblt，1999：23.

② Pulaczewska H. Aspects of Metaphor in Physics. Tübingen：Max Niemsyer Verlag Gmblt，1999：27.

体系。从认知语言学的角度看，意义不是某种能够独立自存的东西，它必须与一个语言共同体的成员具有某种联系才具有了存在的现实性。此外，在交流一种新的理论知识的过程中，相关科学共同体经常从其他科学学科门类借用现成的概念用以构成本学科内部的隐喻。隐喻为不同的科学共同体及不同的学科领域之间某种可通约的主体间性的建立提供了有效的途径，从而实现了科学理论在共同体内部、各共同体之间、科学共同体与其他社会成员之间的充分理解和交流。我们知道，即使一个交流过程的每一个参与者都享有某种相同的知识，意义也不可能得到全部转换。这样，对于交流一种不曾共享的经验来说，隐喻的使用就成为必要的了。

“隐喻是智慧的开始，是最早开始采用的科学方法”，它并不是仅仅作为一种修辞手段和语言游戏而存在的，这一点已得到绝大多数科学哲学家的普遍赞同[①]。但同时我们也不能不警惕并反对那种认为隐喻具有某种“魔性”（magical quality）的神秘主义观点。从本质上来说，科学隐喻与科学类比推论同样属于一种有理由推理的思维方式，是科学发现的过程中不可或缺的重要组成部分。科学隐喻成功地搭设了科学理论中所予与映射、判据与猜想、常规与假设之间的桥梁，使科学家从直接当下的科学事实和经验观察材料向可能的、有理由的理论构设迈进，并为最终实现科学理论的创造性飞跃架起了跳板，从而超越了一维的字面意义和单纯的经验判据，消解了稳态的指称理论与僵化的逻辑架构，摆脱了严格因果决定论的逻辑限制与束缚。

值得注意的是，现在有些科学隐喻的批评者援引了一些在科学史中失败的隐喻事例试图对隐喻的方法论意义加以否定。但这些事例并不能成为科学隐喻在方法论上整体失效的根据。正如马克斯 · 布莱克所指出的：“毫无疑问，隐喻是有其可能的危险性的，尤其是在哲学方面。但若因此而反对隐喻的使用，这就将对我们的研究能力造成一种蓄意的和有害的限制。”[②] 隐喻的语言学机制在科学哲学中主要是作为对模型和理论

---

① Radman Z. Metaphor：Figures of the Mind. Boston：Kluwer Academic Publishers，1997：43.

② 马克斯 · 布莱克 . 隐喻 // 涂纪亮 . 当代美国哲学论著选译（第三集）. 北京：商务印书馆，1991：105.

术语的隐喻而使用的，可以说每一种科学传统都应用了不同的隐喻方式来达成其描述功能。“在科学词汇表的历时发展过程中，隐喻是描述现象的类比性再概念化的一种非常必要的语言学资源。”[①] 这一特殊资源的有效利用具有重大的方法论意义和价值。另外，需要特别指出的是，由于隐喻与语用语境的本质关联，将科学隐喻研究与语境论相结合，从语形、语义、语用三个维度全面地考察科学隐喻的生成、发展、本质、功能和意义，应当是未来科学隐喻研究的一个重要趋向。

① Rothbart D.Explaining the Growth of Scientific Knowledge：Metaphors，Models，and Meanings. Lewiston：Edwin Mellen Press，1997：71.

科学隐喻的本质*

隐喻历来被人们誉为语言和思想的千古之谜。卡西尔在其名著《人论》中曾经指出："语言就其本性和本质而言，是隐喻式的；它不能直接描述事物，而是求助于间接的描述方式，求助于含混而多歧义的语词。"①从远古到现代，从诗学、文学到哲学、文化乃至自然科学领域，人类无时无刻不在运用隐喻的方法，对它的认识和理解也在不断得以深化。随着当代科学修辞学的发展，科学隐喻作为隐喻家族中的重要的一支日益凸显出来，受到了科学哲学家乃至自然科学家越来越密切的关注。

一、隐喻的概念

英文词"metaphor"（隐喻）来源于希腊词"metapherein"。在希腊

---

* 本文发表于《科学技术与辩证法》2005年第3期，作者安军、郭贵春。

① 恩斯特·卡西尔.人论.甘阳译.上海：上海译文出版社，1985：140.

文中，“meta”是“beyond”（超越、在……之上）的意思，“pherein”则是“to bring”（带来、产生）的意思。在拉丁语中，这个词的拼写演变为“metaphora”。到了中世纪，法语中写作“metaphore”。英语中的“metaphor”一词据考证大约出现在16世纪。“metaphor”这个词首先是作为对于一种修辞格的指称而出现的。从词源学及构词法的角度来看，“隐喻”最为基本的内涵表示一种意义的转换或转移。

在历史上，第一位对隐喻问题做出了专门研究并试图描述其内涵与本质的学者是亚里士多德。亚里士多德在《诗学》中指出：“隐喻字是属于别的事物的字，借来做隐喻，或借属作种，或借种作属，或借种作种，或借用类同字。”这样，隐喻被区分为四种不同的类别。第一种是借属作种的隐喻，如“我的船停此”，“泊”是“停”的一种方式；第二种是借种作属的隐喻，如“俄底修斯曾做万件勇敢的事”，“万”是“多”的一种，现在借来代表“多”；第三种是借种作种的隐喻，如在“用铜刀吸出血来”和“用坚硬的铜火罐割取血液”中，借“吸”作“割”，借“割”作“吸”，二者都是“取”的方式；第四种是类同字的借用的隐喻，如：当第二字与第一字的关系，有如第四字与第三字的关系时，可用第四字代替第二字，或用第二字代替第四字。有时也可以把与被代替的字有关系的字加进去，以形容隐喻字。例如，杯之于狄俄倪索斯，有如盾之于阿瑞斯，因此可以称杯为狄俄倪索斯的盾，称盾为阿瑞斯的杯。[①]当然，亚里士多德是在一种纯粹修辞学的层面上谈论隐喻的。

在当代，对隐喻概念的理解已经走出了语言学和修辞学的局限。隐喻成为语言哲学、科学哲学以至认知科学所关注的一个重要概念。1996年出版的《牛津哲学词典》对隐喻的定义是：隐喻是最重要的一种修辞格式，其中有关话题（意旨）被一种用于非字面意义描述的语词或句子来指称；在一种典型的隐喻用法中，“相关特征的结合成为字面上不合逻辑和荒谬的，但理解并不因此而失效”[②]。在1999年出版的《剑桥哲学辞典》中，对隐喻做出了更为详细的定义，其仍然强调指出，隐喻首先是

① 亚里士多德．诗学．罗念生译．北京：人民文学出版社，2002：62.

② Blackburn S. Oxford Dictionary of Philosophy. Oxford：Oxford University Press，1996：240.

作为一种言语修辞格或一种比喻修辞存在的。"其中，在字面上表示一事物的词或短语被用来表示另一事物，因此隐含地对这两个事物做出了某种比较。"例如，在句子"密西西比是一条河流"这种通常用法中，"河流"一词是被字面地使用的——或者按照某些人更愿意说的，在它的字面意义上被使用。与之相反，如果一个人做出了"时间是一条河流"这样的断言，那么他就是在隐喻地使用"河流"这个词——或者说是在一种隐喻的意义上使用它。词典指出，自亚里士多德开始，隐喻就已经成为哲学讨论的一个主题。事实上，它几乎比所有其他修辞格都更多地受到哲学家们的讨论。到 19 世纪为止，有两个主题在这些讨论中占据了显著的地位。一个主题是：隐喻与所有其他修辞格一样，是对言语的修饰，因此是一种"言语的修辞格"。隐喻是比喻表达法的一种装饰，它们对于话语的认知意义并无贡献，只是赋予话语以色彩、生动性、情感效果等。因此，它是文艺复兴的典型特征。这一时期的哲学家们（如霍布斯和洛克等）是最好的例子。他们坚持认为，尽管哲学家们有时有很好的理由利用隐喻来交流他们的思想，他们自己在哲学运思的过程中应当完全避免隐喻的使用。到 19 世纪为止，在对隐喻的讨论中，另一个重要的主题是：就其认知力而言，隐喻是一种缩略的明喻。当"河流"这个词被隐喻地使用时，"时间是一条河流"这个句子的认知力与"时间像一条河流"是一样的。从浪漫主义时代直到我们当前这个时期，几乎所有隐喻理论的特征都是对这两种传统观点的反对。词典最后指出，"隐喻被认为并不是与认知无涉的一种装饰，它们对于我们的话语的认知意义有所贡献。它们不仅对于宗教话语来说是不可缺少的，对于普通话语，甚至科学话语来说也是不可缺少的，更不用说诗歌话语了。的确，对于尼采而言，所有言语都是隐喻的。尽管对于隐喻如何作用于意义，以及为意义贡献了什么东西、我们是如何认识到这些内容的并没有出现一种一致意见，但是对于它并不仅仅是缩略的明喻这一主题已经基本达成了一致"[①]。

---

① Audi R. The Cambridge Dictionary of Philosophy. 2nd ed. Cambridge：Cambridge University Press，1999：562.

如果把意义转换看作隐喻的本质内涵，那么我们大致可以区分出两种层次的隐喻：首先是有形的、出现在口头或书面语言中作为一种言语修辞格的隐喻语言；其次是无形的、作为人类思维的一种基本活动形式的隐喻思想。隐喻思想是隐喻语言的内核，隐喻语言是隐喻思想的体现，二者是一种互为表里的关系。理解隐喻问题必须要从这两个层次上加以把握。

二、隐喻与科学语言

从语言起源的角度看，原始人类的思维主要表现为一种神话思维的形式。这种形式也就是一种前逻辑的隐喻思维，因而原始人类所使用的语言带有极为强烈的隐喻色彩。15 世纪的意大利学者、哲学家米兰达拉（Mirandola）认为，在原始人类的头脑中存在着这样一种信念："首先，事物中存在统一性，靠了这种统一性，每一事物才与自己同一，由自己组成并与自己协调一致；其次，存在一种统一性，靠了这种统一性，一种生物才与其他生物统一起来。世界的所有部分才构成一个世界。"因此，原始人类倾向于以隐喻的方式看待他们所生活的外在世界，视万物为一体。列维-布留尔也指出，现代人的"日常活动总是暗含着对自然法则不变性的沉着而毋庸置疑的信任。原始人的态度是完全不同的。对他来说，他置身于其中的自然是以完全不同的面貌呈现其自身的。在那里的所有事物和所有生物都被包含在一个神秘的互渗和排斥之网中"①。由此可见，隐喻思维确实具有一种"前逻辑"的性质，是人类最原始、最基本的思维方式，语言的逻辑思维功能和抽象概念是在隐喻思维和具体概念的基础上形成发展起来的。

黑格尔在论述语言与隐喻的关系时指出，"每种语言本身就已包含无数的隐喻。它们的本义是涉及感性事物的，后来引申到精神事物上去。……但是这种字用久了，就逐渐失去隐喻的性质，用成习惯，引申

---

① 恩斯特·卡西尔. 人论. 甘阳译. 上海：上海译文出版社，1985：102.

义就变成了本义，意义与意象在娴熟运用之中就不再划分开来，意象就不再使人想起一个具体的感性观照对象，而直接想到它的抽象意义”[①]。事实上，人类的大部分概念在其起初出现的时候都是作为隐喻概念而使用的。没有隐喻，一种语言就不能称其为语言。正是在这种意义上，玛丽·海西提出了“一切语言都是隐喻的”这样一种著名论断。利科曾经指出，“如果我们在将隐喻称为名称转移时对隐喻理论不抱偏见，那么我们就可能很快发现，不以隐喻的方式（在借用这个概念所包含的意义上）来谈论隐喻是不可能的。简言之，对隐喻的定义是循环的”[②]。我们认为，这种循环定义尽管有出于隐喻本身的复杂性的原因，但更为重要的原因在于语言本身所具有的隐喻性。

作为一种在语言中普遍地、根本性地存在着的现象，隐喻在科学理论的陈述中也有着非常明显的体现。通过对科学史的考察，我们会发现，科学文本中大量地散布着隐喻语言。例如，在17世纪，英国著名哲学家、科学家弗兰西斯·培根对物理学的基本概念“热”所做的描述为：热是一种扩张的行动，不分布于物体的整体，只存在于其小部分，同时又互为制衡、互斥、被击回，因而物体会有一种不同的运动，永远在颤抖中挣扎、被回音所刺激，因而从这些颤抖、挣扎、回声中能冒出火及热的威猛。很清楚，这里的“扩张”“制衡”“互斥”“被击回”以至所谓的“在颤抖中挣扎”“被回音所刺激”“冒出火及热的威猛”等均是隐喻的表达法。如果说培根对热的描述带有更多的文学笔调，那么让我们来看一看自然科学大师牛顿对于化学反应的描述：关于某种最微妙、弥漫及隐藏于所有整体物质中的精灵，我们应当说，有某些力及作用，它们能使物体振起精神，使粒子在近距离中互相吸引，如果邻接，则能紧密地结合……而可能还有别种能在小到无法观测的距离中作用的……及能在长距离起作用的带电物体，以及能斥开及吸引邻近的物体；能发出光、反射光、折射光、调节光，及使物体加热；所有的感觉都能被触发、受激，及……沿着神经的固体线丝传播。在这位科学巨人的行文中，我们仍然

① 黑格尔．美学．朱光潜译．北京：商务印书馆，1979：31-32.
② 保罗·利科．活的隐喻．汪堂家译．上海：上海译文出版社，2004：15.

发现了诸如“精灵”“振起精神”“吸引”“结合”“斥开”“触发”“受激”等典型的隐喻语言。再如，19 世纪对电磁学做出卓越贡献的丹麦物理学家厄司特（H. C. Oersted，1777—1851）对电的描述：电的冲撞只在物体的有磁部分有功效。所有不带磁的物体似乎都能被这种电的冲撞所穿透，而带磁的物体，或它们的磁粒子，能抵抗这种电冲撞的输送。因此，它们能被这些相争的力所冲动。这里的“冲撞”“穿透”“抵抗”“相争”“冲动”也都是明显的隐喻表达法。苏格兰植物学家布朗首先注意到悬浮在水中的植物孢子（芽孢）做一种迅速的、无规则的运动，他把这种现象称为“塔朗特舞”（tarantella）。塔朗特舞是一种意大利南部的 6/8 拍双人快舞。“tarantella”原指一种神经方面的疾病，这是一种歇斯底里性或癫狂性的舞蹈症，曾经被认为是由一种大型有毛的蜘蛛“tarantella”所咬而引起的。虽然现在我们把布朗称作“tarantella”的现象用他的名字命名叫作“布朗运动”，但不应忘记这种运动当初的隐喻命名。发现核子 α 衰变原理，并且预测了宇宙射线存在的乌克兰裔美国物理学家加莫夫（G. Gamow，1904—1968）把 X 射线描述为许多种不可见光的混合体：当运动中的电子被（靶）止住时，它以很短波长的电磁波吐出能量，像一枚枪弹射在钢甲上所发出的声音一样。因此，在德国，这种光被称为制动辐射（bremsstrahlung）或煞车辐射。据有关考证，夸克（quark）这一概念也是从爱尔兰著名现代派作家詹姆斯 · 乔伊斯的小说《芬尼根守夜》（*Finnegans Wake*）中借用而来的隐喻概念。在这篇小说中，夸克原本代表的是一种海鸟的鸣叫声。而这个词在德文中的意思是“乳酪”。[①] 在浩如烟海的科学典籍中，这样的科学隐喻的例子不胜枚举。

通过对于这些自然科学文本、概念反推理的分析可以发现，既有作为普通修辞学现象的隐喻，也有作为科学理论建构的核心概念的概念隐喻，同时还有作为科学假想或推理的隐喻思维活动。这些都是科学隐喻的活生生的例子，说明隐喻与科学语言之间也存在着紧密的关联。尽管科学隐喻是非字面、非逻辑的，从而不可能在逻辑实证主义强证实的意

① K. C. 柯尔 . 物理与头脑相遇的地方 . 丘宏义译 . 长春：长春出版社，2003：5.

义上得到确证，但它却对科学概念及范畴的重构（即再概念化）、新理论术语的引入，乃至整套科学理论的构建和发展，发挥着重要的、不可替代的作用。科学史的发展有力地证明了这一点，众多具体的科学理论文本也为此提供了活生生的证据。科学隐喻的使用，成功地弥补了纯粹由形式逻辑词汇构造的科学理论语言僵硬、封闭的缺陷，极大地拓展了科学理论陈述所提供的意义空间。

三、科学隐喻的产生

随着当代科学理论向微观和宇观层次的不断推进，自然科学所牵涉的对象已经越来越超出人类观察能力的范围，越来越抽象化。例如，当代物理学的重要概念夸克、似星体、黑洞、电子“轨道”、量子“跃迁”、势能阱，以及化学、生物学中的蛋白折叠、DNA 的双螺旋结构等概念，除了以隐喻的方式外无法进行理解。事实上，这些概念之中没有一个是传统科学所要求的那种严格地按字面意义表达出来的东西。“光波在真空中传播时，不像池塘中的水波一样上下波动；场不像一片充满了干草的场地，而是力的强度及方向的一种数学描述；原子并没有照文字上说的，从某一量子态跳到另一量子态去；电子也不是真的绕着原子核走圆形轨道……我们运用这些字的方式是隐喻。”①

科学史上的材料已经证实，科学隐喻在科学理论文本中的广泛存在是一个不争的事实。但正如康德曾经认为的，自然科学的确实性的存在虽然毋庸置疑，但它何以可能却仍然是一个有待回答的问题。同样，科学隐喻何以产生，也是有待进一步讨论的。

如果自然科学家们从来就不相信那些具有纯思辨性的、有时甚至是相当模糊的思想，那么做出一种崭新科学发现实际上是不可能的。波普尔认为，科学家的工作就在于不断提出并检验新的科学理论。在科学探索的最初阶段，科学家设想或发明一种新理论的活动，实际上并不要求

---

① K. C. 柯尔 . 物理与头脑相遇的地方 . 丘宏义译 . 长春：长春出版社，2003：13.

一种严格的逻辑分析，事实上在这个阶段也不允许做出一种严格的逻辑分析。此时的首要问题在于一个新概念、一种新理论是如何产生的问题，也就是科学家如何获得一种新的思想，而无论这个新的东西是一段音乐主题、一场戏剧冲突，还是一个科学理论。这一过程与经验心理学有着极为密切的联系，但它与科学知识的逻辑分析无关。科学知识的逻辑分析不涉及事实问题，只涉及证明或有效性问题。著名物理学家费曼也认为，是一种对于科学研究对象的天然的好奇心驱使科学家们提出问题，并且把与问题有关的各方面事物联系起来，把这些事物在不同方面表现出来的种种特征理解为一种或许是由较少量的基本事物和相互作用以无穷多的方式组合后所产生的结果。科学家试图逐步分析所有的事情，把那些乍看起来似乎不相同的东西联系起来，希望有可能减少不同类事物的数目，从而能更好地理解它们。事实上，科学家们的这样一种思维方式已经蕴含了科学隐喻的种子。

对于科学隐喻的产生原因问题，达尔文在其划时代的名著《物种起源》第四章“自然选择，即最适者生存”中指出，“照字面讲，毫无疑问，自然选择这一用语是不确切的；然而谁曾反对过化学家所说的各种元素有选择的亲和力呢？严格来说实在不能说一种酸选择了它愿意化合的那种盐基。有人说我把自然选择说成一种动力或神力；然而有谁反对过一位著者说万有引力控制着行星的运行呢？每一个人都知道这种比喻的言词包含着什么意义；为了简单明了起见，这种言词几乎是必要的，还有，避免自然一词的拟人化是困难的；但我所谓的自然只是指许多自然法则的综合作用及其产物而言，而法则则是我们所确定的各种事物的因果关系。只要稍微熟习一下，这些肤浅的反对论调就会被忘在脑后了”①。著名哲学家罗蒂在其成名作《哲学与自然之镜》中，从另外的角度对科学隐喻的产生问题做出了精辟论断。他指出，重要的、革命的物理学和形而上学永远是“文学的”。也就是说，科学和哲学一样面临着不断引入新术语和排挤当前流行的语言游戏的境况。如果它并不永远是“激烈的”和

① Darwin C. The Origin of Species. New York：Simon & Schuster，1962：216.

"粗暴的"，是因为它有时是有理的和会话性的，而非因为它陷入一种顽固的隐喻学中。在科学中，我们有时会面临必须说出一个初看起来是假的却似乎是有阐明力的和有成效的隐喻语句的处境。这类语句在其刚被使用时"仅只是隐喻"。但有些隐喻是"成功的"，其意义是，我们发现它们如此不可抗拒，以至于企图使它们成为信念，成为一种"确实真理"的备选者。为此我们通过由新的、令人惊异的、隐喻式的语句所提供的词语，去重新描述某一部分现实。例如，当哥白尼说"地球绕太阳转动"时，这些语句看来必然只是"说话的方式"而已。同样，"能量能变为物质"这类语句在初次被说出时似乎也是不真实的，但后来却被广泛接受。①

这使人想起古希腊哲学家克塞诺芬尼的名言，"最后的真理无非是由猜测结成之网"。为了避免用一种普遍接受的方式观察熟悉的事物，科学家必须不断地做出有意识的努力，时时转换视角，用一种新的眼光观察研究对象、实验数据或经验内容。要想做到这一点，最佳办法是学会应用隐喻。科学发现中所谓出自各种思想偶然结合的直觉，实际上往往指的是科学家将表面上并无联系的现象或各种数据、信息，自觉或不自觉地通过隐喻的方法结合在一起，从而在头脑中形成了一种新的、富有意义的关系。在这种意义上，隐喻方法不仅是一种科学假说形式、一种行之有效的科学试错法，也在某种程度上体现了不明推论式推理的精髓。

四、科学隐喻的内涵

如果把科学共同体所使用的、具有重要的科学认识论和方法论意义的那种隐喻方便地称为"科学隐喻"，首先有必要对与其相关的一组英文词语做出某种区分。英文中表示"科学隐喻"或类似概念的语词大致有："scientific metaphor""metaphor in science"，以及"metaphor of science"或"metaphor for science"。由于这里所提到的"metaphor of science"和"metaphor for science"分别指"科学（本身）的隐喻"和"对于科学

① 罗蒂．哲学与自然之镜．李幼蒸译．北京：商务印书馆，2003：470.

（本身）的隐喻”，所以不在本文的讨论范围之内。本文中所讨论的“科学隐喻”是针对“科学文本、科学理论、科学话语及科学活动、科学交流中所使用的隐喻语言、表达及隐喻思维方式、思考方法”而言的。当然，在“scientific metaphor”和“metaphor in science”之间也存在着一些细微的差别。从字面上看，“scientific metaphor”指一种“科学的隐喻”，强调这种隐喻的本质属性；“metaphor in science”指“科学中的隐喻”，强调这种隐喻所处的特殊载体。本文中“科学隐喻”的内涵同时涵盖了这两个层面的内容，而更强调一种“scientific metaphor”的意义。

需要指出的是，科学隐喻与文学作品中的隐喻（literary metaphor）或日常语言中使用的隐喻相比较而言有着本质区别。正如利科所指出的，“哲学家使用的各种隐喻与诗人使用的隐喻尽管十分相似，但这两种隐喻不会混淆不清”[①]。同样，科学隐喻也在某种程度上明显地区分于文学隐喻或哲学隐喻，这不但体现在使用中也体现在性质上。如前文所言，科学隐喻与后两者之间的区别在于它的“科学性”（scientific）。文学隐喻往往描述一种高度主观化的特殊语境，其目的在于彻底摆脱传统而独创新格，缺乏与客观实在世界的自觉关联与适应，其特点是显著的意义弥散性和情感性；对文学隐喻的解释和说明主要不是由其作者本人给出，而通常要由文学评论家们所给出。与此相反，科学隐喻的创设和应用主要是出于科学家群体认知、交流、建构相关理论的需要，它不是为了表达科学家的情感或审美的欲望，而是为达到对客观实在世界某种特征猜测、探察和描述的目的。如果把文学隐喻与科学隐喻作为彼此对立的两极，那么哲学隐喻是处在两者之间的一种中间性的隐喻。

科学隐喻体现了科学家共同体对理论认知或预测的某种一致的倾向性，是科学家共同体集体智慧和洞察力的产物。从本质上来说，它是一种科学共同体内部理性的、对话性的方法论工具。在自然科学的发展史上，科学隐喻是“由科学共同体所集体约定并广泛认同的，具有确定的稳定性和一致性，而不是瞬间的、暂时的和权宜的东西。更主要的是，

① 保罗·利科. 活的隐喻. 汪堂家译. 上海：上海译文出版社，2004：434.

它具有重要的方法论的功能，而且常常是自然地、非强制地、潜在地、微妙地发挥着它的功能；同时，隐喻作为一种思维工具，是科学共同体成员为了求解难题，突破理论发展的概念瓶颈的一种集体约定的结晶，它不仅促进了科学共同体主体间性的统一，同时通过新的理论假设的提出引导了新的科学预测，推动了科学假设的创立和发展”①。

总之，科学隐喻的说明是科学探究任务的一个重要组成部分，其最重要的功能就是促生某种“未来研究战略”。科学隐喻的应用，是为了从中立的认知标准出发去捕获某种尚未被完全揭示的关于客观实在的知识。正是在这种意义上，可以说科学隐喻“确实不单纯是天才的事情，它依据于固定的传统，并时常具有一种特定的可说明的意义，而这种意义甚至并不与由概念而来的合乎知性的理解相矛盾”②。

科学隐喻作为科学共同体内部各种理论之间意义转换的媒质，是一种由科学共同体集体约定的语言调适手段，是对客观世界特征具有洞察力的猜想和描摹。任何一种科学理论，其最根本的目的都是描述客观存在的世界，为人类认识世界提供各种有效度的模型、范式或蓝图，而科学隐喻正好提供了这样一种构造理论、提供真理的强大工具。在科学探索的过程中，科学家们一旦发现有某种未知的实体在既定的理论框架中缺乏相应的概念表达式，这时往往就会借助于科学隐喻在该语言中发明或创造出一种方式来表达它。以此为基础，科学隐喻提供了一种重新建构和再组织世界的方式。再进一步地说，科学理论所描述的世界图景，本质上是人类运用概念隐喻进行的一种理性建构。科学概念和范畴隐喻化的过程不仅仅是一个匹配和反映的过程，更多地是一个认知主体主动构造的过程。首先，科学隐喻语言的表达反映了人类头脑的某种智力经济学：由于客观世界具有无限的丰富性、多样性和差异性，人类的有限心智无法提供一种关于世界全部内容的知识，这样，科学隐喻就在某种程度上表现为一种类似概念的“奥卡姆剃刀”式的东西，它使无限多样的客观世界通过意义映射的连接和统一而成为概念上可把握和易操作的。

① 郭贵春．科学隐喻的方法论意义．中国社会科学，2004，(2)：92-101.

② 加达默尔．真理与方法：哲学诠释学的基本特征．洪汉鼎译．上海：上海译文出版社，2004：2.

其次，世界越来越被看作一个发展演化的过程，而不再是一个既定的、一成不变的客体。科学理论对于世界的发展过程的描述在很大程度上通过新的科学隐喻的创造而得以展现，科学隐喻的嬗变体现出世界模型的修正、发展和完善，隐喻意义转换成为世界图景范式转换的触媒。再次，科学理论概念的革新不是发生在真空中，而是依据于已有的知识结构和背景，科学隐喻为此种连续性的跨越和发展提供了桥梁和中介。科学隐喻以已有语词表征未知实体和现象，是从已有理论的稳定性向一种全新理论的不确定性的跃迁。最后，科学隐喻通过把两个通常被认为具有不同含义的概念进行有创造性的并列，完成其内含深刻洞察力的组合功能。这种并列建构起一种多样而又统一的世界结构，通过它可以满足人类对世界新的内察的需要。由此，科学隐喻的语言游戏构成了一种规划科学理论世界的方便而强大的工具。

五、科学隐喻的属性

首先，科学隐喻属于一种系统转换的范畴。索绪尔在其名著《普通语言学教程》中指出，语言各项要素之间的关系分为两个不同的层面。这两个层面分别对应于两种不同类型的心理活动形式。第一个层面即组合或句段层面，指语言符号在空间中的一种线性排列。这种具有延展性的排列具有不可逆性，其中所包含的诸要素在与其前后相邻的要素的关系中获得意义。这样就形成了一种言语链，各个要素以在场的关系互相连接。适用于这种组合或句段层面的分析活动是切分。第二个层面是联想或语群层面。索绪尔认为，在话语的组合层面之外，彼此之间具有某种共同性的要素在记忆中联系起来，形成由各种关系支配的集合。每一个集合构成一个潜在的记忆系列，各要素以一种不在场的关系互相联合。适用于这种联想或语群层面的分析活动是分类。对于组合层面与联想层面二者的关系，索绪尔使用了隐喻的手法来加以说明。每个组合单位好比建筑物的柱子，所有的柱子与这一建筑物的其余部分有着紧密而不可分割的临近性关系。这种关系本质上是一种共同构成建筑物整体的组合关系。另外，如果我们关注其中一根柱子的特殊样式，比如，我们发现这根柱子是多利安式的，那么这就会唤起我们对于其他风格样式的比较，例如，我们在思想中把它与古希腊爱奥尼亚或考林辛式的柱子进行比照。这样就潜在地产生了一种替代或联想的关系。索绪尔指出，在这两个层面中，组合层面只有通过连续地唤起联想层面以外的新单位时才能有效地运作。很明显，这两种不同层面的关系分别代表着两种不同的思维模式。1962 年，雅可布森在《现代》杂志上发表了著名论文《两种语言形态与两种失语症》，认为语言的要素的组合或句段关系对应于转喻的思维方式，而联想或语群关系则对应于隐喻的思维方式。转喻本质上表征一种组合范畴，隐喻本质上表征一种替换性的联想占主导地位的系统范畴。隐喻与转喻代表了语言结构两种基本关系模式的最精练的表达：相似性及对比的内在关系强调隐喻；邻近性及远离的外在关系决定转喻。失语症的两种不同种类对应着这两种关系。在第一种类型中，言说者发现很难用其他具有相似或相对意义的词来替换一个给定的词，例如，用“bubbly”或“ginger-pop”替换“香槟酒”。与此相反，他坚持认为替换词通过邻近关系而联系在一起，例如，“bottle”或“hang-over”。因此，雅可布森认为，只有“转喻……被他所使用和掌握”。对于失语症的另外一种类型，言说者的困难刚好相反：他只能用意义的相似或相对性关系来替换语词。这种创造隐喻和转喻修辞格的能力的丧失是二者各自困难的有力说明，同时证明用这些术语的外延来描述这些困难是正当的。两种失语症正是根据丧失了控制这种安排模式的一种或另一种能力而区分开来的。那些在语群选择方面出现问题的人在基于相似性或意义对比的隐喻替换方面是有所欠缺的；而那些在句段轴方面组合语词出现问题的人则在转喻联系方面是有所欠缺的。[①] 罗兰 · 巴特在考察了雅可布森的观点后指出，“研究者（即符号学家）谈论隐喻要比谈论转喻更理直气

① Cooper D E. Metaphor. Oxford：Blackwell Publishing Ltd.，1986：35.

壮，因为他进行分析所运用的元语言本身就具有隐喻性，故而与对象隐喻性质相同。事实上，论述隐喻的文字相当丰富，而几乎没有对转喻的论述”[①]。隐喻这种系统转换的属性是科学隐喻方法论功能的前提和保证。

其次，科学隐喻必须要从语境化的角度加以理解。从本质上讲，科学隐喻是以一定语形构造为载体、在特殊的语用语境中生成的一种语义映射。正是特定语境中语形构造、语义映射、语用选择的统一，决定了科学隐喻的生成及其本质意义。一个科学隐喻的有意义的实现是通过相关实验或理论语境的选择性和规定性所保证的，其中不仅包含了科学隐喻术语的指称对象、谓词外延和函项的功能选择，而且生动地展示出了科学概念的浅层语境与深层语境、形式语境与意义语境之间的跳跃与变换。一种有效的隐喻分析不能脱离特定语境的基底而进行。这样，朝向一种语境论的隐喻观就成为当代隐喻研究有前途的趋向。这也就是说，“在语形的层面隐喻是被构造的，在语义的层面隐喻是被转化的，在语用的层面隐喻是被选择的。在一个特定隐喻的生成过程中或它的方法论要求的展开过程中，这些层面是内在地统一的和同时作用的；或者说是在一个特定的语境中相互作用给出的系统结果。因此，一个隐喻描述必须在语言转换的语境中历时地加以理解”[②]。一方面，一个新的科学隐喻的创造不仅是特定语境的产物，也使原来的语境获得了某种新的含义，从而体现出一种再语境化的功能；另一方面，随着语境的发展和变化，原来的科学隐喻也会逐渐失去其新义，而转化为语词的字面意义和普通意义被收入词典，成为一个隐喻意义消亡了的概念。因此，对于科学隐喻的语形、语义、语用的分析考察，使我们能够更准确地认识相关科学语境的特征、更清晰地描画科学语境的流变发展轨迹，从而更加准确地把握科学隐喻的本质。

最后，科学隐喻是对传统理论解释的演绎模型的有益修正和补充。现代科学哲学的研究越来越深刻地认识到，在科学的解释和解释对象之

---

① 罗兰·巴特. 符号学原理. 王东亮等译. 北京：生活·读书·新知三联书店，1999：53.

② 郭贵春. 科学隐喻的方法论意义. 中国社会科学，2004,（2）：92-101.

间严格说来并不存在一种纯粹的演绎关系，而只有一种近似符合的关系。并且，在科学理论的发展过程中，一个具有创造性洞察力的核心隐喻可能很快“伪装”成为一种普通用法，一个科学的隐喻模型也可能很快就被另一个更为新颖、更具有说服力的科学隐喻模型所代替。就在这种新鲜的科学隐喻转化为陈旧的科学隐喻，同时更多具有创造性和竞争力的新科学隐喻不断产生的过程中，科学理论在不断发展进步，人类认知也不断得以深化。在此种意义上，科学理论的革命也可以视为一种合理的隐喻重描，而这也就是罗蒂所谓科学理论的再语境化。作为一种特殊隐喻形态的科学隐喻可以将传统理论概念体系中的各种成分和要素加以整合，即通过再概念化和理论间的链接与转换，不断提出新的科学研究方向、创造出新的科学理论。它是通过理解语境的传递，由已知到未知、由旧的理论知识通达新的理论知识的桥梁和媒介。这就是说，科学理论的发展从一定意义上来讲是由科学隐喻历时地再语境化所推动的。再语境化的过程就是新旧科学隐喻交替嬗变的过程。既然科学解释的对象域由科学隐喻次要系统转移而来的术语进行了重新描述，因此就可以预期，原初观察语言不仅在意义上发生了转化，其词汇表也得到了扩充。在此基础上，科学理论解释做出一种强意义上的预言就成为可能。当然，这些预言可能并非全部都是正确的，但它至少提供了理论可能做出的正确预言的备选选项。这种预言的可能性是合理的，它突出表现了科学隐喻语言对于世界逻辑结构所具有的强大的调适力。

六、结束语

库恩在其《科学中的隐喻》一文中明确地指出：“隐喻在建立科学语言与世界的联系中发挥着基础性的作用。然而这些联系并不是被一次全部给予的。理论是不断转换的，尤其是一些相关隐喻及通过附属于自然术语的相似性框架之对应部分的转换。”[①]库恩的这一论断精辟地指明了科

① Kuhn T. Metaphor in science// Ortony A. Metaphor and Thought. Cambridge：Cambridge University Press，1993：539.

学隐喻的本质特征。正是通过构建外部世界与科学理论联结的强大功能，科学隐喻获得了其存在和嬗变的意义。深入探讨并揭示科学隐喻的本质，有助于对于科学本身认识的深化，这不仅推动了当代科学哲学尤其是科学修辞学的进一步发展，对于科学家群体也有一定的借鉴意义。

科学隐喻："超逻辑形式"的科学凝集

——论科学隐喻的基本原则和表现形态*

随着"语言学转向""解释学转向""修辞学转向"的不断演进，人们对隐喻的认识发生了根本性的变化，隐喻在自然科学中的方法论地位越来越受到科学哲学家和科学家的重视。科学隐喻不仅以一种"超逻辑形式"的科学语言被广泛使用，而且以一种"超逻辑思维"的研究方法处处可见。所以，可以说科学隐喻是科学语言和研究方法的高度统一，是语言形式和思维形式的高度融合，是一种"超逻辑形式"的科学凝集。

本文探讨隐喻在自然科学中应用的基本原则和具体表现形态，从方法论和语言学的角度论述科学隐喻的显著特征，是对"科学隐喻"的进一步补充和挖掘。

---

* 本文发表于《哲学研究》2005 年第 7 期，作者郭贵春、贺天平。

一、隐喻移植到自然科学的基本原则

当科学哲学中的“语言学转向”把形式化的科学理性推向巅峰时，隐喻被排除出了科学方法论研究的领域；在“解释学转向”起初，人们仅仅把隐喻看成是修辞方法的附庸；伴随着“修辞学转向”运动的展开，隐喻被赋予了越来越广泛、越来越重要的地位。但是，这仅仅是在语言学领域的研究。随后隐喻作为一种非常重要的方法逐渐被推广开来，成为认知学、心理学、哲学、语用学、符号学、现象学、阐释学等多层次、多角度、多领域所共同关注的重要课题。

但是，当把这种方法置于自然科学领域加以考虑时，却遇到了在其他领域不曾碰到的诘难：有些人认为隐喻移植到自然科学之中将有助于科学的陈述与理解，而有些人却疑虑这种移植带来更多的可能是不利。反对者之所以持怀疑主义的态度，是因为隐喻最鲜明的方法论特征与科学最基本的方法论要求相抵触，即隐喻的变换性和科学的逻辑性相抵触。这种变换性是超逻辑性的，它违背了逻辑的一致性、严密性和连贯性，所以从这个意义上讲，反对者认为二者之间的矛盾也是隐喻的“超逻辑性”与科学的“逻辑性”之间的矛盾。这种疑虑其实可以从两个层面来消除：一是反对者的理由有许多不合理的地方；二是建立科学隐喻的基本原则以避免反对者合理理由的责难。第一层面的工作是对反对者不合理理由的“解构”，第二层面的工作是在反对者合理理由的基础上对科学隐喻的进一步“建构”。

具体来讲，反对者以逻辑经验主义者为主。他们认为，科学理论体系是由符号计算表征且可还原为观察经验解释的演绎系统，理论陈述的语言必须严格精确而无歧义，科学研究的方法必须严密推演而无旁枝。这就要求：①科学理论语言必须在严格意义上使用字面本意；②所有的科学推理都应当基于严密的逻辑归纳和演绎；③科学语言首先应当是可观察的语言，作为最终可被还原的各类科学描述的基本解释媒介。著名科学哲学家邦格就认为，隐喻永远都是“真实事物的不可靠的替代品……力图避免其使用”[1]。这种观念把科学语言严格限制于字面意义的、逻辑的、确定的、可证实的方法论基本要求之下，认为科学语言必须是一种完全透明的没有一点修辞的话语，并期望将科学理性的重建奠立在“不可质疑”的感觉材料基础之上。由于隐喻最突出的方法论特征在于它的变换性，所以这种观点将隐喻在自然科学中的使用判了“死刑”，把隐喻使用严格排除在科学语言的范围之外；隐喻语言被认定缺乏认识论价值，不具有科学认知功能，对科学理论的表述和陈述有害无益，应当加以彻底扬弃和拒斥。

事实上，以上观点是极其片面的、狭隘的和有局限性的。首先，科学理论语言不必要求“严格意义上使用字面本意”。从建构论的观点来看，一方面，科学理论如果为真，就能够进行“恰当”的解释，而不是字面上或者本义上的解释；另一方面，科学理论语言并非只有在字面上解释才好，更何况已经有许多实例可以证实科学概念已经远非它字面上的意思，如夸克、基因等。正好相反，科学理论语言不应该是持字面意思稳定不变，而应该具有某种程度的“韧性”或“延展性”，它可以在新的认知条件或新的语境选择下不断流动和转换。也就是说，从一个建构主义或后实证主义的视角，可以消解反对者所提出的第一个不合理要求。其次，科学中的发现不能总是还原为“观察事实的稳定领域”或用纯逻辑来解释。科学理论不仅仅只是形式的或逻辑的构造，它包括大量的非逻辑的和非形式化的成分在内，例如，量子场论中的费曼图释法、排列组合理论中的类比解析法等。我们可以看到后实证主义对这一点做了尖锐的批评和反驳。也就是说，反对者所提出的第二个和第三个不合理要求已经被许多人否定。[2]

以上对反对者的反驳可以认为是维护科学隐喻的第一层面的工作，但是这并不能说明我们可以放心使用隐喻，因为还有一个条件我们不能满足。这个条件就是上述说明的科学的逻辑性要求与隐喻的变换性特征

---

① Rothbart D. Explaining the Growth of Scientific Knowledge：Metaphors，Models and Meanings. Lewiston：Edwin Mellen Press，1997：13.

② 郭贵春，安军. 隐喻与科学理论的陈述. 社会科学研究，2003，(4)：1-6.

之间的矛盾。这种矛盾如何协调？需要我们进行第二层面的工作：建构科学隐喻务必遵循的规则，以保证科学隐喻使用的恰当性。

隐喻在自然科学中的具体应用可以分为两种情况：被动隐喻和主动隐喻。被动隐喻是人类在科学活动中，由于思维能力的限制或者语言表达的限制而不得不借用另一种相似事物来谈论被考察事物；主动隐喻是人类在科学活动中，由于被考察事物具有很强的抽象性，主动或者有意识性地通过抽象事物具体化，更好地理解和描述所考察事物的特征和性质。前者的使用是不得已而为之，带有明显的被动性；后者的使用是出于主体的主动行为，具有鲜明的主动性。这些隐喻的使用（特别是主动隐喻的使用）不是随意的，必须遵循以下规则。

第一，相似性是科学隐喻得以存在的必要性前提。所谓相似性是指两个事物之间存在相似的地方。隐喻的实质经过了替代理论、比较理论、互动理论和创新理论四个主要阶段。替代理论强调以同义域的一个词语替代另一个词语；比较理论强调经过比较两个义域里的词语的相似性而建立联系；互动理论强调两个分属不同义域的词语在语义上互相作用而产生新的语义；创新理论认为隐喻中两个词项或概念的相似点不一定都是预先存在的，而是通过互动创建的，强调了相似点的创新。无论哪一种理论都不得不接受隐喻存在的“本体”和“喻体”的事实，而建构这两者之间的桥梁必须以相似性为基础。相似性有各种各样的类别，有最普遍观点的物理相似性，有心理学持有的心理相似性，有亨利（P. Henle）引进的记号相似性。另外，相似性还有程度上的差别。

虽然互动理论否定相似性，但还是被利科给予了反驳。互动理论认为互动作用可以发生在任何关系之中，本体和喻体的关系与所说或所思、与所比拟的事物的相似性有关，但语境间的交换就不需要相似性了。布莱克的互动理论就认为，语境中有各种理由发生意义的转换，有时可以没有任何理由。比兹利（M. Beardsley）在其隐喻解释中甚至用逻辑错置替代了相似性。利科反驳认为，相似性不仅为隐喻陈述所产生，它还引导和产生这一陈述。相似性是科学隐喻的必要前提，是意义转换的前提和基础；相似性本身是一种述谓事实，它在隐喻中的作用是谓词描述的一个重要特征，而不是名词替换。

第二，科学隐喻必须充分尊重科学内容的确定性和科学推理的逻辑性。由于长期受笛卡儿和牛顿传统的影响，我们一直认为科学内容和科学结果一定要精确，而不能是估计的或者模糊的。正因为如此，科学发展过程中对数学和计算的要求越来越高，对科学计算的精确度要求也越来越严密。在微观世界的描述和理解中，物理学家也是期盼微观客体、仪器和观察者都有一个明确的属性，而不喜欢一个似是而非的结论。科学内容的确定性是每一位科学工作者追求的“殿堂”，是神圣不可侵犯的目标。科学内容的确定性取决于两个重要因素：首先是确定的科学理论前提，如确定的科学概念、确定的科学假设；其次是严密的科学理论推理，只有确保科学理论推演过程中的严格逻辑关系，才能确保科学结论的精确无误。从语义的视角来看，科学概念和理论假设的确定性首先依赖于语义的稳定性：虽然不需要“持字面意思而稳定”，但在一定语境内科学概念和理论假设必须是语义稳定的，因为只有一个稳定的前提和稳定的假设，科学理论的推理才会有扎实的根基，在严密的科学理论推理下才能保证科学结果的唯一性和确定性。

由于传统观点认为隐喻的变换性可能导致语义上的模糊性，所以这种要求看似对科学隐喻有一定的挑战性。其实不然，隐喻的模糊性主要体现在隐喻思维的过程之中，而隐喻的语义结果还是确定的。我们可以举个例子来说明。

陈述“下雨了”的意思实际上是模糊的，因为对方可能把该陈述理解成：“快点回家”“把外面晾的衣服收回来”“关窗户”“你说今天不下雨，结果你错了”等。而该陈述的本来意思是要求你“关窗户”。怎么才算准确理解这句话的意思呢？只有真正把握了这句话的确切含义才能算是准确把握。那么，你如何能从“下雨了”这个陈述理解“关窗户”这个确切含义呢？互动理论的观点是错误的，仅仅有语境是不能完成“字面意思”到“确切含义”的转换的，必须而且只能以语境为基底通过隐喻的方式来完成。没有隐喻，你就不可能给出原来陈述的精确含义。从这个意义上讲，正是因为有了隐喻才让我们达到科学的准确理解，没有隐喻就不可能把握科学的本质含义。当然，在对方从字面意思到真正意思的理解过程中肯定用了隐喻的思维，这种思维过程是模糊性的，但在这种模糊性的背后隐藏的结果却是有确定含义的。

科学最神圣的尊严依赖于科学理论推演过程中严密的逻辑性。逻辑实证主义者持有的“所有的科学推理都应当基于严密的逻辑归纳和演绎”的观点非常重要，也是非常合理的。这种严格的逻辑推理必须满足规律的普适性、必然性和演绎性。的确，科学隐喻在科学理论的推演形式中不能作为方法出现，因为推演过程的模糊性会导致科学结论的多样化，进一步导致科学结论的不精确性。它只能以隐喻思维给科学推理一定的启示性作用。换句话说，科学隐喻在科学推理中只能以启发性思维而给予帮助，不能以逻辑性理由而进行推理。

总之，科学隐喻是一定范围内的存在，必须遵循具体的原则。在这些原则的约束下和有限范围内，隐喻最显著的方法论特征与科学最基本的方法论要求是一致的，是语形、语义、语用在语境的基底上的高度统一，是科学要求与语言方法的深层融合，是逻辑性与“超逻辑性”之间的高度凝集。

二、科学隐喻的具体表现形态

在自然科学中，隐喻的具体表现形态有以下几种。

其一，科学概念中的“死隐喻”（dead metaphor）表达。隐喻就语义而言有两种：一种是“死隐喻”，另一种是“活隐喻”。历史地看，隐喻可能逐渐地固定下来，成为常规的词义。例如，“山腰”的“腰”，原来可能是个比喻，今天已经约定俗成，我们不再觉得是个比喻。从原来的表达式说，这些是所谓的“死隐喻”；从现有的表达式说，这些是语义的一部分。更有甚者，隐喻逐渐演变成了词语的主要意思，原来的意思反倒被人遗忘了。所以，孔多塞断言：“几乎每一个字都是一个比喻，每个短语都是一个隐喻。”①

① 孔多塞. 人类精神进步史表纲要. 何兆武译. 北京：生活 · 读书 · 新知三联书店，1998：35.

科学理论中的基本概念和基本原理是范式的重要构成要素。在常规时期，科学家在这些概念框架内从事解谜或解难题活动；在科学革命时期，旧科学概念发生了危机，科学家必须发明新概念取而代之。但是，在科学认识尤其是在科学革命中，新概念是怎样从旧概念的“废墟”中诞生的呢？库恩表示，“隐喻是新概念诞生的助产士，是指导科学探索的强有力的手段”①。

当代物理学的重要概念，如夸克、似星体、黑洞、电子“轨道”、量子“跃迁”、势能阱，以及化学、生物学中的蛋白折叠、DNA 的双螺旋结构等，除了以隐喻的方式外无法进行理解。这些概念之中没有一个是传统科学所要求的那种严格地按字面意义表达出来的东西。“光波在真空中传播时，不像池塘中的水波一样上下波动；场不像一片充满了干草的场地，而是力的强度及方向的一种数学描述；原子并没有照文字上说的，从某一量子态跳到另一量子态去；电子也不是真的绕着原子核走圆形轨道……我们运用这些字的方式是隐喻。”②可以说，只要是在物理学上已经被大家普遍接受的概念，大多是隐喻的。奥本海默说：“与可辨识的属性相比，这些日常语言在科学上的应用，在你企图去了解时，经常会造成你的挫折感。因为科学中的字，如相对论、原子、突变、作用，含有的是完全改变过的意义。”③

但是科学概念往往都是“死隐喻”。由于科学隐喻的使用不得破坏科学内容的精确性，科学概念和假设必须有确定的含义，所以科学概念只能使用“死隐喻”的表达，因为只有“死隐喻”中表达的含义才是固定不变的。黑格尔在论述语言与隐喻的关系时指出的恰好是这种意义：“每种语言本身就已包含无数的隐喻。它们的本义是涉及感性事物的，后来引申到精神事物上去。……但是这种字用久了，就逐渐失去隐喻的性质，用成习惯，引申义就变成了本义，意义与意象在娴熟运用之中就不再被划分开来，意象就不再使人想起一个具体的感性观照对象，而直接想到

① 李醒民．隐喻：科学概念变革的助产士．自然辩证法通讯，2004，26（1）：22-28.

② K. C. 柯尔．物理与头脑相遇的地方．丘宏义译．长春：长春出版社，2003：13.

③ K. C. 柯尔．物理与头脑相遇的地方．丘宏义译．长春：长春出版社，2003：20.

它的抽象意义。”[①]回溯历史，科学概念是科学隐喻这种“超逻辑”的思想结晶。

其二，科学解释中的隐喻描述。自然科学的一个成熟理论，除了它的数学体系之外，还应该包括一组认识规则和一幅物理图像即解释性原理。科学解释以严密的数学形式体系为基础，以清晰再现自然科学数学形式体系所表达的物理内涵为目的；科学解释是一种语言现象，弱化科学中的精确性、逻辑性特征而强调解释中的清晰性。隐喻在科学解释中的应用是对语形（数学符号）、语义（意义理解）、语用（演算操作）的进一步说明与补充，增强了物理理论的可接受性，再现了科学隐喻的说明功能。“薛定谔猫”是对“量子力学测量难题”的一个最好的隐喻描述，它“通过观察动作，即打开箱子看一下猫，就使系统进入了确定状态”来描述冯·诺伊曼测量的“投影假设”，使得微观世界独立、难以理解而又神秘的物理现象变得通俗易懂、清晰可见。相对论也是最难懂的物理理论之一，为了更形象地描述相对论原理，科学家同样大量使用了隐喻的描述。

正如库恩所说：“科学真理（和谬误）被认为是超越于暂时性的、文化的和语言的变化蹂躏。我想提醒的是，自然科学做不到这一点。不管是自然科学的描述语言还是理论语言，都无法为这种超越提供基石。”[②]科学解释中的隐喻描述使晦涩难懂的物理原理变得容易理解，是科学解释有益的补充与协助。在科学解释中的隐喻描述充分体现了隐喻的说明功能，使科学的抽象性与通俗性达到高度的统一，也是超逻辑与逻辑的高度统一。

其三，科学活动中的隐喻思维。经验是隐喻赖以生存的基础，真正的隐喻是内嵌在语义之中的。莱考夫和约翰逊（Johnson）的一个重要主张就是，隐喻不仅属于语言，而且属于思想、活动、行为。隐喻的理解自然需要语境为支撑，语境的变化会很大程度地影响语言的理解，但是仅仅有语境并不能完成从本体到喻体的跨越，这种跨越两域的桥梁正是

① 黑格尔.美学.朱光潜译.北京：商务印书馆，1979：31-32.

② 李醒民.隐喻：科学概念变革的助产士.自然辩证法通讯，2004，26（1）：22-28.

以相似性为必要条件的隐喻思维。

从本质上讲，科学隐喻是以一定语形构造为载体、在特殊的语用语境中生成的一种语义映射。正是特定语境中语形构造、语义映射、语用选择的统一，决定了科学隐喻的生成及其本质意义。科学越抽象，我们就越依赖隐喻手段来进行思维。美国核物理学家盖尔曼（Gell-Mann）自己讲述过他于1963年给已知基本粒子组成部分的一种假想粒子命名的过程。他为此苦苦思索而不得其名，数日后在阅读爱尔兰作家乔伊斯的小说*Finnegans Wake*时，突然发现"Three quarks for Muster Mark"一句话，由此引发他的想象：这种假想中的粒子不也是三个一组吗？于是灵感一来，就把这种粒子命名为"夸克"（quark）。

科学隐喻思维从隐喻角度来讲强调了从本体到喻体的建构性桥梁作用，从科学角度来讲充分体现了隐喻的启发性功能。科学语言中的隐喻是人类隐喻思维的一个重要组成部分，从概念或事物由此及彼，相互类推，一环接一环，从而在科学中形成一条十分特别的"隐喻链"。例如，牛顿从"声波"类推出"光波"，电子时代又出现了"无线电波""微波""超声波"等；从"水流"类推出"电流""气流""寒流"，直到当代文学理论中的"意识流"等，这一切概念的构建一脉相承，都建立在同一喻体之上。这一系列科学概念相互借用，生动地展现出科学家隐喻思维的线索，也是逻辑基础上超逻辑的深层表现。

其四，科学模型与类比是科学隐喻的直观形态。科学模型与科学类比中充分体现了科学概念中的"死隐喻"、科学解释中的隐喻描述、科学活动中的隐喻思维。从本质上说，模型和类比是映射的选择结构，它映射了知识的一种背景域到另一种目标域的转换。模型和类比的过程是将背景域的特征描绘为目标域的特征的典型隐喻思想应用。通过隐喻性的类比描述，就有可能发现对象的科学特征，得到新的结论。例如，卢瑟福在理解原子结构时，用太阳系的结构类比推理原子结构；玻尔把肉眼根本看不见的原子内部结构称为"微型太阳系"；惠更斯的光波动概念就出自白光产生的现象和构成声音的现象之间的类比；欧姆也是借助热传播和电在导体内传播的类比，把傅里叶为前者所写的方程传输到第二个现象范畴；马赫认为，开普勒和麦克斯韦也是精通类比方法的科学家代表。

模型是一种启示性、再描述的工具，不属于证明逻辑，而属于发现逻辑。模型不仅在科学理论的陈述中极为常用，本身也是参与构成理论的硬核。正如库恩所说："模型的类型尽管从启发式的到本体论的多种多样，却都具有类似的功能。例如，它们供给研究团体以偏爱的或允许的类比和隐喻，从而有助于决定什么能被接受为一个解释和一个谜题的解答；反过来，它们也有助于决定未解决问题的清单并评估其中每个的重要性。"①

模型和类比充当了建立一个理论的根本前提的指南，又充当了扩大其应用范围的启示的源泉。模型和类比是科学隐喻最直观的表现形态，集中体现了科学隐喻的启发性、创新性作用。

三、科学隐喻："超逻辑形式"的科学凝集

科学隐喻是超逻辑思维的研究方法在自然科学中的渗透，也是超逻辑形式的科学语言在自然科学中的补充。它在自然科学中有节制地被使用，有着深刻的历史渊源、方法论价值和语言学特征。

第一，自然科学（主要是物理学）曾经是隐喻发展的重要理论根源。韩礼德和马丁（J. R. Martin）曾把语义关系和语法关系合乎"自然的"称为一致式，把"不自然的"称为"隐喻式"。② 戈特利 (Goatly) 认为他们的观点以牛顿力学为基石，但牛顿力学的许多方面已被科学理论的新发现否定了，因此传统的语言学理论也应该被否定。

戈特利理论在隐喻和科学隐喻的历史发展中有着非常重要的地位和作用，自然科学理论是戈特利理论建立的重要出发点和根源。戈特利所谓的科学理论新发现主要指以下四个方面③。

① 托马斯·库恩 . 科学革命的结构 . 金吾仑、胡新和译 . 北京：北京大学出版社，2003：82-83.

② Halliday M A，Martin J R. Writing Science: Literary and Discursive Power. London: Falmer Press.

③ 胡壮麟 . 认识隐喻学 . 北京：北京大学出版社 , 2004：197-199.

1）相对论。根据牛顿理论，物理学是按照不变的刚体作用的，这个理论已被相对论所推翻。在相对论中，对一个延伸的刚体作恒定的定义是不可能的，因为这将意味着信号快于光速。为了在原有的结构框架中引进相对论的新发现，物理学家倾向于这样的观点：基本粒子是无范围的。相对论意味着粒子或刚体都不能作为基本概念，它们总处于过程之中，而不具有永恒的维度。戈特利的理论主要是依据玻姆的论述："符号系统的原型……是自然语言；这使我们进入这样的悖论：在将自然语言结合构筑实验科学时，科学语篇的创作者发展了有力的词语新形式；这些构成了一种特定的现实——这种现实是固定的、决定性的，其中物体居主导地位，过程只是起到对这些物体定义和分类的作用。而20世纪物理学的方向正好相反，从物体到过程，从决定性的到概率的，从恒定到流动。"①

2）热力学和熵。这些理论对自然物体可以完全受控的观点提出反对意见。戈特利的依据来自普里高津和斯坦格斯②，认为与牛顿的移动物体不同，热力学物体只能部分受控，有时会产生自发的变化。因此，运动是向熵的、无序的、无结构的状态移动，如热水和凉水相混那样。

3）混沌理论。与上述理论相似，混沌理论提示自然变化不是被动的，而是能自发变化的。观察者、观察工具和观察对象不能全部分开。这个观点一方面来自玻姆的量子力学，另一方面来自普里高津和斯坦格斯关于时间走向和包括观察者在内的系统及其不平衡的观点。

4）该亚理论。"该亚"(Gaia，地球女神)一词源自希腊早期的宇宙论，它出现在原始空虚状态之后。环境保护主义者勒甫洛克 (Lovelock) 把它纳入自己的生态理论。

自然科学和社会科学互相从对方的新发现中获得某些启示，使隐喻在一定程度上获得更好更快的发展。显而易见，科学隐喻的发展在很大程度上以自然科学发展为理论根源。

第二，科学隐喻是科学发展的必然要求。科学隐喻是科学发展的必

---

① Bohm D. Wholeness and the Implicate Order. London: Routledge，1980：124.

② Prigogine，Stengers. Order Out of Chaos. London: Flamingo：120.

然结果，也是现代科学发展的必然趋势。科学的发展可分为三个阶段：古典科学阶段、现代科学阶段和伴随着后现代思潮的符号化阶段。从三个阶段形式体系的演化来看，科学越来越趋于抽象化，这种抽象化的形式体系越来越远离经验和感性，而要深刻理解这种抽象的科学背后所蕴含的本质和含义，就需要对理性分析提出前所未有的要求。理性分析对形式体系的深刻剖析就是“理解”或“解释”，而这种“理解”对隐喻提出了客观要求。

古典科学被认为是“一个以其终极完善形式体现真理的终极客观的认识系统的方向。它已被看作世界现象的普遍认识方法，同时又是以……标准的古典力学为基础，这种方向又得到一系列特殊倾向的支持”[①]。古典科学描述的现象是非常直观的，特别是牛顿综合的地上运动和天上运动，都是大家司空见惯的物理现象。古典科学很少需要诠释，即便需要，那些诠释也完全是形而上学的，即缺乏对其矛盾性、可变性、变化性、历史性等性质的认识。所以说，古典科学的理解很少依赖隐喻方法。

古典科学结束时，开始了量子论和相对论时代。这个科学时代充满了恐慌和疑虑，渗透着随机和嬗变。现代科学使得人们感到自己越来越无知，不知道“自己对整个世界知道还是不知道”。从古典科学向现代科学的过渡不仅仅是问题和主体的转移、试验和技术设施的转移，更是一种不同的研究方式相应于一种新的精神构成的具体实现。现代研究活动很难划出经验和理论的界限。在古典阶段，意义和概念的清晰性优先于对数学结构的完全理解；在现代科学中，详细说明理论对象的工具是数学，传递理论和现实之间联系的辅助模式得到越来越多的使用，概念的清晰性不再优先于对数学结构的感知。科学发现，数学结构的内容更难把握，对现代科学的理解越来越依赖于隐喻的思维。但是，这种方法完全体现在从科学语言到日常语言的修辞表述，是科学隐喻发展的初级阶段。伴随着后现代思潮的来临，越来越多的科学采用符号表述，整个科

① V. 依林，A. 卡林金 . 现代科学的本质 . 哲学译丛，1999，（2）：49.

学世界表现为隐喻的方法。

爱因斯坦在早期工作中经常进行视觉化设想：某人乘太空船升空，送回及接收光信号（协助去“看”时间、距离及光速间的真实关系）；某人在升降梯中上升（这就“看出”重力与加速度等效）。他通过这种方式得到他的理念，然后再把这些化为“优雅”的方程式来解释他的理念。费曼也是一位视觉化的大师，他的费曼图把复杂的次原子事件用一种视觉语言描述成简明的事件，极具启发性（图 1）。

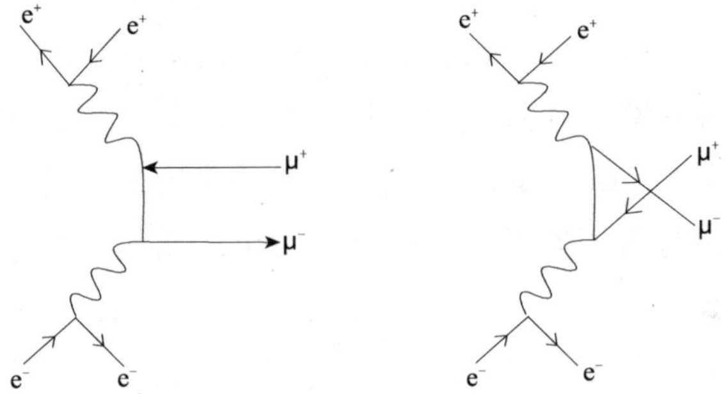

图 1　费曼图

这种符号化的科学是隐喻理解科学实在的最高境界，对隐喻提出了前所未有的要求。正是自然科学这种特殊的发展特征和特殊的要求使得隐喻在自然科学中表现得越来越突出；它作为一种别具一格的方法论和独树一帜的语言形式，表现为一种“超逻辑形式”的科学凝集。

第三，科学隐喻是来自日常经验的“心象”。理解科学就像是想去了解手表的机械装置：虽然看到会动的指针、听到滴答声，却始终无法把表盖打开；而聪明的读者，一定会想出某种机械装置的“心象”，来解释观察到的东西。

从语言学的角度来讲，科学隐喻也要求一种日常经验的“心象”描述。在哲学、科学及感触的最前沿经验上，人们竟发现自己词穷了，不可避免地要去摸索出一种新语言，用来为这些刚注意到，以及正在了解中、还不稳定的新东西赋予精确的意义及心象。这是由语言的局限性和科学的超经验性所共同决定的。这种心象的价值超乎科学事实的描述，正如玻尔所说：“在原子这方面，语言只能以在诗中的用法来应用。诗人也不太在乎描述的是否就是事实，他关心的是创造出新心象。”

从方法论的角度来讲，“本体”和“喻体”间的关系需要通过某一领域的经验来认知另一领域。毕竟科学牵涉到的多半是看不见的事物，例如，夸克、似星体，甚至带电荷的“粒子”、磁“场”、重“力”及电子“轨道”等。有时科学关心的主题非但无法用肉眼看到，也无法感触及无法量度，而且还想象不到。唯一能检视这些难以捉摸的实体的方式，就是把它们按尺度放大或缩小，或者赋予它们视觉化的心象，使我们至少暂时得到掌握它们的方法。隐喻就是这种方法的最好代表。隐喻只能以我们熟悉的材料为模，再加上以幻想为型。所以，早在 1882 年，物理学家兼律师司大罗（J. B. Stallo）就说：目前的宇宙模型只是“推理小说”，是一个在了解它时有用的工具，但是最后也只能把它看成物质世界“象征的表象”而已。

隐喻是从日常经验取出的。除了用已经知道的东西当作蓝本以外，没有其他方法去想象未知的事物。我们用这些心象去描述科学中不可见的事物，以及尚未看到的未来；这些心象从我们每日经验到的、“可看到的”世界取材。但是需要指出的是，日常生活的“常识”仅是留在我们脑中的一层偏见。

综上所述，科学隐喻的基本原则是科学与隐喻融合的平台和条件，其具体表现形态为科学提供了继承性、修饰性、启发性、补充性的解释。科学隐喻有着深刻的历史渊源和语言学特征，它将在科学的发展历程中发挥其独特的作用。科学隐喻是一种跨学科的映射，是一种“超逻辑形式”的科学语言和研究方法的凝集。

隐喻的逻辑特征 *

在科学哲学的历史传统中，隐喻一直被认为是一种非逻辑或反逻辑的思维与语言现象，以逻辑实证主义为典型代表的哲学派别更是严格地把隐喻排斥在经典逻辑的范畴之外。但是，20世纪后半叶以来，当代逻辑与认知科学的新发展逐渐揭示出一种被掩盖了的事实：在认知主体的实际思维运作过程中，隐喻与逻辑绝非两种毫无关联的离散体；相反，二者在意义的暗示与牵连、概念的生成与转换、语言的理解与交流中互为表里，缺一不可，在认识论和方法论的双重意义上交叉互动，共同发挥其应有的作用。在这一过程中，隐喻本质地蕴含着深层次的认知内容，并生动地展现出相应的逻辑特征。

---

* 本文发表于《哲学研究》2007年第2期，作者安军、郭贵春。

一、隐喻构造的分类学逻辑特征

隐喻不仅是概念意义发明、转换、理解与评价的有效载体，而且是整个语言系统生成、演化、嬗变、发展的重要催化剂。它以一种独特的形态表达着隐含的分类逻辑真理，体现出分类逻辑本质性的动力学特征。这种特征源自伴随着人类对外部世界认识的不断深入而形成的认知与知识结构的格式塔转换。由于对语义单元逻辑内涵的重新排列整合，隐喻远远地超越了单纯进行风格修饰的修辞学功能。隐喻连接词“是”以语形上明确的或隐含的方式，在语句意义系统中对分类逻辑框架进行重组，构造出新的语用语境，从而通过一种曲折意义传达出特定意向的认知内容。

1）隐喻构造与分类学逻辑互为前提。这包括三个层面的含义。首先，隐喻构造“发生转移的两极也就是逻辑的两极”①。也就是说，隐喻的产生以由种和属所构成的分类学逻辑序列为基础性条件，是在由从属关系、协调关系、比例关系和平等关系等规则所支配的分类活动中形成的。如果不存在某种既有的逻辑分类学标准，所谓隐喻的概念是不能成立的或没有任何实际意义的。其次，逻辑秩序本身来源于对语义场系统的隐喻构造。由于语义场本身的性质是隐喻的，所以从种属之间的逻辑区分到整套分类学逻辑的建立本质上也是一种隐喻构造。最后，隐喻打乱了原有的逻辑秩序，破坏了相关的分类活动，“将种的名称赋予属，将比例关系的第二项的名称赋予了第四项，或者相反，将比例关系的第四项的名称赋予了第二项。这样做既承认而又违反了语言的逻辑结构”②。这意味着，隐喻构造所形成的语言表层结构上的范畴错误在事实上构成了处在描述与重新描述之间、既具有解构性又具有建构性的分类逻辑重组的中间环节。

2）隐喻概念的语义场结构在整体上表现为一种类型层级（type

①② Ricoeur P.The Rule of Metaphor. London：Routledge & Kegan Paul Ltd.，2003：21.

hierarchy）结构。类型层级是一种特殊的语义网络，是根据概念所包含的意义的内涵与外延的一般性程度的层次建构起来的。在类型层级的层次结构中，当一个概念上移时，其意义的抽象性增大；当它下移时，其意义的具体性增强。这就是说，相对而言，处于上层的概念比其下层概念更抽象，处于下层的概念比其上层概念更具体。换言之，在类型层级的结构中，任何概念类型的属性、特征与关联均由处在其下层的亚类型（sub-type）所继承。这里所谓的继承主要是指语义方面的延续与保留，而这种意义上的继承性充分保证了类型层级的建构绝非以一种任意化的方式进行。这一点具体表现在：亚类型是否承袭了上层类型的语义内涵，从而呈现出其相应的超类型关键性的原特征。事实上，隐喻构造就是把本来属于不同超类型的语义场放置在同一超类型之下，使得两个原本互不相交的语义场之间产生交集。

类型层级又可以具体划分为两种主要形态：①分类的类型层级（taxonomic hierarchy of types），表现为“属于……的一种或一类”及“是……的一个例子或实例”两种形式。举例来说，如果 *X* 属于 *Y* 的一种或一类，那么 *X* 就是 *Y* 的亚类型，而 *Y* 则是 *X* 的超类型。分类关系具有传递性，这种特殊性质构成分类类型层级的基础。由于将所有的分类概念囊括在同一种语言体系之中，所以分类类型层级呈现为庞大的概念结构系统。隐喻正是由于违背了由概念分类层级所编码和制定的、在常规意义上可接受的分类结合而产生的。②部分—整体关系的类型层级，即语义整体与部分之间的单向包含、依赖关系与双向类比、映射关系的统一。在部分—整体关系的类型层级结构中，概念由“属于……的一个部分”或“作为……的整体”这样的双重关系而获得界定与理解。部分与整体的关系同样具有传递性，这种传递性构成了部分—整体关系类型层级的基础。不仅作为隐喻特例的提喻（synecdoche）直接基于部分—整体关系的转换，作为隐喻相似性的类比关系也是通过部分—整体层级的映射而建构起来的。

3）隐喻意义映射是概念类型层级的调整与再分布。概念的类型层级结构及其转换功能有效地解释了不同意义系统之间相似性的产生基础与类比映射的结构关系。更重要的是，对于超类型的确定可以把语义场相关的相似性与不相关的相似性区分开来。以一个典型的科学隐喻“原子是微缩的太阳系”为例：原子与太阳系被纳入同一个超类型即“中心力场系统”（central force system）语义场，共同继承了该超类型语义内涵的相关元特征。超类型语义特征正是通过这种方式发挥出一种限制性作用，使得否定性的隐喻映射关系无法在超类型的层次上获得合理性表征，而只有那些肯定性的映射关系才能成为一种有理由的选择，因此，该科学隐喻的意向性能够得到适当的确定性评价。① 这实质上意味着，在该科学隐喻产生之前，原子与太阳系在概念类型层级结构中所处的位置是完全不同的：原子类属于“简单对象”的超类型，太阳系则类属于“复杂系统”的超类型；但是，该隐喻一旦产生并在科学共同体中获得广泛认可之后，原子就从“简单对象”超类型之下转入“复杂系统”超类型之下，使得原有的概念类型层级在结构与分布上发生了变化，该隐喻的本体和喻体被纳入同一语义场即“中心力场系统”，由此呈现出同构性（automorphism）和同态性（isomorphism）的对称结构。这种变化深刻地反映了原有范畴分布与逻辑分类进行了重新排列组合的事实，意味着认知主体超越了传统知识局限，对于世界本质结构的逻辑理解有了进一步的深化。

4）隐喻构造是分类逻辑重组的结果。隐喻所包含的概念分叉在本质上具有整体性特征，能够牵动类型层级结构的全局，从而造成整个逻辑分类系统的重新分化组合。这鲜明地反映出，概念的类型层级结构不是固定不变的，而是在隐喻所造成的语义场互动与整合中做动力学式的调整与演化。其表现就在于，认知主体对于世界构造的知识总是在不断地调整和变动，对于一种新的隐喻言说的理解和接受总是在适时地改造重塑认知主体的相关知识和信念。因此，隐喻的构造必然依赖于语用语境所限定的概念类型层级的结构方式及其重组，结果是导致了原有概念分类范畴之间界限的模糊与融合，为概念的类型层级增添了新的关联与内

① Montuschi E. Metaphor in science // Newton-Smith W H. A Companion to the Philosophy of Science. Oxford：Blackwell Publishing Ltd.，2000：281.

涵。也就是说，隐喻为原有的逻辑分类框架“引入了更高层次或更为抽象的联系，而这种联系通常是被忽略掉的”①。在这样的情形中，原初的分类学逻辑自然而又必然地得到了进一步的拓展与深化。

可见，隐喻的构造隐含着深层次的、潜在的概念类型层级的重组。但是，这种牵涉不同语义场内容的分类逻辑重组是通过隐喻表层结构的极端简单性表现出来的。换言之，隐喻的产生是以一种简单的语形构造引发出创造性的语义突变，从而对固有的逻辑分类系统进行改造，对固有的逻辑规则进行质疑和重塑。在这个意义上，可以将隐喻视为分类逻辑的动力学引擎：由于隐喻的存在，分类逻辑不再是固定不变的、僵化的框架，而是获得了不断调适自身的能动性。

二、隐喻本质的可能世界逻辑特征

从人类思维与语言发展的实际历史进程来看，包含着推断性模态词的判断性陈述在早期阶段已经出现了，此后逐渐发展出“可能世界”的观念。可能世界理论认为，现实世界中的任何事物都可能是另外一种不同于它们实际所是状况的情态。也就是说，事物可能会具有无数种不同的存在方式：除了在现实世界中实际所是的存在方式之外，还可能会具有其他许多种可能的存在方式。这些作为可能性的存在方式同样具有某种实体性意义，与现实世界的概念相对而言，可以称之为“可能世界”的实体。可能世界观念的出现，标志着人类对于已知世界现实性逻辑的一种超越，即对于现实世界中并不存在，但在逻辑上是可能的具有认知意义内容的一种追求、描摹和把握。

1）隐喻的本质在于可能世界的仿本对应（counterpart correspondence）。以可能世界的概念为基本依托的语义学认为，任何一种实在都以某种特定的形式表征着一个逻辑空间（logic space），该逻辑空间可以被划分为不同的部分，即可能世界。我们所存在其中的现实世界是所有这些可能

① Way E C. Knowledge Representation and Metaphor. Dordrecht：Kluwer Academic Publishers，1991：187.

世界中的一种，其他世界则是现实世界的可能的相关物。隐喻的语形标志“是”所表征的类比性，实质上就是对于可能世界之间仿本对应关系的表达。所谓仿本，即在不同的可能世界中处于相类似的概念层次或在意义结构上相类似，或具有相似的属性、特征等，因而可能产生类比关系的比照对象或配对对象。在这种意义上，隐喻的本体和喻体也就是可能世界之间原本与仿本的关系，二者之间的同一性关联即仿本对应关系的确立。

2）隐喻连接词“是”展现了可能世界仿本对应的逻辑意义。隐喻意义无论是否能够还原为字面意义，都符合可能世界的语义逻辑。在字面的意义上，世界 W 中任何形式为“x 是 y”的句子为真，当且仅当在 W 中 x 在形式和数量上等同于 y。同样，在世界 W 中，任何一个形式为“x 是 y”或者潜在地蕴含着“x 是 y”的语义单位的隐喻句子为真，当且仅当在 W 中存在情态 S 和 T，x 在其所属情态 T 中是 y 在其所属情态 S 中的仿本对应物。在这里，“情态”即逻辑空间的部分，也就是可能世界的一种亚类型，包含某些具有特定属性的个体，而这些个体之间存在或多或少的意义关联。因此，可能世界或情态实际上表征着不同的语义场或语境，从而限定着不同的仿本对应的可能性。

“我们通常在严格限定的意义上对世界进行量化，将注意力限定在那些以某种方式类似于我们自己所处世界的仿本对应物上，并将其称为对于可接近世界的限定。与此同时，我们通常在严格限定的意义上对可能的个体进行量化，并且将注意力限定在那些以某种方式类似于一些给定的现实世界的个体上，我们把它称为对于那个个体的‘仿本’的限定。”①对于隐喻而言，这里所涉及的可接近性实质上就是一种构成隐喻基础的类比关系。这就意味着，当且仅当 S 类似于 T 或 S 与 T 是可比拟的，情态 S 才有可能从情态 T 中得出。也就是说，如果 S 与 T 之间的某种类比关系是可能的，那么就可以给出一个函数 f，把 S 中的个体、事态及特征与 T 中的仿本对应物联系起来。这种函数是一种类比映射函数或者

① Lewis D. On the Plurality of Worlds. Oxford：Blackwell Publishing Ltd.，1986：234.

说仿本函数。设 x 在情态 T 中，则 T 中的 $f(x)$ 就是 S 中 x 的仿本。正是这种仿本对应关系解决了不同可能世界之间达成隐喻同一的现实性问题。[①]

3）隐喻的有效性对可能世界仿本对应中新的意义假设进行确定。可能世界仿本对应的关系一经确立，就产生一种新的意义假设，对隐喻所隐含的类比等价性做出具体陈述。也就是说，隐喻关系一旦建立，就需要对于作为来源域和目标域的两个不同世界之间的仿本对应关系进行逻辑同构性的澄清和语义同态性的说明。仿本对应关系基于可能世界之间有理由的类比，包含三个基本元素，即两个可能世界 S、T 及其间的类比关系函数 f_M。如果这个类比能够成立，也就是说 f_M 经过类比转换从而成功地修正了隐喻喻体的语义场，因此造成了一种语义学扩展，这时，相关隐喻就表现出其有效性。例如，设 G 和 F 表征不同的类属，那么“G 是 F”隐喻地为真，当且仅当类比（S，T，f_M）能够成立，使得 G 在 T 中是 F 在 S 中的仿本，并且能够对这种关系进行有理由的说明。典型的科学隐喻“声是一种波”或“声是一种光”即属于这种情形。首先，此类隐喻增补了新的意义假定，其形式为：当且仅当 $C(x)$，如果 $G(x)$，则有 $F(x)$。在科学隐喻“声是一种波”中，$C(x)$ 表示声音波动理论的全部确证条件；其次，此类隐喻的有效性对于这种新的意义假定进行选择和确定，也就是其相关解释力为之提供合法性地位。[②]

可能世界的观念是一种以可能性为基本认知目标的模态逻辑的观念。从本质上说，隐喻正是对可能世界逻辑的一种具体运用，即以一种隐含的模态判断对可能世界的真实结构与内涵进行尝试性的把握。在这种意义上，可以把隐喻的语形结构视为省略了模态词的一种判断性陈述。

三、隐喻真值的模糊逻辑特征

模糊逻辑（fuzzy logic）是集合理论和集合逻辑在当代的一种新的

① Steinhart E C. The Logic of Metaphor. Dordrecht：Kluwer Academic Publishers，2001：4.

② Steinhart E C. The Logic of Metaphor. Dordrecht：Kluwer Academic Publishers，2001：221.

变体形式，认为谓词可适用性的程度是一个不确定的、充分开放的领域。这对于表征隐喻真值内涵的谓词演算来说是十分有用的。

1）模糊逻辑是对传统二值逻辑的超越。传统的经典逻辑是一种严格的二值逻辑：一个命题或判断要么为真，要么为假，二者必居其一，除此之外任何其他的逻辑可能性都是不可能存在的。例如，“这间房子是热的”要么为真，要么为假，不存在任何中间值的可能性。模糊逻辑对此做出了根本性的修正，即肯定中间值的存在性及其意义。从模糊逻辑的角度来看，为了更准确地表征认知主体实际推理或应当推理的方式，一个命题不仅可以做出“为真”或“为假”的判断，还可以合理地认为它“非常接近于”或“几乎”“差不多”“为真”或“为假”，或者认为它比一个其他相关命题“更加”或“在更大程度上”“为真”或“为假”。

2）模糊逻辑本质上是一种多值逻辑。对于模糊逻辑问题的数学论述，是由美国加州大学伯克利分校教授扎德（L. A. Zadeh）于 1965 年发表在《信息与控制》杂志上的经典论文《模糊集》首次给出的。扎德对模糊集的定义为：设 X 是由点或对象构成的一个空间，X 的一个类属性元素用 x 表示，则有 $X=\{x\}$。在 X 中，一个模糊集 A 由一个具有构成集合元素资格的函数 $f_A(x)$ 进行特征描述。该函数与 X 中的每一个点，即区间［0，1］中的一个实数相联系。$f_A(x)$ 在 x 上的值表征集合 A 中 x 所具有的构成 A 的元素资格的程度。当 A 在其所表示的一般意义上构成一个集合时，其元素资格的函数就只可能有两个值，即 0 和 1：当 x 属于 A 时，$f_A(x)=1$；当 x 不属于 A 时，$f_A(x)=0$。因此，在这种情况下，$f_A(x)$ 就简化为集合 A 为人们所熟悉的特征函数。但是，如果建立一种新的表示限制性的关系，即 $0<\beta<\alpha<1$，那么，一种三值逻辑的可能性就是能够成立的：首先，如果 $f_A(x)\geqslant\alpha$，那么 x 属于 A 或者被 A 所包含；其次，如果 $f_A(x)\leqslant\beta$，那么 x 不属于 A 或者不被 A 所包含；最后，如果函数 $f_A(x)$ 所表示的值介于 α 和 β 之间，即 $\beta<f_A(x)<\alpha$，那么“x 具有一种相对于 A 的中间状态”。这样就导致了一种具有三种真值的逻辑

的出现，即 $T(f_A(x) \geqslant \alpha)$、$F(f_A(x) \leqslant \beta)$、$U(\beta < f_A(x) < \alpha)$。①

3）模糊逻辑为隐喻真值的合法性和现实性创造了空间。模糊逻辑属性的真值鲜明地表达出：隐喻所指的每一种属性，都能够在某种程度上成为由该所指的一种字面解读所定义的属性集合的元素。至于所指的何种属性必须根据其字面意义所定义的集合元素去加以衡量，则是由隐喻的解释所确定的。在一个具体的隐喻中，可以建构出特定集合元素的内涵与外延范畴，使得其本体和喻体分别包含在不同的集合中。从语言的表层结构来看，包含隐喻本体集合的元素无法作为包含喻体集合的一个元素而存在。但是，根据模糊逻辑的开放性原理，仍然有可能对这两个不同集合中所包含元素的属性进行对比区分，即哪些属性是相互类似的、哪些属性不具有可比性。在这种情况下，隐喻本体集合中所包含的元素成为喻体集合元素的可能性越小，该隐喻所具有的逻辑解释的可能性就越大。以哲学史上著名的隐喻“人是钟表”为例：“钟表”是非动物性语义标记的一个适当的子集，“人”是动物性语义标记的一个适当的子集；在一般语境中，钟表是非动物性集合中机械类属集合构成元素资格的 $f_A(x)$ 的值为 1 的实体的一个典型例子。由于这个隐喻指出了钟表的机械动力学特征与人的生物活力论特征之间的相似性，构成相关元素资格的函数就转化为一个小于 1 的值，从而使得该隐喻具有极强的暗示性和启示力，传达出深刻的认知内容。

4）隐喻的逻辑真值包含表征性与建议性两方面内容。按照扎德的标准，如果将 β 的值设定得足够低，譬如 $0<\beta<\alpha<1$，同时，如果一个作为个体的人所具有的构成集合元素资格的程度大于 β 对于该隐喻的意义，那么此时不会导致任何逻辑矛盾的产生。如果再加入一个中间值 γ，那么基于 $0<\beta<\gamma<\alpha<1$ 这一区间，就可以将三值逻辑扩充为一种四值逻辑，其真值分别为：$T(f_A(x) \geqslant \alpha)$、$F(f_A(x) \leqslant \beta)$、$D(\beta < f_A(x) < \gamma)$、$E(\gamma \leqslant f_A(x) < \alpha)$。由于 α 的值趋近于 1 而 β 的值趋近于 0，如果中间区间的集合不包含任何元素，那么此时就属于传统二值逻辑的

① MacCormac E R. A Cognitive Theory of Metaphor. Cambridge：The MIT Press，1985：86-87.

情形。但是，对于其所指在 D 和 E 区间具有真值的隐喻而言，就可以合乎逻辑地谈论一种表征性隐喻（epiphor）或建议性隐喻（diaphor）。这实际上意味着，根据这样一种对于可能与不可能关联的区间的描述，隐喻具有真、假、表征性（representative）与建议性（suggestive）四种逻辑真值。这种四值逻辑是由一个模糊集的元素加以界定的，为隐喻所指不同语义标记之间所存在矛盾的消解提供了可能性。①

在模糊逻辑理论中，由于设定了三个区间边界 α、β 和 γ，并且 $0<\beta<\gamma<\alpha<1$，就建立起一种超越传统二值逻辑的四值逻辑，为隐喻真值的分析提供了更为广阔的空间和有效的手段。从 0 到 β 的区间和从 α 到 1 的区间根据是否具有从属关系进行确定，其结果分别产生为真或为假的陈述。但是，二者之间的“非确定性”区间则分裂为两个部分，其中，从 β 到 γ 的区间使得建议性隐喻产生，从 γ 到 α 的区间使得表征性隐喻产生。因此，根据这种理论，如果一个谓词可以归属于某个对象，同时该谓词从属关系的函数回复到一个介于 β 和 γ 之间的值，那么可以认为该谓词在隐喻的意义上归属于相关对象，此时的隐喻是一种建议性隐喻；如果谓词以介于 γ 和 α 之间的值的从属关系应用于某个对象，同样可以认为该谓词在隐喻的意义上归属于相关对象，此时的隐喻是一种表征性隐喻。②

四、隐喻推理的不明推论逻辑特征

不明推论逻辑（abductive logic）是从已知的经验现象或数据集出发，试图提出并确定与之相关的合理解释的一种逻辑推理形式。也就是说，它是一种寻求最佳解释的推理，其基本结构为：设 X 为特定数据之和，包括事实、观察现象及给定的语境情形；Y 是对于 X 的一种解释，且可能存在的任何一种其他假设 Z 对于 X 的解释的有效力与简单性均小于 Y；此时可以做出推论：Y 可能为真。

---

① MacCormac E R. A Cognitive Theory of Metaphor. Cambridge：The MIT Press，1985：87-88.

② Indurkhya B. Metaphor and Cognition. Dordrecht：Kluwer Academic Publishers，1992：78.

显然，不明推论逻辑的推导力是十分强大的。作为一种提出假设的逻辑推理方式，任何与已知事实或数据集存在潜在因果关系的论据都可能被作为结论推出。当然，不明推论逻辑推理的关键并不在于提出种种可能的解释性假定，而在于限制众多的可选择的备选选项以选出最佳解释作为结论。这实际上就是皮尔士所谓的理性再评价的问题，也是他在首创不明推论逻辑时特别加以强调的一点。具体来说，隐喻推理的不明推论逻辑特征的展开过程体现在隐喻的发明、确证与理解三个层次上。

1）隐喻发明推理。从发现逻辑的角度来看，隐喻推理的过程正是不明推论式推理过程的一种典型应用，即试图利用已知的概念来源域对所意向的未知的概念目标域做出一种最佳说明，创造出相关的隐喻表达法。在这种过程中，归纳与演绎逻辑是被内在地包含着的，时时发挥其应有的补充作用。例如，在科学的理论化过程中，隐喻假设是经常被科学共同体所采用的一种有效方法。隐喻推理的归纳、演绎——不明推论逻辑推理的方法与解释科学理论术语的假设——演绎方法从根本上说是一致的、互为补充的，其基本形式可以表述为：设 *X*、*Y* 为属于不同语义场或概念类型层级的已知事实、事态、属性或特征；且“*X* 是 *Y*”作为一种对于 *Y* 的解释是可接受的，同时任何其他假设的解释的有效性和简单性均弱于“*X* 是 *Y*”；此时可以做出推论：“*X* 是 *Y*”可能为真（隐喻地为真）。

2）隐喻确证推理。隐喻假设在被提出之后必须得到确证，这是不明推论推理逻辑本身所应有之义。在这里，科学的证实和证伪的逻辑不仅适用于字面的假设，同样适用于隐喻假设，而相关确证的过程事实上仍然是不明推论推理过程的回溯。这一过程与隐喻解释所蕴含的推理类型是一致的：解释起源于一个意义未知的隐喻，是对隐喻意向意义的积极寻求；而确证终止于一个证据未知的隐喻，是对于这种可能证据的积极寻求。在意义根据其真值条件给定的范围内，任何隐喻的字面意义均可以在同等程度上作为其字面证据而存在，因此，隐喻确证实际上是隐喻解释的逆向过程。解释是从隐喻本身到其字面证据的推理，而确证则是从字面证据到隐喻本身的推理。在隐喻解释中所运用的推理程序和步骤保留在确证过程中，其重要性在于把隐喻与证据在一种双向的认知意义上联系起来。这就意味着，隐喻发明和确证的逻辑是不明推论逻辑与归纳、演绎逻辑的综合运用。

设 M 是通过类比转换 A（S，T，f_M）所产生的隐喻，则论据性陈述 $\{E_1, \cdots, E_m\}$ 即字面衍推 $\{L_1, \cdots, L_m\}$；相关规则 $\{R_1, \cdots, R_n\}$ 来源于隐喻目标域系统或其本身是通过类比转换所增补的。此时，可以将隐喻确证的不明推论逻辑形式表述如下：

$L_1, \cdots, L_m$ 均为符合形式逻辑的字面命题；

$R_1, \cdots, R_n$ 均为具有独立论据的规则或分析性规则，且包含在隐喻目标域系统 T 中，或被归纳逻辑给定的类比（S，T，f_M）所支持；

在 $\{L_1, \cdots, L_m\}$ 中，特定的 L_i 并不是通过 $\{R_1, \cdots, R_n\}$ 而单独衍推出来的；

$\{M\} \cup \{R_1, \cdots, R_n\}$ 能够适当地衍推出 $\{L_1, \cdots, L_m\}$；

所以，M 是一个合理的隐喻命题。

这是隐喻证实的推理过程。如果在 $L_1, \cdots, L_m$ 中有些命题不符合形式逻辑或不合理，那么 M 就有可能是一个不合理的隐喻命题，这是隐喻证伪的推理过程①。

3）隐喻理解推理。隐喻命题的含义是按照语言交流的合作原则及语境原则而被推导出来的。首先，隐喻的听者必须假定说者是遵守语言交流合作原则的，这是隐喻理解的一个基础性前提；其次，听者应当根据该隐喻语句的形式特征确定其所违反的字面语言准则；最后，依据与说者共享的文化、知识背景及语境条件的限定，合理地假定并推导出说者所意向的隐喻意义。显然，听者对隐喻的理解过程是对于不明推论逻辑的一种自觉的应用，即借助于并不充分的字面意义、会话准则和语境原则去推断说者的意向内容，积极寻求一种最佳的隐喻解释。

设隐喻说者和听者分别为 A 和 B，A 说出一个形式为“S 是 P”的隐喻句。在特定的语境中，“S 是 P”这一判断句所表达的意义明显地违反基本的字面言语准则。此时，听者 B 首先假定，A 并未违背语言交流的

---

① Steinhart E C. The Logic of Metaphor. Dordrecht：Kluwer Academic Publishers，2001：191-193.

合作原则；同时，除非 *B* 相信另外一个命题“*S* 是 *R*”，否则就得假定 *A* 事实上违背了语言交流的合作原则。也就是说，*A* 和 *B* 必须对“*S* 是 *R*”达成共识才能保证语言交流的成功。由于 *A* 并未向 *B* 传递任何 ~*R* 的信息，所以有可能意使 *B* 相信“*S* 是 *R*”。在这种情形中，从“*S* 是 *P*”的字面陈述到隐含的“*S* 是 *R*”意义的获得，正是不明推论逻辑所造成的一种认知跃迁。

可见，隐喻推理的发明、确证和理解三个层面都鲜明地体现出不明推论逻辑的特征，既包含了对于传统归纳与演绎逻辑的运用，又是对于后者的必要的、有意义的补充。换言之，隐喻所关联的解释项与被解释项之间的逻辑关系，超越了严格意义上的归纳—演绎逻辑关系，体现为一种“近似符合”的关系。① 这种充分地近似符合的认知内容不能由归纳—演绎逻辑单独决定，而是通过语境系统的其余部分、解释项和被解释项所蕴含的一般经验可接受性，以及许多其他变量因素联合作用而形成的，其关键在于不明推论逻辑的实际运用。

综上所述，从构造逻辑的特征来看，隐喻摧毁了固有的逻辑分类秩序，造成了概念类型层级的重组，实际上是以“隐喻重描”的方法对实在客体进行了新的内涵描述和逻辑定位；从本质逻辑的特征来看，隐喻突出地反映出可能世界所界定的语义场之间的类比关系，即仿本对应的模态逻辑关系；从真值逻辑的特征来看，隐喻体现出模糊逻辑的优越性和更为广泛的说明力，对传统二值逻辑进行了有意义的拓展；从推理逻辑的特征来看，隐喻所包含的不明推论逻辑是对传统归纳和演绎逻辑的必要的、有益的补充，是对于一种创造性的发现逻辑的贡献。所以，这些方面都鲜明地体现出隐喻逻辑的调适性（adaptive）和扩张性（ampliative）特征。

由此可见，隐喻所体现出的鲜明意向性和直觉性与逻辑本质具有的表征性和演绎性之间并不存在一条截然的鸿沟，而是共同为融合语言意义系统的整体性和一致性服务的，二者之间存在的是一种辩证与互补的

---

① Hesse M. Revolutions and Reconstructions in the Philosophy of Science. Brighton：The Harvester Press，1980：121.

关系。隐喻发明、应用、交流、解释的过程，既是认知主体理性与非理性、经验性与直觉性之间的交替、互动过程，也是语言的逻辑性与非逻辑性、意义的语境制约性与意向发散性之间的交叉、上升过程。总之，隐喻真理自然而又必然地基于其表层结构所蕴含的深层认知内涵的逻辑性。正是在这种意义上，对于隐喻逻辑特征的考察应当构成“一种隐喻理论的核心要素”①。

① D' Hanis I. A Logical approach to the analysis of metaphors// Magnanietel L. Logical and Computational Aspects of Model-Based Reasoning. Dordrecht：Kluwer Academic Publishers，2002：35.

科学隐喻的基本特征 *

科学隐喻的基本特征主要体现在科学理论的构造、解释及发展三个层面，在不同的层面表现出不同的特点。脱离科学理论与科学共同体、科学共同体成员之间，以及科学理论与社会文化背景之间交互作用的整体语境，科学隐喻的本质特征是无法得到正确地衡量的。以科学理论的整体演进为基本载体和依托，科学隐喻突出地体现为科学理论构造方面的意向性特征、科学理论解释方面的语境化特征及科学理论发展方面的动力学特征，而这三种基本特征又具体体现在其普遍的存在性和本质的创新性两方面相结合的基础之上。

一、科学隐喻的意向性特征

科学隐喻的本质内涵和基本内容是由其发明者的原始意向所直接地

---

* 本文发表于《科学技术与辩证法》2007年第2期，作者安军、郭贵春。

限定的，这是科学隐喻的语用理论的一个关键性内容和基本主张。科学隐喻的发明者或言说者的意向在决定性的意义上构成相关科学隐喻的指称定域，科学隐喻的成功交流则是这种意向性的扩散和统一，即其实现并被接受的实践过程。在这种意义上，科学隐喻的意向性特征突出地体现为科学隐喻发明者或言说者意向的相对独立性及其与科学共同体整体交际语境的渗透、纠缠与融合。

语言哲学的一般意向性理论为研究科学隐喻的意向性指向提供了极为重要的理论依据。关于意向性，著名哲学家塞尔曾经给出过一段经典论述。他指出，意向性“是心灵的一种特征，通过这种特征，心理状态指向，或者关于、论及、涉及、针对世界上的情况。这种特征的独特之处就在于为了能够被我们的意向状态所表现，对象并不需要实际地存在”[①]。也就是说，一个隐喻所陈述的内容从字面形式来看往往是错误的，但其意向性仍然具有现实性、明确性与可理解性。隐喻意向性的本质属性就在于：具有创造性地把意识与其对象结合在由“是”构成的意义关联中，从而以此作为认知模型，构造从内在的心灵世界通达外在的实在世界的可能路径。

科学隐喻的意向性与科学家在既有的理论范式中寻求概念突破的那种特殊的意识状态相关，这种意识状态的本质特征在于发现存在于先前理论中，但未被认识到的两类不同事物或结构之间的相似性，然后通过“是”的本体论意义上的应用将二者统一起来。在某些特殊情况中，一个科学隐喻的实际意向状态很可能是科学家本人也没有意识到的。但是，这种特殊情形属于塞尔所谓的“能够潜在地成为意识的那样一种情况”。也就是说，在这种情况下，科学隐喻的发明者或言说者似乎是无意识地说出这个隐喻，但并不构成对于相关隐喻意向性的否证。事实上，在任何一种语言系统中，尤其是在科学语言系统中，一个不具有明确意向性的隐喻是不能产生和存在的，只能说这种意向性是潜在的、隐而不彰的。

必须加以强调的是，所谓科学隐喻的意向性实质上是指科学隐喻发

---

① 塞尔. 心灵、语言与社会. 梅文译. 上海：上海译文出版社，2001：64.

明者或言说者主体所具有的意向性，而不是指隐喻语言形式本身具有某种意向性。换言之，隐喻语言的意向性是主体的意向性所赋予的。认识到这一点，就是在做出一种重要的哲学区分："我们需要把人类和动物内在地具有的意向性同语词、句子、图画、图表和图形那种引申出来的意向性区别开来。此外，我们还要把这两种意向性同比喻的意向性归属区别开来。这种比喻的意向性归属实际上并没有做出任何意向性要求，而纯粹只是'好像'。"① 例如，"我园中的植物饿得需要养料"这样一个典型的隐喻性陈述并没有任何真正的意向性归属，只能说整个句子反映出言说者的某种隐喻意向，其具体内容需要通过语境加以确定。塞尔对此分析道，"我园中的植物所显示出来的'饥饿'纯粹是'好像'。它们由于缺少养料而凋残枯萎，我则通过与人和动物的类比来描述它们的这种状况。我把一种事实上它们并不具有的意向性归于它们，尽管它们的行为好像具有意向性似的"②。这就意味着，隐喻意向性本质上是一种主体建构，隐喻的语言形式是主体特定意向性的一种表征。这一点在科学隐喻的情形中体现得尤为明显。科学隐喻的意向性较之于一般隐喻的意向性更为鲜明，更能够充分地体现出科学共同体在对科学理论进行构造时所发挥的主观能动性。在科学史中，真正有效的科学隐喻总是科学共同体意向性的确切表征，是在理论建构的要求、科学家的知识结构和理论预测能力、科学隐喻所可能具备的语言形式等因素的综合作用下派生出来的。但是，科学隐喻陈述本身在表面形式呈现出来的意向性并不能作为独立的"第三种意向性"而存在。"说某种实体具有'好像'意向性不过是一种表述方式，说明它的行为表现得'好像'具有意向性，而实际上并没有意向性。"③这仍然是在强调，所有的从隐喻语词和语句中所得到的派生的意向性都直接来源于隐喻发明者或言说者主体内在的意向性。

科学隐喻的意向性以相关科学理论语用语境的特征为基本根据和依托。也就是说，科学隐喻的意向性绝不是某个科学家个人的一种孤立的心理能力或单纯的意识状态。"意向状态实际起作用的方式只是考虑一套

---

① 塞尔 . 心灵、语言与社会 . 梅文译 . 上海：上海译文出版社，2001：88.

②③ 塞尔 . 心灵、语言与社会 . 梅文译 . 上海：上海译文出版社，2001：89.

预设的背景能力，这种背景能力并非只是更多的其他意向状态。在某种重要的意义上说，这种背景是前意向性。”[①]除此之外，科学隐喻的意向性在更广的意义上与深层次的科学文化背景及相应的科学共同体当前实践，主要是科学理论实际进展与发展瓶颈的具体情况相关。在不同的科学文化环境和科学共同体语言系统中，科学隐喻的意向性具有不同的内容，需要根据实际情况进行把握。

科学隐喻的意向性特征作为其存在的基本依据有力地反驳了存在字面与隐喻两类语句意义的观点。因此，试图单纯从语句或表达式所体现的话语语言形态中提炼科学隐喻的本质和要素的做法是无法获得成功的。主要原因在于，“语句和语词只有它们所具有的意义”[②]。也就是说，“当我们谈论语词、表达式或语句所具有的隐喻意义时，都是在谈论言说者能够以背离这些语词、表达式或语句的实际意义的方式使用它们来意谓内容。因此，我们正在谈论的是可能存在的言说者的意向”[③]。由此可见，对科学隐喻意向性的认识和强调最终必然导致言说者所意向的表述意义与语词或语句的语言学意义的分离和超越。“隐喻的意义总是言说者的表述意义。”[④]

科学隐喻的理解和解释都是对于科学家在构造相关理论时所具有的原始意向性的归纳式还原过程。“在某种意义上，释义必须接近言说者所意谓的东西。这是因为在任何一种情况中，当且仅当相对应的用于释义语句的断言是真的，言说者的隐喻断言才可能是真的。”[⑤]也就是说，对科学隐喻的解释必须与隐喻言说者所表述的意向内容相一致。只有这样，二者才能具有相同的真值条件，科学隐喻所发挥的理论建构功能才能真正实现。科学隐喻的意向性本质地包含并要求对于科学家所具有的原始意向结构进行还原。但是，需要引起注意的是，任何对隐喻的释义尽管都在追求对其原有意向性的正确、合理的还原，但这种还原具有不确定性和不可穷尽性。而且，无论在简单性还是在重要性的意义上来看，任

① 塞尔．心灵、语言与社会．梅文译．上海：上海译文出版社，2001：104.

②③④ Searle J. Metaphor// Martinich A P. The Philosophy of Language. Oxford：Oxford University Press，1985：417.

⑤ Searle J. Metaphor// Martinich A P. The Philosophy of Language. Oxford：Oxford University Press，1985：419.

何一种相对完善的还原释义都无法替换原有的科学隐喻。许多科学隐喻能够作为理论建构隐喻（theory-constitutive metaphor）而成为科学理论的内核。换句话说，重塑某个科学隐喻意向性所表述的真值条件是完全可能的，但这个科学隐喻的意向性包含了其他重要因素，而这些因素是超越于真值条件范围之外的东西。一个提出某种全新的科学隐喻的科学家，由于完全控制了该隐喻可能具有的语言学效力、共享信念及科学理论背景知识，从而限定了一个特殊科学共同体所可能利用的语境元素条件。由此，他所在的科学共同体得以凭借该科学隐喻所隐含的意向态度表达一个有针对性的科学预测或科学假说。但是，无论如何，这种意向性必然包含达成对某一命题进行成功交流或至少对达成该命题的特定态度或信念进行有效交流的内容。

隐喻意向性受到隐喻言说者对于语言系统的掌握程度的制约。因此，科学隐喻的有效性往往只是在科学共同体内部才能得以保证。在科学共同体与其他社会成员进行交流的时候，他们对于所期望的听众的语言、文化及个人背景的认知与了解程度，对于会话语境及其原则的把握也是构成隐喻意向性内容的重要因素。当然，这种意向性最后表现为一个科学隐喻的形式，其成功与否体现为该科学隐喻在实际的科学交流活动中成功与否，即是否具有强大的启迪性或说明力，是否获得了共同体成员广泛的认可。科学隐喻的意向性是对于语言学效能的超越，与字面意向性的本质不同在于引起再概念化的结果。

二、科学隐喻的语境化特征

科学隐喻的意向性特征必须在特定的科学语言系统和科学共同体语境中才能适当地加以确定。这是由于科学隐喻的本质内涵远远超越了单纯符号学或语义学的范围和界域。戴维森之所以放弃隐喻的语义理论是由于他深刻地认识到，隐喻所具有的最为重要的特征之一就在于其对于语境的依赖性。也就是说，脱离现实的、具体的语用语境的框架，舍弃语用学的基本分析方法，是无法对科学隐喻的本质进行充分说明的。事实上，不仅在科学理论解释的层面必须澄清科学隐喻的语境化特征，甚至在最初的、仅仅意识到某种科学概念或语言形式的隐喻性这一层面同样要求把握语境的一些基础设定。

与科学隐喻相比较而言，字面意义上的一般科学理论陈述语言对于语言学实体来说则具有相对的语境独立性。科学隐喻对于语言学实体而言所具有的高度的语境依赖性来源于以下事实：在科学理论陈述语言字面意义言说的情形中，被指定分配给该言说主体的绝大多数语境特征是由科学概念的语词意义所引起的标准化分类学所提供的；与此相反，在科学隐喻的展开过程中，必须通过科学概念的语词意义的再概念化建构一种新的分类，利用所具有的语境特征去决定：科学隐喻所指称的科学研究对象的实体性维度的何种方面才应当被认为是与该隐喻的意向性本质地相关。因此，科学隐喻的展开过程内在地、本质性包含着语境提示的关键性因素。换言之，科学隐喻是在科学共同体整体知识预设与当前理论语境制约的具体框架中展开和运作的。①要清楚而明确地对一个科学隐喻的意义进行说明，进而正确地对包含该科学隐喻的理论进行描述和解释，“便不能忽视使用隐喻时的交际过程。因为就语用学而言，隐喻意义不是独立于交际语境之外的句子意义，而是有赖于语境的语段意义”②。在这里，所谓语境的句段意义与科学理论系统本身是相互参照的。

科学隐喻的语境化特征是隐喻语形、语义和语用的统一。科学隐喻的语言学形式本身构成其最小的语境环境。也就是说，科学隐喻的语境化特征以相关科学隐喻的语形构造作为其最基本的载体。在一定的程度上，科学隐喻的意义并不是完全超越于语词或语句的字面意义而独立的某种意义实体。当然，科学隐喻的语形构造所表征的这种字面意义的功能在于作为和语词、语句语义内容组成要素不同的语境化假设，去确定与之相应的一系列真值条件。这正如塞尔所指出的那样，“所有隐喻起作用的基本原则是，说出具有其意义和相对应的真值条件的表达式，会

① Nogales P D. Metaphorically Speaking. California：CSLI Publications，1999：216.

② 胡壮麟. 认知隐喻学. 北京：北京大学出版社，2004：138.

以许多为隐喻所特有的方式使人想起另外的意义和相对应的一组真值条件”[①]。这些真值条件无一例外地是在科学隐喻的语境化过程中产生的。

罗蒂认为，“像‘意义’这样的语义学概念仅仅在相当狭义的规则性的、可预言的语言学行为的限制中才能发挥其作用。在蒯因的意象中，意义的领域是用法丛林中一个相对较小的‘被清空了的’区域。说‘隐喻毫无疑义地属于用法范畴’简单来说就是认为它属于这一被清空了的领域之外”[②]。当然，隐喻本质上属于语用范畴并不等于说其语境依赖性构成对语义效能的绝对排斥，毋宁说二者是统一的：科学隐喻的语义学内涵只有在语用语境中才能获得真正的实现；同时，语用语境缺失了语义学基础也是空洞无物的。

在某种意义上，科学隐喻作为一种具有强烈语境化特征的语言形式，与指示词（demonstratives）具有极为相似的属性。首先，在特定情形中它们具有相同的形式结构，此时科学隐喻作为指示词而使用，或者指示词本身具有隐喻性。在这样的条件下，就有必要确定科学隐喻和指示词解释的不同语境参数（contextual parameter）并将之分离开来，同时制定在每一种言说语境中相关科学隐喻和指示词内容的规则。[③]此外，一个科学隐喻的发明者或言说者对于该隐喻所依赖的语境参数类型（type）的知识，应当与他关于特殊隐喻言说在特定语境中语境参数值（value）的知识区分开来。尽管组成语境参数的超语言学因素能够构成不同的语境，即在不同的情形下产生不同的科学理论解释方案，但是语境参数类型的知识在从一种科学隐喻到另一种科学隐喻的演化过程中却是保持不变的。因此，在科学隐喻中与在指示词中的情况一样，隐喻言说者的知识背景和结构应当被划分为两个相互区别的组成部分，只有其中的第一部分可以恰当地归属于该言说所具有的语义学效力的范围之内。[④]

① Searle J. Metaphor// Martinich A P. The Philosophy of Language. Oxford：Oxford University Press，1985：420.

② Stern J. Metaphor in Context. Cambridge：The MIT Press，2000：10.

③ Stern J. Metaphor in Context. Cambridge：The MIT Press，2000：15.

④ Stern J. Metaphor in Context. Cambridge：The MIT Press，2000：16.

戴维·卡普兰（David Kaplan）受弗雷格关于意义概念论述的启示，将指示词区分为两个语义层次。第一个层次为内容层次，第二个层次为特征层次。大致来说，内容层次就是所谓科学隐喻的理论解释层次，即一个科学隐喻所意谓的科学理论内容，其命题性组成部分或其真值条件因素。正如一个单独的指示词的内容是一个对象或个体，一个具有强大预言力的科学隐喻的内容是科学观察对象有待把握的一种本质特性。这种特性与科学隐喻表达法的语言学意义自然是相符合的，被言说者所把握并作为其语言效能部分的规则决定在每一种言说语境中该科学隐喻所意指的具体内容。因此，科学隐喻与指示词同样具有一种不连续的变化特征，这些特征决定在不同语境中的不同内容。语境中相关的差异是由于不同的语境预设而产生的。

科学隐喻语境化所发挥的功能在于作为科学理论的一种去面具化过程而获得表征，这种去面具化过程改变了关于科学理论语言学层次的观念。科学隐喻是通过建立新的语义连接，作为一种粗略的去语境面具化过程的结果而出现的。这种去语境面具化过程的结果就是，目标域用来源域所引入的本体论所包含的新的层次的术语进行再描述。科学隐喻的去语境面具化过程的本质在于：聚焦或隐藏不同的理论纽结和关联点，并对之进行重新编选和织造，从而使科学理论的不同层次对应于科学隐喻的不同表征层面。也就是说，科学隐喻所织造的去面具化结果表征不同的理论语境和不同的语言游戏，将每一种不同的语境面具所包含的逻辑结构和事实范畴进行揭示和澄清。例如，由于“原子是一个微缩的太阳系”这一科学隐喻的提出，“原子”的概念从作为简单系统一个确定的对象转换为复杂系统的一个明确对象。这种转换的发生完全是该科学隐喻所造成的原始理论语境面具脱落的结果。这就意味着，科学隐喻造成了科学共同体知识范式乃至社会公众知识结构的改变，从而推动了原始语境条件的转换。在多数日常生活的语境中，一般社会公众更倾向于将原子视为简单系统的一个确定对象，而忽略其本质结构所包含的细节。在这种情形中，科学隐喻所直接推动的去语境面具化消解了原子与简单系统之间的原始连接，即隐含的原始语境面具，展现了原子与复杂系统之间的关联性，以及电子与原子核之间的纽结点。[①] 显然，在这种去语境面具化的过程中，科学隐喻体现出一种语境交叉性的特征。

有些人认为，在科学隐喻的语境化过程中，表征某些科学概念的语词既获得了某种新的意义又保持了原有的意义，而科学隐喻的力量则依赖于主体在这两种意义之间犹疑不定的不确定性。但是，戴维森指出，把隐喻的效力归因于这种意义的含混性是可疑的。这是由于"语词的含混性如果存在的话，是出于以下事实：在通常的语境中，语词有一种意思，而在隐喻的语境中，它又有别的意思。但是，最为关键的一个事实是，在隐喻的语境中，我们却并非必然要对语词的意义犹疑不定"[②]。这实质上意味着，在现实语境条件下，隐喻意义总是受到限定的。科学隐喻语境化过程的结果就是对于特定意义的限定，也就是对于隐喻发明者原始意向性的指向和回归。

科学隐喻的语境化过程是不断深入的，这也就是罗蒂所谓的"再语境化"。科学隐喻语境化的结果是形成新的语境，该隐喻成为新的语境的构成性条件。因此，科学隐喻语境化特征的结果表现为新旧隐喻、"死隐喻"与"活隐喻"的交替发展过程，从而展现出推动科学理论发展的动力学特征。

三、科学隐喻的动力学特征

科学理论总是在不断地发展着的，科学革命标志着这种发展的阶段性。在这一过程中，科学理论基本概念的变更或创制具有至关重要的意义。一个全新的科学概念的提出或对于传统科学概念的全新看法，往往直接成为推动科学理论范式转换和科学革命的诱因。科学隐喻在这方面所起的作用是极为显著的。在许多情况下，对于相对稳定的科学语言系

① Way E C. Knowledge Representation and Metaphor. Dordrecht：Kluwer Academic Publishers，1991：242.

② Davidson D. What metaphors mean// Martinich A P. The Philosophy of Language. Oxford：Oxford University Press，1985：440.

统进行改造，只有科学隐喻才是最为便捷和有效的手段。

从科学史上来看，现代量子理论的出现标志着物理学科乃至整个自然科学最为重大的革命性成果。人类再也无法使用以往认知物质世界的隐喻对物理学科进行恰当的描述，因为量子理论的诞生使从前的科学隐喻都不再具有适用性。“在量子理论产生的早期年代，物理学家在理解微观现象时，不可能在微观对象的粒子性和波动性之间做出任何选择的原因所在。实际上，微观粒子的波粒二象性概念只是在现象学意义上的一种典型的隐喻概念，它们并不拥有概念的字面意义，而只具有隐喻的意义。因此，它们不是对真实世界的基本结构的实际描述。正如惠勒的‘延迟实验’所揭示的那样，物理学家不可能选择用其中的一类图像来解释另一类图像。只有当关于微观世界的内在结构在可能世界的模型中得到全部模拟时，原来的波－粒二象性的概念才被一个更具有普遍意义的新的量子态概念所取代。”①这实际上标志着一种新的科学范式的产生，而这种科学范式是以量子的概念隐喻为基础的。美国加州理工学院物理学家梭恩（K.Thorne）在其所著《黑洞与时间弯曲》一书中也指出，“自从爱因斯坦摧毁了牛顿的绝对空间和绝对时间的观念，并开始创建他留赠给我们的智慧遗产以来，已经几乎一个世纪了。在这段岁月中，爱因斯坦留下的智慧遗产已经成长并包括了许多东西，其中有弯曲的时空及一堆完全被弯曲时空造成的奇异物体：黑洞（black hole）、重力波（gravitational wave）、奇异点（singularity，穿衣的及赤裸的）、蛀孔（wormhole）及时光机器（time machine）。不管在历史上的哪个年代，物理学家都认为这些全是骇人听闻的物体”②。由此可见，新的科学隐喻的发明直接推动了科学理论的进展。在那些基础性科学隐喻上又生成众多的附属性科学隐喻，共同构成相关科学理论的内核与外围。

科学隐喻的动力学特征本质上就在于必须从过程的角度来理解隐喻，这突出地体现在两个不同的层面：首先，科学隐喻是一个发明新的科学

① 成素梅．量子力学与实在论．杭州：第十一届全国科学哲学会议论文集，2003.

② K. C. 柯尔．物理与头脑相遇的地方．丘宏义译．长春：长春出版社，2003：132.

概念的认知过程；其次，科学隐喻是推动科学共同体整体语言系统发展的一个文化过程。因此，科学隐喻绝不是一个静态的概念或语法范畴，它既作为提出新的科学概念及假设的动力学的认知过程而存在，又作为推动科学理论语言发展的动力学的文化过程而起作用。

科学隐喻的动力学特征首先表现在表征性隐喻与建议性隐喻之间的互动作用中。表征性隐喻与建议性隐喻是惠尔赖特在其著作《隐喻与实在》中提出的重要概念。表征性隐喻即存在性隐喻，指通过比较引起意义的溢出和延展的隐喻，其相似性和比较都不必非常明确，因此它可视为一种“基于相似性的隐喻”；建议性隐喻即可能性隐喻，通过并列创造出一种新的意义，可视为一种“创造相似性的隐喻”。事实上，任何成功的科学隐喻都鲜明地具有存在性隐喻与可能性隐喻两方面的特征，也就是说，建议性隐喻最本质的可能性在于表征性隐喻所展现出的本体论事实，新的科学概念的命名和意义是从一种未被分类的概念元素的结合中产生出来的。根据其所指的不同属性，包含更多类比因素的科学隐喻更显著地表现出存在性的特征，而包含更多非类比因素的科学隐喻则更显著地表现出可能性的特征。一个科学隐喻在最初作为一个存在性隐喻或可能性隐喻而出现，但是随着用法和测试的发展不断改变其性质：当该科学隐喻所表征的假定在经验或科学实验中获得确实验证时，可能性因素就转化为存在性因素；当该科学隐喻所表征的概念在科学共同体中的长期使用中成为基本范式时，存在性因素就逐渐转变为日常语言的用法。

科学隐喻作为一种把握世界本真结构的认识论和方法论工具，是语言学演化过程与人类思维演化过程的统一，这种演化过程的结果体现为科学理论的发展。当代认知科学的最新研究成果证明，语言学的演化与人类思维的演化过程在相当大的程度上是由一种隐喻化过程所推动的。这是由于普通语言或字面语言言说本身在改变认知主体心智与科学文化语境之间互动作用的过程中所起的作用是极为微小的。字面意义上的普通话语所发挥的单纯指示性和描述性功能仅仅能够在认知主体大脑之中再创造陈旧的神经系统运作路径，从而产生出被普遍接受的科学文化与思维形态。然而，在科学隐喻的创新性使用中，一种新的关联在神经系统过程中形成了，产生出破坏字面语言一般形态和传统逻辑结构的表达。因此，科学隐喻成为不断改变认知主体利用语言这一工具性中介对世界本质结构进行认知、把握并做出反应的转换的动力学源泉。

在科学理论发展过程中最深刻、最有意义的就是基于基础隐喻（basic metaphor）转换的科学理论解释的转换。例如，从牛顿所创立的经典物理学理论到爱因斯坦相对论理论的知识进化，本质上是对于世界本质结构理解的隐喻进化，即从“世界是机械的”到“世界是数学的”这样一种基础隐喻的概念性转换的发展。[①] 科学隐喻作为语言学进化与思维进化的动力学根源，因此也就自然而然地成为一种进化论认识论的基础。科学隐喻不断地改造着语言系统的意义内容与整体形态，同时这种改造不断地被储存入认知主体的思维与知识结构，形成对于科学概念活动的建构、改造、重塑与推动。也就是说，科学隐喻所引起的科学概念语义转换是逐渐地，然而深刻地影响到人类对于世界的理解方式的。值得注意的是，科学隐喻所表现出的科学认知过程具有潜在性，产生于在长时记忆中所发现的并列所指的创造性活动中，其结果是将该并列所指表征为特定的科学隐喻语言形式。由于认知主体的科学认知过程是不断深入的，所以科学隐喻的表征呈现出明显的动力学演化特征。科学隐喻语言的表征通过改变人类科学思维的方式而不断改造知识结构和文化语境。认知性隐喻过程作为一种进化的知识过程凸显出科学隐喻在更为广泛的生物学及文化语境中动力学源泉的意义和作用。[②]

科学隐喻的动力学特征还体现在隐喻解释的不可穷尽性方面，这与科学理论无止境的发展趋向是一致的。也就是说，“当我们使用诸如隐喻的语言作为选择单元时，已经暗示着一种演化性理论的语义学”[③]。由

---

① MacCormac E R. A Cognitive Theory of Metaphor. Cambridge：The MIT Press，1985：149.

② MacCormac E R. A Cognitive Theory of Metaphor. Cambridge：The MIT Press，1985：157.

③ Maasen S，Weingart P. Metaphors and the Dynamics of Knowledge. London：Routledge，2000：143.

此可见，科学隐喻在科学理论的实践活动中确实具有一种相对优势的地位。这种优势即在于科学隐喻的转换与科学理论不断的再语境化过程相伴始终。至少在一种非典型的科学语境中，在最初的意义上从对于科学隐喻的常规理解中导出的经常性置换转移的背离表现为一种潜在的已经确立的用法。因此，通过逐渐地把某种隐喻含义整合进字面词汇表的过程，科学隐喻潜在地表现出其动力学特征。这实质上是对于一种异质或异常概念的同化吸收，是科学隐喻概念最终被引入科学语言系统乃至日常语言系统的现实过程。科学共同体的成员以科学隐喻的方式变换一个确定的科学概念语词，从其典型的设定达到一种非典型的语境，从而极大地拓展了科学理论的论域和解释力。当然，这种转换的语义学结果并不仅仅包含一个积极活跃的科学隐喻的创立，形成了新的语言学与思维工具，同时也将之前的科学隐喻吸收到新的语境中。在科学理论的现实发展过程中，这种转换又具体地呈现为“死隐喻”与“活隐喻”的更替。在这里，一个凝固的隐喻尽管丧失了原有的创造性和活力，但仍然保持其基本的隐喻性，其意义也并未完全消解，而是作为新的“活隐喻”内涵的一部分被吸收。正是在这样的意义上，将一个“死隐喻”的意义和功能视为为新的隐喻或科学理论提供再调整或边界转换的手段是更为合理的。因为只有如此看待“死隐喻”的意义，才更恰当地符合科学理论语言系统的实际历史过程，才能使我们更正确地认识和理解科学隐喻所引起的语义与语境转换的效力，才能使我们更深入地理解科学隐喻的动力学特征。

四、结束语

科学隐喻的意向性、语境化和动力学三大基本特征统一于科学理论的建构、展开与发展的过程之中。具体来说，科学隐喻的意向性特征是在其语境化的过程中实现的，意向总是语境中的意向；科学隐喻的语境化及再语境化的过程又现实地构成了其动力学特征所包含的基本内容；科学隐喻的动力学发展不断造成科学理论知识范式的重构，从而推动科学理论系统乃至整体科学文化历史语境的不断发展演化。总之，科学隐喻的意向性、语境化和动力学特征是有机统一的，它们共同融合在科学理论产生、交流、修正、理解、诠释的整体过程中，体现出科学隐喻作为语言系统、思想意识、科学理论知识，以及现象世界之间转换连接的有效工具和手段的认识论与方法论特质。

科学隐喻的转向 *

20 世纪后半叶以来，随着西方哲学语言学、解释学、修辞学三大转向的不断深入推进，尤其是在后现代主义哲学潜移默化的影响之下，科学哲学的整体发展态势也鲜明地表现出与这些思想潮流发展趋向相一致的时代特征。其中，对于科学隐喻的敏锐关注无疑是 20 世纪科学哲学研究中出现的一种具有重要意义的新元素和新景观。针对这一现象，美国著名逻辑哲学家苏珊 · 哈克（Susan Haack）指出，在当今时代，几乎所有的隐喻著述者都赞同：隐喻不仅在“长篇宏论和公众演讲”中，不仅在文学写作中，而且在关涉到“纯粹真理和真正知识”的领域都具有一种合法性地位。“事实上，许多人走得如此之远，以至于宣称隐喻不仅发挥一种合法性的或有益的功能，而且在理论性探究的过程中具有本质性的作用。”①

---

* 本文发表于《山西大学学报（哲学社会科学版）》2007 年第 3 期，作者郭贵春。

① Haack S. Dry Truth and Real Knowledge. Amsterdam：Kluwer Academic Publishers，1994.

一、科学隐喻的凸显

所谓“科学隐喻的凸显,”即在科学隐喻存在性的被发现、其功能与意义日渐彰显的基础上，相关研究被正式提上科学哲学的议事日程及这一专门领域的形成过程。这一过程的历史事实就在于，隐喻研究经过两千余年的蓬勃开展和整体推进，最终在20世纪自觉而主动地触及了科学及其哲学的领域。这是隐喻研究所进入的最后一块思想文化领地，之前它已经先后在诗学、文学、语言学、修辞学、古典文献学等学科的主要领域占据了一席之地，后来又强劲地渗透到文艺学、宗教学、历史学、政治学、法学、经济学、社会学等几乎一切人文社会科学的研究领域，最后终于自然而又必然地进入了科学及其哲学研究的范围。

科学隐喻是与原始科学相伴而生的。但是，它却在人类思想史上几乎被遮蔽了两千余年，迟至20世纪才开始正式地作为一个研究对象进入人类哲学反思的领域。这里面有着深刻的历史原因，是西方哲学传统与科学传统双重影响的产物。在哲学传统方面，自柏拉图以来，西方哲学传统的主流一直把隐喻当作一个可疑的甚至是危险的敌人。这种忽视甚至歧视、反对隐喻的哲学传统的一个基础性前提建立在“真理”与“隐喻”的二元对立中：科学真理是一种严格的与“现实”或“实在”的相符或契合；而隐喻则是一种虚浮、夸饰的东西，是一种危险的诱惑物，极易将使用者导向与真理之路相偏离的歧路。使用隐喻在本质上是逃避现实、否定真理。这种观念在苏格拉底与智者学派的对立中萌生出其最初的根芽。随着历史的发展，真理与隐喻之间水火不容的对立愈演愈烈，在康德以后的启蒙哲学中进一步发展为科学与艺术之间的截然对立。自20世纪初期起，维也纳学派所开创的逻辑实证主义推动了“语言学转向”风潮在西方哲学界的蓬勃兴起，最后终于导致作为现代西方哲学研究两大基本范式之一的分析哲学的全面兴盛。分析哲学以英美形式主义或逻辑主义语言学派为依托，推崇概念的确定性、表达的明晰性及意义的可证实性，不断要求强化语言的逻辑功能。在这样一种理智氛围中，隐喻的哲学地位自然是边缘化的。在科学传统方面，整个古代社会的数学和自然科学处于萌芽状态，被包括在哲学和神学的整体范围中，其发展受到了极为严重的束缚，无法取得独立的机会。随着近代启蒙运动的影响，数学和自然科学开始挣脱哲学和神学的束缚而且以不可阻挡之势蓬勃兴起。这一时期，数学所代表的形式化的符号语言系统在不断地走向成熟，并被崇奉为自然科学所必须采用的规范性语言，构成科学语言的基本范式。在这种整体趋势的冲击下，形成了一种单一的、严格的、逻辑的、无歧义的科学真理观：真理仅仅关涉一种严格的基于字面的语言，是绝对地与隐喻性语言水火不容的。这种科学真理范式因此对于以隐喻为代表的所有修辞形式都加以严格排斥。只有单义的、稳定的字面语言被科学家接受为能够对于科学现象进行客观准确的描述。这里的根本原因在于，在当时的人们尤其是科学家们看来，字面语言是无歧义因而无争议的，而隐喻语言是充满歧义因而充满争议的，将一种有争议的元素引入客观的科学显然是非理性的；真正的科学理想要求：必须把任何一种科学理论的建构及其语言和论证系统建立在绝对准确、可靠、简洁的数学和字面语言描述的基础之上。这样的一种认识和努力确实推动了科学的发展，并塑造了十分强大的科学理性主义思潮。在这种情况下，数学与自然科学的势力开始膨胀，科学语言超越其他一切语言成为一种最强势的语言，以其理性和可证实性理想对其他语言形成压迫；科学实践的经验和知识也顺理成章地超越其他领域的经验与知识构成一种典范。“所有的知识与真实世界之间的关系是根据表征知识的命题方式来讨论的，科学语言与概念的意义由它所表征的世界来确定，它们不仅在本质上具有固有的字义，而且语言本身的字面意义就是使用词语的标准。语言的意义不仅与语言的用法无关，而且被认为是客观地对应于世界的各个方面。科学的话语总是关于自然界的现象、内在结构和原因的话语。”①在这种情况下，隐喻在科学世界被严重地边缘化，科学隐喻研究当然不可能获得其存在的土壤和空气。

---

① 成素梅，郭贵春. 语境实在论. 科学技术与辩证法，2004，21（3）：60-64.

事实上，隐喻与真理的对立从一开始就是可疑的。长期以来，隐喻一直被哲学和科学所排斥。这种排斥反映了一种传统的惯性，即人们一方面不愿放弃数学与自然科学作为一种严格的、客观的科学那种特异性和独立性的地位，另一方面对于隐喻本质的理解还不够深刻，或者不愿意正视其在科学中的实存性。随着当代认知科学对隐喻认识的不断深入及科学修辞学的推进，科学隐喻逐渐在科学概念的发明、科学理论的建构、科学活动的交流过程中得到了越来越清晰的“显影”。科学隐喻是伴随着科学事业的出现而出现、伴随着科学史的发展而发展的，但是其地位和意义直到20世纪才被人类理智捕捉到，并作为一个具有重要意义的研究对象。正如《牛津哲学词典》所指出的：随着科学隐喻研究的不断深入，“在近来的几十年，哲学家们同样更清楚地意识到了隐喻在科学……中所发挥的功能问题”[①]。对于科学隐喻认识的这种历史性进步有其深刻的思想基础和知识前提：20世纪以来，认知科学取得了革命性的进展，出现了一大批新成果，提出了一系列新观点。认知科学家通过大量的实验揭示了一直被遮蔽的两个事实：概念和推理在极大的程度上依赖于身体；主要以隐喻为代表的思维映射过程是概念和推理的重要渊源。广义的隐喻包括了隐喻、类比和其他形象性语言结构，是语言和思想的最基本的、无所不在的成分，人类的概念系统不可避免地由此构成。此后，对于科学隐喻的传统偏见开始逐渐地被一种客观、现实、开放的视野所取代。首先，科学哲学的发展使得人们开始对科学所具有的那种超然独立的地位产生质疑，人们发现，科学本质上是人类所从事的一种活动或事业，它与人类从事的其他领域的活动或事业并没有本质的不同，只有相对的独立性；科学理论也并不是一种零度修辞的绝对客观中立的语言，而是与日常语言有着千丝万缕的联系，科学中事实上存在着大量的隐喻。这种对于科学的认识上的深化反映了人类对于科学本质反思的时代性进步。其次，有赖于对于隐喻地位、功能和意义的再认识与再评价。经过自亚里士多德以来两千余年的反复探讨，人们逐渐认识到，隐

① Honderich T. The Oxford Companion to Philosophy. Oxford：Oxford University Press，1995：555.

喻是一种客观存在的语言现象；这种现象如此广泛而普遍地存在于几乎一切语言系统中，似乎在深刻地显示着它应该在人类思维结构的深处有其存在的根本原因；隐喻绝不仅仅是一种修辞学的发明，它昭示着人类有待发现的许多非常重要的东西。这两方面的原因是科学隐喻研究在20世纪开始得以凸显的两个根本原因。在以上两大因素的合力推动下，科学隐喻在科学史中贯彻始终的使用逐渐被一些敏锐的科学家和哲学家所意识到，对科学中的隐喻的专门研究也终于在20世纪初期出现其滥觞。

在1912年8月30日出版的《科学》杂志上，发表了《科学中的隐喻》一文，作者是加拿大达尔豪西大学（Dalhousie University）的弗莱舍·哈里斯（Fraser Harris）。作为最早的专门研究科学隐喻的文献之一，该文以化学、生理学和生物学为例，极富说服力地指出了科学隐喻的现实存在性、表现、功能及其意义。作者开篇即开宗明义地指出，“在科学史中存在着诸多实例：在这些事例中，一个起初通过某种隐喻表达法进行表征的概念，伴随着时间的进程变成了一种具体的存在。绝大多数科学学科都包含着这样的例子；起初与一门科学相伴而生的概念通常是最为模糊含混的，是关于某一类事物的原则性的特征或潜在性的概念，而最终该门科学揭示出一种实体、一种物质的种类，这是可感触并且可度量的：这时原初的概念就变得拟人化了”①。哈里斯在该文中考察的第一个例子是无机化学中的隐喻。他指出，当法国化学家拉瓦锡在对于我们今天称之为氧的物质的特性进行研究的时候，并不是有如神助地突然获得了一个绝妙的主意就把氧分离出来，从而紧接着推进到对于这种新的化学产物的性质的研究。事实上，氧的发现的历史事实与此相去甚远：1774年10月，拉瓦锡发现了一种新的气体，命名为“酸素”（principle of acids）。拉瓦锡写道，“我将通过‘酸素’这个名称，或者正如某些人所更加倾向于的希腊文中具有同样意义的‘oxygine principle’这个名称去指示一种当其处于化合态或稳固态时去燃素的气体，一种极不寻常的可供呼吸的气体”。这种有待进一步考察的未知的物质一旦在空气中煅烧

---

① Harris D F . The Metaphor in science. Science，1912：992.

或燃烧时就会与金属相化合并产生酸性，即“oxygine principle”。一百多年之后，这种“酸素”成为一种可见并且可触的实体，即液化的、钢青色的氧气。这种从“素”到物质的转变意味着拉瓦锡的“酸素”隐喻变成了实存性的东西。[①]除化学隐喻之外，哈里斯还详细地考察了生物学、生理学、医学等诸多自然科学学科中的隐喻案例。他认为，科学中所使用过的最富于成果的隐喻可能就是英国生理学家威廉·哈维（William Harvey）在研究血液运动过程中所提出的“圆周循环运动”的隐喻。血液循环的事实的发现，是生理学创立的最为关键性的基础，但是这一事实的命名来自哈维精心挑选的隐喻“圆周循环运动”。这就是说，“圆周循环”的隐喻后来变成了生理学语言的重要组成部分。后来，“血液循环”的隐喻在1660年获得了证实。[②]哈里斯主要是在科学概念发明的意义上来考察科学隐喻的存在性及其功能。他指出，成功的科学隐喻所具有的一种整体性的特征倾向就在于：由主观性走向客观性，由不可见性走向可见性，由纯概念性走向实存性，由猜想性走向可证实性。

二、科学隐喻的转向

自从1912年《科学中的隐喻》一文问世以来，科学隐喻的研究不断得到深入推进。科学隐喻在科学中的合法性地位和重要意义正在得到科学哲学界的普遍承认，同时也在相当数量的科学家群体中引起越来越一致的共鸣，以至于到了20世纪六七十年代，隐喻研究的整体态势非常明显地呈现出一种向科学隐喻“转向”的特征。这种隐喻研究的“科学转向”或“科学隐喻转向”的突出表现就在于：传统隐喻研究对诗学、文学、哲学隐喻的关注程度逐渐降低，更多地把视线和兴趣投向了科学隐喻这一有待开发的处女地。所谓科学隐喻的转向主要包括以下三个方面

---

① Jonson-Sheehan R D. Metaphor in the Rhetoric of Scientific Discourse. Amsterdam：Ablex Publishing Corporation，1998：263.

② 迈克尔·布雷德.科学中的模型与隐喻：隐喻性的转向.王善博译.山东大学学报（人文社会科学版），2006，(3)：92-99.

的含义。

1. 科学隐喻研究的兴盛

在20世纪后半叶以来科学隐喻研究的开展过程中，科学哲学界乃至科学家群体对于科学隐喻的认识发生了根本性的变化，关于科学隐喻的本体论、认识论、方法论问题的研究引起了西方几乎所有知名的科学哲学家的探索热情，随之而来的就是大量有关科学隐喻的专著和论文陆续问世。1966年，英国剑桥大学的科学哲学家玛丽·海西出版了《科学中的模型与类比》，此书最后一章是关于科学隐喻的研究。海西的科学隐喻研究是“这一领域最早的综合性探讨之一”[①]。1974年，莱热戴尔（W. H. Leatherdale）的《科学中类比、模型和隐喻的功能》出版。1976年，麦克康马克（MacCormac）出版了《科学与宗教中的隐喻与神话》。1977年，“隐喻与思想”学术研讨会在美国伊利诺伊大学召开。与会者提交的论文结集为《隐喻与思想》，于1979年由安德鲁·奥特尼（Andrew Ortony）编辑、剑桥大学出版社出版。在这部文集中，有两篇关于科学隐喻的文章特别引人注目，这就是波义德的《隐喻与理论转换》和库恩作为对波义德文章回应的《科学中的隐喻》。1982年，美国明尼苏达大学的罗杰·琼斯（Roger S. Jones）出版了《作为隐喻的物理学》一书。1984年，丹尼尔·罗斯巴特（Daniel Rothbart ）在美国《科学哲学》杂志发表题为《隐喻语义学与科学结构》的文章。同年，吉哈特（M. Gerhart）和罗素（A. M. Russell）合著的《隐喻过程：科学与宗教理解的创造》出版。1997年，丹尼尔·罗斯巴特的《科学知识发展的说明：隐喻、模型与意义》出版。1999年，汉纳·普拉车夫斯卡（Hanna Pulaczewska）的《物理学中的隐喻视角：案例研究》出版。2000年，哈林（F. Hallyn）编辑的《各门科学中的隐喻与类比》出版。2003年，美国伊利诺伊大学科学家西奥多·布朗（Theodore L. Brown）所著《制造真理：科学中的隐喻》出版。在这些重要著作中，“科学隐喻”作为一个专有名词被大量

① Jonson-Sheehan R D. Metaphor in the Rhetoric of Scientific Discourse. Amsterdam：Ablex Publishing Corporation，1998：173.

地使用。据美国博林格林州立大学（Bowling Green State University）哲学系教授迈克尔·布雷德（Michael Bradie）统计，即使按保守的数字估计，自 20 世纪 60 年代以来出版的与科学隐喻相关的文献就多达八百多种。[①]

2. 科学隐喻合法性地位的确立和巩固

随着科学隐喻研究的蓬勃展开和深入发展，科学隐喻的合法性地位不断得到确立和巩固。人类对于科学隐喻的传统观念经历了革命性的跨越。这就表现在，在科学隐喻转向的整体语境中，一种新的、为越来越多的科学哲学家和科学家所认可的科学隐喻观逐渐形成了：科学隐喻是隐喻的一种特殊形态，具有一般隐喻的语言学特征。但是，因其所处载体的特殊性，与文学隐喻、宗教隐喻又有着显著的区别。从本质上来讲，科学隐喻是以一定语形构造为载体、在特殊的语用语境中生成的一种语义映射。正是在特定科学语境中语形构造、语义映射、语用选择的统一，决定了相关隐喻的生成及其本质意义。作为一种特殊隐喻形态的科学隐喻，可以将传统理论概念体系中的各种成分和要素加以整合，即通过再概念化和理论间的链接与转换，不断提出新的科学研究方向，创造出新的科学理论。它是通过理解语境的传递，由已知到未知、由旧的理论知识通达新的理论知识的桥梁和媒介。这就是说，科学理论的发展从一定意义上来讲是由科学隐喻历时地"再语境化"所推动的，而"再语境化"的过程就是新旧隐喻交替嬗变的过程。科学隐喻为科学理论提供了一种原型语言；与此同时，那些前科学的话语及非科学的话语又被科学隐喻所丰富了的科学语言所改变和影响。"当日常语言的资本通过隐喻被投资到科学中之后，这些语词带着它们的科学关联的增长了的利息又返回到日常语言之中。"[②]日常语言如仅仅局限于其自身范围之内，很难获得形式及意义更新的动力。它的演化、发展和丰富实际上在相当大的程度上是

---

① 迈克尔·布雷德. 科学中的模型与隐喻：隐喻性的转向. 王善博译. 山东大学学报（人文社会科学版），2006，(3)：92-99

② Leatherdale W H. The Role of Analogy，Model and Metaphor in Science. Amsterdam：North-Holland Publishing，1974.

在与文学语言、哲学语言、科学语言等其他语言系统的对话和交流中获得实现的。正是在这样的意义上，我们可以合理地将科学理论的历史演变视为由越来越成熟有效的科学隐喻所构成的历史，而不是传统观念所认为的那样一种对客观世界的实在状况不断进行逼近、描摹得越来越细致的历史。从这样的视角来看，所谓科学革命实质上只不过是对于自然的一种隐喻式的重新描述，而不是一种对于自然内在本质的真正的洞识。对于一个特殊问题的不同观点是由各个学科所持有的普遍化隐喻而引起的。对于一个问题共享不同的隐喻表征能够为创造性思维开辟更大的可能性。一种正确的对于科学隐喻功能的理解来源于对于科学隐喻概念本质及科学本质的理解。在科学发展的过程中，从其最初的开始到作为成熟的知识与理解体系的完善发展，科学隐喻都发挥着核心的作用。这种作用不仅表现于科学家最初的创造性冲动，同时也表现在对于实验数据的解释中、科学说明的形式化表达中，以及科学家共同体内部、科学共同体与社会公众之间的交流过程中。① 科学隐喻是一种形式表现似乎非常简单但内涵却极为复杂的语言与思维现象，它在不同的科学理论语境中、在不同的科学实践语境中往往扮演着不同的角色，因此其类型也是丰富的、多种多样的。从根本上来说，科学隐喻的发明和应用出于科学家共同体认知、交流、建构相关理论的需要；是基于实现对客观实在世界某种特征猜测、探察和描述的目的，而从一种相对中立的认知标准出发去捕获特定的、尚未被完全揭示的关于客观实在的知识。

3. 隐喻分析成为科学哲学研究的一种新范式

隐喻研究尤其是科学隐喻的研究从一个重要的方面启迪了科学哲学的新进展，隐喻分析方法正在逐渐成为当代科学哲学研究的一种新范式。当代科学哲学的发展在客观上需要超越传统的纯粹以归纳逻辑为方法的思想体系，要求建立一种能够容纳各种不同的科学方法的、立体网状结构的理论系统。这就要求科学哲学的未来研究不能不朝着立体的、整体

① Brown T L. Marking Truth：Metaphor in Science. Illinois：University of Illinois Press，2003.

的、综合的方法发展，只有这样才能够体现出科学哲学在 21 世纪发展所应当具有的时代特征。这种时代特征随着以隐喻为主导的科学修辞学转向体现得更加明显。隐喻不仅跳出了形式语言的逻辑预设，更加注重科学论述的语境，给战略性的心理定向以广阔的语言创造的可能空间，从而在相当大的程度上促使科学哲学更进一步地排除了在理性与非理性、语言的形式结构与心理的意向结构、逻辑的证明力与论述的说服力、静态的规范标准与动态的交流评价之间的僵化界限，削弱单纯本体论的独断性，更加强调心理重建与语言重建的统一。总之，随着科学隐喻研究的深入，科学哲学的理论域面必将得到进一步的拓展，隐喻分析在科学哲学研究中的广泛开展也必将使得语境论、整体论、社会文化分析思想在科学哲学全部领域得到渗透和强化。

三、转向的影响及其意义

总的来说，对科学隐喻作为一种重要的科学探究模式与解释方法论的观点，目前在科学哲学界已经得到了比较普遍的承认。当代科学隐喻研究以哲学运动中的语言学、解释学和修辞学的“三大转向”为基本的知识背景，以语言哲学、科学哲学、认知科学的最新成果为理论依托，以科学实践活动，包括科学概念发明的隐喻思维、科学理论陈述的文本内容及科学交流的隐喻修辞等为基本分析对象，20 世纪六七十年代以降逐渐形成一股不可小觑的潮流，在 80 年代和 90 年代达到一个高潮。这一时期，“隐喻热”在思想界与学术界的风行推动了一种新学科“隐喻学”的成型，一些知名的隐喻研究者甚至被称为“隐喻学者”或“隐喻学家”（metaphorologist），所有这些都包含着科学隐喻转向所促成的强有力的推动。

1. 科学隐喻转向极大地拓展了科学哲学研究的问题域

对科学隐喻的沉思促使科学理论语言与科学思维这两个相关领域的本质问题被暴露出来。对于科学隐喻是什么的追问又必然引起科学理论语言是什么，以及科学思想是什么的问题。也就是说，科学隐喻与科学语言、科学概念、科学思想之间究竟是一种什么样的关系？它们之间又是如何进行沟通的？从科学哲学的角度来看，这些问题又必然地衍生出一系列亟待深入探讨的课题：隐喻与科学有无本质关联？如果这种关联确实存在的话，它具体体现在哪些方面？科学是否如通常理解或人们更愿意相信的那样是隐喻化的或者说非隐喻化的？抑或科学从本质上来说就是隐喻性的？科学隐喻的提法是否是合法的？科学隐喻是否存在或是否可能存在？如果存在，表现为何种形态？概括地说，这些问题事实上是在追问两大主题：首先，科学隐喻的本体论地位问题；其次，其本体论地位的根据问题。对于这些具有本质性问题的思考进一步拓宽了当代科学哲学研究的视阈和进路。对于这些问题，哲学家们从不同的角度进行了各种各样的回答，提出了大量富于启发性的新思想和新理念，不断地澄清着科学隐喻与科学哲学之间内在的关联性。科学哲学家们的共识是：隐喻作为语言现象有着深刻的思维根源，这就在于，人类关于世界所进行的绝大多数思维活动和推理过程都是隐喻性的。另外，隐喻这一现象也从一个侧面透视出语言与思维的相互依赖性。在这种相互依赖的关系中，认知能力和语言学形式之间是一种彼此补充和强化的关系。

2. 科学隐喻的转向表现出人文与科学的融合趋势

科学隐喻的转向是在语言哲学和科学哲学相互借鉴、渗透和融合的基础上实现的。这就表现在："对于科学活动的分析不再脱离关注修辞格与词汇表的语言哲学，在科学想象中情形更是如此，因为它是处于一种发现或确证的语境之中的。"① 科学隐喻的转向并非一朝一夕的事情，也绝非个别哲学家或哲学流派兴之所至的结果。20 世纪，科学隐喻正式被提上科学哲学的议事日程，获得广泛而深入的关注，正深刻地反映出当代人文哲学与科学哲学、科学主义与人文主义发展的内在逻辑与历史趋向性的统一。这种统一隐含着科学隐喻转向潜在力量的可能性与现实性。

---

① Simon G. Analogies and Metaphors in Kepler. Amsterdam：Kluwer Academic Publishers，2000.

科学隐喻的转向绝不意味着文学、诗学、宗教等其他类型的隐喻的遮蔽。毋宁说，科学隐喻的研究必然是以一般隐喻的研究为基础和前导的。简言之，科学隐喻与一般隐喻是统一而非分裂的。也就是说，尽管与其他类型的隐喻，如文学隐喻、宗教隐喻相比，科学隐喻具有自身所特有的性质，但它本质上仍然是作为一种隐喻而存在的。因此，企图在排斥一般隐喻理论的基础上建构某种独立的科学隐喻理论，在逻辑上和事实上都是不可能的。正是由于这一原因，任何关于科学隐喻的讨论和研究的一种理性和现实性的范式都是首先从一般隐喻的理论开始，然后以某种方式过渡或切入到科学隐喻的理论之中。事实上，这种过渡和切入仅仅是科学哲学家的论述表面上所展现出来的形式，它本质上是一种引入。没有一般隐喻理论，就没有科学隐喻理论。科学隐喻本质上是一般隐喻的一个特殊的类属。对这个特殊的隐喻类属的考察，单纯的人文哲学或科学哲学都是力不从心的，单纯的人文主义或科学主义视角也是注定褊狭的。只有在它们相互结合和统一的基础上，才能达成对于科学隐喻的真正的、全面的理解和解释。

3. 科学隐喻转向提示对于科学的真正本质做出新的理解

对于科学隐喻的正确理解归根到底取决于一种对于科学本身的适当理解。对于科学本质的理解，在思想史上大致存在着这样两种互相对立的基本观念：第一种观念认为，科学是一种完全讲求理性和逻辑性的事业，其最终目的在于对终极真理的把握，因此是绝对客观的、独立的；第二种观念认为，科学只是在相对的意义上是理性的、客观的事业。赞同第一种观念的哲学家把“扎实的科学事实”和“主观的”或“隐喻”对立起来；而第二类哲学家则认为，科学只是人类诸多活动之一，在科学中，人类所见到的并不是一个“扎实的”、与人类没有关涉的实在。在第二类哲学家看来，科学家群体创造出特定的科学理论，都是一种对于世界的特定描述和理解，都是为了有利于预测和控制某些特定事件的发生。这样一种实践活动与艺术工作者或者政治思想家为同样的目的创造出对世界的其他类型的描述在本质上并无不同。但是，把这些不同种类的描述中的任何一种，譬如科学描述，视为对于客观世界的本然状态的准确再现，则是一种形而上学的虚妄追求。这些哲学家认为，这种对于科学是客观世界本来状态再现的观念本身是值得怀疑的，甚至可以说是没有意义的。①我们认为，只有在后一种意义上理解的科学观念，才能够为科学隐喻提供一种合法性基础和在科学系统中的适当位置。也就是说，科学隐喻只有在这样的语境中进行研究才有意义，才可能谈论其必要性及其他方面的特征。当然，采取这样一种对于科学理解的基础性观念并不是要贬低科学本身，而是要以一种更加开放的和更加具有现实性的视角来看待科学、科学家及其实践活动。事实上，随着当代科学哲学研究的深入，对科学本身地位和性质的理解正在不断地趋向于后一种模式。

四、结束语：转向中需要注意的问题

要正确认识并且合理评价科学隐喻的转向，需要注意以下几个方面的问题。第一，从本体论的意义上来看，把科学语言的历史视为科学隐喻的历史，就是对科学语言存在某种独立、先验、前定的本质的否认。因此，对于科学隐喻的主张蕴涵着这样的一种基本的认识：科学语言与科学思维绝对不是自然或者任何一个具有超越性的精神实体基于某种特定的目的而设计出来的；相反，它们的历史乃是向这样一种目标趋近的过程，例如，能够表现越来越多的意义，或再现越来越多的事实。②第二，从科学语言发展动力学的宏观角度来看，科学隐喻是将一种当下通用的科学语言系统与其起源和历史流变有机地联系和统一起来的纽带。因此，科学隐喻研究必须采用历时的方法在科学语言发展演变的现实轨迹中去把握其实质。科学隐喻的动力学根源深刻地在于，人类在社会历史文化实践过程中，观念及意义作为所指的、不断丰富和深入的变化过程。第三，一般意义上的隐喻与科学隐喻的关系本质上是一种种与属之间的关系，二者之间在逻辑上不是断裂的，不存在截然的鸿沟。但从对于一般

① 理查德·罗蒂.徐文瑞译.偶然、反讽与团结.北京：商务印书馆，2003：12.

② 理查德·罗蒂.徐文瑞译.偶然、反讽与团结.北京：商务印书馆，2003：27-28.

意义上隐喻的了解到对于科学隐喻的关注，确实经历了一个历史的认识深化过程。这一过程的基本前提和可能性就在于科学的发展及对于科学认识的不断深化。正如不存在一种统一的语言哲学理论一样，也不存在一种统一的一般隐喻理论，更不存在一种统一的科学隐喻理论。“并不存在一种区别于其他智力活动领域的独立的关于科学中隐喻的理论，也不应该有这样一种理论。如果我们想要对于科学工作中隐喻作为一种本质性元素获得充分的认识，就必须在更一般的意义上理解它在思维、语言和行动中所具有的功能。”[①] 科学隐喻本质上是一般隐喻理论在科学中的运用，只不过更强调科学共同体作为其特殊使用对象，科学活动作为其基本的语用语境。第四，需要适当地引申科学隐喻的含义，才能从其蕴含的深刻启发中受益。如果过分地或者在错误的方向上引申了某个隐喻的含义，就可能会对相关的科学研究工作产生误导。例如，科学史上曾出现过的燃素隐喻和以太隐喻所产生的不良影响。正如人们会误用任何强大的工具一样，科学家也可能误用隐喻，但它的强大的功效，还是会成为科学智慧工具箱中的一个宝贵部分。“隐喻本身既不是一个多么好的东西，也不是一个多么坏的东西；毋宁说，它是一种既能够做好的使用也能够做坏的使用的一种语言学工具，有时是有助益的，有时是无害的，有时是一种妨碍。因此，一种关于隐喻如何运作的适当理论应当能够使得同时说明隐喻的有益性及其危险都成为可能。”[②] 现在有一些科学隐喻的批评者援引了一些在科学史中失败的隐喻案例试图对隐喻的方法论意义加以否定，但显然这些案例并不能成为科学隐喻在方法论上整体失效的根据。正如马克斯 · 布莱克所指出的，毫无疑问，隐喻是有其可能的危险性的，尤其是在哲学方面。但若因此而反对隐喻的使用，这将对我们的研究能力造成一种蓄意的和有害的限制。第五，由于隐喻本身具有一种“光滑的”性质，所以建构一种科学隐喻理论可能涉及“无限领域”（利科语）。针对这种情形，有些科学哲学家主张：对于科学隐喻的问题，并不需要建构太多的理论，更重要的和更有意义的是以现存的科学文本

---

① Brown T L. Marking Truth：Metaphor in Science. Illinois：University of Illinois Press，2003.

② Hintikka J. Aspects of Metaphor. Amsterdam：Kluwer Academic Publishers，1994.

为依据进行更多的、更细致的隐喻分析。只要有语言就有隐喻，只要有科学陈述就必然存在科学隐喻的分析问题，隐喻分析所具有的启迪性、创造性，是其他分析方法所不能取代的，它正在逐渐引起普遍关注。正是在这种意义上，以科学理论文本为基本依据的隐喻分析代表了一种科学哲学研究的新范式，也必将会引领未来科学哲学发展的一个新的方向。

基于以上认识，我们相信：进一步细致、深入、持久地开展科学隐喻的系统分析工作，尤其是针对具体科学理论文本的微观语境分析，自然而又必然地成为继续推进和深化当代科学哲学研究的重要工作内容和着力方向。"由于隐喻与语用语境的本质关联，因此，将科学隐喻研究与语境论相结合，从语形、语义、语用三个维度全面地考察科学隐喻的生成、发展、本质、功能和意义，应当是未来科学隐喻研究的一个重要趋向。"[①]总之，科学隐喻研究不仅将极大地推动科学修辞学乃至整个科学哲学的深入发展，而且对于科学理性的进步也将起到其应有的积极作用。

---

① 郭贵春．科学隐喻的方法论意义．中国社会科学，2004，(2)：92-101

科学隐喻的认知结构与运作机制 *

人类进行的一切认知活动都是以一定的概念为基础的，科学认知活动也不例外。在科学认知活动中，科学隐喻作为一种基本的概念认知结构发挥着重要而不可替代的作用。科学概念史的研究表明，科学家所从事的科学研究工作本质地蕴含着一种科学隐喻概念认知的内在机制，也就是说，科学家用来解释其观察对象的科学模型和科学理论在本质上均为一种基于科学隐喻概念认知的建构。科学隐喻的概念认知结构是隐喻思维的基本组成元素，隐喻思维则是隐喻概念认知结构的整合和统一体。依据科学隐喻概念认知结构的不同层次和深度，可以将其区分为概念隐喻层次和根隐喻层次两个方面。

---

* 本文发表于《科学技术与辩证法》2008 年第 5 期，作者安军、郭贵春。

一、科学隐喻的概念认知结构

概念隐喻一般指包含两个更为广泛领域的概念并列的隐喻，这种概念并列通过把相关的认知内容从提供域抽取出来而在接受域中触发一种特殊的概念意义的应用。概念隐喻的表现形式往往是隐含的，从根本上来看，概念隐喻首先表现为一种概念现象而非语言学现象。概念隐喻只是在概念现象的本质中，并通过这种概念现象才得以展现为一种语言学形式的表达法。概念隐喻将两个在逻辑分类学意义上或常识观念中相距遥远的经验领域统合、吸收到一起，而这种统合和吸收的结果是提出一个部分共同或部分共用的概念结构，如果这些经验领域在语言中已经被现实化，那么，此时就要提出一个部分共同的语义学网络。概念隐喻是作为一种隐含的象征性关系的来源而发挥其作用的，这也就是说，仅仅在语词和短语等特殊的言辞表述层面上是无法充分理解概念隐喻的本质的。通过概念隐喻建立起来的不同经验领域之间的象征性关联为创生一个从潜在性的意义上来看无限的言辞表达法序列提供了可能性的基础。在这种意义上，也可以将之称为“扩展隐喻”。当然，在现实的、历史性的语言应用实践过程中，这种可能的、无限的言辞表达法序列中只有特定的一部分能够获得最终的现实性的转化，也就是进入言语系统中并被词典编纂者收集从而获得语言共同体约定俗成的确认。但是，除了这些被实际使用的表达法之外，这个言辞表达法序列的其余部分随时都有可能在不同的语境中被引入言语系统，获得其语言学形式。例如，在物理学中，一个扩展性的概念隐喻的例子就是利用具有事件性的空间的概念来隐喻时间。这个典型的概念隐喻把对于首要意义上空间介词的用法的语义学限制进行提升，从而允许将其应用于对于时间的指称。① 概念隐喻对于科学语言的产生和展开有着极为重要的触发和先导作用，同时，许多科学类比和科学模型也都是概念隐喻的非言语性表现形式。

---

① Pulaczewska H. Aspects of Metaphor in Physics. Tübingen：Max Niemsyer Verlag Gmblt，1999：59.

概念隐喻结构的澄清及其影响人类认知系统途径的揭示，是加深对于科学理论的意义和真理性之理解的必要条件之一。当代认知科学指出，人类全部的抽象概念都是由一个或更多的隐喻进行界定的。对于科学隐喻而言，隐喻语言显然只是体现出概念隐喻的轨迹，更为根本性的元素在于科学家根据其他概念领域对科学领域进行再概念化的方式之中。科学隐喻的一般理论正是通过描述这种跨领域的概念映射而给出的。就此而言，科学隐喻本质上就是一种概念化的过程，体现出概念化的结构。当人类谈论抽象概念的时候，几乎总是选择取自某一具体领域的语言。例如，对于心灵问题的探讨就是使用空间模型隐喻非空间对象：在我们的心灵之中、之上或在其角落有某种东西，我们从心灵中提取出事物，事物经过我们的心灵，我们把某物召唤到心灵之中，诸如此类。事实上，人类理解非感受性概念的最主要的方法就是通过具体经验情形进行隐喻。[①] 概念隐喻是一种常规化、固定化了的科学隐喻，它与新颖的科学隐喻是有一定的区别的，这就在于它作为一种已经被广泛约定的、基础性的概念框架在科学理论语言的陈述和科学概念的运作中发挥作用。在这种意义上，科学的概念基础完全是隐喻的。

科学隐喻主要是作为各学科中的概念隐喻而存在并发挥作用的。概念隐喻是横跨语义域、将来源域的推理结构投射到对象域之上的一种概念映射。这种概念映射绝不是任意的，而是可以在经验的意义上进行研究并且做出准确陈述的。概念隐喻之所以并非任意的，是由于它是被人类的日常经验尤其是身体经验所激发的。当代概念隐喻理论的研究显示，在所有人类概念系统中都存在概念隐喻的扩展性常规结构。概念隐喻的映射结构不是孤立的，而是发生在复杂的语义系统中并且以复杂的方式相结合。和人类概念系统的其余部分一样，常规概念隐喻系统隐而不彰地潜藏在意识层次之下。当科学家有意识地创造出一个新的科学隐喻的时候，往往只是利用了无意识常规隐喻系统的机制。显然，概念隐喻的基本载体并非语词，而是思想。例如，在数学概念的构造中，存在两种

---

① Rummelhart D. Some problemswiththe notion of literal meaning// Ortonyed A. Metaphorand Thought. 2nd ed. Cambridge：Cambridge University Press，1993：71.

最基本的概念隐喻类型：基础隐喻和连接隐喻。基础隐喻使数学概念建立在日常经验的基础之上，通过形成收集、建构对象或在空间中移动的意象使算术运算被概念化。由于保留了推理的结构，这种概念化过程成功地把日常经验领域中的收集、建构和移动概念映射到算术的抽象领域中，构成一种关于容器、路径、实体、连接等对象的认知图式。基础隐喻正是因此把我们了如指掌的日常经验领域的精确的图式结构及推理形式映射到数学领域中。连接隐喻所起的作用在于把数学的某个分支与其他分支之间建立起有效并且有意义的连接。例如，当我们在隐喻的意义上把数理解为一条直线上的点的时候，实际上就是把算术和几何学有机地联系在一起。因此，连接隐喻的本质在于把数学知识中某一领域的特征映射到其他领域。

以算术领域为例，基础隐喻的结构形式表现为以下三个方面。首先，算术是一种对象的聚合。这个隐喻又包括若干子隐喻：数是具有同一形式的物理对象的聚合；数学工具是对象的聚合者；算术运算是组构对象聚合的行为；算术运算的结果即是对象的聚合；单位一是最小的聚合；数的大小是该聚合的物理大小；一个数所衡量的量是这个聚合的量；相等是对平衡的聚合量的衡量；加法是把不同的聚合放到一起形成更大的聚合；减法是从较大的聚合中抽掉较小的聚合而形成另一个聚合；乘法是对具有相同大小的聚合进行给定次数的重复相加；除法是对一个给定聚合进行分解为更小单位聚合的重复过程；零是一个空的聚合；等等。其次，算术是一种对象的建构。这个隐喻包括以下子隐喻：数是物理对象；数学工具是对象的建构者；算术运算是建构对象的行为；算术运算的结果是一个建构的对象；单位一是最小的整体对象；数的大小是对象的大小；一个数大小的衡量需要被建构为对象的最小整体对象的聚合；相等是对平衡的对象量的衡量；加法是把不同的对象放到一起形成更大的对象；减法是从较大的对象中抽掉较小的对象而形成另一个对象；乘法是对具有相同大小的对象进行给定次数的重复相加；除法是对一个给定对象进行分解为更小单位对象的重复过程；零是任何对象的空缺；等等。最后，算术是一种运动。这个隐喻包括以下子隐喻：数是一条路径上的定位；数学工具是这条路径上的运动者；算术运算是在这一路径上运动的行为；算术运算的结果是在这一路径上的定位；零是这一路径的原点或起点；最小的整数一是从原点向前走的一步；数的大小是从原点到定点的轨迹的长度；被一个数所衡量的量是从原点到定点的距离；相等是到相同定点的路线；加一个给定的量是向右或向前移动一段给定的距离；减一个给定的量是向左或向后移动一段给定的距离；乘法是对具有相同大小的量进行给定次数的重复相加；除法是对一段给定长度的路径进行分解为更小路径的重复分割。① 连接隐喻一般是基础隐喻的变体。例如，把集合论与算术连接起来的连接隐喻“数是集合”就是“算术是对象聚合”这一基础隐喻的技术性变体。再如，数学中关于连续性的隐喻。对于连续性的隐喻描述是理解诸如运动、流变、过程、时间转换，以及整体性等认知内容的必要方式。这些认知内容是从基于身体经验的图像模式和自然形成的映射到人类概念系统的自然概念扩展的结果，主要建立在来源、路径、目标模式及虚拟运动隐喻的基础之上。因此，数学家们所做的工作是把对于运动、流变、整体性日常理解的推理结构扩展到人类理解的一个特殊领域即函数和变分的领域。由此产生的概念可以称之为自然的连续性。② 在数学中，布尔数学逻辑是容器模式的一种扩展，是通过容器逻辑的概念隐喻投射而被认识的。这种概念投射保留了“出”“入”及传递性结构的原初推理，而后者最初是经由对于现实容器的物理经验而得到发展的，只是在后来才被无意识地投射到一整套抽象的数学概念上去。

二、作为根隐喻的科学隐喻

根隐喻（root metaphor）实质上是一种深层次的概念隐喻或者说是概念隐喻的元隐喻。对于这一概念，不同的哲学家给予了不同的命

---

① Koeniged J P. Discourseand Cognition Bridging the Gap. Stanford：CSLI Publications，1998：222-225.

② Núnez R. Conceptual metaphor and the embodied mind//Hallyned F. Metaphor and Analogy in the Sciences. Dordrecht：Kluwer Academic Publishers，2000.

名：恩斯特·卡西尔（Ernst Cassirer）将其称为“根源隐喻”（radical metaphor），史蒂芬·派珀（Stephen C. Pepper）将其称为“根隐喻”，威尔伯·厄班（Wilbur M. Urban）将其称为“基本隐喻”（fundamental metaphor），唐纳德·肖恩（Donald A. Schon）将其称为“核心隐喻”（central metaphor），阿尔伯特·曼拉比（Albert Mehrabian）将其称为“工具隐喻”（tool metaphor），厄尔·迈克康马克（Earl R. MacCormac）将其称为“基础隐喻”（basic metaphor），赞德拉夫科·拉德曼（Zdravko Radman）将其称为“关键隐喻”（key metaphor）。这种隐喻包含着对于世界基本结构的理解，因此在某种意义上具有一种世界观的功能，有对于“实在”进行解码的基本能力。根隐喻本身就是一个十分形象生动的隐喻，最初被称作“绝对隐喻”（absolute metaphor）。后者是德国学者汉斯·布鲁曼伯格（Hans Blumenberg）于20世纪60年代初提出的概念。布鲁曼伯格用这个概念指一种前理论的假定，这种假定在本质上反对任何将其转译为精确的、基于严格定义的科学术语的企图，但与此同时，它又确实无疑地构成相关科学研究的前提性条件。由于这种隐喻是根据科学实践活动中理论范式的元语境揭示而得到例示的，因此，试图将这些隐喻的确定的、清晰的意义完全地掘出来是不可能的，能够做到的只是发现它们在特定科学理论话语中的位置，从而做出一种相对的、并不确定的意义描述。绝对隐喻的功能就是我们将之确定为“元理论”，将之描述为建构并且连接一般意义上的知识，以及特殊的物理学对象的进路所具有的功能。换言之，根隐喻的意义在于确定科学研究目的和可能性的观点，确定能够有理由并且有意义地加以追问的科学问题的种类，简单来说，就是通向科学研究的一种自理解。①

1. 作为科学学科观的根隐喻

美国明尼苏达大学物理学教授罗杰·琼斯在其著作《作为隐喻的物理学》中认为，存在四种最为基本的物理科学的根隐喻建构，即空间、

① Pulaczewska H. Aspects of Metaphor in Physics. Tübingen：Max Niemsyer Verlag Gmblt，1999：59-60.

时间、物质和数。由于这四种根隐喻建构对于现代物理学中宇宙概念的确立是至关重要的，是物理学量化的起点，为物理学整体提供了一个基础，所以可以将其恰当地称为物理学的四种首要隐喻。首先是空间隐喻。空间隐喻最为根本的概念是分离和连接。现代物理学的空间隐喻是一种复合隐喻，包含了人类对于分离、差别、连接、隔绝、定界、分割、区分及同一等观念和经验的综合。点的不可入性及延展的观念是空间隐喻的本质。空间隐喻作为现代物理学的概念基底之一，提供了一种“单一性”和“整一性”的经验，这种“单一性”和“整一性”涵盖了历史上所有哲学家和科学家所追问的混沌及宇宙统一体的终极状态。如果没有空间隐喻，甚至连最简单的记数都是不可能的。“既然我们的空间建构是我们赖以表征自身经验的根本性隐喻，既然它们是我们用以组织否则就会混乱无序的感官知觉的那种先验范畴，因此它们必定反映了我们特殊的、异质的，并且是唯一的世界观。”其次是时间隐喻。从根本上来说，时间就是以空间为隐喻的，这一点在时间测量的问题上尤其明显。当我们说到时间的“间隔”与“延续”或者时间的“顺序”与“序列”的时候，在我们的心灵中出现的是一种想象的长而直的时间之轴，在此轴上分布着与事件相对应的点，以及用以测量事件之间时间流逝而产生的距离。正是“间隔”“延续”“顺序”“序列”这些概念所产生的空间图像帮助我们构想时间及其测量的观念。为了量化的和相关的概念目的，我们将时间描述为某种一维的连续性空间，正是由于这种原因，相对论将时间视为第四维，增附到物理的三维空间之上。只要稍加留意就可发现时间的空间隐喻遍布在大量的物理学文献之中。[①] 再次是物质隐喻。物质概念是整个物理科学得以建立的基础。著名哲学家、数学家罗素认为，人类所建构的物质概念作为一种定义的结果是不可入的：在某处的物质就是在那里的所有事件，并且因此没有其他的事件或物质的部分能够同时在那里。这是一种非常明显的对于物理事实的科学隐喻。物质构成的原子、基本粒子的隐喻性也是极为明显的。最后是数的隐喻。数作为首要

① Jones R S. Physicsas Metaphor. Minnesota：University of Minnesota Press，1982：78-79.

隐喻之一在整个科学史中发挥着基础性的作用。古希腊哲学家、数学家毕达哥拉斯认为，数是整个宇宙得以构成的最为根本的素材。直到现代，理论物理学家基于纯数学的基础，基本上仍然主张一种毕达哥拉斯式的理念。所不同的是，现代物理学家更加关注量的描述，而毕达哥拉斯的兴趣更多地放在质的描述及符号的意义上。①

2. 作为科学世界观的根隐喻

只有极少数的范畴集合被证明为能够足够有效地获得对于世界事实全域的相对而言比较正确的解释，能够作为特殊的科学世界观的根隐喻就属于这种范畴集合的序列。作为科学世界观的根隐喻能够被归结为以下四种主要形式：①形式主义根隐喻。形式主义根隐喻是基于相似性的根隐喻，或者是基于特殊的范例多样性中单一形式的同一性。在数学哲学中，形式主义认为数学应当被设想为不可解释的符号之排列，只有语形学而没有语义学。只有在使得我们从一些观察达到其他经验结论的过程中，形式主义才是有效的，但它本身并不引入某种特殊的主题。②机械主义根隐喻。机械主义认为，一切事物都可以通过形成于 17 世纪的科学说明概念的模式得到解释。它从统治粒子之间相互作用的数量法则中提取出自己的范式，据此物质的所有其他特征都能够最终被理解。机械主义根隐喻是基于物质性的推拉或者在对于电磁及重力场的感知中获得的吸引与排斥的根隐喻。③有机主义根隐喻。有机主义是一种基于动力学的有机整体的根隐喻，认为世界中所发生的所有事实都可以依据植物或动物有机体的特征进行理解和解释。④语境主义根隐喻。语境主义认为，任何一种文本都只能在其历史或文化环境的语境中才能得到恰当的理解，或者只有在与同一作者其他文本的比较或映衬下、在某种传统中才能被正确地解释。语境主义一开始被美学、伦理学所使用，后来扩展到哲学乃至科学中，成为一种基于具有暂时性的历史境域及其生物学张力的根隐喻。②

---

① Jones R S.Physicsas Metaphor. Minnesota：University of Minnesota Press，1982：141.

② Pepper S. Introduction：Metaphor in philosophy. The Journal of Mind and Behavior，1982（3）：197-206.

根隐喻意味着经验观察的一个基本立足点，是一种“世界假设”起源的原点。当科学家面对一个问题而茫然无措的时候，他会自然地基于特定的根隐喻进行推论以寻求解决问题的方法。根隐喻所包含的富于启示性的类比引起一种假设，可用于问题的解决。那种具有源始性的类比事实上就是一种世界假设的根隐喻，对于根隐喻的分析产生出这种假设的各种范畴。这种假设的适当性依赖于这些范畴对于世界特征的解释具有精确性和无限制的范围的能力。一种世界假设与仅仅在其无限制的范围之内的其他假设是不同的。其他假设如果不是明确地就是隐含地局限于一个正在处理的局部性的问题，或者正如在特殊的科学中那样，局限于一个特殊的主题领域。诸如此类的假设可能永远否认特定的考虑是处于其探究领域之外的，一种世界假设则永远不会如此。世界假设是任何提供的批评项目的解释的原因，是一种无限制的假设。① 根隐喻的概念以不同于世界假设范畴来源的方式进入了语言哲学，它通常用于指称任何一种具有核心作用的理念，这种核心理念是任何复杂问题能够得以进行组织的前提。然后，根隐喻变成对于一种受限制的或特殊的假设的指称之点。库恩在《科学革命的结构》中认为，在科学程式中作为具有引导性的概念模式而起作用的范式与在世界假设中同样作为引导性的概念模式而起作用的根隐喻之间，实际上是没有区别的。根据库恩的描述，科学的历史基本上与有限范围的根隐喻的历史可以视为相同的：在揭示特定领域事实的过程中，根隐喻通过预言和阐释追求一种适当性，一切具有能产性的经验理论的基础在原则上都是根隐喻。②

三、科学隐喻的运作机制

科学隐喻的运作机制以其独具的开放性为基本依托，其本质则在于隐喻映射过程在特定科学理论语境中的展开和实现，其目的在于表达出为我们所具体知晓的、作为特定语义载体的概念语词和具有更大的意义或重要性、

① Pepper S. Concept and Quality：A World Hypothesis. Illinois：OpenCourt，1967：3.

② Pepper S. Introduction：Metaphor in philosophy. The Journal of Mind and Behavior，1982（3）：197-206.

但较少为我们所知晓的作为语义要旨的概念语词之间的相似性。由于任何科学隐喻必须通过特定概念语词的方式才能够得以成立，所以它预设了一种作为媒介的图像或概念当用一个合适的概念语词进行指示的时候，这些图像或概念就能够被很容易地理解。这实质上意味着，科学隐喻的起始运作必定依赖于某种字面概念语词意义的基础，是以后者为基底和平台的。①

美国认知语言学家莱考夫和约翰逊提出了科学隐喻运作机制的三个基础性假定：心灵是内在地涉身的；思想在一般意义上是无意识的；抽象概念绝大多数是隐喻的。这就意味着，在对世界进行推理及解释观察对象的过程中，科学家在很大程度上依赖于隐喻概念。由于认知结果来自于心智建构，所以哲学家安德鲁·奥特尼（Andrew Ortony）将之称为一种“建构主义”。从概念隐喻理论的视角来看，这种对于世界表征的心智建构建立在涉身推理和经验格式塔的基础之上，所建构的理解元素来自日常生活。科学隐喻运作机制的起点在于：科学中存在许多不同种类的问题，这些问题始源于不同的科学学科，因此属于不同的科学文化，并且在不同的度量层次上应用于自然，在这种过程中，采用不同的科学隐喻对于以一种“科学的”方式所观察到的世界的推理和交流是一种至关重要的组成要素。②科学史中的许多案例都表明，理论科学在用以表征某些特殊概念的词汇方面不断地产生过危机。这就在于，科学的目的是描述客观实在的事物，而许多客观实在事物超越于所有可能的观察，因此，就有必要发明出一些可以用于描述这些存在物的语词。此时科学家不得不求助于科学隐喻。在这种情形中，科学隐喻的使用就具有一种自然而又必然的意义。诚然，在最终的意义上，科学家想要建立的是一种专门的、细节完备的、尽可能精确的理论，但是在发展这样一种理论的过程中，具有某种程度的含混性的概念可能是极有帮助的有效资源。由于科学隐喻是开放的、非特定的，所以非常适宜地引导了这种特定的专门化和填补细节的过程。科学隐喻在起初可能是不合理的，但它确实将研究者引导到未经探索的路径上。在任何意义上，隐喻将引导性和新异

---

① Wheelwright P. Metaphor and Reality. Indiana：Indiana University Press，1962：73.

② Brown T L. Making Truth：Metaphor in Science. Illinois：University of Illinois Press，2003：188.

性的有机结合确实使它在科学研究的早期的摸索性阶段极为有效。[①]科学隐喻的来源是从多种多样的人类经验领域中被挑选、改造、导出并且利用的，从而被应用于不同的科学理论语境之中。科学隐喻的运行并不是单向的，而是双向的：既有从世界到理论的方向，又有从理论到世界的方向。在不同的科学语境中，它所运行的方向也是不同的：在科学发现的语境中，它的运行方向是从世界到理论；在科学证实的语境中，它运行的方向是从理论到世界。

法国修辞学家方塔尼尔根据内涵的不同将隐喻的运行划分为五种基本类型：将一个有生命的东西的专有名词用于另一个有生命的东西的转用过程；将无生命的物理的东西的专有名词用于纯精神性的或抽象的无生命的东西的转用过程；将无生命的东西的专有名词用于有生命的东西的转用过程；以有生命的东西喻无生命的东西的物理性转用过程；以有生命的东西喻无生命的东西的精神性转用过程。这五种隐喻运作的类型做进一步的概括的话，又可以划分为两大基本类型：物理性的转用过程，即对两个有生命或无生命的物理对象进行比较的隐喻；精神性的转用过程，即将某种抽象的、形而上学性质的或精神层面的东西与某种物理的东西进行比较。[②]事实上，科学隐喻的运作机制就是不同的语义场之间跨概念领域的一种映射机制，这种映射具有不对称性及局部性特征。每一个隐喻映射都内在地包含着隐喻的来源域实体与目标域实体之间的某种本体论的对应，这种本体论对应表现为一个固定的集合。当那些固定的对应被激活时，隐喻映射就能够将来源域的推论模式投射到目标域的推论模式上去。这种投射遵循一种不变性原理，即隐喻来源域的图像图式结构以一种与内在的目标域结构相一致的方式被投射到目标域上去。这种隐喻映射并不是任意的，而是基于身体及人类的日常经验和知识。一个概念系统包含着难以计数的常规隐喻映射，这些映射构成一个具有高度结构性的概念系统的亚系统，无论是概念映射还是图像图式映射，均

---

① Haack S. Dry Truth and real knowledge//Hintikkaed J. Aspects of Metaphor. Dordrecht：Kluwer Academic Publishers，1994：15-16.

② 保罗 · 利科 . 活的隐喻 . 汪堂家译 . 上海：上海译文出版社，2004：79-80.

遵循不变性原理。[①]

科学隐喻的运行可以在两个层次上被描述和分析。在一种显而易见的宏观层次上，它作为一种概念置换的程序而起作用，这种概念置换又可以分为四个不同阶段：调换、解释、修正、阐明。第一个阶段意味着概念切换到一种新的语境条件中，与此同时在新旧语境之间确立起一种可比较的关联性。调换与第二阶段（即解释阶段）是不可分割的，这包含着一个概念从旧的语境向新的语境条件的某个特定方面的分派。调换和解释都从属于一种事先已经存在的概念可接受性的结构，对于这种结构的部分进行抗拒的结果是置换过程中的一种调整，这种调整可以被称为"修正"。修正意味着相互之间的适应，它可以根据不同的语境条件采取多种多样的形式。最后，当这个概念非常妥帖地显示自身被新的语境所吸纳，就可以认为它已经被阐明了。这种阐明并不是一个已经完结的过程，实际上概念仍然在语境之间保持运动。[②]

在亚里士多德看来，隐喻的运行内容包括四种基本类型：从"属"到"种"的映射；从"种"到"属"的映射；从"种"到"种"的映射；类同字之间相互借用的映射。以此类比，科学隐喻运行的内容大致包括：从具体事物到抽象概念的抽象化映射；从无生命事物到有生命事物的有机化映射；从宏观世界到微观世界的缩小化映射；从微观世界到宏观世界的放大化映射；从一般对象领域到机器领域的机械化映射；从日常语言到专业化术语的技术化映射；从想象领域到现实领域的推理化映射。在所有这些类型的映射过程中，毫无例外地都包含着科学抽象的内容。当然，科学隐喻的运行不同于简单的抽象，但却基础性地包含着抽象。抽象是科学隐喻运行的一个隐含的思想内容。通过抽象，语词为了涵盖一般意义而舍弃了对个别对象的指称关系，一般意义则为在概念的相反意义上的隐喻抽象确定方向。

① Lakoff G. The ContemporaryTheory of Metaphor//Ortonyed A. Metaphor and Thought. 2nd ed. Cambridge：Cambridge University Press，1993：238.

② Montuschi E. What is wrong with talking of metaphorsin science//Radmaned Z. Froma Metaphorical Point of View. New York：Walter de Gruyter，1995：317-318.

从这种意义上讲，我们可以谈论隐喻的普遍化。因此，与所有其他名词相比，隐喻化的名词与表示属性的名词更为相似。[①]需要注意的是，隐喻的普遍化并不意味着它是作为逻辑上“种”的符号而存在的。由于隐喻抽象成为表示一般属性的载体的名称，所以它能够适用于具有表达出来的一般性质的所有对象。也就是说，隐喻的普遍化应当通过具体化得以补偿。

科学隐喻运作的结果在于：首先，科学隐喻构成科学语言与科学概念的要素，遍布于科学理论的陈述之中。其次，科学隐喻构成科学观察语言的理论负载。在已有的科学实践中，寻找一种没有理论负载的、完全摆脱了隐喻影响的纯粹观察语言已经被证明是一种不可能的任务。维特根斯坦在其后期著作中所提出的家族相似观念，从一个重要的方面否定了传统科学理论观念中观察语言与其所指之间存在一种无歧义的、一一对应的映射关系的论点。最后，科学隐喻构成相关科学范式的核心内容。科学隐喻塑造出关键性的概念用于定义科学研究的不同领域。事实上，科学隐喻就是库恩所谓的科学范式所包含内容的核心元素：一个科学范式包含至少一个理论的、概念的内核，这一内核基于一个或更多的科学隐喻的基础之上。因此，科学隐喻在运行过程中更多地表现为一种载体，通过这种载体，来源于某一学科的观念和模型被转换到另一学科，“被转换的词项成为表示现有属性的最适当符号，换言之，成了主要属性的指代者”[②]。这也就是说，在特定的科学隐喻被成功地应用于科学实践活动之后，原本互不关联的两种科学概念、对象或现象通过“是”的连接，突然被构想为具有某种一致的共通性。“是”把之前未被察觉到的科学思想之间所暗含的相似性以一种令人印象深刻的方式展现出来，其结果就是使得与每个概念对象相联系的知识和信念体系，与另一个知识和信念体系产生相互影响、交汇和融合，从而带来了一种创造性的科学理论知识的扩展。[③]

---

① 保罗·利科. 活的隐喻. 汪堂家译. 上海：上海译文出版社，2004：145.

② Brown T L. Making Truth：Metaphor in Science. Illinois：University of Illinois Press，2003：185.

③ 卡林·诺尔-塞蒂纳. 制造知识：建构主义与科学的与境性. 王善博等译. 北京：东方出版社，2001：94.

隐喻表征的动态层级与语境关联 *

隐喻为我们的科学研究提供了一种新的认知方式，在科学表征中具有重要的方法论意义。文章以隐喻互动论为起点来考察隐喻表征的层级性，借助于隐喻中的语境关联，最后落足于隐喻的动态类型层级的表征方式的考察，以便为科学研究提供一种灵活开放的表征方式。

隐喻作为科学表征的一种方式，大量存在于科学研究中。近年来流行的“理想语言哲学”更强化了隐喻的作用，认为隐喻是语言固有的本质的部分，而不是从属于直接语言的程序，隐喻理解取决于语境及听者的思维模型。事实上，尽管隐喻并不能为科学表征提供一个逻辑严密的推理基础，但科学家可以借助于想象和创新，通过隐喻建立起依托于相似性的连接，或将两个事物置身于相似的语境或发生机制中加以解释，从而达到对新事物的科学表征，因此隐喻在建构科学对世界的表征中发挥着极为重要的作用。隐喻表征的发生机制表现为隐喻的互动论，其表

* 本文发表于《科学技术哲学研究》2014 年第 5 期，作者郭贵春、杨烨阳。

征程序具有一定的层级性，由于其互动性和层级性都是以语境关联的相似性为前提的，所以隐喻作为科学表征的方式，最终表现为一种动态的层级体系。换言之，“科学隐喻作为方法论的必然要求，它是对客观实在的一种语境化把握，而语境必然有特定限制，只有语境的不断重构，才能给定隐喻语境的存在及其把握实在本质的有效性”[①]。

一、隐喻的“互动论”

科学家通过隐喻“完成了对现实的某些部分的重新描述”[②]，从而为我们提供关于新事物的科学解释。然而，任何关于隐喻的完善理论不仅应当阐明隐喻的发生机制，还应当首先说明隐喻所涉及的语言程序在隐喻中所起的作用。那么，澄清语言基础、类型层级和概念图表之间的关系就变得非常必要。隐喻的“互动论”（interaction theory）可以解决以上问题，因为大部分关于隐喻的实验数据与互动论是相一致的。

1. 隐喻“互动论”的产生

事实上，隐喻的系统化研究可以追溯到亚里士多德的修辞学，他认为所谓隐喻就是用一个词代替另一个词来表达同一意思的修辞手法，这两个词具有对比关系，因此这种观点被称为“对比论”（comparison theory），这个观点对西方修辞学随后两千多年的发展影响深远。然而，19 世纪兴起的逻辑实证主义却反对科学语言中的隐喻表征，认为“科学说明在于理论语言和观察语言之间的逻辑概括、法则定律和字面意义上的演绎关系”[③]，而隐喻所关涉的两个事物之间的相似性，并不具有严密的逻辑推理联系，因而不能成为科学表征的恰当方式。与此同时，英国哲学家理查德则提出隐喻的“互动论”，认为隐喻是人们思维的重要方式，

---

① 郭贵春．科学隐喻的方法论意义．中国社会科学，2004，(2)：92.

② 理查德·罗蒂．哲学与自然之镜．北京：商务印书馆，2003：471.

③ Hoffman R R. Metaphor in science// Honeck R P，Hoffman R R. Cognition and Figurative Language. Hillsdale：Erlbaum，1980：394-395.

它表现为不同思想间的互相沟通或不同语境间的相互转换，隐喻意义正是在本体和喻体的这种互动中体现的。

在此基础上，麦克斯 · 布莱克对隐喻的“互动论”进一步发展完善。他认为，任意关于隐喻的“代换”观点都是错误的。例如，“隐喻陈述并非一个形式对比或者任意其他字面陈述的替换，而是具有它自身的功能和效用的”。那么，隐喻究竟是如何显示本体和喻体之间关系的呢？布莱克认为，当一个被发现的或者被创造的更高阶的普遍超类型（supertype）术语被附加于本体之上时，新的观点和知识就产生了。如果这些超类型已经存在，它们总是在一个不同的掩蔽（mask）重构层级之后才被显示。因此，“与其说隐喻形成某些先行存在的相似性，不如说隐喻创造相似性”①。按照布莱克的观点，隐喻由“主题”（primary subject）和“副题”（secondary subject）两部分构成，前者提供了隐喻的“框架”（frame），而后者作为隐喻的“焦点”（focus），它应该是一个含义系统，认知主体在理解隐喻的过程中，通过对这个含义系统进行选择、压缩、强调和组合之后映射到“主题”之上，然后“主题”则通过对“副题”的含义系统进行过滤或筛选而建立起新的含义系统。譬如，卢瑟福原子结构模型即原子太阳系模型，这个隐喻中，“原子结构模型”是主题，“太阳系模型”是副题，通过比较而对“太阳系模型”含义系统进行选择、压缩、强调和组合之后，将其特点映射到“原子结构模型”上，可能会得出“原子的质量基本上全部集中在原子核上，核外电子绕原子核作轨道运动”这个新的含义系统。

另外，布莱克理论的另一个重要方面是“常识系统”（system of commonplaces），他后来称之为“隐含复杂体”（implicative complex），它是与二阶系统或喻体相关的，这些常识系统的观点后来被发展为语义学概念“域”（domain）。实际上，这些域、常识系统或隐含复杂体是缺省的，它们的背景知识和原型知识包含在与每个概念类型相关的图式大纲组中，于是，隐喻将全部图式组转换成一个新的类型。可见，布莱克并

① Black M. Models and Metaphors. Ithaca：Cornell University Press，1962：37.

不仅仅关注于隐喻本身，他的互动论还考察了从不同的本体论视角研究隐喻的重述。正如纳尔逊·古德曼所说，隐喻就是“一整套可替代的标签，一个完整的组织结构，形成了新的领域。全部过程只是：图式的转换、概念的迁移和域的转化”①。另外，互动论还强调，在隐喻用法中，从不同的本体论视角重述本体涉及从不同域中新生的图式和概念图表所组成的紧密层级。

2. 隐喻“互动论”的意义

隐喻的“互动论”强调了人的思维过程的隐喻性，为科学表征的发展奠定了重要的认知基础，可以说，“隐喻是编织在我们的信念和欲望过程中的基本工具，没有这个工具就不会有科学革命或文化的突进……”②。因为只依靠数学语言和逻辑规则来建构科学表征并不现实，还得借助于隐喻表征的方式，在具有相似性的两个事物的互动中获得新的认知与理解，确切而言，这种相似性是语境的相似性，隐喻将被认知的对象置于我们原有的概念框架所支撑的语境中进行解释和表征。

其一，互动过程中喻体提供了一种观察本体的新视角。在隐喻的理解过程中，本体和喻体的两个系统相互作用，与喻体“相关的常识”通过“选择、掩盖或突显”本体的某些特征来重新组织本体，语言手段就如一个模型，只能向人们展示世界的部分层面，而隐喻使人们改变这些模型并由此改变人们观察世界的方式。换言之，隐喻可以改变人们对世界的表征并由此向人们提供新的关于世界的信息。“世界必定是处在某种描述下的世界——或某一视角下的世界，而一些隐喻能够创造这样一种视角。”③ 例如，在理解牛顿的物理世界时，物理学家们通过把宇宙比喻为一个设计精巧而绝妙的时钟，一旦启动，宇宙就按照自然法则自行运转。“因为几乎一切多种多样的运动，都是由最简单的、磁性的和物质的

---

① Goodman N. Languages of Art：An Approach to a Theory of Symbols. Indianapolis：Bobbs-Merrill，1968：73.

② 理查德·罗蒂．哲学与自然之镜．北京：商务印书馆，2003：470.

③ Black M. More about metaphor// Ortony A. Metaphor & Thought. Cambridge：Cambridge University Press，1979：30-40.

力引起的，就像一架钟的一切运动都是由简单的重量产生的一样。”[①]这个隐喻无疑为我们提供了一个理解宇宙的机械论视角。

其二，互动能够创造出相似性。隐喻互动论的产生，在很大程度上，是由于隐喻的“对比论”无法解释隐喻的本体与喻体之间的相似性。布莱克认为，隐喻两项之间的相似性是创造出来的，而且相似性的创造是受到限制的。对本体的重构不是随意的，不能违反本体的原有结构，我们应当对“客观相似性”和“经验相似性”进行区分，“客观相似性”是不存在的，在两客体被经验和概念化之前，它们无所谓相似或不相似，只有当本体被概念化为喻体时相似性才被创造出来。“经验相似性”依赖于概念化并随概念化的改变而改变。例如，魏格纳的“大陆漂移假说”就是通过在地球上的七大洲与一张撕碎的报纸之间创造相似性而进行说明的。这个隐喻所牵涉的语境关联体现在：七大洲的海岸线轮廓恰好吻合，且彼此在物种、地质等方面具有连续性，那么各大陆极有可能是由一个巨大的陆块漂移、分裂而形成的……这种情境恰好与一张撕碎的报纸相似，如果撕碎成几块的报纸按照其参差的毛边拼接起来，上面的字句仍然能前后连贯。

其三，互动能够重组和创造出新的域。在创造相似性的过程中，隐喻中的原有域得到重组，并创造出新的域。隐喻是“一个真的类包含陈述”（a true class-inclusion ），本体被纳入一个暂时的、非常规的新域，而喻体既指称这一新创造的域，又是这一域的原型分子。然而，隐喻互动创造的第三个域并非暂时性的、非常规的或次要的，而是根植于人们的长期记忆中的。因此，可以说，“隐喻的广泛使用是人类发现新经验和熟悉的事实之间的相似性这种深刻天赋的游离见证，新事物或新经验由于被归结到已确立起来的特征下而得到掌握”[②]。例如，数学中最富含有诗意的螺旋线在自然界中具有广泛而普遍的现实表征：蜘蛛网、车前草的叶片排列、蚂蚁的运行轨迹等等，另外，天文学家通过对银河系的气体密度进行观测分析，发现银河系也是星体以圆心呈螺旋状向外扩的，甚

---

① 霍布森．物理学．秦克诚等译．上海：上海科学技术出版社，2001：125.

② 内格尔．科学的结构．上海：上海译文出版社，2002：128.

至号称“世界七大奇观”之一的意大利比萨斜塔的楼梯也是一个具有294阶的螺旋线结构。可见，隐喻可以将陌生的，甚至是难以直接描述的事物与熟知的、可直接描述的“明示事实”（manifest facts）相并列，创造出二者语境关联的相似性，并在此基础上形成新的认知概念。

二、隐喻表征的层级性

隐喻的“互动论”强调两个实体的互动关系，这种互动是以相似性为前提的，借助于这种相似性所建立起来的两者之间的语境关联，我们将研究对象的数据、图像等通过隐喻性的科学文本表征出来。然而，正如范·弗拉森所说，这种相似性并不意味着两个事物本身之间的直接相似，而是指两者的关系的相似性，即语境关联的相似性，这就必然涉及隐喻表征的层级结构。实际上，隐喻表征的层级性是以语义层级（semantic hierarchies）为基础的，语义层级是指概念节点（concept nodes）之间的连接和联系，分析语义层级的结构对隐喻表征的研究是十分必要的。

1. 概念关系的继承性

当代的主要哲学家已经开始关注概念的真正本质及概念与集合或类别之间的关系，因为用类包含来归纳语义网的特征时对概念的本质做了预设。然而，根据概念的外延或类别来定义概念在整个20世纪都陷入困境：按照外延对概念进行分类意味着我们根据概念所指称物的类别来定义概念，同时，类别由它们所包含的个体所确定。

弗雷格于1892年提出了对概念的意义和所指进行区分，他引入“意义”的概念来解决大量的同一性陈述问题（identity statement）：同一性陈述如“晨星等于暮星”（the morning star=the evening star），在认知内容上与次要陈述“晨星等于晨星”（the morning star=the morning star）如何区分呢？他的回答是：当晨星和暮星的指称相同时，两者的意义（“早晨最亮的星”和“夜晚最亮的星”）并不相同，于是，晨星和暮星在认知内容上是不同的。此外，弗雷格还引入了概念“落在……之下”（falling down）和“落入……之中”（falling within）。当我们说某个物体是红色的时，我们是指这个物体“落在红色这个概念之下”；而当说到红色是一种颜色时就引入了概念间的一个二级关系。因此，客体对象“落在一级概念之下”，而概念“落入二级概念之中”。弗雷格“落入……之中”的概念似乎已经表明一个高阶概念的层级，它没有应用外延并且没有以类包含为基础，然而，“落在……之下”与“落入……之内”的关系的真正本质往往并不清晰，因此，它也是难以实施的。

卡尔纳普于1947年也曾对意义和指称做了一个类似的区分，不同的是，弗雷格所关注的是概念的同一性陈述问题，而卡尔纳普则专注于具有相同外延的两个不同概念的问题。例如，尽管“心”和“肺”是不同的两个概念，但是它们可以有相同的外延。例如，对于所有X而言，当且仅当X有一个肺，那么X就有一颗心脏。换言之，凡具有肺的一切事物也具有一颗心脏，反之亦然。也就是说，在这个语境下，“心”和“肺”两个概念享有相同的客体集，然而，按照卡尔纳普的观点，“具有一颗心脏”和“具有一个肺”具有不同的内涵，他将“内涵”定义为它所表达的命题，更确切地说，卡尔纳普用外延和内涵来区分有条件的真值和必然的真值，将句子的“外延”定义为它的真值。对于具有相同外延的两个句子而言，它们必然是等价的，而且，对具有相同内涵的两个句子而言，它们必定是逻辑上等值的（L-equivalent）。

然而，事实却是，即使两个句子的表达恰好具有相同的外延，但很可能在另一个可能世界中，这些特性却对应着不同等级的客体对象，换言之，它们指同一等级的客体对象就仅仅是一个条件上的事实，它们所表达的命题并不必然为真，二者的内涵不同，因为并非所有具有“心”的事物必然等价于具有“肺”的事物，它们仅仅是恰巧在我们的世界中等价而已。正如伦纳德·林斯基（Leonard Linsky）提出的批判，“这些模式是认识论的，而非形而上学的，卡尔纳普的概念‘内涵’没有与意义的任何认知角色相联系，因为对于我们理解句子时所认识的事物而言，究竟是什么确定了它是先验可知还是后验可知呢？这显然是有差别的”①。

① Linsky L. Names and Descriptions. Chicago：The University of Chicago Press，1977：90.

蒯因认为“内涵”这个概念的流行引发了许多问题。首先，与集合不同，我们如何对内涵进行确证是不清晰的。例如，集合确证仅仅涉及集合元素的问题：当且仅当两个集合具有相同的元素时，它们是相同的。然而，这样一个简单而清晰的标准并不适用于属性，因为我们现在得依赖于这样的模式：当且仅当两个特性是逻辑上等值时，它们才是相同的。这就要求我们必须确证：当我们所知道的一切在整个世界中都为真时，什么命题在所有可能世界中都为真？不过，蒯因认为确证必然的真值是普通人不可能做到的事情。另外，卡尔纳普对内涵和外延的区分是建立在一个预设条件上的，即将模态系统合法应用于自然语言之上，然而，这么做的最大困难在于：当涉及指称上晦涩难懂的表达时，这种指称将会失效。蒯因将我们能够不失其真值而代换其同一性的情境称为“指称上清晰的”（referentially transparent），反之则是“指称上模糊的”（referentially opaque）。例如：① 9= 行星的个数，这是一个真实的条件性陈述；②□（9>7），（□指“必然地”）这个也必然为真。接着，我们可以根据代换原则用“行星的个数”来代替②中的数字“9”，于是得到：③ □（行星的个数 >7）。显然，③是无效的。

此外，蒯因主张“不存在分析陈述”，即根本不存在“分析—综合”的划分。按照卡尔纳普的观点，真命题或者是有条件的（事实命题）或者是分析的（永真式命题）。例如，“单身汉等于未婚男人”这个命题被认为在分析上是真实的，即当且仅当两个概念逻辑上等值时，它们是相同的。然而，命题的意义并非由产生分析的真值所必需的条件集而确定，相反，意义是语言的经验特征，因为任何术语的意义都是可修正的或“结构开放的”（open-textured）。

综上所述，概念间的关系不论从内涵还是外延上分析，都涉及超类型和子类型（subtype）的关系：子类型必然是对超类型的不可分的具体描述或说明；子类型与超类型的其他子类型必然是逻辑上彼此相关的；当且仅当某个超类型的两个子类型彼此都不互为具体说明时，这两个子类型对于这个超类型是同阶的；子类型继承了其超类型的所有二阶特性。然而，概念关系之间的继承性并不意味着没有问题：如果我们硬是将某个属性归属到最大的超类型中，我们就会处于这样一个自相矛盾的境地——我们需要一个比最大的超类型更大的超类型。如果我们从未将特性归属到最大的超类型之下，那么，一切事物都不可能从未继承自它，但是，这样的话，它是如何成为任意一种超类型的呢?

2. 三角形层级的形成

如上文所述，我们的概念关系是根据我们关于世界的模型与事物在其中所起的作用而派生的，而不能根据逻辑等价或必要条件来派生出概念的附属类别。实际上，任何情况下的知识表征都应有一个数学结构以便能够反映概念关系和语义网的经验本质。语义层级的“三角形层级”形式或许可以满足这个条件，“‘三角形层级’其实就是一个直接的非循环图表，这个非循环的图表有一些分离然后又聚合的分支，它们准许某些节点具有相同的起点”[①]。另一个与类型层级相关的层级结构是布尔型（数学体系）的格架，接下来的图 1 就展示了上述两种相对的层级结构。

图1　布尔型格架与三角形层级[②]

布尔型格架的问题在于它准许概念类型间存在较多的关联，但是这些关联是根据布尔型格架的数学结构而确定的，而非根据我们为世界建模的方式确定的。对于任意一对已知的概念类型，必定会存在一个最小的普遍超类型和一个最大的普遍超类型，从而使得层级成为一个布尔型格架。这个结构的性质正是：在布尔型格架中附加上一些模拟的概念类

① Sowa J F. Conceptual Structures：Information Processing in Mind and Machine. Boston：Addison-Wesley Press，1985.

② Cornell W E. Knowledge Representation and Metaphor. Dordrecht：Kluwer Academic Publishers，1991：196.

型以填充中间的节点，在此需注意的是：层级产生的原因是经验的而非先验的，同时它也不是根据布尔型格架中的缺省节点而产生的。事实上，只要假定层级的顶端有一个普遍超类型，并且将每个底部节点都与一个普遍子类型相联起来，以上的三角形层级就可能构成一个格架（尽管并非一个布尔型格架）。然而，我们要求表征必须符合逻辑和数学形式，而完全忽略所要表征的事物的真实次序。

此外，一个直观的非循环结构可能只表征我们的概念图式中实际应用的那些概念，而且三角形层级也并不固守于一种特殊形式，概念间的关系可以按照我们的概念框架所意指的任意方式而得出。因此，一个三角形层级的表征结构的整体特性完全是由我们关于本体论依赖的真实信仰而建模的。

3. 三角形层级的特征

由于类集合一般被定义为对象集，我们并不能直接使用类集合来把握概念间的关系，而且集合元素并不能对概念和属性的确证做出解释。同时，语义网中的概念表征必须与一个概念的“意义”或“内涵”相对应，而不是与“外延”相对应。因此，三角形层级中类包含之间的外延关系会导致概念间层级的同一化。可见，理出三角形层级中概念节点间的关系的特点非常重要。

首先，我们来考察一下类包含失效的实例。实际上，概念节点间的关系并非类包含的，它能表征我们实际组织概念的方式。我们不妨用类集合对内涵集进行构图以便形成一个语义网：想象这样一个世界——当且仅当某物有形时，它具有颜色，即“颜色—形状”。在为这个世界所建构的层级中，“颜色”代表“红色”“蓝色”“绿色”等的超类型，而“形状”代表“正方形”“圆形”“三角形”等的超类型。于是，如果类集合被用来把握“子类型—超类型”的关系，那么由子类型所表征的事物的类别就被包含在由超类型所表征的事物的类别之中，如图 2 所示。

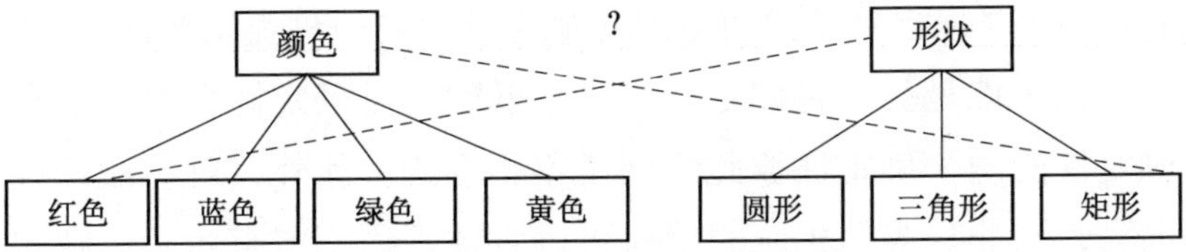

图2 有形有色的世界①

在概念化的整个指令系统中，概念“蓝色”不会被归入“形状”之下，同时“圆形”也不会被归入“颜色”之下。然而，如果我们的概念是根据世界上事物的类别像这样被建构起来，那么“颜色”的概念就等同于“形状”的概念，由此将会得出：“红色”是一种“形状”，同时“正方形”则是一种“颜色”。而这种荒谬性是由条件性事实（颜色与形状是同延的）和对集合的逻辑推算而导致的。

更重要的是，我们的概念结构取决于我们关于世界的模型，而非取决于类元素的条件性，同时，被映射在我们概念中的模型决定了类元素。如果有形而无色的事物消失，那么我们是否会仅仅因为“颜色”和“形状”的类别变成同延的，而就此认为它们是一致的呢？同时，如果突然又出现一个无色的正方形，我们是否会再次形成“颜色”和“形状”两个分离的不同概念呢？也许接下来所阐述的关于确定性与可确定性的关系能更好地把握超类型与子类型关系。

其次，确定性与可确定性的关系，就像子类型与超类型的关系一样，常常被看作一种特殊性。确定性（如“红色”）比可确定性（如“颜色”）更具体些，换言之，“红色的”必然为“有色的”，而“有色的”并不必然为“红色的”，然而仅仅靠特殊性是不足以解释这个关系的；换言之，表示“较小特殊性”和“较大特殊性”之间关系的术语并不能一贯地把握子类型与超类型的关系和确定性与可确定性的关系。例如，“蓝色”比“忧郁”更加具体，但它并非“忧郁”的确定性，而是“颜色”的一种确定性。

可见，这种区分产生了一种层级次序，以及关于绝对可确定性的观

① Cornell W E. Knowledge Representation and Metaphor. Dordrecht：Kluwer Academic Publishers，1991：187.

点，而许多哲学家已经将这种绝对可确定性看作一种类属普遍性，因此，除非一种确定性是另一种确定性的一个低阶的可确定性，否则具有相同的可确定性的两个确定性彼此之间是不相容的。此外，对于任意确定性术语而言，除非与实体相应的绝对可确定性术语真实有效，否则这个术语及其否定都不能表述这个实体。换言之，确定性预设了它们的绝对可确定性；对于具有确定性的一个对象而言。譬如，说“红色”是它的谓项，它就必定具有颜色。

三、隐喻表征的动态性与语境

事实上，三角形层级体现了隐喻概念间的静态关系，接下来我们将转向隐喻的语义层级的动态方面，以便深刻理解：不同语义情境中的层级变化将会引发什么样的语言变化，而发生在层级中的这些变化正好可以说明语言的开放结构性，同时也可以为我们把握这种开放结构的编程方式提供思路。

1. 隐喻的动态类型层级

上文所述隐喻的“互动论”涉及“属于同一家族系统中作为隐喻表达的语词意义间的转换”①，解释隐喻需通过引入关于喻体的新观点来改变图式结构，隐喻改变了层级上的掩蔽，新的联系和节点出现而旧的则消失；因此，隐喻可以通过改变特指事物之间的关系而产生新知识和观点，而且新产生的隐喻超类型或者会变成字面掩蔽的一部分，或者可能会整个地消亡。因此，类型层级随着学习和经验的不断变化而变化，同时隐喻是扩展和完善类型层级的主要工具。因此，如果我们想要表征主体的形而上学模型，我们的类型层级在本质上就必然是动态的。

语境对于解释隐喻和直接言语都是至关重要的，它所起的作用可以被表征为一套能够改变语义层级观的掩蔽。一个陈述是否是字面的或隐

① Black M. Models and Metaphors. Ithaca：Cornell University Press，1962：45.

喻的取决于起作用的掩蔽，或者取决于这个陈述所隐藏或者暴露在层级中的联系。事实上，通过建立新的语义联系，隐喻作为一个掩蔽的目的是根据本体论的工具所调动的新层级来重新描述本体，即根据从另一个领域所产生的层级和相关概念图表而对一个领域进行重新描述；因为这些层级反映了我们的世界观，我们将会以一个新颖的世界观来重新描述主体——不仅要表征看待主体的方式，而且要表征世界或事态与构图或描述相符合。

一般而言，隐喻总是给层级附加新的联系，这往往导致概念域间的区别模糊化。隐喻的目的不是精确化，而是提出概念之间更高层次或者更抽象的联系。另外，字面语境之间往往在其掩蔽下具有更少的联系，直接言语的精确性要求理清概念间的区别。隐喻陈述可还原为字面释义，同时以更宽泛的域看待世界，并且根据一个完全不同于直接言语的语义网来重新描述主体。这种方法有利于我们理解格里格和希利的“截尾假设”[①]：人们首先由作为表征工具的隐喻所引导而“走上了字面语言的花园之路”，这样，隐喻的字面程序就被开启然后否决。这种情况可以用“动态类型层级”（dynamic type hierarchy，DTH）解释为用一个已经存在于类型层级之上的字面掩蔽来分析隐喻，然而除了现在主体被引导走上“隐喻的花园之路”，同样的情况可能会发生在当一个隐喻掩蔽已经归位并且表征一个误导性字面陈述时。例如，“那是海产品陈列窗里的一条红鲱鱼”这个表达就直接使用了一个传统隐喻；我们的第一反应就是将“红鲱鱼”作为误导性的线索而不是作为“一条红色的鱼”来理解，只有当我们听到句子的剩余部分时，我们才能重新调整到一个字面的解释上来。于是，我们所遭遇到的这种理解上的约束障碍正好表明，类型层级需要一个新的掩蔽，从而为类型层级创造一个新的节点。

---

① Gerrig R，Healy A. Dual processes in metaphor understanding：Comprehension and appreciation. Journal of Experimental Psychology：Learning，Memory and Cognition，1983，9（4）：667.

2.DTH 模型中的语境关联

“语境”是指“用于解释话语的前提的集合”[①]，同时语境也包含着听者关于世界的假设的子集。因为一个人在任何特定时间的认知环境可能包含几个语境，只有其中之一将会被用来理解一个特定的交际行为，它是听者关于世界的假设的子集，语境的变化即听者关于世界的假设的子集的变化，它形成了明示行为（ostensive act）的认知效果的变化，那么为了把握这些认知效果对 DTH 模型的影响，我们必须对隐喻的 DTH 模型中的语境关联进行探讨。

接下来，我们举例来对 DTH 模型中的语境进行说明。例如，我们说“稀有气体是惰性的”(noble gases are inert)[②]，这是一个生动的比喻，它将有生命的物即人的特性归到无生命的物之上，在类型层级中，“稀有气体”是一类化学元素，属于非生物的域，而“惰性的”是人的一种状态，属于状态经验者即生物的范畴。“惰性”的“经验者”是“动物”，同时，顺着层级向上，“惰性的”也是一种“需要”（need），而“需要”即一种“需求”（requirement），如图 3 所示。

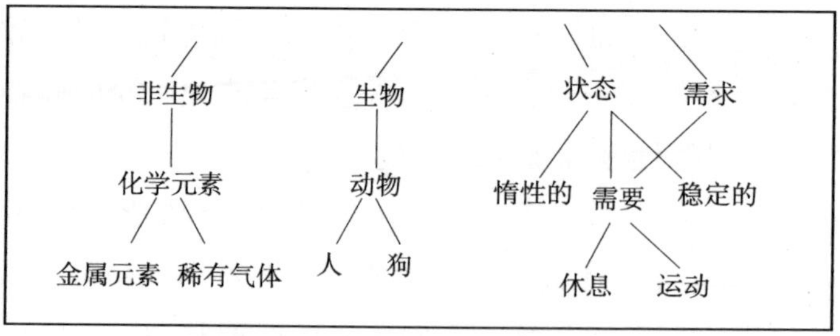

图3　隐喻之前的层级：稀有气体是惰性的

同时，“惰性的”概念图就解读为图 4。

---

① Ritchie L D. Context and Connection in Metaphor. NewYork：Portland State University，2006：78.

② 参考凯尔关于“小汽车渴了”（The car is thirsty）的例子，详见：Kelly M H，Keil F C. Metaphor comprehension and knowledge of semantic domains. Metaphor & Symbolic Activity，1987，2（1）：33-51.

[惰性的] —
(经验者) → [动物：x]
(原因) ← [[特性] — (载体) → [动物：x] ；(状态) → [稳定的]].

图4 “惰性的”概念图

稀有气体是一类化学元素，所以我们得出这个隐喻的两个域，即“化学元素”和“状态”，同时，“状态”又暗指了这些状态经验者的域：“动物”。因此，“惰性的”这个术语的使用就暗指了隐喻的喻体，现在的任务是要在“稀有气体”与“惰性的”生物之间找到或创造一个更普遍的共同超类型（common supertype）。

我们将“惰性的”归为“动物”对休息的一种需求状态，沿着层级向上，生物与非生物都有“需求”，而且“动物”和“化学元素”都是“物质”的子类型，于是，我们根据“惰性的”得出“需要休息的、状态稳定的物质”这个共同超类型。既然已经发现一个共同超类型，那么隐喻掩蔽就开始起作用了，它将“稀有气体”和“动物”都看作某种需要休息的物质，其层级如图5所示。

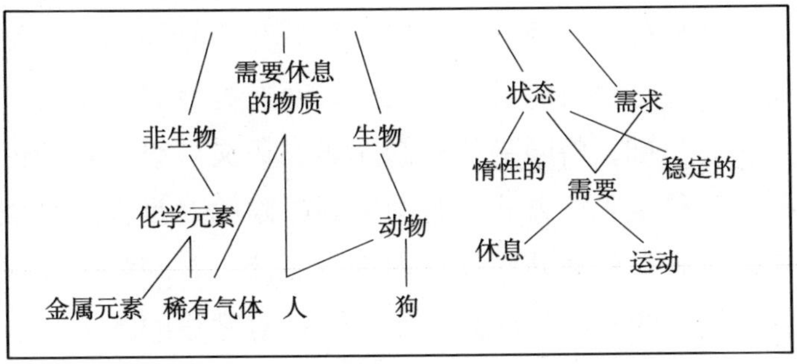

图5 隐喻之后的层级：稀有气体是惰性的

事实上，对于“稀有气体是惰性的”这个句子而言，稀有气体的本质特性是稳定的，不易与其他元素发生化学反应而生成其他化合物，那么“稀有气体是惰性的”这个句子的概念图表将会包含“惰性的”与“稀有气体”之间的一个链接。于是，我们就得到了一个新的概念图（图6）。

[稀有气体]→(状态)→[惰性的]—
(原因)→[特性]→(本质)→[稳定]

图6 隐喻之后的概念图

按照这种隐喻的表征方式，把人的特质扩展到其他生物和非生物之上将是很容易的。类似的例子还有："希格斯玻色子一直在跟我们玩捉迷藏的游戏""大自然是狡黠的、无限精致的"等。但是值得注意的是，只有在能够找到生物与非生物之间的共同超类型时，隐喻才是起作用的。在以上这个例子中，层级的掩蔽并非字面的，稀有气体并不能经验某种状态或者成为动作的载体，但是这点并不影响我们理解隐喻，因此，这种语境的掩蔽"隐藏"了这样的事实：稀有气体不是动物。这样看来，处理隐喻所需的机制与处理直接输入的机制并未分开，但实现这个程序并不遥远。这两种情境下使用的相同机制有：寻求类型层级、限制术语、扩展定义节点、链接和简化。唯一的不同点是隐喻用法的限制条件改变了。

四、结束语

随着科学创新和科学思想的发展，隐喻的思维创造性在科学表征中的动态特点逐渐显现，促使科学哲学家们开始审视隐喻的认知结构、思维机制和理论模型与语境的动态相关性。动态类型层级体系（DTH）正是以语境关联为基础，将隐喻的概念图表、语义层级和互动论相综合而发展的一种新的科学表征方式。科学家通过隐喻对世界进行推论，设计并解释实验，然后在科学共同体之内进行交流，并向科学共同体之外推广。这一科学表征的基本程序其实是：通过对隐喻的本体和喻体之间的结构、性质、功能等进行类比，在语境相似性的基础上对未知对象进行具体描述、合理推导或模型建构，从而实现对未知对象的初步理解。例如，电磁场理论正是麦克斯韦在法拉第的"力线"启迪下创立的，通过电场或磁场与流体速度之间的类比，确定了电场或磁场遵守流体力学的部分理论，接着借用流体力学的一些数学框架，推导出电磁学理论的雏形。可以说，动态类型层级体系根据不同的语境关联对隐喻进行解释，从而动态地产生新的类型层级中的概念节点和链接，并对类型层级中的原有概念进行重新组织，其中一些概念可能会变成类型层级中的基本部分，而其他概念则可能会消亡，这正是隐喻表征的类型层级动态性的体现，其动态机制的根源在于语境关联的开放性。

总之，隐喻丰富了我们对于科学世界的理解，为科学理论的实践提供了一种新的可能性。隐喻的“互动论”为隐喻表征提供了重要的理论基础，隐喻互动所牵涉的概念间的继承性，决定了隐喻表征的层级性，这种层级性的建构又受语境关联的相似性的制约。同时，语境的动态开放性决定了隐喻表征的动态类型层级体系的形成，类型层级的动态性就表现为层级中的节点和链接随语境的变化而不断变化，即语境关联的动态性使得隐喻表征具有某种开放性和活力。因此，DTH 体系无疑是较为完善的隐喻表征方式，它推动了科学表征发展，从而也推动了科学哲学的发展。不过，隐喻表征方式的探讨并不因 DTH 体系的提出而终结，因为随着时代的发展和科技的进步，我们认知世界的方式不断变化，社会、文化和历史的语境也将不断发生变化，这就为我们提出了新的研究方向。因此，“将科学隐喻研究与语境论相结合……应当是未来科学隐喻研究的一个重要趋向”。[①]

① 郭贵春 . 科学隐喻的方法论意义 . 中国社会科学，2004，(2)：101.

科学文本研究中篇际语境分析的本质和特征 *

篇际语境分析（analysis of intertextual context）是科学修辞学和语境分析法在科学文本研究中的具体应用，是语境修辞研究模型的重要方法。由于科学文本的特殊性，篇际语境分析在科学文本研究中显得格外重要。科学文本以其严密性、客观性著称，对科学文本的分析大多采用文本或数据的提取和分类对比等方式进行，但欠缺全面性和解释性，不能很好地反映科学文本写作的目的、过程、影响及其变化，不能真正满足科学文本研究的需求。篇际语境分析能够在科学文本分析过程中激活受分析文本与其他文本之间的关联，挖掘文本中容易忽略的隐藏信息，催化和凸显文本的核心内容，最终帮助分析者做出较为成熟、全面、合理和科学的文本解释。科学文本研究中频繁应用篇际语境分析，却始终没有对其进行系统的梳理和研究，因此，对科学文本研究中篇际语境分析的本质和特征的研究是必要的。

---

* 本文发表于《西北师大学报（社会科学版）》2015 年第 1 期，作者郭贵春、张旭。

一、篇际语境分析的本质

科学文本研究中的篇际语境有广义与狭义之分。广义的篇际语境是指科学文本所处的语境关系总和，它包含所有与受分析文本相关的社会、政治、经济、文化、物质资料等因素及它们之间的关系。贝尔德曾写道："话语不能孤立于它所处的社会环境。因此，社会环境的重构是必要的。必须做出与它相关的复杂经济、社会、政治、文学、宗教以及其他活动的充分解释。"[①] 他所指的"社会环境"实质就是广义的篇际语境。狭义的篇际语境又称"文本间语境"，是指受分析的科学文本与其他文本之间的关系总和。坎贝尔说过，如果文本被孤立在语言学语境或文化语法（cultural grammar）之外，文本的解释将无法进行。坎贝尔对达尔文《物种起源》和其他文本的关联解读，强调的是狭义的篇际语境。科学修辞学中广义的篇际语境是以科学文本为出发点而形成的与文本相关的整个修辞语境，狭义的篇际语境是我们进行科学文本研究时所使用的文本间修辞语境。文本分析作为最主要的修辞研究方式，在科学修辞学中得以继承和发扬，科学文本研究是重要的文本研究方式，同时也是最主要的科学修辞学研究内容。科学修辞学的科学文本研究是指通过运用一定的修辞研究方法，分析与科学相关的论文、著作、公开言说等文献资料，描述文本中所包含的信息，阐述其科学思想，解析其运用的修辞方法及效用，并对问题做出相应的修辞性解释。功能论的和工具论的文本研究模式各有所长，长期被应用于科学文本研究中，但是随着解释学转向和修辞学转向带来的哲学新变化及科学修辞学的蓬勃发展，功能论和工具论的文本研究模式已经不能满足日益丰富的科学文本的解释需求，语境论的研究模式逐渐成为科学文本研究中的主流方式。维切恩斯 1925 年发表的《演讲的文学批评》开启了修辞批评的新篇章，语境修辞模式逐渐成为修辞批评分析中最重要的研究方式，科学文本研究领域的学者开始

---

① Baird, Thonssen. Methodology in the criticism of public address. Quarterly Journal of Speech，1947：137.

关注文本之间的关系即篇际语境，试图通过这种分析来剖析文本隐藏信息并做出相应的解读。

篇际语境分析是借助篇际语境实现的一种分析方法，指在进行科学文本研究的修辞分析时，要结合前后文本、作者其他文本或私人文本及其他相关文本的关联解读，这是一种基于狭义篇际语境而完成的研究方法，是语境精神在科学文本研究中的体现，是语境分析法的具体应用。语境在文本写作之初就决定了文本目的并引导文本批评的前进方向，被确定的目的开始组织整个文本建构，而语境和语境研究模型则作为一种背景因素隐藏起来。① 在科学文本研究中解读文本就是要找出隐藏在科学文本中的语境因素，重新构建初始语境，找出文本与语境各要素之间的关系以求更加完整地理解原文本。有时语境是被刻意利用的，在文本产生之初就有很强的目的性，如针对性的科学批评和反驳。但是，更多时候作者会在文本产出过程中自觉地运用语境，语境是自然地渗透进文本的，是文本的内在组成部分。进行科学文本解读时要尽可能地重建语境以帮助我们理解，但是完全达到受分析文本产生之初的语境是不可能的。每个人在解释时会使用不同的语境，但文本最初的语境是一定的，哪个解释者所使用的语境与初始语境契合度高，他的解释就较合理。篇际语境分析就是在多个文本间跳跃，试图勾勒出最适当的分析语境并在其中做出解释。科学文本研究中篇际语境分析的出发点一定是与科学相关的文本，其他所使用到的文本可以是非科学性质的甚至是私人书信，落脚点是通过语境分析对科学文本做出趋于合理的解释。

篇际语境分析有一定的范围和界限，它只适用于科学文本与其他文本之间的语境分析，一旦超越这一界限就会涉及更多的语境因素，这种情况下的修辞分析研究实质上是需要更高一级的语境修辞研究模型来整体完成的。此时，就要求语境修辞研究模型的其他方法相互配合来完成分析。

篇际语境分析在科学文本研究领域是通用的，任何的科学文本研究

---

① Jasinski J. Instumentalism，contextualism，and interpretation in rhetorical criticism // Rhetorical Hermeneutics. New York：State University of New York Press，1997：206.

都需要借助篇际语境分析，没有应用篇际语境分析的科学文本解释必定是孤立的、不完全的，也不会有太高的科学价值和参考价值。

篇际语境分析是在传统科学文本研究方法基础上形成的、具有鲜明特征的研究方式，它在坚持传统科学文本研究方式的同时注重篇际语境的运用，由此完成对科学文本的语境解读。传统的科学文本分析从语言学角度、科学写作角度、分类和对比分析角度、数据效用分析角度等层面做出解释，对科学的进步做出了相当的贡献。但是，随着科学的复杂化及哲学进路的转变，传统的科学文本研究不能很好地对不断发展的科学文本做出解释，面对推陈出新的科学文本和不断变化的科学文本写作技巧，新的科学文本研究方式呼之欲出。篇际语境分析并不是一种颠覆的分析研究方式，它与传统科学文本研究方式并没有冲突，而是一种思维方式的转变和演进。例如，传统的文本对比分析是一种没有主次之分的平等比较，而篇际语境分析是有固定出发点的——科学文本，它是微观具体的，其他的文本是用来分析它们与科学文本之间的语境关系以辅佐我们进行解读的，这些庞杂的相关文本是宏观的；文本对比分析得出的结论往往是它们的差异性，而篇际语境分析追求的是如何利用篇际语境更好地解读原科学文本。

综上所述，篇际语境分析本质上是建立在狭义篇际语境理论基础上的语境分析方法，它主张通过分析科学文本与其他文本之间的关系来对科学文本进行语境性和修辞性解读，是科学修辞学与语境分析法在科学文本研究中的具体应用，是语境修辞研究模型的重要方法之一。相对于传统科学文本分析法具有无比优越性的篇际语境分析能够在科学文本研究中展现出特有的功用。

二、篇际语境分析的主要特征

1. 语境化特征

篇际语境分析是一个不断摸索、语境重建（contextual restruction）

的过程。我们在进行文本研究时可能知道文本初始语境的一些而非全部的因素，那么解读时产生的语境往往不完全等同于初始语境，在这种情况下对语境的建构实质是一种语境重建，它是针对不同语境而言的。如果重建语境与初始语境的契合度高，那么就能做出较为成功的解释，反之则容易产生曲解。语境重建不同于再语境化（recontextualizaiton）和语境还原（contextual restoration）。篇际语境分析注重修辞性解释，而再语境化追求文本的创新性解读，两者内在统一但又有区别。语境还原是指当明确知道原文本的最初语境因素时，对文本的解释就要参照那些初始语境因素的影响，或者是还原初始语境来分析文本的相关内容并在此语境下做出解释。虽然这一个过程很难完全还原初始语境，但这种理论下预设的初始语境不会发生改变。

篇际语境分析是最适用的科学文本研究方式，因为语境重建更加符合实际情况，语境还原或再语境化是一种理想情况下的解读模式，语境重建虽然很大程度上存在错误和偏差，但的确是实际中最好用、最值得尝试的文本解读方式。科学就是对自然规律认识的研究过程，在这一进程中，如果我们遵循合理的建构就会寻得更多的科学宝藏。

得益于语境重建的无限可能性，篇际语境分析才会有各样的解读思路，演化出各样的修辞解释。坎贝尔是当代卓越的科学修辞批评家，他对达尔文思想的研究颇有建树，篇际语境分析是他始终贯彻的修辞分析方法，冈卡曾说："坎贝尔对《物种起源》的两种针锋相对又必不可少的解释一直沿用——发明的和篇际的。"[①]类似坎贝尔那样对于达尔文及其进化论的文本研究成果不计其数，这些成果的共同点是文本研究都注重篇际语境的关联解读，任何只分析《物种起源》的研究都不能称得上是好的学术研究。

2. 修辞性特征

1）修辞性剔除。篇际语境分析实际上是在语境重建过程中对科学

---

① Gaonkar D P. The idea of rhetoric in the rhetoric of science // Rhetorical Hermeneutics. New York：State University of New York Press，1997：59.

文本的修辞性表征进行修正，这一过程不断剔除和代入新的修辞，使文本增加说服力或对文本做出更有说服力的解释。在科学修辞学发展早期，科学文本写作使用的修辞手段较为单一。然而，科学文本自身必然包含着修辞性，随着科学的演进和科学共同体交流的需要，科学文本的写作开始借助修辞以博得思想传播与交流的最大化，科学文本的修辞应用常常起到意想不到的有益效果。如何在经过修辞的科学文本中挖掘修辞就成了科学文本研究领域的重要内容。修辞性剔除要求通过篇际语境分析找出科学文本中使用过修辞的部分与这部分所使用的修辞手段，并通过修辞性分析来剔除那些无关紧要的修辞或对这些修辞做进一步的分析，从而筛选出科学文本中核心、未加修饰的部分。这种修辞性剔除能够帮助我们真正理解科学文本所要表达的内容，同时为后续的修辞研究做出贡献。

2）修辞的效用分析。修辞的剔除并不是为了真的剔除科学文本的修辞性，而是为了找到文本核心实质。同时我们对发现的修辞部分进行分析，能够通过研究其修辞手段与方法、产生的修辞效用与影响来帮助我们理解和分析科学文本的意义与合理性。修辞的效用分析对于科学共同体是十分重要的，优秀的科学家尤其是科学事业刚刚起步的年轻科学家会关注成功科学文本所使用的修辞及这些修辞的效用，从而将有益的经验应用到今后自身的科学研究中，而对于失败案例的修辞分析也能避免在科学研究的道路上重蹈覆辙。《物种起源》的出版引起了轰动并很快被包括科学家在内的大部分人接受，这本书的成功很大程度上归功于修辞的巧妙使用。各个版本的细微差别并不影响文本整体的灵魂思想，但是这些文字的差异反映出达尔文的修辞使用及这些修辞产生的效用。《物种起源》第一版的扉页引用了惠威尔和培根有关自然神学的思想名句，这种做法看似与其宣扬的科学精神初衷是相悖的，实际上这是达尔文为了显示自己对自然神学的尊重从而为进化论的传播开道，因此，达尔文在第二版中又添加了巴特勒的名言来增加这种修辞效果。[①] 修辞性并不能增

① Campbell J A. Charles Darwin：Rhetorician of science//Harris R A. Landmark Essays on Rhetoric of Science. Mahwah：Hermagoras Press，1997：4.

加科学文本的科学性，但是修辞效用对于科学文本的可接受性、传播与交流等方面有重要的推动作用。

3）修辞术语的转换和隐喻的选择。科学文本中所使用的术语必须是一致的，这些术语极有可能是经过一定转换或改进的，篇际语境分析能够通过分析科学文本前后的变化得出术语的使用和转换并且分析这些变化的利弊，同时找出在文本中为了便于传播和交流而选择和反复调整的隐喻，并分析这些隐喻的修辞效果。对《物种起源》文本的篇际语境分析不难发现“自然选择（natural selection）”“生存竞争（the struggle for existence）”等耳熟能详的术语和隐喻都是经过深思熟虑的。达尔文使用“自然选择”来替代当时流行的“造物法则（the laws of creation）”，这种转换将人们所不知的自然力量影响进化的方式转换为人们熟知的人为方式，去除了神性和奇迹性，更容易被接受和理解。特别是对于科学界来说，“选择”更具有科学气质，让人感受到理论和结果都是经过严密科学步骤完成的，而不像之前对于物种进化的解释具有某种神秘色彩和不可控性。作为另一个重要的术语，“生存竞争”最早被达尔文称作“自然战争”（war of nature），达尔文经过反复思考最终放弃了它，他也没有接受同事莱伊尔的“物种数量的平衡（equilibrium in the number of species）”，因为他觉得这个术语太过沉闷。达尔文最终选择“生存竞争”这一术语并不是因为其准确性，而是因为它在“战争”和“平衡”之间的语义空间是最令人满意的。①

3. 文本性特征

1）文本自由性与多样性。篇际语境分析的起点是单一的科学文本，但是在分析过程中所采用的文本却是自由和多样的，凡是与被分析文本相关且有分析价值的就可以被拿来做协助研究。例如，我们发现文本中某一词汇出现频繁，这很可能是作者有意的设计，如果与这篇文本相关的作者其他著作中也出现此类情况或者其他相关文本对此高频词汇进行

① Campbell J A. Charles Darwin：Rhetorician of science//Harris R A.Landmark Essays on Rhetoric of Science. Mahwah：Hermagoras Press，1997：13.

了解读，那么这两种语境很可能是一致的，以此展开的文本关联分析则更容易把握作者意图。以此类推，如果文本中反复提到某人的著作或思想，我们就需要按图索骥去找到作者想要汲取的那份思想来源。坎贝尔在对达尔文的进化论进行研究时，通过量化和分析词汇使用频率、文本各版本之间差异性、上下文之间关联、文章各部分逻辑关系、作者话语及语气转换等来对文本做出解释说明。他谈道："作者用一组词语频率将会有益于他认识的开始，它的重复性证明了作者潜在目的的一些迹象。"① 此外，篇际语境分析所涉及的文本也可以是非正式的和私人的。我们分析的科学文本必然是正式出版或公开发表的，那么作者在此期间或与此相关的书信往来、私人访谈之类非正式文本都能够成为我们解读其思想变化的重要资料，也有助于理解原文本内容提出与变更的原因。

2）文本的关联解读。篇际语境分析要求多文本的关联解读。我们可以考察受分析的科学文本与另外一个文本或多个文本之间的关系，篇际语境分析的过程必然是多样的而不会局限于单文本研究。坎贝尔的成功很大程度上源于他后期对篇际分析法的着重使用，特别是着手对达尔文的书信、笔记等进行大量分析，这些关联解读暴露了达尔文学说的大量矛盾。达尔文常在与他人的通信中将自己表现为一个坚定的归纳主义者。例如，达尔文曾在与菲斯克的信中强调说："我对归纳方法是如此坚定……我的工作必须开始于一些现实材料的积累而不是从原理中直接得来。"②但是，达尔文在1860年写给他的同事莱伊尔的信中却说道："没有理论的建构，我确信就没有观察可言。"③ 在 1861 年写给同事福西特的信里，达尔文甚至用这样的话尖锐地批判归纳主义者："大概三十年前，有很多言论说地质学家需要的仅仅是观察而不是理论；我还能记起来有些人说在这个领域最好的做法是走进碎石堆中，数数卵石的数量并描绘它们的颜色。这是多么愚笨的，居然没有人明白所有的观察都是为了支持

① Campbell J A. Scientific revolution and the grammar of culture：The case of Darwin's origin. Quarterly Journal of Speech，1986：361.

② Darwin F. Life and Letters of Charles Darwin. Vol.2. New York：D. Appleton，1896：371.

③ Darwin F. More Letters of Charles Darwin. Vol.1. New York：D. Appleton，1903：195.

或者反对一些理论观点。”[①] 显然，达尔文的观点有一定的局限性和片面性，他在公众面前表现出的归纳主义者姿态，一方面是考虑了 19 世纪培根归纳法在英国科学界的盛行，另一方面也是为了让自己的理论更具可接受性和实证性。通过篇际语境分析我们可以认识到，达尔文的科学理论并不是单纯地经过实践和资料的搜集之后得出的，而是建立在特定的预设原则和理论基础上的，在寻找资料证据的过程中对理论不断修改的，这使得我们对达尔文和进化论有了更加全面的认识。

4. 其他特征

篇际语境分析是一种起始于科学文本并回归科学文本的解释方法，相对于数据对比分析和单纯的文本分析，它是一种由外及内的研究过程。而数据对比分析是在外的研究，它讲求通过数据的分类对比研究对科学文本做出评价；文本分析则是在内的研究，它讲求通过文本内部的分析得出解释。篇际语境分析要求以一致性的文本作为研究的对象，否则即使具有相关的思想仍不能作为参照，因为有可能它们讲的风马牛不相及，我们称这种要求为“篇际一致性（intertextual coherence）原则”。篇际一致性原则规定了篇际语境分析对文本的选取不是杂乱无章的。

三、结束语

篇际语境分析在科学文本研究中的广泛应用说明了其相对于传统科学文本研究方式的优越性，在它的影响下，文本间关系的探求已经潜移默化地成为科学文本研究中的必修课，任何试图全面剖析科学文本的工作都要首先对科学文本自身及其相关的篇际语境进行探讨。科学文本以其客观性、严密性、一致性等特点使传统科学文本研究工作困难重重，仅借助于数据分析已不能全面和有效说明文本信息，使用一种语境论的方法研究科学文本成为可能。科学文本的许多信息隐藏于干涩的数据表

---

① Darwin F. More Letters of Charles Darwin. Vol.1. New York：D. Appleton，1903：173.

示之中，如何更好地将数据要表达的和能表达的表述出来是篇际语境分析的用武之地。篇际语境分析能更加灵活地应对各种问题，能够在科学文本分析过程中对文本的修辞性进行语境化解读，从文本之间关系角度加深对科学文本的理解，较为全面地把握科学文本所处的篇际语境及系统地分析其修辞的使用，有助于研究者形成一种关于科学文本的系统的、全面的认识，对于科学文本研究方法的革新有重要推动作用。

篇际语境分析是对语境修辞研究模型的补充和发展。通过篇际语境分析的不断使用，科学修辞学对语境的理解不断深入，文本研究过程中的语境绝不是简单的文本叠加，也不仅仅是围绕文本展开的因素集合，而是渗透到文本之中，参与到文本发展之中，并对之后的分析研究起到决定作用的。篇际语境分析是语境分析法在科学文本研究的具体应用，它丰富了语境分析法的内涵，对于理解语境分析法在科学修辞学领域的作用大有裨益。篇际语境分析在科学文本研究中大展异彩，同样在其他科学修辞学研究领域有重要价值。虽然在科学论战研究和科学实验研究中并不是唯一的研究方法，但它仍是不可或缺的、具有核心价值的研究手段，对于建构更加完善的语境修辞研究模型必不可少。

科学哲学从不缺乏创新精神，整个科学哲学研究历程都是在披荆斩棘中前进的，篇际语境分析的应用对于科学哲学的修辞学转向是很好的回应，对于服务科学的哲学思想有更多的启发价值。同时，在蓬勃发展的科学修辞学研究中，篇际语境分析作为深入人心的科学文本研究方法，逐渐催生出更多的研究成果，保证科学修辞学的不断前进，对于丰富科学修辞学理论和促进科学修辞学应用有着重要意义。

总之，篇际语境分析在科学文本研究中有着独特的优势，语境化的科学文本解读更容易让我们接近文本所表达的思想，在科学文本研究中不可能离开篇际语境分析，只有在这种方法的指引下，对科学文本的解读才会更清晰、更有意义。

科学表征中的隐喻建模

——基于语境实在论*

20世纪60年代以来，隐喻在科学建模中的作用越来越受到科学家们的广泛关注，有些科学哲学家开始转向对自然科学领域中的隐喻表征进行反思，并试图对基于隐喻推理而建构的模型系统进行研究。因为隐喻方法在科学表征的理论化实践和建模实践中发挥着重要作用，而科学模型作为一种扩展的隐喻，“具有指导所研究系统的思维的潜能，为科学研究指明了新的方向”①。换言之，将隐喻及其模型应用于科学表征的实践中具有明显的认知优势，以科学隐喻为基础建构的科学模型能够更好地表征物质世界的结构，为科学家提出的关于世界的假设提供最佳说明。此外，在隐喻推理的基础上进行科学建模的表征实践必然牵涉到语境要素，

* 本文发表于《哲学研究》2016年第2期，作者郭贵春、杨烨阳。

① Brown T. Making Truth：Metaphor in Science. Illinois：University of Illinois Press，2003：26.

而语境作为一种具有本体论性的实在，贯穿于科学表征的整个实践过程中，对科学表征具有至关重要的作用。因此，基于语境实在的立场研究隐喻建模在科学表征中的本质特征和推理作用，是科学表征发展的一种必然要求，也是当代科学哲学研究的一种独特视角。

一、科学中的隐喻建模机制

科学隐喻作为科学表征的一种范式，“在建立科学语言与世界的联系中发挥着基础性的作用”[①]。而基于隐喻建构的科学模型，能够对特定表征语境中现有理论体系的概念要素进行重新整合，同时，在此过程中伴随着语境的转换，正是语境间的不断互动转换促进了科学模型的不断重构，从而推动了科学理论的发展。事实上，自然科学的发展史表明，科学家常常通过对两个不同语境中的对象、现象、事件或目标系统进行类比，建立基于相似性基础的理论表征系统，而“科学隐喻被认为是引发类比或建构相似性的媒介”[②]。科学隐喻的直觉性为科学类比的逻辑性和科学模型的整体系统性预设了表征语境，科学模型正是根据基于隐喻语境所建立的具有意向性和逻辑性的科学类比而建构起来的，我们可以称这种表征为“隐喻建模”。例如，著名的“黑箱理论”把人的大脑类比为一个不透明的“黑箱”。我们可以通过对隐喻建模机制的考察，说明它们存在于时空中的因果关系。

首先，对隐喻建模的哲学分析可以参照罗纳德·基尔（Ronald Giere）对科学的分析，其主要观点可以通过图1来说明[③]。基尔将这种分析归纳为是对所有理论科学的分析，即科学家应用语句、数学或其他表征手段来说明一个模型系统，然后对模型系统进行分析、描述和论证；同时，一旦我们理解了模型系统，我们也就可以将它比作真实世界的目

① Kuhn T. Metaphor in science//Ortony A. Metaphor and Thought. Cambridge：Cambridge University Press，1993：53.

② Jones D B. Models，metaphors and analogies // Machamer P ，Silberstein M. The Blackwell Guide to the Philosophy of Science. Oxford：Blackwell Publishing Ltd.，2002：114.

③ Giere R. Explaining Science：A Cognitive Approach. Chicago：Chicago University Press，1988：83.

标系统。本质上，这种对比是建立在两者的相似性关系基础上的，尽管这种诉诸相似性的表征手段颇受争议，但这幅图表却为我们提供了关于理论科学的基本描述，它是一种以自然事件的间接表征为特征的表征形式。

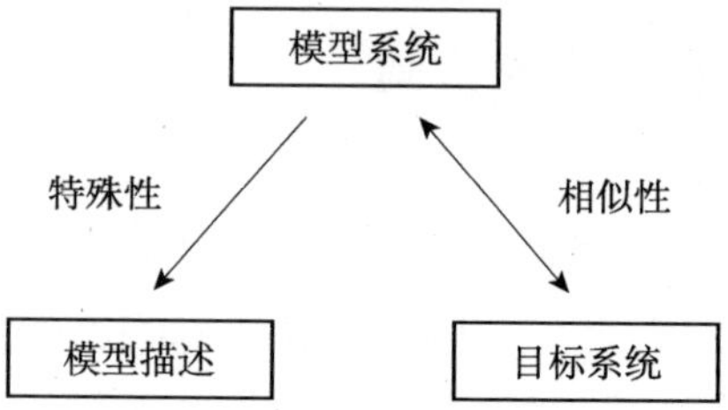

图1　基尔的科学分析模型

其次，隐喻建模本质上是对模型与目标对象之间的相似性类比，从这点来看，科学的隐喻建模大致体现在以下三方面：①两个物理系统之间的类比。通过寻求它们自身物理属性之间的共通性，我们可以应用一种真实的物理模型来理解另外一个真实系统。例如，流体动力学中的“风洞实验”就是根据运动的相似性原理，通过研究模型与空气运动之间的相互作用，从而获得模型所模拟的实体的空气动力学特征。②理论系统与物理系统的类比。典型的方式是通过“思想实验”的逻辑推理和数学演算过程，对现实中无法直接把握的物理现象进行理论化表征。例如，科学家们根据弦理论的“波动模型”进行一系列的逻辑推演和系统类比，从而建立了循环宇宙模型。③两个理论系统之间的类比。隐喻建模所表征的对象有时可能仅仅是一种理论实体，它是一种建立在合理想象和推理基础上的理想化模型。例如，电学谐振子模型与力学中谐振子的简谐运动模型这两个理想化模型的相似性基础是：假设振动物体是体积为零的微粒（质点或点电荷）。

最后，既然隐喻建模是由目标对象所展现的属性之间的相互映射所引导的，多数情况下，我们可以经由抽象和同构将抽象程序映射到数学程序上，这就涉及数学描述的理想化表征问题。实际上，理想化在隐喻建模中的作用可以用一种“轴辐射”类比来说明：隐喻建模的表征对象作为一个“中心”，其外围辐射了真实世界的所有实例。例如，量子力学的微扰理论，在这个理想模型中，经由作为“中心”的费米气体模型的准确知识，加上一系列更为经验化的概念和方法，我们可以实现对现实中复杂系统的近似化表征。当知识高度发展以后，这种理论组织中的理想化模型并不会消逝，它们作为普遍化的一种结果保留着一种解释性作用。①

总之，基于隐喻的模型系统与其目标对象之间存在着类比关系，如果隐喻模型所表征的理论实体是真实的，那么模型本身也是对具体的物理实在的配位，具有内在的因果关系。同时，对这种因果关系的描述是建立在对现象的理想化表征基础上的。因此，将模型系统作为理论建构的具体实在，是基于隐喻的科学建模的一个显著特征。

二、隐喻建模的语境相关特征

隐喻建模必然牵涉语境因素，在本质上是语境相关的，因此，隐喻建模过程的实质是：对该隐喻推理所涉及的各种相关语境要素之间的关系进行整合，然后在此基础上通过模型建构将这种整合关系呈现出来。在此过程中，语境本身由于其语境要素与表征对象的关联度不同而体现为不同的层级，同时，语境要素之间的互动是连续且不断变化的，因此，基于隐喻推理而建构的模型系统具有动态层级性。另外，对虚拟世界进行的理论建构，其实质也是一种基于隐喻理解的模型表征，促进了科学表征从已知领域向尚未可知的领域的不断探索。

第一，隐喻建模的语境关联性。事实上，隐喻建模在发挥其科学解释和科学说明的表征功能的过程中，都预设了其表征语境。例如，风洞实验的表征语境是流体动力学系统，其目的是研究物体的空气动力学特性；而风洞实验在昆虫化学生态学的语境下时，其目的是观察活体虫子对气味物质的行为反应。一方面，隐喻建模基于一种发现的语境，内在

① Weisberg M. Qualitative theory and chemical explanation. Philosophy of Science，2004，71（5）：1071-1081.

地具有发散性和创造性。尤其是在探索未知世界的过程中，当原有语境的规则束缚了科学表征时，科学隐喻的任务就是突破现有理论的束缚，从而创造性地建构新的科学模型。例如，原子结构模型的发展历程：道尔顿模型—汤姆逊的葡萄干布丁模型—卢瑟福的行星模型—玻尔模型—现代模型（薛定谔的电子云模型）。另一方面，隐喻建模基于一种证明的语境，因而具有解释性和辩护性。例如，“薛定谔猫”是为了探讨 EPR 悖论所体现的量子纠缠的怪异性质而提出的，它通过假设实验说明了宏观世界并不遵从适用于微观世界的量子叠加原理。

事实上，在现实的科学表征中，科学家在通过隐喻建模对某个科学问题进行正式分析之前，就对语境元素之间的关联关系产生了某种直觉（尽管并不一定精确）。这种直觉作为表征元素与整个语境之间的关联性的初步估计，促进了隐喻建模的表征过程，同时，元素之间的关联度越高，这种关联关系对表征过程的影响程度就越深。可以说，隐喻建模就是在语境元素的关联互动中，通过隐喻把科学理论建构成具有经验应用的抽象模型，从而实现对现实世界的表征。例如，洛伦兹以“蝴蝶效应”来说明，初始条件的极微小的变化都可能导致气象预报结果的巨大差别。因此，如果我们将语境看作一个域，或者借用人工智能中“盒子隐喻”（box metaphor）的观点，“每个盒子都具有其自身的规则，并且在‘内部域’与‘外部域’之间具有一定的界限”①。那么，隐喻建模过程中的推理过程就表现为这些语境盒之间和语境盒内部的互动作用，当然，这种互动作用需要遵循一定的规则，从而使得隐喻建模从一个语境盒转换到另一个语境盒成为可能。

第二，隐喻建模的动态层级性。事实上，隐喻理解过程涉及发现共性与映射推理两个过程，因此，隐喻建模过程就可以表述为：通过“扫描”相关语境中的元素来寻求基底和目标之间的共性，然后将这些共性定向映射到目标对象之上，并进一步基于这种相似性建立模型表征。事

---

① Giunchiglia F, Bouquet P. Introduction to contextual reasoning: An artificial inference perspective // Kokinov B. Perspectives on Cognitive Science. Vol.3. Sofia: NBU Press, 1997: 139.

实上，这是一种将“结构映射机制”[①]应用于隐喻理解的方法。它采用了一个三阶的“局部到整体”的层叠性推理过程：第一个阶段是一个平行的局部匹配阶段，所有相同的谓词及其对应参数的对组都被放置在其相应位置上；第二个阶段是一个结构一致性的探索阶段，局部的匹配被合并为小的、结构上一致的映射群集（所谓的“核心程序”）；在第三个阶段中，核心程序被合并为大的整体解释，这个合并过程所使用的演算法则以极大核开始，添加了在结构上与第一个极大核相一致的第二大核，并继续进行演算，直到在不影响结构一致性的前提下，没有更多的内核可以添加。可见，这个过程体现了隐喻理解的层级性，基于这种理解过程建立的表征模型也应该体现这种层级性。例如，“木星大红斑是一个巨大的气旋”，科学家在肥皂泡上复制了这种现象。初始的对称校准过程产生了“动力学对流模式”这个共同系统。于是，定向性推理过程就进一步将关于基础概念“肥皂泡气旋”的知识映射到目标概念“木星大红斑”之上，从而得出观点：“木星大红斑也是一个肥皂泡气旋”。这意味着，我们或许可以通过研究肥皂泡表面的旋涡来预测木星上气旋生成的规律。

实际上，隐喻建模的结构映射过程中所体现的动态性，主要是由于语境要素的互动作用形成的。我们可以将这些相关联的语境要素分为：①来源于旧的表征的“记忆语境”，从先前语境中所获得的元素对当前语境中的认知系统的行为的影响随着时间的推移而逐渐减少，换言之，记忆语境对隐喻建模的影响有一个逐渐“衰退”的过程；②来源于对环境的直觉感知的“感知语境”，当主体感知到表征对象的环境变化时，直觉表征的图景就会随之做出调整；③来源于推理机制本身的“推理语境”，推理语境的变化会产生新的目标主体，并将它们与初始的目标主体联系起来，从而影响隐喻的映射推理过程。总之，基于隐喻建模的科学表征过程是通过以上三个语境过程的互动而实现的，正是由于这些语境因素的变化而导致了隐喻建模的动态性。

第三，隐喻建模的理论建构性。科学家们必然时常超越现存理论的

① Forbus K，Gentner D，Law K. 1995. MAC/FAC：A model of similarity-based retrieval. Cognitive Science，1995，(19)：141-205.

范围来建立模型系统，以便对目标系统进行理想化表征或探索性表征。事实上，由此产生的许多模型是不精确或不现实的，如黑洞模型。尽管如此，我们仍然认为这些模型具有重要的表征意义，因为“我们并不要求一个表征理论能够指出或解释精确表征与非精确表征之间或可靠表征与不可靠表征之间的差异性，而只要求指出或解释表征与非表征之间的差异性”①。

由于认知能力的有限性和物质世界的复杂性之间的矛盾，科学家常常需要通过基于隐喻思维的理想化建模来弱化这个矛盾，所以隐喻建模是一种理想化的理论建构过程。例如，科学家应用胡克定律来说明弹簧振子的运动方程，其中的弹簧振子被建模为一个简谐振子，而这个方程并非对弹簧运动的直接描述。另外，科学中还存在着许多模型并不表征具体的实际对象或事件。例如，电影《星际穿越》在物理学家基普·索恩的指导下模拟了黑洞模型，探讨被物理学家称为“宇宙的翘曲一侧”的问题，如弯曲的时空、现实世界的缺口，以及引力如何弯曲光线等。但是，关键问题在于：这些无实际表征对象的模型在何种意义上是表征的呢？实际上，“在理论建构的对象表征与真实的对象表征之间并不存在不同之处，除了目标的存在或其他方面”，一个表征源 A 表征某个对象 B，“当且仅当（1）A 具有指向 B 的表征力且（2）A 允许有能力的主体得出关于 B 的具体推理”②。

隐喻建模常常预先提供某种可能的物理机制，模型被用于发展一个“基本”理论的过程中，即所谓的“发展模型”，这意味着迈向一个“就绪的”理论的动态发展过程。例如，高能物理学中量子色动力学的模型发展。物理学家是通过从强子园（Hadron Zoo）连续的发展模型层级来重构量子色动力学（QCD）理论的。事实上，在强相互作用的物理学的初始阶段，实验物理学家们收集了大量从低能核反应中产生的“基本粒

① Suárez M. Scientific representation：Against similarity and isomorphism，international studies. Philosophy of Science，2003，17（3）：226.

② Suárez M. An inferential conception of scientific representation . Philosophy of Science，2004，71（5）：773.

子”；在随后研究衰退粒子的过程中，引入新的内在概念：自旋、同位旋和奇异性，并且应用了量子场理论；自从20世纪50年代早期以来，量子电动力学就是量子场理论的范式；在建立了量子电动力学之后，物理学家们立即扩展了这种形式体系并开始将其他场域量子化。在这些理论的指导下，首先发展了电弱相互作用的理论，很多年后又发展了量子色动力学理论，而这是迄今为止强相互作用的物理学发展的一个终点，各种正在进展中的研究都将量子色动力学包含在了一个更为综合的理论框架中。

总之，隐喻建模是科学理论建构的一个重要方面，它常常被用于结构化数据、应用理论或建构新理论的过程中，从而有助于促进科学研究从已知领域向尚未可知的领域不断发展。

三、基于语境实在的隐喻建模

正是对隐喻建模的语境相关特征的考察，奠定了隐喻建模的语境论基础。由于语境是一种具有本体论性的实在，所以不同的语境就意味着不同的本体论立场。[①] 因此，基于语境实在的视角考察隐喻建模这种科学表征的独特方式，必然要以隐喻建模所内含的三个基本问题为切入点：①建模主体的认知问题；②模型与目标系统之间的表征关系问题；③建模对象的实在性问题，结合语境方法对科学表征中的隐喻建模实例进行分析考察，从而说明隐喻建模的主体意向性、表征精确性和对象实在性。

1. 隐喻建模主体的意向性

在隐喻建模的过程中，对同一科学问题的不同隐喻视角可能生成不同的模型，这种差异根源于建模主体的意向性的不同，本质上体现了主体对同一对象的多维度的语境关照。实际上，影响隐喻建模的语境效应是由语境依赖和语境敏感两个关键因素构成的，它们通过主体的意向性

① 郭贵春．论语境．哲学研究，1997，(4)：48.

来影响隐喻建模的认知过程。

一方面，科学表征是问题导向的，基于隐喻建模的科学表征必定依赖于具体的问题语境，而这种语境依赖性就体现在隐喻理解和建模结构在特定的语境边界上的有机统一中。于是，隐喻建模首先是一个不断进化发展的意向性的认知过程，体现了一定的自主性和动态性。同时，隐喻理解的结构映射与模型建构的表征过程是统一的，而其统一的基础恰恰是依赖于语境的，因为“一个表征的语言学结构的表达，就是把语形与它的语词的初始意义的语义解释结合起来并且具体化”①。例如，宇宙暴涨模型的理论预设是引力波的存在，其语境边界就限定在天体物理学之中。正是在这个特定的语境条件下，爱因斯坦预言了这种以光速传播的时空“涟漪”，而美国科学家于 2014 年 3 月 18 日宣布探测到了原初引力波，这个发现就为宇宙暴涨理论的建模语境提供了有力的证据，从而为科学家在该语境边界内建构关于“平行宇宙”的理论模型提供了可能。

另一方面，科学家作为隐喻建模的主体，由于受到其自身认知过程中所形成的不同记忆语境、感知语境和推理语境的影响，他们对同一个目标对象就可能形成不同的理论预设和意向选择，由此也就形成了不同的语境建模系统。事实上，科学共同体是依据相关语境要素的语境敏感性程度来确定因果要素或推理要素的表征力的，也就是说，因果要素或推理要素的重要性依赖于语境中的主体意向性选择。换言之，隐喻建模的推理结构不仅受到已有的实验数据和公理系统的影响，而且还受到科学共同体的经验知识和信念倾向的影响。同时，由于科学共同体在进行科学表征的过程中，不断扩展了原初问题语境的范围，并将不断扩展的问题语境融合在自身的意向性建模结构中，因此，隐喻建模的各个步骤都是随着语境的不断扩展和整合而获得持续更新的，这也意味着一个动态发展的认知过程。

总之，特定的科学表征语境下的隐喻建模，本质上是一个具有自主性的语境实现过程，它具有很强的语境依赖性和语境敏感性，不仅体现

① Fodor J，Leporc E. Out of context，proceedings and addresses of American. Philosophical Association，2004，78（2）：90.

了建模主体的价值趋向，又体现了建模语境的边界范围。同时，隐喻建模中的隐喻理解和建模过程统一于该语境的目标系统中，在一定意义上体现了建模语境的内在一致性，也体现了“科学语境的相对确定性与普遍连续性的统一”①。

2. 隐喻建模表征的精确性

传统科学哲学关于科学表征的核心观点是，科学表征必须建立在“符合现实”的基础上，以确保所表征内容的客观性和真实性。于是，传统的隐喻建模是一种基于相似关系的结构映射的认知过程，其表征精确性是根据模型与世界之间的某种相似性而判定的，而模型的“主观性和客观性均为基于感知图式的隐喻”②。然而，随着计算机科学技术的发展，科学家逐渐开始利用计算机模拟的方法来对难以直接把握的领域或未知世界中的目标对象进行建模分析，从而为目标对象提供一个更精确的最佳解释，这也体现了基于隐喻建模的科学表征的基本要旨。

然而，隐喻建模的表征实践所涉及的关系上的精确性是相对的、有条件的。隐喻模型仅仅是在某些方面最大化地相似于表征对象的某个方面，与其目标对象之间的精确表征并不完整对应。例如，如果弹簧模型预设了振子随着时间段 $T=2\pi\sqrt{m/k}$ 而振动，当且仅当振子实际上确实随着时间段（$T=2\pi\sqrt{m/k}$）而振动时，这个模型在其预设下就是精确的。因此，模型的精确性取决于我们所设想的关于其表征系统的命题的真值（或近似真值），而真值的确定是有条件限制的，这个观点既适用于物理模型，也适用于理论模型。

另外，隐喻建模其实是一种理想化的表征关系，因为隐喻模型与系统之间并不存在严格的演绎关系，而是一种近似符合的关系。尤其是对于没有实际对象的隐喻建模而言，模型与目标系统之间的理想化表征关系就更为显著。不过，尽管这种表征关系不具有对称性，但二者由于具

① 郭贵春．语境的边界及其意义．哲学动态，2009，(2)：98.

② Mulaik S A. The metaphoric origins of objectivity，subjectivity，and consciousness in the direct perception of reality. Philosophy of Science，62 (2)，1995：283.

有共同的语境基础，因此，理想化的隐喻建模能够通过这种间接表征关系而使我们获得关于目标系统的相关知识。换言之，理想化建模意味着一种理论预测。例如，基尔就将理论模型看作一种抽象对象（或理论实体），它们是由科学家们为系统建模时写下的预设描述和运动方程所确定的。

总之，依赖于语境关联关系的隐喻建模的表征精确性是相对的、局部的，这在一定程度上体现了科学建模所共有的不完备性特征，这既是由于目标系统本身的复杂性，又是由于目标对象与语境互动的动态性，因此，隐喻建模实际上是一种理想化的表征形式。

3. 隐喻建模对象的实在性

迄今为止的科学实践已向我们证明，隐喻建模与其所表征对象之间具有同构关系或相似关系，至少部分上是同构的，同时，这种同构关系或相似关系及其语境条件都是结构性的实在，那么其所表征的对象也具有实在性。

首先，尽管对同一对象的科学表征可能形成不同的隐喻模型，但却不影响两个不同表征模型指向同一客观实在，只不过两个模型对同一实在对象的考察视角有所不同。确切而言，两个不同模型的语境不同决定了同一实在对象具有不同的表征模型。最典型的例证就是量子物理学中的波粒二象性，由于实验测定的方法不同，光的运动在不同的测量语境下既表现出粒子性，又表现出波动性。尽管“对于人类而言，微观粒子只是一种‘抽象’实在”[①]，但这并不意味着否定其本体性，只是因为人类在现有条件下无法直接观察这种实在性，而只能在数学方法和物理理论的语境下对微观世界的实在进行间接把握。

其次，相同的模型基础在不同表征语境应用中具有完全不同的表征内容。例如，二阶常系统微分方程应用在弹簧的阻尼振动模型和电路的电磁振荡模型之建构中时，二者因表征语境不同而表现出完全不同的内

---

① 成素梅．量子力学的哲学基础．学习与探索，2010，(6)：4.

容：前者表征的是弹簧振子在阻尼力的作用下做伸长与压缩的往复机械运动，其表征的语境基础是经典机械力学；后者表征的则是一个电路中的电场和磁场在电阻妨碍下的周期性变化，其表征的语境基础是电磁学。可见，相同的隐喻模型在不同语境中基于不同物理机制所表征的对象或过程具有的实在性并不互相排斥。

最后，科学表征实践中还有许多模型未必与现实对象同构或相似，甚至有些科学模型在现实世界中并不存在其对应物，但是这些模型由于具有各种应用上的优势而表现出一定的科学性和实在性。一方面，有些隐喻建模是在忽略了某些复杂的现实语境条件而在某个理想化的前提下建构起来的，由于其直观性和易把握性而被认可和应用。例如，量子物理学中的"口袋模型"，正是由于在量子色动力学语境下的推导计算太复杂，物理学家才建构起一个易于理解强子"夸克禁闭"特点的简单模型。另一方面，有些模型则直接引入了在现实世界中并不存在的实体。例如，纳米力学中的硅断裂模型，建模者引入了"硅氢"原子，将量子力学、经典的分子动力学和连续介质力学这三个不兼容的理论糅合在同一语境中，以便精确描述断裂带在固态硅中的传播扩散过程。尽管现实中并不存在"硅氢子"，但其模型所表征的过程却具有实在性。

总之，从科学语境的视角考察隐喻建模，将语境实在与隐喻建模统一在科学表征的方法论实践中，为我们反思当代科学哲学中有关科学表征的一系列问题提供了新的思路，从而也丰富了科学实在论的辩护语境。

四、结束语

基于隐喻推理而建构的科学模型在科学表征实践中具有无可替代的显著优势，立足于语境实在的视角考察科学表征中隐喻建模的本质特征，推动了科学实在论的发展，促进了实在论与反实在论之争呈现出一种新的生命。其一，隐喻建模充分地体现了人类思维的发散性和创造力，是对传统科学表征方式的丰富与完善。同时，将隐喻推理和模型建构这两种表征方式有机结合起来，统一于语境实在论的理论框架中进行考察，具有重要的方法论意义。其二，科学表征“应该消解传统实在论中基本概念的静态指称”[①]，而致力于一种动态的整体性形式。基于语境实在的隐喻建模为科学表征的动态模式提供了可能性，它将整个世界视作一个流动的连续统，其表征模式由于语境的灵活性而呈现动态性和开放性。其三，隐喻建模这种科学表征方法在自然科学研究中具有多种形式，从而为我们提供了一种无数方式相竞争的表征图景，有助于实现科学客观性的目标，并真正地促进了科学知识的增长。因此，隐喻建模是更加完善的科学表征方法，为科学表征的发展提供了一种新的思路，也为科学实在论的辩护提供了新的内容。

总之，基于语境实在论为自然科学建构隐喻模型的表征系统，将作为科学表征领域内的一场方法论变革，推动了科学哲学朝着更加立体、更加综合的方向发展，并逐渐成为当代科学哲学研究的一种新范式。同时，随着隐喻建模的研究逐渐展开、成熟，科学表征的理论基础都将获得进一步的深化和拓展，从而也将促进隐喻建模、语境分析和科学实在论在科学哲学研究中获得更加完善的综合。

---

① 郭贵春．科学实在论教程．北京：高等教育出版社，2001：8.